東華社會科學叢書

主編：張春興　楊國樞　文崇一

文化人類學	李亦園	中央研究院院士兼民族學研究所研究員； 清華大學人文社會學院院長； 臺灣大學考古人類學系教授
心　理　學 （已出版）	張春興	師範大學教育心理學系教授
社會心理學	楊國樞 黃光國	臺灣大學心理學系教授兼系主任； 中央研究院民族學研究所研究員 臺灣大學心理學系教授
教育心理學 （已出版）	張春興 林清山	師範大學教育心理學系教授 師範大學教育心理學系教授兼系主任
政　治　學	胡　佛 袁頌西	臺灣大學政治學系教授 臺灣大學政治學系教授兼法學院院長
行　政　法	張劍寒	臺灣大學政治學系教授
經　濟　學 （已出版）	徐育珠	政治大學經濟學系教授
管　理　學 （已出版）	許士軍	臺灣大學管理學院教授兼院長並兼 　商學研究所所長 政治大學企業管理研究所教授
教育概論 （已出版）	林玉體	師範大學教育學系教授

教育行政學 （已出版）	黃昆輝	師範大學教育研究所教授
教育財政學 （已出版）	蓋浙生	師範大學教育學系教授
社會及行為科學研究法 （已出版）	楊國樞	臺灣大學心理學系教授兼系主任； 中央研究院民族學研究所研究員
	文崇一	臺灣大學政治學系教授； 中央研究院民族學研究所研究員
	吳聰賢	臺灣大學農業推廣學系教授
	李亦園	中央研究院院士兼民族學研究所研究員； 清華大學人文社會學院院長； 臺灣大學考古人類學系教授
心理與教育測驗	簡茂發	臺中師範學院院長； 師範大學教育研究所教授
	黃國彥	嘉義師範學院院長； 政治大學心理學系教授兼系主任
心理與教育統計學 （已出版）	林清山	師範大學教育心理學系教授兼系主任
多變項分析統計法 （已出版）	林清山	師範大學教育心理學系教授兼系主任
邏輯 （已出版）	何秀煌	任教於香港中文大學哲學系
社會科學研究設計與分析	鍾蔚文	政治大學新聞研究所副教授
課程設計 （已出版）	黃政傑	師範大學教育研究所教授
生涯輔導	金樹人	師範大學教育心理與輔導系（所）副教授

東華社會科學叢書

主編 張春興 楊國樞 文崇一

課程設計

黃政傑

東華書局

國立中央圖書館出版品預行編目資料

課程設計／黃政傑著；. ── 初版 . ── 臺北市：臺灣東
　華，民 80

728 面；15x21 公分 . ─（東華社會科學叢書）

ISBN 978-957-636-357-3（平裝）

1. 課程

521.7　　　　　　　　　　　　　　　80000216

課程設計（全一冊）

著　　者　　黃政傑
發 行 人　　陳錦煌
出 版 者　　臺灣東華書局股份有限公司
地　　址　　臺北市重慶南路一段一四七號三樓
電　　話　　(02) 2311-4027
傳　　眞　　(02) 2311-6615
劃撥帳號　　00064813
網　　址　　www.tunghua.com.tw
讀者服務　　service@tunghua.com.tw
門　　市　　臺北市重慶南路一段一四七號一樓
電　　話　　(02) 2371-9320
2025 24 23 22 21　TS　35 34 33 32 31

ISBN　　978-957-636-357-3

版權所有　‧　翻印必究

東華社會科學叢書序

　　假如單從人類物質生活一個層面看，戰後三十年來自然科學與技術科學的貢獻是偉大的。但如從人類生活的整體看，科學技術提高了人類物質生活之後，却因而產生了更多難以解決的社會問題，以致形成物質生活富裕而精神生活貧乏的文化失調現象。我們雖不能認定物質文明為人類帶來了災害，但却可斷言單憑科學技術的進步，並不能保證獲得真正美好的生活；甚至科學技術愈進步，反而愈增加了人們對未來的失望與恐懼。文化發展失調是人類自己製造出來的問題，這問題只有靠人類對自身行為的研究始有獲得解決的可能。此類研究，狹義言之，是為行為科學，廣義言之，是為社會科學。

　　一個國家科學的發展，不但不能偏廢，而且必須生根。此一原則，用於社會科學較之用於自然科學更為適切。在文化差異與地域限制兩個基礎上，社會科學實不易做到自然科學那樣可以局部的或枝節的「借用」或「移植」。近十多年來，由於政府的提倡與社會的重視，國內大學在自然科學方面的教學與研究水準已大為提高；大學本科階段學生的程度，較之當世科學先進國家並無遜色。但無可諱言的，社會科學方面的發展則較為落後。從國內大學社會科學的教學方式及出版的中文書籍看，多年積留下來的幾種缺點一直未能革除：其一是內

容舊陳，跟不上世界學術的創新與進步；其二是忽視方法論方面的知識，以致學難致用；其三是僅限於國外資料的介紹，而缺乏與國情需要配合的研究成果。雖然目前影印技術進步，翻印外文書籍甚為方便，但因一般學生的外文能力不足，兼之外文書籍內容又未必與國內需要符合，故以外文書為大學社會科學各科教本的嘗試多未奏效。因此，以往國內社會科學的發展，縱使尾隨求齊已感不暇，遑論學術獨立生根及提高水準！

　　基於此等認識，在國內各大學擔任社會科學教學的朋友們，根據各自教學與研究的經驗，咸認有義務也有責任，經由科際合作的方式，共同從事社會科學叢書的撰寫，以期使社會科學在國內生根，為國內的社會建設略盡綿薄。誠然，撰寫大學教科書或參考書不足以代表社會科學在國內的高水準發展，但也不能否認，在期望達到我國社會科學學術獨立與高水準發展之前，普遍提高大學社會科學的教學水準是一項必要的教育工作。唯有如此，在本叢書撰寫之前，同仁等幾經研討，咸認各書之內容應力求與國內需要相配合，非但不宜囿於一家之言的傳述，尤須避免只根據某一外國名著的翻譯。因此，經議決，本叢書內容之取材將共同遵守以下兩個原則：

　　一、在內容上應概括該學科發展到目前為止的重要知識（如基本理論重要發現等）與基本研究方法，並須指出重要問題之研究方向及進修途徑，藉此對讀者產生啟發性的教育作用。

　　二、對重要問題之討論，務須顧到國內情況及實際的需要，並儘量採用國內學者與有關機構新近完成之研究成果，以期增加讀者的適切感與知識的實用性，並藉以引起社會對國內學術發展之重視。

　　因鑑於國內社會科學方法論方面書籍之闕如，本叢書諸作者除分擔撰寫各科專書外，特配合大學部及研究所課程之需要，就各人專

長，復採合作方式，撰寫社會及行為科學中各種重要的研究方法，集為另一專書，期能由此引起國內學者的研究興趣，從而提高社會科學的水準。

此外，本叢書內各書的撰寫體例也力求統一，舉凡章節編排、註解方式、參考資料引註、中英文索引編製等，均於事前確定統一格式，甚至排版字體、繪圖、製表、紙張、裝訂等，亦採用統一標準，務期做到形式與內容並重的地步。

本叢書之能順利出版，首應感謝各科著者的支持與合作。目前所列叢書範圍只是暫時的決定，以後將視情形逐漸擴大，增加各科專書。我們始終相信科學的發展是全面的，必須經由科際間的合作，始能達成既普及又提高的效果。因此，我們除了感謝已參與本叢書撰寫的學者之外，也竭誠布望海內外的學者先進給予鼓勵、支持與指正。

本叢書從最初的構想、設計以至出版，深得東華書局董事長卓鑫淼先生與總經理馬之驌先生全力支持，併此致謝。

張春興　楊國樞　文崇一　謹識

中華民國六十四年九月於臺北

序

　　課程是各級學校教育人員普遍關切的領域，也吸引了很多學者從事研究。舒伯特（W.H.Schubert）在「課程專著」一書中提到，自 1900 年至 1979 年總共八十年間，英語系國家出版的課程專著，用以教育學校行政人員、教師及教育學者有關課程此一主題者，合爲 1,138 冊，其中 1900－1909 年有15 冊，1910－1919 年有 13 冊，1920－1929 年有 87 冊，1930－1939 年有 113 冊，1940－1949 年有 81 冊，1950－1959 年有 121 冊，1960－1969 年有 294 冊，1970－1979 則躍昇爲 414 冊。舒伯特所收錄的課程著作尚不含學位論文、期刊論文、研究報告、課程指引、特殊領域的課程（例如數學課程、體育課程、特教課程等）。

　　除了著作之外，英語系國家發行的課程刊物，也有好幾種，例如課程期刊（The Curriculum Journal）、教育領導（Educational Leadership）、課程探究（Curriculum Inquiry）、課程研究期刊（The Journal of Curriculum Studies）、課程理論化期刊（The Journal of Curriculum Theorizing）、課程與視導（Curriculum & Supervision）。各種著名期刊，雖未冠以課程之名，都常探討課程此一主題，例如哈佛教育評論（Harvard Educational Review）、教育研究評論（Review of Educational Research）、師範學院紀錄（Teachers College Record）等都是。

　　由此一分析可見課程領域在英語系國家蓬勃發展的盛況。課程

領域探討的主題，包含課程的基礎、課程理論、課程設計、課程發展、課程決定、課程控制、課程實施、課程管理、課程評鑑、課程問題、課程研究、課程歷史、課程趨勢、課程改革、潛在課程等項，內容十分龐雜。研究者或者擇取其中之一，深入加以探討，或者力圖綜合各主題，概括於書中討論，當然其中難免受到個人價值及見解的影響，而有倚輕倚重的情形出現，使得每一本課程著作都具有獨特之處。

　　國內教育領域以往特重教學，課程領域成就較少。早期教育學系所開課程方面的課，只有課程論一科而已，課程探討多半附著於各級教育的探討之中，例如談國民教育，在制度、行政、師資之外，附帶討論課程與教學。換言之課程的研究既不夠廣，也不夠深，缺乏專門的研究人才。民國七十年左右，課程領域逐漸有新血投入，課程的專著、論文漸漸出現，大學講堂所開的課，有課程設計、課程發展、課程計畫、課程理論、課程評鑑、潛在課程、課程與教學等，選課的人也逐漸多了起來。以台灣師範大學教育研究所的課程修訂言之，新課程區分為教育哲學與歷史、教育行政與政策、課程與教學三組，課程與教學被視為獨立的研究和學習領域，開設的課將增加小學課程、中學課程、課程理論等，授課內容更為豐富。

　　與英語系國家相較之下，國內課程研究的狀況可謂尚在起步階段，雖然努力了近十年，在課程設計、課程改革、潛在課程等方面都有專書出現，對課程問題如性別教育、意識型態灌輸等也有研究和論述，不過到底數目有限，許多地方都值得不斷開發，力求進步。作者忝為課程界的一份子，時時以發展課程學術為念，唯才疏學淺，貢獻很少。今承東華書局徐總編輯之邀，將歷年來對課程的觀點加以整理，就教於各界先進，尚請不吝指正。

　　本書題名為「課程設計」，取其言簡意賅，又為國人習用的名

詞，易被人所接受，實則書中章節尚包含課程基本概念介紹、課程發展、課程決定及課程問題，不過都環繞著課程設計此一核心。第一章首先介紹課程設計的科學化運動，以巴比特（F. Bobbitt）為主，說明科學化運動的背景、內涵，並闡明巴比特課程理論的現代型式，提出批判。第二章剖析課程設計的基本概念，包含課程的意義、設計與發展、空無課程、設計原則及其他重要名詞。第三章探討課程設計的理論取向，包含學科中心、學生中心、社會中心及科技中心，一一分析其課程設計的理論內涵、特徵及實際作為。第四章分析課程設計模式，指出課程設計模式的要素、程序及關係，和介紹著名的模式，並比較課程設計的目標模式過程模式。第五章到第八章分別探討課程設計模式中的重要因素：課程目標、課程選擇、課程組織及課程評鑑。課程目標一章探討目標的分類、來源及撰寫方式，分析行為目標的論戰及問題。課程選擇一章剖析課程內容及活動選擇的規準，探討課程選擇的均衡性概念。課程組織一章先剖析組織的基本概念，其次則詳細探討學科課程、活動課程、核心課程三種組織型態。課程評鑑一章同樣先探討評鑑的基本概念，然後分析課程評鑑的途徑、模式及課程材料的評鑑。

在課程設計之外，本書亦關心課程實施的問題，課程實施是將課程計畫付諸行動的過程，本書第九章探討課程實施的主要觀點——忠實觀及調適觀，分析課程實施的層面及層次，並就影響實施的因素加以探討。

第十至十一章分別探討課程設計及課程決定的幾個層次。第十章以中央層次的課程設計為主，檢討我國教育部的課程行政，分析其中的課程設計問題及解決之道；除此之外並探討全國性課程發展的相關機構，包含國立編譯館、台灣省國校教師研習會、師大科教中心及教育資料館等，探討這些機構的課程任務及課程設計程序。第十一章分析學習單元的設計，包含學習單元的要素、設計原則及

發展程序並描述教室層次的課程設計工作,探討教師如何運用研究成果,剖析自己的課程概念,設計教室層次的課程。這些章節的探討並未概括所有課程設計的層次,例如省市廳局、縣市教育局、學校及學生層次是從缺的。從缺的主因或是這些層次在課程上的影響力較小,或是資料較少,也許以後可以繼續研究。

大規模的課程設計工作是很繁雜的事,也有其適用的模式。對教師而言,許多設計都是比較小規模的——針對某一教學領域的某一單元,有一些非正式的課程設計途徑是適用的,第十一章第三節便探討這些非正式的設計途徑,包含內容中心、技能中心、問題中心、興趣中心等方法。課程設計如何滿足個別學生的需要,一向是教育界的難題。光呼籲個別化教學的重要性,而不從課程設計去努力,便缺乏成功的途徑,基於此,第十一章探討這個問題。

最後兩章分別探討國中階段課程設計的重要趨勢及當前我國課程設計問題,第十二章檢討課程與社會變遷之關係,分析各科之重要趨勢,歸納共同的重點,提供國中階段課程設計之參考。讀者尚可參見附錄中有關各國國中階段教學科目及時數表,以資印證。國小課程方面,本書雖未有專章探討,但在附錄中亦提供各國小學教學科目、時數,讓有興趣的讀者可以參考。高中方面的課程本書未特別加以分析,不過附錄中亦列出了美國綜合高中課程。第十三章檢討我國課程設計問題時,對於決策過程、課程專責機構、兩難問題、科目表的爭論、新興課程領域、課程評鑑及課程實施的缺失,均有所探討。

本書之撰寫力求題材周全、內容詳盡,兼重中外課程理論和實務,唯因個人學養有限,且礙於篇幅,一定無法完全滿足讀者的需要,教學之際若能輔之以其他著作(如筆者所著之「課程改革」,台北:漢文,民78),及有關的課程問題與評論,當能加深對課程領域的了解。在中小學師資培育方面,雖然開設科目之名稱及時數

有別，不過本書所提供的內容都可做爲共通基礎，若能再針對中小學教育之特色補充有關資料，應可滿足需要。

一本書的完成是極不容易的，總有許多人在作者撰寫過程之中提供協助。我的碩士論文指導教授黃昆輝博士及博士論文指導教授亞波博士（M.W.Apple），提供的指導和鼓勵，是我首先要感謝的。前師大校長郭爲藩教授及教育研究所所長簡茂發教授，讓我有機會在主修園地裏耕耘發展，所內師長不斷給我啓示指教，均使我受益良多。在教研所開了七年左右的課程設計、課程計畫的課，不論是碩士班或進修班，修課同學的報告及提問，都刺激我進一步思考問題，研讀資料。教學相長，誠然不假。張春興教授邀我撰寫本書時，提到一本好書要能闡明觀點，給我很大的啓示，希望本書不會距離他的期望太遠。本校工藝系李大偉教授協助查詢專有名詞的翻譯，使本書之名詞運用得以更爲妥切。東華書局徐萬善總編輯談到一本書要發揮影響力，宜及早問世，使我獲得很大的鼓舞。我也要感謝國內所有的課程學者和讀者，他們不斷地激勵我完成本書。

最後，我要將本書獻給內子洪道玉女士，如果不是她的反覆叮嚀、提醒並肩負起主要的家庭責任，本書問世之日仍舊遙遙無期。

黃 政 傑
於師大教育研究所
民國 80 年 1 月

目　　次

東華社會科學叢書序

序

圖次一覽 ································· xix

表次一覽 ································· xxii

第一章　課程設計的科學化運動

第一節　科學化課程理論之主要代表人物——巴比特 ········ 2
第二節　科學化課程理論之發展背景 ················ 4
第三節　科學化課程理論之內涵 ·················· 7
第四節　科學化課程理論的應用及現代型式 ············ 31
第五節　科學化的課程理論之批判 ················ 45
本章摘要 ································ 63
問題討論 ································ 63

第二章　課程設計的基本概念

第一節　課程的意義 ························ 65
第二節　課程的結構 ························ 76
第三節　空無課程 ························· 81

課程設計

第四節　課程設計與課程發展 …………………………… 85
第五節　其他重要課程名詞 ……………………………… 88
第六節　課程設計的原則 ………………………………… 93
本章摘要 ……………………………………………………… 100
問題討論 ……………………………………………………… 101

第三章　課程設計的理論取向

第一節　學科取向的課程設計理念 ……………………… 103
第二節　學生取向的課程設計理念 ……………………… 114
第三節　社會取向的課程設計理念 ……………………… 125
第四節　科技取向的課程設計理念 ……………………… 133
第五節　課程理論取向的運用 …………………………… 140
本章摘要 ……………………………………………………… 141
問題討論 ……………………………………………………… 141

第四章　課程設計的模式

第一節　模式的意義與作用 ……………………………… 143
第二節　泰勒的模式 ……………………………………… 145
第三節　泰勒模式的補充 ………………………………… 163
第四節　課程設計的寫實模式 …………………………… 163
第五節　歸納與應用 ……………………………………… 169
第六節　目標模式與過程模式 …………………………… 172
本章摘要 ……………………………………………………… 181
問題討論 ……………………………………………………… 182

第五章　課程目標

第一節　課程目標的重要 …………………………… 184
　　第二節　課程目標的分類 …………………………… 190
　　第三節　課程目標的分析 …………………………… 211
　　第四節　課程目標的敘寫 …………………………… 234
　　本章摘要 …………………………………………… 257
　　問題討論 …………………………………………… 258

第六章　課程選擇

　　第一節　理性選擇的重要性 ………………………… 260
　　第二節　優先與均衡 ………………………………… 261
　　第三節　內容的選擇 ………………………………… 264
　　第四節　活動的選擇 ………………………………… 273
　　第五節　如何運用這些規準 ………………………… 284
　　本章摘要 …………………………………………… 285
　　問題討論 …………………………………………… 285

第七章　課程組織

　　第一節　基本概念 …………………………………… 287
　　第二節　學科課程 …………………………………… 304
　　第三節　活動課程 …………………………………… 315
　　第四節　核心課程 …………………………………… 330
　　本章摘要 …………………………………………… 346
　　問題討論 …………………………………………… 346

第八章　課程評鑑

　　第一節　課程評鑑的基本概念 ……………………… 347

第二節　課程評鑑的途徑 ………………………………… 359
第三節　課程評鑑的模式 ………………………………… 367
第四節　課程材料的評鑑 ………………………………… 374
本章摘要 ………………………………………………… 394
問題討論 ………………………………………………… 394

第九章　課程實施

第一節　課程實施的意義與重要性 ……………………… 395
第二節　兩個觀點和五個層面 …………………………… 400
第三節　課程實施的層次 ………………………………… 406
第四節　課程實施的障礙 ………………………………… 411
第五節　邁向成功的課程實施 …………………………… 424
本章摘要 ………………………………………………… 426
問題討論 ………………………………………………… 426

第十章　我國教育部及相關機構的課程設計

第一節　教育部的課程設計模式 ………………………… 427
第二節　教育部層次的重要課程問題及改進方向 ……… 438
第三節　課程發展的相關機構 …………………………… 446
本章摘要 ………………………………………………… 467
問題討論 ………………………………………………… 468

第十一章　教學單元及教室層次的設計

第一節　教學單元的設計 ………………………………… 469
第二節　教室層次的課程設計 …………………………… 484

第三節　個別化課程的設計 ………………………………… 512
　　第四節　非正式的課程設計途徑 …………………………… 522
　　本章摘要 ………………………………………………………… 535
　　問題討論 ………………………………………………………… 536

第十二章　國中階段課程設計的要重趨勢

　　第一節　多元社會與未來社會 ……………………………… 537
　　第二節　各科目的發展狀況 ………………………………… 541
　　第三節　課程設計上的問題與趨勢 ………………………… 556
　　本章摘要 ………………………………………………………… 560
　　問題討論 ………………………………………………………… 560

第十三章　當前我國課程設計的問題

　　第一節　決策的過程 ………………………………………… 561
　　第二節　課程專責機構 ……………………………………… 564
　　第三節　面對兩難問題 ……………………………………… 566
　　第四節　科目表的問題 ……………………………………… 573
　　第五節　新興課程領域 ……………………………………… 576
　　第六節　國定本教科書 ……………………………………… 578
　　第七節　課程評鑑與課程實施 ……………………………… 580
　　本章摘要 ………………………………………………………… 583
　　問題討論 ………………………………………………………… 584

參考文獻

　　壹、中文部份 ………………………………………………… 585

xviii 課程設計

貳、英文部份 ………………………………………… 588

附錄

附錄 一　中小學課程標準統整架構及實施（草案）……… 602
附錄 二　總體性的技職教育課程發展模式 ……………… 608
附錄 三　青輔會《國中學生進路輔導叢書》第四冊
　　　　　——就業之路編輯計劃 ………………………… 614
附錄 四　台灣省海事水產職校社會科學概論實驗教材編
　　　　　輯要點 ………………………………………… 618
附錄 五　台灣省海事水產職校社會科學概論的教材大綱及
　　　　　單元名稱一覽表 ……………………………… 620
附錄 六　教學單元設計實例㈠ ……………………………… 621
附錄 七　教學單元設計實例㈡ ……………………………… 627
附錄 八　教學單元設計實例㈢ ……………………………… 629
附錄 九　教學單元設計實例㈣ ……………………………… 635
附錄 十　各國小學教學科目及時數 ………………………… 640
附錄十一　各國國中階段教學科目和時數 ………………… 652
附錄十二　課程取向計分表 …………………………………… 685

索引

一、漢英對照
二、英漢對照

圖次一覽

圖 1－1	學習階層㈠	36
圖 1－2	學習階層㈡	37
圖 1－3	學習階層㈢	38
圖 1－4	課程發展的系統方法	42
圖 1－5	學生學習活動流程圖	44
圖 2－1	各類課程定義的性質	75
圖 2－2	學校課程結構	81
圖 4－1	泰勒的課程設計模式	147
圖 4－2	塔巴的課程設計模式	149
圖 4－3	惠勒的課程設計模式	150
圖 4－4	索托的課程設計模式	151
圖 4－5	魏特斯麥的課程設計模式	153
圖 4－6	柯爾的課程設計模式	154
圖 4－7	赫利克的課程設計模式	156
圖 4－8	龍渠的課程設計模式	158
圖 4－9	奧立發的課程設計模式	159
圖 4－10	比恩等人的課程設計模式	161
圖 4－11	薛勒等人的課程設計模式	164
圖 4－12	寫實模式的主要成分	167
圖 5－1	龍渠對於目標的分類	196
圖 5－2	認知領域目標分類的重組	210
圖 5－3	一個大目標的成分分析	223
圖 5－4	變換的文章構成法中一個單元的學習階層	224

圖 5－5	界定教育機構的目的和目標的過程	227
圖 5－6	兩個目標和一個結果	251
圖 6－1	個人與環境的互動模式	282
圖 7－1	銜接性示意圖	294
圖 7－2	六種課程組織型態	301
圖 7－3	基本的課程組織型態	302
圖 7－4	各種課程組織型態	302
圖 7－5	學制與課程組織型態	302
圖 7－6	相關課程	309
圖 7－7	融合課程	310
圖 7－8	廣域課程	312
圖 7－9	擴大學生世界觀的課程	345
圖 8－1	課程的研究發展模式	351
圖 8－2	史鐵克的外貌模式	369
圖 8－3	普羅佛斯的差距模式	371
圖 9－1	課程的層面及其關係	397
圖 9－2	教育人員對革新的態度	412
圖 9－3	管理模式的架構	419
圖10－1	國立編譯館組織系統圖	448
圖10－2	國立編譯館的教科書編輯過程	449
圖10－3	國民中小學教科用書審查作業程序	451
圖10－4	國立編譯館的教科書印製過程	452
圖10－5	師大科學教育中心與教育部科學教育指導委員會的組織系統圖	453
圖10－6	師大科學教育中心課程發展流程圖	455

圖10－7	台灣省國民學校教師研習會組織系統……………………	459
圖10－8	台灣省國民學校教師研習會課程發展流程……………	462
圖10－9	國立教育資料館組織系統…………………………………	464
圖11－1	課程取向側面圖……………………………………………	495
圖11－2	運用研究發現的程序………………………………………	503
圖11－3	接受模式……………………………………………………	514
圖11－4	互動模式……………………………………………………	514
圖11－5	個別化課程的設計架構……………………………………	516
圖11－6	內容圖示例…………………………………………………	525
圖11－7	概念的階層…………………………………………………	527

表次一覽

表 1－1　巴比特的主要教育目標分析舉隅 ………………… 25
表 5－1　認知領域的目標分類 ……………………………… 200
表 5－2　情意領域的目標分類㈠ …………………………… 203
表 5－3　技能領域的目標分類 ……………………………… 205
表 5－4　情緒領域的目標分類㈡ …………………………… 208
表 5－5　非專門性的實際活動 ……………………………… 213
表 5－6　高中生物科教學目標雙向分析表 ………………… 239
表 5－7　贊成及反對使用行為目標的理由 ………………… 244
表 7－1　教學單元的組織要素 ……………………………… 290
表 8－1　各種課程評鑑途徑 ………………………………… 360
表 9－1　課程實施的層次 …………………………………… 407
表 9－2　教師對個別指導教學的實施層次 ………………… 410
表 9－3　課程實施者在不同觀點下的參與角色 …………… 420
表10－1　師大科學教育中心十年課程發展計畫 …………… 456
表11－1　關鍵人物的重要性比較 …………………………… 497

第 一 章
課程設計的科學化運動

　　人類自有教育活動以來，即有課程和教學的問題。不論是成熟的人對未成熟人的教育，或是教師對學生的教育，只要分析其中任何一個教育活動，均可發現「教什麼」和「如何教」的成分。幾千年來人類文字的歷史中，實不乏這方面的記載。然而人類歷史中關於課程或教材的記載，並不代表「課程」已經成為一門研究的領域。關於課程的主張及討論即使早已存在，課程的系統研究却是廿世紀初期的事。克立巴德 (Kliebard, 1968)、艾斯納 (Eisner, 1967)、卡斯威耳 (Caswell, 1966) 對此均有詳細的敍述。

　　課程成為專門的研究領域源於科學的課程理論，其早期的主要領導人物係巴比特 (J. Franklin Bobbitt, 1876-1956) 和查特斯 (W. W. Charters, 1875-1952) 二人。其中以巴比特提出的理論最有系統，而其於後世的影響尤大。巴比特的主要貢獻是提供課程研究的科學方法，使課程研究成為一個專門領域。然而巴比特將生產界的科學管理理論，應用於學校管理乃至課程設計，亦產生了許多問題，

值得吾人深入檢討。科學化課程理論之現代型式，至為繁多。例如泰勒的課程理論（Tyler's rationale）、能力本位的教育（competency-based education）、學習階層論（learning hierarchy）、行為目標（behavior objective）、系統分析（system analysis）等均是。值此理論大行其道之際，對於科學化課程理論所招致之問題，更值得吾人三思。

本章詳細討論巴比特所代表的早期科學化課程理論，其中心思想、譬喻及課程設計方法。本章並且指出科學化課程理論的幾個現代型式，如學習階層、能力本位師範教育及泰勒的課程理論等。最後本章亦對科學化課程理論進行綜合檢討。

第一節 科學化課程理論之主要代表人物
——巴比特

巴比特在 1901 年畢業於美國印第安納大學（Indiana University），獲學士學位，旋即往菲律賓馬尼拉大學擔任講師，並參與西美戰爭（Spanish-American War）後菲律賓的現代化工作，在那裏他獲得初步的課程設計經驗。巴比特與其他六位美國人曾在菲律賓從事教學及視導工作多年，了解菲島新學校的優缺點，有關當局乃請他們起草菲島整個的小學課程。

由於當時課程理論與課程設計的科學方法尚未萌芽，巴比特等人雖然有極大的自由設計課程以符合菲島人民的需求，他們的課程設計實際上卻是美國文化的大遷移。他們搜集了許多平常所熟悉的美國教科書，例如讀書、算術、地理、美國史等。他們也搜集了許多美國學

校的學習科目。基於此,巴比特等人編製了類似於美國學校的學習科目及各年級的科目配置。並且建議在菲島學校中採用美國的教科書。

當然巴比特等人的課程草案,並不適合菲島當時的情境,而且那時他們也未如此認真地考慮。所幸他們的課程草案經過菲島教育局長的修正,刪除了某些無關學科,加上了烹飪、縫紉、工場工作等,以適合菲島的社會需求(Bobbitt, 1918, 282-4)。

1907年,巴比特返回美國,進入克拉克大學(Clark University)攻讀博士學位。在這個大學中,巴比特拓展了他的視野,更進一步了解「課程內容的選擇必須適合兒童發展階段」之精義(Seguel, 1966, 78)。也因此而使他認識兒童、社會、課程三者之關係。 1909年,巴比特前往芝加哥大學 (University of Chicago) 任教, 與賈德 (C. H. Judd) 同事,受教育測驗的影響甚大。同時巴比特亦受到蓋瑞實驗(The Gary Experiment)的影響❶。蓋瑞實驗是杜威「學校是社區生活雛型」思想的實現。實驗學校中有類似於社會中的職業活動, 亦充斥着藝術、歷史及科學的精神。 蓋瑞實驗中有小組制度 (platoon system),使學生免受長期的座位束縛;亦有個別化方案 (individualized programs),使學生依個別學習速度而學習。 這些都是巴比特認為他在菲島改革課程時應該採行的。

然而,巴比特當時的活動比較着重於消除學校的浪費措施,亦即注意如何使各校教育發揮較大效率的問題。例如假期中學校建築的閒置、年級制度下學生學習潛能的受壓制、教師對於學校目標的破壞等均是他的改革主題。1911年帖衣勒(F. W. Taylor)出版「科學管

---

❶ 蓋瑞實驗是杜威的學生偉特 (W. Wirt), 按照杜威的主張進行的課程改革,其中包含了兒童及教師角色的重組。詳見 Seguel(1966, 79)。

理的原則」一書，主張最終成品的標準應提供整個歷程運作的品質管制。他並且以工作指示替代個人權威式的視導。巴比特受到帖衣勒的影響甚大，最後終以「生產」歷程作為教育歷程的譬喻，並且將管理原則應用於學校問題的解決上（Bobbitt, 1913）。

1918年，巴比特出版「課程」一書，為課程理論及課程設計方法奠下了新的里程碑。1920年，巴比特為洛杉磯市設計課程，並將成果融入1924年出版的「如何編製課程」一書。這兩本書使巴比特對課程領域有了極大貢獻，從此，課程成為一個研究領域，課程專業人員也漸漸出現於學校教育的舞臺上。

第二節 科學化課程理論之發展背景

巴比特課程理論的發展，正值美國教育上效率運動如火如荼的時期。美國教育界的效率運動源於1900年左右，而於1910年左右蓬勃發展起來（Seguel, 1966, 67）。

在十九世紀末期，美國教育界對於「什麼知識最有價值」的問題，已經有十人委員會（Committee of Ten）的報告（Kliebard, 1979）詳細討論。當時所面臨的問題是課程內容的過度膨脹及學術和實用科目的爭執。然而這種課程內容的辯論到了二十世紀初期並未終止。同時，教育界對於教學方法亦十分重視，因為教學方法影響教學內容的選擇、組織及呈現。因此什麼方法最為有效是教育學者研究的主題。其時亦有兒童研究運動者霍爾（G. Stanley Hall），在克拉克大學創立兒童研究中心，研究兒童發展階段，主張教師應配合兒童發展的速率，調整其對兒童的期望。上述所有問題的討論，必須透過兒

童學習結果的觀察， 始能了解。 然而這些觀察最好能採用科學的方法，而不是經由教師或視導人員的主觀報告即可的。

測驗運動的發展對於上述爭論的問題，提供了可以說服時人的客觀判斷。桑戴克（E. L. Thorndike）宣稱凡存在的必有數量，有數量的必可測量。他又主張某一結果（outcome）無論如何細微，均代表有機體對刺激的整體反應，如施予報酬，該反應可能重複出現，因此安排的情境中如提供了刺激，將帶來反應或結果。桑戴克認為兒童對刺激的反應，代表兒童的學習。結果可以採用數學處理，確定教學的效果。 1904年， 桑戴克出版「心理及社會測量的理論」。 此後量表、測驗等測量工具如雨後春筍，刺激了效率運動的發展。

雖然教育界的背景， 提供了巴比特建立其科學化課程理論的機會，其實生產界的效率運動才是其理論的主導。1911年科學管理之父帖衣勒（F. W. Taylor）發表了「科學管理的原則」一書，其理論通稱為帖衣勒主義（Taylorism）。帖衣勒主義以生產為中心，以效率為座右銘。科學管理唯一的目的是：削減費用、改進效率，以提高生產。科學管理的重點是生產系統中的「工作」。 個人只是生產系統中的一個因素而已。然而在帖衣勒主義下，個人要接受嚴密的調查或研究，以便發揮生產的效率。這一點和帖衣勒的主要概念「控制」有關。

帖衣勒認為科學管理要控制「工作」和「工人」二者。科學管理的核心是有組織地研究工作。透過時間和動作的研究，工作可以分析成許多微小的運作單位，並且可以訂出每一運作單位的效率標準。然後運用科學及心理學的原則，改善工人的效率水準。在工作分析當中，帖衣勒有三項原則。 第一是使勞動歷程和工人的技能分離。 也就是說工作的成功與否不再依賴工人的知識和能力，而是依賴管理的

實施。第二個原則是使概念與執行分開。系統的工作研究是科學管理的事而非工人的事。第三個原則是有系統地事先計劃及計算勞動歷程的所有要素。也就是在搜集及發展勞動歷程的知識，並將之置於管理的部門後，應操縱這些知識以控制勞動歷程的每一步驟和執行方式 (Braverman, 1974, 112-21)。

工作分析其實是為了便於控制「人」的因素，以達成生產的目的。以往的生產也重視人的管理，帖衣勒的控制概念却使管理的方式大大的改變。他認為適當的管理應該要能控制工人工作執行的正確方式。如果經由工人決定自己的工作表現，則管理將是一件令人挫折的事。運用紀律和命令的控制方法，並不能有足夠的控制，因為工人仍然掌握了實際的工作歷程。一旦如此，勞力的全然發揮將受阻滯 (Braverman, 1974, 100)。

科學管理者然後必須選擇適當的工人來執行工作。當然這必須細心研究個人的特殊能力和限制，才能發揮個人工作的最高效率。經濟的誘因在此亦是十分重要的。科學管理的理論假定經濟外誘是可以令人犧牲個人的工作滿意和身體安適，而從事工作的。帖衣勒曾經成功地採用增加報酬的方法，使一鋼廠工人處理生鐵的工作量大幅提高。帖衣勒只多付給該工人七角美金（原先為1.15美金1天），該工人的工作量由每天 12.5 噸增加到47噸 (Taylor, 1911, 41-7)。

巴比特早期的工作基本是將生產界的科學管理技術應用於學校管理上。成本會計及學校建築之最大利用是他關心的重點 (Kliebard, 1971, 611)。由巴比特所提出的「促進學校效率之科學管理原則」，可知生產界對他的影響之大之深。巴比特的第一個科學管理原則是，在可用的時間內完全使用學校的建築。第二，減少工人數目至最低數，而發揮每一工人的工作效率至最高點。第三，消除浪費。第四製造原

料成為原料最合適的成品，應用於教育上意指依照個人能量(capacities)施教(Bobbitt, 1912)。

上述所提最後一個原則已經接觸到課程的領域了。巴比特後來提出的課程理論，以生產為譬喻，以社會為導向，採用活動分析法設計課程。其起點為人生的所有活動，其座右銘為效率。課程的目標在使學生能有效履行人生活動。而且課程目標是可以發現的。只要逐步分析人生活動至最小的行為單位，目標即自然顯現。然則活動分析是要以社會中理想成人為基準的。試看下述帖衣勒之工作分析方法，不難了解巴比特課程理論如何受「生產」模式的影響了 (Taylor, 1911, 117-8)。

第一、找出10或15位從事某項工作技術高超的人加以分析，最好是不同地區和不同工作單位的。

第二、研究每一個人基本運作或動作的正確流程及其所使用的工具。

第三、使用馬錶研究每一項基本動作完成所須的時間，並且選擇完成每一工作要素最快的方法。

第四、排除錯誤、緩慢及無用的動作。

第五、排除不必要的動作後，搜集一連串最快最好的動作以及最好的工具。

第三節 科學化課程理論之內涵

科學化課程理論之主要代表人物是巴比特，後來主張科學化課程

理論之學者，均未能跳出巴比特原先提出的模式。巴比特以教育為生活的預備，以「生產」為教育的譬喻，採用活動分析或工作分析做為課程設計的方法。以下分別就巴比特課程理論的中心思想、課程的譬喻、課程設計的方法加以討論。

一、巴比特課程理論的中心思想

(一) 教育的本質

教育到底是什麼？教育為什麼會存在？教育有無不同的種類？這是每一種教育理論中探討的主題。由於每一種教育理論對上述的問題很少有完全一致的看法，因此，在課程設計的理論上亦有不同的主張。

科學化課程設計者重視成品或理想成人的價值以及造成成品或理想成人的歷程。教育是成人生活的準備，社會則為理想成人的資料來源。巴比特(Bobbitt, 1924, 8)在「如何編製課程」一書中說：「教育基本上是為了成人生活，而非為了兒童生活。教育的基本責任是在準備五十年的成人生活，而不是為了二十年的孩童及青年生活。」

個人的本質是由成熟的成人生活中去發掘的。兒童及青年期本身並不重要，那是因為這段期間使未來的成人生活成為可能，才顯得重要起來。六歲孩童的教育是為了七歲時的生活；而七歲時的教育，則為了八歲時的生活。

以教育為生活的預備，而生活又為社會中理想成人的生活，顯然不以個人為一孤立的存在體，而是社會整體的一份子。在巴比特的理論中，人首先被看成社會的一份子，然後才被看成是一個個體。既然人是社會的一份子，而他又必須在社會中活動或生活，他的本質便決

定於他成功從事生活活動的程度。因此人不只是智慧的儲藏庫（Intellectual reservoir），接受知識的填充的。教育不是事先準備了歷史、地理、科學、文法等知識來裝填智慧的儲藏庫的。這是和舊教育的說法不同的。

既然如此那人是什麼呢？而教育又是什麼呢？巴比特認為人是十分複雜的創造物，從事無窮止境的不同活動。活動組成了人的生活，透過活動或行動個人了解了人的存在目的，人的教育即在準備個人能適當執行生活中的各種活動（Bobbitt, 1924, 45-7）。

那麼，教育的歷程像什麼呢？透過何種方式的學校教育，才能使個人成為一個受過教育的人呢？ 巴比特的回答是這樣的（Bobbitt, 1913, 12）：

> 教育是一個塑造的歷程，如同鋼軌的製造一樣，透過此人格將被塑造成所欲的型態。當然人格的塑造是比鋼軌製造更為精密的事，而且包含更多非物質成份；然而塑造的歷程是沒有兩樣的。人格塑造並且是大為複雜的歷程，因為所欲造塑的整體人格如要有完全而正確的比例，則包含極多的層面。

然則教育是否即等於學校教育呢？或者說學校教育是否擔負所有教育的責任呢？巴比特的答案是否定的。首先他區分兩種不同的教育經驗，一種是遊戲的，一種是工作的，分別代表兩種不同的教育思想學派（Bobbitt, 1918, 1）。

> 目前教育的討論顯示二種對立的教育思想學派是存在的。其中的一派基本上看重主觀的結果：豐碩的心靈、速捷的鑑賞、精緻的感受、修養及文化。對他們而言教育是發展個人能夠生活

而非能夠生產的實用能力。對他們而言大部份的教育是受教育經驗本身的趣味所引起，而非當時那些經驗的有用或無用所招致。如果這些經驗能擴大或開展個人的潛在本質，這些經驗的存在便有價值。個人能力的完全展開即為實用生活的根本準備。另一派主張教育基本上要確切地注意實用世界的實用行動。受過教育的人要能有效地在其職務上勞動；要能在社交及公民生活中與其同儕有效合作；要能維持其體能而有高度的效率；能參與適當範圍的正當休閒活動；能夠有效地養育子女成人；能有效率而一致地實行其社會關係。教育是有意地為這些事務準備的。

巴比特認為這兩派的主張均是正確的。他認為必須兩者兼具，否則教育的整體功能無由發揮。這兩種教育經驗都是個人完整發展有效行動的要素；一種是在遊戲層次，一種是在工作層次。一種是自發興趣的活動，是主觀而包含客觀經驗價值之生活；另一種是客觀世界的有意改造與控制，為達成最大效果應有主觀生活的背景。雖然如此，巴比特仍然以為教育是朝著生活中重要責任或職務而準備的。教育經驗的工作層次是在準備個人有效地履行各種重要職務如職業、健康、公民生活、親職生活等。巴比特以為遊戲時個人可能忘却遊戲的重要性。愉悅不是目的，只是一種引誘，遊戲是短視的。而工作則是遠視的，個人在工作中完全了解手段目的關係。工作經驗具有兩種結果：我們可以由從事工作活動藉以獲得最終目標而不意識到教育效果；我們亦可由個人對於結果感覺到的責任和自己能力之不足，而着重個人的能力發展。由此可見工作經驗的重要性。巴比特因此主張學校教育應安排正式的工作情境，使學生負有真正的責任，從事真正的

工作 (Bobbitt, 1918, 202)。

實際上，巴比特的遊戲與工作經驗區分，即是他所提的基礎教育 (foundational education) 和功能教育 (functional education) 之區分 (Bobbitt, 1924, 63)。基礎教育是個人能力的開展，同時個人未意識到這些能力與將來個人所能發揮的特殊功能之關係。孩童遊戲時的經驗是愉悅的。孩童及其父母不以遊戲作為將來孩童履行成人責任所需技能的有意準備。這種活動提供孩童一般性的成長，包含身體、社會、智能、審美及道德等方面。基礎教育大部份是由遊戲層次的經驗而來的。在基礎教育的層次中，兒童不了解特定的教育目標，對教師而言基礎教育是為將來特殊的功能教育而準備，故基礎教育亦是具有功能性的。然則在遊戲層次中個人經驗和能力的開展是不夠的。個人必須接受特殊訓練而能好好工作，他必須能意識到自己的責任及能夠十分熟練的從事特定活動才行。這便是功能教育的領域了。在功能的教育中，師生均了解教育的目標。

那麼學校教育和其他教育的分野何在呢？巴比特主張一般生活活動中所能學到的能力，例如走路、跑步、傾聽他人講話等，當然不是學校教育的範圍。這些能力的開展是個人整體教育的一部份，然而不是學校教育的目標。在此巴比特提出的原則是這樣的 (Bobbitt, 1924, 35)：

> 凡透過其他正常的生活歷程即可完全習得的「能力」不應該成為學校的目標。只有那些十分複雜的能力，無法經由正常生活歷程充分發展者，始包括於系統教育的目標內。

此外，兒童的發展經驗若就「是否接受學校指導」而言，可分為受指導的教育 (directed education) 和未受指導的教育 (undirected education)。兒童在社區生活的參與中所接受的教育，是一種未受學校指導的教育。這是種偶發的發展經驗，就整體教育言之是不足夠的。系統的學校教育是一種指導的訓練，是對於未受指導的訓練之有意補充。學校的課程即着眼於學生在一般未受指導的經驗中，不能充分獲得的目標 (Bobbitt, 1918, 43-4)。

（二）課程的意義

巴比特對於課程的定義與其對教育本質的看法是一貫的。由於他認為人類生活包含著許多活動，而教育係為成人生活而準備，因此課程是一連串使兒童和青年能履行成人事務的活動和經驗。巴比特說：

> 中心理論是簡單的。人類生活無論如何變化總包含著許多特定活動的履行。為生活做準備的教育，就是明確而適當地為這些特定活動準備的教育。這些活動無論如何因不同社會階層而變化多端，都是可以發現的。我們只要走入世界的事務中，發掘這些事物所包含的個別成分即可。人們從事這些事務所須的能力、態度、習慣、鑑賞和知識型式將會顯現出來，而成為課程的目標。這些課程目標將是眾多的、明確的，而且是詳盡的。課程因此是兒童和青年獲得這些目標所必須具有的一連串經驗 (Bobbitt, 1918, 42)。

由此可見巴比特的課程並不是一般人所謂的個別學科或學科之組合。對巴比特而言，課程是一連串活動和經驗，有其所欲達成的目標，那就是使未成熟的人經歷這一連串活動和經驗後，能夠發展出從事成人生活事務的必要能力。

然則課程是有兩種不同的定義方式的，端視討論時着眼點是在於

學校指導下的經驗或是所有的經驗。第一種課程定義是指兒童及青年的所有經驗範圍，可以開展個人的能力的。這樣的定義當然包含了受指導的和未受指導的經驗兩部份。第二種課程定義是指一連串的受指導之訓練經驗，學校用來完成兒童及青年能力的開展的。巴比特以為教育雖然無法指導所有的學生經驗，然應兩者兼顧才是。

當課程被界定為包含受指導的和未受指導的經驗時，課程的目標應包含所有人類的能力、習慣、系統知識等整體範圍，這些目標是可以用分析的方法發現的。學校課程將着眼於那些無法由一般未受指導的經驗中充分獲得的目標。學校的課程是在孩童的未受指導經驗外，就學生的缺點來發現的（Bobbitt, 1918, 44-5）。這樣的課程定義顯示，巴比特除了關心學校教育的課程之外，也注意到社會的課程，這是今日許多教育學術討論中常常混淆或忽略的。學校的課程無法獨立起來加以定義，它是與社會的課程息息相關的。學校課程的範圍更是受到社會課程的影響，學校課程是有系統地「補救」社會課程之不足，是不能無限制擴張的。如此，我們便不難進一步分析目前學校課程所有內涵的適切性了。

課程的領域　經由所謂的「活動分析法」，巴比特「發現」了人類生活的主要領域，這也是巴比特進行課程設計時的基本分類和出發點。這些領域共有十個（Bobbitt, 1924, 8-9）。

1. 語言活動：社會的交互溝通。
2. 健康活動。
3. 公民活動。
4. 一般社交活動。
5. 休閒娛樂活動。

6. 維持個人心理健康的活動。
7. 宗教活動。
8. 親職活動。
9. 未專門化或非職業性的實際活動。
10. 個人的職業活動。

課程設計者並非完全按照這十個領域來工作。有許多活動經驗是經由正常的生活歷程獲得的，不勞學校教育費心。有許多活動則非學校教育的本份，應由其他機構負責。然而所有人類活動之分析十分必要，課程設計者於其中有所取捨的同時，可以注意屬於學校自身的部份與其餘部份或整體的關係。

這裏有一個最基本的問題。採用活動分析法時，到底應以那些人為分析對象呢？亦即課程領域的指標是要以怎樣的人做為依據呢？巴比特的答案是理想的社會人。教育的目標不是由任何種類或任何品質的人類生活中去發現的。他的假定是：人類活動具有不同層次的品質或效率，表現低的是不好的，低的表現可以經由訓練來提昇。不管是那一個領域，教育上假定最好而可行的，便是應該存在的。以農業訓練為例，課程發現者不是調查任何農業的環境。他將到不論由那個角度看都是最具生產力的、最成功的農場去調查，通常這些是示範的或實驗的農場。像這樣，如果農業的現狀已有十足的發展，教育只有一個功能， 即將目前的農業措施一成不變地教給下一代。 換言之，課程設計者只要去解決「是什麼」的問題即可。只有農業現狀極差的地區，課程設計者始多考慮農業教育的方向「應該是什麼」的問題，在此教育的功能是雙重的。巴比特又以砌磚為例，課程設計者所要分析的不是一般砌磚者的活動，而是由各種標準來看都是最有效率的砌磚

活動。教育要朝向於訓練出最佳的砌磚者。巴比特了解這個原則在實用上的困難，不同立場的人如受雇者和雇主將會有不同的標準；不論如何，所有的人均會同意教育上應有最優良及最科學的調查，去發現所須的最佳工作特質，作為教育上的目標 (Bobbitt, 1918, 48-50)。

（三）教育方法

「實做」是巴比特教育方法的特質。人類的生活既然是許多活動的組合，而教育目的既然是要準備兒童及青年能從事社會中理想成人的活動，則最佳的教育方法是要兒童及青年實際參與活動以獲取經驗。兒童及青年不是知識的儲藏所；教育不是灌輸兒童及青年知識的歷程。教育成功與否的標準，在於受教者是否能在社會中有效地表現其所應表現的行為。教育的標準是受教育者所能表現的行為。受教者應該是「行動者」（doer）。教師應使學生於實際工作情境中從事各種活動。

> 教育目前所要發展的智慧只能由成人實際生活的參與中成長，不能經由純粹記憶敘述事實的語言而發展。因此教育必須訓練與實際生活情境有關的思考與判斷，這項工作顯然迥異於過去的遁世活動……教育是在訓練每個公民不論男女均能夠熟練公民生活，而非記憶公民知識，能夠維護身體的強健，而非記憶衛生知識，能夠在實際情境中熟練使用抽象科學的觀念，而非背誦抽象科學的知識……我們已經發展出知識，然而尚未發展出知識的功能；我們已經發展出再生知識的能力，然而尚未發展出與生活有關的思考、感覺、意志和行動等能力，現在我們

必須重視這些尚未發展出來的能力 (Bobbitt, 1918, Ⅳ)。

基於這樣的評論，巴比特演繹出來的教學方法顯然是活動導向的。例如，在公民訓練中，教師為學生設計的活動是協助維護都市衞生、美化市容、預防蟲害、保護鳥類、維護交通等。又如語言訓練中，要提供學生選擇字句、組織思想並以語言做為有效溝通工具的經驗，口頭報告、書面報告、辯論及實際的社交活動均是好的設計。在職業活動中，巴比特亦希望學生在實際工作情境中負起真正工作的責任。這些實做的主張與杜威 (J. Dewey) 的「做中學」觀念，實相符合。

教育與社會的關係 在巴比特的課程編製理論中，教育與社會的關係是十分緊密而複雜的。首先，社會是既定的存在體，是教育工作者應接受的「存在」，教育的最終目的在使個人能適應既存的社會生活。

> 個人天生只具有十萬年前的人類文化層次。他所擁有的只是一組潛能。他降生時未携帶着人類累積的文化，換言之，他生來是個野蠻人。教育是訓練其活動和經驗的歷程，因此在他成長後，他被塑造成一個正常的文明人。
>
> 個人如此，新生的一代亦然……社會有責任訓練新生一代的生長，使新生一代接收「這個社會」時，能實行人類在長期的歷史中所發明、累積及習慣了的種種複雜文化活動。社會發揮這種再文明化的功能時，我們稱之為教育。❷

---

❷ Bobbitt, F. Education as a social process. *School & Society*, 1925, 21 (538), 453. 引自 M. Schiro, *Cutticulum for better schools*. N. J.: Educational Technological Publications, 1978, 103.

既然如此,個人不只是個孤立的個體,更是社會的一份子。社會的功能發揮有賴於個人或新生代有效履行其責任。而且人的本質只能由成熟的成人行為中觀察到,兒童及青年階段只是成人的準備階段而已。因此教育的功能有二, 一是使社會能永久發揮其功能, 其二為準備個人能夠在社會中過一個有意義的成人生活 (Schiro, 1978, 106-7)。巴比特所謂的功能的教育,即在培養兒童及青年能夠在未來的活動中,以社會合意的方式發揮其「功能」。

所以,教育是在現存的社會現狀下工作,企盼未來的社會能因此而優於目前的社會。課程的發展乃是一種工具。然而不可因而以現狀為滿足。在這種情況下,教育要不斷增進新生代從事成人活動的熟練度,而且要不斷消除活動中的錯誤、弱點、不完美及不適應 (Bobbitt, 1918, 64)。 教育是在使後一代履行社會活動時能勝過前一代,由此導致社會的進步。

巴比特對於社會改變(social changes)的觀點,更可由下面的敘述中看出:

> 改變是容易的。有許多人喜歡各色各樣的改變,他們覺得他們在變革的同時,亦求得進步。然則只有位置上的改變並不見得是進步。令人走錯的路總要比令人走對的多得多。現狀通常是比偏差的改變為佳。 從事課程編製的時候, 應盡可能找到能夠引導課程編製走向完全正確方向的指導原則。 (Bobbitt, 1924, 7)

教育反應社會的需求,適應社會的現狀,代表社會主導教育的現象。在巴比特的課程設計理論中,教育要準備成人生活,課程要包含一連串的經驗,以發展兒童及青年有效履行成人活動的能力。成人活

動應由理想成人來分析，而所謂理想成人又應由社區或社會來界定。學校只是社會的代理人，負責成品的生產。產品的最終標準應由客戶（在此是社會）來決定。學校負責的只是如何使產品符合既定的標準而已 (Bobbitt, 1913, 211)。

總之，巴比特提出科學的課程理論，有其一貫的主張。採用這個理論的課程編製者首先應承認社會的既存地位，相信理想成人的代表性，並以人類的生活是各種活動組成，而教育便是為成人生活而準備。如此，則課程無疑是兒童及青年必須實做或從事的事務，使兒童或青年能發展其有效從事成人活動的能力者。教育方式或教學方法必須着重實做，即在活動中獲取經驗，而不是知識的背誦而已。人類生活經由活動分析法，顯示出十個重要領域，而成為課程編製的主要範疇。

二、生產的譬喻

課程學者休伯納（D. Huebner）曾經區分六種課程語言 (curriculum language)，指出其在課程實際、課程討論及課程研究上的使用。[3] 這六種課程語言的性質由於使用目的、時間或情境的不同而有變化。他以為課程語言的性質有敘述性的、解釋性的、控制性的、訴求性的、指定性的及附着性的。本文不深入探討休伯納這六種課程語言的複雜內涵。然而由此可見課程界，甚至於是整個教育界，使用

---

[3] Huebner, D. The tasks of the curriculum theorist. Paper Presented at ASCD, March 1968.

的語言是有其深遠的涵義和功能的。例如「民主的教學」、「學科的結構」或「整個兒童」(the whole child)等,均不能僅就語言本身的結構或型式來了解,而應就使用者在特定時、空使用的目的去探討。

巴比特的課程設計理論中,有一些特殊的語言,研究者不得不特別注意。例如巴比特的論文中反覆提到「效率」、「科學」、「活動」、「經驗」、「預備」等關鍵字,到底這些語言是由何而來?其所代表的意義又是如何?如果我們不能回答這些問題,則無法深入體會巴比特所代表的「科學的課程思想」。

巴比特所處的時代,是個重科學、講效率的時代。在工商業界有所謂的「科學管理」,以要求工作者發揮最大的生產量和最高的生產品質爲目的。在教育界,有所謂的調查運動、試驗及實驗運動和測驗運動,以了解教育上各因素之現狀及各因素間之關係,並求教育功能之完全發揮。「科學」及「效率」實際上支配當時整個社會的討論方向,工業上的措施成爲教育界模仿的對象。

> 社會效率理念❹的中心奧秘是所謂的「科學工具主義」。這個奧秘包含的主張是:(a)課程的發展應該採用類似於工廠製造產品的科學方法;以及(b)課程發展應該是一種工具,用來完成與課程發展本身的旣定利益不同的需求,這種方式類似於工廠之滿足某些需求時,必須與工廠本身的利益分開是類似的(Schiro, 1978, 98)。

---

❹ 席羅 (M. Schiro) 以科學化課程理論的本質是一種社會效率的理念。因爲科學化課程理論以社會爲導向,以效率爲標準之故。

因此，巴比特是採用「生產的模式」類推到課程的設計及整個教育理論上，亦卽以生產爲教育的譬喩。西格（M. Seguel）和克立巴德（H. Kliebard）都以爲「生產」是巴比特的控制性譬喩，也是他課程思想的透視鏡（Seguel, 1966, 80; Kliebard, 1975）。這種「教育卽生產」（education as production）的說法，與進步主義教育者所信奉的「教育卽生長」（education as growth）一樣，提供了個人思考的基礎。由此衍生出來個人一貫性的教育理論或看法。「教育卽生產」不但成爲休伯納所說的——一種具有共同信念的人可以共同依附的課程語言，而且也是一種訴求性的課程語言。具有這種主張的人透過這個譬喩，請求教育有關人員接受這種觀念，同時亦指定了課程及教育工作者應該遵循的方向、方法與步驟。

然而「教育卽生產」的譬喩，所發揮的功能是比休伯納所提的爲廣泛的。克立巴德認爲巴比特將生產的譬喩應用於課程上，其結果是提供了課程專業人員一個鏡頭，經由這個鏡頭他們可以看到課程發展的歷程及要素像什麼。這個鏡頭使得課程工作者看到課程發展的某些特點，然而同時却過濾掉或誇張了其他的特點（Kliebard, 1979）。

既然巴比特以「教育卽生產」爲其理論的起點，課程編製時各要素間之角色及關係是十分明確的。巴比特認爲如果學校卽工廠，兒童爲原料，理想成人是成品，教師是操作員，視察爲工頭，局長爲經理，則課程可以視爲是任何可以轉變原料（兒童）爲成品（理想成人）的東西。課程發展的人員等於是生產機構研究部門的人員，一方面發現消費市場（卽社會）對於成品的需求，二方面則找出製造成品的最有效方法。因此課程發展人員的責任是雙重的。巴比特曾經提出十一項管理原則，其中之原則一原則二與課程編製關聯特大（Bobbitt, 1913, 11）:

原則一：應該明確決定成品的質、量標準。

原則二：當材料受勞動歷程的影響，由原料經由許多累進的階段而至最終成品時，應該決定各階段產品的質、量標準。

這兩項原則中所提到的標準，可以指導督學、行政人員、教師及學生本身。然而巴比特認為最終成品（理性成人）的標準應由社會決定，他以鋼鐵廠的運作來說明他的觀點(Bobbitt,1913, 12, 33-5)。

就我們的目的來說，我們應注意成品的標準條件不是由鋼廠本身來決定的。產品的質、量規格是由訂購鋼鐵的人決定的，在這裏是鐵路當局……那是運輸界為某特定產品確定質、量的標準……現在學校系統與社會活動各部門之關係，完全和鋼鐵廠和運輸工業之關係一樣。

因此，運輸界決定鋼軌的標準。即使一所有效率的鋼鐵工廠會為運輸界所訂標準建立檔案，標準仍是由使用成品的人所訂定的。那也就是說，學校是社會的代理人，其責任在於使產品儘量接近社會所訂的標準。

然而社會的標準是曖昧不明的，有時又是矛盾不一的，這些標準的探討應該由那些人開始動手呢？巴比特認為教育者便是適合的人選。巴比特認為課程的決定最好是採用實驗和量化的工具。課程的多樣性代表發現課程的歷程是如何地接近社會真實情況。另方面，也代表消費者對製成品要求標準的差異。生產的譬喻使巴比特選擇成熟的成人為消費者，以最理想的成人生活為成品之標準。既然如此成人生活乃成為歷程中的量尺，兒童生活的重視，兒童本質的注意，只是因

為其能有效改進成品的品質。

雖然教育最終成品的標準是由學校系統以外的社會所決定，原則二提到的階段標準是由教育專業人員於學校系統內自行決定的。也就是說教育人員是唯一合格的人選，可以決定何時學習、學習多久、學習多好等問題。巴比特認為這些是專業性的問題，應由專業人員採用科學調查來解決，不是外行人所得置喙的。巴比特說：「社會決定各階層的最終教育中，所應達成的是什麼，只有專家能決定如何去達成的事。」(Bobbitt, 1913, 37) 這個觀點和工廠依照客戶所訂規格，自己決定製造程序及品管標準是一樣的。

由此可見巴比特受工業界科學管理的影響確實很大。而他也能透過「教育即生產」的譬喻，提供我們一套十分一致的理論，和實際運作有關的建議。了解了這個譬喻，對於巴比特的主張，如教育應講效率、課程編製應採科學方法，更是容易體會了。然而這並不意指課程學者及其他教育人員完全接受他的主張，亦不意指其主張可以完全正確地說明教育現象。

三、課程設計的方法—活動分析法

「活動分析」(activity analysis) 是巴比特用以設計課程的方法。巴比特認為經由活動分析法，吾人可以發現課程的目的及課程本身。這個方法所根據的原理部份已有深入的討論，玆再臚列其要點於下：

1.社會是一既存體，教育是為了準備個人有效參與社會生活，成

為社會的一份子而存在的。
2.教育的目標應由社會中去找尋，教育是社會的代理機構。
3.人類在社會中的生活，無論如何變化不居，總不外履行特殊的活動，為生活而準備的教育即在準備兒童及青年具備履行這些活動的能力。
4.人類的活動只要運用科學方法加以分析，是可以發現的。

由此看來，巴比特的課程分析方法，首先在為學校提供一組完整而明確的終結目標。課程編製者是社會的代理人，採用科學方法，發現終結目標作為課程設計時的指引。巴比特的課程設計方法由人類活動的發現開始，經由特殊活動的分析、課程目標的獲得和選擇，到課程的建立，是一連串有系統的工作。

(一) 人類經驗分析

——由社會生活中，發現人類事務包含的主要領域。巴比特認為課程設計者應走入社會事務的領域中去發現人類活動的組成部份。由此可見科學化的課程設計者，區分人類心靈的主觀實體 (subjective reality) 和人類心靈之外的客觀實體 (objective reality)。他們所關懷的只是客觀實體的部份。課程設計者必須到實地去研究人類的活動，發現人類活動必備的能力，而不是在心靈中進行主觀的思考。此外，巴比特主張計算各部份活動發生的次數，做為概括的基礎。即課程設計者所關心的是社會中大多數人認為是真實或必要的，而非少數的個案。因此，巴比特區分活動之一般方式 (normative manner) 和個殊方式 (idiosyncratic manner)。前者為大多數成員之共同部份，後者為個別成員的獨特成分。客觀實體之價值決定於客觀實體

是否爲大多數成員所共有。結果課程目標的發現是基於當代的社會需求，而且強調社會的大多數「事實」或「現狀」，而非個人對於社會需求的「主觀判斷」或「規範性主張」。

由於巴比特主張課程設計的起點是生活活動，因此他與學科課程之以學科爲分析起點不同，亦與斯賓塞 (H. Spencer) 之詢問何種知識最有價值或最能準備人類從事生活活動有異。巴比特認爲教育人員放棄人類活動的分析是錯誤的 (Bobbitt, 1924, 4)：

> 目前有許多教育家，主要是科學的調查人員，認爲在廣泛及一般的教育路徑計畫中，我們可以逃避先決步驟。他們肯定有一些必須獲得的目標及達成那些目標所必須跋涉的路線。例如他們認爲讀、寫、拼字、計算、正確使用符合文法的語言及履行個人職業上的特定工作是適當的發展目標。他們相信目前該做的工作是使用教育調查的工具，精確地做出上述領域中的正確目標，以及所欲運用的程序之正確細節。

上面所指的「先決步驟」，即爲人類生活全部領域的分析，課程設計者在此所擔負的職責即爲「教育工程師」(educational engineer) 的角色，其所從事的工作巴比特稱之爲教育工程 (educational engineering)。經由人類活動的分析，巴比特發現了人類生活的十個領域——語言、健康、公民、休閒、宗教、親職、心理健康、非職業性的實用活動及個人的職業活動等。

(二) 特殊活動或特殊工作的分析

——人類活動的領域發現之後，應該進一步分析每一主要領域所包含的特殊活動。

人類活動所包含的領域被發現以後,由於這些活動範圍廣泛,內容繁多,如不細加分析,實在無法給予課程設計者多大的啓發。在各個活動領域內的特殊活動下,有的是正常生活中,學生便會有足夠的學習和體驗,有的是學校以外的機構應負責提供學習機會,其餘的部份才是學校應該挑起的責任。因此,人類生活領域的進一步分析,有助於課程設計人員劃淸學校教育與其他一般教育的界限,並且掌握學校教育與其他教育機構的關係。

既然如此,人類活動領域的進一步分析,應該達到何種程度呢?巴比特的說法是:首先把各領域包含的幾個大的單位找出來,其次將大單位再分析爲較小的單位。這個區分的歷程一直持續下去,到發現可以履行的特殊活動爲止 (Bobbitt, 1924, 9)。這個分析的歷程,實在是工廠生產線分析之翻版。表1-1 顯示巴比特經由人類生活領域分析及活動分析所獲得的部份結果 (Bobbitt, 1924, 11):

表1-1　巴比特的主要教育目標分析舉隅

I　社會的交互溝通
　1. 能以各種方式使用語言,適當而有效地參與社區的生活。
　2. 能有效組織思想,在下列場合中以口說的方式呈現給其他人:(a)會話(b)重述個人經驗(c)嚴肅而正式的討論(d)口頭報告(e)給予別人指導(f)只有一個聽眾時,思想的呈現。
　3. 能够正確地發音。
　4. 能在演說中一致而有效地運用聲音表達。
　5. 能說、能讀、能寫字彙。
　6. 能夠使用語言而不犯文法上的錯誤。
　⋮
　16. 能了解並自在地使用地圖。
　17. 能閱讀圖畫,並且能準備簡單的圖畫或設計。

表1-1所列「社會的交互溝通」是人類生活的主要領域，其下包含了十七個特殊活動，每一個特殊活動下，可以再詳細地加以分析。在本表中，巴比特僅就第二項特殊活動詳加分析。這些分析是根據二千七百名受過良好訓練及經驗豐富成人的一致判斷而來。❺然而，在某些複雜或不夠明確的領域中，所列項目只是大多數理想成人贊同而已。

（三）課程目標的獲得

——人類活動分析至衆多微細的單位後，履行這些小而明確的活動所須具備的能力自然會顯現出來。這些能力便是課程的目標。

首先必須了解的是巴比特所代表的科學化課程設計理論，主張目標陳述必須是清楚而詳細的，不可以是含糊或普遍的。這個主張是後來「行爲目標」發展的先導。❻巴比特之所以主張明確而且事先陳述目標，是有其主要原因的。席羅(Schiro, 1978, 118)以科學化課程設計者具有社會效率的理念，且因爲科學化課程設計理論以課程發展爲社會適應的工具，故亦稱之爲科學的工具主義。既然課程發展者的目標在完成他人的目標，如果此目標能事先明確說明，則課程發展者更能確定目標的本質，愈容易設計出一套完美的課程，有效地完成事先設定的目標。另外人類生活既然包含一連串活動，則目標以行爲術語敍述，更是理所當然的事。

---

❺ 主要教育目標之分析，係巴比特在芝加哥大學教授「課程」一科時，經由一千五百名研究生的合作，逐漸發展修訂而來。後來又經洛杉磯市一千二百名高中教師的批判修正，始完成本稿。

❻ 巴比特實爲行爲目標之鼻祖，雖然許多學者主張泰勒 (R. W. Tyler) 才是，其實巴比特早於廿世紀初即提出行爲目標的主要概念。

其次,必須了解的是巴比特的活動分析法,包含了三個基本階段——人生活動的分析、特殊活動的分析及課程目標的衍生。簡言之,巴比特的活動分析法是由整體分析為部份,再由部份分析為細節,不斷持續下去,成為一個頭重腳輕的金字塔形狀。教育人員只要提供學生各部份的學習活動,最後各部份的學習,即總和為整體,學生便可以有效履行人類活動。在分析特殊活動為課程目標時,「效率」是評鑑之主要標準,如何有效從事某項特定活動,是分析的要點。流程圖表的設計亦是課程設計的主題,其中包含所須從事的工作之方式、程序、時間以及評鑑的標準等 (Schiro, 1978, 119-120)。

最後,我們必須注意巴比特所謂的「能力」(abilities) 係由許多因素組成,這與他批評「教育為知識的灌輸」之不當,是一脈相連的。巴比特所指的能力包含了知識及知識以外的技能、習慣及態度等。他曾經確切地加以說明 (Bobbitt, 1924, 30):

> 什麼是能力?大致言之,能力似乎是一件複雜的東西,由許多成分組成。以使用文法正確語言之能力而言,這種能力包含了某種習慣、技能、價值、態度、欲求、知識、對他人期望和批評的敏感、注意他人的語言、能自我判斷、不喜歡文法。錯誤的語言、對於正確和錯誤語言型式的感受、對語言事務的興趣等等。這些要素沒有一項可以個別產生正確的英語。正確使用英語的能力,必須上述所有的要素同時運作,才能發揮。這種能力的發展包含了所有特殊要素的發展。

因此,巴比特認為所謂能力係指個人能有效履行某種活動。活動的履行,不是知識的背誦或程序的記憶而已,那是所有能力要素在實際活動中的共同運作。

（四）課程目標的選擇

——學校課程的目標，是朝向於學生在一般未受指導的經驗中，不能充分獲得的能力。

由於學校教育與一般教育有別，學校教育應有其特殊領域，因此課程目標發現之後，並非即為學校課程的所有目標。只有那些十分複雜的能力，無法經由正常生活歷程充份發展的，始包含在系統教育的目標內（Bobbitt, 1924, 35）。然則巴比特的這種敘述，仍未明確指出何種能力的發展為學校課程的目標。其實巴比特重視的不是目標的內容，而是如何選擇課程的目標，亦即課程目標選擇的原則。歸納巴比特的觀點，下列幾點是重要的原則：

1. 採用診斷的方法，選擇可以克服個人及社會缺陷的目標。例如找出英語表達的共同錯誤，做為英語教育應注意之重點。「錯誤」並未顯示將來個人應如何做，然而「錯誤」却可指出何處應是重點，以便使個人能從事活動分析法顯示出來的工作或活動。
2. 如果社區內，大家對某些態度、特質及能力見解分歧的話，這些態度、特質及能力不該成為公共教育的目標。例如宗教教育的目標中有些常有爭論，這些爭論點不該成為公共教育目標。
3. 某些能力由於實際情境的限制，應事先排除，例如學校及社區缺乏游泳設備，則「游泳」的能力不應成為學校的目標。
4. 區分一般教育目標及職業教育目標。人類活動的第一項到第九項領域內，所包含的目標，是屬於一般教育的，除了其中那些必須因自然的潛能及社會情境而異者外，其餘均應為每個人的

目標。職業教育的目標則應因應各職業的不同要求而異。即職業教育目標的選擇應配合各職業之特質。
5. 應綜合並且表列適合所有對象之能力和特質。教育的最低要素 (minimum essentials) 應依學生的能力水準訂立。
6. 區分最終目標 (ultimate objectives) 在年級目標或累進目標 (progressive objectives)。最終目標是以非量化的型式出現的。最終目標決定以後,接着可以決定學生每年級在各最終目標上應達到的程度。在此巴比特認為某些情況下年段目標亦可量化。
7. 各累進目標選定後,應依順序將所有年段目標排列出來。
8. 教育專業人員應領導編製綜合的能力表。然而當教育專業人員領導時,整個社區應協助決定新生代應發展的能力。因為社區人士是實務世界的組成者,是實際從事活動者。他們的知識可能膚淺而零碎,然而調查其中之熟練者,教育專業人員可以發現個人從事該項活動應具備的能力。社區中專門團體如售貨員、護士、外科醫生、宗教工作人員等亦可負責指出其職業活動所須的能力。

根據上述之原則,教育專業人員作決定時,應分析何種能力係學生可由生活歷程中去經驗,何種能力係由家庭、教會、及其他休閒團體去培養,何種能力則由學校有系統地負責。

(五) 課程的建立

——課程是學生在發展其從事成人活動的能力中,應該從事及經驗的一連串事物。

巴比特認爲課程包含一連串的活動與經驗。這些活動與經驗並非是雜亂無章的，而是與歷程目標一樣的順序排列以便達成終結目標。因此課程的構成要素有二，一是實質上的活動或經驗，一是形式上的順序安排。

再者，巴比特以爲課程的本質是一種歷程。如同冶鍊鋼軌一樣，課程不應受某些特定學科內容或方法所約束。歷程只是受到目的的控制。然則巴比特認爲兒童活動的安排應使兒童能適當展開其潛能。即兒童的經驗層次，在兒童轉化爲成人的歷程中是十分重要的，因爲兒童會與歷程中的事物起交互作用，這一點是有異於鋼軌的 (Bobbitt, 1913, 12)。是則，巴比特係以社會需求爲主，其次顧及兒童能力，選取適合的學科教材，以達成課程目標。

總之，巴比特的課程設計方法，是藉用科學研究的方法，欲設計一最有效的途徑，使兒童和青年經過這個途徑由未成熟而轉爲成熟。他的方法名之爲活動分析法，以人類生活領域之發現爲起點，再分析各領域內的活動成分所須能力，形成課程目標。爲了達成課程目標，兒童及青年所須從事及經驗的一連串事物，即爲課程。在課程設計的歷程中，教育專業人員（課程編製者）爲主導人物，必須結合社區人士及專門人員，共同爲課程發展而努力。採用活動分析的課程設計方法是以社會爲導向，以理想的人生活動爲目的，兒童及青年的需求及各學科之內容只是可用來達成目的之工具而已，並非是課程設計的主要出發地。

第四節　科學化課程理論的應用及現代型式

　　巴比特的課程設計理論是其經驗和思考的融合。巴比特的菲律賓經驗，使其發現自己課程知識的缺乏和課程設計方法的粗劣，而後乃致力於這方面能力的提昇。開始時，巴比特重視教育行政及學校管理的效率運動，直到「課程」一書出版，乃建立課程研究的里程碑，為其後的實際經驗奠定了理論基礎。一九二二年，巴氏出版「洛杉磯市的課程編製」，敍述其實際的課程設計經驗。後來更據以寫成「如何編製課程」一書。因此巴氏的課程設計理論和方法，是有其經驗基礎的，並非是一種凌空的架構，其影響力更是深廣而久遠。查特斯（W. W. Charters）是巴氏同時代之具相同主張者。後來的學者如泰勒（R. W. Tyler）、葛聶（R. M. Gagné）等人的課程理論，和曾經風行教育界的能力本位師範教育等，均可謂為巴比特課程編製理論之現代轉型，其主要架構與精神不脫巴比特的主張。

一、查特斯的工作分析

　　查特斯（W. W. Charters）的工作分析法（job analysis）十分類似於巴比特的活動分析法。我們可以說工作分析法是活動分析法在職業活動方面的應用。查斯特曾在「課程建構」（Charters, 1923）一書中分析其課程設計方法。查特斯是由教學的改進着眼，進而研究課程的設計途徑。他不排斥知識，却認為知識應有用於生活。而學習

者應該是知覺到知識的用處而去追求知識。因此他分析人類活動，以了解人類生活所須的知識內容；而巴比特却是為了了解人類從事活動所須能力為何，而分析人類活動。查特斯的課程設計程序如下：

1. 研究社會情境中人類的生活，以決定主要的教育目標。
2. 分析目標為理想（ideals）和活動，直至工作單位（working units）的層次。對於「理想」的選擇係由所有教師投票決定。「活動」則由社會中個人身心活動觀察而來。這些分析必須完整，直到獲得每一活動構成的一連串細微步驟為止——最好是學生可以直接從事，而不須他人協助的單位。
3. 按照重要的程度，安排「理想」和「活動」的順序。此處應信賴客觀測量的結果和專家的意見。
4. 依照「理想」和「活動」對孩童價值的高低，重新調整順序。
5. 排除學生於校外學習較好的「理想」和「活動」，獲得一組學校教育可以擔負的「理想」和「活動」名單。
6. 收集人類處理這些「理想」和「活動」的最佳措施（practices），這個步驟應透過成人活動和孩童活動的實驗研究去做。
7. 依照兒童心理特質，安排各種「理想」和「活動」的教學程序。

根據上述的程序，查特斯曾經為美國密蘇里州的史蒂芬斯學院（Stephens College of Columbia, Missouri）編製一套女子課程。他採用工作分析法，首先要求婦女完整陳述一週的工作，收到了九萬五千個人的回答。查特斯分析這些回答，發現七千三百個範疇，例如食物、衣着、健康等。基於此，查特斯為史蒂芬斯發展一套課程（Kliebard, 1971）。

準此以觀，人類活動的單位分析乃是查特斯課程計畫的第一步。

查特斯的工作是去發現人們應該做的工作是什麼，然後告訴人們如何去做。既然吾人可用婦女團體為對象，訓練婦女成為典型的婦女，則社會中其他工作團體亦可經指認而加以訓練。查特斯乃將婦女課程的發展方法，應用於秘書、圖書館員、獸醫、教師等人員的課程設計上。同時期的教育社會學者彼得斯（C. C. Peters），亦應用此方法，發現優良基督徒的習慣、思想、態度、信念等，覓尋其中之相同者以為課程目標（Kliebard, 1979, 213）。

二、泰勒的課程理論

泰勒(R. W. Tyler)在1949年出版「課程和教學的基本原理」，一般稱之為泰勒的課程理論或泰勒法則（The Tyler Rationale）。在該書中，他握櫫課程發展的四個基本問題：

1. 學校應該達成的教育目的是什麼？
2. 吾人可提供何種教育經驗以便達成這些目的？
3. 如何有效地組織這些教育經驗？
4. 我們如何確定這些目的是否達成？

由此四個問題，可以看出泰勒的理論和巴比特的理論有何異同。泰勒課程設計的第一個問題是「教育目的」的確立，這與巴比特的「課程目標」相同。泰勒與巴比特二人均以課程目標之決定，係課程設計中重要而不避免的第一個步驟。由於課程目標將指導以後課程設計者的所有活動，可以想見的是課程設計者花費許多時間於目標的建立和形成上。課程設計者不可跨越這個階段，直接在課程設計歷程的其他步驟中着手。因此巴比特書中大部篇幅在討論課程目標如何發

現的問題,而泰勒書中百分之五十左右在討論如何確定課程目標的問題。泰勒認為「教育方案的所有層面,實在是為了完成基本的教育目標。」(Tyler, 1949, 3)。而巴比特認為教育目標是選擇材料、安排內容、發展教學程序、準備測驗和考試的標準 (Bobbitt, 1918, 3)。

然而泰勒並不限由社會的研究以發展目標。他認為課程目標的來源應該包括學科內容、社會和學習者三個成分,並應參酌心理學家和哲學家的意見加以過濾。可是哲學家的貢獻在泰勒的理論中,是與其他專家立於同等地位的。因此泰勒與巴比特一樣低估了價值因素在課程設計歷程中,指引課程選擇的功能 (Eisner, 1967, 43)。

就教育目標的表達方式而言,巴比特和泰勒均主張課程目標應以行為的術語描述,使其明確、具體、詳盡。這種觀點代表了科學化課程設計者,在教育定義上有其一貫之見解。巴比特認為「人類生活無論如何變化,總是由特殊活動的履行所組成。」泰勒則認為「教育是改變人們行為的歷程……教育的目標是教育機構試圖使其學生產生的行為改變。」(Tyler, 1949, 5-6)。泰勒接著認為「因為真正的教育目的是……在造成學生行為方式的重大改變,任何學校目標的陳述,均應是希望學生產生的行為改變之陳述。」(Tyler, 1949, 47)。

泰勒在第二個問題中所提的「教育經驗」,與巴比特所稱的「孩童為獲得目標所須具備的經驗」是同樣的。巴比特曾經區分活動和經驗,他認為經驗是孩童與環境交互作用的結果。泰勒主張經驗源於學生的主動行為,他做什麼即學得什麼。他又主張學習源於學習者的經驗,即源於學習者對於環境的反應。因此學習環境的安排十分重要,在此學習者的行動和反應可以受到控制和塑造,獲得所欲的學習經驗。由於學習經驗是經由學生的興趣、知覺的經驗和交互作用而來,教師所能控制的只是學習環境的操縱而已。

泰勒的第三個問題是「如何有效地組織教育經驗」。這一點類似於巴比特的「一連串」活動和經驗。教育經驗的組織是為了使經驗彼此間互相增強，以便有效地完成教育目標。教育經驗的組織，最重要的方法是排列經驗的順序，使後者接續前者，有助於課程目標的達成。當然，泰勒在這方面的討論較為深入。

最後泰勒提出了課程評鑑的問題。泰勒主張評鑑的歷程基本上在確定教育目標透過課程和教學方案實施後，達成的程度如何。因此目標的陳述不只決定課程的選擇和組織，而且成為方案評鑑的標準。這種評鑑模式，波範 (Popham, 1975, 20) 歸類為「目標獲得的模式」。這種評鑑方式着重於已計畫的及可預期的教育目的。這種觀念和巴比特提倡的「產品控制」有其相同的意義 (Kliebard, 1970)。

三、葛聶的學習階層說

葛聶 (R. M. Gagné) 以學習的歷程、結果和條件為起點，探討課程及教學方面的問題 (Gagné, 1965, 1974)。他認為學習是人和其他動物都能從事的歷程。學習是由有機體與外部環境的交互作用而發生。個體行為的改變或修正，代表個體有了學習。然而這種行為的改變或修正，必須在個人一生中持續相當長的時間，而且必須不是因個體內部的成長或成熟而形成 (Gagné, 1974 5-6)。

就人類學習和記憶方面而言，葛聶認為刺激 — 反應的聯結觀點 (connectionist view) 已經落伍，而學習到的活動並非靠反覆練習始可記憶 (Gagné, 1970)。葛聶贊同資訊處理觀點 (information processing view) 對於學習的解釋，依照這個理論，訊息先由感官登記，進入短期記憶系統，而後經調整或遺忘或轉變位置。其經內部

排練系統複查時轉入長期記憶系統的訊息，必先譯碼——即轉譯為容易記憶的型式，再行存查。最後有所謂恢復的歷程，經此，個體乃能回憶習得的事物。準此，葛聶認為學習不是反復地練習記憶，保證某科學習成功的最可靠條件，是具備某種學習的必要能力(prerequisite capacities)。葛聶說（Gagné, 1970, 165）：

> 某些人稱這些「必要能力」為學習的特殊準備（Specific readiness），另些人稱這些為「能夠從事學習的條件」。如果要保證學生學會某些特別的新活動，最好的保證是確定學生以前是否學到了必要的能力。如果必要能力已然學會，我以為學生不須重複練習便可學會新的技能。

葛聶認為高產能的學習（productive learning）受到兩個主要變項的影響。其一為知識，即個人在學習的某個階段中所具備的能力；其二為指示，即學習方案的架構中，溝通的內容（Gagné, 1975, 257）。知識的變項便是學習的必要條件之問題。對於知識變項的分

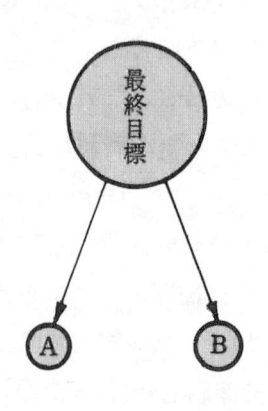

圖 1-1　學習階層㈠

析，葛聶所採的方法稱為「任務分析」（task analysis）。這個分析的起點是某一終結目標——在此可以是某項課業、活動或工作。葛聶所發問的第一個問題是有關這一項最終工作的——如果我們只給學生指示，學生要成功履行這項工作必須具備何種能力？假設最終目標的達成有賴於學生具備A和B兩種能力，則分析的結果如圖1-1。顯然，A和B兩個目標是巴比特的累進目標（progressive objectives）。

葛聶接著以A和B為終結目標，詢問上述同一問題，分析學習A或B時學生應具備的先決條件為何。假設欲學會A，學生必備C、D、E三種能力；欲學會B，學生必備F、G二種能力。結果如圖1-2。

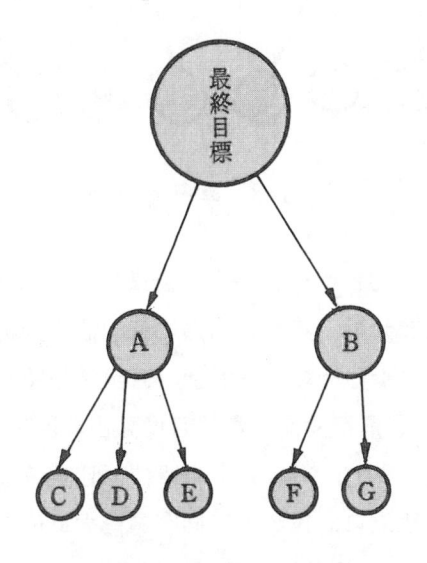

圖 1-2 學習階層（二）

如果接下去以C、D、E、F、G五者為終結目標，同樣分析學習每個終結目標所須具備的能力，所獲得的結果可能如圖 1-3。

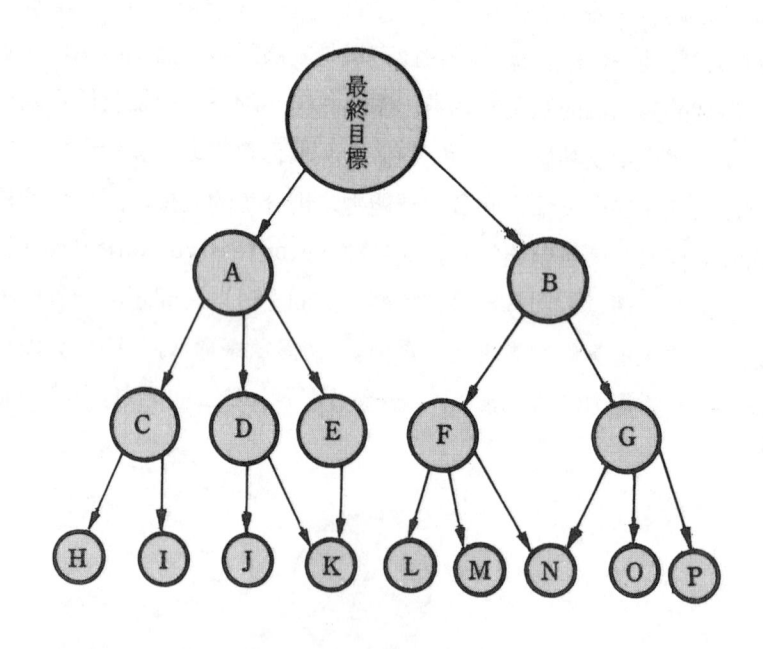

圖 1-3 學習階層㈢

這個金字塔形的目標分析結果，葛聶稱之為學習階層 (learning hierarchy)。這個分析，其實正同巴比特的活動分析一樣。巴比特將人生活動的領域逐步分析其特殊活動，直至這些特殊活動十分明確而不易再分為止。葛聶接受某一最終目標並由此開始，倒回分析學習最終目標應具備之能力，一直到十分單純而且是最基本的能力單位為止。同一個能力單位可能為達成不同高層能力單位之必要條件（不一定是充分條件），例如K為D和E的必要能力。

葛聶的學習階層所代表的不只是能力和工作的層級，而且是課程設計時所應依循的順序。他認為最大的學習遷移產生於較低層次的能力組合已經具備，而且有關較高層次能力的教學又有效果的時候。因

為學習階層是基於兩個假設。 第一， 不具備有較低層次能力的學生是無法學會較高層次能力的，即不會從事較單純及較一般性工作的人是無法從事複雜及特殊的工作的。第二，個人如果得到適當的教學，而且能回憶有關的較低層次知識，是可以從事任何較高層次的工作的 (Gagné, 1975, 257)。

基於上述的理論，葛聶界定「內容」、「內容單位」、及「課程」三個名詞 (Gagné, 1967, 395-6)。 所謂內容不只是包括教科書上或教師所談的東西。內容是與目標有關而不是與結果有關的。內容可以界定為人類活動的特殊領域中， 對學生能力期望的敍述。 所謂內容單位係指單一能力的特別敍述，亦即在一單組學習條件下所獲得的能力。內容單位的大小隨特殊內容而異，亦與目標確定前學生的能力有關。葛聶對課程所下的定義是基於內容單位和必要條件的觀點。他認為課程是內容單位的順序安排，在此種安排之下，如果學習者已經熟練順序中先決單位的能力，則每一單位的學習可以當作一個單一行動完成。因此葛聶的課程包含三個要素：(1) 陳述終結目標；(2) 描述先決能力的順序；(3) 指出學生可能具備的起始能力 (initial capabilities)。 這種定義與巴比特的課程定義實處於同一種架構之下。

由於葛聶亦認為界定教學目標是課程及教學計畫的第一步，因此他主張教學目標應客觀地陳述。和梅澤 (Mager, 1962) 一樣，葛聶主張採用行為目標，而其行為目標中包含動作、結果的表現及情境三要素，以結果的表現最為重要 (Gagné, 1975, 72-4)。他認為如果終結目標寫成「了解美國革命的源起」， 是不明確而且難有指引作用的；應改為「敍述有關美國革命六項主因的順序。」 葛聶認為行為目標對教師、學生、校長、教學評鑑人員及家長等均有極大的好處。在課程評鑑方面，葛聶採取泰勒一樣的模式，測量學校方案中所欲達成

目標的獲得程度，以確定該方案的效果（Orlosky & Smith, 1978, 394）。

四、能力本位師範教育

能力本位師範教育（competency-based teacher education）又稱實行本位（performance-based）的師範教育，是能力本位教育之一支。這是二次世界大戰以還，社會要求效能（effectiveness）、效率（efficiency）和績效（accountability）後的產物，同時科技在教育上的運用，亦促成能力本位師範教育運動的發展。

能力本位教學，要使個人經歷這種教學歷程中的學習活動後，能夠發展出實行某種活動的技能或能力。所謂「能力」（competence）意指「能夠勝任某一工作」，或者是「擁有從事某一工作必備之知識、技能和態度等」。因此能力一詞不是知識的同義詞，而是能夠「實行」或「從事」。

能力本位的教學是目標導向的（goal-oriented）。能力本位的教學始於能力的指認，做為學習者之目標。學習目標的陳述必須採用行為及可評估的用語，亦即必須是十分精確的。而且如何確定目標是否達成的方法，亦必須指明。學習者及教師均了解目標及評鑑目標達成與否的標準。因此能力本位的教學是目標導向且是根據目標進行學習績效考核的。由於學習者學習速率快慢不一，能力本位的教學亦講求個別化的學習。學習歷程及學習乃成為教學的重心所在。在能力本位的教學中，教學評鑑結果的解釋是採用標準參照（criterion-referenced）、而不是常模參照的（norm-referenced）。亦即評鑑的結果是與事先設定的標準比較，而不與其他人比較。

根據賀桑姆和休斯頓（Howsame & Houston, 1972）的歸納，能力本位的教學包含下列的程序：

1. 以行為的術語列出學習者的目標。
2. 指出確定表現是否符合標準的方法。
3. 提供適合目標的教學模式，由此引發學習活動。
4. 將目標、標準、評估工具和各種活動公諸大眾。
5. 根據能力的標準評估學習經驗。
6. 確定學習符合標準的績效。

這些要素無疑是泰勒課程設計理論的翻版，與巴比特課程設計理論亦大同小異。能力本位師範教育基於上述的程序和要素，為學生從事教學工作而準備，其中最重要的乃是明確目標的建立。伯恩斯（Burns, 1972, 17）曾說明這個特點：

> 能力為本師範教育的重點，是就學習者的行為界定明確的目標，並在學習活動開始前師生雙方均已了然。教學及學生的評鑑著重並僅限於已列出的目標。方案的評鑑亦包含有關目標上學生成就的回饋。目標的可行性亦受到評估……。

在能力本位師範教育方案中，所謂目標必須明確陳述成為一個有效教師的必備能力。這些明確的目標可以區分為五大類──認知的、技能的、情意的、結果的（consequence）和探索的。認知、技能、情意的目標與布魯姆等人（Bloom et al., 1956）的分類相同。認知的目標是與知識有關的；技能是與實做有關的；而情意的目標則指態度、興趣、價值等。結果的目標意指學生在教師指導下的學習成果。探索的目標則指學生必須經驗的事件或活動。情意及探索的目標由於

無法明確界定,因此不以行爲術語敍寫。

能力本位師範教育的課程設計中,目標的設定是一項十分吃重的工作,似乎目標設定後,其餘的問題便迎刄而解了。能力本位課程中學生成就的最低標準是固定的,而達成該標準所須的教學、作業及時間是因學生而異的。能力本位的課程發展是有系統的,其一般模式如圖1-4 (Burke, 1972)。

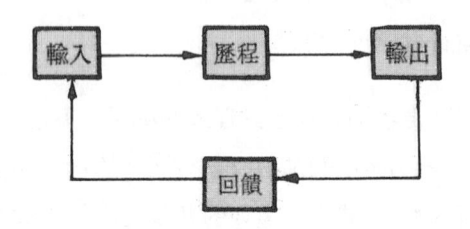

圖 1-4 課程發展的系統方法

所有的因素如人員、費用和環境均應在輸入中說明。輸入品經由加工歷程的系統運作,要求能完成特定目標。輸出或產品則根據標準加以評定。評定的結果,成爲回饋的資料,進入輸入的部份,做爲加工歷程中必須考慮的因素。在這種課程發展模式下,學生活動的流程如圖1-5(Burke, 1972)。學生選定學習單元或成分後,接受前測,如通過該單元的所有目標,即選擇另一單元。如未通過該單元的一個或多個目標,則依序學習每一目標,接受能力評鑑測驗,如仍未熟練,便接受補救教學。如此,學習、測驗、補救教學交互進行,直至所有單元目標完成爲止。最後接受該單元的後測,確定該單元所有目標是否均達熟練水準。

能力本位師範教育是有其歷史根源的。巴比特曾經說過:「師資

訓練機構是一種職業學校」(Bobbitt, 1924, 187-8)。 如果我們能發現一個鉛管工人應該從事的一六五項工作，我們怎麼不能為較複雜一點的教學工作進行分析？為了發現師資訓練的目標，調查人員必須找到一些教師，觀察他們履行他們應該從事的工作。然後列出優良教師完成其教學時必須從事的一百、五百或五千種工作。履行這些工作的能力便是師資訓練的目標。

查特斯亦採用相同的架構分析師資訓練機構的目標 (Charters, 1920, 305-6)。 例如他發現早上八點四十分到九點之間，教師從事三種活動：批改作業、計劃上課、招呼學生。履行這些活動的能力應該成為師範教育的目標。此外查特斯和魏波斯 (Charters & Waples, 1929) 共同主持 「聯邦師資訓練研究」(The Commonwealth Teacher Training Study)，採用「科學的方法」，發現優良教學的特質和活動，做為師範教育課程的要素。這與以前藉思辨的方法以確定教師應具備的特質和活動是大不相同的。查特斯和魏波斯首先經由具有評定教師教學能力高低資格的人，選出二十五種教師最重要的特質，然後分析每一特質的行為成分。其次，編製問卷，發出二萬二千份給四十二州之有經驗教師，以便整理教師活動綜合表。收回的問卷中有六千份是可用的，他們由此分析得 211,890 項活動。 最後消除重疊的部份，發現了 1,010 項教學活動和特質， 以為師資訓練的目標。

自巴比特、查特斯的課程設計至目前風行的能力本位師範教育，可說是一脈相承的。在師範教育課程設計上，均以「科學」為口號，採行科技的發展模式，講效率、重目標、愛精確、論成果，視教學隸屬於「技術」的層次。 師範教育的設計， 首先在確認何者為好的教學，分析「好教師」的教學活動，指出從事這些活動的必要能力，發

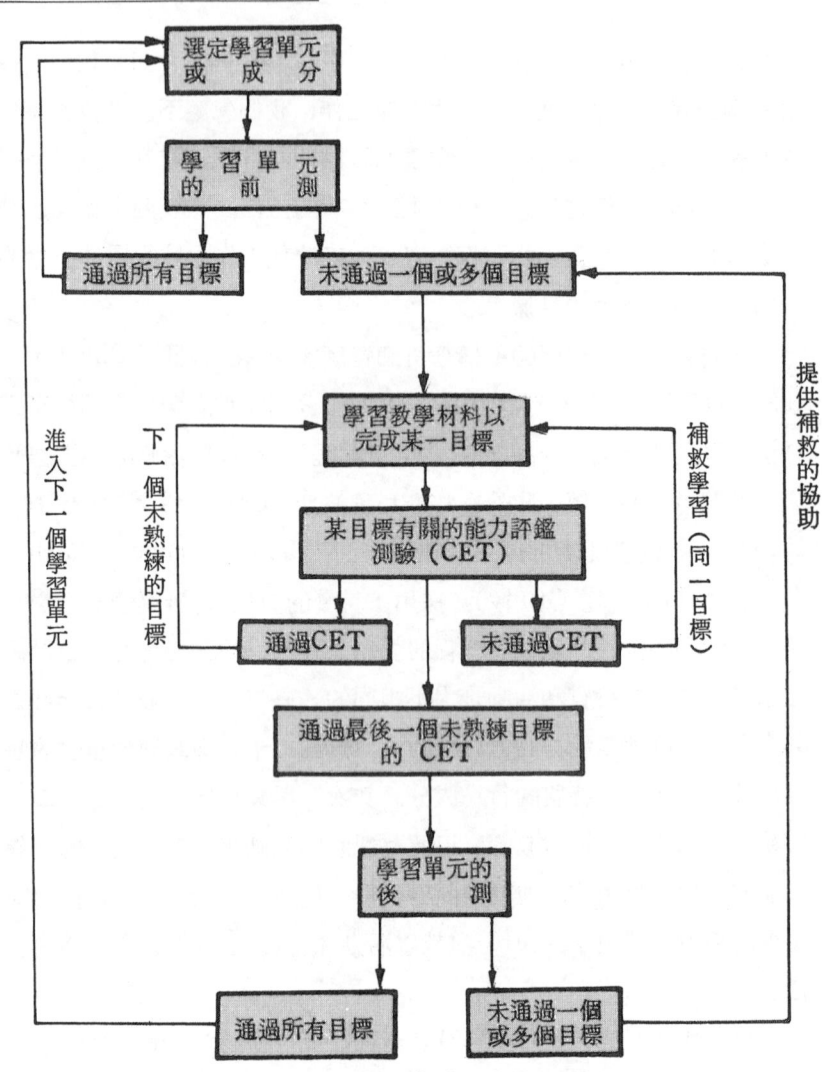

圖 1-5　學生學習活動流程圖

現師範教育目標。更重要的是目標的陳述必須十分明確，最好採用行為術語。其次才是學習活動的安排和評鑑。以「教育為生產」的科技模式，在此可謂展露無遺。

第五節　科學化的課程理論之批判

自巴比特奠定科學化課程理論的基礎以來，課程發展的主流只是在其理論架構下充實延展，主要精神並未有絲毫錯離。同時期查特斯的工作分析也好，其後的泰勒課程理論也好，甚至於輓近的學習階層說、能力本位師範教育以及科學化課程設計者共同主張的行為目標等，均是十分明顯的例子。科學化課程理論如前所分析，是有其發展背景的；而這個理論的興起，對於教育的影響確實是異常地深廣久遠。

一、科學化課程理論之貢獻

自巴比特提出科學化課程理論後，「課程」始逐漸成為專門的研究領域❼。巴比特1918年出版的「課程」一書，是第一本專門探討課程發展的著作。雖然有關課程的討論並非由當時才開始❽，然而以往的討論都只針對有關課程的部份主題，主要都是學科或教學內容的選擇和配置而已。在巴比特提出課程理論之前，沒有任何教育學院曾經

---

❼ 參見Eisner (1967), Kliebard (1975), Walker (1976), Caswell (1966), Seguel (1966)。

❽ 孔子曾以禮、樂、射、御、書、數為教育內容。西方柏拉圖 (Plato) 在理想國的教育計畫中，亦曾主張各階段教育的主要內容。例如七至十六歲的教育階段，柏拉圖主張兒童及青年應學習體操、音樂、算術、幾何等（詳見中華書局，西洋教育史．民 57 年，32）。美國在十九世紀末葉時，伊利歐特 (C. W. Eliot) 和霍爾 (G. Stanley Hall) 在課程分化方面，亦有極精彩的辯論，詳見Kliebard (1979)。

頒發課程領域的學位，沒有任何專業的課程團體存在，而美國地方學區的教育行政體系中亦無專門處理課程事務的職位。這也就是說課程領域尚未建立起來。艾斯納（Eisner, 1967）遍查1911年的教育百科全書，發現並未有「課程」的部份，只有「學習科目的理論」，作者杜威的參考書目中，亦未包含有「課程」的標題在內。

1918年後，課程的設計與發展在美國如雨後春筍般地出現。首先，吾人可以發現的是大規模的地區性課程改革陸續進行。洛杉磯（1920）、丹佛（1922），文納特卡（Winnetka）（1922）、聖路易（1925）只是其中較著名的例子。而巴比特在洛杉磯的課程設計，更為1924年「如何編製課程」一書提供實際的例證。其次是全國性課程編製委員會乃至課程學會的建立。1924年，美國全國教育研究學會（NSSE）成立了「課程編製委員會」(Committee on Curriculum-Making)，提供學校有關課程編製的觀念和技術，1927年發表第二十六次年刊二卷，一為課程構建的基礎和技術，二為課程的編製：過去與現在(Rugg, 1927a, 1927b)。1936年，課程研究學會(Society for Curriculum Study)和全國教育協會（NEA）的視察和教學指導員部門(Department of Supervisors and Directors of Instruction)聯合成立課程聯合委員會（Joint Committee on Curriculum)，課程的發展乃與教學視導結合。1937年，哥倫比亞大學師範學院成立課程和教學學系，亦代表此種趨勢（Caswell, 1966）。

科學化課程理論之第二個主要貢獻，乃在於課程設計的方法上面。巴比特描述自己在菲律賓的課程設計經驗時，以課程領域為不毛之地，而其課程設計實在是美國文化的大移植，毫無方法可言(Bobbitt, 1918, 282-4)。巴比特後來的學術及經驗背景，使其應用帖衣勒（F. W. Taylor）的科學管理理論於教育行政及課程設計上。

整個借用歷程是十分自然的。由於「教育卽生產」，生產界的科學及工學原則自然適用於課程設計上。課程的設計如同鋼軌的生產，首重目標或標準的建立。這些目標或標準不是思辨方法可以確立的，而應採用科學的方法由社會中發現。因此，在教育界有新的名詞誕生，謂之「課程編製的方法或歷程」。這是巴比特在菲律賓的經驗中未曾遭遇的所謂「課程編製的原則」。課程設計人員應遵循漸進和精確的程序，以發展課程。如同巴比特自己所說的 (Bobbitt, 1918, 284-5)：「就現階段訓練課程的發展而言，教育界能有一致同意的課程發展方法，實比一致同意的課程內容的細節爲重要。」巴比特的主要貢獻之一，在提供教育界一個方法，希望刺激他人使用、修正或擴展。「知道做什麼」和「知道如何做」是同等重要的。由此乃有發展課程領域的必要，而課程專業人員的出現亦勢所必然。

科學化課程理論之第三個貢獻是課程範圍的無限度擴大，使得課程廣若生活。巴比特的課程設計方法，稱爲活動分析法，以社會爲導向，以人生活動的履行爲教育的目的。而履行人生活動的必備能力便是課程目標。人生活動多如牛毛，而課程的目標自亦成千上萬的了。因此課程不等於讀寫算三科的綜合，而應包含人生活動的十個領域。

與第三個貢獻有關的是學科在課程中地位的轉變。巴比特所處的時代是心能訓練說 (mental discipline theory) 支配教育的時代。心能訓練者不重視學科的實質價值，而注重每一學科訓練心能的功能。因此，拉丁文、希臘文等久居課程要律，且令人有居高難下之感。許多實用科目如現代外語及科學的學科，則難以擠進課程的窄門。克立巴德在系統課程發展一文中曾詳加分析 (Kliebard, 1979)。傳統的課程討論實在無法打破這個僵局，而進行適度的課程修訂。巴比特的課程編製方法，打破傳統以學科爲課程主要架構的現象，主張

以社會中人類活動為中心，分析個人必備的能力，重新組織知識，以發展那些能力（Seguel, 1966, 99）。學科只具有「工具」的價值，當其可用以達成由生活活動中選定的目標時，始為課程編製者所採用。查特斯對於知識的看法，雖然與巴比特有點差異，然而他也是以分析人類活動（特別是某一職業活動）為起點，進而分析人類所須的知識內容。

在科學化課程理論中，知識的工具價值使得教學的方法不再是灌輸式的或是背誦式的。知識是實用的、是功能導向的，只有能幫助個人從事人生活動的才有價值。課程目標應注重個人的實際表現或行為。雖然後來行為目標之主張曾招來許多反對，「實做」的課程主張應是科學化課程理論之另一貢獻。

最後，在課程發展的民主化方面，科學化課程理論主張各界參與建立目標及目標之下衆生平等的觀念，亦屬一大貢獻。巴比特雖然主張課程設計時目標的發現與選擇，應由課程專業人員主持其事，他也認識到課程專業人員必須有社區各階層人士的協助始能克竟其功（Bobbitt, 1924, 38）。這個主張是以社會為導向分析課程目標的必然結果。至於課程目標及課程本身的評鑑，是教師和視導人員的共同責任，而且各方均立於平等的地位。因為這些目標不是視導人員訂定的，而是採用科學方法發現的。

> 這些標準不是視導教學的校長自己建立的，也不是教師建立的。這些標準代表校長和教師必須奮鬥的共同目的。兩者的成功與否端視獲得目標的情形如何。校長和教師因此被置於相同的層次之上。沒有一方可以將其獨斷權威加諸另一方。（Bobbitt, 1913, 27）

因此,行政人員及校長的角色在於協助課程的實施,例如裁減冗員、協助教師、提供誘因、安排物質環境等。視導人員只能依據各校目標,提供教師一般工作計畫。教師則運用其專業知能,選擇適當程序,以達成目標。由於目標是採用科學方法發現的,而教師又與校長及其他行政人員立於相同的層次,傳統教育主管人員的權限,在科學化課程理論下乃大受限制。

學生在課程評鑑上的角色,亦與往昔有異,由於目標是明確的、以行為表現的,學生甚至於可以自我評鑑,然後選擇下階段的目標。因此學生的自學及個別差異之適應,是後來主張科學化課程理論者,常常引以自豪的。

二、科學化課程理論之檢討

科學化課程理論經巴比特提出後,雖然一度形成課程改革的風潮,可是那一陣風潮過後,又沉寂了一段時日。然而如前面所分析的,現代許多課程理論與實際往往未脫離巴比特原先提出的理論架構。而且在理論與實施上產生了許多缺點,批評之聲乃紛至沓來。課程學者如克立巴德(H. M. Kliebard)、亞波(M. W. Apple)、艾斯納(E. W. Eisner)等人均曾經批判巴比特等人之「科學化課程理論」。本處擬就該理論的一些重要問題加以檢討。

(一)「教育即生產」的譬喻

巴比特及後來的許多課程學者均採用「教育即生產」(education as production)的譬喻,說明教育現象,進行課程設計。由於教育是生產,所以學生是原料,理想成人是成品,課程專業人員是教育工程

師，教師是工人，課程是任何使原料轉化爲成品的東西，教育的歷程則如同工廠作業的生產線。這個譬喻就像鏡頭一樣，擺在我們的眼前，透過這個鏡頭來理解課程的諸要素及要素間之關係（Kliebard, 1979）。隨着鏡頭本身所具之特性，某些要素看起來可能益爲清晰，某些要素可能變了形狀，而某些要素也可能改變大小及顏色。更有甚者，透過不同的鏡頭觀看同樣的對象，每會有不同的效果，誠令人有目眩神迷的感覺。因此使用譬喻時，實不可不了解譬喻所造成的效果。

教育果眞卽如生產嗎？如果我們來看看另兩個譬喻（Kliebard, 1970），也許能回答這個問題。首先讓我們看看「教育是生長」的譬喻。如果「教育是生長」（education as growth）的話，那麼課程便是暖房。在暖房中有聰慧和耐心的園丁（老師）使得花草（學生）可以適性發展。在暖房中的花草是各色各樣的，園丁按照每棵花草的特性加以栽培，終致每棵花草均能開花結果。園丁應照顧花草，不會厚此薄彼或者施予差別待遇，更不會揠苗助長或有愛之適足以害之的情形。花草的本質及潛能爲園丁所尊重，園丁的責任只是安排最好的環境，使花草自然成長而已。

其次讓我們看看另一個譬喻——教育卽旅行（education as travel）。如果教育卽旅行的話，課程便是學生旅行的路線。旅途上有經驗豐富的嚮導和同伴引導著。每一旅者所受旅行的影響將因人而異，因爲旅行的效果是個人偏好、智力、興趣、意欲的功能，亦是旅行藍圖所造成的結果。旅者經過某一旅途後，獲致不同效果不只是不可避免的，而且是奇妙的、令人企盼的。因此無人期望每一旅者經歷某一旅途之後，獲得相同的效果。旅途的設計應盡量使旅者有豐富而迷人的體驗，甚至於永生難忘。

由此可知，隨着所用譬喻的不同，教育的意義、目的、內容及方

法均有差異。就課程言之，生產的譬喻視之爲原料加工爲成品的歷程中必備的東西，生長的譬喻視之爲植物生長的暖房，而旅行的譬喻却視之爲旅者經歷之旅途。譬喻確實提供個人觀看事物的鏡頭，這也是課程理論衆說雜陳的主要原因之一。

那麼由「生產」的鏡頭來看課程，到底扭曲了那些事象呢？生產要講求效率，要運用科學方法，要發展並採用適當的技術，要有嚴格的品質管制，要求產品的標準化，因此要事先建立明確的目標以選擇達成目標的方法或工具。效率不高的方法或工具註定要被拋棄。而原料的分類、分級亦甚重要，以便依其品質或成分納入不同的生產系統。在此，有兩點應提出說明。第一是以生產的譬喻應用於課程領域只注意技術層次的討論，亦即以課程純爲技術發展的結果，以課程設計人員爲教育的工程師。這個結果已經很明顯的出現於科學化課程理論中。然而課程的設計是純技術問題嗎？課程的理論只是技術問題的討論嗎？課程設計人員的角色是執兩用中、不偏不倚的嗎？課程設計人員眞能明確發現客觀實體而不受主觀實體的侵入嗎？亞波曾經對這些問題提出他的看法（Apple, 1975, 67）：

> 對於課程我最感困擾的問題……是教育問題被視爲比生物學、社會學或音樂爲單純，而不必有豐富經驗的想法。爲什麼我們應該假定我們面對的難題會比其他學科的簡單呢？讓我們暫時認真想想課程學者遭遇的幾個難題：認識論的（什麼知識才叫知識？）、政治的（是誰控制知識的選擇和分配？）、經濟的（知識如何與目前權力和貨品的分配相聯結？）、理念的（那是誰的知識？）、技術的（如何使課程知識易爲學生所接觸？）、倫理的（我們將如何負責而公正地對待他人？）……

去從事我們的工作，甚至於去界定我們的工作是什麼，却不了解這項工作的複雜性，這樣的教育者不只是無知，而且嚴格地說，不是一個教育者。

準此以觀，以生產為譬喻時，課程的設計只是技術的控制而已，忽略了亞波所提的其他六個問題。課程理論上的這種還原與簡約，在亞波看來是十分不幸的，結果不只是欺騙自己，而且是扭曲了現實，視複雜的價值問題若不存焉（Apple, 1979, 111）。

以生產為教育譬喻的第二個問題是成品的標準化。巴比特採用科學管理的一般原則來改進學校的管理，並建立其課程理論。品質管制及效率原則在生產界促成了生產線的建立，在教育上則造成了課程目標的明確、精細敘述，以確保成品的標準並易於控制和評鑑成品的品質。伊利歐特（C. W. Eliot）曾指出成品標準化的問題癥結（Kliebard, 1971, 615）。他認為工廠中工人動作的標準化固然可以增加產量，同時也會減低工人工作的興趣。教育上，標準所產生的效果亦同。尤甚者，教育的標準化違反了教育的真諦。教育的最終目標在使個人潛能獲致最大發展。勞動、學習及家庭生活模式之固定標準，是人類身體、心理和品德進步之公敵。

（二）教育是生活的預備嗎？

教育「可以」預備未來的成人生活、「可以」發展個人履行未來人生活動的能力，殆無疑問。教育應該適應社會之需求，亦無疑義。然則以社會需求及成人生活的準備為教育唯一企向之目標，為課程設計的主要依據，而說「教育的基本責任是在準備五十年的成人生活，而不是為了二十年的兒童及青年生活」，便推論過當了。

當然,以教育為「生活的預備」,是生產譬喻的自然演繹。教育既如生產,學校便如鋼廠,課程設計人員猶如工程師。鋼鐵的製造應依據最終之規格,而最終規格是由顧客訂定。兒童及青年的教育應依據終結目標,而終結目標應由社會決定。鋼廠為顧客生產鋼軌,如同學校為社會預備成員。 就教育的本質言, 教育是一種塑造的歷程,課程是可以將兒童及青年加工塑造為理想成人的一連串事物。既然如此,外塑的方法自然比內發的方法重要了。

兒童中心學派及社會重建(social reconstruction)學派的理論,和科學的課程理論是有一段差距的。兒童中心學派並不反對教育應為生活做準備。然而這個學派主張課程的設計應該以兒童為出發點,而非以社會為出發點。課程設計人員應研究社會,但應受兒童發展所引導。兒童的發展是由內而外的,其與環境之交互作用是動態的,而非如巴比特所言之「系統的」,因此以幾百、幾千個目標加諸學生,反而阻礙學生學習的進步 (Eisner, 1967, 40-1)。

尤甚者,以教育為成人生活的預備,與杜威在教育信條中的教育定義反道而行。杜威認為教育是一種生活的歷程,而不是未來生活的預備 (Dewey, 1964, 430)。在民主主義與教育一書中, 杜威亦指出以教育為成人生活預備的缺點 (Dewey, 1916, 63):

1. 以教育來預備遙遠和含糊的成人生活,剝奪了兒童做為社區社會成員的權利。
2. 由於兒童不易為遙遠的生活所指引,教育人員不得不運用外在的獎懲辦法。
3. 許多課程政策中,根據個人前程的預測而進行課程分化,往往植基於教育是預備的理論上。

社會重建學派也是由社會的角度建立理論。然而社會重建學派並不視現社會爲完美，以之爲課程目標的主要來源。他們以現社會爲一危機重重的社會，課程編製者固應了解社會以做爲課程設計的線索，更要找出所謂優良的社會，做爲課程設計之導向。席羅（Schiro, 1978, 260-1）曾經指出社會重建學派的這個特色：

> 面對着社會危機，社會重建的課程發展人員設計一個新穎而且更完美的社會，以免除現社會的問題。其次他（課程發展人員）發展出一套教育方案。使人們了解危機重重的現社會和理想的未來社會有何差距，引起他們改革現社會爲理想社會的動機……他企圖由現社會建造一個新社會，而不是使現社會的最好層面更加完美，促成現社會易於爲人所接受而已。

社會重建學派並不精確而詳細地描述未來的理想社會，也未有一份藍圖規定未來社會應該如何建造。課程設計人員只指引學生一個大的方向，並不規定他們應如何如何行爲。而且社會重建是集體而非個人的事，不允許個人犧牲他人以達成自己的幸福。

由此可知，教育除了應該準備兒童適應未來的成人生活以外，更應以兒童爲中心，根據兒童的經驗與興趣設計課程，否則成人生活甚爲遙遠，不見能引發兒童的學習興趣，形成「有效」的學習。再者，以現社會爲課程設計的導向，往往只顧及社會現狀，進而容忍、維持而不是改革現社會。教育所須的不是調適或適應的哲學。課程的設計不是符合現社會的要求，而要改革現社會的瘢狀，促成理想社會的實現。輓近，科學化課程設計學者如泰勒者，以社會、學生、學科三者爲課程的理論基礎，擴大了課程設計依據的範圍，然而就其評鑑模式

以觀， 其主要目的在了解學生達成目標的程度如何， 實亦不脫「生產」譬喻所形成的架構。

(三) 課程的設計沒有價值成分嗎？

這一個問題與上述兩個問題均有關聯，而且亦已有部份的討論。科學化課程理論以生產為譬喻，使課程的設計侷限於技術的層面。科學化課程理論並且以課程的存在係為了培養學生履行現社會生活的能力， 卽以課程為準備兒童及青年能適應成人生活的一連串經驗或活動。這種觀點忽略了現況和理想的區別。然而巴比特由現況去發現教育目標時， 他曾區分現況是否優良。 巴比特說 (Bobbitt, 1918, 48-9)：

> 教育目標並不是由任何種類或品質的人類事務中發現……教育是基於下列的假定：人類活動包含著不同的品質或效率；低劣的表現是不好的；低劣的表現可以透過訓練加以排除；只有第一等的或可能獲得的第一等的才算夠好。不論是農業、營造業、家務、商業、公民事務管理、衛生等，教育上假定最佳而實用的便是應當存在的。

根據這些假定，巴比特採用調查、觀察、晤談等方法，在優良的農業區發現農人的活動。課程設計者並非調查任何農業地區以發現目標。同理，課程設計者並不分析任何砌磚者的活動，而是分析最有效率砌磚者的活動，以發現砌磚訓練的目標。那麼誰是最有效的砌磚者呢？巴比特認為這一點應基於各種合理的標準判斷。巴比特了解這個原則實用上的困難，因為一般人對於「什麼是優良的工作特質」是沒

有一致意見的。而且擔任不同角色的人會有不同的判斷標準。然而，巴比特認為大眾將會同意教育應以最好的工作表現為目標，而目標的科學調查應該發現最好的工作表現之特質。大家不同意「什麼是最好的」，因此「什麼是最好的」應成為調查的對象。

可見巴比特企圖以「科學的方法」解決課程設計的價值問題。實際上他沒有解決這個問題，反而逃避這個問題的進一步討論。波德 (B. Bode) 對於這一點的批評可謂至為中肯 (Eisner, 1967, 39)：

> 巴比特在「如何編製課程」一書中所提的觀念，認為理想的問題基本上只是「科學分析」……的問題。作者似乎不了解在這種架構中已將馬車擺在馬前。如果我們不事先了解何人是好公民、好父母及好信徒，如何進行這個分析是不清楚的。作者假定如果我們採用科學方法調查事實，理想自然會浮現出來。然而這只是意味着科學與愛國主義一樣，可能被利用來遮掩偏見，並且成為進步的障礙而已。

由於缺乏價值方面的討論，科學化課程理論純粹由效率和功用的角度來決定課程的目標。其結果為根據現狀編製課程，準備兒童及青年有效從事成人目前的社會活動。這種現象最受批評的有下列各點：

1. 理想的成人選擇不易。
2. 即使選到理想成人可以進行科學的活動分析，理想人的現況不一定是最理想的。例如，理想成人如果不懂分數，便不會在其活動中使用分數。根據理想成人的活動分析結果，可能顯示分數運用的技能是不重要的。

3. 理想成人目前所從事的活動不一定完全是優良的或應該做的。例如人們不是常常阻止對全體大衆有利的社會改變嗎？在通貨膨脹的時候，人們不是常常哄抬物價嗎？如果不作價值判斷，結果將成爲笑談。
4. 缺乏社會導向（social direction），忽略社會的急速變遷。

一般人誤解課程設計爲相當中性及純技術性的活動，以爲採用標準化的工具便可以達成一致同意的目標，顯然是錯誤的。工業化社會雖然常以標準化的技術解決問題，然而由於課程問題包含着價值成分，課程設計或課程發展顯然首先要求複雜的判斷與高度的智慧，其次才是熟練的技術（Kliebard, 1975, 203-4）。

（四）課程的終結目標應該十分詳細並且事先陳述嗎？

科學化課程理論採用活動分析法或工作分析法設計課程。活動分析的結果應是明確而詳細的行爲單位。這種分析方法如同化學界之分析化合物爲元素，元素爲分子，分子爲原子，直至不能再分爲止。因此科學化課程理論亦可說是課程的原子論。下列二例是根據活動分析法所獲得的課程目標：

能够管理個人睡房的通風系統……能夠照顧個人的牙齒（Bobbitt, 1924, 32）。
能夠閱讀及解釋一般使用的曲線圖、圖樣及統計表上面記載的事實（Bobbitt, 1924, 12）。

對於這種課程目標的原子化及撰寫方式是有許多批評的。第一，部分的總合不一定等於整體 (Smith, Stanley & Shores, 1957)。水化為氫、氧二物後，不再是水。了解了氫及氧的性質並不等於了解了水的性質。當我們將活動不斷細分，而至可以用行為表現的單位後，行為表現能力的總合是否能構成活動的適當履行，不無疑問。砌磚及秘書工作，也許較為單純，可以像汽車製造之設立生產線一樣，將課程分析為一連串微小而單純的運作單位。然則友誼、禮貌、誠實等是無法還原為明確的運作單位的。教師的活動中有一些是可以預期並事先加以訓練的。能力本位師範教育未見及此，因此會有下列的教師活動產生：

> 第七八八項教師活動——加強與教育局長的真誠關係。這一點包含忠於教育局長並尊敬他。認識教育局長，與他和諧工作。對教育局長表現友善的行動；耶誕節時要記得教育局長；為教育局長夫人製造燈罩。 (Kliebard, 1975, 16)

克立巴德另舉語言及數學為例，以示將人類活動分析為微小單位，作為學習目標之謬誤。他認為我們並不是事先發現成人活動中可能使用的句子，事先練習那些句子，做為成人說話之預備。我們也不事先排練所有成人必須演算的數學，以為成人生活中數學演算的預備。克立巴德指出工作分析法由例行及反復行為上之應用，延伸於人類所有活動領域上，可能是科學化課程設計運動之最大謬誤 (Kliebard, 1975, 13)。

第二，課程編製者如何由成千上萬個目標中選擇並且加以組織？巴比特是訴諸二千七百名受過訓練及有經驗的人士投票。巴比特認為他們的選擇是一致的。然而巴比特的課程設計是在洛杉磯進行，投票

者却有一千五百名芝加哥大學的研究生,實是一個矛盾。而且根據波德的分析 (Kliebard, 1975, 9),碰到實用及優良的技能時,投票結果甚為一致, 碰到含糊的價值問題時, 投票的結果便有很大的差異了。至於目標的組織亦是個問題。在考慮使身體功能有效發揮的目標時,吾人不知目標的順序應由頭到脚或由脚到頭來排列。

第三,課程目標的建立是課程設計的第一步,然後才選擇適當的工具或方法以達成目標,經過教學之後,始評鑑目標達成的程度。科學化課程設計學派自巴比特以下,皆視課程目標的確立是課程設計的先決因素。巴比特的「如何編製課程」一書,主要內涵乃是討論尋找課程目標的問題。泰勒的「課程與教學的基本原則」大部分在探討課程目標的依據和建立。至於葛聶的學習階層、布魯姆等人的學習目標分類、梅澤的行為目標敍寫,均是在課程目標上大做文章。他們的課程設計模式,秉持一種目標──課程──評鑑的架構,而整個課程理論的主要精神,即是以目標為課程設計中至高無上的法門,緊守手段和目的之分際,因此科學化課程理論是一種科學的工具主義。

杜威對手段、目的的截然劃分有不同的意見 (Dewey, 1939)。首先,他認為手段、目的的關係是連續的,並且是交互為用的。使用某一手段達成了某一目的,該目的可能成為一種手段,以達成另一個目的。教育目的有如生長,必須有彈性;課程目標只是轉捩點,而不是終點。其次,目標是起源於行動中並且在行動中發揮功能的。目標並不是置身於活動之外以引導活動的東西。目標一點也不是行動的終點。目標只是慎思熟慮的終結,而為活動的轉捩點。因此事先精確陳述目標是錯誤的。課程與教學的起點不是目標而是活動或學習經驗。活動或學習經驗是受特殊時空的影響的。如克立巴德所說的,生產界的「事先精確陳述目標」應用於課程上,結果是除非教育活動能促成

教育產品的有效生產，否則教育活動便不被視爲具有重要價值和意義了 (Kliebard, 1971, 621)。

在評鑑方面，科學的課程理論注重目標達成程度的測量，亦卽只注重莫頓 (Merton, 1957, 73-138) 所提之明顯功能之評鑑，而忽視潛在功能的發現。綜觀1960年代以來潛在課程(hidden curriculum)的討論 (Overly, 1970; Apple, 1979; 歐用生，民 68)，顯示科學化課程理論評鑑模式之不足。巴比特的課程理論中曾區分活動和經驗。他認爲兒童與鋼軌不同，往往會與其周遭之事物起交互作用。泰勒亦以「學習經驗」爲學習者與環境中外在狀態之交互作用 (Tyler, 1949, 63)。可惜的是他們雖然了解活動和經驗的差異，却未能深入探討經驗層次的課程，只注重目標達成的程度如何。對於兒童及青年的整體學習而言，這是多麼狹隘的評鑑模式啊！

（五）課程分化應該依照兒童及青年原屬的社經階層嗎？

課程分化 (curriculum differentiation) 的問題是課程理論的主要內涵之一。克立巴德 (Kliebard, 1979) 在課程四大領域的討論中，認爲由經濟的角度看，課程的決定包含了分配的問題，卽「誰應獲得何種知識」的問題。亞波(Apple, 1976) 在其課程理論中所提的七個課程難題，亦問到課程分化的根源。例如知識如何與目前權力和貨品的分配相聯結？是誰控制知識的選擇和分配？亞波認爲教育加工的對象不只是知識而且是人 (Apple, 1979, 6)，課程便是其中的媒介。那也就是說，課程設計的歷程當中或是對課程的批判中，必須考慮到「什麼知識應敎給什麼人」的課程分化問題。

經由課程分化，可以使敎育的效率提高，這是一般主張提早實施

分化者所持的主要理由。因此教育選擇是十分必要的;學校教育中應選擇素質不同學生分別經歷適當的課程。亦卽學校應是原料過濾的場所,不同等級的原料應有不同的加工歷程,因而產生不同品質或不同種類的成品。 這種課程分化的主張, 可以追溯到早期科學化課程理論。

> 製造原料成為原料最適合製造的成品。這一點應用於教育上意指按照個人能量(capabilities)實施教育。因此,課程的材料必須有足夠的變化以符合社區中不同階層的需求;而且訓練和學習的科目也要具有足夠的彈性以適合個人的需要。 (Bobbitt, 1912, 269)

巴比特的早期主張後來在「課程」一書中反復出現,他認為教育是成人生活的預備。而成人生活無論如何因不同社會階層而變化,都是可以發現的。換句話說,不同階層理想成人之生活可以發現以設計課程,訓練某些學生成為不同階層的繼承人。這一點當然是與科學化課程設計者無條件接受社會現狀的哲學有關。因此查特斯設計婦女課程以訓練婦女能夠從事家事,因為做家事是當時婦女的終身職業。

由此以觀,巴比特等人是明顯地以社會階層做為學生可能命運的預測因素,並據以為課程分化的基礎 (Kliebard, 1968, 78)。伊利歐特 (C. W. Eliot) 曾經提出警告, 他說依據個人未來地位的預測設計課程然後鼓勵早期分化,是十分危險的 (Kliebard, 1979, 215)。對於個人的事先判斷或預測,使得課程的分化更容易成為自行應驗的預言 (self-fulfilling prophecy)。

課程分化的另一個角度是教育機會均等的問題。我們都很容易了解,早期科學化課程設計者以社會階層為課程分化基礎的謬誤——造

成教育機會的不均等,進而是社會流動的闕如。然則輓近科學化課程設計者是否能完全避免這個謬誤呢?目前的學校教育有所謂升學預備課程及就業準備課程,亦有所謂能力分班(組)的課程。這些措施中,課程分化的標準與以前雖然有異,然而預測學生未來命運以為設計課程之基礎的大前提並未有絲毫改變,這也是「生產」模式課程的特徵。課程分化能否排除社經階層所造成的不平等,與教育能否促進社會流動關係至為密切。由於能力的評鑑尚無十分精確的辦法,而個人進路之選擇亦每受其家境之影響,且由此而進行課程分化,往往因制度本身之僵化,造成學生轉組之不易,使早期的課程分化固定下來 (Rosenbaum, 1976)。至於教師知覺學生能力及社經地位之高低,形成差別的教師期望,進行潛在的課程分化,造成了教師期望的自行應驗者,亦屢見不鮮 (Rist, 1970; Hwang, 1981)。這種情形不得不令人對整個生產模式課程的「預測」前提,加以懷疑和檢討了。

　　諺語說:「歷史的殷鑑不遠。」課程的歷史探源,是可以使課程學者在解決課程問題時,避免重蹈覆轍的。課程的歷史研究之主要目的,不在尋找解決目前問題的答案,而在促使我們了解課程問題的連續性,放棄過去所犯的錯誤,重新認識問題,並對反復出現的問題提出新的挑戰。本章的分析顯示,目前課程領域的「顯學」,如泰勒課程理論、能力本位師範教育等,並不是嶄新的理論或學說;其基本架構及理論基礎,與早期促使課程成為一個研究領域的巴比特課程主張,並無顯著差異,而遭遇之問題則大底雷同。課程學者或者更擴大一點地說教育學者,難道不能避免重蹈歷史的覆轍嗎?可能不是。也許目前我們所急需的是廣袤深入的歷史批判吧!

本 章 摘 要

　　美國課程學教授克立巴德認為課程領域的建立始於 1918 年，原因之一為當時重要的教育學者巴比特出版了「課程」一書。巴比特為課程設計科學化運動的主要代表人物，其課程理論和實務是後來課程學者從事課程設計工作的重要基礎。本章剖析了巴比特課程理論的中心思想——教育的本質、課程的意義、教育方法，分析其用以透視教育的生產譬喻，說明其課程設計方法——活動分析法。為了讓讀者明瞭科學化課程理論的一貫性，本章也分析巴比特理論的現代型式，例如泰勒理論、葛聶的學習階層說、能力本位師範教育等。課程設計的科學化固有其理論依據和貢獻，不過其中也有不少問題，本章就其譬喻、生活預備說、價值中立觀、目標陳述觀、課程分化說加以檢討。

問 題 討 論

1. 試說明巴比特課程理論的發展背景。
2. 巴比特對教育本質、課程、教育方法的主要觀點為何？試評析之。
3. 採用生產的譬喻看教育，對教育人員有何啟示？可能形成什麼問題？
4. 試扼要說明巴比特活動分析法的主要步驟。你覺得活動分析法在目前是否仍有其價值？為什麼？
5. 試比較巴比特的課程設計方法及泰勒、葛聶兩人的方法。
6. 科學化課程理論有何問題？你覺得其中那些問題比較嚴重？是否有補救的方法？

第 二 章

課程設計的基本概念

　　本章共分成六節討論：第一節探討課程的意義，第二節分析課程的結構，第三節闡述空無課程的概念，第四節區別課程設計與課程發展，第五節進一步剖析其他課程概念，第六節則說明課程設計原則。

第一節　課程的意義

　　「課程」一詞，可謂教育領域中令人極其混淆的術語。每個人對課程一詞的使用，常有各自的涵義，這不但是外行人如此，即使是課程學者亦無例外。在這種狀況下，「課程」正如盲人所摸觸的「大象」，它的完整形狀，很難被確切描述出來，以致產生了各說各話、見仁見智的說法。

　　雖然課程的定義令人混淆，但課程設計者却不得不繼續從事自己的工作，由此產生了更令人混淆的現象：課程要被建立(building)、

構建 (construction)、計畫 (planning)、設計 (design)、發展 (development)，它也要被評鑑 (evaluation)、修訂 (revision)、改進 (improvement)、改革 (reform)、改變 (change)。

　　課程設計者若要做好自己的工作，勢必要先釐清課程一詞的意義，不但需要明確地澄清自己的課程概念，也要認識其他人對課程的用法，有了比較以後，才能確切把握課程設計的方向。

一、眾說紛紜的課程定義

　　課程 (curriculum) 一詞，原意是跑道，引申為學習經驗，即學生學習必須遵循的途徑。所以學習和旅行一樣，按照已有的跑道和路徑，可能較為便捷和安全。然而課程成為專門領域以來，許多學者在著作中不斷提出自己對它的定義，幾乎到了有多少論文和書籍，便有多少定義的地步。茲將幾個比較常見的定義列舉如下：

1. 課程基本上包括下列五大領域的有規律的學習：(1)母語的熟練及文法、文學、寫作的系統學習；(2)數學；(3)科學；(4)歷史；(5)外國語。(Bestor, 1955)
2. 課程應完全包含源自學科的知識。(Phenix, 1962)
3. 課程是一系列的科目。(Oliva, 1982, 5)
4. 課程是一套材料。(Oliva 1982, 5)
5. 課程是學校建立的一系列可能的經驗，旨在教導團體中的兒童與青年各種思考和行動方式。(Smith et al., 1957, 3)
6. 課程是兒童在教師指導下，所具有的一切經驗。(Caswell and Campbell, 1935, 66)

第二章 課程設計的基本概念　67

7. 課程是學習者在學校指導下的一切經驗。(Foshay, 1969)
8. 課程是個別學習者在教育方案中的所有經驗,旨在達成廣泛的目的及相關的特殊目標,其設計係依據理論研究的架構,或過去及現在的專業措施。(Hass, 1980)
9. 課程是有組織的一系列有意的學習結果。課程指定(或至少是預定)了教學結果,但未指定達成結果所需的手段。(Johnson, 1967)
10. 課程是一組行為目標。(Oliva, 1982, 6)
11. 課程是學習的計畫。(Taba, 1962, 214)
12. 課程是書面的文獻。(Beauchamp, 1975, 103)
13. 課程是為了教學所計畫的行動。(Macdonald, 1965, 5-6)
14. 課程是計畫或方案,其中包含學習者在學校指導下面對的一切經驗。(Oliva, 1982)
15. 課程是學校的教育方案,包含下列因素:(1)學習方案,(2)經驗方案,(3)服務方案,(4)潛在課程。(Oliver, 1977, 8)
16. 課程是提供給受教者學習機會的計畫。(Saylor et al., 1981, 8)
17. 課程是有關內容或特定教學材料的一般性整體計畫,由學校提供給學生,使其合乎畢業條件,取得證書或進入專業、職業領域。(Good, 1959)
18. 課程是計畫和指導的學習經驗,以及有意的學習結果,它是為了學生個人和社會能力的延續和發展,在學校贊助下,透過知識和經驗的系統重建而形成。(Tanner and Tanner, 1975)
19. 課程是正式和非正式的內容與過程,學生在學校贊助下,藉此獲得知識和理解,發展技能,改變態度、鑑賞力和價值。(Doll,

1978)

20. 課程包含學校使用的一切教學手段，藉以提供學生學習機會，導致所欲的學習結果。（Krug, 1957）

二、學科、經驗、目標與計畫四類定義

前所列舉的課程定義共有二十項，雖稍嫌冗長，却有助於了解課程定義的廣博性。仔細分析這二十項定義，可以發現課程學者觀察到「課程」的不同面相：有的主張課程是學科及其包含的內容材料（定義 1—4），有的主張課程是經驗（定義 5—8），有的主張課程便是學習目標（定義 9—10），有的主張課程是學習計畫（定義 11-16），另外尚有包含二個以上的層面而不易歸類者（定義17-20）。

把課程當做學科和教材，其淵源甚早，而且是最傳統、最普遍的定義方式。在此種定義下，課程可以指下列事物：

1. 學校某年級的一切教學科目，例如小學低年級課程。
2. 依未來學生的不同進路，所實施的科目安排，例如大學預備課程、職業選修課程。
3. 某一學科領域所提供的一切學習科目，如科學課程、語文課程。
4. 某一專業領域所設計的學習方案，例如二年制護理課程。
5. 某一學校階段的所有學習科目，例如小學課程、大學課程、職業學校課程。
6. 個別學生的所有學習科目（對於有選擇性的而言），例如小明的課程可能不同於小英的課程，因為小明這學期選了一科「數

學甲」,而小英選的是「作物栽培」。
7. 每一學科的內容,或載有這些內容的材料或資源。

由此可見,把課程當做學科,課程設計所要面對的問題是:學校課程應包含那些科目?各占多少時數或學分?在那一年級學習?科目間的順序和統整應如何安排?每一科目必須教些什麼內容?這些內容如何組織?教材應如何設計? 採取何種型式呈現? 如何提供學生選擇?如何安排學生不同的進路?如何使各科內容反應尖端知識?

把課程當做經驗的主張,非常獨特,影響力也相當大。在這種主張之下,課程不是知識、內容、教材、科目等這些計畫好的事物,它是學生和這些事物及環境的交互作用,以及交互作用所產生的結果,這就是所謂的經驗。所以,要了解學校課程,不可單由文件去看,最重要的是學生的經驗及其中產生的學習。

玆舉一例,闡明此一觀點。學校主要目標之一,是培養學生的健全體能和運動精神,為了達成此一目標,學校安排了體育課和各種體育競賽與活動,這可統稱為體育課程。體育課程的目標,可能明白指出要培養學生的運動精神, 但當學生與學校安排的環境, 如體育教練、隊友、獎品,產生交互作用,他們可能學習到,運動目的在求勝利的信條,或學到為求勝利,不擇手段的手腕。因此,學校的課程不是習得運動精神,而是習得卑鄙手法,即課程是學生的學習經驗,必須事後加以分析的。

用經驗來界定課程的主張,仍有很多變化。在此類定義下,課程被界定成下列不同的層次:

1. 課程是學生的一切經驗,不管它於何時何處發生。
2. 課程是學生在學校內的一切經驗,包含課內活動、課外活動、

人際關係、輔導等。
3. 課程是學生在學校指導下具有的一切經驗。
4. 課程是學生在學校的經驗中，與教學目的有關的部分。
5. 課程是學校提供給學生的可能學習經驗。

由上述的定義觀之，用經驗界定課程，可指校內外經驗、課內外經驗、有指導及無指導的經驗、有關及無關教學目的之經驗、已實現及未實現的經驗，這些區分常是課程學者爭論的重點。把課程當做經驗，所詢問的問題是：學校環境（包含人事物）應如何安排，才有利於學生的全人發展？教室內外實際產生的學習是什麼？課程對師生最後的效果是什麼？何謂潛在課程（the hidden curriculum）？學校有何種潛在課程？這些潛在課程是如何產生的？

將課程當做目標者，主張課程是一系列目標的組合，不論這些目標是指一般目的、或是指行為目標（behavior objective）、表現目標（performance objective）。用目標界定課程的主張當中，有的將課程領域完全限定於目標的建立和組織，把達成目標所須手段劃歸教學領域，例如詹孫（Mauritz Johnson）便是。有的雖視目標選擇和組織甚為重要，但課程尚包含依照目標選擇及組織內容、活動、設計學習單元，安排每一單元的順序，例如葛聶（R. M. Gagné）便是。

一般言之，用目標界定課程者，都具有科技和績效取向，強調目標的明確性和可觀察性，期能藉以引導所有的課程設計活動，顯示課程的效果。其極端者，認定所有課程目標，應一律採取行為目標的敍寫方式，而實際上行為目標敍寫方式到底為何，仍無十分一致觀點。

用目標界定課程，比較注重下列問題：課程工作者具有什麼信念？他們如何為所設計的課程辯護？課程目標應如何發現？如何選擇

和敍寫？課程目標如何發揮指導與控制功能？整個課程設計必須依照何種程序？課程設計者希望產生何種學習結果？

用目標界定課程，有各種不同的說法；1.課程是教育系統希望產生的結果；2.課程是教育系統希望學習者達成的目標；3.課程是一套計畫好的行為目標，這些目標的組織方式，係為了促進學習結果的評鑑；4.課程是教學方案有意的一組學習。

將課程當做計畫者，認為課程便是學生的學習計畫，其中包含了學習目標、內容、活動，甚至有評鑑的工具和程序。課程所包含的各項計畫，對學生學習機會的影響很大。薛勒等人（Saylor et al., 1981）認為，任何課程定義，若只限定於課程概念的一部分，都將阻碍變通方案的思考和選擇。

用計畫界定課程，也強調「預先計畫」的觀點，課程是預期的，且是可規畫的，唯有如此教育工作才有準則，思慮才能完整，結果才易於掌握。

課程此一學習計畫，有其層次和範圍，就層次言之，有的課程係全國性的，其設計適用於全國所有學校，有的課程是全省性的，全省學校必須照著實施，有的則是縣市性的、全校性的，甚至是屬於個別教師的。就範圍言之，有的只是一個單元，有的是一門課，有的是一系列同性質的科目，有的是某教育階段所有學生必須學習的方案。

「課程是計畫」這一類定義，和前三類定義有部分重疊，特別是將課程視為科目和目標兩者。課程是科目或目標的定義，強調的是課程的實質成分；「課程是計畫」的觀念，強調的是課程的程序成分。「課程是計畫」的觀念，不滿於單就目標或科目來設計，希望課程此一計畫包含所有重要成分。有些課程計畫，除了目標、科目和經驗外，尚包含畢業條件、時數、選修必修、評鑑等項目。

將課程當做計畫，其探討的主要問題在於：學校課程應如何計畫？此一計畫的層次和範圍為何？課程計畫提供了那些學習機會？課程計畫的各項目是否一致？如何評鑑？課程計畫如何實施？它是教學的參考或是藍圖？課程設計者提供的課程計畫，對教師有何意義？

三、幾個重要的對立點

課程學者對課程的定義，不但範圍廣泛，有如南轅北轍，而且其中存在幾個對立的觀點。

（一）校外與校內

課程是否專屬於學校？是否學校才有課程，其他機構便無課程？柯瑞明（L. A. Cremin）對此一問題的回答是否定的，他認為煙草公司、電視臺、童軍團，均有其教育世人的課程。此一觀點在「終生學習」觀念昌明的現在，其正確性更不容置疑。既如此，學生在學校的課程是一套，離開學校後可能是另一套。學校課程和社會課程（指校外社會所具有的）如相吻合，對學生的學習影響當然較大，否則學校課程的效果便會被抵消。四類定義中，只有「經驗」的定義提到校外課程，強調其重要性，然此一校外課程，係在學校指導下的經驗，即將學習經驗由校內擴張至校外。

（二）手段和目的

課程可被當做目的，也可當做手段。課程被當做目的時，係指學校教育所要達成的結果，即目的係由所欲的學習結果來陳述。為了使目的明確化，更有行為目標的出現。這時，科目內容、學習經驗和知

識,都是達成目的的手段。課程也可能被當做手段看待,目的只是手段的顯示,而不是手段的決定者。

(三)成品與過程

有時課程被當做成品看待,有時它又被當做過程。課程被當做成品時,指的是教科書、習作簿、工作單、學習單元、編序教材、教師手冊、課程標準等。在這些成品中,可以發現學生學習的事實、概念、原則、方法。課程被當做過程時,它指的是學生的學習經驗,強調學生在教學環境中如何獲得意義,即課程不是普遍、一致、可見的,而是私有、獨特、隱藏的。

(四)預測與回溯

課程可預先觀測,也可事後回溯。用科目、目標和計畫界定課程,強調課程可以預測的觀念,即課程可以預先指定,要認識學校課程,只須觀察指定的課程即可。用經驗界定課程,強調課程必須回溯觀察的觀念,計畫及指定的課程只是一種形式,它不一定實際發生;即使發生,也會有不同的形象。預測的課程觀念,重視已計畫的學習目標、內容和經驗;回溯的課程觀念,重視未計畫部分的學習。班普瑞之(Ben-Peretz, 1975)提出課程潛能概念 (the concept of curriculum potential), 認為課程的意圖要能具體化於課程材料上已是不易,若要課程材料使用者對意圖能有正確詮釋,更屬困難。由此可見,由預測的觀點來看課程,可能忽視了「課程只是一種可能,並不一定實際發生」的事實。

四、面對之道

四類課程定義各有其優點與限制。將課程視爲學科和教材。重視課程內容的選擇和組織，強調課程材料的發展，而且此一定義非常具體，易於被一般人所接受。但此一定義可能使課程流於學科本位、教材本位，教育成爲知識中心、教師中心，課程改革易成爲學科的上下左右搬動，教材的零碎增減。

將課程視爲經驗，係以學習歷程和學生爲中心，由事後回溯的觀點來看課程，易於把握實際的課程現象。在此種定義之下的課程，包含所有學生經驗，不論是計畫或未計畫的，可打破傳統上以學科及教材爲中心的狹隘觀點。但此一定義最爲抽象、複雜，在實際應用上，也較難指出明確的程序，因此一般人顯然較難把握。

將課程視爲目標，着重目標的明確性及引導性，並用目標控制整個課程設計過程，易於顯示教育績效。再者，目標本身是具有組織力量的概念，可用以組合學科知識及社會問題，化解各種知識在價值上的衝突。此一定義的限制，在於明確劃分手段和目的，使課程排除如何學習及如何教學的部分；而且，將課程視爲目標，經常固定了學生的學習結果，這和許多學科需要強調創造性學習的本質不合。

將課程視爲計畫，重視計畫的觀點，可以扭轉目前許多教師慣採卽席式教學所產生的缺點。視課程爲計畫，又強調計畫的完整性，企圖將課程的重要成分，完全置於文件中。不過此種定義，易於忽視課程的未計畫成分，其極端者，常要求教師忠實地實施已計畫好的課程，無視於教師調適和創造性使用的需要。

課程設計者除應了解各類定義的優缺點外，尚應認識各類定義的

具體程度和趨向學生中心的程度。由圖 2-1 可見,用學科及教材來界定課程,其具體程度最高,且最趨於學校中心;用經驗來界定課程,其具體程度最低,然最趨於學生中心。以課程為計畫和目標,則處於中間。

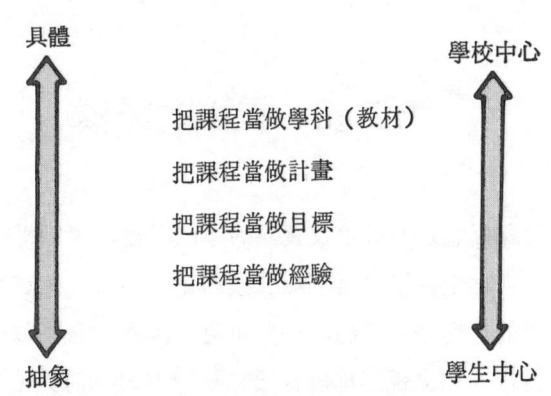

```
具體                                學校中心
 ↑                                   ↑
 |      把課程當做學科(教材)          |
 |      把課程當做計畫                |
 |      把課程當做目標                |
 |      把課程當做經驗                |
 ↓                                   ↓
抽象                                學生中心
```

圖 2-1 各類課程定義的性質
(修訂自 Beane et al., 1986, 34)

既然課程可以是學科、經驗、目標或計畫,從事課程設計時,不但要了解自己的立場,也要了解其他人的立場,這是個雙向分析的工作。茲以認識他人的課程定義為例。首先,必須找出某人對課程的定義,其次,將他的定義置於四類定義架構中去分析,這時可發現某人的課程定義是屬於何類定義,甚至是幾類定義的綜合。第三,注意該定義係就課程領域的那一主題提出的,課程設計?課程實施(管理)?課程基礎(本質)?或課程研究?另外, 也應注意該定義指向的是普遍性的(所有科目)或特殊性的(如某科目)。 第四,指出某人所提定義所概括和排除的內涵,以及此一定義的優點和限制。

最後,要注意的是,課程設計者對課程的定義,代表改革的方向和範圍,所以他不但要了解他人的定義,也應剖析自己的觀點,與現

有的定義比較，澄清並採取自己的立場。基於上述的分析，可見完整的課程概念，包含了學科（教材）、經驗、目標、計畫等內涵。雖然課程設計者的工作範圍，不必每次都包括這麼廣大，但應慎防受到狹隘課程觀的主宰。

第二節　課程的結構

從上述課程意義的討論及實際的學校課程，可以歸納出學校課程的結構來。課程是教學科目的總合或科目的內容，但課程也是學生在學校指導下的一切學習經驗。由此可見，課程包含了教學科目，却又超越教學科目。如果視課程為目標和學習方案，則其設計也一定是包含教學科目，却又超越教學科目的。

各個學校的教學科目都會明白地訂定出來，規定每個教師去教，每個學生去學。為了做好課程控制（curriculum control），每個國家的教育當局都會制定課程標準或課程綱領，要求學校照着實施。當然，依着各國教育權分配狀態的不同（有的是中央集權的，有的是地方分權的），學校擁有的彈性也會有所差異。不論如何，這些教學科目都會排出時間表來教，且有人加以視導。這類課程是外顯的，有正式規定的，也是控制比較嚴格的，可稱為正式課程（formal curriculum）。

正式課程到底應包含多少教學科目並不一定，不過教學科目一般都可加以分類。以國小課程而言，有語文類（如國語）、社會類（如生活與倫理、社會）、數理類（如數學、健康教育、自然）、藝能類（如美勞、唱遊、音樂、體育）。國中的教學科目分得較細，但其分

類大體相同：語文類（如國文、英語）、社會類（如公民與道德、歷史、地理）、數理類（如數學、健康教育、自然科學甲、自然科學乙）、藝能類（如體育、音樂、藝術、工藝或家政）。在我國國民中小學的正式課程中，尚有所謂的活動課程，其授課係以學生活動為主，例如國小的團體活動，國中的童軍教育、輔導活動及團體活動（含班會及聯課活動每週各一節）。

正式課程尚可依必修或選修來區別。在現行國中課程中，二年級安排有四至十四節的選修課程，三年級則有十二至十七節。選修課程又分成職業類、實用類、升學預備類、藝能類，其中職業類又分為農、工、商、家政、水產等。

在每一教學科目中，亦有結構存在。有的科目包含許多單元，有的包含許多章節，有的包含許多課。而不論是單元、章節或課，其中又包含了許多概念、原理、原則、理論、事實、技能、態度、價值等。一個教學科目可能在一學期內教完，也可能一年教完，更有二至三年教完者。

在正式課程中除上述科目結構外，尚有目標的結構。各級類學校課程都有其整體的目標，各教學科目有科目教學目標，而各教學單元（或章節、課）也都有其教學目標。

以上有關正式課程的結構分類，只舉國中、國小為例，其餘級類學校，請參見相關學校的課程標準。正式課程的分類有許多種，本章之分類只供參考。

如果從「經驗」及「計畫」的角度來看，學校除正式課程外，還有許許多多計畫的學習經驗。例如中小學校每年都定期辦理運動會、遊藝會、展覽、戲劇表演、舞蹈及電影欣賞。各種競賽有班內的、班際的、校際的（區域的或全國性的）；競賽活動的性質有演講、朗

讀、歌唱、舞蹈、運動、美術、作文、民俗技藝等，林林總總，不一而足。學校也安排有聯課活動或社團活動，學生依興趣選擇活動項目去學習（國內中小學將聯課活動列入正式課程中）。每個中小學校每天都會有朝會、夕會（或升旗典禮、降旗典禮），每週安排週會、班會。遇有慶典還有慶典活動，到了學生畢業安排有畢業典禮。對學生身心健康及升學、就業的輔導，學校亦提供各種心理輔導的服務。以上所述只是學校正式課程之外種種學習經驗的一部分而已，這些學習經驗的提供，都有其教育目的存在，事實上也具有很大的教育作用，其於學生的影響實不稍遜於正式課程。由於這些學習經驗的教學以學生活動為主，較少採用正式課程的教學型態，其受到的課程控制較少，學校的自主性較大，其於學生的影響是比較自然的、間接的，因此可賦予一個名稱叫「非正式課程」(informal curriculum)。

正式課程和非正式課程都是顯而易見的，可合稱為外顯課程 (explicit curriculum)。在外顯課程之外，學校尚有所謂的「潛在課程」(hidden curriculum)。潛在課程的討論迄今有三個比較重要的層面。其一為有意而善意的設計，例如目前甚為流行的「境教」及「身教」，前者係由教育人員透過環境的安排，使學生經由自然而有利的氣氛而有積極正向的學習。教育人員在設計環境時，也許建立了教育目標，希望環境能夠協助達成，或環境能施予教育。最近幾年來各個學校均大力從事校園的綠化、美化，本人亦在許多場合力主校園設計的人性化與開放化，以施予學生合乎人性的教育，培養開放的心靈。這些均著眼於環境的教育作用，認為不必透過教育人員的諄諄教誨，效果反而更大。另一個有意而善意的設計稱為「身教」，這是透過教育人員的身體力行去示範給學生學習，同樣，教師不需要教誨學生，只要表現出希望學生照做的行為，學生自然會追隨去做，

像「準時」這一點，只要教師隨時能夠做到準時，學生也會跟着準時。又如待人的禮節，「請」、「謝謝」、「對不起」，只要教師時時做到，眞誠地表現，學生自然而然會跟着去做。這種例子眞是舉不勝舉，要之，「言敎」若只是光說不練，學生缺乏示範，沒有認同的對象，心中且對如何實現加以存疑，其效果自然大打折扣。身敎則不然，教師示範了行為表現，暗示學生可以做得到，且給予學生具體而可模仿的行為，其效果自然是鉅大的。

第二個經常被討論的潛在課程是屬有意而惡意的設計，師生在敎學情境中未能發覺或者卽使發覺了也難以避免者。許多潛在課程的硏究者指出，政治意識型態的灌輸旨在穩固某一政權的存在基礎，使全民接受此一政權的合法或正當地位。武力統治、法律約束、道德敎訓固然都有其作用，不過，透過潛在課程灌輸了政治意識型態，讓每個人打從心底接受，無疑更為自然、間接、有效，且無外顯的衝突存在，出現的抗拒也較小。其餘如性別角色意識型態，建立了男性支配女性的合法化基礎，穩定維持了男性支配社會。又如勞工階層所接受的敎育，具有服從、馴順、守時、勤奮、忠誠、認命等潛在課程，更維持其未來的階級地位，鞏固了現有的支配階層。這類潛在課程可稱爲陰謀論，反映了現社會經濟及文化再製造的過程和原因。

第三個常被討論的潛在課程是屬於無意的、未經設計的，但是在學生經驗中出現的種種學習經驗；這需要從學生的學習過程和已有的學習結果去觀察和反省。例如學生在實習課程中，可能學習社會中欺騙顧客、搬弄是非、偸懶怠惰等行為和態度，他也可能學到任勞任怨、博學多聞、尊重顧客等結果，這些若不是敎師設計的實習課程中所規劃的，可稱為潛在課程。又如學校生活的設計本希望其產生敎育的作用，不料實際上却產生了反敎育，例如賈克森(Jackson, 1968)

在「教室的生活」一書中指出，教室生活教導孩子延遲欲望的滿足，打消學習慾望或中斷學習狀態，它也教導孩子如何從各種評鑑中得到好的成績，如何生存於師生間權力差距很大的情境中。再如，對許多學生而言，數學教育除了教數學概念、運算之外，同時也可能教數學是令人討厭的學問。

總之，潛在課程是學生在正式課程及非正式課程之外的許多學習經驗，它可能是有利的也可能是有害的。潛在課程可能是有意設計的，也可能是無意發生的，它隱藏在學校的各種情境中：正式課程、非正式課程、師生關係、同儕關係、教師人格示範、校園環境安排、學生組織、教師組織、法令規章、評鑑制度、教師期望、教科書、參考書等，可謂無處不在、無時不在。

不論是正式課程、非正式課程或潛在課程，都是學校之內實實在在的存在，不過，每個學校這三種課程的結構不太一樣，甚至於每個學生擁有的比例也會有所不同。雖然如此，這三者可合稱為「實有課程」，以別於艾斯納所指出的空無課程（the null curriculum）。學校課程雖然十分豐富，但是比諸整個知識領域和社會文化，顯然依舊渺小。再加上時代環境變遷迅速的影響，實有課程可能變得陳舊且不能趕上知識爆炸。如此一來，學校課程便缺乏了該有而未有的成分，這簡稱為空無課程。有關空無課程的概念將於下節討論，本節只提出做為分析課程結構之用。歸納本節之分析，學校課程的結構如圖2-2。首先我們可將學校課程劃分為「實有課程」和「空無課程」兩部分。其次在實有課程之下，可再分為「外顯課程」和「潛在課程」，而「外顯課程」包含了「正式課程」和「非正式課程」。正式課程又分成各類教學科目，每個科目之下又有單元、章節或課。非正式課程則包含學校有意安排的正課之外的各種學習活動。

```
學校課程 ┬ 實有課程 ┬ 外顯課程 ┬ 正式課程
         │         │          └ 非正式課程
         │         └ 潛在課程
         └ 空無課程
```

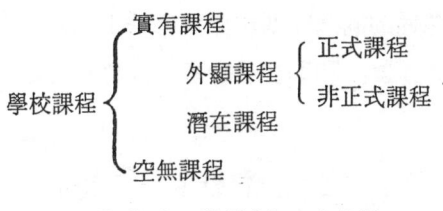

圖 2-2 學校課程的結構

第三節 空無課程

一、從「缺乏」的角度看課程

空無課程 (the null curriculum) 一詞，係由艾斯納所提出的概念 (Eisner, 1979, 83-92)。這個概念並不新穎，但很重要。空無課程的相對，便是實有課程，「空無」和「實有」合起來，是為課程探討的整體。課程的探討，不但要由「有什麼」的角度觀察，也要由「缺乏什麼」的角度看，這是每逢課程修訂時，必然提出的問題。例如這一次職業學校課程修訂時，各界所提意見中，有人提到目前課程缺乏了史地、音樂和美術。另外也有人主張職校教授勞工有關法令，讓學生了解做為勞工的權利和義務。在上次大學課程修訂時，爭論最大的問題之一，是共同必修課程應否納入「中華民國憲法」一科。亞波 (Apple, 1979) 曾指出，學校的科學和社會兩科，其內容只教和諧面，不教衝突面。以上所云史地、音樂、美術、勞工法令、中華民國憲法、衝突面等，都是相關學校的空無課程。

課程探討的主流，一向在於學校實有課程教給學生什麼，造成了

什麼效果。空無課程的概念，則在探討學校「不教什麼」，產生了什麼結果。學校不教什麼，和學校教什麼，同等重要。

二、空無課程的重要性

為什麼空無課程的探討重要呢？艾斯納從兩個層面說明之，其一為心智過程（intellectual processes），其二為內容領域。心智過程在學校課程中，現已受到廣泛重視。在教育及心理研究中，有所謂認知發展的探討；學校教育目標也被分成認知、技能、情意三大類，認知領域尤受重視。艾斯納認為，認知一詞應泛指一切心智有關的過程，可惜現已被許多人狹隘地界定為語文、數字有關的思考，認定惟有運用語文、數字來組織及操作個人思考過程，才算是認知，將認知原有豐富的意義和廣大的範圍剔除了。

許多頗具生產性的思考模式，並不屬於語文或邏輯的，這些模式的運作，係透過視、聽、嗅、味、觸、動等感覺官能。遺憾的是，這些模式學校不是不教，便是教得很少或不受重視。所以，學生在學校根本學不到多少語文和數字以外的心智過程，其能力是高是低，也往往只用語文和數字有關的規準加以評估。

分析了心智過程以後，艾斯納接着由學校課程領域，來闡明空無課程概念。他發現，學校課程教給學生的內容，只是片面的而不是全面的。例如小學重視讀寫算教育，中學要求學生修習三年英文、二年數學、一或二年科學、二至三年美國史或社會。但是法律、經濟、人類學、心理學、舞蹈、視覺藝術、音樂，則少有學校開設，不屬於許多中學必修課程的一部分。

艾斯納進一步尚以藝術為例。小學一般都需要教藝術，但課程設

計不好，教師的教學能力也不足。中學雖有專任美術教師，但只有約半數學校開設美術課，且每年只有百分之二十的學生選修。忽視藝術的現象，使學生接觸不到較為嚴肅的藝術型式。學校不教藝術，學生的藝術能力也不會自行發展。結果離開學校後，他們便不能欣賞藝術家對世界的貢獻。總之，艾斯納認為，空無課程使學生失去了某些觀點和能力，也失去了原應具有的許多變通路徑。

三、應用時應注意的要點

運用「空無課程」概念於課程設計和研究上，應注意幾點。第一，空無課程所啓示的，基本上是「範圍」問題，即在整個課程領域中，已包含了什麼，未包含什麼。這其中重要的不是一切缺乏的東西，而是缺乏但屬重要的東西。所以，討論的重點應在於對空無課程的重要性提出辯護。

其次，課程設計者應了解空無課程是個相對性的概念，而不是絕對性的概念，其內涵端視實有課程包含的內容而定。實有課程往往因時空和對象不同而異，空無課程的範圍也隨之而變。例如甲校和乙校、甲生和乙生，兩者的實有課程可能不同，其空無課程也就會有差異。

第三，空無課程的出現，有屬故意設計者，有屬疏忽而未納入正式課程者，更有屬因時代和社會變遷課程改革無法因應者。換言之，空無課程的成因甚為複雜。我們常說學校是個小型社會，但這個社會和大社會不同，並未顯示大社會的一切特徵，特別是大社會的邪惡面。即使主張邪惡面在學校出現，也只是用以襯托善良面的可貴，並例示邪惡必亡而已。所以，邪惡面的缺乏，可說是故意設計。此外，

傳統的課程材料中缺乏婦女成功的實例，且婦女角色的分析、描述，常常侷限於傳統的範疇內，這可能是設計者的疏忽，也可能是設計者的刻板印象和意識型態而導致。至於知識爆發，時代社會產生了變遷，帶來了新的知識和需要，出現了新的問題和困難，這種現象使得現行課程變得陳腐起來，而為另一波課程改革的導火線。這個時候，如果課程改革的腳步不夠迅速，「空無課程」便自然地出現了。

第四，由於空無課程出現的原因不同，在調整空無課程為實有課程時，遭遇到的困難自不相同。課程設計基本上是個選擇和決定的過程，而此一選擇和決定，都會遭遇知識無窮、時間有限的兩難。對於空無課程的處理，不是將缺乏而重要的內容納入課程範圍而已，而是先要將實有課程中的某些內容予以排除，留出可以容納的位置。這個過程，對疏忽未納入和未因應時代變遷所產生的空無課程而言，比較容易做得到。但對故意不納入的空無課程而言，由於牽涉到意識型態、刻板印象、偏見、歧視等因素，改變的過程將會比較複雜，改變的速度比較緩慢，遭遇的困難也比較多。

第五，課程設計者在運用空無課程概念時，應檢討現行課程缺乏了什麼，缺乏的成因何在。設計中的課程要教些什麼？不教什麼？為什麼不教？這樣做將會產生什麼後果？這個後果是不是可以接受的？如果要調整課程範圍，將空無課程納入實有課程，應該怎麼做？遭遇到的困難如何排除？總之，課程設計者必須從正、反兩面來思考問題，不但要去想「需要什麼」，也要去想「不需要什麼」，不但要問「有了什麼」，還要問「缺少了什麼」。這樣的思考型態，才能看到問題的全面，課程設計才易趨向於明智。

第四節 課程設計與課程發展

課程設計（curriculum design）和課程發展（curriculum development），在早期課程文獻中，稱為課程編製（curriculum making）或課程構建（curriculum construction or building），而所謂編製或構建都十分強調實際行動，即課程不是思辨的產物，而是行動的結果。然而課程的編製也好、構建也好，往往植基於過去或現有的課程，將其加以修訂或改革，因此，不少課程學者採用課程修訂（curriculum revision）或課程改進或改革（curriculum improvement or reform），來指稱同一現象。另有學者由計畫的角度，來觀察課程設計工作，認為那是課程計畫（curriculum planning），是課程工作者依據各種社會價值，對課程各因素所作的一系列選擇（Saylor et al., 1981, 27-31）。

目前課程學者尚採用課程改革或課程計畫的名稱，但對於課程編製或課程構建已非常少用，而最為流行者，則為課程設計或課程發展。有不少課程學者，區分課程設計和課程發展，但實際上它們常被混用。例如，普拉特（Pratt, 1980, 4-5）指出課程設計和課程發展的差異，他認為後者強調演進、生長的課程觀念，而前者則強調精確性觀念。他接着對設計做較多的說明：課程設計是課程工作者從事的一切活動，這包含他對達成課程目標所須的因素、技術和程序，進行構想、計畫、選擇的愼思過程。教育工作若能重視設計，便可以確立目標，善用時間，促進溝通，加強協調，減少緊張，增進成功的機會。最後，普拉特仍決定在其書中交互使用課程設計和課程發展二

詞。

　　普拉特對於課程設計和課程發展的比較，仍不夠清楚。爲協助讀者了解這兩個課程術語，以促進課程領域內外的溝通，實有必要進一步釐清這兩個術語的涵義。迄今爲止，對此二術語的分析最爲清晰者，厥爲克萊恩(Klein, 1985)和蓋依(Gay, 1985)，茲以他們兩人的分析爲主要依據，加以闡明。

一、課程設計

　　克萊恩和蓋依兩人，都認爲課程設計係指課程的組織型式或結構，即課程各因素的安排。在許多課程著作中，所謂課程設計，就是指學科中心、學生中心、社會中心等組織型式，較新的著作會提及核心課程、人本課程、能力本位課程、學科結構課程等新興的課程組織型式。

　　克萊恩認爲課程設計基於兩個層面，一是理論基礎，二是方法技術。所謂理論基礎，係指課程設計的三大基礎：學科、學生和社會，當然有些學者可能強調其他領域，例如文化、政治等。課程設計必須基於三大基礎，據以產生均衡的課程，但實際上的運用往往有所偏重。所謂方法技術，係指依照理論基礎，對課程因素進行安排。課程因素最常被提及者，有目標、內容、活動及評鑑，可再加上其他因素如時間、空間、材料資源、學生組織、教學策略等。

　　課程因素的安排組織，必須按照所依據的理論基礎，形成較高的內部一致性，這樣課程設計才能統整以發揮較大的影響力。例如以學科爲理論基礎的設計，其目標在使學生學習學科的內容與方法，以成爲學科專家。課程內容取自於學科的概念、事實、原理、原則、方

法，採取單科設計、相關設計、合科設計或廣域設計。活動多半為聽講、討論、實驗、閱讀、記誦，教師教學也都配合上述學習活動。評鑑注重學生學習學科內容的熟練程度，通常採用考試或測驗。時間依照區分的學科和教學時數排課，大部分的學習在教室內發生。學生組織常採大班或分組方式，學習的個別化較為困難。學習材料和資源，以教科書為主，由學科專家或教師編輯。

上述的分析是個典型，實際上，課程設計常融合了各種理論基礎，少有純粹的型式。再者，每個學校也許都會有多種課程設計，視學校教育目標而定。

二、課程發展

蓋依認為課程發展不同於課程設計，後者是撰寫教學目標、內容、活動、評鑑程序的科技，前者則是實行這項科技所依據的過程，這包含課程決定的互動和協商。課程發展是有關教學計畫的過程、人員組織和人際互動，課程設計則關心實體、成品，是課程決定過程的最後產物。

蓋依認為課程發展此一過程，包含三個層面：1.課程發展具有何種本質？2.誰參與課程發展的決定過程？3.影響課程發展的勢力有那些？如何影響？

課程發展過程的基本因素，是人員、權力、程序和參與。這些因素的互動，使課程發展具有五種特質：

1. 課程發展是為了作成下列決定的人際運作過程：課程計畫於何處發生？誰將參加計畫、選擇及實施？課程將如何實施、評鑑

和修正?

2. 課程發展是一種政治性的過程,中央、區域及地方政府通常都會參與課程決策,社會上的壓力團體也會提供課程改革的意見,影響課程決定。在課程發展過程中,存在許多衝突和矛盾,各種團體和人物運用權力,爭取其對課程決定的控制。

3. 課程發展是人的作用,人類的潛能、障礙、興趣、價值、理念、優先次序、角色功能、差別責任,都在課程發展過程中運作。改革學校課程,便是改革課程的形成因素,由於人的欲望、信念、態度、知識、技能,總是課程的重要形成因素,故人的改變是課程改革的必要條件。

4. 課程發展是種合作事業、各級政府、學校、教師,都須從事課程發展工作。各層次的課程發展工作,不但要結合具有所須能力的人才,也必須讓代表各種不同利益的人員參與。

5. 課程發展是一種斷續增進 (disjointed incremental) 的決定過程,它不是純然理性、客觀、系統的工作。

由於目前課程領域對課程設計及課程發展兩個術語尚乏完全一致的見解,故本書仍以「課程設計」為名,求其簡潔,但對於課程發展的程序和問題,亦有所討論。

第五節 其他重要課程名詞

除「課程」、「課程設計」、「課程發展」之外,課程領域中,尚有一些重要名詞,值得在本章介紹。

一、課程構建

課程構建（curriculum construction）是早期課程學者較常使用的名詞，用指課程在建立或編製過程中有關的一切過程。在課程文獻中，課程構建可視為課程發展或課程工程的同義詞。在課程構建中，經常會問到下列問題：優良社會的本質是什麼？人性是什麼？優良的生活是什麼？知識的本質又如何？教育目標宜包含什麼？課程設計如何有效達成目標？學生該學何種知識？學生學習之際該如何與知識互動？如何評鑑教育目標、內容和活動的適切性？如果將課程構建活動限定於這些問題的解答上，則課程構建便在確定課程成分的性質和組織。

二、課程工程

課程工程（curriculum engineering）一詞，將工程和課程結合起來，課程設計被比擬成工程設計，課程實施被比擬成工程實施。彪贊普（Beauchamp, 1968, 108）對課程工程的界定是：使課程系統在學校運作起來所需要的一切過程。所謂課程系統，則有三個基本功能：其一為產生一套課程，其二為實施該套課程，其三為評估課程和課程系統的效果。雖然課程工程是個比較新的名詞，不過，基本上，其範圍不超出課程的構建、發展與實施，故課程工程也可視為課程的構建、發展及實施之一切過程。

三、課程改進與課程改變

課程改進(curriculum improvement)和課程改變 (curriculum change)，在課程文獻中，經常是混用的，另外還有課程修訂(curriculum revision)、課程改革(curriculum reform) 兩個名詞，也常被混用着。不過，塔巴 (Taba, 1962, 454) 對課程改進和課程改變却區別着使用。在他的眼中，所謂課程改進，只是改變課程的某些層面，對於課程構成的基本概念和組織型態絲毫不加改變。而所謂課程改變，則包含了整個課程架構的轉變，例如設計、目的、內容、活動、範圍、順序都是，而更重要的是課程所植基的價值假定也改變了。基於此，課程所要改變的不只是課程自身，而是生活和教育的整個意義，以及相關的人、文化、社會等項目的反省，最後，課程設計人員所要改變的尚包含了實施課程的機構本身。

由此可見，課程改變遭遇到的抗拒力將比課程改進來得大，人們比較容易接受現狀的小改革，因爲這樣比較容易適應、比較安全，更不必花費太多的努力。不過課程改進着眼於現狀的精緻化，難免會是片面的、膚淺的、暫時的，眞正的改革恐仍非課程改變不可。當社會變遷至相當大的幅度，課程改變也勢在必行，而不單是課程改進而已。

四、課程基礎

課程並不是憑空而來的，其設計必須植基於某些基本力量上，所謂課程基礎 (curriculum foundations)，便是影響和形成課程內容和組織的基本力量。由於這些基本力量的研究，往往出現在某些學門

的文獻中，故所謂課程基礎便又指課程設計時具有重要影響力的學門及其文獻或研究成果。迄今為止，課程學者談到課程基礎，不外下列三方面：哲學和知識性質、社會與文化、個人及學習理論，分別稱為課程的哲學、社會學及心理學三大基礎。課程目標、內容、方法、評鑑的選擇、組織，在在受到個人及社會哲學的主導，課程的內容是選擇的知識，當然，設計人員也無法脫離知識性質與發展的討論。學校功能之一在傳遞和創造文化，社會文化勢必對課程發揮其影響力，將社會文化含有的價值、觀念、假定注入於課程中。教育的對象是個人，課程設計自不免要注重個人的需要、興趣、經驗及學習能力。

五、課程理論

課程理論（curriculum theory）是指一套相關聯的教育概念，針對課程現象提供了系統化及啟示性的觀點。雖然有些人認為課程理論尚未發展成熟，甚至於進而懷疑它的存在，但課程領域確實出現了許許多多的理論。有的理論主張實證資料的蒐集證驗，強調課程設計採理性模式，被稱為硬性的；有的強調概念的分析與重建，常常借用宗教、哲學、文學、歷史諸領域的觀點，稱為軟性的。對於課程理論還有其他分類方式。不論如何，課程理論和一般理論的作用一樣，對於課程設計具有描述、解釋、預測、引導、批判諸種功能。

六、課程與教學

課程與教學兩個概念，經常被擺在一起，也經常引起混淆，有許多學者試着去界定。將課程當做科目或科目內容的人，教學便是教師

按照科目內容傳授給學生的活動。將課程視為學習經驗時，教學變成是課程的一部分，因為學習經驗的產生，是源於學生與周遭人事物的交互作用，課程與教學實糾纏不清。將課程視為學習目標時，課程是事先預期的，不是事後報告的，且課程指定了教學的結果，却未管制教學的活動、材料或內容。換言之，課程既然是目標，教學便是達成目標的手段，課程設計者只要規劃目標，不必去規劃內容、活動、評鑑，這些都屬教學者的工作。將課程當做學習計畫時，教學便是計畫的實施。這時課程和教學的分界點，在於實施這一關鍵，凡未實施的均屬課程範圍，一實施便屬教學。換言之，教學變成是課程的實際運作。對課程與教學的區分標準，上述方式都有其價值，也都有其限制或缺陷。其實，課程與教學是一體的兩面，從那個角度看，那個角度便可成為主體，讓其他角度附着。

七、方案、領域、科目、單元與課

在課程文獻中，經常可見到學習方案（programs of study）、學習領域（fields of study）、學習科目（courses of study）、學習單元（units of study）、課（lessons）。所謂學習方案，係指某一學校為某特定團體的學生，提供的一切學習經驗，例如國中課程、大學課程、國小資優班課程、高中音樂班課程。「學習方案」包含了許多學習領域，其學習年限較長，且所含每一領域學習多久亦有所規劃。所謂「學習領域」係指有組織且界限分明，跨越多年的學習經驗。例如國中國文，跨越了三年，國中數學、國小社會自然科學也都是如此。「學習科目」是學習方案和學習領域的一部分，指一套學習經驗提供學生一學年、一學期或一學季後，並計算學分或學時者，例

如數學甲、數學乙，或國一英語、國三英語。「學習單元」是學習科目的一部分，通常持續一至三週左右的學習時間，其內容是完整的而不是片斷的。「課」是指二十至六十分鐘左右的相關學習經驗，通常是學習單元的一部分。

第六節　課程設計的原則

　　課程領域的研究與討論，迄今已出現不少課程設計的原則。這些原則有源於研究發現者，有源於學術思辨者。亦有源於實際課程設計經驗者。不論如何，這些原則都是智慧的結晶，其於課程設計者的引導作用相當鉅大。

　　原則一旦建立，便可運用於面臨的新情境。但人類社會所建立的原則，其應用性常受到新情境所具特質的限制，有的限制多，有的限制少，因此某些原則可以當做普遍真理，某些原則只是部分真理。課程設計原則也是如此。使用原則之際，當然需要反省其使用的情境，切不可流於機械與盲目。

一、學生利益優先原則

　　課程設計的情境，極為複雜，其中存在各種影響勢力，每種勢力都想引導課程的設計朝向有利於己的方向。因此，對於現有的各種課程主張，都必須找出其所服務的對象，即這些主張為誰說話，而不可單憑表面上的理由，便予接受。

　　任何課程主張要被接受，必須符合學生利益優先原則。這個說

法，並未否定其他利益的重要性。課程設計情境中，常存在許多不顧學生利益的主張，有的僅為增加某一學科領域的教學時數，使此領域獲得更多發展，有的純為學校行政便利着想，避免影響現狀。持這些主張者，根本不先問：這樣有助於促進學生的學習嗎？他們將學科領域的存在發展、教師授課的安定、職員工作項目的安排、甚或教務處排課的方便，做為優先考慮的焦點。

要知道，教師、課程、教具、行政人員及學校環境，都是為學生學習而存在的，如果課程設計不符合學生利益優先的原則，便犯了本末倒置的毛病。

二、明智抉擇原則

課程設計基本上是個作決定的過程，即課程設計者在工作情境中，遭遇到各色各樣的決定情境，除非他作了選擇，否則便無法進一步行動，除非所作選擇正確，否則便沒有明智的行動。

課程設計者面臨的決定情境有那些呢？舉例言之，課程設計有學科、學生、社會、科技四個理論取向，到底應該追隨那個取向呢？或者如何融合此四個取向呢？在整個課程設計程序中，要以目標來引導整個過程嗎？或者以知識或社會問題做為綱領，再考慮目標為何？課程目標的選擇，要依照那些規準？那些是設計者所焦注的？如何區分學習領域？是學科中心的？或是學生興趣中心、社會中心的？各領域建立時，也應決定何者屬共通要求，何者屬個別學生的選擇。此外，教學方法、學生活動、媒體運用、評鑑方法等，每個課程設計者，都會遭遇到許多選擇情境。

課程設計的決定，最重要的是充分尋找變通方案，訓練決定能

力，養成決定意願。如果課程設計時缺乏變通方案，則根本無選擇餘地； 若所知變通方案有限， 則可能談不上明智的選擇。對於每一變通方案，課程設計者在決定前，必須充分了解其哲學、方法、優點與限制。每一選擇都代表相當程度的冒險，課程設計者必須知道冒了何種危險，對誰可能形成傷害，如何避免傷害至最小。課程設計者對自己的決定，必須負起責任，然而更重要的是決定的明智性及選擇的勇氣。

三、權力分配原則

課程設計的權力需要妥善分配。由於課程設計存在於許多層次，如教育部、省市廳局、縣市教育局、學校教師、學生等，因此，每一層次都必須分享部分課程設計權力。中央集權式的教育行政，儘量將課程設計權集中於中央，完全忽視其他層次課程設計的需要，結果不免減少課程的彈性，形成課程實施上的陽奉陰違，嚴重者，更萎縮了教育實際工作人員的主動創造，加深其工作上的無力感。

課程設計的權力分配原則，要求各層次的課程設計者都擁有部分權力。例如教師在符合基本規定下（注意，不是全然控制），能依照所屬學校特性、學生需要、地方資源等，去設計課程，因為教師處於特定教學情境中， 最了解情境中的需要， 他們必須採取行動加以因應。

四、整體原則

課程設計必須注重課程的整體性。傳統上，課程設計常缺乏整體

性，所謂挖補翻修的工夫，便是最好的寫照。課程的挖補翻修，代表課程設計的頭痛醫頭、腳痛醫腳，未顧慮問題的來源及問題的整體性。

課程設計必須採取整體的觀點，視課程為完整且各部分互相關聯的系統，任何一部分的改變，都須整體地評鑑課程系統產生何種變化。

課程設計的整體原則，也可由課程效果的評鑑觀察。課程效果出現於學生身上，也出現於教師身上，即師生都受到課程的影響。此外學生家長及其他社會人士，也是受影響的人物。例如性教育及人口教育的設計，影響到整個社會的結構和運作，不但學生、家長、教師受到衝擊，衛生機構、社會福利機構、宗教團體，可能都會表示關注。

就學生評鑑而言，課程效果不僅顯示於認知面，學生技能的表現，人際關係的和諧、情緒和感受的變化、學習的涉入程度，都可能是課程設計者的目標。

五、系統原則

所謂系統原則，係指課程設計必須先建立一套設計的程序，現有的課程設計程序很多，課程學者常以模式表示之，其中雖存在許多爭論，但這些爭論無礙於課程設計程序的採用。課程設計如能事先制定一套程序，獲得所有設計人員同意，整個課程設計工作，將有系統的規則可循，對於重要的課程成分也不會遺漏，因此成功的可能性必然加大。

系統化的課程設計，除了建立設計程序外，尚應計劃各程序運作有關的因素。例如時間、資源、個人哲學、工作方式、人際關係、領

導與視導等，這都是課程設計成敗的關鍵。

有了系統化的課程設計程序，並非意指這些程序不可改變。課程設計者在計畫中，常有未及預見的地方，設計的過程也可能產生特殊變化，因此課程設計程序需要部分彈性，有時應依照實際運作狀況加以修訂。

六、合作原則

課程設計者應體認「獨木難支巨廈」的格言。課程設計工作需要各種能力，而這些能力常未完整地出現於某一個人身上。哈夫洛克（R. Havelock）曾指出，課程設計工作包含十九種角色的運作：專家、指示者、訓練者、提示者、連絡者、示範者、說明者、提倡者、對抗者、諮詢者、顧問、觀察者、資料搜集者、分析者、診斷者、設計者、管理者、評鑑者（Wiles & Bondi, 1979, 91-2）。一個優秀的課程設計者，可能同時具備扮演十九種角色的能力，但事實上這樣的人才少見，而實際的課程設計運作，完全由某一個人負責，也有其困難。

課程設計最好是當做團體合作的工作，即集合具有課程設計所需能力的人員，組成課程設計團體。一般言之，課程專家、學科專家、教師三者，是課程設計團體的核心成員，而學校行政人員、教育行政人員、媒體專家、學生、家長、有關機構或行業的代表，都是課程設計團體運作時可以徵詢的對象。團體成員彼此合作，集思廣益，克服困難，較能避免錯誤，以形成影響深遠的計畫。

對於在教室層次工作的教師而言，其課程設計也可聯合有關教師，組成團體，規劃設計，協同教學的設計便是一例。在教師團體

中，也許仍會缺乏某些能力，這可藉由顧問或徵詢的方式取得。

七、時代依存原則

　　學校課程不單是反映時代，它根本就是時代的產物。突尼(Turney, 1976)曾批評社會變遷緩慢的現象，猶如每年移動距離以尺計量的冰河。教育特別是課程改變，屬於社會變遷的一部分，其速率與社會變遷差不多相同。

　　學校是社會機構，其課程當然必須反映社會需要。每一社會在某一時代，都有特殊社會勢力、哲學觀點、累積的知識及教育領導，一起帶動課程的改變。例如知識爆發的時代下，課程設計強調的是方法和過程的教育，而不是知識內容的記憶，因為唯有前者才能滿足知識爆發的學習需要。又如，資訊和電腦教育納入學校課程，反映了科技發展的需要。美國學者杜威（J. Dewey）、克伯屈（W.H. Kilpatrick）、波德（B. Bode）等人，提倡兒童中心的教育思想，形成了進步主義教育運動，學校課程注重學生興趣和需要的滿足。然而，當進步主義教育被批評為太軟性，形成學生程度低落以後，學校課程乃又趨於學術中心取向，期能符合時代的要求。

八、改變必然原則

　　此一原則係衍生於時代依存原則。課程既為時代產物，它必須反映時代，而所謂時代又是不斷演變的，其社會需要、社會問題、哲學觀點、知識累積、心理研究、教育領導，都會有所變化，課程的革新乃成為勢所必然。

九、時代促進原則

課程設計不只要反應時代，讓時代巨輪拖着走，它也可成為時代巨輪的帶動著。這個原則和教育功能的主張很有密切的關係。教育可適應社會變遷，也可導正社會變遷；教育可傳遞文化，也可充實及更新文化。教育可以被引導，也可以做為引導者，此種雙向功能的發揮，係藉由課程設計來達成。

十、持續原則

課程設計係連續不斷的過程，它是沒有止境的。如果有所謂「完成」，那也只是階段性的，即此一階段的課程設計完成，新的階段隨即開始。課程即使可以設計得極其完美，然由於社會變遷了，學生改變了，知識累積了，必然又變得不夠完美，甚至於成為陳腐的、錯誤的。所以任何新課程一經著手實施，即為另一波新課程設計循環的開始。唯有不中斷的課程設計，才能反應時代、引導時代。

十一、各種改革並存原則

此一原則係指同一時代，可容許不同的課程改革存在，換言之，早期的改革與近期的改革可以共存，即使近期的改革也可以有許多不同的方向。課程設計受到教育哲學的響影。就目前已建立的教育哲學言之，不同哲學常具有不同的人性觀、知識觀，從而衍生不同的教育目的，需要建立不同的課程。再者，同一時代下，每一地區雖然都要

進行改變以反映時代，但不同地區有不同條件，也有不同的狀況，其反映方式自可有所不同。各種改革並存原則，有利於課程的實驗和比較。

十二、課程與人員並重原則

課程改革源於人員改變，而所謂人員，包含了教師、行政人員及職員等。許多課程設計工作，完全着眼於課程本身的改變，對於實施改變的人，毫不加重視。在課程設計過程中，教育人員特別是教師，並未被納入課程設計團體中。在課程設計完成後，也缺乏有效的教師在職進修制度，以提升其實施新課程的能力和意願。因此新課程的實施效果常是不甚良好。

根據目前已有的文獻顯示，課程改革採取由上而下的權威模式，將一整套由專家設計好的課程，交由學校教師實施，其遭遇到的困難，在於實施新課程的教師並未改變，無法讓新課程產生效果。許多學者提倡由下而上的草根模式，即減少中央教育行政機構的課程控制，增加地方及學校設計課程的彈性與責任，使教師成爲課程的設計者而不單是實施者，在設計過程中培養實施課程時應有的能力。不論課程改革採取的是那一種模式，若未有人員上的改變，必然無法出現有效的課程改變。

本章摘要

本章旨在分析課程設計的基本概念，首先釐清的是課程的意義。由於課程定義衆說紛紜，本章臚列了二十個定義做爲例示，並歸類爲學科、經驗、目標和計畫四類，一一加以闡釋、比較。課程定義尚有幾個對立問題：課程限於校內或包

含校外經驗？它是手段或是目的？它是成品或是過程？它可以預測或必須回溯？本章均加以分析。學校課程可分為實有和空無兩部分來看，實有課程又包含外顯和潛在兩部分，外顯課程可再進一步分成正式和非正式兩類。本章接著闡明課程設計、課程發展、課程構建、課程工程、課程改進、課程改變、課程基礎、課程理論等名詞，區別課程與教學的意涵，說明方案、領域、科目、單元與課等諸名詞的關係。最後，本章提出了課程設計的十二項重要原則。

問 題 討 論

1. 課程的定義可分成學科、經驗、目標及計畫四大類，試說明各類定義的主要精神，並指出其於課程設計的啓示。
2. 試列出你個人對課程的定義，並闡述此一定義的價值所在。
3. 課程的定義有幾個重要的對立點：校內與校外、手段和目的、成品和過程、預測與回溯，試說明之，並提出你個人的觀點。
4. 試說明課程結構對學校教育人員可能的啓示。
5. 空無課程是什麼？你是否能接受此一概念？此一概念在實際應用上應注意什麼？
6. 課程和教學是兩個糾纏不清的概念，試就己見闡明之。
7. 課程設計的原則很多，除了本章所提出的以外，你是否發現其他的原則？
8. 試說明課程設計和課程發展兩個名詞的差別所在，並指出其於課程工作者的意義。

第三章
課程設計的理論取向

人類教育的歷史,存在許多難以解決的爭論,其中極為重要的一環是課程的理論取向。課程應包含什麼?以何種因素為核心來設計?其中教師、學生的角色和關係如何?所謂「教」到底是什麼?「學」又是什麼?課程設計者如能透徹了解這些問題,當有更多的選擇。

目前有四種課程設計的理論取向值得重視。第一種取向強調知識體系,以學科為課程設計的核心;第二種強調學生的需要、興趣和能力,稱為學生中心;第三種強調社會取向,分成社會適應和社會重建兩種觀點;第四種強調科技應用,主張客觀化和系統化的課程設計程序。

第一節　學科取向的課程設計理念

翁斯坦(Ornstein, 1982)在「課程對比」一文中,將課程理論

分成兩大派，一是學科中心課程 (the subject-centered curriculum)，二是學生中心課程 (the student-centered curriculum)。他認為學科中心課程的主張，係基於四個觀念：

1. 學科採取邏輯方法組織學習及闡釋學習。
2. 這種方式使學生易於記憶未來可使用的資料。
3. 教師被訓練成學科專家（至少中學是如此）。
4. 教科書和其他教學材料，通常依照學科來組織。

在翁斯坦的學科中心課程中，又包含五種課程概念。學科領域課程 (subject area curriculum)，將課程區分為學科，各科包含其自有的專門知識，這些學科領域可歸納為三部分：共通內容、特殊內容、選修內容。永恒主義課程 (perenialist curriculum)，係屬保守的教育哲學，認為小學課程應包含讀寫算、拉丁文、邏輯，中學應加上古典研究。精粹主義課程 (essentialist curriculum)，也屬於保守的教育哲學，主張下列五個領域的系統學習：英語、數學、科學、歷史、外國語。永恒主義與精粹主義兩者，均強調心智訓練，但前者重古典學科，後者則願納入現代學科。學科結構課程 (subject structure curriculum)，係1950和60年代的產物，主張學科有其組織知識的結構，這個結構包含概念、原理、原則、方法。回復基本能力課程 (back-to-basics curriculum)，係六〇和七〇年代學生讀寫算成績低落的反應，強烈主張讀寫算的教學，且主張英語、數學、科學、歷史等「主科」，在各年級都要教學。選修科如潛水、登山、靜思 (transcendental meditation)，並無意義；而某些人文和統合性的科學科目，也被視為太過軟性。尤其重要的是，回復基本能力運動，使美國多數的州，建立起中小學學生最低能力標準。

由五種學科中心課程觀之，學科取向的課程理念，歷經長期發展，極為複雜。但不管它如何變化，總脫離不了學術研究的領域「學科」，及學科所包括的知識與探究方法。以下分別說明學科的概念、課程與學科的關係、學科取向的課程問題和課程設計方法。

一、學科的概念

學科（disciplines）是追求真理和知識的架構，各個學科有各自的方法。學科一詞，至少代表下列幾個意義：

1. 學科是指研究領域，如歷史、語言、文學、科學、美術等。
2. 學科是指某一領域內，學者研究的事實、論文和其他成品，所構成的網絡。
3. 學科是指學術研究的社羣，由某一知識領域內，追求真理的人所組成。

由此可見，學科不只代表研究的界限，它同時也是知識的畫分和學者的集合。每一個學科都具有一些特點：歷史與傳統、文獻與作品、專門術語、溝通網絡、價值情感（Schiro, 1977, 44）。學科內的個體共享某一領域真理的追求，發現新的真理，擴大學科領域，同時也傳播真理。

雖然學科內的成員使用共同法則和邏輯表達觀念，且共同擁有一片知識領域，但這並不意味區內的成員是平等的。每一學科社區，都由三種人組成，一是真理的探究者（學者），二是真理的傳授者（教師），三是真理的學習者（學生）。這三者構成金字塔形，學者站在最高點，學生站在塔底下，教師則處於塔腰。愈朝塔頂，愈專注於真

理的追求；愈朝塔底，愈專注於眞理的學習。學者、教師和學生，均再可分成好多級。學者有聲望卓著的，也有初出茅蘆的；教師可分爲幼稚園、小學、中學、大學等級；而學生也可分爲幼稚園、小學、中學、大學甚至於博士班學生。

不論學者、教師或學生，他們都是學科社區的成員，地位雖有差別，心智活動却應處處相同。由幼稚園生到大學教授，他們都應使用相同的方法追求學科，其中的差別在於程度，不在於種類。

學科社區的成員，都忙於兩件事，一是追求眞理，二是傳播眞理。學者追求學科領域尙未發現的眞理，學生追求的是自己尙未知道的眞理。學者一旦發現了眞理，便撰文報告，教師則學習所發現的眞理，教導學生。學科知識不但可以學習，而且一旦學會，卽可教學。

眞理的追求與傳播，有兩個層面，一是心智 (intellect)，二是知識。學科中心的理念，認定人的本質在於心智能力，卽思考、理解、推理、記憶、懷疑等。運用這些心智能力，人類便可追求事物的意義，獲得其中的眞理。而所謂知識，則是眞理的累積，是已知的意義，是已獲得的理解，其中當然包括求知的方法。

學科、心智和知識三者都是多元的，哲學、數學、生物、歷史、經濟、心理都是學科，它們具有其獨立性與自主性，不受外界任何更高知識體系的統制。每一學科有自己的知識和求知方法，有自己判斷眞理的規準。所有的知識可以區分爲獨特的叢集，每一叢集有其內在組織，有其隸屬的學科。在心智世界中，有各種獲取意義的方法、訓練人類心靈的方法也是多元的。例如哲學的分析、歷史的解釋、數學的證明、經濟的統計、心理的實驗，都有其獨特的本質，而每一求知方法，都在其所屬學科中發展得淋漓盡致。

二、課程與學科

在學科取向的理念下,課程的所有思考必須由學科出發,這可由幾方面觀察。首先,課程的目的在於引導學生進入學科領域,使其成為學科社區的一分子,然後循序漸進,拾級而上。學生不但要獲得學科知識、求知方法,也要養成認同於學科的態度,尊重學科的傳統。所以,課程是為了學科而存在。

課程如何引導學生呢?基本觀念是讓學生獲得「參與的知識」,即讓學生照著學科社區頂峯的學者一樣,從事真理追求的過程,以獲得知識,這不僅是觀察他人的作為而已。所以,學習物理的學生,便是個物理學家,從事像物理學家一樣的心智活動,誠如布魯納(Bruner, 1966, 72)所說的:

> 大學教授所發現且形諸權威書籍的知識,是許多心智活動的結果。在這些學科中教學,並非要受教者記住這些結果,相反地,是要教他參與可能產生這些知識的過程。我們教一門學科,不在建立該科的小活動圖書館,而在使學生採數學方法思考,或如歷史學家的考慮事務,實際參與獲得知識的過程。

基於上述目標,課程發展者的工作,在於使課程反映學科,即將課程當成學科的摘要。課程發展者不關心改變學生何種行為,他們所關心的是,如何讓課程能更精確地表達各個學科的本質,將已知且具有權威性的知識納入課程。康納來(Connelly, 1964, 111)對此有所描述:

> 課程編製者的第一件工作,在詳細地研究學科,使自己能顯示

學科的各種知識型式。好好研究教科書，尚不足夠，因為單憑知識的陳述，尚未能完全闡明知識所代表的術語。學習知識所源自的探究方法──研究報告，反而是必要的。

不管是學科本質，或是學科的各種知識型式，這到底是指什麼呢？課程發展者如不加以了解，可能會誤入歧途。金恩和布勞尼(King & Brownell, 1966, 187-8)說：

> 我們可以扼要地說，課程計畫的小組、委員會或每個成員，其第一件工作是學科性質的界定（科目只是學科的一部分）。這項工作的完成，可藉由：(1)確認學科成員對人和自然所提出的最特出觀點，及此觀點的範圍；(2)描述對談者使用的探究模式、技能和真理判別規則；(3)指出學科的領域及其層面未來特點；(4)確定學科的主要概念；(5)指出學科使用的基本語言、特殊術語和符號；(6)指明學科的語言學遺產和溝通網絡；(7)提出學科觀念的傳統和歷史；(8)說明學科的教學性質。

由此可見，課程的來源不在課程發展過程之中，而在學科領域的研究上。課程發展者在課程發展過程中，不必從事基本研究，以獲取新知。如果學科專家從事課程發展工作，只須反省自己的研究及所受訓練即可。由於學科是獨立自主的，學科專家從事課程發展，常也是以個別學科為中心。

學科取向的課程理念，強調課程的本質已先於社會、學習者和學習歷程建立起來。菲尼斯(Phenix, 1962, 57-8)強烈主張，所有課程內容，應由學科之中抽取。換言之，只有學科知識適合於納入課程。心理需求、社會問題及其他學科以外的型式，均不適於決定課程

內容,即使這些項目對於整個課程的學科知識分配有其重要性。

總之,學科取向的課程理念,令課程臣屬於學科,所有學校教學科目均應來自學科,即每一學校科目都應有一個相連的研究學科。學校所教的題材,必須完全取自學科。學校所關注的,應和研究學科所關注的一樣,那就是心智的發展和知識的追求,所有生理、社會、經濟、政治等生活領域,都不應影響學校。

三、過程與內容兩種觀點

艾斯納 (Eisner, 1979, 50-7) 描述五種課程基本取向,前兩項分別是認知過程的發展和學術理性主義 (academic rationalism),本書將這兩種取向併為學科取向的課程理念,一重過程,一重內容。

(一)認知過程發展

此一取向強調學校教育的課程與教學,應促進學生認知過程的發展,教導他們學習如何學習,提供他們精練各種心智官能 (intellectual faculties) 的機會。

學校為何要加強認知過程的發展呢?因為學生未來所將面臨的問題,現在無法預測;最有效的處理方法,不在於加強獲取知識、累積事實、記誦理論,這些都會隨時間演變而迅速變化。相反地,強化認知過程才是正道。持此觀點者,認為人的心靈由許多相當獨立的官能或性向集合而成,例如推理、思辨、記憶、發現問題、解決問題等。這些官能的運作,便是認知過程,是個人處理問題所必備。

這種課程取向,可上溯自骨相學和官能心理學。骨相學家認為,人腦有37條肌肉,代表各種心理能力。官能心理學家繼而主張,這些

心理官能，可以透過練習加強。課程設計時，內容本身的意義不重要，只要能發展特定的官能，便屬有用。所以學校教數學，其目的在訓練推理官能，並不是數學內容本身有多重要。由此觀之，課程內容的選擇規準，在題材和活動的經濟性，即學生藉此題材和活動練習以後，強化了某種心理能力，此一被強化的心理能力，又可用於其他題材和活動上。這種觀點，假定學習遷移具有普遍性。

然而普遍遷移說（theory of general transfer）在1901年，已為桑戴克和吳偉士（E. L. Thorndike & R. S. Woodworth）所推翻。他們發現正在學習的工作的構成元素，和已學會的工作相同時，學習遷移才可能發生，這個理論稱為共同元素說(theory of identical elements)。對課程設計而言，共同元素說的啟示，是不教便無法自然學會，推理能力無法完全遷移到各種新的工作上。

也許當前最有影響力的認知過程概念，是布魯姆（Bloom, 1956）的認知領域教育目標分類法，其中指出記憶、理解、應用、分析、綜合、評鑑六層次的思考型式，做為認知領域的教育目標。

在課程領域中，以認知過程為取向設計的課程，有「科學：過程的探討方法」（Science: A Process Approach），和「小學科學」（Elementary School Science），其目標都不是觀念和資訊的推廣，而是科學思考和探究能力的培養。

（二）學術理性主義

此一觀點主張，學校的主要功能，在促使學生於最值得學習的題材上，獲得智慧的成長。學校的使命，不在滿足社會需求或個人興趣；致力於駕駛教育、藥物教育，剝奪了學生追求公正、智慧和責任所需的工具，也使學生學不到學科提供的概念和技能。

但各學科的內在價值有無不同？何種學科最值得學習？誰來決定？持學術理性主義者認為，各學科的價值不同。有些學科如生物學探討生命的性質，其題材非常重要，豈是駕駛教育及家政所能比擬？再者，這一類的科學教育，如果學校不教，在其他地方不易學到。

學術理性主義者對於學科的選擇，有其規準。他們認為像藝術及科學此類基本學科，顯示人類的理性能力，且可藉以進一步訓練理性能力，當然應成為課程的一部分。在各領域內，最好的內容、最重要的觀念，通常出現在人類的偉大作品中，這些作品應成為教育的焦點。

學術理性主義的最佳代表人物是赫欽斯 (R. M. Hutchins)，他擔任芝加哥大學校長時，所設計的大學課程，便採用人類的偉大著作做為基本教材。人類的基本問題，代代都會討論，而有著作產生。基於實用的理由，課程不但要包含藝術和科學的主要學科，也要選取每一學科內的精粹，做為學習內容。就近代的作品言之，達爾文、佛洛伊德、愛因斯坦、甘地、畢卡索、韋柏等人，均值得注意。

認知過程的發展和學術理性主義兩種觀點，雖然一開始有較大分歧，後來的發展已使兩者趨於接近。兩種觀點的着重點不同，或為過程或為內容，只重內容忽視過程固無法令人接受，只重過程強求普遍遷移，也經證實為非。故以學科為取向的課程設計，宜融合兩種觀點。聖強斯學院 (St. John's College) 的大學生物課程，要求學生解剖及觀察青蛙、兔子，且閱讀亞里斯多德的論文「論動物的肢體」，以及哈裴 (William Harvey) 的論文「論動物心臟和血液的運動」，便是過程與內容結合的實例 (McNeil, 1977, 54)。

四、課程設計與課程問題

學科取向的課程設計，以引導學生進入學術社羣為目標，具體言之，課程應傳授學生重要的學科內容，包含事實、概念、原則、理論，也應訓練其運用專門學術研究的方法，發展認知能力。

學生自學術社區的底層進入，學習重要的學科，課程提供所有學生有關學科的一般素養，使其由自己發現的真理中受益，學科的存在與發展也因而獲得支持。然而學術社區呈正金字塔形，愈往頂端，人口愈少，這意指並非所有學生均能向上移動，只有少部分可到達中間和頂端，從事真理的發現與傳播工作。學生一經鑑定無助於學科的發展，便應淘汰下來。

課程所包含的知識，來自於學科，當然要經過選擇，而學科知識又來自於對實體（reality）的探究。學科知識以內容和過程的形式出現，惟有屬於客觀的、可以外顯、可重複的，才具有價值。凡存在於個人心靈內，不能呈現於外，予以觀察檢視，不能由學科社羣中取得的，均屬主觀知識，價值較小。所以學科取向的課程，以客觀知識為主，它一旦被學會，便能再教與他人。

學生是學術社區的新手，他是不完整、不成熟的。學科理念的課程設計，重視學生的心智或理性面，一方面要求他儲存知識，另方面要求他從事這些知識的心理運作。

在學科取向的課程中，「學」是「教」的函數，即有怎樣的「教」便有怎樣的「學」。「教」屬主動，「學」屬被動。常用的教學法為解說（exposition）和探究（inquiry）。觀念不斷被陳述和闡明，以利理解；各學科都建立起各自的問題，要學習者解決。由於每一學科

獨立存在,各有各的結構與探究方法,所以學習理論是多元的,無所謂一體通用的學習理論。

課程的組織有許多方式,有學科獨立存在者,有學科與學科雖維持獨立,但力求關聯者,有合併兩個以上的學科成為一教學科目者,另外,尚有以主題如能源、運輸、休閒、消費等概念,來統合各學科的知識與技能者。學科內的組織,多年依照其概念和方法的發展順序。

課程的評鑑最注重的是,課程反應學科本質及其有利學生進一步研究學科的程度。評鑑的層面有課程內容及課程材料,學科專家扮演重要的角色。對於學生的評鑑,旨在了解學生的學科知識,常採常模參照方式,比較誰學得較好,作為選擇和淘汰的依據。

學科取向的課程設計,具有許多問題,其最重要的有:1.以學科的存在和發展為要務,對於絕大多數無法邁入學科社區上層的學生,缺乏關懷;2.學科的分類方式很多,不同的分類帶來不同問題,而且學科數目不斷增加,學校能納為教學科目者相當有限,如何在激烈競爭下作適當的選擇頗不容易;3.課程應反應學科的本質,已成為學科取向的金科玉律,然學科專家對所屬學科的結構到底為何,尚有爭論,課程設計者常感到無所是從;4.各學科獨立自主,各自設計其所屬學科課程,常流於本位主義,統整和溝通十分困難;5.設計者常犯三種錯誤,或流於形式主義,專注過程,或流於內容主義,專注於內容,或流於普遍主義(universalism),什麼都要納入,使學校課程形成偏頗;6.課程設計以學科為第一來源,課程改革僅重學科內容和教科書的調整,忽視心理、社會、環境、生態、政治、行政等因素的改變。

第二節 學生取向的課程設計理念

學生取向的課程理念，一向被稱為兒童中心或兒童研究的理念，艾斯納稱之為個人關聯取向，翁斯坦稱為學生中心課程。此種課程理念，強調學生個人的意義創造，讓課程適應學生，而非讓學生適應課程。

一、由傳統學校邁向理想學校

要了解學生取向的理念，可先由學校改革者對傳統學校的批評及理想學校的建立觀察之。例如在拉格和舒眉克（H. Rugg & A. Shumaker）眼中，傳統學校是極為無趣的(Schiro, 1978, 176)：

> 想想兒童盤着雙手而坐，眼睛直視，移動前須先舉手徵求許可，齊聲唸着課文……在那兒、記憶、背誦、專注是最重要的。引導教育過程的，是「書上說些什麼」，而不是「你想些什麼」。
>
> 在此種型式中，兒童被擱在長排的座椅上，被擺在千篇一律的教室裏……他必須安靜地坐着，安靜地學習功課，迅速且毫無懷疑地服從老師……這種光聽的學校，其主要教育武器是在陰暗的黑板上書寫講解，以及使用一些非常枯燥的教科書，配合着教師疲乏的嗓音。

相對於傳統學校者，拉格如舒眉克眼中的理想學校，無論是環

境、氣氛以及學習活動，都有顯著的差別 (Schiro, 1978, 175-6)：

> 這是校舍嗎……這些生氣盎然的房間，牆壁充滿兒童圖畫的色彩，地板鋪着亮麗的地毯，擺着立燈、可移動的桌子和舒適的椅子。
>
> 這兒有一羣六、七歲的孩子，他們跳舞、唱歌；他們建房子、建村莊；他們看管店鋪、照顧寵物；他們用泥土和沙子塑造；他們繪圖、閱讀、寫作、編故事，且加以表演；他們整理花園、製造奶油、編織和烹飪。
>
> 另外有一小組正在編舞，他們告訴我們那是遊行用的。在黑暗的房間裏，正放着電影，一個高中生正教導七年級生如何用圖書館……一個初小班正要到麵包廠遠足……走廊的另一端是玩具工廠，裏面的人正使用車床、鋸子、模型和油漆，製作不凡的卡車和馬匹……這兒是自然研究實驗室，裏面的植物正在生長……。

基於這樣的理想，許多著名的理想學校，被建立起來。由1896年杜威在芝加哥大學創立的實驗學校，1907年詹森(Marietta Johnson)在阿拉巴馬創立的有機學校 (organic school)，到 1950 年代以後的開放教育，如統整學校(integrated school)、發展的學校(developmental school)、非正式的學校 (informal school) 都是。

(一) 兒童中心學校

在兒童中心學校裏，兒童的興趣、需要、希望，支配學校教育課程。這種學校的教育人員相信，兒童應共同管理學校，共同計畫及實

施課程，且安排每日的學校生活。所以兒童接管了功課分配、旅行及展覽的計畫，甚至也接收了報告的批評。

兒童中心學校，以兒童的興趣和需要做為課程的組織中心，所以課程內容有泥船、蟲、小雞、樂器、房子等，而不是傳統學校的科目。

（二）活動學校

學生取向的課程理念，認為學校應充滿活動，學生在活動的經驗中學習和成長。此種活動學校，提供學生接觸實體的第一手經驗，而所謂實體，包含物理和社會的環境。兒童實際經驗植物的成長，而不是閱讀植物成長有關書籍；他照顧動物，而不是觀看動物圖片；他用各種工具，製造飛機、火車、輪船，而不是聽老師說明這些交通工具如何製造。所以活動學校裏，充滿各種學習資源：動物、植物、唱機、爐子、燒窰、相機、舊衣服、釘子、鎚子、沙紙、針線、電線、繩子等。

活動學校充滿了身體、語言、社會和情緒的活動，學校裏可以自由移動、自由交談、自由表達，各種活動在同一時間可以併存，所有學習的共通基礎是行動。此外，活動學校的活動，不單發生於教室或學校內，校外也可提供寶貴的經驗。

（三）有機學校

學生取向的學校，是一種有機的學校或發展的學校。這種學校的設計是為了促進人類有機體的自然生長或發展。在此種學校裏，生活、生長、教育具有相同的意義。教育即生長，故學校提供的經驗，應符合學生的智力、社會及情緒發展階段。

有機學校的課程,完全以人類有機體的自然成長為核心,不受外在力量的約制;它提供豐富的學習資源,以及能助長學生與資源互動的教師,作為自然生長的中介。

兒童與成人不同,有機學校視兒童為「兒童」,而不是「小大人」,課程強調他現在的生活,而非準備未來的生活,誠如詹森(Johnson, 1974, 25-6)指出的:

> 如果當前的需要能完全滿足,未來便受到保障。生長無外在目的,它已和過程合而為一。如果兒童快樂地從事健全的活動,他便會生長,他便是在接受教育。

在有機學校裏,工作和遊戲沒有區別,工作是遊戲,遊戲也是工作。重要的是活動的參與和不參與,如果學生能完全參與活動,學習便產生了。

有機學校強調有機體的自然成長,當然重視個別差異的存在,相信兒童可以用不同速率和方式成長。因此各種活動可以同時進行,兒童有權引導自己的學習,有權決定自己的教育經驗。有機學校內,無所謂事先決定的課程,活動或經驗取決於兒童的興趣、需要、能力和學習方式。

(四)統整學校

學生取向的理念,主張理想的學校應是統整的,即對學生實施的教育,採取一貫而非零碎的方法。所謂統整,有幾個意義。第一,學生具有心智、社會、情緒及生理屬性,但這些成分構成的有機體是統一而不可分割的,教育所針對的是有機體的整體屬性,而不是某一屬性。第二,統整的學校反對知識的分科,故主張科際整合的方法,以

學習活動或工作單元,來統合各科知識。第三,統整的學校對於學習時間的運用,不予分割。只要學生涉入某一活動,他可擁有完整的時間,直到活動結束。決定時間運用的因素,是學生的興趣與需要,不是科目和時間表。第四,統整的學校之所以統整,係因為許多活動可以並行,這些並行的活動,均自然地衍生另外的活動。第五,統整的學校結合學生的家庭生活和學校生活。學生可將家中有趣的活動與觀念帶到學校,也可將學校的活動帶回家中,每天的生活因而更加統整。

(五) 自由學校

學生在理想學校裏學習,其動機是內發的而非外塑的。教師有如園丁,他的工作是助長而非強制。 所以, 理想的學校應是自由的學校,學生有選擇的自由,這一點霍特 (Holt, 1970, 70-1) 描述得最為生動:

> ……我們當老師的人,可視自己為旅行的代理人。旅行社的人不會告訴我們去那裏,他要知道我們到底尋找什麼。我們要看的是風土人情或景色?是博物館或娛樂場所?我們要自己去或和別人一起?我們喜歡人潮洶湧或人煙稀少的地方?有多少時間?願花多少錢?得到這些資料後,他便據以建議我們……最後, 由我們做選擇。 然後他幫我們安排行程、旅館、訂購票券、提供資訊,一旦我們可以順利出發,他的工作便算結束。他不必跟我們去,更不會在我們返回後給我們測驗,以確定我們是否去到目的地。倒是旅途中發生的問題,他想知道,以便未來可以幫助旅者計畫得更好。至於我們從旅行中得到什麼,有多少快樂,這是我們自己的事。

旅行社的人不會強迫旅者去特定目的地,也不會強迫旅者採取特定行程與工具,更不會事先訂定旅行的結果,一切聽從旅者的意願,任憑旅者去體驗。 如果教師像旅行代理人, 則學生要學些什麼、如何學, 這是學生決定的, 教師只提供必要的技術援助和服務。尼爾(A. S. Neil)的夏山學校(Summerhill), 可說是這類學校最出名的代表。

二、基本概念與課程設計

由此可見,學生取向的理念,所嚮往的學校是自由的、統整的、發展的、活動的,且是完全以兒童為中心的。由前面的描述,可以歸納並推衍學生取向理念的基本概念。

首就學生角度而言。為什麼要以學生為中心呢?學生中心到底指什麼?學生取向理念假定人性本善,以學生為中心,讓他自然生長,結果必然也是善的。再者,所謂人性包含了心智、社會、生理、情緒等層面,在兒童心靈中完整地存在,所以人的心靈並非一片空白期待填充的;相反地,它具有成長的潛能,期待被引出而能發展。除非將來科學益加進步,使我們足以了解兒童,否則,最了解兒童的是他自己。以學生為中心,便是讓學生(也是最了解自己的人)替自己的學習作決定。 那麼,學生中心到底指什麼? 那就是讓他此時此地的興趣、需要、能力,或者是他的意圖、性向與發展,做為課程設計的核心。

學生取向理念的學習觀是怎樣的呢?所謂學習是兒童與環境中的人事物產生交互作用,所以學習結果有賴於兒童的涉入以及環境的安

排；要有良好的學習，一定要有學生主動涉入，也要有豐富的環境。持學生取向理念者，一直認為學生是主動的學習者，學習不是將環境中的事物傳授給學生，而是他在與環境交互作用過程中，創造意義，產生知識。再者，除非意義與知識能和學生自己的體系結合，否則再多都不屬於他。由於每個學生都是獨特的個體，其學習也是獨特的。

教育人員的責任在於提供優良的環境（含資源），讓學生自由、自主、彈性、統整、主動且個別地涉入，生動而快樂地學習。所謂「教」，是助長「學」的過程，它提供經驗的機會，做為學習的媒介。教師由傳統的「傳授」角色，轉而為「協助」角色，從事觀察、診斷、呈現、諮詢、合作、支持、促進的工作，他是開放、溫暖的人物，能尊重學生，了解學生的發展階段。

學生取向理念對於知識有特別的看法，知識是學習者導致的，它不外在於學習。其次，知識是個人創造的，是私有的、個殊的。學生不斷學習，便不斷成長，其知識亦不斷變化。故知識是學生經驗的一部分，自身不應成為領域。基於此種知識觀，學生取向理念常以教育活動替代教育目標。

學生取向的課程設計，旨在提供學習環境，協助學生從事各種學習活動，進而促使其潛能獲得生長與發展。所謂潛能，包括人性的所有層面，不單指認知能力而言。學生的心理健康、自我概念、創造精神、自導、自信等尤受重視，這些項目，不但支持學生求知和行動，本身更是全人的重要成分。

學生取向的課程，採取的組織型態，將是工作單元（the unit of work）的型態，而不是知識的分科，因為課程是要學生去經驗以便自行得到知識，而不是呈現知識讓學生去學習的。

學生取向的課程，所包含的工作單元，常常跨越了許多學科，例

如船、水、電池與燈泡、豆子和分子等,其題材是多層面的。課程設計時,要描述某一單元所有可能學習的事物,列出學生可能學到這些事物的活動。工作單元的設計,只是便於讓課程設計者呈現此單元,學習的組織由每位學生自己負責,沒有固定的學習順序。

工作單元的設計,提供學生第一手的經驗,這經驗屬於他個人,而且是由具體的操弄,引入到語文或抽象的概念。工作單元也關注學生全面的發展,使他有健全的身體、聰慧的心靈和恢宏的氣質。

由於工作單元的設計,係基於學生的興趣與需要,給予學生選擇和最大彈性,因此學生的自由、主動,對於整個學習的成敗,也負有責任。

對學生實施評鑑,係為了促進他們成長,而非為了比較他們的高下,評鑑時特別注重學習過程,而且注重學生在過程中的全面表現,包括認知、技能、情意等方面, 評鑑所問的問題是: 這些工作或活動,對學生有什麼意義?他由這些工作或活動學到了什麼?就學生個人的性向而言,他的表現有多好?他認為自己的學習怎樣?他認為怎樣可以做得更好?目前這些工作或活動,對於他所要做的活動有何意義?學生經常被鼓勵去進行自我評鑑。

評鑑時採用的方法,常是主觀的、直接的,避免所謂客觀、量化的評鑑,這樣做對於個別學習者比較具有意義;再者,可測量、可量化的,不一定就重要。此外,評鑑者對於學生的努力和表現,應有詳細的記錄,這可避免教師獨斷地判斷和分類,其他有關的教育人員,也可自行檢視資料,形成自己的判斷。

對於學習活動和工作單元的評鑑,持學生取向理念者,比較不重視外在的規準,他們相信,好的活動有其內在特質可以判斷。再者,學生顯示的興趣和熱誠,常是課程優劣的指標。

三、新的發展

學生取向的理念，由強調學生中心、活動、發展、統整、自由以來，近年來也出現比較新的發展。翁斯坦 (Ornstein, 1982) 指出，所謂學生中心課程，共包含五種變體：兒童中心學校、活動中心課程、關聯課程 (relevant curriculum)、人文主義課程 (humanistic curriculum) 及潛在課程 (hidden curriculum)。前二者已經加以分析，茲就後三者稍加說明。

(一) 關聯課程

關聯課程的主張，係源於課程未能反應社會變遷和學生需要。對課程陳腐落伍的批評，最著名的是邊則明 (Benjamin, 1939) 所寫的劍齒虎課程 (the saber-tooth curriculum)。他在文中諷刺一個社會，其學校為了教警覺性，要學生學抓魚；為了鍛鍊學生力氣，要他學用棍打馬；為了培養學生勇氣，要他學嚇跑老虎的技巧。但是這個社會的溪水早以乾涸無存，馬和老虎也已消失殆盡。課程設計者的說辭是這樣的：教育的本質應無時間性，不因情境的變遷而有所改變。當然到了現在，此種說辭的謬誤，已經很明顯了。

1960 和 70 年代，有一股關聯課程的潮流，強調課程應結合學生實際生活經驗，才能引發其學習動機與興趣。這個主張包含了四個要點：(1)應採用個別化的教學方法，以符合學生個別差異，如獨立學習、個別計畫、合約制；(2)修訂現有學習科目，納入學生關心的領域，如環境保護、都市問題、多元文化、藥物戒絕；(3)提供變通的課程方案，如選修、迷你科目 (minicourses)、開放教室，給予更多選

擇的自由；(4)課程應突破學校圍牆，增加工讀計畫、生活經驗學分，及非正式的學位計畫。

(二) 人文主義課程

人文主義課程是1950和60年代，過度強調認知學習的反動。人文主義者認爲，教育必須兼重學科精熟和個人成長兩大目標，據此設計的課程，稱爲合流課程 (confluent curriculum)。學校目標的陳述，雖然未顯示有什麼缺失，但學校的實際作爲却不顧價値、感情、幸福生活的教育。

人文主義教育運動，受到心理學上人類潛能說的影響很大。心理學家馬斯洛 (A. Maslow)的自我實現論，羅吉斯 (C. Rogers) 的全人說 (total human being)，都成爲人文主義教育追求的目標。在教育界，波頓 (T. Borton) 提出個人成長目標，澤西耳(A. Jersild)強調教學者對自我及學生的認識，卡姆斯和史耐格 (A. Combs and D. Snygg)探討自我概念和動機對成就的影響。總之，人文主義教育重視人之所以爲人的基準，獨立、統整、自我決定與自我實現，這些總稱爲情意過程 (affective processes)，和學校一般強調的認知過程 (cognitive processes) 有別。

人文主義者也強調師生關係的改變，希望能藉以促使學生獨立、自我引導及他人接納。部分人文主義者追求較高的意識層面，充滿神秘色彩，如超越的靜思 (transcendental meditation)、催眠、瑜珈 (McNeil, 1976, 11)。

(三) 潛在課程

潛在課程是1960年代以來出現的研究領域。潛在課程的研究者認

為，學校所教導的，不單是課表上的科目和教材上的內容，尚包括許多隱藏的或潛在的層面、學校雖未明白宣示，但學生一進入學校，便自然而然地接觸或學習。

例如同儕團體的價值觀，是高頓（C. W. Gorden）指出的潛在課程。他認為學生的成就和行為，與其在學校裏的地位、角色，關係密切；他也指出，學生的非正式團體，對其於校內外的活動，有許多的控制。學生的非正式團體及其所持的價值，往往與學校正式課程相左，影響學校教育效果，却一向未受課程設計者所重視。

霍特（J. Holt）發現另一種潛在課程——學生對付教師的策略。他認為許多「成功」的學生，善於運用狡猾的策略，由學校各種制度中取得好處。經驗教導他們，玩點小把戲，甚至於偶而不誠實，有其收穫。

以上只是兩個例子，潛在課程的討論尚包含課程偏見、道德教育、政治教育、性別角色學習、課程內容的扭曲、社會經濟階層的再製造等（陳伯璋，民74；歐用生，民68；黃政傑，民75）。

學生取向的課程理念，雖然相當吸引人，但其中仍有不少問題待繼續研究：1.兒童需要和興趣到底是什麼？其中有無共通之處？誰來決定他們需要什麼？他們是否真能了解自己的需要與興趣？給予學生選擇的自由固然很好，然而此種自由，是否必須基於所有變通方案的了解且具備選擇能力？3.學生取向課程，常常發展成反知主義(anti-intellectualism)，認為知識毫不重要，這對學生的學習是否經濟？而且，學生是否能突破自訂的學習範圍？其學習是否能連續？4.學生取向課程強調此時此地的需要與興趣，然而課程是否真該不重視未來？5.學生取向課程常流於放任，如何在給予學生自由的同時，又兼顧基本能力的養成？6.學生取向課程，需要教師花更多的時間，具備

更多教育能力,成為教學的通才,這在師資培育上是否可能?結果,學習是否會變成缺乏內容的快樂活動?

第三節　社會取向的課程設計理念

社會取向的理念,視學校為社會機構,其存在係因為社會有教育下一代的需要。因此,基本上學校應為社會服務,應以社會利益為第一優先,課程設計必須藉由社會的分析,取得目標和內容。

社會取向的理念可再分成兩派,一派主張課程應協助學生適應現存社會,另一派主張課程應提升學生的批判能力,培養其建立新目標的技能,以促成有效的社會改變。前者稱為社會適應觀,後者稱為社會重建觀。

一、社會適應觀

社會適應觀承認目前的社會大體上是合理的、美好的,它的存在值得維護。學校教育主張依照社會存在的需要,教育學生,使其離開學校後,成為社會有用的成員,發揮其社會成員的責任。既如此,課程設計者必須了解目前人類從事的社會活動,這需要科學地進行活動的分析 (Bobbitt, 1918, 42):

> 核心理論是簡單的。人類生活無論如何變化,總包含特定活動的履行,為生活而準備的教育,是明確而適切地為這些特定活動準備的教育。對每一社會階層而言, 這些活動不論如何眾

多、如何變化，都可以發現。這只需要進入人類事務中，去尋找其所包含的特定成分，便將顯示出人類所須的能力、態度、習慣、鑑賞和知識型式，做為課程目標。課程目標將是衆多的、明確的且是特殊的。然後，課程便是使兒童和青年獲得目標的一系列經驗。

這段引述，雖是巴比特（F. Bobbitt）1918年的主張，却是社會適應觀最典型的代表。巴比特的課程係以社會為中心加以設計，由人類社會中尋找人類從事的活動領域，如公民活動、家庭活動、休閒活動等，再分析每一領域包含的特殊活動，從事這些活動必備的知能，便是課程目標。當然巴比特還由所發現的目標中，選出適合學校教育者，安排其次序。在此種觀點下，學校只是社會的代理機構，要培養出何種學生，不是它自己能決定的，這就如同鋼鐵廠不自己決定產品規格一樣。巴比特（Bobbitt, 1918, 12, 33-5）說：

要知道，鋼鐵廠本身並不決定產品的標準規格，產品的質量，係由訂購者決定的（在此是鐵路當局）。鋼鐵廠只是鐵路當局的代理……學校系統和人類事務各領域的關係，正如同鋼鐵廠和運輸界的關係一樣……教育成品的標準規格，係由人類事務的需要而定，學校系統本身，找不到學生表現的標準，就如同鋼鐵廠單憑廠內活動，找不到鐵軌每碼的適當長度和重量。

由社會來決定學生如何教育，該學些什麼，教育的產品才能符合社會需要，才能延續社會現有的功能；再者，學生未來的成人生活，才更具意義。

社會適應觀是否容許社會改變呢？答案是在現有結構下，可以進

行細步調整。學校雖是社會機構和價值的保護者,它也有改進社會的責任。學校藉由教育下一代, 使其表現優於上一代, 來促進社會進步,要做到這一點,學校應將上一代的錯誤、弱點、不完美及不適應之處,在下一代的活動中排除掉。

有時,社會在功能發揮的過程中,產生特殊需要,學校課程須立即反應,以滿足之。例如1957年十月四日,蘇俄的史布尼克(Sputnik)領先於美國升空。全美產生危機意識,學校教育受到強烈抨擊,特別是科學和數學課程,所受指責尤深。為了補救此一缺點,維護美國科技領先的地位,全國科學基金會 (the National Science Foundation)支持科學和數學課程的發展,並進行師資再訓練。又如近年來,許多人警覺到不少學生高中畢業後,對所要追求的職業生涯,缺乏清晰的概念, 這顯然會影響社會的運作和功能。 因此學校的生計教育 (career education) 乃產生,由學生入學起到畢業為止,教導其了解工作世界,逐漸養成受雇的技能與態度。由於美國國立教育研究所 (National Institute of Education) 的贊助,生計教育課程乃在各校建立起來。

由此可見,社會運作難免產生問題,問題一旦發生,學校自必責無旁貸肩負起來,除了上述兩個例子以外,像藥物濫用、性的泛濫、環境危機,都威脅到社會存在和延續,也都有學校建立起相應的課程方案,期能加以補救。

二、社會重建觀

社會重建觀旨在建立新社會,而非適應舊社會。它所指向的是社會基本結構的根本改變, 故屬於急進的教育觀。 就前舉生計教育言

之，其目的在提升學生對現有工作世界的了解，養成受雇的能力和態度去適應工作，不在鼓勵學生思考工作的價值與假定，尋找工作的變通之道，所以不屬於社會重建觀。

社會重建觀的假定有三（Schiro, 1978, 249）。第一，現存社會是不健全的，其嚴重程度已到了威脅社會生存的地步，傳統的方法已無法解決社會問題和衝突。第二，處於存亡危急之秋的社會，並非無可救藥，只要能建立新的社會觀，且將它付諸行動，社會仍可重建。第三，教育是社會重建的工具，透過課程的中介，可教育所有大眾了解社會病態，發展新社會的美景，從而採取行動建立新社會。

社會重建觀指出的社會問題很多，例如種族偏見、性別偏見、政治腐敗、心理疾病、兒童虐待、人口爆炸、能源短缺、家庭破碎、戰爭、犯罪、貧窮等。如果這些問題繼續蔓延下去，社會終將毀滅。為了指出這些問題及其嚴重性，社會重建者常是嚴厲的社會批判者，由於對重建社會仍持希望，他也常是熱烈的行動者。持社會重建觀者，所見到的社會問題，所持有的信念、理想和策略，都可能因人而異，茲以下列三個實例，加以說明。

（一）高地民眾學校

1932年，霍頓（Myles Horton）在美國田納西州成立高地民眾學校（the Highlander Folk School）（Schiro, 1978, 251-7）。該校之創立，係為了避免工業革命帶來的社會危機趨於惡化：富有的工業鉅子和土地擁有者，在經濟上壓搾貧窮的農工礦等業的工人，進一步威脅了美國的民主制度。霍頓希望民眾學校，可以提供被壓搾的美國人，向壓搾者挑戰的工具，即此一學校的教育，係要使貧窮及沒有權力的美國人，改變當時的政治和經濟關係，取得有利的地位。

霍頓邀請可能成為勞工組織領袖者到民眾學校，協助他們了解壓搾的本質及美國勞工的苦境，啓發理想社會的景象，建立可能的行動策略，然後送他們回去組織勞工，為新的社會秩序而努力。霍頓的課程精髓，共有三階段，分配於六週之中。第一階段係由參加者陳述且分析問題，不但要分析當時的社會，也要彩繪出理想的社會。參加者由陌生開始進而產生共同感，甚至擁有一致的希望。參加者在討論中，必須提出自己的第一手經驗。

第二階段係由參加者討論可能用來根除社會問題，建立新社會的各種策略。這個階段包含的討論有：(1)對於過去的失敗，進行自我批評；(2)討論彼此成功之處，藉以分享經驗；(3)比較個別行動和集體行動之差別；(4)比較自己的策略和專家的策略。第三階段的是綜合歸納所學，並致力行動，這包含公開宣誓，說明離校後將有的行動，如何教育其同事等。

在三階段課程中，霍頓採用的教學策略值得注意者有三。第一，民眾學校的老師，扮演媒介和同伴的角色，而不是權威。第二，民眾學校並不提供固定的行動方案，這需要參加者依據自己的情境和經驗去構建。第三，運用團體歌唱、說故事、演戲等社會媒介，使與會者團結起來，集體思考和行動。

(二) 阿拉巴馬的鄉村高中

此鄉村高中位於阿拉巴馬州的霍特維爾 (Holtville)，係一貧民區 (McNeil, 1977, 23-4)。該校的教育理想，在改善社區生活環境。學校要學生研究社區環境，結果發現該社區肉類腐敗，必須向外購買本區未生產的蔬菜和水果罐頭，而且太依賴單項穀物的生產。

學生經與該地區農民合作，向政府貸款建立屠宰場和冰庫，在教

師指導下，開始處理肉品，並將冰庫租與農民。不久償清貸款，他們又成立孵雞場，販賣小雞； 他們管理校內的罐頭工場， 設置給水系統，協助家庭裝置現代化設備、修理房屋，購買現代化機器租與農夫或替農夫工作。他們又種植65,000株樹木，預防土壤侵蝕，為農民種植50,000株桃樹。他們建立木工廠、機械工廠、美容院、地方報紙、電影院、保齡球館，且開設合作商店，出售他們的產品，其中包含化學課製造的牙膏。

（三）富萊爾對第三世界的重建

富萊爾（Paulo Freire）係目前社會重建理論和實務的領導者。他的工作雖在拉丁美洲，但他認為他的方法適用於所有第三世界的國家（McNeil, 1977, 24-5）。

富萊爾的方法，稱為形成自覺（conscientization）， 意指人是主動而非僅是被動收受的學習者，對於塑造其生活的社會文化現實，及其改變現實的能力，他可達到深度的了解，此種了解的過程即稱為形成自覺。 換言之，「形成自覺」係指啟發人們，使其擺脫阻止其認識現實的障礙。

富萊爾所謂的障礙有很多，例如標準化的思考方式，使人依照大眾傳播媒介的指示思考，而不能認識自己的問題。又如學校被當做維護現狀的工具，學習被外界所控制，政治領袖使大眾處於依賴狀態。富萊爾認為，唯有協助每個人了解其情境中的事實與問題，而非仰賴更高權威或訴諸自己的無能，他才會試着改變自己的命運。

富萊爾曾將他的理論，用在識字教育上，他的方法和傳統教育有顯著的不同：⑴由受教者表達其思想語言及其對宇宙的知覺，藉以編寫教科書。⑵字彙的選擇和學生的社會文化現實有關：①在個人所屬

團體內溝通的實用價值；②發音上的理由；③生成的特質（generative features），例如音節因素，學習者可藉以比較和閱讀新字。(3)學習閱讀不單是記憶音節、字彙、片語，更應批判地反省學習過程及語言的深層意義。

三、課程設計與問題

由前述之分析可見，社會取向的理念，包含兩個相連的觀點：社會適應觀主張由社會現有的狀態，去尋找課程設計的目標；社會重建觀主張將社會現存的問題，當做課程設計的核心。雖然這是對立的觀點，但兩者均屬同一層面，都仰賴社會而不是學科和學生，做為課程設計的依據。再者，兩者都要進行社會分析，以了解目前社會如何運作或社會問題的根源。社會適應觀可能相當滿足於目前社會現狀，即使有所不滿，也是先讓整體結構穩定，再思謀局部改善。社會重建觀，則不滿於現狀，視問題為危機，企圖進行結構性或其他根本的改變，充滿價值成分。但社會適應和社會重建兩種觀點，應視為一直線的兩端，比較極端的主張，容易分置於兩端的類目中，至於直線中間的主張，便難以區分。

持社會取向理念者，其課程發展的目標，在將學生導入社會，或者讓學生學習社會需要的能力，期能成為社會有效的成員，發揮社會功能；或者讓學生探討社會問題，了解其本源及改善的方向和方法，付諸實施，以善盡個人責任，形成美滿社會。

課程的選擇和組織，強調活動或問題，社會適應重視社會活動的實行能力，社會重建重視社會問題的解決，兩者均強調行動。知識的價值需由社會行動加以證實，凡實用者才有價值；而且知識的地位，

不可凌駕於社會行動之上，知識的學習，需依社會行動的需要，加以選擇。

　　學生是社會的一分子，不能脫離社會存在，其個人自由不應太受強調，一切應以社會做為第一優先。個別差異之所以重要，不是為了學生本身潛能發揮，而是為了讓社會行動更有效果。學習應屬動態活動，學生是行動者、工作者。對於社會重建者而言，學習是直接經驗，在社會之中發生，而且它是一種集體的工作。

　　就教師角色而言，持社會適應觀者，視教師為管理者，指引、視導、評鑑學生的各種學習活動，而且，教師必須有效率地從事此一工作。持社會重建觀者，可能將教師視為學生的夥伴，雖具有引導責任，但更重要的是激發學生參與社會行動的熱誠，讓他們集體批判社會問題，形成社會理想和及其實施策略，且能採取確實的行動。

　　在評鑑方面，社會適應觀採取客觀的評量工具，藉以測量學生對課程目標的達成程度，保障課程目標的實現。教師或課程發展者，都必須呈現其工作績效。社會重建觀，較少採用正式客觀的評鑑方式，而以個人主觀的意見為主，因為評鑑不在測量學生是否達成共同的結果，而在衡鑑學生在其所處情境的實際表現。課程的效果，必須等到學生回到社會工作崗位後，才能有效觀察。

　　社會取向的課程理念，具有許多值得探討的問題。就社會適應觀而言，其目標在維護社會現狀，而不在批判社會、改造社會，較為一般人所接受。其所主張的「為社會培育有效率的成員」，對社會功能的持續發揮，也頗為重要。然而適應社會現況，可能維護了現行社會的不平等、不理想，學校從而成為維護社會既得利益的工具，學生從而成為社會機器的螺絲釘。在社會重建觀之下，課程助長個人對現社會之不滿與批判，唾棄不良社會現實，因此常不易為社會一般人所接

受。再者，學習者參與建構的社會理想，如何獲得參與者共同一致的同意，而不致流於權威、獨斷與支配？最後，社會重建觀，視個人只是為了團體而存在，反應在學校課程裏，個人乃不斷被塑造，成為改造社會的工具而已。

第四節 科技取向的課程設計理念

科技應用到課程設計來，有二種方式(McNeil, 1977, 34-5)。第一種方式是對於系統使用各種媒體和器材於課程中加以計畫，以及依照行為科學原理設計教學順序。由此種應用得到的結果，有電腦輔助教學、編序教材、教學遊戲、運用目標的系統方法等。這些設計均可重複使用，獲得相同結果。科技在課程上的第二種應用方式，是課程設計模式的建立，依照模式中的法則實施課程設計，更有效地形成理想的成品。

科技取向的理念是這樣的：科技發展已使人類更能預測和控制各種自然現象，如果將科技應用到課程設計上，當亦能獲得相同結果。科技取向的理念，基本上不爭論目標的適切性，一旦目標形成了，課程設計者的工作，便是建立達成目標的手段。持科技取向者的課程設計，是一種技術性工作，其中心問題是不懷疑目標，而將它轉化為可觀察的行為，這也就是學習成功必須顯示的終點行為。有了可觀察的終點行為後，課程設計者必須設計促其發生的手段。

科技取向的理念，自巴比特(F. Bobbitt)提倡以來，歷經泰勒(R. Tyler)、赫利克(V. Herrick)、塔巴(H. Taba)、布魯姆(B. Bloom)、葛聶(R. Gagné)等人的開發，迄今已成為課程設

計的主流。這個理念將科技的精確、系統、複製等特性，移植於學校，排除了教育上的模糊及不確定性，正符合西方控制人類活動的潮流。再者，科技取向理念也是績效運動(accountability movement)的產物。教育投資必須產生相應的教育效果，否則便是浪費與損失。學校課程如採科技取向理念予以設計和評鑑，將能提供教育效果的證據。

科技取向的理念，可能將學校視同工廠，教育視同生產。在學校工廠內，教師如同工人，學生是原料，課程是生產線，教育目標便是最終成品的模型。工廠生產注重管理，講究效率，保障品質。這些技術和方法，都可成功地運用到學校來。

一、葛聶的教育科技觀

葛聶（Gagné, 1968）在「將教育科技當做技術」一文中指出，教育科技的觀念不等於硬體，更重要的，它是指一套系統的技術和實用的知識，用來設計、考驗及操作學校教育系統。因此教育科技應視為教育工程（educational engineering），這和建築師設計房屋，物理學家設計設備，社會及人類學家設計社會環境，組織科學家設計行政程序，心理學家設計學習情境，毫無差別。在這些科技裏，各學科所追求的不是自身的成長，而是透過設計與發展，解決實際問題。

葛聶認為，科技應用於教育上，不一定要包含硬體，更重要的是所謂軟體的改變，如科目大綱、學習指引、功課單、工作簿、教師手冊、學生紀錄卡等。葛聶舉匹茲堡大學學習研究發展中心（the University of Pittsburgh's Learning Research & Development Center）為例，其所運用的教育科技，主要是課程與教學軟體，其

使用包含下列項目:

(一)診斷性的安置測驗

此一測驗於學生進入新年級時實施,藉以確定其具有的知能。實施此測驗的理由,在於使每個學生由他當時的程度開始學習,而不是假定他是中等程度的學生一樣學習。

(二)開始學習

教師依據測驗結果,指定學生開始學習第一個單元。學生依指示到資源中心,取得學習單元,自行學習。這些單元的設計,都是假定學生沒有他人協助時應有的作為, 有時包含錄音帶, 有時包含印刷品,有時則是影片。

(三)階段性測驗

如果學生穩定地學習,完成了某一主題有關的單元,這時,應再實施測驗,以了解其學習後的能力。

(四)學生進步紀錄及師生會談

在階段性測驗後,學生必須與教師會談。教師必須有很詳細且不正式的學習紀錄,指出學生已學會、未學會的部分,及其未來學習的可能方向,以符合學生個人的需要。

匹玆堡大學發展的個別化教學方案,包含許多新的科技,如診斷性測驗、階段性測驗、學習單元、學生記錄、資訊中心等。所有的硬體,均依整個學習程序的需要而設計;所以課程與教學的軟體,支配了硬體存在的必要性。

二、編序課程的設計

席洛（Schiro, 1978, 90）將科技取向的理念，納入社會效率理念中，認為社會效率理念所設計的課程，可稱為編序課程（program curriculum），因其十分注重課程內所有活動順序的編排故稱之。席洛認為，編序課程採取許多方式出現，由最複雜的電腦教學機，到大團體教學的編序科目，由提供學生較少選擇的教學機，而至依照學生個別差異設計的個別處方教學（individually prescribed instruction），由編序教材到多媒體的學習經驗，都屬編序課程。編序課程的設計，有四項重要工作：

（一）確定課程設計的目的

教育目的係學生學習的終點行為，係由要求進行課程方案設計的人所決定。依方案的設計情境，這些人有時是指一般社會，有時指學術團體、專家、父母、教師、行政人員等。

（二）分析教育目的，守成行為目標

行為目標可說是刺激反應的連鎖，學生學會此一連鎖之後，便由無能力而變成有能力。由教育目的轉化為行為目標的過程，稱為活動分析、工作分析或學習階層的建立。經由此一分析，達成終點行為的所有階段行為，均順序地呈現。

（三）設計學習經驗，且加以組織

學習經驗是課程方案的骨架，由刺激及可能的反應組成，例如2

×10=20、3×10=30、8×10=80，那麼5×10=？選項為05、50、55、40，每一學習經驗，均與一行為目標相連結，其組織可採直線式或分枝式，依學習主題的性質而定。

(四) 依照目標與經驗，設計評鑑工具

評鑑工具和學生在學習經驗中的反應配合，指出學生的反應是否正確。評鑑在此具有四項功用： (1)給予學生學習的具體回饋； (2)持續地評估學生行為表現； (3)作為決定學生是否必須重複某一學習的依據； (4)作為判斷課程效果及改進課程的依據。

三、課程設計與問題

確定課程目標，是科技取向課程設計的第一項工作。誠如泰勒 (Tyler, 1949, 3) 所言，教育方案的計畫，需要釐清其所指向的目標。這些目標不是由課程設計者決定的，而是源自於學科專家、社會、家長、學生、教師或行政人員，這必須借助於科學方法的運用，才能客觀而有系統地取得。更重要的是，所有的教育目標，都應以行為或可確證的方式表達，即採取可觀察或可測量的形式，指出學習的終點行為。通常，這些目標是非常詳細、特殊且偏向於技能，也常屬學科取向的，很少由學生自己去建立。

科技取向重視行為目標的理由有三： 1.人的本質係由人所能表現的行為傳達的，採用行為目標正符合此一信念； 2.教育的本質在於人類行為的改變，行為目標正代表教育機構所追求的行為改變； 3.行為目標提供了明晰的指示，使課程發展更加科學而有效。

科技取向的課程設計，重視課程目標的引導作用。目標一旦建

立,材料的選擇、內容的列舉、教學程序的發展、測驗的準備,都有了依據,課程設計乃成為理性的工作。

科技取向的課程,其內容和活動必須依照目標設計。由最終目標開始,分析達到此目標的先決條件,再將此先決條件轉化為階段目標,安排這些階段目標成為學習階層,每一階段目標都有相應的學習活動或工作,使學生循序漸進地學習,最後他們便可表現出期待的終點行為。馬克尼(McNeil, 1977, 38)曾舉下列活動,說明科技取向的課程組織:

1. 界定某一概念。
2. 認識屬於和不屬於此一概念的實例。
3. 合併兩個已知的概念成為原則。
4. 合併幾個原則成為解決新問題的策略。

科技取向的學習觀,係採自行為心理學派,將學習視為刺激反應的過程,教學則在加強刺激反應的連結,這裏有五個基本假定(Schiro, 1977, 93-4): 1.學習是行為改變的過程; 2.唯有提供學生練習某一行為的機會,該行為的學習才可能產生; 3.學習是針對特定刺激,產生特定反應的過程; 4.複雜行為的學習,可由簡單行為的學習累積而得; 5.不論何種學習,均可依照上述假定實施。

學習的個別化,通常限定於活動的步調與數目。有的學生只須從事極少數的學習活動,便可達到學習目標;有的學生學習速度較慢,且須較多的練習。學習也常是達到一固定單元目標後,便進入另一單元,學習者不必等待別人,影響自己的進步,因此學習者的組織經常是個別的。所有學生都必須依照下列程序,熟練所有的課程目標(McNeil, 1977, 37-8):

1. 認識學習目標：學習者先知道學習目標是什麼，他們應達到什麼標準。
2. 適度練習：學習者依照提供的學習活動，開始練習目標上指定的行為或達成目標的先決能力。
3. 知道結果：學習者的所有反應均受到評鑑，且迅速取得回饋。

經過上述三個程序，凡是成功者便接着下一個目標的學習，失敗者必須重複學習該一目標有關的活動。

評鑑對科技取向課程非常重要，它是整個課程系統運作的樞紐，有了它才知道進一步活動應依循的方向。對學生而言，評鑑在診斷其先備知能，了解階段學習的進展，判斷最終結果的成敗，指引未來學習的方向。評鑑對整個課程方案而言，在判斷其達成課程目標的程度，作為課程修訂的依據。科技取向課程的設計，十分重視設計者的責任，學習的失敗不在學生，而在課程設計者；因此，設計者必須採取十分負責的態度，反複評鑑課程方案，提升學習成功的機會。

科技取向的課程理念，強調課程設計的目的、手段連鎖，接受或發現課程目的，將其明確化，成為詳細的行為目標，從而選擇及組織學習活動。整個課程設計程序，強調科學與效率，且要求課程產生效果，教育發揮績效。在科技取向理念影響下，課程領域已發展成許多課程設計模式。然而科技取向的理念，也造成了教育界最大的爭論，如目標階層、行為目標敘寫、精熟標準、學習結果的預定、依據目標的評鑑、學習是行為改變的觀點、對教育目的不採取立場的價值中立觀、教學的標準化，這些都頗值進一步探討。再者，科技取向的理念，注重課程的設計，但較忽視課程的實施及師生與課程互動，教師和學生都必須依照事先訂定的極為嚴密的計畫行動，這種教育控制觀

是否能眞正產生效果，有無副作用，也是值得研究的問題。

第五節　課程理論取向的運用

　　爲了能更明白呈現四種課程理論取向的異同，本文之分析，將它們的純粹型式當作對象加以探討。其實，實際教育情境中，很少教育措施採取唯一且極端的理論取向。換言之，教育實際可能是各種理論取向的結合。教育史出現的極端改革理論與實際，常是對於現實的失望而形成的反動。

　　學科、學生、社會及科技四種取向，對於課程設計的影響，係顯而易見的。無論是課程的目標、活動、內容、評鑑成分，或是其中隱含的知識觀和學習觀，甚至於師生的角色與互動，課程發展者本身的成長，這都會受到這些理論取向的影響。各種取向在課程設計上，都有其主張的優先次序，它們支持了某些教育理論與實際；而且，無疑地各種理論取向在教育舞臺上，偶而會爲人所淡忘，但時移勢易之後又會受重視，不會永久消失。

　　四種課程理論取向，代表課程設計者的矛盾與困境，他將何去何從？是否某一理論取向優於另一取向？也許有人會說，融合學科、學生、社會及科技四種取向是最好的途徑。問題是如何融合法？事實上眞有此一途徑可滿足課程設計者在各種情境上的需要嗎？

　　課程設計者最明智的做法，可能不在建立通則，以確定那種理論取向最好，而在確實了解課程史上反覆出現的各種理論取向，它們的背景主張、作爲、影響與啓示，將這些取向用來分析當前課程設計情境及自己的理論取向。 例如， 當前的教育理論和實際傾向於何種取

向?對於促進學生學習已經做到了什麼?那些地方尚未能做到?我將如何改變?這些改變的可欲性如何?如果課程設計人員能夠反省這些問題,進而修正或重建自己的理論取向,其課程設計成果當能益趨完善。

本 章 摘 要

本章分析四種課程設計的理論取向:學科、學生、社會及科技。在學科取向中,說明了學科的概念,指出課程和學科的關係,闡明其中的認知過程發展和學術理性主義兩種觀點。在學生取向的理念中,指出其理想學校是學生中心的,也是活動的、有機的,強調統整與自由,其新近的發展也重視關聯課程、人文主義課程及潛在課程。社會取向的理念包含社會適應觀和社會重建觀,兩者都以社會為焦點,然前者強調維護現行社會,後者強調現行社會的根本改革。科技取向的理念強調科技在教育上的利用,一是系統使用各種媒體和器材作為學習過程的一部分,二是將科技的概念融入課程發展程序中。在每一種取向中,都說明其對學生、學習、教師、課程組織、評鑑的觀點。

問 題 討 論

1. 學科取向的課程設計理念具有何種特點?
2. 試比較認知過程發展及學術理性主義兩種課程設計觀點。
3. 試說明學生取向課程設計觀的主要內涵,並指出在學校實際應用的價值。
4. 試就關聯課程、人文主義課程及潛在課程,提出你個人的評論。
5. 試比較社會適應觀及社會重建觀的異同。
6. 試說明科技取向課程設計理念的主要意涵。
7. 反省自己的課程設計理念,指出自己所傾向的理念,以及閱讀本章內容後是否有所改變。

第四章
課程設計的模式

　　課程學者爲了促使課程設計趨向系統化和科學化，一直致力於設計模式（model）的發展。迄今爲止，各種模式充斥於課程文獻中，令人有目不暇給的感覺。本章依次說明模式的意義和作用，介紹幾個主要模式，剖析變通的設計模式，最後並指出目前的爭論點和應用之道。

第一節　模式的意義與作用

　　所謂模式譯自英文 model 一字，具有許多意義。有人說，model 是指「複製品」，一件名畫加以複製，其成品便是 model。有人說，model 是指「樣品」，例如建築公司有樣品屋，與將來完成的建築完全一樣，只不過形式較小而已。也有人說，model 是指「品牌」，例如汽車、收音機、錄音機，卽使是同家公司生產，也會有不同的型

式，稱為車型、機型。另有人說，model 是指「示範」，例如服裝模特兒，穿着衣服在伸展臺上婀娜多姿地展示，旨在介紹給觀衆最新的設計，以招徠購置。又有人說，model 代表的是「完整」，例如學校的模範生、社會的好人好事，其行為堪為各方表率。

　　上述的各種意義，顯示模式無論代表的是實物、複製品、樣品、行為，都具有呈現、介紹、溝通、示範等意義。模式可能是實際狀況的描述，也可能是理想狀況的指引，不論是那一種，它都具有推廣、促銷的意味。

　　旣然如此，課程設計的模式，便是課程設計的實際運作狀況的縮影，或是理想運作狀況的呈現，希望藉以介紹、溝通或示範課程設計的藍圖，使未來的課程設計行動獲得指引。課程設計模式，和其他各種教育模式一樣（如教學模式、視導模式），有的已經試用過、有的純然是理論。

　　史托頓（Stoughton, 1981）認爲模式有四種：實體模式（physical model）、概念模式（concept model）、數學模式（mathematics model）和圖繪模式（graphic model）。就目前課程學者所提出的模式觀之，都屬於概念模式，且大都以圖繪方式呈現，故亦為圖繪模式。有的課程設計模式很單純，有的都相當複雜；它們雖有獨特之處，但大體上同多於異。

　　各種課程設計模式，所要顯示的不外課程要素、課程設計的**程序**及其中之關係。所謂課程要素，是指課程所應包含的東西，例如目標、活動、題材等。所謂課程設計程序，是指課程設計者所做所為的順序，例如目標建立應先開始或是內容選擇？各要素與各程序間，係屬獨立存在，或屬先決工作、彼此關聯，也常在課程設計模式中表現出來。

迄今為止,課程學者所提出的課程設計模式很多,有些學者在介紹已有模式後,又創立了自己的模式。再者,每一學者使用的名詞不一,有稱為課程計畫模式者,有稱為課程設計或課程發展模式者,更有稱為課程理論模式者。有的學者對「模式」一詞不甚滿意,改稱之為「架構」或「過程」。本書之中,為避免讀者困擾,一律稱為課程設計模式。

課程設計的系統化和科學化,自巴比特(J. Bobbitt)致力於課程發展和課程研究以來,已有長足進步。然而,最早提倡課程設計的完整程序者,厥為泰勒(R. W. Tyler)。以下從泰勒開始,逐一介紹課程學者對於設計模式的主張。

第二節 泰勒的模式

泰勒在1949年,出版「課程與教學的基本原理」一書,所提出的課程理論,簡稱為「泰勒法則」或「泰勒理論」,其中揭櫫課程設計的四個基本問題(Tyler, 1949):

1. 學校應達成何種教育目的?
2. 為達成這些教育目的,應提供何種學習經驗?
3. 這些學習經驗應如何有效地組織起來?
4. 如何確知教育目的達成與否?

由第一個問題出發,泰勒展開了他的課程理論。他認為課程設計的第一個步驟,應先確立教育目的。這些教育目的,源於學生的需要、社會的需要及學科專家的建議,且應經過教育哲學和學習心理學

的過濾。課程工作者在尋找教育目的時，首先分析學生興趣和需要的有關資料。所謂需要，包含教育的、社會的、職業的、生理的、心理的、休閒的，都要加以研究。泰勒主張，資料搜集可藉由學生與家長的晤談、調查，或由教師的觀察去理解。

　　社會需要的分析，包含社區和大社會兩部分，泰勒主張採用分類架構，將生活分爲健康、家庭、休閒、職業、宗教、消費和公民角色。學科方面，包含內容、結構、方法等，這些可經由學科專家的建議，取得所需資料。

　　泰勒認爲經由上述三個來源，所獲得的目的，只是暫時的，學校應澄清自己的哲學，消除不重要及矛盾的目標，也要應用所相信的學習原理，選擇可行的目的，且安排學習的時間和年級。有了這兩道過濾網，學校教育目的將會減少，剩下的只是重要和可行的。課程工作者接着應採用行爲目標的敍寫方式，將這些目的轉化爲教學目標。

　　由於泰勒理論有半數篇幅討論教育目的，許多人提到他的課程設計模式，常停留於此，其實這是不對的。泰勒的課程設計模式（見圖4-1），在目標建立後，尚應選擇、組織學習經驗，供學生學習，且評鑑教育目標是否已經達成。所謂「學習經驗」，係指學習者與外在環境（他所能反應的）間的交互作用。他建議採用幾個規準做爲選擇依據（參見課程選擇一章）。泰勒主張，學習經驗可組成單元，組織原則有統整性（integration）、順序性（sequence）和繼續性（continuity）三項（參見課程組織一章）。泰勒未特別提到課程實施，由於實際上需要，圖4-1中乃列入於「評鑑」之前。

　　泰勒理論統合了當時各種教育學派和思想，其所建立的模式單純且易於理解，統括了課程設計的重要因素，故迄今他所建立的概念架構仍歷久不衰，廣爲引用。

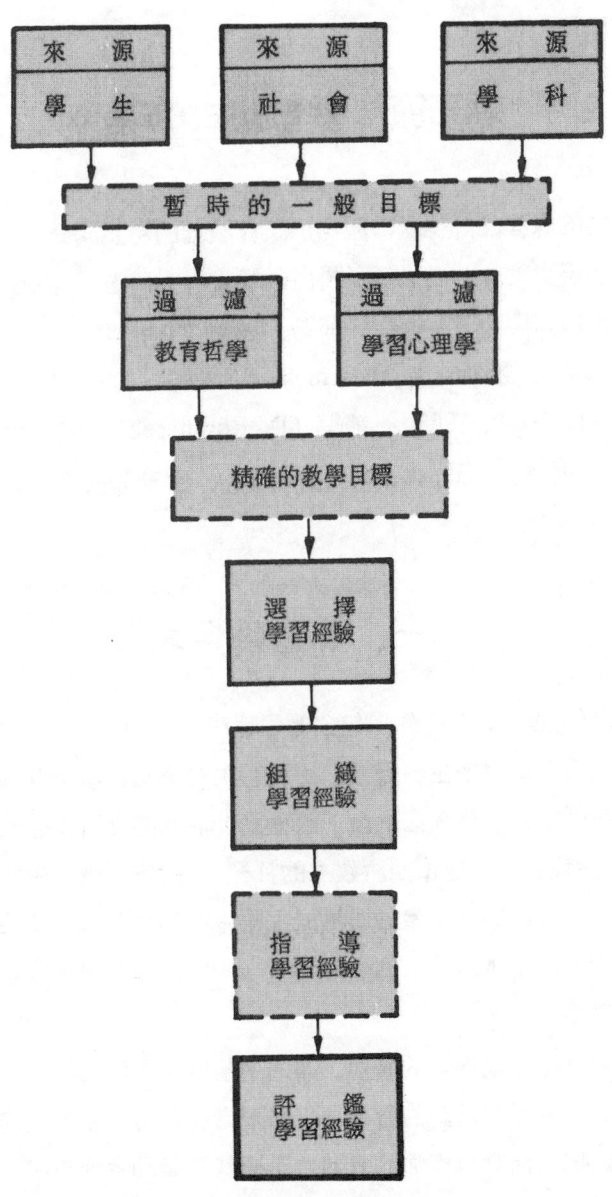

圖 4-1　泰勒的課程設計模式

第三節 泰勒模式的補充

泰勒的課程設計模式，顯示了課程設計的主要成分，雖然此一模式招致了不少批評，但以後所提出的模式，大體上只是泰勒模式的補充而已，例如塔巴（Taba, 1962）、惠勒（Wheeler, 1967）、索托（Soto, 1969）、魏斯特麥（Westmeyer, 1981）、柯爾（Kerr, 1968）、赫利克（Herrick, 1965）、龍渠（D. Rowntree）、奧立發（Oliva, 1982）、比恩等人（Beane et al., 1986）、薛勒等人（Saylor et al., 1981），均屬之。

一、塔巴的模式

塔巴的課程設計模式，包含七個程序（見圖4-2）。課程設計者的工作，首在確定學生的需求，了解學生的不足、缺陷及其背景上的差異。在學生需求診斷完畢後，課程設計者應建立所要達成的目標。第三，課程設計者應依照所建立的目標，選擇所應學習的題材或主題。此一選擇，應同時參考題材或主題本身的效度和重要性。題材、主題或內容確定後，接着應依照學習者的成熟度和學業成就水準，安排適當順序。

題材、主題或內容的學習，需透過某些學習活動，例如聽講、觀察、討論。在這些活動的從事中，學習者將題材、主題或內容予以吸收內化。學習活動也應加以組織，安排其內涵和實施順序。最後課程設計者應選擇方法與工具，評鑑學生的學業成就，確定目標達成程

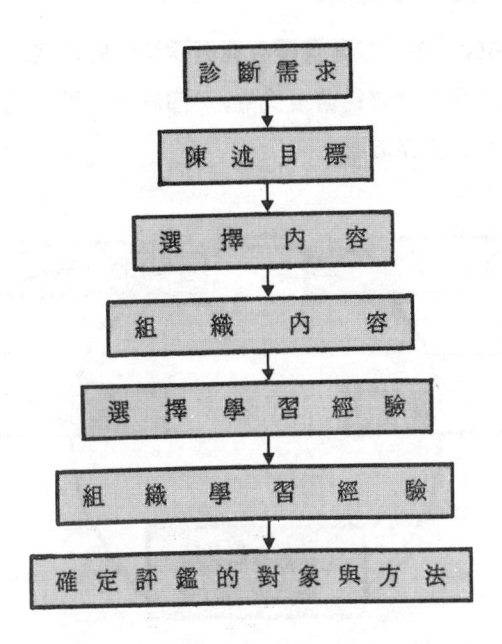

```
┌──────────────┐
│   診斷需求   │
└──────┬───────┘
       │
┌──────▼───────┐
│   陳述目標   │
└──────┬───────┘
       │
┌──────▼───────┐
│   選擇內容   │
└──────┬───────┘
       │
┌──────▼───────┐
│   組織內容   │
└──────┬───────┘
       │
┌──────▼───────┐
│ 選擇學習經驗 │
└──────┬───────┘
       │
┌──────▼───────┐
│ 組織學習經驗 │
└──────┬───────┘
       │
┌──────▼─────────────┐
│ 確定評鑑的對象與方法 │
└────────────────────┘
```

圖 4-2 塔巴的課程設計模式

度。

塔巴所提上述程序，係用來發展各年級或各學科的教學單元。這些單元設計完成後，應加以試用，以考驗其效度和可教性，然後依學生需要和能力、可用資源和各種教學方式，加以修正，使其符合各個教室的需要。許多單元發展完成後，應檢視這些單元的範圍和順序，歸納這些單元之設計所依據的法則，使教師能有效地付諸實施。

二、惠勒的模式

惠勒的課程設計模式(見圖 4-3)，基本上和泰勒、塔巴一樣，只是其中有部分調整。 惠勒假定課程設計的第一步驟， 仍為宗旨、目

的、目標的建立，然後才是選擇學習經驗和內容，並加以組織、評鑑。但惠勒將課程設計視為循環式的，即評鑑結果，提供回饋於宗旨、目的和目標的建立方面。

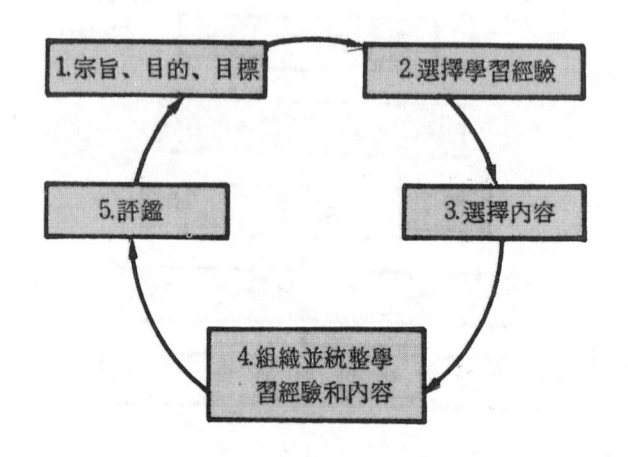

圖 4-3 惠勒的課程設計模式 (Wheeler, 1967, 31)

三、索托的模式

索托 (Mario Leyton Soto) 在泰勒協助下，修訂且擴充了泰勒的模式（見圖 4-4）。索托模式包含三部分：基本因素（哲學、心理學、來源），基本過程（選擇、組織、評鑑），基本概念（目標、活動、經驗）。索托運用線條將這幾個部分聯結起來，「無箭頭實線」代表交互影響，「有箭頭實線」代表單向影響，虛線所連接者，表示屬於同一羣體。

在基本因素中，索托認為泰勒的三種課程目標來源分開是個缺點，乃將其放置一起，代表其關係的密切。再者，他也認為哲學和心

Ⅰ 基本因素

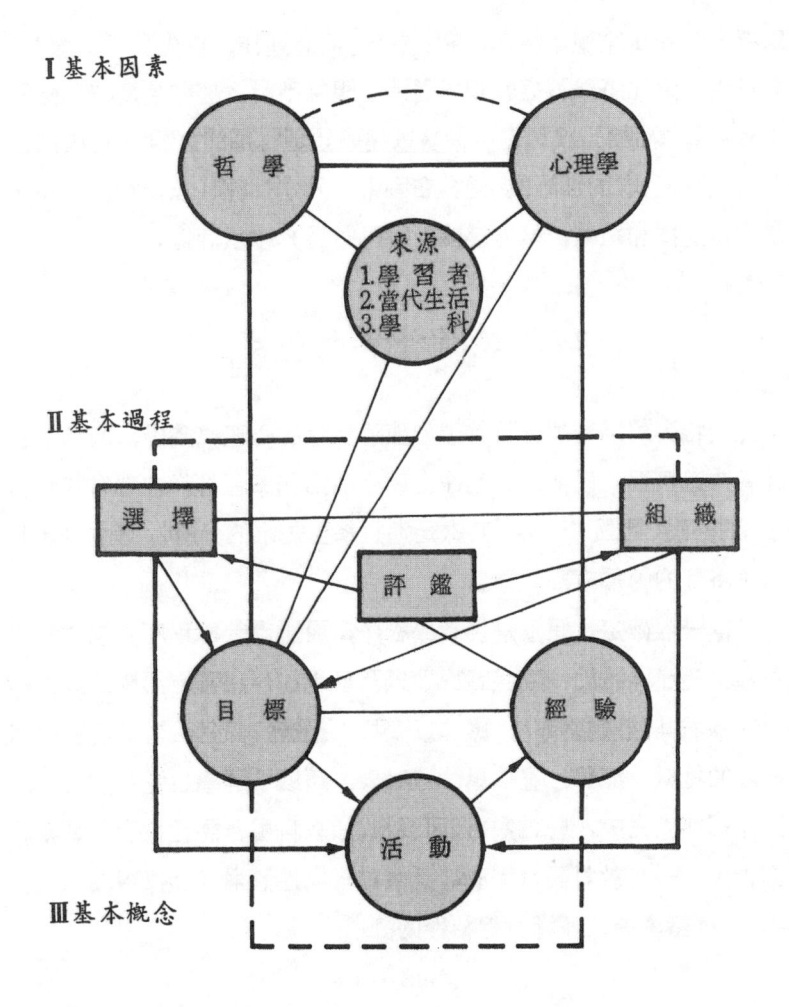

Ⅱ 基本過程

Ⅲ 基本概念

圖 4-4　索托的課程設計模式

理學不一定在「來源」後面，和「來源」同時運作，或先於「來源」，都有可能。索托將學習經驗和學習活動視為不同，經驗是寫在目標內的「行為」，活動是學習者所從事以達成預期行為的經驗。目標則是學習者試圖達成的經驗的合併。在圖中，只有目標（預期行為）和活動才需要選擇和組織，只有經驗（終點行為）才須評鑑。

四、魏斯特麥的模式

魏斯特麥認為，課程設計應先陳述課程的心理學基礎，因為不論設計者知道與否，任何教學程序、學生活動和學習材料，都有其心理學上的基礎（見圖 4-5）。其次是進行學生需求的分析，確立課程目的，並將目的轉為教學目標。

目標一經確定，便應選擇教學程序，而所謂教學程序，包含教學的內容、教師活動、學生活動，以及呈現內容和實施活動的最佳媒介。教學有其最適當順序，應加以安排。最後，課程設計者應發展學生評鑑的材料、測驗、查核單、觀察表，藉以了解學生進步狀況，這些工作都準備完成，應編製書面資料，如教科書、課程指引。魏斯特麥亦指出，一旦教材設計完成，應實施形成性評鑑（即反覆地試用、修正），付諸實施，並進行總結性的評鑑。

五、柯爾的模式

柯爾的模式（圖 4-6），看起來似乎很複雜，其實很單純，其中有四個關鍵因素產生交互作用：目標、知識、經驗和評鑑。在「目標」因素中，柯爾指出其三個來源，並顯示目標的三個領域。所謂目標，

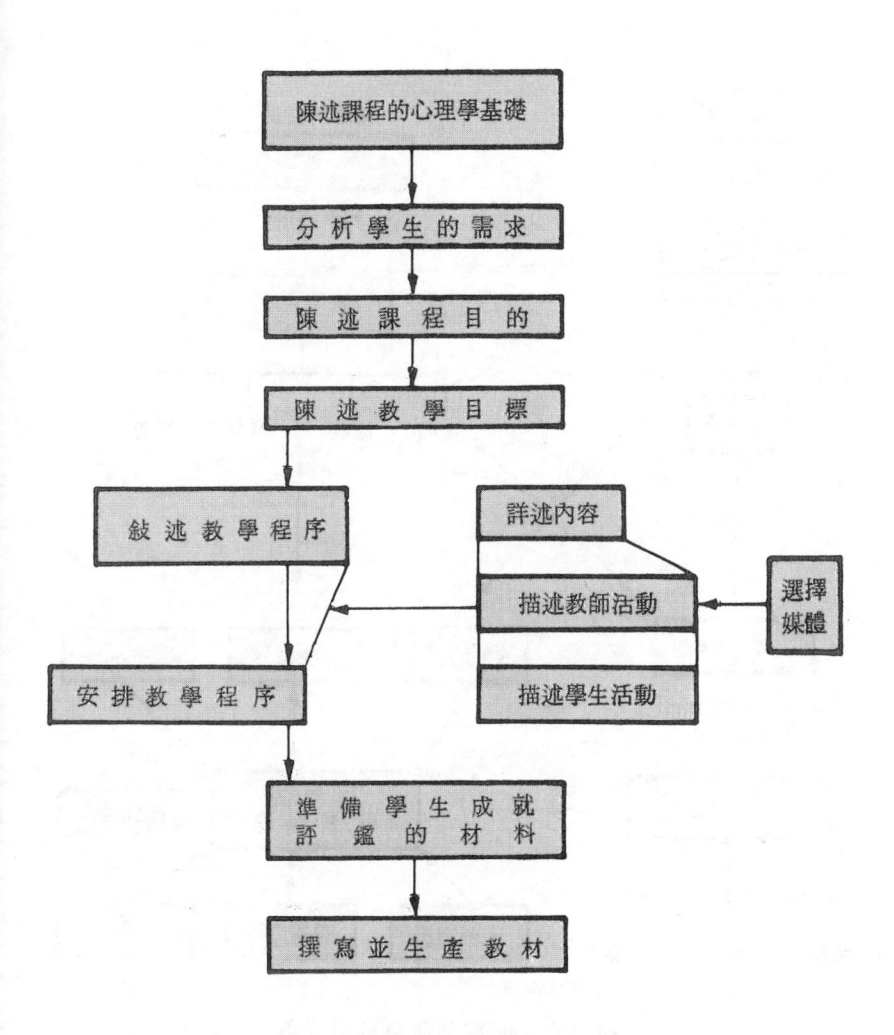

圖 4-5 魏斯特麥的課程設計模式

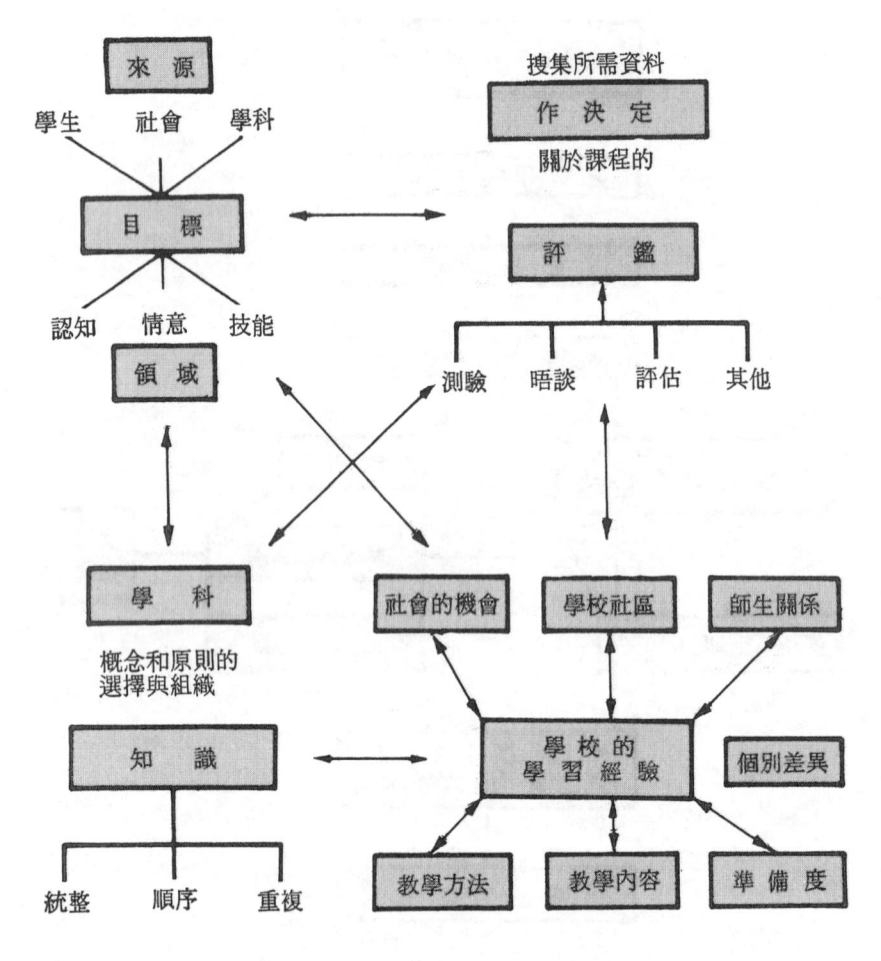

圖 4-6 柯爾的課程設計模式

係指預期學生學習後，應有的行為改變。

在課程設計中，必須作成許多決定，傳統上這些決定都憑個人印象或意見的一致作成，殊不科學。柯爾認為課程工作者，應搜集及運用有效可信的資料，做為決定的基礎，這也是課程評鑑的目的。例如運用評鑑的各種方法，可以搜集目標可行性、內容適切性的資料，也可藉以了解學生需求與成就、教師的教學效果等。柯爾認為，評鑑是課程的主要成分，但迄今為止都未好好地設計。

柯爾模式中的第三個因素是知識。柯爾所關心的問題，在課程內容如何選擇和組織，才最可能達成學校教育目標。圖中的學科是達成目標的原料，知識成分是由學科提鍊而來。柯爾認為，目前的重點應置於學者專家運用的概念和探究方法（即學科結構），因為它產生學習遷移的可能性最大，且可縮小學校課程與尖端知識之差距，切合大社會的需要。柯爾也主張，學校課程不應採取個別學科的組織，而應統整為自然、數學、人文、社會四個領域，並應注意各領域內概念、原理的順序和重複出現。

柯爾模式的第四個因素是學習經驗，這裏的學習經驗，和泰勒所主張的完全一樣，係指學生和環境中外在因素的交互作用。他認為學習經驗應限定於學校計畫和指導的部分，其中包含學校安排的社會學習機會、學校社區的性質、師生關係、個別差異和準備度造成的變化、每堂課的實際教學內容和教學方法。

六、赫利克的模式

赫利克的模式（見圖 4-7）和柯爾模式一樣，看起來也相當複雜，因為他將有關的說明都納入圖中。赫利克模式有五個要素：目

教育方案應達成的目標

決定因素	層次	作用
1.社會及其需求	1.學校整體目標	1.提供教學方案的方向
2.學習者及其學習	2.內容領域的目標	2.界定教學方案的範圍
3.人類已有的知識	3.特定教學目標	3.作為評鑑之基礎

有關的信念	課程	組織的性質和資源
1.兒童和青年發展 2.有效學習的性質 3.民主及其過程 4.學校在培育有效率公民上的功用	1.兒童在學校的經驗：方向、均衡、重視 2.這些經驗也有實質內容和過程	1.班級和學校組織 2.學生、教師、校長、家長的資源和關係 3.升級、分組和分類程序 4.學校和社區的教學資源

選擇和組織學習經驗的核心

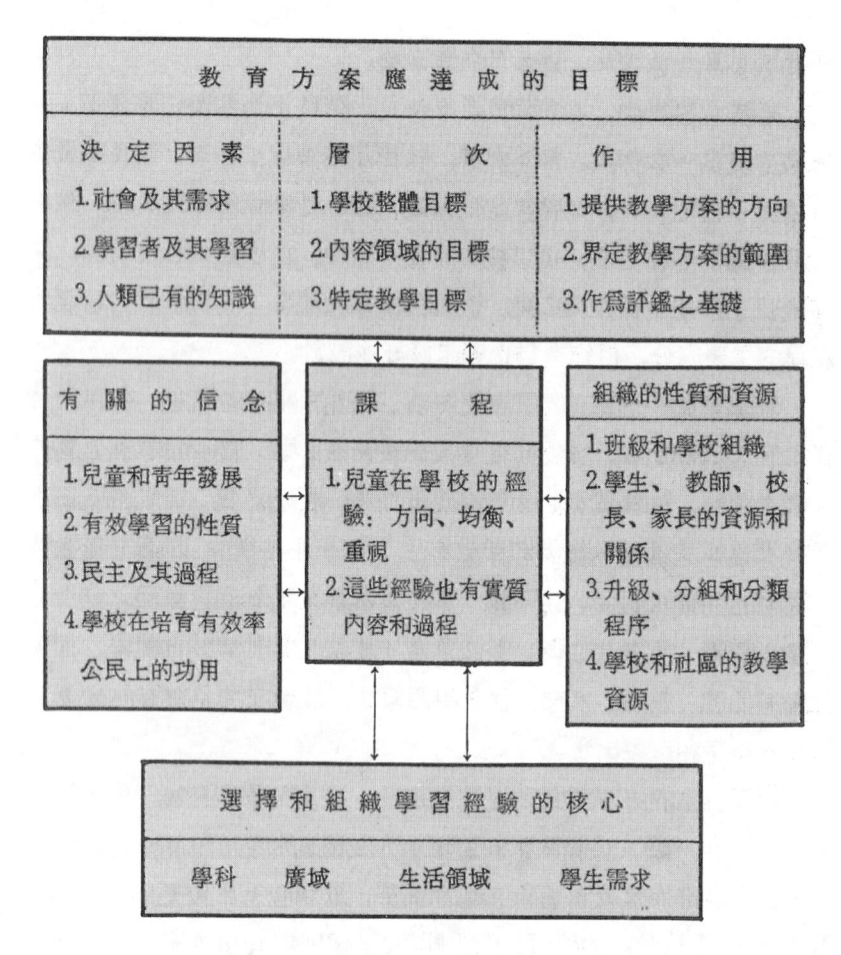

學科　　廣域　　生活領域　　學生需求

圖 4-7　赫利克的課程設計模式

標、課程、信念、組織和資源、學習經驗的核心。赫利克模式的中心是課程，它應以教育目標為指引，應該有適度的平衡，應提供學生學習活動，且重視這些活動。學習經驗不但有活動，而且包含內容和過程。

課程的設計，應以目標、信念、組織資源、學習經驗核心為依

據。所謂目標和前面所述模式相同，不必贅述。信念包含人類發展、學習性質、民主社會和學校功能等方面；組織資源包含學習組織和規定、社會關係及教學資源；選擇和組織學習經驗的核心，則包含學科中心、廣域課程、生活領域和學生需求四種。赫利克認為課程設計，由模式四個角的那一角開始，都是可以的。

七、龍渠的模式

龍渠的模式，主要由四個成分組成——目的、設計、評鑑、改進（見圖 4-8），茲扼要分析如下：

1. 確認目的：在此步驟中，不但要分析科目的目的，而且要分析學生背景，建議具體目標，考慮評鑑學生的方法。
2. 發展必要的學習經驗：分析達成目標的必要條件，思考所要包含的教材範圍，確定學習的因素和順序，確定協助學生學習的策略，選擇適當的教學媒體和材料，準備學習經驗（詳細地構想腳本或只要簡略的討論題綱）。
3. 評鑑學習經驗達成目的之效果：使學生試用所設計的學習經驗，評鑑學習的結果並加以分析。如果不滿意，則加以修正，再試用；如果滿意，則正式使用，追蹤結果。
4. 根據評鑑結果，改進學習經驗，使其更能達成目標。

龍渠的課程設計模式顯示，課程發展是循環的工作，「改進」可以針對「學習的設計」，甚至於是「目標」或「評鑑過程」本身。而且，課程發展受到某些因素的限制，例如學校教育的性質，可用的時間、空間和資源，大眾傳播的影響等等。但是，這些限制並非不能突破

158 課程設計

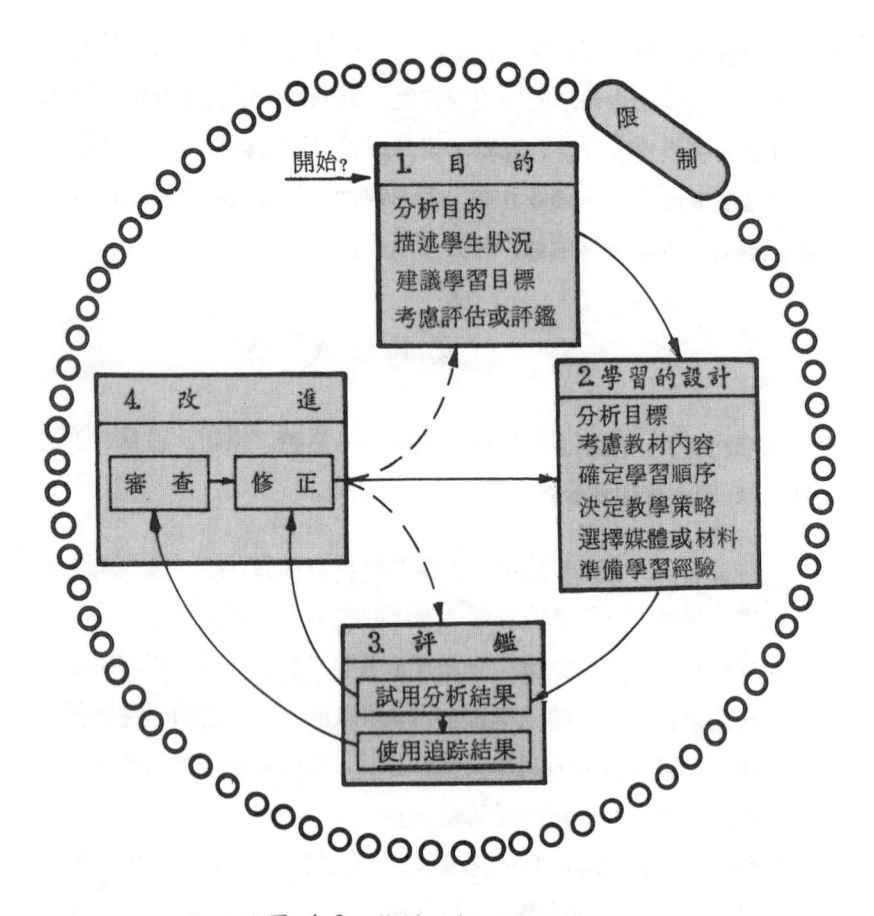

圖 4-8 龍渠的課程設計模式

八、奧立發的模式

　　奧立發的模式包含十二個步驟（見圖 4-9），分成計畫（方形部分）和運作兩個階段（圓形部分）。 第一個步驟，陳述教育宗旨及哲學、心理學原理，這是依據社會和學生的一般需求而來。此一步驟相當於

第四章 課程設計的模式 159

圖 4-9 奧立嶽的課程設計模式

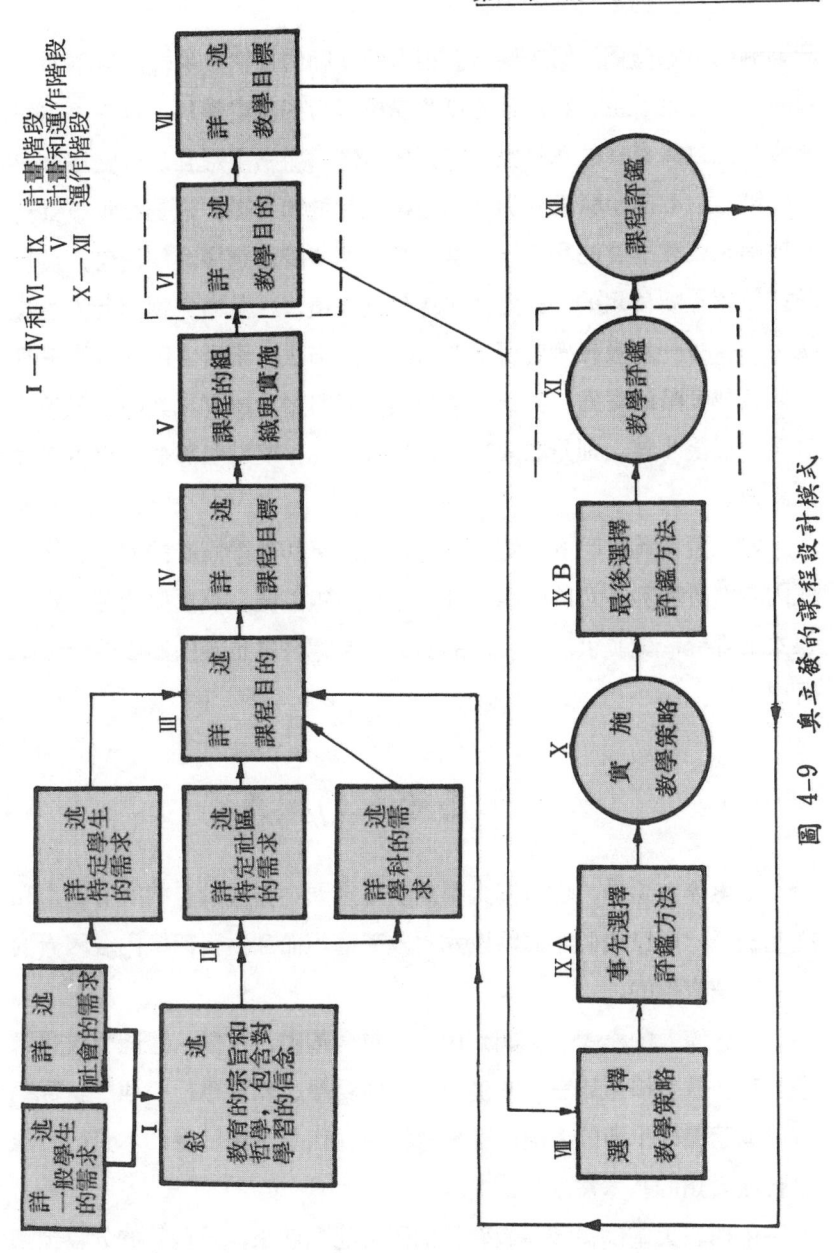

泰勒的兩道過濾網。第二個步驟相當於泰勒的目標之來源，只不過，這裏強調特定學生、特定社區以及學校所教的特定學科。第三、四個步驟是陳述課程目的和目標，第五個步驟為組織課程且加以實施。

第六、七個步驟為更加詳細地建立目的和目標，這是每年級每科目所追求的教學目的和教學目標。第八個步驟是選擇教學策略，這是教室教學需要使用的。第九個步驟分成兩項，一是事先選擇所需的評鑑方法，另一為最後確定所要使用的評鑑方法，兩者之間插入第十個步驟教學策略的實施。第十一個步驟，係對學生學習和教師教學予以評鑑，最後步驟，則是在教師、學生評鑑外，又針對整個課程方案加以評鑑。

奧立發認為自己的模式，含有課程設計和教學設計的成分，為了使兩者有所區別，乃將教學設計部分用虛線隔開。更重要的是，此一模式的課程評鑑提供課程目標的回饋，教學評鑑也提供回饋給予教學目標。

九、比恩等人的模式

比恩等人認為，任何模式都無法完全顯示課程計畫的所有因素和交互關係，所以他們寧願將模式當做架構，而且主張架構內各因素的關係不是直線的。

比恩等人的模式（見圖4-10），包含基礎、目標、過濾因素和課程計畫。教育植基於三大基礎領域，即哲學、社會學、心理學。哲學可以顯示美好生活的方向；社會學探討當代及未來社會的本質；心理學研究人類的基本需求。

依據三大基礎領域，教育目的便可建立起來；這些目的分為全國

第四章 課程設計的模式 161

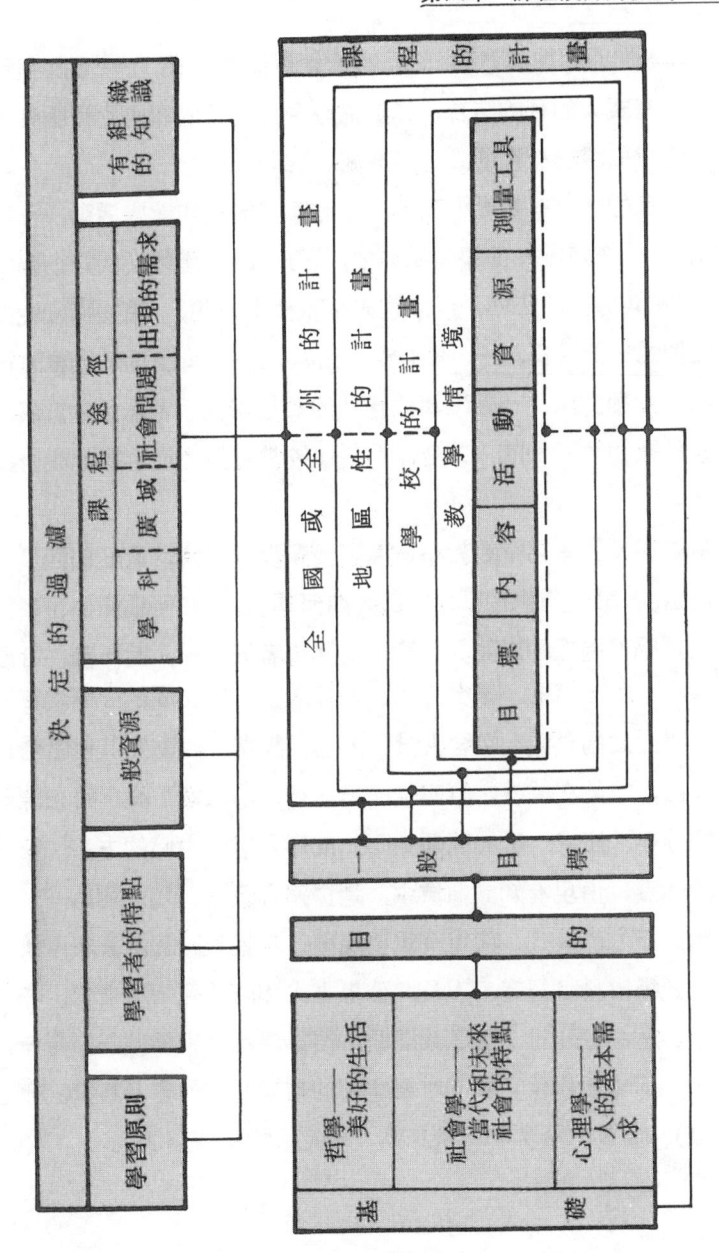

圖4-10 比恩等人的課程設計模式

性的、全州性的和地區性的。這裏有兩個問題存在，一是課程計畫如何與這些廣大的目的結合，二是這些廣大的目的如何比較明確地敍述，以便指引課程計畫的設計與實施。

教育目的是指學生從小到大，所有學習情境和教學活動，一致導向的結果。在這漫長的學習旅途中，每一學習階段（例如小學、中學），都有其努力的方向，以求達成整體教育目的，這些階段性的方向，便稱爲一般目標。一般目標的地位，在教育目的和教學目標之間，具有兩種功能，一是澄清教育目的在某學校教育階段的意義，聯繫教學目標和教育目的，二是作爲某學校教育階段從事課程設計的依據。

當課程設計者爲特定教學情境發展課程計畫時，有五個因素會影響其決定。第一是學習原則，卽人如何學習，在何種條件下學得最好，以及學習過程的層面等。第二是學習者的特點，其年齡、身心發展、興趣、已有成就、學習方式、認知層次、社交成熟度等。第三是支援教學活動的資源，包含人員、設備、經費、媒體及其他材料，有的在校內，有的在校外。第四是課程途徑，卽組織方式，可依課程目的選擇分科、廣域、社會問題中心、或個人需求中心的方法。第五是已有的知識，由現有知識領域中，選擇適合教學情境的內容。

比恩等人的模式，尚有一重要成分，那就是課程計畫在學校的計畫中，應指出科目規定、人員、分組方式和時間運用等項目。在教學情境中，應選定題材、主題或問題，作爲課程計畫的核心，每一核心的計畫，都包括學習目標（所要達成的結果）、內容（事實、概念、原則等）、活動、資源和測量工具（確定目標達成與否）。

十、薛勒等人的模式

薛勒等人的模式,主要成分為圖 4-11 的中心部分。依照此一模式,課程設計者首先應確立目的和目標,這些目的和目標,可分成四個領域,一是心智的,含知識的擁有、溝通、創造與熱愛;二是社會的,含個人與他人、州、國家和世界的關係;三是個人的,含生理、情緒、倫理、審美的發展;四是產出的,含職業選擇、職業準備、家

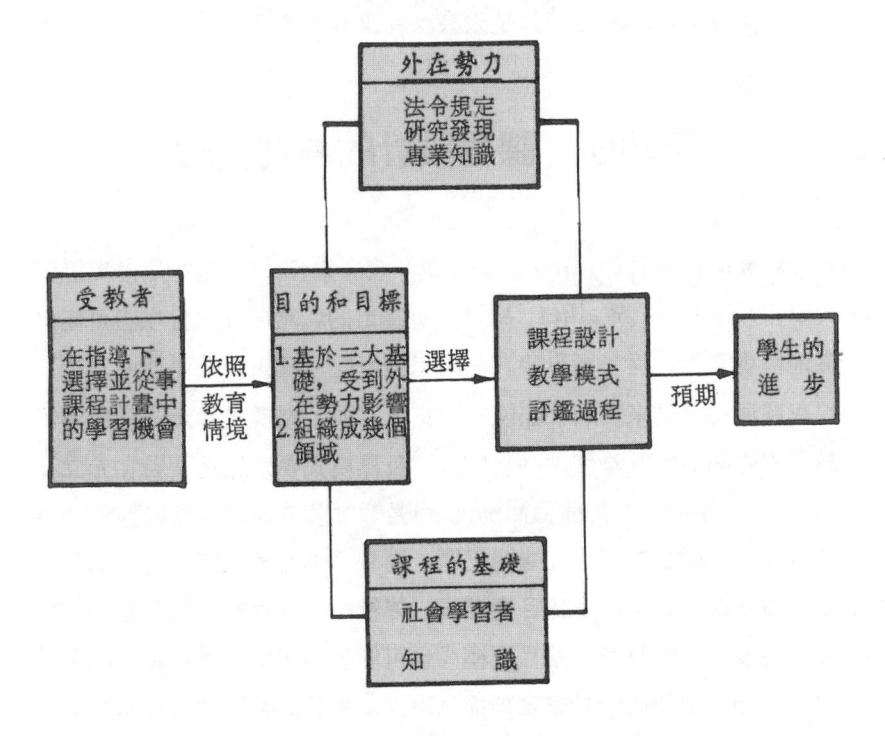

圖4-11 薛勒等人的課程設計模式
(Saylor et al., 1981, 29)

與家庭、消費能力。這些目的和目標的選擇，應基於課程三大基礎和外在影響勢力。

目的和目標建立以後，卽據以選擇課程設計途徑，薛勒等人提供五種途徑選擇：學科中心、能力本位、人類特質、社會功能、個人需求和興趣。其次，是據以選擇教學模式。各種課程設計途徑，有其適宜的教學模式，例如學科中心的設計，常採用講演的教學模式。他們主張課程計畫（已設計好的）應賦予師生更大的彈性。再次，是據以實施課程評鑑，這包含教師對學習進步的評鑑，以及課程設計小組對課程計畫的評鑑。評鑑結果是未來課程設計的基礎。

第四節　課程設計的寫實模式

寫實模式（naturalistic model）或譯為自然模式，是由史坦佛大學教授瓦爾克（Walker, 1971）所提出的。寫實模式旨在儘可能忠實地呈現實際課程發展現象。瓦爾克提出此一模式的主要理由，在於課程發展長期以來受到目標模式所支配，而目標模式却無法彰顯傳統教育實際的最主要特色。換言之，目標模式要求課程發展宜先立目標，由目標指引以後種種活動，但是教師和學科專家發展課程的時候，建立目標往往使他們離開正題，而目標也常是工作的附屬部分，不是主要部分。完全擺脫目標模式，傳統的教育實際可能會犯錯，可能會誤導學生的教育，但目標模式也可能忽視或扭曲課程發展的重要層面。如能把傳統的教育實際描述出來，也許能藉以澄清課程發展歷程。

寫實模式主要包含三個成分：課程的立場（platform）、愼思過

程 (deliberation) 及設計 (design)。 課程發展人員都有其先在觀念，這包括他的信念、價值、假定、意象、理論、目的及行動或決定程序。課程的立場就像是政黨的政綱一樣，它是課程發展人員站立的基礎，從這裏開始去構思所要設計的課程。課程立場包含了實然的觀念及應然的識見，這些能指引課程發展人員進一步行動。

從「立場」到「設計」之間，有一「慎思」過程做為媒介。瓦爾克的慎思源自於許瓦伯（J. J. Schwab），他將手段、目的視為是彼此互動的，而不是由目的來單向地決定手段。許瓦伯認為在慎思過程中，那些事實和目的、手段有關，必須指認出來，將這些事實置於具體的個案中。慎思也必須確定個案中迫切需要的東西，慎思需要設法形成變通方案，剖析各個變通方案可能產生的後果。最後「慎思」必須衡量各個變通方案的成本效益，進而作成最佳選擇。

基於此，瓦爾克指出課程慎思的重點工作。第一，課程發展人員必須找出決定點；第二，他必須在這個點上形成各種可能的變通方案；第三，他必須考慮各個變通方案的優缺點；第四，他必須仔細衡量，作出選擇。瓦爾克認為課程慎思的核心工作，是各種選擇決定的辯護，慎思過程就是一個爭論或辯論的過程。由於課程發展有許多傳統和情境上的限制，慎思過程經常是非常複雜及混亂的，課程發展人員必須澄清問題從這混亂中走出來，這樣，混亂就有其價值。課程慎思並非憑空來做，而是要植基於課程立場或基礎之上──即信念、假定、價值、目的、理論、意象、程序等。有時課程發展者單憑這些立場，仍無法做成明智的選擇，這時，他便需要尋找額外的資料，從實證的角度來肯定自己的信念。所以額外的實證資料，在選擇辯護上也有其重要性。在慎思過程中，課程設計人員也會發現「立場」本身存有矛盾的現象，這時，他必須解決這些矛盾問題，澄清立場。瓦爾克

指出這種立場澄清工作通常都是小規模的，課程發展人員往往依照往例使各種改變與原先的立場一致。瓦爾克稱此往例的集合體爲「政策」，它原來也是由立場發展而來。

最後是課程的設計。瓦爾克認爲課程設計如同汽車設計一樣，是具體化在被設計物品中的一組抽象關係。對學生學習能產生影響的，是這一組抽象關係，而不是物品本身。不過，課程設計很難明確地表示出來，有個辦法是找出架構來分析設計的要素。瓦爾克認爲建立課程的一系列決定便是這樣的架構。換言之，課程的設計可用建立課程的種種選擇來表示。這種說法正如同建築設計師的種種決定和藍圖，可用來建立建築模型一樣。課程發展人員可以依據某課程專案種種決定的紀錄，重建其課程設計。瓦爾克指出，課程設計的有關決定，有的需要事前仔細思考，建立各種變通方案，這類決定可稱爲外顯設計（explicit design）。但有些行動看起來是自動的，未考慮變通方案，這似乎不能稱爲決定，瓦爾克稱之爲內隱設計（implicit design）。在寫實模式中，課程發展過程的輸出不是一組物品，不是一串行爲目標，不是一套學習經驗，而是一組設計的決定。而要作成設計的決定，則有賴於運用立場之中的信念和資訊加以愼思。

瓦爾克的寫實模式如圖4-12。根據上述分析可知寫實模式基本上是描述性的，與泰勒等人的目標模式著重在指定應然性的課程發展模式不同。在目標模式中，不先訂目標便無法進一步選擇、組織學習經驗，並實施評鑑。在寫實模式中，目標只是追求良好課程方案的引導因素之一，且它不是起點，至多只能說是建立課程立場晚期的成果而已。評鑑在寫實模式中不一定是非要不可的成分，課程設計的決定可以從課程立場中得到辯護，不過，如能藉由評鑑提供實證的資料，辯護將更爲有力。評鑑在目標模式中則是必要的過程，否則無法確知學

習經驗是否能達成學習目標。

　　寫實模式對課程研究的啓示,根據瓦爾克自己的說法,可分成五方面。第一,寫實模式包含了許多尙待考驗的假設。根據此一模式,課程發展人員有其立場,進而影響愼思過程和最終的設計。同立場的人,是否具有相同的愼思和設計?不同的課程發展小組具有多少共同的立場?課程設計的辯護是否訴諸於課程立場?第二,寫實模式提供

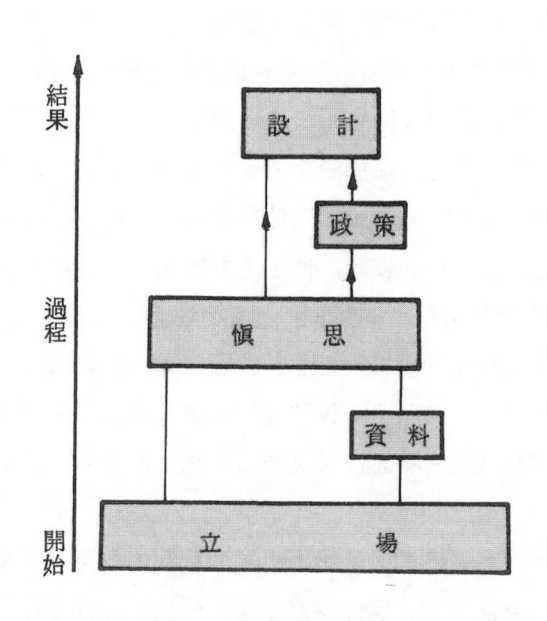

圖 4-12　寫實模式的主要成分

了課程發展描述研究的概念基礎。例如不同學科課程發展人員的課程立場如何發揮作用?課程立場中到底包含了什麼因素?在愼思過程中出現的是什麼問題?課程發展人員在作決定時,一般都考慮了多少變通方案?他們根據什麼資料來形成決定點和變通方案?如果能解答這

些問題，對課程理論的發展也有幫助。第三，寫實模式提供了研究各種設計因素效能的概念基礎。瓦爾克認為過去的評鑑都把課程當做未分化的整體來看它的效果。但課程發展人員所要了解的是課程中的某一因素是否有效果。根據寫實模式，在立場和慎思階段中，可設法用其他變通方案來替代要了解的因素，例如思考實驗或想像視覺可用以替代材料的操弄。如果小規模的密集教學後發現，不論該設計因素是否存在；學習效果都未出現什麼變化，該設計因素的價值便值得懷疑。反之，則該因素可能有其存在的價值。

第四，寫實模式使課程專家重視過去所忽略的問題。目標模式刺激了目標表現方式和目標分類法的研究。寫實模式的關鍵詞語是辯護、選擇、立場、慎思，這些概念都值得進一步探討。如何辯護課程決定的過程和結果？從邏輯或實證的角度都值得重視。此外，課程決定的順序是否強制課程的設計，也是重要問題。第五，寫實模式有助於指認其他領域的問題，其解決可進而刺激課程發展。課程發展人員依據的立場及其後的慎思，可能是實際經驗、傳統智慧、思辨的假設，甚至於是個人傾向而已，我們無從肯定這些項目的真實性、正確性。但由於依據這些立場（像發現學習）來設計課程，便引發了更多有關的研究。

由此可見，寫實模式對課程研究和課程發展的可能貢獻。課程設計人員長期以來都唯泰勒模式馬首是瞻，強調理性的運作。瓦爾克的寫實模式描述了實際的課程設計過程，指出其中的非理性成分，課程設計人員並非一開始便能理出一致的觀念與價值，這其中充滿衝突、矛盾，必須反反覆覆慎思熟慮，這是泰勒模式未曾深入剖析且視為問題的。當然瓦爾克的模式仍有待實際證驗，其所描述的課程發展的「實然」，是否即為「應然」，這可能是課程研究者必須繼續討論的

問題。

第五節　歸納與應用

　　前曾提及，課程設計的模式，代表課程設計朝向系統化和科學化的努力成果，模式的建立者，試圖藉此指出課程的要素、設計程序及其中的關係。根據上述衆多的模式，當可發現各種課程設計模式的異同。

　　首先就課程的要素言之，各種模式顯示的課程要素很多，包含了目的（目標）、內容（知識）、活動（經驗）、媒體、資源、教學策略、評鑑工具等項目。在這些項目中，各種模式經常或必然顯示的是目的、內容、活動和評鑑工具。至於媒體、資源、教學策略等項目，只有部分模式予以納入。由此可見，迄今爲止，課程學者對於課程設計時應考慮的要素，仍有部分不同的意見。

　　目的、內容、活動和評鑑工具，在各模式中都出現，但是使用的名詞有別，模式的架構亦有差異。一提到目的，有的稱爲教育目的，有的稱爲課程目的，但大體上，各模式均將目的區分爲許多層次，由最高遠的全國教育目的，而至最基層的教室教學目標，都是課程設計應分析指明的。有些模式將目的或目標加以分類，有些模式特別強調行爲目標的敍述。不論如何，目標明確是一致的要求。另外，一提到內容，有的稱爲知識，有的稱爲題材、主題、教材，但此一因素都非獨立出現，有的納入學習經驗中，有的納入課程設計裏，還有的置之於教學策略內。

　　至於模式中的活動，有的稱爲學習經驗。活動或經驗有時只是學

習方式或程序，但有時又包含學習的內容和目標。模式中的評鑑工具，有的稱為測驗工具，顯示部分課程學者仍將測驗視為評鑑的同義詞。

各種模式都顯示，課程目的或目標的三大來源，是學生、社會和學科，此外，大多數的模式亦顯示哲學和心理學兩者，是目的或目標的過濾器。例外的是，薛勒等人認為外在勢力如法令、研究發現、專業知識，也是重要的影響因素；奧立發主張，除考慮學生、社會的一般需求外，課程設計應考慮特定學生（課程使用對象）的需求；比恩等人採用教育的三大基礎，哲學、社會學和心理學，做為目的或目標的來源。

對於課程設計的要素，有幾點值得注意，第一是名詞使用的問題，模式的提倡者應明確界定使用的名詞，使讀者易於把握。第二是現尚未有一致意見的要素，如媒體、資源、教學策略，應成為課程設計的重點。因為課程設計如不顧呈現的媒體、可用的資源及教學方法程序，當無把握促使目標、內容、活動獲得實施的保證。第三是評鑑內涵的問題。許多模式都只強調學生學習的進展，將它當做評鑑的唯一對象，而忽視了課程各要素的評鑑，這種評鑑觀殊屬狹隘。

次就課程設計的過程言之。各種模式所提到的有：選擇、組織、評鑑、決定、實施、詳述、分析、安排、撰寫。其中以前三者最為常見。這些過程的運作，幾乎可以針對所有的課程要素，也是課程設計者應具備的基本能力。從上述模式的分析中，可以發現「過程」受到重視的程度有別，有的模式只指出「要素」而不涉及「過程」。另外，有的模式提到「組織」因素時，尚列出組織中心。再者，課程實施在現有模式中，並不太受重視。部分提到課程實施的模式，混淆了教學策略或教學模式，亦即將課程實施當做教學。其實，課程實施可

能發生於各種課程設計層次，例如全國性、全省性、地區性、學校性，教學固然是各層次都重視的焦點，但到底只是課程實施的一部分。比較早期的模式中，課程實施常被略過，這可能犯了設計和執行截然二分的毛病。

再次就模式中的關係言之。早期的模式，時常採取直線的關係，後來部分課程專家發現直線模式的缺點，乃將它改變為循環式（圓形）或互動式（雙向交互影響）。換言之，早期的模式，大都假定某因素必然先於另一因素，且不可反復，採取一種單向機械的決定方向，目前所發展的模式，大都是各因素彼此關聯、交互影響的。

課程設計的模式實用嗎？或者說，這些模式對課程設計者有幫助嗎？答案可能是肯定的，問題在於實用程度或幫助程度。課程工作者面對這麼多的模式，可能遭遇到選擇或重組的困難。到底那種模式適用於所要設計的課程？我們可能將不同的模式加以重組？奧立發（Oliva, 1982, 167-8）指出十一個規準可供選擇或重組的參考：

1. 包含的主要因素。
2. 採用課程設計習慣上的起點和終點，但具有彈性。
3. 課程和教學所具有的關係。
4. 區分課程和教學的目的與目標。
5. 各因素間具有交互關係。
6. 採用循環式而非直線式。
7. 具有回饋作用。
8. 模式中任一部分都可能成為設計的起點。
9. 具有內部一致性和邏輯性。
10. 看起來足夠單純，但仍具有智慧。

11.採用圖示法呈現。

奧立發的規準，可做為選擇模式的部分參考，課程設計者應再依據自己的課程設計情境補充或重組。一旦選擇、修正或重組了某些模式，課程設計者在工作中，仍應注意模式本身可能具有的缺點。

第六節　目標模式與過程模式

本章所呈現的各種課程設計模式，絕大多數屬於目標模式（objective model）。最近部分學者反對目標模式的使用。主張另一種課程設計模式，稱為過程模式（process model）。過程模式本身較不系統化，且就已有文獻觀之，似乎沒有固定規則可循，若要依照提倡者的主張去行動，較不容易。但是，基本上過程模式的觀念有其存在價值，對於課程設計工作的啟示很大，故仍值得加以介紹。

一、目標模式

所謂目標模式的課程設計，最主要的精神在於「目標取向」的理念。目標模式要求課程設計者，由課程目標的建立出發，去設計課程，在整個課程設計過程中，目標是統治者或指導者，「目標掛帥」是座右銘。為了讓目標具有統治和指導作用，應該摒棄傳統廣泛而缺乏明確性的敘述方式，並以學生受教後應顯示的終點行為來陳述，亦即採用行為目標的敘寫方式。

「目標建立」在目標模式裏，順理成章地成為課程設計的第一步

驟。自從巴比特（Bobbitt, 1918）發動了課程設計系統化、科學化的運動開始，目標的發現、分析、選擇、分類、敍寫、組織，一直是學者致力研究的方向。所謂目標分類法、目標階層、行爲目標，都是目標模式課程設計的主要關鍵。

既然，目標是施教者希望學生受教後顯示的行爲，課程設計便要支持此一目標的實現。所謂內容、活動、媒體、資源，本身固有其價值，在目標模式中仍只是服務者，一切要以目標達成爲依歸。所以，目標模式的課程設計，手段的存在不以其自身價值來辯護，而應以達成目標的作用來辯護。在目標模式中，目標、手段的連鎖非常嚴密。

評鑑在目標模式裏的角色，主要在確認學生的行爲表現，符合目標所界定的程度，所以評鑑也受到目標的引導與控制。

泰勒的課程設計模式，可說是目標模式的典型代表。在他的模式中，目標固然有許多來源，但目標建立顯然是課程設計的第一步，而且目標必需明確地詳述。他反對由教師角度撰寫目標，也反對單有行爲或學習內容的目標。他認爲任何目標都應包括行爲和內容二者（參見課程目標一章）。 目標確定後， 才是學習經驗的選擇、 組織和評鑑。顯然這種模式是直線式的。泰勒之後的模式，大抵未脫離目標模式的本質「目標掛師」的理念；當然，模式中的運作過程和關係，已由直線式轉爲循環式或互動式。

爲什麼課程設計要採取目標模式呢？這有幾點理由。第一，目標模式是合邏輯的，任何理性的活動，都有其導向的目標；教育如欲成爲理性活動，也應陳述其目標。如果我們不知道爲什麼而教，那我們將如何教呢？第二，目標模式是合科學的。教育應將科學的精確和效率帶入，而目標模式正代表這種努力。第三，目標模式合乎政治、經濟的要求。 教育工作花費納稅人的金錢， 應將目標達成程度公諸於

世，顯示工作的績效。第四，目標模式合乎教育的要求。事先詳述目標，有助於學習評鑑，從而可藉以改善課程，促進教學效果。第五、目標模式具有組織和聯貫的力量。由於一切以目標爲依歸，目標便成爲組織各種課程因素的核心，避免內容選擇上的無謂爭論。

目標模式已有許多實際應用的實例，如精熟學習、能力本位教育，最低能力測驗等。著名的科學課程——科學 5 至13，也是採取目標模式加以設計 (Stenhouse, 1975; 梁恆正，民68)，其所設計的課程目標亦值得參考。

目標模式屬當前課程領域的顯學，所謂樹大招風，加上理論本身的缺點，面臨了許多批評 (Blenkin & Kelly, 1981; Stenhouse, 1975; Barnes, 1982; 歐用生，民72; 黃光雄，民73)。

第一，目標模式的精神在於管理與控制，要求績效，忽視了人類解放、自主、思考、判斷和創造的需要。

第二，目標模式採取生產的教育觀，學生有如原料，課程有如生產線，學校有如工廠，可能造成教育標準化的危機。

第三，目標模式忽視了教育與訓練的區別，將所有教育活動均還原爲訓練。史點豪(Stenhouse, 1975,)認爲，技能訓練和資訊的取得可以訓練，採用目標模式，事先詳述終點行爲，應屬適當。但對於知識的理解、創造，社會關係的學習發展，應採取教育方式，擴大人類自由，因爲學生學習結果的精確預測，不但缺乏意義，而且不太可能。

第四，目標模式的目標分類和敍寫方法，遭致不少批評，最重要的是目標不易截然劃歸於認知、技能或情意; 目標的層次區分，不一定符合學習順序，如理解和記憶的順序是可倒轉的。至於行爲目標的敍述，造成的爭論更大（詳見課程目標一章）。

基於這些批評，在目標模式的使用上，應考慮幾個方向。第一，

應考慮各個科目的適用程度,有些科目較為適合如技能訓練,有些科目可能較不適合,如文學、藝術。第二,同科目不同的內容和目標,也應有適用上的考慮。第三,避免零碎的目標陳述方式,技能和基本知識學習以外的行為目標,應視為評鑑的指標,而非真正的課程目標。第四,應准許表意目標(expressive objective)和問題解決目標存在(見課程目標一章),即准予某些學習經驗不必有固定的行為結果。

二、過程模式

除了目標之外,有無其他規準可做為內容和活動選擇的依據?換言之,內容和活動即使不達成外在的目標,是否就沒有價值而應摒棄之?這裏要先分清楚,所謂目標,是指特殊、詳細,甚至是指行為目標的主張,這和較為高遠的、一般的目的不同。

巴恩斯(Barnes, 1982, 25)在闡述目標模式時,曾明言他對目標模式的看法,他不相信擬訂一系列特殊的目標,來設計課程,會是最好的方法,他認為有許多非正式的設計方法,可能更接近教師的思考方式,而為教師所喜愛(參見第十一章)。他說(p. 60):

> 1950年代的課程理論家,如布魯姆(Benjamin Bloom),試圖建立價值中立的技術,以應用於所有的課程計畫。現在,這種野心顯然用錯地方。我們所採用的課程計畫方法,需要配合所要從事的教學。某一小學教師,對於算術計算課的教學,可能迥異於他要求學生用粘土塑造以表示力量的教學。前者,他可以事先明確指出學生應有的學習,甚至於採用行為目標的方式。後者,他也同樣事先計畫如何呈現「力量」的觀念給學

生,然後他將要學生產生自己的觀念,並自由運用其觀念。後者的設計基於何種原則,不見得明白指出,但這些原則將塑造他的教學方式,以及他對學生作品的判斷。

由巴恩斯的主張可見,課程設計不一定要事先陳述預期的學習結果,相反地,却可由內容和活動的設計開始,着重教學過程和學生在此過程中的經驗,賦予學生自由、創造的機會,產生各色各樣的學習結果。巴恩斯指出,這種設計背後應有其原則,代表課程設計者(在此是教師)的價值觀,指導教師在教學程序中的作爲,這些原則可稱爲程序原則(principles of procedure)。程序原則既然影響教師在教學上的作爲,勢必也影響到學生學習上的作爲,因此,巴恩斯認爲課程設計者不論是否採取目標模式,都應該包含下列階段:

1. 建立程序原則
   (1)屬於整個課程的通則
   (2)屬於特定題材的原則
2. 運用這些原則選擇活動,指引教師課程上的參與。

程序原則包含許多方面,它可以是活動選擇用的,也可以是內容選擇用的或是問題選擇用的。拉斯(Rath, 1971)曾提出12項活動選擇的原則,凡是符合這些原則的活動,便是有價值的。在提示選擇原則時,他特別指出這些原則的效度,必須是其他條件相同時才適用:

1. 允許學生明智的選擇,並反省這些選擇的後果。
2. 在學習情境中給予學生主動的角色,而非被動的角色。
3. 能要求學生獨自或與他人一起,探討觀念、當代問題、或心智

過程的應用。
4. 能使學生接觸具體事物者,如實物、材料和人工製品。
5. 能使不同能力的學生都成功完成學習工作。
6. 能使學生在新的情境中,探討過去所學的觀念、問題或心智過程的應用。
7. 能要求學生探討社會上一般人不探討的主題或問題。
8. 能使師生涉入成敗的危機之中。
9. 能要求學生重寫、演習和潤飾早期努力的成果。
10. 能使學生應用和熟練富有意義的規則、標準和學問。
11. 能給予學生機會,與他人共同設計、實施並分享成果。
12. 切合學生表示的目的。

雖然拉斯的12項規準,不一定完全被課程設計者所接受,但這些規準顯示,活動本身有其判斷價值的內在規準。其次就課程內容的選擇方面,也有其程序原則。皮特斯(Peters, 1966, 139)也指出,內容有其內在判斷規準,因為教育所包含的是有價值的活動,傳授有價值的東西給學習者。他說:

> 課程活動如科學、歷史、文學欣賞、詩歌,其重要性在於能照亮其他生活領域,對生活品質有大的貢獻。其次,它們有許多認知內容和遊戲不同。例如,技能便缺少廣泛的認知內容、騎腳踏車、游泳、打高爾夫,很少可知的,大都是「知道如何」(knowing how),而非「知道是什麼」(knowing that),是熟練技術的,而不是理解的。再者,由彼處所知的,對其他領域的理解有限。相反地,歷史、科學、文學則有許多可知的,如適當吸收,則不斷啟發、擴展,加深個人對其他事物的觀點。

皮特斯所要闡釋者，乃是知識領域有其價值階層，而非所有知識領域都立於同等地位；這個價值階層便可做為課程內容選擇的依據，不必以學生行為做標準。

赫斯特（Hirst, 1974）認為，教育在傳授學生有價值的知識，而有價值的知識共包含七種型式：形式邏輯與數學、物質科學、自己與他人心靈的了解、道德判斷與意識、審美經驗、宗教主張、哲學。每一種知識型式，都有其獨特性，與其他知識型式的界限清楚明確，其獨特性可由下列四點加以觀察：

1. 所包含的中心概念，如化學的元素、物理學的力。
2. 具有明確的邏輯結構，即概念彼此間有其關係網絡，每一概念都在此網絡中求得理解。
3. 所包含的特殊用語和表達方式。
4. 所包含的特殊技術和技巧。

由此可見，赫斯特也承認知識本身即具有價值，應視為目的，而不是手段。也許，以知識或內容做為課程設計核心的例子，應以美國社會科學課程——人的研究（Man: A Course of Study, 簡稱MACOS）最為著名。

MACOS 適合10至12歲的學生，主要係以影片為基礎的課程，其中詳細探討太平洋的鮭魚、青魚鷗、狒狒和愛斯基摩人，並與學生所處社會和所具經驗比較。基本上，MACOS 是以行為科學和人類學為底子，其最重要的主題有三：

1. 就人類而言，人性是什麼？
2. 人性如何發展出來的？
3. 如何使人性更進一步發展？

課程內容的安排，便以此三個含糊且帶有價值成分的主題為核心，透過社會科學和人類學的研究發現，讓學生思考人性有關的問題。其所包含的主要概念是：

1. 生命週期概念，如鮭魚生長週期。
2. 本能和習得的行為
3. 適應的概念
4. 生物學上自然淘汰和選擇的概念
5. 結構與功能概念
6. 訊息傳播和溝通的概念

這些概念貫串 MACOS 整個課程的設計，稱為學科結構 (the structure of the discipline)，教師在 MACOS 中的角色，比較偏向於學習者，但仍須指導學生探究和發現。MACOS 背後的程序原則，採取教育宗旨的形式出現，但以學習歷程為中心，而不是以學習結果為中心 (Stenhouse, 1975, 92)：

1. 引發學生發問的過程（即探究的方法）。
2. 教導學生研究方法，使其能尋找有關資料解答所提問題，運用本科發展的架構於新領域，如生命週期概念。
3. 協助學生發展利用一手資料的能力，進而建立假設，獲得結論。
4. 引導教室內的討論，使學生能表達自己且聆聽他人的意見。
5. 視探索為正當，准許且支持學生開放的討論，即使未得到肯定答案，也無所謂。
6. 鼓勵學生反省自己的經驗。

7. 建立新的教師角色，使其成為「資源人物」，而不是「權威人物」。

再次，值得一提的是英國的人文教育方案（The Humanties Project）。此一課程並不以學科結構為規準，而以人類矛盾問題為核心，其課程設計同樣強調學習結果的不確定性。所謂矛盾問題，是指這種問題確實將人類社會區隔為不同部分。該課程中所教導的是「爭論」，而不是已知的真理。

人文教育方案重視討論技術的研究，在討論教學中，學生批判地檢視各種證據。人文教育方案的目的，在促進學生理解社會情境、人類行動和其中引發的問題。這有兩種涵義，第一，由於此問題的爭論很多，阻礙了理解，爭論的理解因而成為目的；第二，師生都在進行理解，都是學習者，所以教師不應事先決定學生應有的意見和看法。所以人文教育方案，非常強調教師採用適當的討論程序，以儘量了解不同的意見。

三、過程模式與目標模式的比較

由上述的分析，可見過程模式和目標模式有基本的差異。過程模式強調的是目的手段連鎖中的手段，即教的過程和學的過程，及其中所包含的知識、活動和問題。更重要的是，過程模式重視知識、活動和問題的自主性，認為它們本身就是目的，不必是外在目標的手段。

因此，課程設計的第一步，不是詳列行為目標，指出學生學習結果，因為這樣不但缺乏意義，且有害於知識的理解和經驗的充實。課程設計者不應在開放性的問題上，硬指定某些答案，要求學生表現，

而應允許學生自由與創造。課程設計者應重視的是程序原則,藉此可以判斷內容、活動和問題的價值,從而作成明智的抉擇。過程模式對於教育的觀點,顯然不同於目標模式。過程模式採取的是教育的生長說或旅行說。教育人員及課程只是確定廣大的目的,安排環境、讓學生自由生長或旅行,並不事先確定學生應有的學習結果。學生在暖房或旅途中,有極大的自由,由於其全心投入學習,可能產生豐碩而有變化的成果。

在過程模式中,評鑑並不強調事先訂定的詳細目標,也比較不重視量化,因為學習過程和成品,必須運用適當的規準加以「鑑賞」,這不是量化的工具所能解決的問題。

採用過程模式設計的課程,相當強調教師的投入,為了保障課程實施的品質,教師必須是個學習者,和學生一樣求得發展。這和目標模式強調固定標準的學習,使得教師的理解和知識不易增加,是不同的。歷程模式強調教師判斷,而不是教師指揮,對教師能力上的要求也較高。

本 章 摘 要

本章旨在分析各種課程設計模式的要素、程序和關係。絕大多數的模式都是依據泰勒模式加以補充或修訂,因此本章先介紹泰勒模式做為討論的基礎,然後逐一介紹後來學者提出的模式。這些模式詳簡不同,其中的要素、程序和關係也有部分差別,不過大體上都是以目標為中心的,可稱為目標模式。由於這些模式都在指出課程設計的應然,故可稱為應然模式。課程設計模式也有強調過程的,稱為過程模式,重視內容、活動自身的價值和自主性,認為它們本身即具有指導作用,不必依賴目標。過程模式的課程設計,常會列出其依據的基本原則,做為教師教學程序的參照,稱為程序原則。主張過程模式的課程設計的學者,大多著眼於理論、概念的分析,較少提出具體的設計模式,本章之中特別介紹瓦爾克的寫實模式,由於此一模式描述實際的課程設計程序,故又可稱為實然模式。

問題討論

1. 何為模式？何為課程設計模式？
2. 試說明泰勒模式，並指出此一模式的重要性。
3. 何為目標模式？何為過程模式？試比較之。
4. 試擇任兩種課程設計的目標模式，說明各模式的特點，並加以比較。
5. 何為寫實模式？試說明其主要精神和成分。
6. 試就個人經驗，舉例說明目標模式和過程模式在國內課程設計上的可能應用。

第五章
課程目標

　　課程文獻中，有關課程目標的討論，可謂俯拾皆是，而且課程目標是否應該採取行為目標的敍寫方式，課程目標的確立是否應為課程設計的第一步，堪稱為近年來教育學者爭論的重要課題。雖然這方面的爭論尚未塵埃落定，但課程學者採用行為目標，並以目標發展來引導課程設計者，猶如過江之鯽，比比皆是。所謂課程設計的目標模式 (objective model)、合理模式 (rational model)，或是課程發展的教育科技 (educational technology in curriculum development)，強調的是目標掛帥的重要性，已成為目前課程設計或課程發展的主流，也發揮了相當大的作用。

　　基於此，本章由課程發展的角度，剖析課程目標的重要性，探討課程目標的分類法，並且討論課程目標的來源、分析與敍寫。文中一方面歸納學者對於各個主題的主張，另方面則闡明各個主題有關的爭論點，期使課程目標的發展與運用不致誤入歧途。

第一節　課程目標的重要

在各個領域中，目的都是指導活動的準則，可以賦予活動設計和實施的方向。目的若依其抽象或具體程度區分，最爲高遠的稱爲宗旨或目的，比較具體的則稱爲目標。教育領域之中，爲了區分各種層次的教育目的，也依具體程度，分別採用各種名稱代表，例如教育宗旨、教育目的、教育目標、教學目標等。例如，美國以實現民主主義社會理想爲教育宗旨或目的，其下分爲四項教育目標：自我實現、人羣關係、經濟效率、公民責任❶。爲了達成四項教育目標，又須注重許多特殊目標。例如，經濟效率目標，含有下列項目，必須擬訂適當的次層目標實施教學：職業知識、職業技能、職業選擇、職業道德、消費計畫、購買方法、消費者權益等等。

其實，各個層次的目的是連續地存在，不容易斷然地切割，曰此必稱爲「教育目的」，彼必稱爲「教育目標」。如果將目的視爲一條直線，直線左端爲「一般」、「抽象」的層次，右端爲「特殊」、「具體」的層次，則兩極端的差別一目了然，至於相連的層次間仍然是不易區別清楚的。明乎此，便不致獨斷地區分目的和目標了。

如果目的或目標是活動的指導準則或方向，則教育目標是教育活動的方向，課程目標是課程活動的方向，而教學目標則又是教學活動的方向了。課程目標和教育目標、教學目標有何不同？這個問題的答案，端視個人對於課程、教育、教學三個概念的詮釋而定。有些學者

---

❶ 參見孫邦正，民57，34-35；孫亢曾，民57，170-171。

將課程視爲教科書及其他教學材料，將教學視爲教師在課堂內指導學生學習的活動，將教育視爲利用經驗、培養人格、增進生活、更新文化的歷程；則教育的範圍最爲廣大，教學與課程均包含在教育之內，教學目標與課程目標均衍生於教育目標。

但是課程目標、教學目標和教育目標三者，容或在功能和範圍方面有所差異，本質上並未有所不同。教師指導學生學習職業知識、技能與道德的教學活動，旨在使學生成爲具有經濟效率的人；而「經濟效率」的教學，則又指向民主主義理想社會的實現。基於此，教學目標與教育目標在本質上有何差異呢？各層次教學目標或教育目標的達成，必須有相當層次的課程設計以資配合，而課程設計的目標又何能自外於教學目標或教育目標呢？是故，課程領域之中，許多學者是不區分課程目標、教學目標及教育目標的，或以課程目標稱之，或以教育目標稱之，所涵蓋的均由一般的而至具體的層次❷。

課程目標在整個教育活動中，所能發揮的功能很多。在學生方面，課程目標可以引導他們的學習方向，使他們不致茫無頭緒地學習；如果目標具體明確，包含了學習表現的標準，他們甚至於可以自我評鑑，因而便利自學，也可能激發學習動機。在教師方面，課程目標是教師教學的指標，也是教師彼此間或教師與家長間溝通的媒介。對於社會人士而言，課程目標是教學效率或績效考核的依據，更是促進學校教育革新進步的泉源。

課程不但是學生在學校指導下所具有的一切經驗，也是學生學習的計畫。因此課程不但是回溯的，就學生學習結果去探求，也是預測

---

❷ 例如艾斯納(Eisner, 1975)以教育目標 (educational objectives) 代替課程目標，而傑衣斯 (Zais, 1976, 297-321) 以課程目標 (aims, goals, or objectives) 替代教育目標。

的，必須事先加以規畫（黃政傑，民72）。課程目標既是課程設計的方向或指導原則，是預見的教育成果，是學生經歷教育方案的各種教育活動後必須達成的表現，其重要性自不該受到忽視。分析課程理論及課程領域發展的歷史，課程目標在課程的科學化運動中，最受重視❸。有課程理論之父尊稱的巴比特（Bobbitt, 1918, 42），曾經指出課程目標如何形成：

〔課程的〕中心理論是簡單的。人類生活無論如何變化，總是包含了許多特定活動的履行。為生活做準備的教育，即是明確而適當地為這些特定活動的從事而準備。這些活動無論如何因社經階層而變化多端，都是可以發現的。我們只要進入世界的事務中，發掘其個別成分即可。人們從事這些事務所需的能力、態度、習慣、鑑賞和知識型式，將會顯現出來，成為課程目標。這些課程目標將是眾多的、明確的，而且是詳盡的。

根據這個說法，巴比特發現了課程目標的十大領域，並在此十大領域之下，列出了一百九十六個主要目標（Bobbitt, 1924）。和巴比特同時代的查特斯（Charters, 1923），也分析師範教育和女子教育課程的目標，使得課程目標的分析，蔚為當時課程設計的一股風氣。

1930至1940年代，以課程目標為主的課程科學化運動開始瓦解，因為教師無法處理五十個特定目標，遑論成百上千個了。而且，兒童中心的觀點再受重視，兒童被視為主動、生長的個體，不是複雜的機器，兒童主動參與自己教育計畫的建立，設計自己的學習情境，與課程目標所植基的教育預備說，背道而馳（Eisner, 1967b）。

---

❸ 見黃政傑（民71）。

1940年代下半期到1960年代，目標在課程設計上的重要性，再度受到重視；學者不但重拾目標引導課程設計的主張，更發展目標分類的方法，闡明目標的敘寫方式。例如泰勒（Tyler, 1949）和赫利克（Herrick, 1965）均主張目標明確的重要性；布魯姆等人（Bloom et al., 1956）發表認知領域目標分類法；梅澤（Mager, 1962）提倡行為目標的敘寫方式；克拉瓦等人（Krathwohl et al., 1964）發表情意領域目標分類法。

　　1960年以降，雖然課程目標的存在及敘寫方式，引起許多爭論，然而課程目標並未在教育舞臺上消失，反而成為有關課程設計著作的必要章節。課程學者稱呼以詳列課程目標主導課程設計的方式，為課程設計的目標模式、合理模式，或為課程發展的科技❹。

　　課程目標在課程設計或課程發展上的地位，泰勒（R. W. Tyler）、塔巴（H. Taba）、惠勒（D. K. Wheeler）、龍渠（D. Rowntree）等人，均曾提出透徹的分析。泰勒主張的課程理論，稱為「泰勒法則」或「泰勒理論」，其中揭櫫課程發展的四個基本步驟：

1. 學校應該達成何種教育目的？
2. 為達成這些目的，應提供何種教育經驗？
3. 這些教育經驗應如何有效地組織起來？
4. 如何確定教育目的達成與否？

　　塔巴（Taba, 1962）繼泰勒之後，提出系統的課程發展程序：

---

❹ 龍渠（Rowntree, 1982）採用「課程發展的工學」；史點豪斯（Stenhouse, 1975）採用「目標模式」；艾斯納（Eisner, 1979）則以「理性模式」稱之。

1. 評估需求。
2. 形成目標。
3. 選擇內容。
4. 組織內容。
5. 選擇學習經驗。
6. 組織學習經驗。
7. 確定評鑑對象、方式與工具。

惠勒提出的課程發展歷程，共包含五步驟（參見第四章）：

1. 選擇宗旨、目的和目標。
2. 選擇學習經驗，以達成宗旨、目的和目標。
3. 選擇內容或教材以便提供某種可能的經驗。
4. 依據學校和教室內的教學歷程，組織及統整學習經驗。
5. 評鑑 2、3、4 步驟在達成宗旨、目的和目標上的效果。

龍渠的課程設計模式，包含了四個基本步驟（見第四章）：確認目的；發展必要的學習經驗；評鑑學習經驗達成目的之效果；根據評鑑結果改進學習經驗，使其更能達成目標。

龍渠的課程設計模式顯示，課程發展是循環的工作，課程的「改進」可以針對「學習的設計」，甚至於是「目標」或「評鑑過程」本身。而且，課程發展受到某些因素的限制，例如學校教育的性質，可用的時間、空間和資源，大眾傳播的影響等等。但是，這些限制並非不能突破。

上述的模式，雖然詳簡不同，其課程發展的路徑或為直線式或為循環式，但是都具有共同的特徵，那就是以目標的選擇、分析和確認

為課程發展的起點。課程目標一旦確定，以後的各種課程設計活動，便完全環繞著它。 活動和內容本身的價值比較不受重視， 它們的存在，完全依賴其對達成課程目標的可能貢獻。所謂評鑑，亦旨在探討課程目標是否達成，活動和內容是否有助於達成課程目標。在這種課程發展模式中，目標常常被視為活動的終點，或者是高懸在人類活動之外，這種觀念是杜威（J. Dewey）所抨擊的（轉引自Zais, 1976, 298）:

> 目的是活動過程中預見的結果，用來賦予活動意義，指導活動的未來方向。「目的」絕不是行動的終點，而是思慮的結果，而為行動轉向的樞紐。

有鑑於此， 許多學者提出課程發展的過程模式（ process model）， 認為內容、活動及問題本身即有價值， 不需依附目標而存在，只要訂定了程序原則（principles of procedure）❺，即可據以選擇內容、安排活動、組織問題， 發展適切的課程以供學生學習。（參見課程設計的模式一章）

雖然如此，課程目標的功能並不能完全由程序原則所替代，而且即使採用程序原則作為選擇內容、活動和問題之依據，課程工作者至少仍然需要比較高遠的課程目標，作為課程發展的南針。

---

❺ 所謂程序原則， 係指在選擇內容、學習活動或從事教學時， 所遵照的規準或原則， 例如， 能夠鼓勵學生在學習情境中主動學習的活動， 比那些令學生處於被動的活動有價值。參見Stenhouse, 1975, 84-97; Kelly, 1977; Eisner, 1979, 164; 歐用生，民72。

第二節　課程目標的分類

　　課程目標的分類，一向為課程學者所重視。事物的分類，一方面可用以促進該事物有關知識的溝通，另方面有助於事事物物彼此關係的了解，課程目標的分類也是如此。課程目標包羅萬端，覆蓋極廣，如果沒有簡約的系統，可以適用於各個學門的課程發展，人員之間要能彼此溝通經驗，便屬不易。有了適當的分類系統，課程發展人員彼此之對話，便可以採取類名來稱呼或對課程目標進行剖析。由於目標分類系統本身，也隱含著各類課程目標間的關係，因此善加運用將有助於課程工作者對此間關係的理解。在實際運用方面，課程目標的分類，有助於通盤了解發展完成的課程，是否具有周延、均衡及適切的目標。

一、課程目標的垂直分類

　　課程目標的分類，有垂直和水平兩個角度。就垂直的角度觀之，課程目標包含了一般性的而至特殊性的。或高遠的而至切近的一系列目標。例如教育宗旨相當高遠，是我國各級各類教育機構共同遵照的目標；教育宗旨之下，有各級各類學校教育目的（目標），規定各級各類學校努力的方向；各級各類學校教育目的之下，則有各科各組教育目標、學科或科目教育目標、每課或每單元教學目標。課程目標如此層級地排列，恰似一個金字塔形，底層目標逐步達成之後，最終目標也就可以達成。

將目標垂直地分析出各種高低不同的層次，旨在提供教育工作者接近具體的目標，以便能一箭中的。傑衣斯（Zais, 1976, 305）以目的（purposes）來概括宗旨（aims）、目的（goals）和目標（objectives）三者，就曾指出這項功能：

> 目的（purposes）如同靶子一樣，愈近愈容易打中。一個相當切近的目的，例如「學習二加二的計算」，並不難以達成。這個靶子很近，容易看得清楚，可以用目標二字代表。但是學校為何需要達成這一個目標呢？也許答案是：「為了使學生能夠了解量的關係」。這個陳述，比起二加二的目標，仍然是個可見的靶子，只是較為遙遠、較難擊中而已，可以用「目的」（goals）二字代表……可是為什麼學生應該了解量的關係呢？如果答案是：「使學生自我實現」，則我們將感受極大壓力。這一個靶子十分遙遠，有如地平線上一個針點，可以稱為「宗旨」。怎樣才能協助學生達到自我實現呢？「怎樣」即顯示教育事業的長程問題。

基於區分目標層次的需要，傑衣斯也進一步解釋課程目的的三個層次（306-7）：

1. **課程宗旨**（curriculum aims）：是對於所期望的生活結果（life outcomes）加以敘述，和學校或教室的結果沒有直接關聯。換言之，這個靶子不在學校情境之內，而是在學生完成學業後，在其餘的生命期間去完成的，例如自我實現、倫理性格、公民責任等都是。

2. **課程目的**（curriculum goals）：指學校的結果，可以用來代表某一學校或整個學校系統的目的。一般言之，課程目的是長程的，不是教室教學之內可以立即評估的。例如文學欣賞、批判地思考或閱

讀、美國文化遺產的知識、公民事務的興趣都屬之。

3. **課程目標** (curriculum objectives)：指教室教學最切近特殊的結果。一般言之，課程目標在每日運作的課程中發現，可以立即評估其達成程度。例如「學生能正確解答五題二元方程式中的四題」、「學生能由每一角度解決社會問題」、「學生能熟悉化學原理」等都是。

課程目標的層次區分，只是為了便於理解、溝通和操作，使抽象的和遠程的目的化為具體和近程的目標，易於逐步完成。課程學者賦予各層次目標一個名稱，並非意指課程目標可以明確地劃分，曰此為宗旨、彼為目的。由課程目標的層次區分所獲得的啓示是，宗旨、目的、目標是連續的，要達成高層次的目標，必須先達成低層次的目標。適切地指認達成某一高層目標須先達成的低層目標，乃成為課程發展人員的首要之務，而如何在轉化過程之中不發生錯誤，更是努力的焦點。此外，各層次的課程目標是否具有合理的順序，同層次的各目標有否重疊或遺漏，也是不可忽略的問題。

二、課程目標的水平分類

水平分類係就某一層次的所有課程目標，依其種類的異同加以分門別類，以作為課程發展的依據。課程學者相當重視此種分類方式，因此發展出來許多種分類方式。例如事實 (facts)、技能 (skills)、態度 (attitudes)；主學習 (primary learning)、副學習 (associate learning)、附學習 (concomitant learning)；求生技巧的目標 (life-skill objectives)、方法目標 (methodological objectives)、內容目標 (content objectives)；認知目標 (cognitive objectives)、技能目標(psychomotor objectives)、情意目標 (affective objectives)。 以下分別說明各種水平的分類方式。

(一) 事實、技能、態度

此種分類方式，長期以來支配着課程目標的組織和設計，雖然目前已經不流行，但一般人仍可見到或聽到。依據此種分類方式，課程目標區分為事實、技能和態度三方面的學習。所謂事實，包含了許多訊息，不管是資料、意見、概念。所謂技能係指能夠表現或實行，例如閱讀、寫作、書寫、表演、語言溝通、批判地思考等等都是。所謂態度，則指對於各種刺激來源的傾向或感受，例如喜好、趣味、需要等❻。下列三個目標是醫科學生在「藥物治療」一科中，應該學習的 (Rowntree, 1982, 47)：

1. 知道各種可能的治療方法（事實或知識）。
2. 能引發病人的期望，判斷其接受某種治療的可能性（技能）。
3. 關心病人對於癥狀和治療的觀念與感受（態度）。

事實、技能、態度三者，並非可以截然劃分。事實的學習包含了許多技能，同時也包含了對於事實或事實學習的態度。態度除指文字上所陳述者外，也包含實際行為所隱含的價值和偏好。技能所包含的可以是認知的（例如文學批評或問題解決）、心理動作的（例如彈琴）或情意的（例如心理諮商）。 由此可見，分類系統對於經驗和現象的了解、處理，頗有幫助，却難以精確的代表實際現象。

---

❻ 參見 Rowntree, 1982, 47; Zais 1976, 309; 孫邦正，民57, 176-8。

（二）主學習、副學習、附學習

比較早期，我國教育界根據克伯屈（W. H. Kilpatrick）的理論，區分課程目標為主學習、副學習、附學習三者。主學習為學習時所欲直接達成的目的，其內容可以是知識，也可以是技能或理想、態度。副學習係指相關知識或技能的學習而言，附學習則指有關的理想和態度的學習。課程設計以主學習為主要依據，但同時也注意相關知識、技能、態度的學習。教學時，如果同時注意此三方面的學習，則符合所謂的「同時學習原則」。茲以國中國文科「木蘭詩」一課為例。木蘭詩為敘事的樂府詩，旨在描述木蘭代父從軍的故事，其忠孝兩全的高尚志節及從軍十二年未被發現為女郎的趣味，貫穿全詩。本課的目標如下：

1. 認識本課的生字與新詞（主學習）。
2. 明瞭本篇的文義（主學習）。
3. 瞭解本篇的體裁與作法（主學習）。
4. 能應用本篇文字及寫作技巧撰寫敘事文（主學習）。
5. 明瞭本詩成詩的時代背景與詩中的主角（副學習）。
6. 明瞭軍隊的組織（副學習）。
7. 養成高尚的愛國情操（附學習）。
8. 養成孝親的精神（附學習）。

再以歷史科「太平天國」的單元為例，課程設計者的目標，不只是傳授學生有關太平天國的史事而已，尚在於教導學生學習有關的地理知識、宗教知識及政治技巧，並由此培養愛國家愛民族的精神，以及對於種族相處的正確態度。

主、副、附三類目標的區分,可以擴大課程設計人員及教師的視野,教育不但應該重視主要知能的傳授,同時應該注重相關知能的教學和人格的陶冶。然而這種目標區分方式,至少具有三點困難。第一點,主、副、附三種目標的用語,暗示著主學習比副學習和附學習重要,因此主學習仍為課程與教學的核心,而副學習和附學習則受到忽視。第二點,在主、副、附三種目標之下,未有進一步的細目指引,因此一般的課程發展人員和教師,不易據以撰寫良好的目標。以主學習言之,記憶及理解仍為主要的課程目標,而較高層次的目標諸如分析、綜合、評鑑等,則不多見。第三點,撰寫主、副、附三種目標時,常常使用含糊的字眼,而且多半由教師的角度出發,對於評鑑和學習過程的指引作用不大。

(三)求生技巧的目標、方法目標、內容目標

龍渠(Rowntree, 1982, 62-73)將課程目標分成三大類:求生技巧的目標、方法目標及內容目標(見圖5-1)。求生技巧的目標衍生於對社會未來需求的期望。未來的社會,將具有下列現象:兒童更為早熟,人類壽命更長,對於非技術勞力的需求較少,具有更多的休閒時間,性別角色差異減少,遭遇多種族、多文化的情境增加,需要終生的教育,更強調團隊工作以解決各種問題,知識不斷地爆發等(p.62)。基於此,課程設計人員根據下列問題,建立目標,因應未來社會需要,乃勢所必然(p.64):

1. 我們能增長兒童多少的智力?能維持其成長嗎?能教導兒童如何思考嗎?能教導他們如何學習或再學習嗎?能教導他們人類所有的求知方式嗎?能教導他們與他人共享學習成果,或以各

196　課　程　設　計

種方式與他人溝通嗎？
2. 我們能教導兒童學習下列事項嗎？ (1)在不確定和緊張之中生活；(2)避免情緒傷害和生長阻礙；(3)疏解恐懼和侵略性；(4)信任自己與他人；(5)治療自己和他人；(5)重視他人，享受生活方式的多元性，在行動中參與和奉獻。
3. 我們能教導兒童終生有用的生理技能嗎？他們能不斷地擴張這些技能、學習新的技能嗎？我們能引導學生學習各種運動和身體的動作，使其安全而有益地不斷練習嗎？

來源　　過濾　　目標的種類

社會人士對於未來需求的期望

對於學者專家從事的活動之分析

對於教材和人類知識結構的分析

學生目前的需求和興趣（顯著的和潛在的）

1 求生技巧的目標
2 方法　目標
3 內容　目標

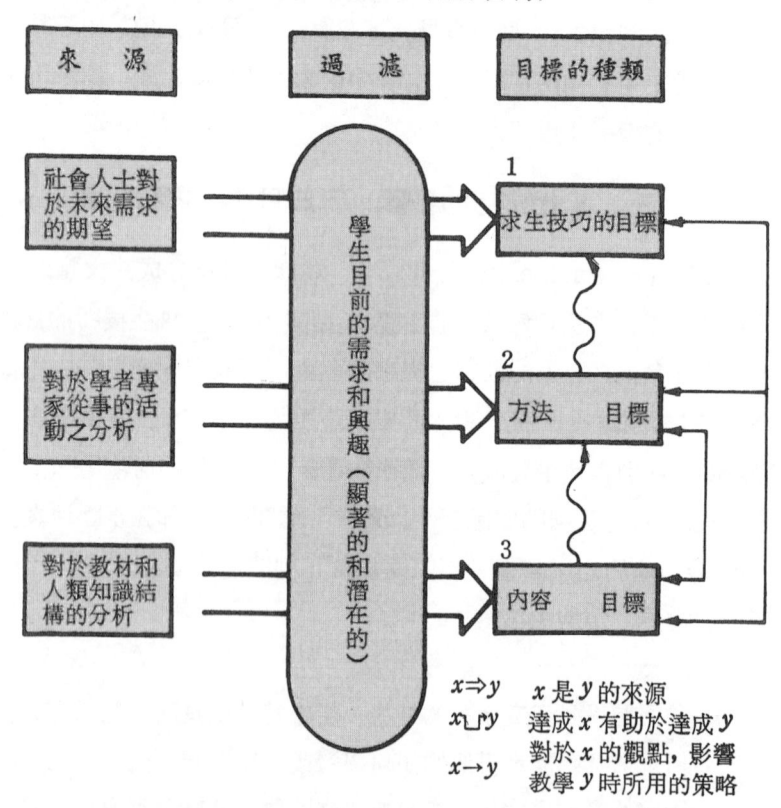

$x \Rightarrow y$　　x 是 y 的來源
$x \leftrightarrow y$　　達成 x 有助於達成 y
$x \to y$　　對於 x 的觀點，影響教學 y 時所用的策略

圖 5-1　龍渠對於目標的分類 (Rowntree, 1982, 63)

龍渠認為羅吉斯（C. Rogers）的自我實現目標，屬於情性的求生技巧目標。這個自我實現目標，分成下列八個次要目標（Rowntree, 1982, 37-8）：

1. 視自己為獨特的個體。
2. 更充分地接受自己和自己的感受。
3. 變得更有自信而且更能自主。
4. 更能成為自己希望成為的人。
5. 變得更有彈性，知覺較不僵化。
6. 為自己採取更實際的目標。
7. 變得更能接受他人。
8. 對於外在事物及自己內在的一切證據，採取更開放的態度。

在認知的求生技巧方面，龍渠舉出下列目標為代表（Rowntree, 1982, 7）：學生能在其興趣領域中一一主動地尋找問題，界定問題，尋找一個以上的問題解決途徑，指出相關資料的來源，排除無關資料，區別事實和意見，指出有待進一步研究的問題，等待資料充足後始作成判斷。

所謂方法目標，係指各個學科專門的探究模式和求知方式。不同學科具有不同的研究方法，對於經驗具有不同的反應型式，對於真理和證明採用不同的規準，也有解釋和判斷的不同模式，這些均可由不同角度促進心靈的成長（Rowntree, 1982, 66）。龍渠根據歷史學者的探究方法，寫出如下的方法目標（Rowntree, 1982, 67）：

1. 區別一手資料和二手資料的例子。
2. 提出各種史料可能的一手資料來源。

3. 依照可信度的高低排列各種一手資料。
4. 提出適當的問題以確定各種史料的用途。
5. 區別由史料作成的有效推論和無效推論。

學生除了需要求生技巧及探究方法外，尚需要學習的內容。所謂內容目標，係指學生在其學科領域內，須能認識和解釋構成學科實質內容的概念、通則和原則。此種目標可自有關學科的結構中檢視而得，也可由學生提出來 (Rowntree, 1982, 71)。

龍渠的目標分類，最大特色在於求生技巧的目標和方法目標。前者基於未來學 (futurology) 的觀點，就未來社會的可能需求，建立課程目標；後者則自學科的探究方法，擬訂目標，這兩者都是課程設計人員經常忽視的。但是這種目標分類方式，也有其困難。如同龍渠本人所承認的，方法目標和求生技巧目標並非完全割離的。如果方法目標不也是求生技巧的目標，何以能夠持續存在於課程之中？實際上，二者可以合併為歷程目標 (process objectives)。再者，方法目標和內容目標分離為二，也相當獨特。將學科探究方法，自實質內容分離出來，是否實際呢？

（四）認知、技能、情意

1948年，美國心理學會在波士頓 (Boston) 召開會議，與會者在一個非正式集會中，均覺得發展一個理論架構，以促進測驗人員彼此的溝通，探討考試及其與教育的關係，是十分重要的。這一個理論架構最好是教育目標分類系統，因為它是課程發展和測驗編製的基礎，也是許多教育研究的起點 (Bloom et al., 1956)。這項非正式的集會，每年不斷召開，經過各方人士辛勤耕耘，認知領域的目標分類

法首先誕生，時為1956年（Bloom et al., 1956）。1964年，情意領域的目標分類法也出版了（Krathwohl et al., 1964）。1972年，辛普孫（Simpson, 1972）和哈樓（Harrow, 1972）分別發表了技能領域的目標分類法。教育目標的三大領域——認知、情意、技能，於焉分類完成。

布魯姆等人（Bloom et al., 1956）認為人類的能力多半可以分為認知、情意、技能三大領域，課程與教學的設計亦脫離不了這三大範圍。認知領域的目標，強調心智工作的學習，例如說出美國前五任總統的姓名，寫出一篇說明文，知道代數問題的解法等都是。認知領域的目標，又可分成六個層次，每一層次均有其心智功能（參見表5-1）：

1. 知識（記憶）：回憶特殊事實、方法、規準、原理原則等。
2. 理解：了解某一現象，而能轉譯、解釋或推理。
3. 應用：將通則用到特殊情境之中。
4. 分析：將溝通的訊息所包含的成分或元素，加以排列。
5. 綜合：將未有組織的元素安排或合併為有組織的整體。
6. 評鑑：依照所選擇的規準，評估材料、方法等等。

認知領域六大目標層次之下，尚可區分出許多次級層次，例如，理解層次再區分為轉譯、解釋、推理三個小層次。每個小層次的意義及撰寫目標可用的動詞和受詞，均列於表5-1之中，很容易利用來撰寫課程目標。例如國文科的課程目標之中，有文字轉譯的部份，可以結合「翻譯」和「文字」，寫出下列目標——能將文言文翻譯成白話文。茲將六層次的目標分別舉例如下：

1. 認識遺傳學所用的因子符號（知識）。

表 5-1　認知領域的目標分類[7]

分類	簡釋	動詞舉例	受詞舉例
1.00 知識	重在知識的回憶		
1.10 特殊的知識	特殊或片斷資料之回憶		
1.11 名詞的知識	名稱或符號	界說、分辨、獲得知識、回憶、再認	字彙、名詞、意義、定義、要素
1.12 事實的知識	人、地、事、時的知識	回憶、再認、獲得知識	事實、來源、名字、時間、地方、性質、例證、現象
1.20 處理方法的知識	知識的組織、研究、判斷和批評的方法，所要求的是了解材料而非應用材料		
1.21 習慣的知識	處理或表達事象的一貫方法	回憶、認識、獲得、再認	形式、習俗、用法、規則、方法、符號、型式、格式
1.22 趨勢和次序的知識	時間、過程、方向等知識	同上	活動、過程、運動、發展、趨勢、程序、原因、結果、關係、影響
1.23 分類的知識	將學科中所有現象分門別類的知識	同上	範圍、類型、種類、分類
1.24 規準的知識	用以測量或評判事物的規準，重在獲得這些知識，而非運用這些規準	同上	標準、基礎、要素
1.25 方法的知識	研究問題或現象的方法。重在具有方法之知識，而非應用此方法的能力	同上	方法、技術、步驟、用法、途徑
1.30 普遍和抽象的知識	組織現象和概念的知識，多屬學說和理論，為最抽象、複雜的知識		
1.31 原理原則的知識	對原理原則之認識，能夠想及這些原理原則	同上	原則、法則、見解、規則
1.32 理論和結構的知識	認識原理原則的組合及其中之關係	同上	學說、關係、結構、組織

[7] 本表係依據方炳林（民64）修訂而成，另參見 Bloom et al., 1956; 黃光雄等，民72a; 張思全，民57。

(表 5-1 續)

2.00 理解	是理解能力中最低的一級，只是用以溝通意見，無須應用其他材料洞矚全局			
2.10 轉譯	忠實正確地以語文或其他形式轉換為另一種形式	翻譯、轉譯、用自己的話說明、改變、重述	意義、例子、定義、文字、片語	
2.20 解釋	重新組織，或具有新安排、新見解	解釋、重排、重組、分化、分辨、製作、繪製、說明	關係、要素、結論、新見解、方法、學說	
2.30 推理	根據資料，推定其趨勢或傾向	估計、分化、決定、推論、引申	結果、應用、結論、因素、意義、效果、可能、流派	
3.00 應用	將抽象的學說、原則，應用於具體的情境	應用、歸納、選擇、發展、組織、使用、轉譯、重組	原則、法則、結論、方法、學說、情境、過程、現象、步驟	
4.00 分析	分析溝通訊息的元素或部分，使之更為清晰			
4.10 元素的分析	分析構成文章或意見的成分	分辨、發現、認識、分類、推演、再認	要素、假設、結論、敘述、論據事項	
4.20 關係的分析	分析各元素之間的關係	分析、對比、比較、分別、推論	關係、證據、論證、因果、一致性	
4.30 組織原則的分析	分析組織和結構的原則、目的、觀點等	分析、分別、推論、發現	形式、目的、見解、結構、組織、安排	
5.00 綜合	把某些元素或部份組成以前未有的整體			
5.10 溝通	使他人明白自己的意思、情感或經驗	書寫、告訴、產生、建造、改變、證明	結構、類型、成果、工作、設計、力量	
5.20 計劃或建議	發展一套計劃或實施建議	建議、計劃、產生、設計、改變	計劃、目標、方法、綱要、解答	
5.30 抽象關係之衍生	以抽象的關係說明個別資料或現象	產生、發展、混合、組織、形成、改變	現象、分類、觀念、學說、關係、概括、假設、方法、發現	
6.00 評鑑	對意見、作品、問題解決方法以及材料等價值之判斷			
6.10 內在標準之判斷	根據邏輯的正確性、一致性及其他內在規準判斷	判斷、評估、決定	正確性、一致性、謬誤、可靠性、精確	
6.20 外在標準之判斷	根據所選擇的或所記憶的規準評鑑	判斷、證明、考慮、比較、品定、標準化	結果、方法、有效性、經濟、可能、活動過程、標準、學說	

2. 用自己的話說明光合作用的意義（理解）。
3. 能將其他報告的名詞或概念，應用到自己的報告中（應用）。
4. 能比較說明文和記敘文寫法的異同（分析）。
5. 能設計實驗以考驗植物生長的假設（綜合）。
6. 能指出論證中的邏輯錯誤（評鑑）。

情意領域目標強調個人對於人事物的感覺、情緒、態度、興趣、鑑賞等方面的學習，例如自願閱讀小說，欣賞印象派的繪畫、喜愛整潔的環境等等。這個領域，根據個人將價值內化（internalized）的程度，分成五個階層（見表 5-2）：

1. 接受：感覺到某種現象的存在。
2. 反應：主動地注意某一現象，覺得有趣，但並不致力於信守或奉獻。
3. 重視：知覺到某一現象中存在的價值。
4. 組織：將價值安排成為有組織的系統。
5. 品格形成：將組織層次對於價值的內化，提升至人生哲學的層次。

表 5-2 同時呈現了這五個層次下面的次級層次，例如「接受」之下，包含了「覺知」、「願意接受」、「選擇注意」。表中的動詞和受詞舉例，可為撰寫目標的參考。茲舉五個目標為例：

1. 直接交談時能注意對方的談話（接受）。
2. 能服從各種運動規則（反應）。
3. 信仰理性的力量及實驗的方法（重視）。

表 5-2 情意領域的目標分類(一)[8]

分類		簡釋	動詞舉例	受詞舉例
1.0	接受	感覺現象或刺激物而接受之		
1.1	覺知	感覺到現象或事物之存在	分化、分開	景象、聲音、事件、事物
1.2	願意接受	願意對刺激注意但未加判斷	積聚、選擇、混合、接受	模型、例證、形狀、大小、度量、韻律
1.3	選擇注意	控制注意力，區別刺激並選擇其喜愛者	選擇、反應、傾聽、控制	機會、回答、節奏、細微差異（色彩意味、感情等的）
2.0	反應	不但有足夠興趣，而且積極注意，向刺激反應		
2.1	勉強反應	屬於被動的或符合的反應	同意、順從、稱讚、贊許	方向、教學、法律、政策、情感之流露
2.2	願意反應	出於自己願意、自動合作的反應	自願、討論、練習、表演	樂器、比賽、戲劇、字謎、演出
2.3	樂意反應	反應會產生愉快、興趣而增加反應	稱讚、喝采、消遣、增加	講演、遊戲、文字、演出
3.0	重視	將現象、事物或行為的價值內在化		
3.1	接受價值	接受現象、行為或事物的價值	增加熟練的測量、增加數量、放棄	團體份子、藝術作品、音樂作品、個人友誼
3.2	愛好價值	對某一價值具有信心而尋覓之、追求之	幫助、支持、補助、協助	藝術家、計畫、見解、議論
3.3	堅信價值	完全肯定某一價值，會表現出相當的行為更會說服他人接受。	辯論、反對、否認	欺騙、不合理、棄權、不相干的事物
4.0	組織	將價值組成系統，區別價值的意義，確定價值的關係		
4.1	價值的概念化	以口頭或文字概括價值	討論、節錄、比較、推理	變數標準、目標、法規
4.2	價值系統的組成	將複雜的價值組成調和一致的系統	平衡、組織、以公式表示、界說	系統、方法、標準、限制

[8] 本表也是參考方炳林（民64）修訂而成，另參見 Krathwohl et al., 1964; 黃光雄等，民72b; 張思全，民67。

(表 5-2 續)

5.0	品格的形成	是個人立身處事具有一致的方向		
5.1	一般的態度	根據一致價值系統行為處事	修正、改變、完成、需要	計畫、行為、方法、努力
5.2	個性的完成	德育的最高峯，具有內部一致之態度與信仰	由同伴高估（評）、由長者高估、由下屬高估	人道博愛、道德、統整、成熟

4. 依照大衆福利的標準而非狹隘的利益團體的利益，權衡各種社會政策（組織）。
5. 隨時準備依照新證據修正自己的判斷和行為（品格形成）。

技能領域的目標，強調心理及動作聯合的學習，以發展操作或動作的技巧。例如，能正確地操作電鋸，每分鐘能打九十個英文字，投籃十次能投中八次等。技能領域的目標，有許多種分類方式（見表 5-3）。拉格斯蝶（G.E. Ragsdale）認為技能活動包含三大類：物體動作的目標，在指導操作某一物體的行為；語言動作的目標，旨在記錄、接受及傳遞觀念；感覺動作的目標，旨在以動作為媒介，傳達態度、感覺和情緒。奇伯樂等人（R. J. Kibler et al.）區分技能活動為四大類：粗大的身體動作、精細的協調動作和非語言的溝通三者，均是可觀察的動作現象，而語言行為則是學習者的口頭反應。

哈樓（J. Harrow）將技能領域的活動分為六大類。反射動作是與生俱來的本能，是不隨意的。基本動作是反射動作的組合，但是在隨意動作期間使用。知覺能力包含了肌肉運動知覺及視聽觸覺的辨別和協調能力，體能包含了耐力、氣力、彈性和敏捷性，二者都有賴於學習和成熟。技巧動作包含了簡單、複合和複雜的動作技巧，以發展和創造優美的動作類型。有意的溝通包含了表情和解釋的動作，為技能的最高層次，有賴於知覺、體能和技巧動作的發展。通常課程設計

表 5-3　技能領域目標分類的四種模式 ❾

拉格斯媒 (C.E. Ragsdale)	奇伯樂等人 (R.J. Kibler et al.)	哈　　樓 (A.J. Harrow)	辛　普　孫 (E.J. Simpson)
1.物體動作 　(直接操弄某物體) 2.語言動作 　(如言語、觀看、書寫等) 3.感覺動作 　(溝通感情和態度)	1.粗大的身體動作 　(移動) 2.精細的協調動作 　(操作和視動協調) 3.非語言溝通 　(感情與態度的溝通) 4.語言行為	1.反射動作 2.基本動作 3.知覺能力 4.體能 5.技巧動作 6.有意的溝通	1.知覺(解釋) 2.準備(準備) 3.指導反應 　(學習) 4.機械練習 　(形成習慣) 5.複雜的外顯反應 　(實作) 6.適應 　(修正) 7.創作 　(創造)

人員自第三層次起，撰寫課程目標 ❿。

　　辛普孫(E.J. Simpson)的技能領域目標分類，比較普遍被教育工作者所引用。她將技能領域目標分成七類。「知覺」包含感官刺激、線索的選擇、以及轉換三部份，旨在藉感官注意物體、性質或關係。「準備」包含心理、身體和情緒三方面，旨在為某一動作而預備。「指導的反應」是指在他人指導或自我指導之下，所表現的明顯動作，包含了模仿和嘗試錯誤兩部份。「機械練習」是指反覆練習使所學的動作熟練而成為習慣。此後，個人能夠表現複雜的動作行為，

---

❾ 參見 Harrow, 1972; Simpson, 1972; Kibler et al., 1970; 黃光雄等，民72c, 19。
❿ 參見黃光雄等，民72c, 23-7。

改變動作適應新問題情境，創造新的動作型式。以下是幾個技能領域目標：

1. 能依照食譜準備食物（知覺）。
2. 固定雙手準備打字（準備）。
3. 依照示範表演舞步（指導練習）。
4. 能混合各種製作蛋糕的原料（機械反應）。
5. 能迅速地排除儀器故障（複雜的外顯行為）。
6. 能修改自己的舞蹈技巧，表演新的現代舞（適應）。
7. 能創造一套現代舞（創作）。

辛普孫的分類中，最低的兩個層次是不能觀察的行為，其次的三個層次可視為學習各種動作的程序，由此而能具有複雜的外顯反應。最後的兩個層次——適應與創作，可視為動作反應的熟練和動作類型的創造。通常課程設計人員所設計的目標，都限在最後三個層次。

技能領域的目標使用的動詞很多，例如使用、抄寫、繪製、拆除、修理、連接、操作、拆卸、組合、秤量、製造、改正、創造等等都是。

布魯姆等人的教育目標分類法，在課程設計上具有許多貢獻。第一，認知、技能、情意的目標區分，不像以往之主、副、附三種學習易為教師所誤解。認知、情意、技能三種目標並無主從之分。第二，布魯姆等人的教育目標分類，明確指明了師生教與學的領域，糾正某些教師偏重認知領域教學的缺失。第三，教育目標分類之中，每一目標領域包含許多次層目標，教師及課程設計人員不僅要重視低層目標，也要重視高層目標。例如，認知領域的目標，除了知識或記憶之外，尚有理解、應用、分析、綜合、評鑑等方面。第四，布魯姆等人

的目標分類,提示了學習及教學的大致程序。例如情意領域的目標自注意和接受起,而後及於價值的內在化及品格的形成。最後布魯姆等人的目標分類,提供了許多動詞、目標範例和評鑑方法,可以做為撰寫教學目標和實施教學評鑑的參考,對於課程設計和教學實際相當有幫助。

採用布魯姆的目標分類,應該了解其限制所在。由於此一目標分類係源於測驗和考試的領域,因此強調的是外顯、客觀、理性、邏輯的角度,而忽視了隱含、主觀、感性、詮釋的角度。在課程設計方面,偏好於閉鎖的、界定清楚的以及細步的觀點,而捨棄了開放的、自由發展的以及整體的看法。這是第一點應該注意的。

其次,布魯姆等人將教育目標分為認知、技能、情意三大領域,並不周延。戴維斯(Davis, 1976, 164-5)曾經指出,在三大領域之外,尚有幾個領域可以加進去,以使整個架構完全有用,例如心智技能、認知策略、知覺及情緒等。戴維斯認為其中情緒領域(見表 5-4)尤為重要,因為它含有極高的價值成分,而為人文學科所應重視。

第三,根據布魯姆等人的目標分類來設計課程,並不意味各類目標可以獨立存在,因而可以為之單獨地設計學習活動。事實上,認知與技能、認知與情意、技能與情意常常結合在一起,甚至於認知、情意、技能三者一點也不能分離。所以目標分類系統雖然有助於理解實際現象,却也可能令人脫離實際現象。

第四,布魯姆等人主張目標領域之內,各類目標具有層級關係,例如理解高於知識(記憶),應用又高於知識和理解,至於分析綜合則又高於應用,其實並不盡然。試以文學批評言之。文學批評者可謂擔任評鑑角色,屬於布魯姆認知領域的最高層次,但是文學界人士並不認為文學批評者的工作層次,高於在綜合層次工作的作家和詩人(產

表 5-4 情緒領域的目標分類㈡ (Davis, 1976, 165)

層次	類別	細目
1.0	醒覺 (arousal)	1.1 刺激 (stimulation) 1.2 興奮 (excitement)
2.0	感情 (feeling)	2.1 苦惱 (distress) 2.2 愉快 (delight)
3.0	不快 (displeasure)	3.1 害怕 (fear) 3.2 厭惡 (disgust) 3.3 生氣 (anger)
4.0	快樂 (pleasure)	4.1 喜愛 (affection) 4.2 熱心 (enthusiasm) 4.3 羨慕 (jealousy) 4.4 愛 (love)
5.0	實現 (accomplishment)	5.1 欣喜 (joy) 得意 (elation) 5.3 滿足 (fulfillment) 5.4 狂喜 (ecstacy)

生獨特的溝通訊息)。再試以數學言之,分析和綜合在數學領域之內,立於同等地位,而且在這個領域內很難指認出可以稱為評鑑的活動。

第五,布魯姆的目標分類假定高層次目標的學習,必須植基於低層次目標,卽評鑑、綜合、分析、應用、理解一定都要包含知識。但是實際上,評鑑、綜合、分析、應用、知識等層次,也必須都包含理解才是。因此,將各領域內的目標視爲具有高低複雜度的層次,不如將它們視爲平行的範疇(見圖 5-2B)。如此, 則有理解的知識應用的知識、分析的知識等,如果某一科目的各領域知識不同,則會有圖 5-2C 的情形。

第六,也有人懷疑布魯姆等人的分類是否爲眞正的分類。認知、情意和技能(辛普孫和哈樓的分類)三者各自所包含的,似乎都是具有不同複雜度或強度的連續體。就情意和技能領域的分類而言,只有後面兩三個層次才是一般課程設計的重點,較低層次目標對於課程設計的意義不大。 至於認知領域目標的應用、分析、綜合、 評鑑等層次,常常難以區分清楚,所以有些課程發展人員或測驗編製者,乾脆以「較高層次能力」或「批判思考能力」替代之。如此一來,創造力及問題解決能力等,也可納入目標分類系統之中。

最後,就教與學的順序而言,布魯姆等人有意要師生的教與學,遵照由低層次而至高層次目標的程序, 但是實際的學習順序未必如此。以情意目標的學習爲例,學生可能先有價值判斷,而後始接受或注意某些事物,而非先注意或接受某些事物,再作成價值判斷。

不論如何,布魯姆等人的教育目標分類,對於教育的理論和實際具有重大的貢獻,其影響力也頗爲深遠。在目前有些教師及課程設計人員僅僅注重知識記憶的時候,布魯姆等人的目標分類便顯得格外可貴。

210　課程設計

A. 傳統的認知目標分類法

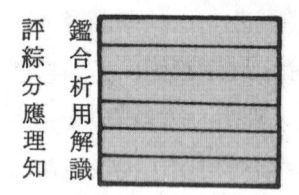

評　鑑
綜　合
分　析
應　用
理　解
知　識

B. 平行的認知目標分類法

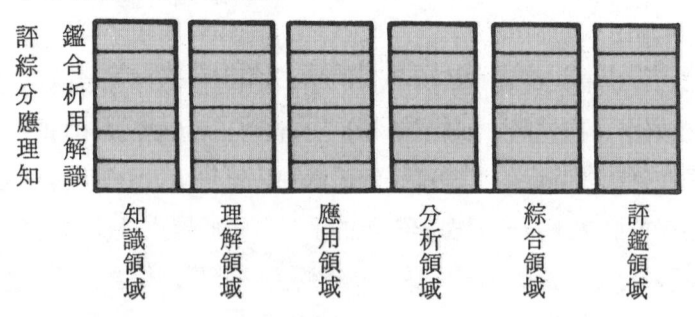

評　鑑
綜　合
分　析
應　用
理　解
知　識

知識領域　理解領域　應用領域　分析領域　綜合領域　評鑑領域

C. 課程側面圖（假想的科目）

評　鑑
綜　合
分　析
應　用
理　解
知　識

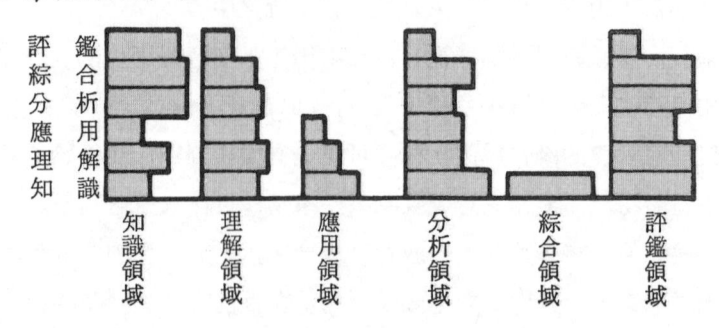

知識領域　理解領域　應用領域　分析領域　綜合領域　評鑑領域

圖 5-2　認知領域目標分類的重組

第三節 課程目標的分析

課程目標的分類,有助於教育人員彼此間的溝通,並能提醒教育人員檢視各類課程目標,以免顧此失彼。課程目標的分析,則在尋找各種可能的目標,並從其中選擇適切者,作為課程設計及教學實施的依據。自從「課程」成為專門的研究領域以來,目標的系統分析受到廣泛重視,許多教育學者均提出其建立目標的方法與程序,其中巴比特(F. Bobbitt)、查特斯(W. W. Charters)、詹孫(I. Johnson)、泰勒(R. Tyler)、葛聶(R. M. Gagné)、戴維斯(I. K. Davis)、薛勒等人(J. G. Saylor et al.),尤為巨擘,足堪重視。

一、巴比特、查斯特、詹孫

巴比特、查特斯和詹孫三人對於課程目標的分析,頗為類似。巴比特的方法稱為活動分析(activity analysis),查特斯的方法稱為工作分析(job analysis),詹孫則視活動分析法為概括的名詞,包含了行為分析(conduct analysis)和工作分析(job analysis)兩項。此三人均主張課程目標應自社會活動之中尋找,其分析方法純然是社會導向的。

(一)巴比特的活動分析

活動分析是巴比特用以編製課程的方法,透過這個方法,可以發現課程目標。巴比特所依據的假定不外下列四點(黃政傑 民71,41):

1. 社會為既存體，教育乃是為了準備個人有效地參與社會活動而存在的。
2. 人類在社會中生活，總不外在履行某些活動，這些活動只要運用科學方法加以分析，便可以發現。
3. 人類從事各種活動所需具備的能力，便是教育的目標。
4. 教育目標應由社會找尋，教育是社會的代理機構。

根據這些假定，巴比特的課程設計工作，最重要的在提供學校完整而明確的目標，其目標建立的步驟有四：

1. 人類經驗的分析：這項分析旨在發現人類活動的主要領域。巴比特認為課程設計人員應該進入人類生活中，去發現人類活動由那些部分組成。這項工作，亦可稱為「人類生活領域的分析」，是客觀的、科學的，與一般人不作此分析即肯定讀、寫、算為必要的課程目標，是有所差異的。經由此項分析，巴比特發現人類生活的十大領域：語言活動、健康活動、公民活動、休閒活動、社交活動、宗教活動、親職活動、維持心理健康的活動、非職業性的實用活動及個人的職業活動等。
2. 特殊活動或特殊工作的分析：人類活動領域發現後，應該進一步分析每一主要領域所包含的特殊活動或工作。這項分析，首先要找出各領域內幾個大的活動單位，其次將大單位分析為較小單位，一直到發現可以履行的特殊活動為止。
3. 課程目標的衍生：人類活動分析至眾多微細的單位以後，履行這些小而明確的活動所須具備的能力，自然顯現出來。這些能力的達成，便是課程目標。
4. 課程目標的選擇：課程目標一經發現，並非完全納入學校教育

領域，由學校獨立完成。巴比特認為，只有那些十分複雜的能力，無法經由正常生活歷程充分發展的，才納入系統教育之內。

表 5-5 非專門性的實際活動 (Bobbitt, 1924, 28-9)

編號	目　　　　　　　　　　　　　　　標
801	能使用各種測量工具測量長度、面積、容量、重量、時間、溫度、音量、價值、比重等等。
802	能研磨、調整、清洗、潤滑、更換損壞的零件，維護家用及花園的工具與機械。
803	能修理、調整、增建房屋及其設備。
804	能修理、調整及製造家俱及其他器材。
805	能明智地參與房子最初的規劃。
806	能操作家庭設備。
807	能維持房子、房地及設備的清潔與衛生。
808	能維持房子的良好狀況。
809	能注意及操作家庭電器，並能做簡單的修理、調整、或更換。
810	能預防家庭火災。
811	能實行照料花園和房地有關的工作。
812	能照料寵物和其他動物。
813	能從事旅行和戶外生活有關的各種活動。
814	能明智地選擇大衣。
815	能設計、選擇材料、製作及修改衣服。
816	能注意個人衣着。
817	能洗滌衣服及從事其他清潔工作。
818	能從事有關提供家庭膳食的各種活動。
819	能從事幾項適當照料他人的活動。
820	能在藝術領域中從事生產、創造或詮釋的業餘工作。
821	能從事個人及家庭事務有關的簡單商業工作。

巴比特採用上述程序,「發現」人生活動十大領域的課程目標,共計一九六項, 其中之非專門性實際活動, 包含廿一個目標, 如表5-5。

(二) 查特斯的工作分析

查特斯雖然採用「工作分析」一詞,但其做法和巴比特的「活動分析」十分類似,人類活動的分析均是課程發展的第一步。查特斯的工作是先去發現「應該做什麼」,再考慮「如何做」,他的課程編製程序如下 (Charters, 1923, 25-6):

1. 研究社會中人類的生活,決定主要的教育目標。
2. 確定構成主要目標的理想 (ideals) 和活動 (activities)。
3. 繼續分析,直至工作的單位 (working units) 出現。這些單位最好是學生可以直接從事,不須他人協助的。
4. 依照重要程度,排列理想和活動的順序。
5. 依照理想和活動對於孩童價值的高低,重新調整順序。
6. 確定那些理想和活動適合於學校內學習,那些則適合於校外學習。
7. 收集教導理想和活動最好的方法。
8. 按照兒童心理特質和材料的組織,安排適當的教學程序。

查特斯認為, 教育目標應該包含理想和活動,缺少其一, 均無法據以編製優良的課程。即使理想相同, 課程也可能會有差異, 因為課程不單衍生於理想,尚衍生於活動。所以, 教育系統中必須建立諸如純潔、虔誠、社會效率 (social efficiency) 等理想,但是決定課程之際, 尚須明瞭這些理想所要影響和控制的活動、問題、 思想或需

求。例如「虔誠」素為教育工作者所關心,但虔誠的木匠和虔誠的醫生所需要的課程,顯然因其所從事的活動或所遭遇的問題,而有所不同(Charters, 1923, 5-11)。

(三)詹孫的行為分析與工作分析

詹孫認為課程設計的活動分析有兩種,一是行為分析,二是工作分析(趙廷為,民18)。所謂行為分析,是將範圍很廣的活動,析出其所由組成的特殊活動;所謂工作分析,係指進一步將特殊活動的組成元素尋找出來,並發現履行此活動的方法與標準。人類所有經驗的分析或是公民活動的分析,均屬於行為分析,因為其目的僅在發現所由組成的活動。但是,機械的運用或演講等活動的分析,則為工作分析,因其非但要指出較小的動作單位,也要發現優良動作所需要具備的方法、態度、知識、技能。

詹孫認為一般的教育目標,常常是曖昧而不易捉摸的,例如適應和效率兩者都是。行為分析的使用,首先需要決定及詳述各種需要適應和效率的人類經驗。例如,就效率而言,其所由表現的特殊經驗有公民效率、身體效率、語言效率、家長效率等。其次,再分析需要有效率的各種活動所由組成的動作,則效率的意義更加清楚。分析至此,詹孫認為課程設計者已經獲得幾百個有用的具體目標,可以據以選擇課程內的活動與經驗了。

詹孫認為,行為分析之外必須再有工作分析,進一步地也更精密地發現活動的主要部分和所需的特殊能力,例如使用機械和演說所需的特殊能力是什麼,有賴於工作分析去界定。工作分析可以顯示優良動作的方法、標準、品性或態度。簡言之,工作分析的主要目的,乃在發現教材,使目的與教材之間沒有罅隙存在,解除過去盲目選材的

缺點。

總括言之,巴比特和查特斯分別採用活動分析和工作分析二種方法,分析課程目標,二人均以社會活動為導向,分析的程序均以大社會之大活動領域為始,逐步尋找更細小具體之目標。詹孫繼巴比特和查特斯之後,將活動分析分為行為分析和工作分析兩個階段,使分析的步驟更為清晰,但其觀點並無太多創意。

二、泰 勒

泰勒(Tyler, 1949)在「課程與教學的基本原理」一書中,主張教育目標是選擇教材、列舉內容、發展教學程序、以及準備測驗和考試的標準。因此,他將課程目標的尋找,列為課程發展工作的第一步。但是,課程設計人員又如何去尋找目標呢?泰勒認為課程目標的來源不外三個途徑,或者說,可以由三個方向去尋找:學習者本身、當代校外生活、學科專家的建議(參見第四章圖 4-1)。

(一)對於學習者的研究

首先就「學習者本身」而言。泰勒認為教育是改變人類行為方式的過程,教育目標是教育機構希望學生產生的種種行為變化;而研究「學習者本身」,則旨在發現教育機構希望學生的行為方式必須產生什麼變化。泰勒認為由學習者可以了解其「需要」和「興趣」,由此衍生課程的目標。學習者的需要具有兩種意義,一由「差距」、一由「不平衡狀態」所形成。如果課程設計者發現學習者在某方面的現況,將它與某種理想標準或可接受的常模比較,從而發現其中的差距,這個差距便是需要,成為課程設計人員的目標。例如學童的健康

檢查結果,與理想的健康狀態比較,如果顯示營養不足、健康欠佳,此種差距便可能提供健康教育及社會科教學努力的目標。

第二種需要源於有機體內部的緊張狀態。人類是有機體,其內在力量與外在條件之間,經常維持著平衡的狀態。但是有機體的能量系統如果有所缺乏,有機體便產生緊張狀態,其內在力量與外在條件間便產生不平衡。因此,不平衡代表有機體的需要,有待滿足。這種需要可以分成生理需要(如食、飲、性等)、社交需要(如情愛、歸屬、尊重等)、統合需要(如與超越自我的某物相聯等)。從事此種需要的調查工作,首在發現未經滿足的種種需要,次在指出學校在協助學習者滿足需要時,所能扮演的角色。

泰勒認為有關學習者的研究,尚可調查學生的興趣。以學習者興趣作為訂定課程目標的基礎,旨在引導學生主動、積極的努力,而非使教學停留在當時有趣的事物而已。泰勒曾舉兒童常問的科學問題、兒童的閱讀興趣及遊戲運動興趣等研究為例,說明學習者興趣的研究必須能涵蓋生活的各個領域。

(二) 對於當代生活的研究

其次,就「當代校外生活」而言。泰勒認為從當代校外生活尋找課程目標,主要原因是知識大量增加,學校無法將教學者視為重要的事物都包含在課程之內,乃詢問「何種知識最有價值」的問題,從而剖析知識的時代性與社會意義,探究當代社會生活,作為課程設計的基礎。由當代校外生活尋找目標的主要論點,在於當代生活十分複雜而且繼續變化,教育的重點必須着眼於此一生活的重要部門。以免白白浪費學生的時間;而且,學習情境如果接近生活情境,加上練習機會的提供, 更可促進學習遷移, 使學生能應用其所學於生活情境之

中。由當代生活去尋找目標，常遭受批評，例如，當代人如此生活不代表學習者即應如此生活；培養學生適應今日生活並不意味其可應付未來生活；當代生活多半為成人從事的活動，學生不一定關心。但是泰勒認為這些批評，只有在採用當代生活為決定目標的唯一依據時，才屬有效。

如同巴比特和查特斯的觀點一樣，泰勒認為研究校外生活時，必須先把生活分成幾個實用和重要的領域，例如健康生活、家庭生活、休閒生活、職業生活、宗教生活、消費生活、公民生活等。然後，在每一生活領域中，獲取可能對課程目標具有啟示性的資料，設想教育如何協助學習者更有效地從事生活領域內的各種活動，並改正生活上的各種缺陷。泰勒也主張調查某一社羣的生活，發現其習俗、問題、價值、概念等等，由此衍生團體的教育目標，例如印第安人的學校課程，便可由主要部落的種種調查獲取目標。此外，影響某社區人民生活的種種因素，諸如天然資源、人口變化及社會變遷趨向等，也可加以了解，從而衍生課程目標。

（三）學科專家的建議

最後，就「學科專家的建議」而言。泰勒認為學科專家的建議，是各級學校最常用的目標來源，因為各級學校的教科書通常由學科專家所撰寫，大致反映他們的觀點。泰勒指出，學科專家所問的問題泰半為：「對於預備在某一領域內從事高深研究的學生，應該提供其何種基本的教學？」結果他們擬訂出來的目標，經常是太過專門而不適合大多數學生。學科專家應該問的是：「本學科對於不想成為學科專家的學生有何貢獻？」「本學科對於外行人或一般人士有何貢獻？」學科專家者能回答這些問題，對課程設計才會有重大的貢獻。

學科專家所列舉的目標,多半不太具體,他們往往先列出學科的重要概念,再指出該科如何促進通才教育的目的。泰勒認為要由學科專家的報告中獲取目標,必須經由學科專家的兩種建議:(1)某一學科所能發揮的主要功能;(2)某一學科在主要功能外可能的其他貢獻。例如英語的教育功能有三: 一是發展有效的溝通, 二是促進有效的表達,三是澄清個人的思考。又如科學不但有助於健康的促進、天然資源的使用保存,也可以提供令人滿意的世界觀,了解人、世界、更大宇宙及三者之間的關係。基於此,可以推論有關英語和科學的重要目標為——知識、態度、興趣、解決問題的能力等。

學科專家的第二種建議是, 某一學科在其主要功能外的其他貢獻。例如,科學在個人生活方面,可以促進個人健康、廣泛的興趣、審美的滿足等;就個人與社會的關係而言,科學可以協助學生適應家庭生活,維持其與他人的良好關係、滿足其兩性同儕間成功而又逐漸成熟的關係。

(四)兩道過濾網——哲學與心理學

由學習者的研究、當代生活的探討和學科專家的建議所獲得的目標,遠超過學校教育部門所能處理的容量,而且,不同來源的目標可能互相衝突,其重要程度也不一致。基於此,採用某些規準,排除不一致或不重要的目標,乃勢所必然,而「哲學」和「學習心理學」二者,則是泰勒據以過濾目標的規準。

學校所揭櫫的教育哲學和社會哲學, 是泰勒使用的第一道過濾網。例如學校如果堅持民主社會的教育哲學,則必強調眾生平等、廣泛參與、多型態人格及信賴智慧以處事等民主價值。這些民主價值不但成為學校希望達成的理想,而且也成為過濾其他目標的依據,凡是

符合這些價值者始准予納入課程之內。

然而學校哲學的形成，常常必須先解決許多矛盾。例如學校旨在培養學生適應社會或改革社會？應該着重物質的價值或精神的價值？學校應該提供不同的教育給予不同階層的社會成員嗎？公立學校的教育目的應偏於通才教育或職業教育呢？民主的概念只能應用在政治領域，還是可以廣泛應用於經濟、家庭及職業等等領域呢？

解決上述的矛盾之後，泰勒認爲應該寫出學校哲學的重點和涵義，始克據以檢視由各個來源所獲得的目標。

「學習心理學」是泰勒所安排的第二道過濾網。學習心理學的知識，可以協助課程發展人員選擇適當的學習歷程，促進學生的行爲改變，因爲學習歷程常因學習目標不同而須有所改變，此其一。學習心理學的知識，也有助於確定在某一年齡階段，那些目標可能達成，那些目標必須多花時間，那些則絕無達成的可能，此其二。學習心理學所探討的學習程序和發展程序，可以做爲安排課程目標於各年級的參考，此其三。此外，學習心理學有助於了解獲得某些課程目標必須具備的先決條件，提供了「某一經驗可以同時產生多種結果」及「相互一致的學習可以彼此增強」的概念，使課程設計人員可據以擴大學習效果。

泰勒指出，利用學習心理學的知識選擇課程目標時，最好將理論上站得住脚的學習心理學要點，一一摘記下來，再據以檢視各個來源所獲得的目標，從而判斷：可能達成與否？適合某一年齡與否？符合發展程序否？先決條件具備否？可以互相增強否？從而決定某些目標應該接受或應該排斥。

泰勒的課程理論，以目標的建立爲課程發展最重要的和第一個步驟，而目標則來自於對學生和當代生活的研究，也來自於學科專家的

建議，但必須經過哲學和心理學的過濾。泰勒的三個目標來源，可謂囊括了傳統課程領域主要流派的主張，企圖令各擁追隨者和各有說辭的流派能夠折衷，這也是泰勒課程理論流行的理由。但是，仔細思考泰勒的目標三大來源，可以發現學科教材是達成目標的手段，欲由學科教材的研究辯護該教材在課程目標上的地位，殊屬不易。再就學習者的需要和當代生活的分析而言，如果沒有價值判斷，實在無法確定泰勒所說的「差距」和生活活動的適切性(desirablity)，因此，「哲學」才是泰勒課程理論最重要的目標來源，而他所宣稱的三個目標來源只是虛飾而已。但是，泰勒理論之中，對於學校哲學如何形成，個人如何使用哲學來過濾目標，並未有足夠的重視(Kliebard, 1970)。這一點是未來有待努力的方向。

三、葛聶

葛聶 (R. Gagné) 在課程目標的分析方面，並不重視目標來源的探討，而着眼於分析已知的某一目標，學生如欲達成必須具備何種先決條件或先決能力。這種先決能力的分析，層層下降，直至十分單純而且最為基本的單位出現為止。分析先決能力的方法，稱之為「任務分析」(task analysis)，而分析完成以後所產生的能力層級，稱為「學習階層」(learning hierarchy)[11]。

葛聶採用工作分析方法建立學習階層時，所問的問題是：學生為了達成某一最終的教育目標，必須先具備那些能力或先能表現那些行為？（見第一章圖1-1~1-3）假定為了達成最終目標Z，必先具備A

---

[11] 參見林清山（民66）；黃政傑（民71）；Gagné, 1965, 1970a, 1970b, 1974。

和B兩種能力，但是爲了具備A、B兩種能力，又必須先學會那些行爲表現呢？根據圖1-3所示，C、D、E又是能力A的先決條件，而F、G又是能力B的先決條件。圖中最低層由H、I至O、P等項，則爲最單純而又基本的能力單位。

葛聶認爲學習成功之道，在於具備某一學習的先決條件。學生之所以學不會能力B，不是因爲成熟度不足、年齡太小、或練習不夠，而是未具備F、G兩項能力。葛聶 (Gagné, 1970, 165) 說：

> 有些人稱「先決能力」爲學習的特定準備度 (specific readiness)，也有些人稱它爲「能够進行學習的條件」。如要保證學生能學會某些活動，最好是確定學生以往是否學會了「先決能力」。如果先決能力已經學會，我認爲學生不必重複練習，即可學會新的技能。

雖然學習先決能力的分析係由上而下，先問某學習的最終目標是什麼，再問要具備何種能力始可達成，但是，學習的時候，必須由下而上，即由學習階層的最底層開始，將基本的先決能力學會，自然而然地，上一層的能力也就會了。如此循序而上，最終目標的達成並非難事。由此可見，葛聶相信垂直的學習遷移論，課程設計與教學實施均根據此一原則。圖 5-3、圖 5-4 是依照葛聶的學習階層論，分析而成的課程目標，圖最上方的格子裏都是課程和教學的最終目標。

葛聶的目標分析，植基於行爲主義學派的觀點，融合了二次大戰期間美軍的任務分析方法[12]，在課程設計上雖然具有相當大的影響

---

[12] 二次大戰期間，美國軍方爲了有效訓練人員從事戰鬥工作，採取任務分析的方法，將受訓職位所需從事的各種任務或工作分析出來，再一一訓練及評估受訓者在每一項目上的能力。

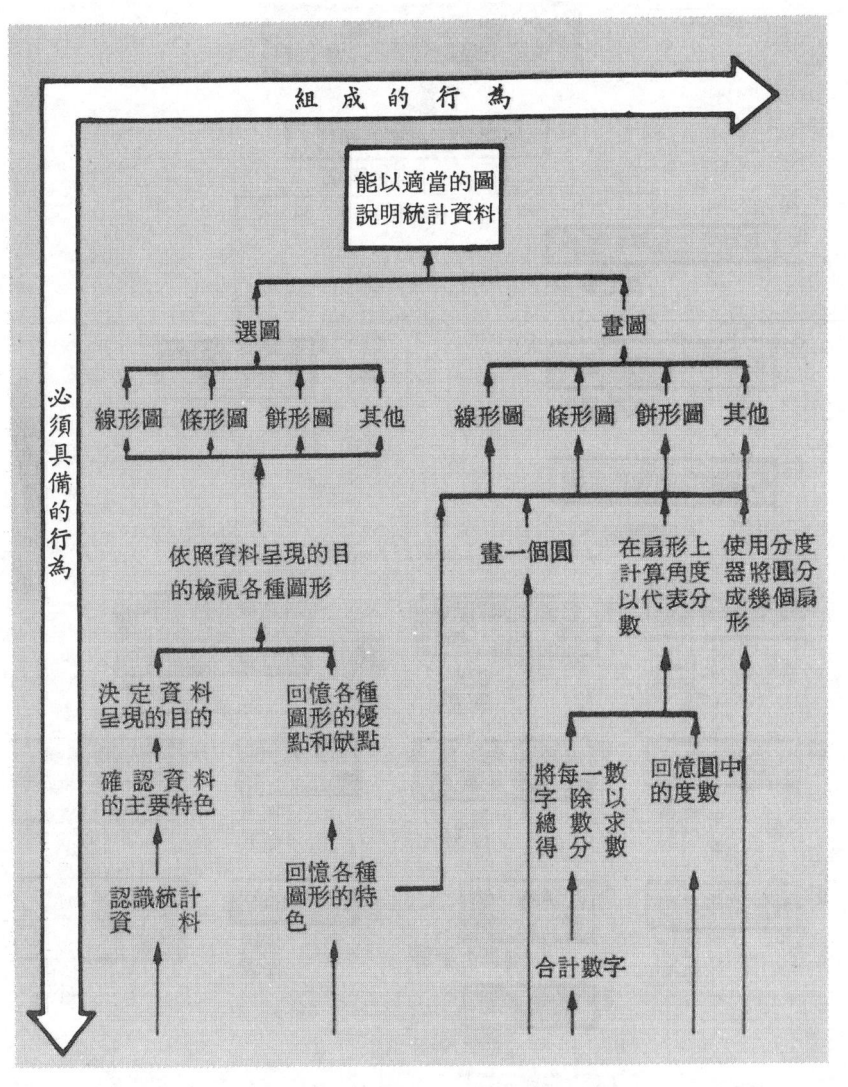

圖 5-3　一個大目標的成分分析

(Rowntree, 1982, 77)

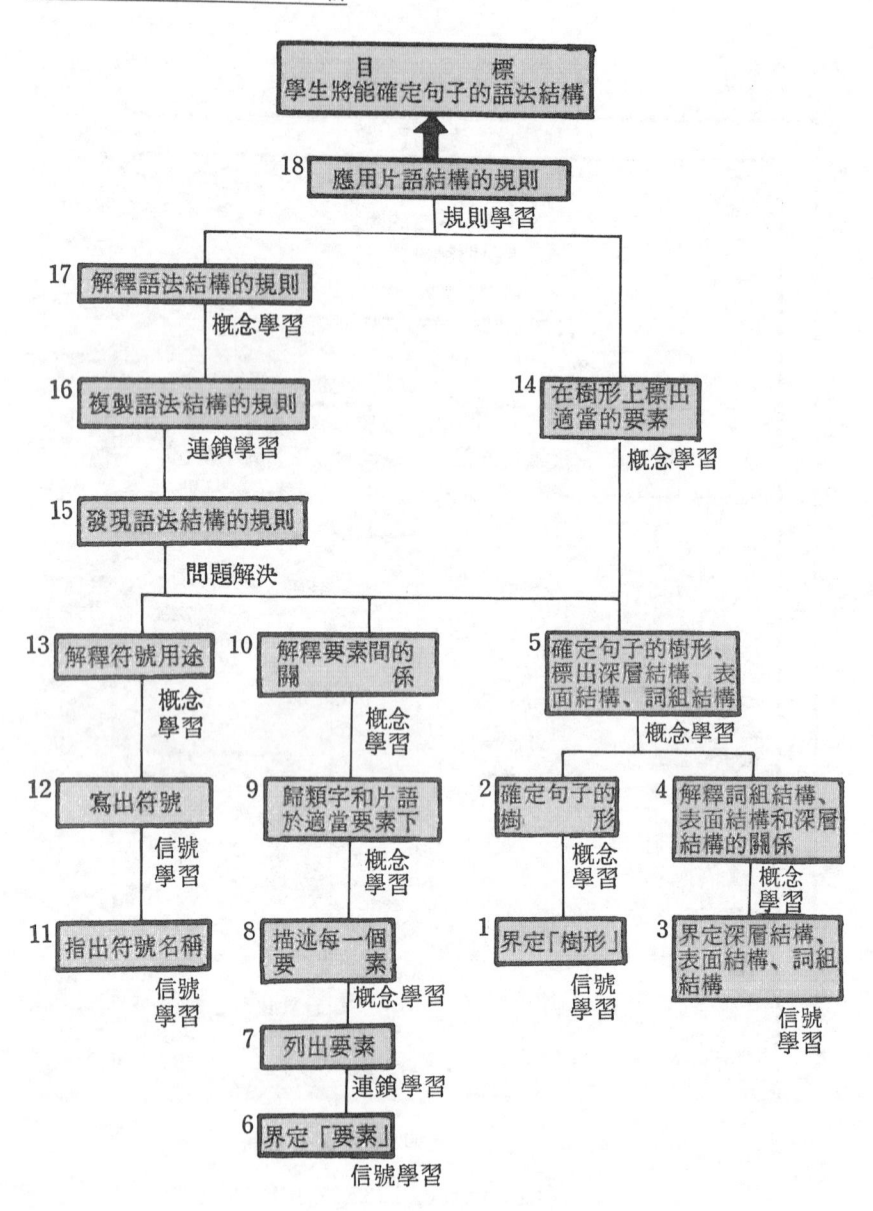

```
                    ┌─────────────────┐
                    │      目    標   │
                    │ 學生將能確定句子的│
                    │    語法結構     │
                    └────────▲────────┘
                             │
                  ┌──────────┴──────────┐
              18  │ 應用片語結構的規則  │
                  └─────────────────────┘
                         規則學習
```

17 解釋語法結構的規則
    概念學習

16 複製語法結構的規則   14 在樹形上標出
    連鎖學習   適當的要素
                                            概念學習
15 發現語法結構的規則
    問題解決

13 解釋符號用途   10 解釋要素間的   5 確定句子的樹形、
    概念學習   關　　係   標出深層結構、表
                      概念學習   面結構、詞組結構
                                          概念學習

12 寫出符號   9 歸類字和片語   2 確定句子的   4 解釋詞組結構、
    信號學習   於適當要素下   樹　　形   表面結構和深
                      概念學習   概念學習   層結構的關係
                                                       概念學習
11 指出符號名稱   8 描述每一個   1 界定「樹形」 3 界定深層結構、
    信號學習   要　　素   信號學習   表面結構、詞組
                      概念學習   結構
                                                        信號學習
                   7 列出要素
                      連鎖學習
                   6 界定「要素」
                      信號學習

圖 5-4　變換的文章構成法中一個單元的學習階層(Davis, 1976, 179)

力,但難免有其限制所在。例如強調學習成果忽視學習過程,強調部分的學習而非整體的發現,強調先決能力忽略共同原則,都是令人爭議的(林清山,民66)。

四、薛勒等人

薛勒等人(J. G. Saylor et al.)主張教育目的的達成,包含兩個方面,一是學會表現某種行為,一是發展某種個人特質(personal trait)。因此,設計任何課程方案,必先回答兩個問題(Saylor et al., 1981, 160):

1. 個人要符合教育宗旨或主要目的,必須能做些什麼?
2. 個人要符合教育宗旨或主要目的,必須成為什麼樣的人?

回答這兩個問題,則必指出所要學習的行為和所須發展的個人特質[13]。教育必須包含人性的發展,例如品行、態度、欣賞和價值等,否則,個人即使擁有工作所需的各種技能,缺乏了有效運用那些技能的人性,何能發揮什麼效用?薛勒等人曾以「協助學生成為自我引導的人」,說明其中所包含的「行為表現」和「個人特質」兩類目標 (161)。

1. 行為表現的學習

要能夠成為自我引導的人,學生必須能:

1.1 讀

1.2 寫

1.3 使用電腦

---

[13] 薛勒等人所謂的「行為表現」目標,相當於布魯姆等人的認知和技能目標,而「個人特質」則相當於情意領域的目標。

    1.4 分析資料
    1.5 綜合資料
    1.6 運用問題解決方法
    1.7 組織自己的學習經驗
2. 發展個人特質
    要成為自我引導的人，學生必須：
    2.1 相信自己能夠學習
    2.2 喜歡學習
    2.3 喜歡閱讀
    2.4 認同學習和教育的價值
    2.5 具有控制自己生活的感覺
    2.6 具有自制精神以組織和貫徹學習經驗

　　薛勒等人指出「行為表現」和「個人特質」，並不是分開學習的。「喜歡閱讀」可能源於聽父母說故事或閱讀書中的圖畫而來。行為導向的學習活動，有確切的時間和工作，例如何時學字母、拼字、造句等，都可排列出學習順序。但是個人特質的發展，沒有特定的時間，也不能細分為零碎的項目學習。例如，個人對於學習的自信，是整個人生的事，不是某時某地的學習目標而已。基於此，薛勒等人將行為表現的目標分出許多層級，例如宗旨、一般目的、領域、次層目的、目標等，但是對於個人特質的目標，却不加以細分。

　　在區分了「行為表現」和「個人特質」兩類目標後，薛勒等人提出了界定目的和目標的程序(見圖 5-5)。根據圖 5-5 所示，教育目的和目標的分析選擇，必須經歷五大程序：基本資料的搜集和教育宗旨 (purposes or aims)、一般目的 (general goals)、次層目的

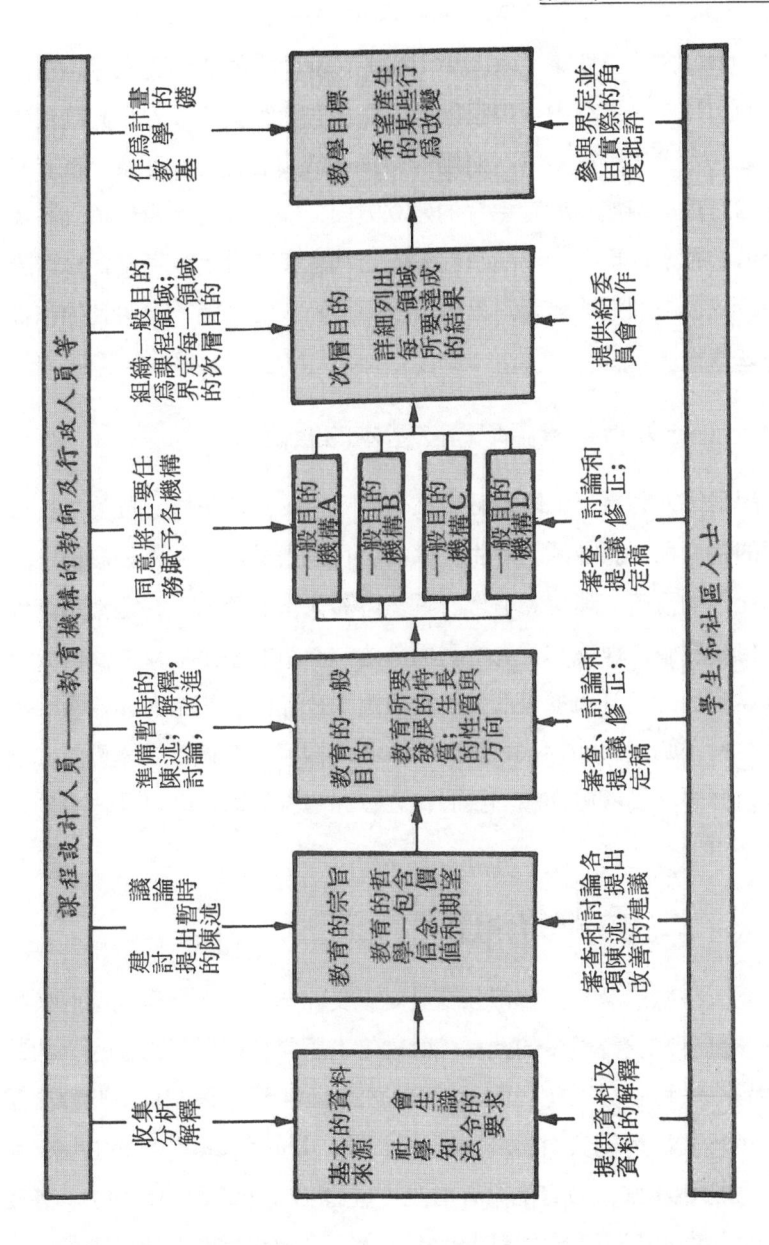

圖 5-5　界定教育機構之目的和目標的過程

(subgoals)、教學目標（instructional objectives）的建立等。在確立目的和目標的過程中，課程設計人員（含教師與行政人員）以及學生、社區人士均應該參與，他們對於每一階段的目的或目標，都有其獨特的貢獻。例如在教育宗旨的建立方面，課程設計人員建議、討論及提出教育宗旨草案，學生及社會人士可審查和討論教育宗旨草案的內容，並提出改進的建議。以下按照薛勒等人的主張，說明目的和目標建立的程序。

（一）搜集資料以確立基本的價值

薛勒等人認為，社區或社會文化體系中的價值系統，統整了目標界定的各個程序。教師、學生、家長、行政人員及社區人士，都應該表示他們的價值、理想和信念。雖然各界人士的參與不一定都是直接的，但是價值、理想和信念的書面敘述，必須有學生、家長及其他公民代表參加，而且這種書面敘述必須透過公開的會議來討論，再由教育董事會（The Board of Education）採行。在確立基本價值、理想及信念時，要考慮知識的發展、社會和學生的需求、以及法令的規定。

（二）陳述教育宗旨

絕大多數的教育宗旨都強調發展優良的個人，而此個人倒回來將進一步發展和支持優良的社會。薛勒等人認為杜威（J. Dewey）的教育宗旨——培養公民並使個人能夠最充實地生活，最能代表此種交互影響的性質。薛勒又引用麥唐納（J. B. Macdonald）的主張來說明。麥唐納指出，教育的宗旨有三：社會化（socialization）、發展（development）和解放（liberation）。社會化旨在維護社會的各種

現狀,例如社經階層、角色結構(role structure)、價值、精神等。「發展」旨在指出演進的方向,並指引這個方向的過程。「解放」則在促使個人能免受其所屬時空的偏狹所限制,而能開啓個人創造和社會更新之門。 為了陳述教育的宗旨, 課程設計小組必須回答兩個問題:

1. 這個社會最根本的理想是什麼?
2. 教育機構在教導人們生活於現在及未來社會方面,具有何種責任與功能?

1918年美國的中等學校改造委員會 (Commission on the Reorganization of Secondary Schools),提出下述的答案,成為當時改革的教育宗旨:

> 民主國家的教育,不論是校內或校外,應該發展個人的知識、興趣、理想、習慣和力量,使其由此發現其地位,從而朝向更崇高的目的去塑造自己和社會。

(三) 陳述一般目的

課程設計人員依據教育宗旨,建立廣博的一般目的進而提供課程設計的結構。理想上,一般目的應經公民代表同意,再分配給各種教育機構負責;但就實際言之,目前一般目的都由學校取得各方意見之後自行界定。薛勒等人舉出美國中等教育改造委員會的中等教育七大原則,作為一般目的的代表:

1. 健康 (health)

中等學校應該提供健康教學，培養健康習慣，組織有效的體能活動方案，在計畫工作和遊戲時關心健康需求，並與家庭和學校合作以維持和提升健康興趣。
2. **熟練基本方法** (command of fundamental processes)
十二至十四歲學生，運用基本方法的熟練度，尚不足以符合當代生活的需要。
3. **優良的家庭份子** (worthy home membership)
應該培養個人成為優良家庭份子的各種特質，這不但有助於個人擔負那個角色，而且個人可以由此受益。
4. **職業** (vocation)
職業教育應使個人能為自己及依賴他的人謀得生計，透過職業服務社會，維持其與同事、其他人士的正確關係，並且儘可能地在職業中求得個人的最大發展。
5. **公民教育** (civic education)
公民教育應該發展個人的各種品質，從而能夠在鄰里、城鎮、州和國家之中，實行其應擔負的角色。公民教育也應該提供學生了解國際事務的基礎。
6. **善於利用閒暇** (worthy use of leisure)
教育應該使個人由他的休閒之中，獲得身體和心靈的休息，並且進而充實和擴展其人格。
7. **倫理性格** (ethical character)
民主社會的倫理性格是中等學校的最重要目標。

其次，薛勒等人指出，教育政策委員會 (Educational Policies Commission) 在 1944 年主張的「青年迫切的教育需要」，也是一

般目的的代表：

1. 每一個青年都需要學習謀生的技能，也需要發展使每個人都能明智和多產地參與經濟生活的理解和態度。因此，絕大多數的青年需要有人視導的工作經驗，也需要有關職業知能的教育。
2. 所有青年都需要發展及維護身體的健康和舒適。
3. 所有青年都需要了解民主社會中公民的權利和義務，而且能勤勉而適當地履行社區份子和國家公民的責任。
4. 所有青年都需要了解家庭對於個人和社會的重要，也需要了解家庭生活成功的條件。
5. 所有青年都需要知道如何明智地購買和使用貨品及服務，了解消費者所換得的價值及其行動的經濟後果。
6. 所有青年都需要了解科學的方法、科學對人類生活的影響，及有關人性、世界本質的主要科學事實。
7. 所有青年都需要有機會去發展其欣賞文學、藝術、音樂和自然之美麗的能力。
8. 所有青年都需要能善用休閒時間，並且明智地編製預算，在使個人滿意和對社會有用的活動間，取得均衡。
9. 所有青年都需要能尊重他人、洞察倫理價值和原則，並能和他人共同生活與工作。
10. 所有青年都需要促進其理性思考、清晰表達和領會聽讀的能力。

薛勒等人認為，一般教育目的通常不是某一機構可以獨力完成，而且許多課程設計人員並未進一步將它們轉換為更清楚、更具體的目標，致使它們受到忽視，許多人因而認為課程方案和一般教育目的無

關。

（四）確認課程領域 (curriculum domain)

在陳述一般目的之後，薛勒等人主張，課程設計人員應該確認課程領域。所謂「課程領域」，係指一組有計畫的學習機會，用來達成一套密切關聯的教育目標。「領域」可以用來分類主要的目的和相關的學習機會，它是目標之所由建立的人類發展層面[14]。課程領域並不是目標，而是廣大的組織因素，可以用來包容密切相關的目標者。課程領域是發展各種學習機會的基礎，例如學科、科目、活動、獨立學習經驗、非正式的學校方案及社區經驗等。薛勒等人提出下列的架構，用來代表課程的廣大領域 (Saylor et al., 1982, 181)：

1. 中等教育七大原則中，個人活動的七大領域。
2. 教育政策委員會在1938年所提出的四大目的領域：自我實現、人際關係、經濟效率、公民責任。
3. 布魯姆等人 (Bloom et al.) 所主張的三大目標領域：認知、技能、情意。
4. 布勞第等人(H. S. Broudy, B. O. Smith, & J. R. Burnett)主張的高中普通教育方案所包含的五大層面：符號學習(symbolic studies)、基礎科學 (basic sciences)、發展的學習 (developmental studies)、審美的學習(esthetic studies)、質量問題 (molar problems)。整個教育方案須再加入專精領域 (specialization)。
5. 薛勒等人主張的四個課程領域：個人發展 (personal devel-

---

[14] 參見 Saylor et al., 1982, 32, 162, 180-182.

opment)、社會能力 (social competence)、繼續學習的技能 (continued learning skills)和專精領域(specialization)[15]。

（五）界定次層目的 (subgoals)

薛勒等人認為「次層目的」是課程設計的基本因素，必須與一般目的一致，却更加具體詳細，從而可據以設計學生所需的學習機會和學習內容。一般目的包含了兩種次層目的，一為有待發展的個人特質，一為有待學習的行為表現。將一般目的分為次層目的，必須具備專業能力和極大努力，通常這項工作落在教育人員身上，但需要其他專家協助。

（六）界定教學目標

列出教學方案的目標，是建立學校教育目的和目標的最後步驟。教學目標是學校提供的一個或一組學習機會希望達成的結果。教學目標由次層目的衍生而來，有助於一般目的之實現。通常教學目標係由教師負責界定，因為他們實際指導學生的學習活動，但是課程設計人員也常常撰寫教學目標，俾供教師參考使用。

薛勒等人曾舉例說明經過上述分析程序之後，所獲得的目的和目標階層。假如「民主」的價值受到肯定，則課程發展人員可能寫出下列的目的和目標 (Saylor et al., 1982, 162)：

宗　　旨：成為民主社會有效率的公民。
一般目的：明智地參與民主的過程（屬社交能力的課程領域）。

---

[15] 同上註，34-7。

次層目的：知道有關政府的憲法條款。
教學目標：能正確回答美國總統的選舉方法和程序。
特殊目標：能指出分配選舉人票給各州的依據。
能說出登記為美國總統候選人的條件。

目的和目標的分析結果，多半類似於一個金字塔形，愈抽象的目的愈少，愈具體的目標愈多。例如要能回答美國總統的選擇方法和程序有關之問題，除了所舉例的兩個特殊目標以外，尚有能說出「初選」和「黨代表會」的異同，能說出政黨提名總統、副總統候選人的程序等，均可列入。薛勒等人所列的特殊目標，在分析程序的說明中並未提及，是教學目標的進一步分析，更為具體、外顯，為教學目標達成與否的指標。

總之，薛勒等人的目標分析，指出如何由最抽象、最高層次的宗旨、目的，轉化為最具體最低層次的目標，以做為課程設計的依據，具有相當實用的價值。特別重要的是，薛勒等人主張「價值」在課程目標分析，甚至於是整個課程設計中的支配和統整地位，指出了課程設計者忽視價值理想的偏差。而且，他們所設計的目標分析程序，也能促使課程設計者聯結宗旨、目的和次層目的、教學目標；其強調人性或個人特質的發展，更屬特色。

第四節　課程目標的敍寫

課程目標一經尋得、分析、選擇、分類之後，接著便是敍寫呈現的工作。課程目標如果敍寫不當，不但對於課程和教學沒有指引作

用，反而白白浪費尋找目標所花的種種努力。泰勒（R. W. Tyler）曾經痛陳一般教師教學的缺點，一是教學之前並未確立教學目的，二是只注意少數不重要的目的，忽略了重要的目的，三是訂了過多的教學目的，實際的教學時間有限，無法一一達成，四是不能夠明白地把教學目的表示出來，以致對於學生最終的學習結果未有清楚的概念（孫邦正，民72,129-30）。泰勒所評論的第一點是教師重教材教法而忽略目標的問題，第二、三點屬於目標選擇不當的問題，第四點則是目標敘寫不清的問題。由此可見，課程目標敘寫的重要。

一、目標敘寫常犯的錯誤

課程目標的敘寫既然重要，許多學者便分析一般敘寫方式的錯誤，期能加以改正。這些學者的分析之中，尤以泰勒和葛隆蘭（N. E. Gronlund）最為透徹[16]。首先說明泰勒所指責的三項目標敘寫的錯誤。

敘寫目標時常犯的第一個錯誤，是把目標當做教師教學時所要做的工作來寫，例如：

1. 示範二元一次方程式的解法。
2. 傳授五言絕句的作法。
3. 增進學生閱讀的能力。
4. 介紹四部合聲的方法。
5. 示範光合作用儀器的裝置方法。

---

[16] 參見 Tyler, 1949; 黃炳煌，民70,50-69; Gronlund, 1978.

236　課程設計

以上的目標，均指出了教師教學之際應該做什麼，但是並未指出教育的眞正目的——學生學習後的行爲改變。教師的教學行爲並非教育所欲造成的結果，因此不該當做教育的目標。

敍述課程目標第二項常犯的錯誤，是只列出了教材的大綱、主題、原則或概念等。例如，美國史一科的目標是：

1. 殖民時期。
2. 憲法制定時期。
3. 西向拓荒時期。
4. 內戰和重建時期。
5. 工業化時期。

又如健康「營養的食物」包含下列目標：

1. 營養與食物。
2. 食物中的營養素。
3. 均衡的膳食。
4. 食品的選購。
5. 消化與飲食習慣。

上述的敍述，指出學生必須學習的內容，但是，却未顯示學生應該做什麼。例如「食物中的營養素」的主題中，學生究竟單要記憶營養價值很高的食物呢？還是要能夠比較各種食物的營養價值呢？甚或是要能實際地分析食物所包含的營養素呢？這是頗令人費解的問題。因此，以教材內容敍寫目標，難以進一步引導課程設計工作。

目標敍寫時第三個常犯的錯誤，是只指出了理想的學生行爲，忽略行爲所應用的生活領域或內容。例如：

1. 發展批判性思考的能力。
2. 發展優良的社會態度。
3. 養成廣泛的興趣。
4. 發展解決問題的能力。

泰勒認為採取這種方式敘寫目標，固然指出教育的功能在引發學生某種行為改變，但是未提及該種行為改變適用的生活領域或內容，仍然不夠完美。

葛隆蘭另外又提出了兩點目標敘寫常犯的錯誤。其一為「就學習歷程而非學習結果敘述」，例如，學習氣象圖上的符號，便有「回憶」、「指出」、「解釋」、「繪製」、「使用」等可能。其二為一個目標中包含太多學習結果，例如，「知道科學方法並有效地應用」，包含了兩個學習結果，不如「使用適當的實驗程序解決問題」為適當。

二、行為目標的敘寫

根據目標敘寫的缺點，泰勒提出改進的建議。他主張最有用的目標敘寫方式，必須指出學生身上應該產生的行為改變，和該項行為所將出現的生活領域和內容。簡言之，任何目標都應該包含「行為」和「內容」兩項要素。例如：

1. 發展鑑賞現代小說的能力。
2. 能辨別各種顏色。
3. 能摘錄本課的優美詞句。
4. 熟悉營養問題有關的資料來源。

試就第一個例子說明。「發展鑑賞力」乃意指一種行為,而「現代小說」則是該種行為所適用的內容。如此,方足以引導學習經驗的選擇和計畫。為了清楚展示目標的行為和內容層面,泰勒採用「雙向分析表」,並以高中生物科的目標說明之(見表 5-6)。

根據表 5-6 所示,高中生物科的在培養七種行為:瞭解事實與原則、熟悉資料來源、應用原則、學習及報告研究結果、發展興趣、養成社會態度。在內容方向則分成三大類:人類有機體的功能、動植物資源之利用、進化與發展。前二項又細分為幾個項目。「行為」和「內容」交織起來,便形成了課程和教學目標。但是,要注意的是,並非任何行為和內容的交織都有意義、都可成為目標。表中的「×」號所代表的,是某一行為適用於某一內容領域的註記。缺空的部分表示某一行為不適用於某一內容。例如就「熟悉可靠的資料來源」言之,與「營養」結合起來,變成「熟悉有關營養的可靠資料來源」,是生物科的目標。但是,消化、循環、呼吸三種資料來源,並不是高中生物科的目標。那一個目標屬於高中生物科的領域,那一個不是,泰勒主張在設計雙向分析表之前即應決定;然而他也同意雙向分析表建立起來之後,也可以協助課程設計人員,再考慮目標是否適切的問題,從而修正原先的決定。

泰勒也指出,通常在界定「內容」層面時,課程設計人員所遭遇的困難較少,因為內容標題上的抽象語詞較少。但是「行為」層面則不然,行為的標題諸如批判性思考、社會態度、欣賞、敏感度、適應等,很難找到具體而且一致同意的定義。如此一來課程發展者便遭遇到困難,因為目標失去了指引作用了。因此,對於抽象的目標,應該進一步說明其意義,例如,把批判性思考界定為包含三種行為:歸納性思考、演繹性思考和邏輯思考,並舉出適當的例子,則「批判性思

表 5-6　高中生物科教學目標雙向分析表．（取自黃炳煌，民70）

目標＼內容	1.瞭解重要事實與原則	2.熟悉可靠之資料來源	3.具備解釋資料之能力	4.具備應用原則之能力	5.能夠學習並報告研究結果	6.具備廣泛而又成熟之興趣	7.養成社會態度
A.人類有機體之功能：							
1.營養	×			×		×	×
2.消化	×		×	×	×	×	
3.循環	×		×	×	×	×	
4.呼吸	×	×	×	×	×	×	×
5.生殖	×		×	×	×	×	×
B.動植物資源之利用：							
1.能源關係	×	×	×	×	×	×	×
2.控制動植物生長因素之環境因素	×	×	×	×	×	×	×
3.遺傳與發生學	×	×	×	×	×	×	×
4.土地利用	×	×	×	×	×	×	×
C.進化與發展	×	×	×	×	×	×	×

考」的目標，對於課程設計才會有意義。

　　對於目標究應列出多少個的問題，泰勒也有所建議。由於在行為上做太多的分化十分困難，也由於太多的行為類別教師無法記住，從而目標的指引作用反而消失，所以泰勒認為只要有七至十五類目標，便可令人滿意了。至於內容方面，十至三十項目最為適用。但是這個數字，只是就一般情形而言。

　　雖然泰勒主張目標必須清晰而有意義，他並未主張撰寫十分具體特殊的目標。但是梅澤 (Mager, 1962) 在「準備教學目標」一書中，却主張十分特殊的目標。梅澤認為目標要明確清晰，必須要包含三因素：

1. **行為**：指可以觀察的、外顯的，學生在學習的終點所表現的。例如「說」、「寫」等。
2. **情境**：指行為所發生的背景，包含時間的限制、使用的材料與設備、特別的指示或規定等。例如在一小時內、沒有標點的句子二十個、不得參考任何資料、已知直角三角形每邊的長度等。
3. **標準**：指衡量學習者的行為表現成功與否的依據，例如答對的百分比、做對的題數等。

　　為了使目標敍寫不致含糊，梅澤特別列出了比較含糊和比較明晰的動詞，加以對照 (Mager, 1962)：

意義較不確定的動詞	意義較為確定的動詞
知　道	寫　出
理　解	背　誦

真正理解	指　明
欣　賞	區　別
十分欣賞	解　決
把握重點	繪　製
喜　歡	列　出
想　念	比　較
深　信	對　照

梅澤認為以意義較不確定的動詞敍寫目標，則師生對於目標的解釋可能不同，因此不能發揮目標的作用。例如，「知道擴音喇叭如何作用」可能有下列解釋：

1. 能繪製線路圖，以顯示擴音喇叭怎樣發音。
2. 能做出一個功能齊全的擴音喇叭。
3. 能說明擴音喇叭各部位的功用。

梅澤認為這種誤解，是使用「知道」這一類不明確的動詞所造成，用了「知道」一詞而又不加解釋，便無人知其所指了。以下列舉幾個梅澤認為優良的目標：

1. 設有某牌可用的電視機一架，學生應在五分鐘內，調整電離子陷擾電路磁，使螢光幕畫面均勻。
2. 設有人體骨骼一副，學生應正確地標示出至少四十種骨骼的名稱，標錯者不扣分。

在梅澤發表目標敍寫方法的十多年後，奇伯樂等人 (Kibler, et al., 1974)，更嚴格地指出目標敍寫有五個要項[17]：

---

[17] 參見黃光雄，民69，36。

1. 行為的主體：學生或學習者。
2. 實際的行為：例如寫出、列出。
3. 行為的結果或內容：例如一篇文章、小說。
4. 行為的條件：例如一小時的平時測驗或在全班面前。
5. 成功與否的標準：例如答對了百分之八十五。

綜觀此五項要素，上述所舉梅澤的例子之中，完全包含，只是梅澤未將「行為主體」和「行為內容」加以強調。饒朋湘等人（民65，12-3）曾依據行為目標敍寫的要素，編寫目標範例，例如：

1. 能說出（行為）三角形的特徵（結果）。
2. 能在十五秒內（標準）跑完（行為）五十公尺（結果）。
3. 能用笛子（條件）吹奏（行為）國歌（結果）。
4. 能用自己的步長（條件）測出（行為）教室的長度和寬度（結果）。
5. 能利用字典（條件）在十分鐘內（標準）查出（行為）本課所有的（標準）生字字義（結果）。
6. 能運用三原色（條件）調出（行為）四種以上（標準）的中間色（結果）。

總之，關於目標的敍寫，自巴比特提倡活動分析法發現課程目標以來，即強調其明確性。到泰勒提出其課程理論之後，自學生行為改變的立場撰寫目標，同時兼顧行為和內容兩因素，期使目標對於課程與教學更具指引作用，受到廣泛重視。1956年，布魯姆等人主張教育目標應區分為認知、技能、情意三大類，並發表認知領域教育目標分類法，提示認知目標的層次、敍寫範例和評量方法。其後，梅澤主

張目標的敍寫應包含行為、情境、標準三要素,奇伯樂等人更加上「學生」和「結果」二要素,是為行為目標的強硬派(hardliners),和泰勒、波範(Popham, 1968)等溫和派(softliners)是不同的⑱。

三、行為目標的論戰

主張行為目標(behavior objective)者,均認為課程與教學的目標,必須寫出學生學習之後應該具有的行為表現,這些行為還要是具體的、特殊的、可以觀察的,所以要摒棄含糊的、概括的行為動詞。但是行為目標的主張提出以來,便成為教育界爭辯的主要課題,特別是在課程與教學領域中,反對者與贊成者幾乎是互有所見,壁壘分明。雖然在課程設計的領域中,採取行為目標發展課程的主張,甚囂塵上,但反對的聲浪亦不絕於耳⑲。

也許,對於行為目標的反對理由,提出最有系統的辯駁者為波範(Popham, 1968);在其辯駁文中,他歸納出有十一點反對行為目標的論點,並提出十一點答辯(見表5-7)。由表5-7可見,反對行為目標者認為,使用行為目標會忽視重要和不可預期的學習成果,妨礙偶發教學,遺忘學生行為改變以外的目標,完全以成果評定教師績效,機械地測量行為、降低人性,精確計畫行為結果、造成不民主,不但

---

⑱ 此為麥唐納-羅斯(Macdonald-Ross, 1973)的分法,她認為強硬派否定教育與訓練的區別,溫和派則承認兩者的區別。

⑲ 參見 Popham, 1968; Atkin, 1968; Eisner, 1967,1969; Stenhouse, 1975, 70-83; Davis, 1976, 61-79; Macdonald-Ross, 1973; Doll, 1972; Macdonald & Wolfson, 1970; Wight, 1972; Drumheller, 1974; Gagné, 1972; Kneller, 1972; Waks, 1973; Thomas, 1976; Simons, 1973; Posner & Strike, 1975; Tanner, 1972.

表 5-7　贊成及反對使用行為目標的理由 [20]

反　對	贊　成
1. 零碎的學習行為容易操作，真正重要的教育成果反而被忽視。	1. 這是事實，但原因是教師在將目標變成為行為目標時，不能區別和選擇。
2. 事先定了精確的目標，將妨害教師利用偶發的教學機會。	2. 目的精確，並非表示達成目標的方法 (means) 亦確定不變，主要還在於教師的經驗、技術與藝術。
3. 除了學生行為的改變，還有其他重要的教育成果，如家長態度、專業人員及社會價值的改變等。	3. 這些雖然重要，但學校的主要職責在於教導學生。
4. 客觀機械地測量行為，在途徑和方法 (approach) 上足以降低人性 (dehumanizing)。	4. 這是「質」和「量」的問題。現在已經有對「品質」評鑑的研究，繼續努力，當可克服。
5. 精確地計畫學生在教學之後應有的行為，是不民主的。	5. 通常的教學，都是教師事先有些目標，然後有計畫地、有效地引導學生朝此方向發展。事實上，社會並不希望青少年「民主地」逸出常軌。
6. 教師很少用可測量的學生行為陳述其教學目標，亦即實際的教學並不用行為目標。	6. 理論和實際具有差距，我們不能以現實為滿足，而是需要提高要求，克服困難，朝理想發展，並逐漸推廣。
7. 有些學科如藝術、人文等，很難指出可測量的行為。	7. 雖然這是事實，但文學、音樂、藝術等，終有一些判斷的標準，所以這些學科的教師還是脫不了這種責任。
8. 一般性的目標敍寫，有助於教育以外人士的了解，如果教育目標精確敍述，將令人乏味。	8. 不論我們的目標是否正確、精確地敍述，均將使大眾弄清吾人所做所為，而知所抉擇。
9. 可測性暗指績效。評鑑教師將以其學生的具體行為成果為準，而非根據其他的標準——才能。	9. 事實上這是應該的，因為能夠引起學生行為的改變，就是教師的成功。
10. 以具體行為陳述目標，非常困難，亦即說來容易做來難。	10. 這是事實，需要減少教師的工作負擔，而且要用一部分經費在這方面研究和改進，但這種現象不足以因此而阻礙了行為目標的推行。
11. 預定精確的目標，可能使教師評鑑時，疏忽了未曾預期的重要成果。	11. 行為目標只是基本的目標，並非無所不包，評鑑者自不應限於行為目標。

[20]　參見 Popham, 1968; 方炳林，民64，黃光雄，民71。

大眾不易理解,而且由於敘寫不易,教師也甚少使用,尤以藝術及人文學科為甚。

　　針對上述各點批評,波範指出:忽視重要及不可預期的學習成果,是因為教師未作適當的選擇、自限於基本目標;精確目標並未限定方法,偶發教學的使用仍取決於教師的經驗、能力;學校旨在教導學生,能引起學生行為改變,教師便成功了;目前已着重質的評鑑的研究,人性貶低問題當可解決,民主固然重要,社會並不希望青年逸出常軌,故必須有計畫地引導其發展;精確敘述目標,可使大眾知道教育工作者的所做所為,進一步可以抉擇;教師很少用行為目標,並非意指應該不用,敘寫上的困難可以設法解決,甚至於邀請專家建立「目標銀行」,由教師取用即可;人文藝術科目也有判斷標準,教師仍舊有責任建立明確的目標。

　　1973年,麥唐納－羅斯(Macdonald-Ross, 1973)針對行為目標,提出了綜合性的批判,一一檢視波範辯駁的效度。她認為行為目標的優點有下列十項:

1. 是教育上合理計畫方法的基礎。
2. 鼓勵教育工作者以詳細、特殊的術語思考和計畫。
3. 鼓勵教育人員將其潛在的價值表現出來。
4. 提供評鑑的合理基礎。
5. 是選擇教學方法的依據。
6. 建立自我改進系統的基礎。
7. 使系統最後能達成內部的一致性。
8. 使系統最後能實際達成理論上所建立的目標。
9. 是溝通的媒介。

10. 是個別化教學的基礎。

雖然行為目標的優點如此眾多，但是麥唐納－羅斯更提出十六點反對的理由，其中具有星號者尤為重要：

*1. 對於目標的來源，沒有一致的觀點存在。
*2. 在教育領域中，沒有明確的方法可用以獲得目標。
 3. 在事件發生前先界定目標，有違探索學習的本質。
 4. 主張行為目標者，未指出教師如何使用目標，以引導不可預期的教室事件。
 5. 任何知識體系均有極多學習途徑，因而降低了學習設計中目標的效果。
 6. 在某些學科之中，規準只能在學習事件發生之後應用，不可事先確立。
*7. 目標並未賦予測驗項目效度。
 8. 目標本來就是含糊不清的。
*9. 目標應精細到何種程度一直未能確定。
10. 目標並未明確地溝通各種教學意圖，特別是對學生而言。
11. 瑣碎的目標最易於操作，這就是問題。
12. 行為目標和目標參照教育模式 (goal-referenced models of education) 的關聯，便可令人質疑。
*13. 開始的設計如果不夠堅實，後來的補救將需要昂貴的代價。
*14. 行為的清單不足以代表知識的結構。
*15. 行為目標的使用，暗指師生交互作用是稀少的。
*16. 行為目標的架構，具有每一操作主義教條 (operationalist dogma) 的缺點。

由上述的分析可見，行為目標運動如火如荼地展開，並非沒有理由，而教育人員之所以接受行為目標，當然也植基於這種目標敘寫方式的優點；但是，不少教育學者也舉出行為目標的缺陷，極力反對使用行為目標。教育人員對於行為目標的缺點，若未有透徹的了解和補救，顯然將陷入行為目標的胡同，不能自拔，從而教育的效果將大打折扣了。基於此，茲歸納學者所指行為目標比較嚴重的問題，為下列數項：誤解學校教育功能、忽視表意目標（expressive objective）和問題解決目標（problem-solving objective）、目標精細層次的選擇、忽略情意領域目標和其他領域的高層次目標㉑。

四、澄清行為目標的問題

首先就學校教育功能而言。史點豪（Stenhouse, 1975, 80）認為學校教育至少包含四種不同的過程：訓練(training)、教授(instruction)、啟蒙(initiation)、導引(induction)。訓練旨在獲得技能，訓練如果成功了，個人便具備實做或表現的能力，例如造獨木舟、打字、說外國語等。「教授」和資訊學習有關，成功的教授形成了資訊的保留，例如記憶化學元素、國名、日期等。「啟蒙」旨在使人熟悉社會價值和規則，成功的啟蒙使人能夠解釋社會環境、預測他人的反應。「導引」和文化思想體系的介紹有關，從此形成理解，例如把握要點、了解關係、作成判斷。史點豪認為啟蒙是生活於任何社會的副產品，而為大部份學校潛在課程（hidden curriculum）的一部份，但他並

㉑ 關於目標動詞的具體化、偶發教學、不可預期的學習等等問題，參見註⑲著作中的評論。

未進一步加以討論。

史點豪所關心的是「訓練」、「教授」、「導引」三種過程。訓練的目的旨在行為或表現的改變，容易用行為目標表示預期的結果，軍事訓練和工商人員的訓練，採用行為目標均相當成功。就「教授」而言，採用行為目標亦甚適合，例如，記憶五個動詞，記憶與否，很容易以行為顯示。但是「導引」，史點豪視為真正的教育，旨在使人類更加自由、更富於創造力。教育導引個人進入其文化中的知識，並以此為思考系統。教育成功了，也就是它促成學生不可預期的行為結果增加了 (Stenhouse, 1975, 82)。例如知識或藝術的領域之中，學生成就最重要的成品是「試做」——圖畫、音樂、演奏、設計、製作等，而「試做」的評鑑，應該着眼於創造，而不是根據事先規定的格式。「試做」無所謂對或錯。由此可見，使用行為目標，預定學生的行為表現，便誤解了教育的真正功能，也難免受到不民主的批評了。

其次就表意目標和問題解決目標而言。這一點和上述的分析息息相關。艾斯納（E. W. Eisner）在 1969 年，提出教學 (instructional) 和表意 (expressive) 兩種目標的區分。教學目標旨在使學生熟練現有的文化工具 (cultural tools)，其所指向的行為方式是已知的，希望學生在學的某一時間內均共通地發展出來。所謂表意的目標，則着眼於形成可能的種種創造反應，是超越現有的，不但在使學生發展，而且此種發展是因人而異的。因此，教學目標可以採用行為目標的方式敘寫，但是表意目標則否。艾斯納 (Eisner, 1969, 15) 說：

> 表意目標和教學目標不同。表意目標並不指出學生從事某些學習活動後，所獲得的行為改變。表意目標所描寫的是學生教育

上的遭遇：他們的工作情境、所要處理的問題以及所要從事的工作。但是表意目標並不指出在此遭遇、情境、問題和工作之中，學生即將學到什麼。因此，表意目標提供了師生探索或專注於個人自覺有趣或重要的問題的機會。表意目標是引發的，不是規定的。表意目標是學生可以應用其過去所學種種技能和理解的主題，透過這個主題，學生的技能與理解擴大了、精緻了，而且更加能顯示個人特質。表意目標所要的不是學生反應的同質性，而是多元性。在表意的脈絡中，教師希望提供一個情境，學生由此獲取其私人的意義，而學生在此情境中產生的成品，不論是理論 (theoretical) 或品質的 (qualitative)，都如其人之不同而多變。 結果， 這種情境中的評鑑工作，不可應用共同的標準於各種成品之上，而應促使個人反省那些成品，顯示成品的獨特性和重要性……。

那麼，怎樣的目標敍述才是表意目標呢？艾斯納舉了下列幾個例子為代表:

1. 解釋「失樂園」 (Paradise Lost) 的意義。
2. 檢視和評估「老人與海」(The Old Man & The Sea) 的重要性。
3. 使用電線和木材，設計三度空間的形式。
4. 訪問動物園，討論其中的趣味。

艾斯納所列舉的這些目標，均未指出學生從事教育活動以後，應該展示的行為結果； 相反地，却確立學生所遭逢的情境。 例如，解釋失樂園的意義或設計三度空間的形式，均指出學生工作的項目或問

題,但學生的學習結果如何並未指定。由「遭遇」的種類,師生均可獲得評鑑所需資料。這種評鑑方式如同藝術批評 (aesthetic criticism) 一樣,只就品質和意義來評估成品,而不事先引導藝術家去畫出特定的作品。

艾斯納對於表意目標的提倡,和他早期對於行為目標的批判觀點頗為一致 (Eisner, 1967)。他認為行為目標具有四大缺點:

1. 未強調教育結果不能精確預測的程度。
2. 未討論教材或題材種類不同,對於目標得以精確陳述程度的影響。
3. 將教育目標當做測量標準,但是在某些領域中,它却只能當做判斷的規準 (criteria)。
4. 先訂定目標再選擇達成目標的手段,是一種符合邏輯歷程的課程設計模式;但是課程設計之中,創造和洞察的方法無法用邏輯系統加以規定。

艾斯納對於行為目標的批判,頗具殺傷力,無論是波範或麥唐納－羅斯的分析,都曾將它納入論題。但是,艾斯納的表意目標太偏重於人文及藝術領域,似乎其他科目可以不要表意目標,這是史點豪所不同意的。再者「目標」一詞和「行為」連結,特指具體、明確或行為化的特定目的,艾斯納繼續使用,亦頗令人詬病。1979年,艾斯納乃修訂自己的主張,他認為教育方案的設計和評鑑都應該包含兩種目標和一個結果(見圖 5-6)。他承認行為目標存在的價值,例如能在游泳池深水端游四圈,適合採用行為目標,但不可將所有教育目的均還原為此種型式。

另外一種目標艾斯納稱為「問題解決目標」。在問題解決目標

中,學生自己確定問題,或接受教師提出的問題,例如,如何戒煙更有效,如何在不增加預算的條件下提升伙食品質。在此目標中,問題提出了,問題解決與否的規準亦甚明白,但是解決的方式却是無窮盡的。而且,解決問題的可能答案,事先無法確知,所知的只是問題,這種現象在設計和科學領域常可發現。

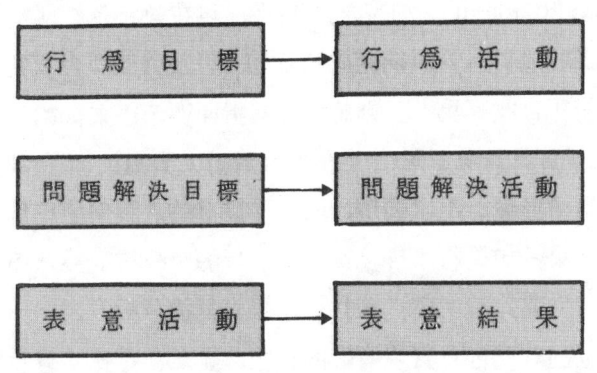

```
┌─────────────┐      ┌─────────────┐
│  行 為 目 標 │ ───► │  行 為 活 動 │
└─────────────┘      └─────────────┘

┌─────────────┐      ┌─────────────┐
│ 問題解決目標 │ ───► │ 問題解決活動 │
└─────────────┘      └─────────────┘

┌─────────────┐      ┌─────────────┐
│  表 意 活 動 │ ───► │  表 意 結 果 │
└─────────────┘      └─────────────┘
```

圖 5-6　兩個目標和一個結果 (Eisner, 1979, 101)。

問題解決目標和行為目標最大的差別,在於問題解決的方式是無限的。行為目標規定了形式 (form) 和內容 (content)。例如拼 aardvaark 的方式只有一個,是全班學生的共同目標,但是解決問題的方式則因人而異。因此,問題解決目標對於認知彈性 (cognitive flexibility)、心智探索 (intellectual exploration),以及其他高層次的心理歷程,所能發揮的教育效果將是相當大的。

另外,艾斯納所說的一個結果,是指表意的結果 (expressive outcome),係透過表意活動所形成的。表意的結果即為早期艾斯納所說的表意目標,二者所稱內涵完全一樣。

第三是目標精細程度的問題。在行為目標敍寫的過程中,立即遭遇的棘手問題是:目標到底應寫到何種精細的程度。若要寫到實際可

觀察的行為層次,則所列目標可能無限地多;若不列至可觀察行為的層次,則違背行為目標的本質。因此目標精細度是個矛盾而令人困擾的問題。

目標精細化的要求,源於一般或抽象的目的常是人言言殊或令人費解,以致不易引導往後的種種課程和教學活動。例如「自我實現」(self-actualization) 的需求,自從出現在教育及心理文獻之後,成為許多課程設計人員所欲達成的目的。但是何謂「自我實現」?如果個人已能「自我實現」,則將有那些指標顯示出來?如何得以使促學生達到「自我實現」呢? 若是課程設計人員對於「自我實現」一詞,仍然懵懵懂懂、不求甚解,則其所設計的課程何能統整一致而發揮具體的效果?如果將「自我實現」的目的,分析成為八項目標,課程設計的方向當比較明確(參見前述羅吉斯的分析)。

羅吉斯的八項自我實現有關的目標,雖然已經比「自我實現」一詞清楚,但是仍然屬於一般目標,因為它們並未達到十分具體化的程度,每一目標均可能令人形成不同的解釋。以下再看美國全國藝術教育協會 (National Art Education Association) 發表的藝術課程八大目標 (Rowntree, 1982, 40-1):

1. 能對個人視覺經驗專注地參與和反應。
2. 能知覺和理解環境中的視覺關係。
3. 能使用視覺材料思考、感受和行動。
4. 在適合個人能力的藝術表演中,增進操縱和組織的技巧。
5. 獲取人類視覺遺產的知識。
6. 能在個人及社區生活中,運用藝術知識和技能。
7. 能明智地作成符合其經驗和成熟度的視覺判斷。

8. 了解藝術的性質和創造的過程。

上述課程目標和前舉的自我實現八項目標一樣，不夠具體，必須分析成更精細的程度。例如，畢夏克（L. Bishop）將藝術教育八大目標轉化為製陶教學的目標，茲舉第四項目標為例：

4.在適合個人能力的藝術表演中，增進操縱和組織的技巧。
  4.1 由製造到最後焙燒，都能準備和照料黏土及其製品。
  4.11 給予適當的配方，學生能遵守一切工具設備的使用限制和安全規則，在十五分鐘內使用乾材料和稀泥，混合出十磅的黏土。
  4.12 學生能敍述適當保存黏土的方法，使其品質在幾天內均不改變。
  4.13 學生能在十分鐘內，將剛剛混合的黏土，諂揢練成質地均勻的土團。
  4.14 學生能在十分鐘內，由二十種樣本中，指出那些是塑性黏土（plastic clay）、半乾黏土（leatherhard clay）和全乾黏土（bone-dry clay）。
  4.2 能適當地製造獨特的泥製品。

目標分析敍寫至上述的層次，便引發了許多的問題。例如，較低層次的目標達成之後，便算完成較高層次目標的任務嗎？較低層次的目標，足以代表較高層次學習目標的所有學習結果嗎？課程與教學所要達成的是較高層次的目標還是較低層次的目標呢？也許葛隆蘭（Gronlund, 1978, 4-5）對於兩種目標陳述方法的說明，足以釐清上述的問題：

方式一

1. 用自己的話界定技術的術語。
2. 確認每一技術術語在使用情境中的意義。
3. 區別意義相似的技術術語。

方式二

1. 了解技術術語的意義。
   1.1 用自己的話界定術語。
   1.2 確認每一術語在其使用情境中的意義。
   1.3 區別意義相似的術語。
   1.4 聯結技術術語和其所代表的概念。
   1.5 在自創的句子中使用每一術語。
   1.6 指出術語間的異同點。

葛隆蘭主張，「方式一」的寫法，適用於訓練工作，如在學校使用，則只適合於簡單技能和最低的知識層次。採用這種寫法時，教學與測驗或評量係採取同一目標。但是簡單技能和低層次知識的訓練之外，則適合採取「方式二」的做法。「方式二」所呈現的教學目標是理解，不是「界定」、「確認」、「區別」、「聯結」、「使用」及「指出」，這些只是代表目標的某些具體行為而已。換言之，這些行為是教學目標「理解」的指標而已。理解不等於界定，也不等於確認或區別等等。因此十分精細的行為目標，只能視為一般目標達成與否的指標，比較適合於直接據以編製評鑑工具，對於課程設計工作不一定具有大的作用。由於一般目標達成與否的行為表現是各式各樣的，行為目標的數目亦可無窮無盡，而且層層而下，為數更多，目標敘寫者將不勝其煩。因此敘寫行為目標時，精細層次的選擇十分重要。

目前，課程設計中每單元有所謂單元目標（或稱一般目標）和具體目標（或稱行為目標），後者比前者為精細，但是真正的教學目標仍以前者為主。課程設計人員也要注意所列具體目標，是否真是單元目標的重要指標。

第四，敍寫行為目標時，尚不可忽視情意領域目標及其他領域的高層次目標，例如，批判思考能力和音樂鑑賞能力的發展就是。由於行為目標強調外顯、具體、可觀察的行為，課程設計人員便常常忽略隱含、抽象及不易觀察的行為表現，使得行為目標排除了情意領域目標及其他領域的高層次目標，而這些却是教育上真正重要的目標。目前許多學者對於情意領域目標或其他領域的高層次目標，均有所詮釋，可為目標敍寫的參考。前述羅吉斯的自我實現八項目標便是，茲再舉葛隆蘭（Gronlund, 1978, 14-7）對於批判性思考和文學欣賞二大目標的分析如下：

1. 運用批判性思考的技能於閱讀上
   1.1 區分事實和意見。
   1.2 區分事實和推論。
   1.3 指出因果關係。
   1.4 指出推理的錯誤。
   1.5 區分有關和無關的論點。
   1.6 區分可靠和不可靠的推論。
   1.7 根據書面材料建立有效的結論。
   1.8 指出正確結論需要的假定。
2. 欣賞優良的文學作品
   1.1 描述優良和不良文學作品的區別。

1.2 區別優良和不良的文選。

1.3 提出分類優良和不良文選的重要理由。

1.4 在自由閱讀時間內選讀優良的文學。

1.5 說明為何喜愛某些優良的文選。

葛隆蘭指出上述的分析並不完整，學生能欣賞好的文學作品，並非只包含所列的五項具體目標，但是至少這五項目標確實比單列出「欣賞好的文學作品」，更加清楚。另外，梅澤(Mager, 1962, 15)也指出「音樂欣賞」的目標太過於含糊，應寫出下列目標才易於理解：

1. 學生聆聽巴哈樂曲時高興得嘆息。
2. 學生購買一套身歷聲音響和五百元的唱片。
3. 學生答對了音樂史考試的九十五題選擇題。
4. 學生寫出有關三十七齣歌劇的流暢散文。
5. 學生說出：「喔！太偉大了！太好了！」

比較梅澤和葛隆蘭的目標敘寫方式，可見梅澤所寫的是太過於零碎了。葛隆蘭所寫出的具體目標雖然和一般目標不相等，但是至少學生每學會一個具體目標，便提升了自己的欣賞或批判能力。相反地，梅澤在具體目標中使用的「嘆息」、「購買」、「答對」等詞語，和在一般目標中的「欣賞」實在不易連接起來。如果這些是學生學習的目標，豈不是鼓勵學生「嘆息」、「購買」或「答對」，而由此到「欣賞」之間，是否仍然具有一大截的距離？有鑑於此，「嘆息」、「購買」、「答對」等行為，至多只能當做「欣賞」的指標而已。

任何課程設計工作均有其目標，但是目標受重視的程度，並不完全一致。課程設計的合理模式或目標模式，強調目標的尋找、分析、

選擇為課程設計的第一步,從而選擇和組織學習內容與活動,並評鑑其效果。因此,目標扮演了組織和引導的角色。

　　課程目標的種類很多,具體的層次也有所差異;所以,課程目標具有複雜、多樣、連續、層級等性質。課程目標的來源雖然很多,但大抵不外由學生本身、社會需要、學科專家的建議等角度去尋找,但必須符合學校哲學和學習心理學的要求。亦即,尋得的目標繁多,學校並非一一接受當做課程設計的目標。

　　對於目標的敘寫,以往多半以教材或教師為主,逐漸轉變由學生的角度來寫,包含學生行為和學習內容兩因素,這是溫和派主張的行為目標。其後,強硬派的行為目標敘寫方法興起,在溫和派主張的行為和內容之外,加上「標準」和「情境」兩因素。至此,也引發了行為目標贊成和反對雙方的大論戰。行為目標所具備的功用甚多,但是除了「訓練」情境之外,它必須與一般目標並列才能顯出意義,因為教育目標的範圍都比行為目標高遠廣大,行為目標只是高遠廣大目標的指標而已。

本　章　摘　要

　　本章探討課程目標的幾個重要問題。首先分析課程目標的重要性,雖然課程目標是課程設計的南針,但其重要性並未受到普遍認識。其次分析課程目標的分類方法,從垂直和水平兩個角度來看,前者區分了目標之階層,後者區別了不同種類的目標。本章剖析了幾個不同的目標分類方法,其中尤以布魯姆等人的教育目標分類法普受注意及採用。課程目標並非憑空而來,各個學者對其來源雖有不同主張,然而總不外提到人類經驗、知識文化、當代生活、學生需要等方面。課程目標來源雖多,選擇時仍受到教育哲學及教育心理學的過濾。課程目標的呈現有助於溝通和反省,不少學者主張採取行為目標敘寫方式;不過,行為目標之爭議甚多,形成論戰,似有各說各話之情形。行為目標有其問題,例如誤導學校教

育功能、忽視表意目標和問題解決目標、目標精細度難以決定、忽略情意目標及其他高層次目標等，都值得討論。雖然如此，行為目標亦有其清晰指引的功能，如能善用為教學目標的指標，其貢獻亦不在小。

問題討論

1. 課程發展過程中，課程目標的地位和角色為何？
2. 課程目標的垂直分類指什麼？對課程設計有何啓示？
3. 課程目標的水平分類指什麼？在課程設計上的意義怎樣？
4. 試扼要評析布魯姆等人的教育目標分類法，說明其優缺點。
5. 試評析以當代生活做為課程目標來源的意義及問題。
6. 試說明你個人對行為目標的看法，並指出善用行為目標的途徑。
7. 試指出你個人對於表意目標和問題解決目標的見解。

第六章
課程選擇

「課程選擇」(curriculum selection)是課程設計過程中，極須價值判斷的一項工作。斯賓塞(H. Spencer)曾撰寫「何種知識最具價值」一文，主張科學知識最有價值，應成為學校教育的內容。雖然這在當時甚具說服力，但這種主張若要用於課程設計工作上，顯然仍須進一步加以精緻化。

課程選擇在泰勒(Tyler, 1949)眼裏，是學習經驗(learning experiences)的選擇，也就是達成學校教育目的之手段。塔巴(Taba, 1962)認為課程選擇應包含兩部分，一是內容，二是學習經驗，而學習經驗是用以習得內容的心理運作程序。奧立佛(Oliver, 1977)則採用學習機會(learning opportunities)，替代課程內容，另以學習活動(learning activities)替代學習經驗。

由此可見，課程選擇一詞，在不同學者眼中具有不同意義。目前許多學者（參見課程設計模式一章），談到課程選擇時，常指內容和活動的選擇，可以避免上述用詞的混淆。在內容、活動之外，艾斯納

(Eisner, 1979)主張課程設計宜注重學生的認知方式,選擇適宜的媒介引導學生學習,這個觀點也非常重要。基於此,本章所討論的課程選擇,當由內容、活動和媒介三方面着眼,不過仍將「媒介」併入「活動」部分說明之。

第一節 理性選擇的重要性

課程選擇一直是課程設計的難題,遺憾的是一般課程著作却談得很少。自從科學化的課程理論興起之後,課程設計工作都致力於目標建立與績效控制,由此發展出有關目標和評鑑的許多理論和實際,希望以目標做為唯一規準,從事課程選擇工作,於其他的課程選擇規準與問題,則鮮少注意。

課程選擇之所以是一大難題,在於學生「可學的」總比他「能學的」多,這在知識爆發的時代裏,愈形嚴重。新知識的出現,不都是替代舊知識。換言之,我們提高了知識的質,也增加了知識的量;這意味著課程在更新之外,更須充實。缺乏理性選擇的課程設計,常產生課程逐漸累加的現象,從而使得學生不勝負荷,最後正應驗「教得愈多反而學得愈少」的格言。

課程選擇頗具政治性,各種力量均試圖將它的觸角伸入課程之內,希望於其中佔據一席之地。如果缺乏理性規準作為選擇依據,單憑影響力量的大小,勢必使課程淪為各種勢力劃分勢力範圍的殖民地,於學習者無益反害。

第二節　優先與均衡

　　課程選擇基本上是優先（priority）和均衡（balance）兩個問題。所謂優先，係指課程設計者對內容和活動（含媒介）的價值比較，作成了這些內容和活動是否納入課程的決定及先後次序。例如，前舉「何種知識最有價值」的問題，便是優先次序的問題。

　　誠如克立巴德（Kliebard, 1977）所說的，課程選擇問題如同經濟問題。人類欲望無窮，但世上財貨和服務有限，經濟學於焉產生；知識不斷累積，無涯無際，但學生能力和時間有限，課程研究於焉出現。根據克立巴德的說法，課程選擇便是課程研究和設計的核心問題；解決了此一問題，便等於在學生有限的能力和時間下，確定了那些知識該學，那些知識不必學。

　　課程工作者在確定優先次序時，必須注意課程的均衡性。課程的均衡，有如飲食的均衡。有了均衡的飲食，才能有均衡的營養，身體的健康繼而便有保障；有了均衡的課程，才能有均衡的學習，繼而學生潛能的發展才會充實。

　　課程均衡雖屬頗值得追求或實現的概念，但課程應如何設計才算均衡，却是仁智互見，爭論不已。這裏要提出兩個概念，一是「一般均衡」，二是「特殊均衡」。前者係就一般狀況而言，即課程應如何設計，才能使一般學生獲得均衡的學習；後者係就特殊狀況而言，即課程應如何設計，才能使某一學生獲得均衡的學習。課程設計時，區分這兩種概念相當重要，因為學生固有共同需求，也有個別需求，課程均衡與否的觀察，便應分由整體和個體層面來看。寶爾（Doll,

1982, 144) 曾指出這一點，他說：

> 如果說學習者在某一段時間內享有均衡的課程，此一課程便能完全符合該學習者當時的特定教育需求，它恰好包括了足够的各種題材，以達成學習者的目的，加速其發展。課程的一般均衡，可以做到一部分，因為就我們對學習者和教材已有的理解，我們可為所有學生設計某些學習經驗。不過在團體中，每個學習者接受了兩種經驗，一種是適合所有學習者的，另一種是適合個人需要和興趣的。

由此可見，課程均衡是不易達成的理想。學校課程可提供共通學習經驗，追求一般均衡的理想，但真正的均衡，仍須進一步透過特殊學習經驗的提供，以滿足個別學生之不同需求，這一點若加上均衡的價值觀可能因時因地而異，課程工作者的任務將益形艱巨。

雖然如此，課程工作者仍須勉力為之。在一般均衡方面，首先必須確定均衡的價值觀，由此建立規準，進行課程選擇。試再由飲食言之，均衡的食譜，必須能提供人類身體發展和健康維護所需的各種營養，並依養分對人體的重要性作成適當的比例分配。均衡的課程有如均衡的食譜，必須是綜合性的，包含發展人類能力的主要內容領域。這裏所謂綜合性，菲尼克斯 (Phenix, 1964) 所提的六大意義領域 (realm of meaning) 便是個例子：符號學 (symbolics)、實證學 (empirics)、美學 (esthetics)、存在學 (synnoetics)、倫理學 (ethics)、統合學 (synoptics)。

「綜合性」固然是重要的規準，但學者對綜合性也有不同的解釋，1960 年美國白宮青少年會議 (White House Conference for Children and Youth)，便提出判別課程均衡與否的不同規準

(Fraser, 1963, 106-7)，其中主張均衡的課程應提供學生如下的學習機會：

1. 欣賞和理解所有人類的尊嚴和價值。
2. 認識、理解和欣賞美術與實用藝術。
3. 學習人文、自然、物理和社會科學。
4. 學習讀寫算等基本能力，發展特殊才能。
5. 具有健全和實際的自我概念，維護生理和心理的健康。
6. 具有提供建設性批評的分析能力，形成建設性的公民態度。
7. 重視閒暇時間的善用。
8. 能洞察美國生活的倫理和宗教本源。
9. 具有致力於精神、倫理和道德價值的品格、教養和責任。

所以課程均衡與否的判斷規準，可由內容領域的範圍觀察，也可由發展人類能力的學習機會範圍判斷，其適用的規準是「綜合性」，共通的困難在於綜合性的定義不同，重要性的界定時有爭論。

課程的一般均衡，尚須超越已計畫的正式課程去觀察。因為課程是學科、目標、計畫，也是經驗。學習者在學校指導下不但上了許多「正課」，也經歷了「正課」以外的各種活動。這些活動不管是發生於校內或校外，有無縝密計畫和指導，都是課程的重要成分，可以提供學生額外豐富的學習經驗。

真正均衡的課程，必須兼顧學習者的一般需要和特殊需要；也就是說，課程不但是依照社會、學科的要求及所有學生的共通需要而設計，而且它也是符合個別能力和興趣的。要能做到這一點，課程設計者必須採取醫院的模式而非工廠模式，即診斷學生特殊需求，依診斷結果處方、治療(Doll, 1982, 145)。但是，醫院模式是病理的，課

程設計者更需要生理的模式,提供學習者許多可能的選擇,讓他們各取所需。

根據上述分析,茲歸納均衡的課程概念,藉供課程工作者參考:

1. 兼顧共通要求和個別適應。
2. 包括人類所需各種能力的發展,如從事公民、休閒、職業、家庭等活動的能力。
3. 重視課程結構的各個層面,例如正式課程、學生活動、校內經驗、校外經驗等。
4. 包括各個重要知識領域的學習內容,例如自然、社會、人文、或菲尼克斯的六大意義領域。
5. 在各學習領域內,提供基本的學習活動和變通的學習活動。

第三節 內容的選擇

談到內容選擇,首先需要確定內容所指為何。一提到內容,有些人意指文化,包含社會進展所累積的生活方式;有些人則意指知識,是學術發展的結果,包含事實、概念、原理、原則、理論、方法;有的更擴大領域,納入了行為模式、技能、態度、價值觀念、精神、氣質等。前曾述及,課程均衡應包括共通要求與個別適應,因此,此處所指的內容,當採取最廣泛的定義,包含人類各層面發展所需要的文化、知識、行為、態度、價值等項目。

內容選擇有許多層次,它可用以指稱學習領域的選擇,例如人文、社會、自然等大領域,或算術、代數、幾何、歷史、地理、物

理、化學等小領域。它也可用指各領域內學習主題的選擇，例如單元、章節或課，甚至於更低的層次，例如各學習主題內的事實、原理、原則、規範等。

內容選擇的規準很多，本文所要分析的主要規準有：目標、範圍、重要性、正確性、難度、實用、缺乏、彈性、資源和時間等九項。這些規準可用於各層次的內容選擇；當然，依層次上的差異，其價值也會有所變化。

一、目　　標

課程設計經常脫離目標，可能是當前課程領域極其重大的問題，這在內容選擇上常可發現。例如，課程目標雖包含認知、技能、情意三大領域，然許多課程工作者，往往僅注重認知領域有關的內容，甚至於僅注重零碎、片斷的事實，忽視更重要的概念、原理、原則。

內容選擇必須依照目標，即有什麼目標，便有什麼內容，讓目標和內容取得一致性，這樣整個課程才會趨於統整。茲舉例以闡明之。社會科的教學，對於問題解決能力，應當非常重視，而問題解決又需要具備尋找資料的能力。假如社會科教學需要設計尋找資料的單元，則此一單元的目標可包含至少四點：　1.了解圖書館的收藏及編目方法；　2.了解索引及其他工具書的用法；　3.依照選定主題找出所需資料；　4.體會尋找資料的重要性和樂趣。

為了達成此一單元的目標，內容選擇必須適切地分配於四個目標有關的領域，即要包含圖書館的作用、收藏的範圍、編目的作用與方法、工具書的種類、索引的種類、使用工具書的方法、由索引查資料的方法、尋找資料的重要性、從資料尋找中得到樂趣等。當然，這些

目標的達成，尚須藉由良好的學習活動加以配合，才有可能。

二、範　圍

範圍 (scope) 是內容選擇極為重要的規準，範圍如果不予確定，則根本無法着手從事內容選擇。許多課程工作者，常採取想當然耳的方式來界定範圍，未加深究和反省，因此課程內容時生重複和缺漏，使得學習效果大打折扣。

塔巴 (Taba, 1962, 276-8) 曾由深度 (depth) 和廣度 (breadth) 兩個角度，討論範圍問題。深度和廣度看來是互相矛盾的概念，即提高了深度，便減少了廣度，增加了廣度，便降低了深度；我們無法讓課程內容又深又廣，因爲這當中的時間因素是固定的。但塔巴認爲，深度與廣度之所以成爲相互矛盾的概念，使得課程設計者無法兼顧，是因爲我們把內容視爲事實的累積或集聚，把深度視爲累積範圍的延伸。她認爲如果採取另一種觀點，則深度和廣度可以獲得均衡，她說 (Taba, 1962, 27)

> 按照第二種觀點，深度是指對某些基本概念、原則或觀念及其應用，能充分且清楚地理解。要達到此種理解的深度，需要充分地探討這些觀念，詳盡到完全了解其意義，找出觀念間的關係，應用於新的問題和情境。例如一開始，可學習光的概念至足夠的深度，不必學習所有光的現象。一旦理解光波理論的功用，對於聲音的學習，便不必要採取同樣的做法。深入理解某一物理原理，便使得其他物理領域的納入，變得不太必要。

由此一觀點可見，課程工作者如果能選擇應用性和遷移力最大的

概念，設計足夠時間去學習，使學生充分理解，則某些概念的深入學習，將可使得其他重要概念的學習減少所需時間，因而廣度方面也可增加，而能包含足夠的範圍。

三、重要性

「重要性」的規準，在知識爆發的時代裏，對於課程內容的選擇具有相當大的說服力。即使在古代，課程設計者也不能將當時所知的一切，盡數納入課程當中，因此知識、文化、價值，都要經過篩選，才可成為課程內容的一部分，「重要性」便是篩選的規準之一。

何種內容才是重要的呢？單看重要性這三個字仍不易判別，故有必要進一步具體化。所謂重要的內容，可由下列項目觀察：

1. 它是知識和文化中最基本的成分。
2. 它是應用性和遷移力最大的成分。
3. 它是屬於探究方法和探究精神的成分。

最基本的成分，也就是最核心的成分，缺乏了此一成分，知識不成其為知識，文化不成其為文化，它們都喪失了本質，學習也缺乏意義。應用性和遷移力最大的成分，可以促使學習趨於省力，同時內容間的關係也易於闡明，學習效果較佳。探究方法和探究精神是知識和文化進步的基石，有了它，事實、概念、原理原則的發現和建立，才有可能。

以上三個項目，和目前學科中心課程所指的「學科結構」類似，只不過此處所談的內容選擇不限定於學科，也不強調各科的分立。不管是最基本、最具遷移力、探究方法或學科結構，都反對將零碎的事

實、不重要的細節納入課程中。

四、正確性

　　正確性可由三個層面來看，前兩個層面是經常見到的。第一，課程內容的選擇，必須避免錯誤的事實、概念、原則、方法等，這是正確性規準的最基本層面。第二，課程內容必須反應尖端知識的發展，陳舊的內容應排除於課程之外。這一點可說是1960年代左右課程改革的重點，希望能縮短尖端研究和學校課程內容之差距。所謂陳舊，可指陳舊的事實、陳舊的概念，也可指陳舊的理論和探究方法。陳舊的內容不見得便是錯誤，而是它不夠新穎或不夠經濟，已被研究者和實際工作者所揚棄。這一個層面對於自然及應用科學有關的內容，尤其重要。

　　正確性規準的第三個層面，比較複雜。人類知識、文化、價值、理想，有許多不是截然屬於對或錯的，課程選擇就必須採取多元的標準，將不同的現象呈現出來。採取單一的標準或觀點，隱藏其他不同的標準和觀點，都是獨斷的。例如人性到底為何，是善？是惡？不善不惡？善惡混？迄今仍無法加以證實。課程內容對人性的解釋，如果僅採其中一種學說，拋棄其他可能的學說，便算是獨斷，便限制學生的學習機會，對於學習者思想的啟發，實大有妨碍。其餘如文學、歷史、社會、藝術、音樂等人文社會領域，其內容選擇都不應獨斷地侷限於一種觀點或一種解釋。

五、難　度

　　課程組織必須依照內容的難度，使學習者能夠循序漸進；課程選

擇也必須考慮此一規準，以排除掉難度不當的部分。所謂難度，可由知識和文化本身的邏輯結構來看，例如加法和減法，此乘法和除法簡單，且是乘除法的基礎，對初學算術的人而言，應由加法和減法學起，而不是乘法和除法，所謂學不躐等是也。設計小學數學課程者，為各年級選擇內容時，如果反其道而行，便違反了難度規準。

雖然心理學者布魯納（Bruner, 1960），主張任何學科的本質或結構，都可以採取最忠實的形式，教給學生，這種極端知識中心說及樂觀的人性論，仍無法令人完全接受。人類的心理發展有其順序，由具體操作而至抽象思考，在發展上雖有快慢之分，但這個發展型式是通用的，如同生理發展順序一樣。如果成熟度不足，學習準備度必然不夠，教育上固然可設法補救提昇，但有其限制，有時反而產生揠苗助長的結果。

曼寧（Manning, 1971, 121-2）剖析「難度」的選擇規準時，主張其他條件不變時，學校課程應着重難以在家庭中學習的事物。例如餐桌禮儀、電話禮貌、交通安全，在家中都可能學到，但畢氏定理、光合作用等則不太可能學到，因此課程內容應以後者為焦點。曼寧提出此一主張，旨在讓學校和家庭分工，將較難的內容交給學校，因為學校有專門的人才和資源，能勝任此一教學。

以上的討論都是針對一般對象而言，如遇特殊對象，便應有不同的做法。所以難度最好是針對特定對象而言，對甲覺得困難的，乙也許覺得容易，內容的選擇也需要能適應個別差異。

六、實　　用

實用的規準，是指課程內容在實際生活中有用，有些人稱之為功

用 (utility)，有的人稱為關聯 (relevancy)。人類的知識和文化，常和社會現實密不可分，即知識和文化源於社會而又導入社會。但社會變遷以後，某些抽象化的知識和文化逐漸脫離社會現實。例如早期的美國社會，拉丁文在生活上是有用的，學校教拉丁文便符合實用規準，後來拉丁文在社會上失去了用途，學校仍繼續教拉丁文，這便不實用了。

運用實用規準選擇內容，可舉國語讀本的設計言之。學生在國語課中該學那些字彙，一直是課程設計者的重要課題。課程設計者可由常見的報章雜誌中，計算字彙出現的次數，依照這些字彙出現比率的高低排列常用字彙表。課程設計者可進一步計算常用字彙占所有正常使用字彙的百分比，例如一篇文章有二千個字，其中最常用的五十個字，占總字數的百分比是多少。接著必須有一個價值上的抉擇，即我們希望學生受完教育後，能閱讀一般報章雜誌的幾分之幾，從而確定國語讀本所須包含的常用字彙數。

這個規準在內容選擇上的作用很大，其說服力也很強，但有幾個問題必須留意。第一，日常生活出現多的，不見得完全重要，出現少的不見得沒有用。再以語文為例，出現少的字彙，也許是理解整篇文章的重要關鍵。第二，日常生活不見得是最理想的生活，內容選擇若以實用為唯一規準，可能只是維護此一不太理想的生活，於社會進步沒有什麼幫助。第三，實用有立即的和長程的區分，但一般人往往只見到立即的實用性，不顧長程發展上的需要。

由此可見，實用性的規準必須配合其他規準使用。而且，提到實用性時，必須詢問對現在實用或對未來實用，對維護社會現狀實用，或對改造社會實用。這其中的價值因素，必須先予釐清。

七、缺　乏

「缺乏」（shortage）係指課程所未包含而又應包含的內容，或課程所包含的內容不夠完整，這個規準近似於艾斯納（E. W. Eisner）所提出的「空無課程」。有了缺乏，當然需要加以補充或補救。但缺乏到底從那裏偵測呢？這可由社會和學生兩個角度來觀察。

就社會的角度言之，缺乏可說是功用規準的補充。課程內容是否有所缺乏，必須由理想社會和現實社會加以比較。現實社會可以較為客觀地分析，獲得實證資料；理想社會則較為主觀，充滿價值成分。如果現實社會和理想社會一樣，缺乏的問題便不存在，否則便有了缺乏。一般言之，現實社會和理想社會總是會有距離。另外一種從社會角度觀察的缺乏，是社會特定情境有特別需要，學校課程未能滿足此一需要，而產生了缺乏。

例如課程工作者分析社會現實，發現交通混亂、藥品濫用，與理想社會比較，顯然亟須改善，如果教育被視為改進社會現實的有力手段，課程中可能納入交通教育和藥物教育的成分。另外，處於戰爭的社會，其理想目標是消滅敵人，恢復和平的世界，這需要戰勝敵人才做得到。戰爭的社會，需要戰爭有關的內容，例如戰爭科技、同仇敵愾的精神、防衛能力、認識敵人與謠言等，這在平時社會的學校課程，不是完全沒有，便是很少。

缺乏的規準有時會被濫用，造成學生受虐待和課程不均衡的現象，這特別容易出現於對缺乏過度反應的狀況中。例如一心要邁向科技高度發展的社會，可能將大部分資源投入科技，學校課程的科技內容也占了極大的比例；相對地，人文、社會的成分便分配到不足的資

源與注意力。學生只被當做科技人看待，而未被當成社會人看待，在科技層面，可能承受了過度負荷。

因此，「缺乏」應再由學生角度觀察。課程選擇必須基於學生需求的評估，參考他的能力、興趣、需要，來選擇課程內容。學生應被視為全人，需要全面的發展，以適應全面的生活，這包含家庭、職業、公民、休閒等層面，課程選擇一定要奠立在這個基礎之上。

八、彈　　性

課程內容必須具有適度彈性，這可由均衡的原理獲得了解。課程若能依照一般均衡的原理去設計，學生的學習與發展便不致產生偏差，但這只是就一般而言，每個學生依其性向之差異，也許會有特殊需要，課程設計必須符合此一特殊需要，才能使個人的學習獲得均衡。

要符合個人特殊需要，必須採取診斷、處方模式，但更重要的是提供變通之道，給予學生選擇，並對其選擇施予輔導。然而課程設計有其目標，在目標限制下，必有其基本且必要的學習內容，因此所謂彈性不在於拋棄此一基本必要的內容，而在於限定此一基本內容的過度膨脹，留下納入變通內容的空間。

彈性的課程內容，也可適應地方和教師的特殊需要。例如職業學校「樹木學」一科的教學，除選擇基本必要的樹種做為學生的共同學習外，此外，可納入其他樹種，供學校教師依地方特性選教。

課程的彈性，不能完全藉由內容選擇達成，有時需要由目標和活動着手。由於內容缺乏彈性是目前課程設計的最大缺點，所以許多人便着眼於此，促其改變。

九、資源和時間

課程設計有時可選擇內容，依據內容尋找資源，例如教科書、圖片、幻燈片等，但有時則應同時考慮可用資源。例如前舉樹木學的例子，當選擇所要納入的樹種時，要考慮這些樹種是否普遍存在於各地區，如果只是少數地區才有，則教學時便會缺少實際可觀察的樹木。當然，這並不一定構成排除該樹種的條件，若該樹種確實重要，也可借用實物之外的媒介，讓學生學習。如該樹種可有可無，則資源的存在與否（含所有可協助教學的人、事、物），確實是選擇的重要規準。

「時間」是選擇內容的另一重要規準。有多少時間便學多少內容，在有限時間內勉強學生學習過多的內容，可能應了「教得愈多學得愈少」的格言。課程內容的選擇，必須善用時間：第一，先了解可用時間的總數；第二，預留複習、測驗、放假等可能耗損的時間；第三，區分基本和變通（可選擇）的學習內容，儘量多留變通內容的學習時間；第四，配合學習活動，選擇內容，例如討論活動常比聽講活動用掉較多時間，但有些內容的學習，勢非藉由討論不可，因此在時間運用上，亦應同時考慮活動的性質。

第四節 活動的選擇

學習活動可引導學生與學習環境產生交互作用，以達成教育目標。泰勒（Tyler, 1949）指出，學習活動（經驗）的選擇，必須依

據五個規準:

1. 能使學生練習目標之中所要學會的行為和內容。
2. 能使學生在學習中產生滿足。
3. 在學生能力可及的範圍內。
4. 同一目標可由不同經驗達成。
5. 同一學習經驗可以產生不同學習結果。

巴恩斯（Barnes, 1982, 76-80）認為，選擇學習活動有九個原則:

1. 符合學生的能力和知識。
2. 依照學校教育目標、價值，以及適當的程序原則。
3. 基於先決概念和技能的分析。
4. 採用逐漸增加知識的學習模式。
5. 提供配合學習目標的練習活動。
6. 學習活動應有變化。
7. 提供討論和寫作的機會，以促進反省和吸收。
8. 給予學生應付特例的機會。
9. 由熟悉的情境引導至不熟悉的情境。

竇爾（Doll, 1982, 126）提出十個問題，做為設計學習活動的規準:

1. 這些經驗對學生有益嗎?
2. 這些經驗有助於滿足學生的需要嗎?

3. 學生對這些經驗會覺得有趣嗎？
4. 這些經驗能鼓勵學生進一步探討嗎？
5. 這些經驗看起來真實嗎？
6. 這些經驗如何符合學生的生活型態？
7. 這些學習經驗的現代性如何？
8. 這些經驗在熟練整個學習內容上是屬基本的嗎？
9. 這些經驗能達成許多目標嗎？
10. 這些經驗能提供既廣且深的學習嗎？

由泰勒、巴恩斯及寶爾三人的規準，可以發現其中之大同小異，許多基本上相同的規準，被他們使用不同的語言陳述出來。茲歸納這些規準為四項練習目標的機會；能達成多項目標；活動多樣化；符合學生的能力、需要和興趣，並納入各種適當媒介的採用，加以說明。

一、練習目標的機會

前曾提到，課程目標的達成，單憑內容是有困難的。誠如塔巴(Taba, 1962, 266)指出的，有些目標可藉由內容達成，有些目標則需藉由活動，她說：

> 知識獲得的目標，如概念、觀念、事實的學習，可以經由內容的選擇達成之。另一方面，像思考、技能、態度這些目標，不能單憑內容的選擇和組織而達成。要達到這些目標，學生必須從事某些經驗，從此獲得練習所須學會的行為的機會。

塔巴的說明，澄清了課程選擇何以必須兼顧內容和活動的理由，

也指出了「練習目標的機會」此一規準之重要性。遺憾的是，從過去到現在，課程工作者時常忽視學習活動的設計。所謂課程選擇，被狹隘地界定爲內容選擇，而所謂內容選擇，更進一步侷限在知識的選擇，致使知識學習以外的目標，成爲空談。

基於此，對於「練習目標的機會」此一原則，實有必要深入的加以闡釋。其實此一原則可簡稱爲練習原則，而所要練習的對象，是目標上所列舉的。最早，泰勒（Tyler, 1949）提出此一原則時，他分成兩點來談：一是學習活動必須提供機會，讓學生練習目標上的行爲；二是提供機會讓學生練習目標上的內容。

泰勒曾舉許多實例說明他的主張。假如課程目標是「發展解決健康問題的能力」和「發展閱讀各種小說的興趣」，泰勒認爲學習活動中，必須提供練習「解決問題」和「閱讀」的經驗，同時，也要提供「解決健康問題」和「閱讀各種小說」的經驗。簡言之，泰勒的課程目標，包含「行爲」和「內容」兩部分，所謂「練習目標的機會」，便是要提供機會練習目標上的「行爲」和「內容」。

但是「練習原則」也可由另一角度來看。課程目標可分成許多類別，假如採取目前最流行的分類法，可分成認知、技能、情意三種。學習活動必須提供練習目標的機會，便意指它應讓認知、技能、情意三種目標，都能練習得到。前曾提及，內容選擇必須依據課程目標，所以，認知、技能、情意三種目標，都有其相應的內容。但是這些內容，如果不經由活動去學習，是無法納入學生的意義體系的。對於低層次的認知目標而言，最常被採用的活動是聽講或閱讀，也許這是「相當」有效的學習活動。至於技能和情意目標有關的內容，若同樣採取那些活動，則這類目標的達成便令人懷疑。

試以「消防安全」爲例。如果這個單元的目標，在提供學生消防

有關的知識，教導他們滅火的技能，並使他們重視防火安全、身體力行。課程工作者從事內容選擇時，可以包括下列部分：

1. 何謂消防安全？其重要性如何？
2. 重大火災事件有那些？造成了那些結果？
3. 火災發生的原因為何？如何預防？
4. 火災發生時如何滅火？
5. 消防安全，人人有責，為什麼？

當然以上的問題，無法概括消防安全，但這些問題已足以闡明學習活動應提供「練習目標之機會」的規準。內容選擇在決定那些內容學生應該知道或理解，但知道或理解這些內容，並未完全達成課程目標。學習活動的作用，第一，在提供機會讓學生知道或理解（當然還有更高的層次），第二，在提供機會讓學生進一步練習技能，發展態度和價值。例如，知道「滅火方法」和「消防安全的重要性」並不足夠，課程目標的要求是在這些知識基礎之上，能實際地操作滅火方法，能確實接納消防安全的重要性，在日常生活中加以實踐。要達到這些目標，必須提供實作和討論的活動，這不是聽講和閱讀活動所能奏功的。要學生會操作滅火器，必須提供練習操作滅火器的機會；要學生重視消防安全，必須提供發展重視消防安全的機會。

二、達成多種目標

課程目標是多樣的，獲得知識只是其中一項而已。在知識爆發的今天，精熟學習內容變得愈來愈不重要；相反地發現知識的方法，諸

如形成問題、搜集資料、建立假設、思考、推理、應用、批判等能力，以及發展正確的學習態度、習慣、興趣，却愈來愈受到重視。

在此種狀況下，內容只是學習的素材，學生藉以分析、綜合、應用、批判、解決問題，它絕不是學習的一切。課程設計若將重點置於內容的精熟，忽視其他更重要的目標，便是本末倒置。這些高層次的目標，有賴於學習活動的設計，內容只界定了這些能力的部分範圍和方向。

課程設計者需要注意，為低層次目標所設計的學習活動，不易同時達成高層次的目標，但為高層次目標所設計的學習活動，則反之。例如，對於地理名詞和法則，可以設計記憶的活動，使學生獲得這些知識。如果透過地圖閱讀活動，學生可以認識地名、位置、高度、地形、物產、氣候，以及這些因素彼此間的關係。後一活動可使學生認識及記憶地理名詞和法則，同時也可使其發展出讀圖技能以及推理、思考能力。

所以基本上，讀圖活動雖在培養讀圖能力，但它也可用來培養其他諸如記憶、思考、推理能力。此一活動的作用便是多重的，它可以達成許多目標，其價值當然高於純粹記憶的活動。另外，像問題解決活動，也可同時練習下列能力：分析問題、推論、應用觀念和原則、綜合建議、表達感情和態度、記憶事實與原則。

可以達成多種目標的學習活動，具有許多好處。第一，這種多目標的活動非常經濟，它可以省掉許多設計的時間和精力。第二，這種活動避開了機械記憶的繁瑣枯燥，使學習變得更為有趣而專注。第三，這種活動屬於主動的學習模式，它使學生去推理，而不是記憶別人推理的結果，它使學生計畫，而非記憶別人擬好的計畫。

必須注意的是，這種多目標的活動，常須提供學生較長的學習時

間,以練習活動所指向的多種能力。再者,多目標活動固然強調實作,但此一實作不單是手的操作活動,更重要的是心智能力的主動運作。

三、活動多變化

所謂活動多變化,和泰勒所說的一個目標多種學習經驗的意思相近。活動多變化具有兩種意義,一是提供達成同一目標的各種學習活動,二是將各種學習活動,區分成基本和變通兩種活動。活動多變化的規準,主要植基於彈性的觀點,藉由變化多的學習活動,提供學生彈性的學習途徑。

有的課程工作者喜歡一個目標設計一個活動,因為這樣比較單純又省力。但是學生的個別差異很大,他們可能喜歡不同的學習途徑,喜歡具有變化的學習活動。再就地方、學校、教師的調適而言,全國性的課程方案,最好能設計較多的學習活動,以便地方、學校和教師依需要加以選擇。

學習活動多變化,並不難做到,要在能達成課程目標,本身具有價值,同時又切合實際,便於採行。巴恩斯(Barnes, 1982, 83)曾列舉「房屋」單元有關的活動如下:

1. 到學校建築的頂樓去觀察其使用的木材。
2. 在學校所在地四週繞行。
3. 訪問建築工地。
4. 討論自己及他人所住的房屋。
5. 討論房屋的種類。

6. 繪出屋頂、窗戶、排水溝、煙囪等房屋結構的形狀。
7. 閱讀房屋建造的材料和過程。
8. 製作房屋模型。
9. 比較房屋圖形、模型和實體的大小。
10. 依照各種房屋的比例,繪製條形圖。
11. 想像房屋中各種長方體的特性。
12. 列出上學所經過的房屋。
13. 寫出建造房屋所使用的材料。
14. 寫出自己喜歡住的各種房屋。
15. 聆聽電工對房屋配線的說明。

以上的活動,包括聆聽、閱讀、訪問、觀察、寫作、繪圖、製作、討論等項目,其中的變化相當大。這些活動雖然未依目標加以分類,但我們可以看出,同一目標具有多樣活動。如房屋的材料,可以透過觀察、繪製、寫作等加以學習;這些活動可以全部實施,也可以部分實施,端視實際學習的時間和學生的能力與興趣如何而定。

學習活動也可以區分為基本和變通的兩種,前者為共同的、必要的,後者屬於個別的、選擇的。這種區分,便於適應學校、教師和學生之差異,使課程更具有彈性、效果更為良好。

四、符合學生的能力、需要和興趣

課程內容必須具有可學性 (learnability) 和調適性 (adaptability),即它應能配合學生的背景,由學生所在的位置,開始引導其學習。這一點固然可透過內容的選擇解決一部分問題,把不適合學

生學習的內容排除掉,但另一部分則有賴於學習活動的選擇與設計。

學習活動必須將課程內容,轉化為最適宜於學習的形式,例如選擇具體經驗或符合現代生活的經驗,讓學生藉以發現抽象概念和法則。學習活動也可針對學習步調加以規畫,使不同學習能力的學生,都能循序漸進。如前述「活動多樣化」指出的,學習活動的選擇與設計,可以適應各種學習方式的需要。

由此可見,學習活動是使內容變成可學、使目標變成可能的墊腳石。學習活動要能發揮這些作用,當然必須生動有趣,能吸引學生來從事。學習活動也可設計以滿足學生感興趣的內容和目標的學習。

五、採用各種適當媒介

此處所謂媒介,就是艾斯納(Eisner, 1982)所說的呈現方式(forms of representation)。艾斯納曾對呈現方式加以界定,認為那是個人將擁有的經驗或概念形諸於外的中介或設計。他的整個理論見圖6-1。

根據圖中所示,個人與環境產生交互作用,其結果便是經驗,由經驗進而形成概念,這些經驗和概念都是個人私有的。為了將此私有的經驗或概念公開,個人必須借助於各種呈現方式,呈現方式最後又成為環境品質的一部分。

在這個理論中,有幾點必須進一步闡明,以顯示媒介和課程設計的關係。個人形諸於外的經驗或概念,影響環境品質,但經驗和概念又受到環境和個人所影響。就課程設計而言,環境品質可以加以設計,但無法完全控制。個人可以加以引導,因為個人與環境的交互作用,受到其感官系統和內在條件的影響,課程設計者必須了解其動機、目

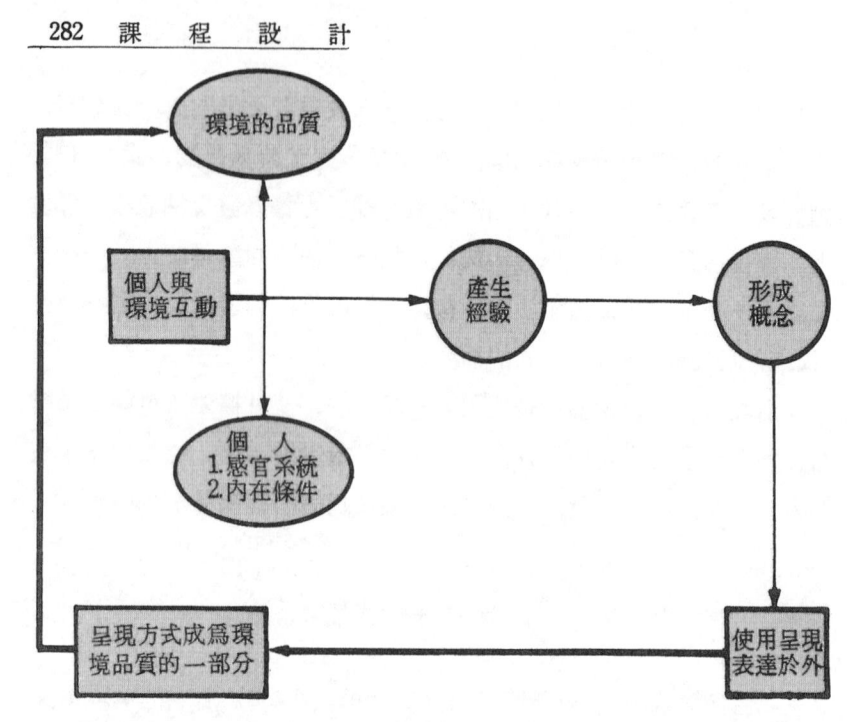

圖 6-1 個人與環境的互動模式 (Eisner, 1982, 54)

的、態度、技能等內在條件,也可透過視、聽、嗅、味、觸的活動,讓個人有各種交互作用的途徑。但不少課程設計者往往忽視各種形成概念的感官,只專注於語文和數學有關的活動。艾斯納認為,每種感官都只能取得外在世界的部分資料,若只運用某種感官,便只能獲取某種資料。單加強此一感官的訓練,其他資料和其他感官則受到冷落。

其次就呈現方式而言,個人要將私有的經驗和概念表現於外,成為共有的經驗,有許多方式可以採用,例如演說和電影都結合了視、聽媒介,舞蹈則結合了視、聽、動三種媒介。每種媒介對概念的呈現,都有其限制,例如「懸疑」的表達,用美術就不如音樂,幽默的表達用數學便不如語文。即使呈現方式媒介的選擇正確,其呈現的概念品質也會受到個人呈現技術的影響。

但使用呈現方式或媒介的技能從何而來呢？呈現方式的運用有賴於相應的感官及心理運作過程；經常使用某種呈現方式，可能使相應的感官及心理運作過程獲得較多的練習，而其他感官和心理運作過程便缺乏練習。所以艾斯納不但主張運用各種感官產生經驗和概念，也主張運用各種感官去呈現經驗和概念。

對於呈現方式的運用，艾斯納指出三種他稱為處理途徑（modes of treatment）的方法：模擬途徑（mimetic mode）、表意途徑（expressive mode）和傳統途徑（conventional mode）。模擬途徑是指呈現方式重在代表經驗或概念的表面形式，即在模仿外在的形式，例如模型、圖解、照相等。表意途徑旨在呈現經驗或概念的深層結構，例如許多圖畫不在畫出外表逼真的形狀，而在表達人類心理狀態如恐懼、好奇、力量。傳統途徑旨在按照文化中的各種規定去呈現，例如語言和文字使用的標準化。對於呈現方式的安排或組織，艾斯納稱為結構（syntax），一種是極端規則取向的，另一種則較為開放取向的，前者如文法、拼字、數學，後者如美術、音樂、文學。

以上的理論對於活動選擇具有很大的啟示，課程設計者在活動選擇之際，不但考慮活動多變化原則，也應注意讓這些活動經由適當的各種媒介出現，這在各個學習領域，都很重要。再者這些活動對學生的要求，不單在符合傳統，模擬表面現象，更應讓他們有機會呈現現象的深層結構。活動的結構不但要求遵守規則，也要促成自由與創造。當然這在課程目標和評鑑方面，也必須配合。

媒介的選擇對於個別化教育和教育機會均等，也很重要。教育機會均等最深層的意義，應在於發揮每個人的潛能，而個人潛能的發揮，有賴於個別化教育。當前的個別化教育大部着眼於學習內容和速度的調整，對於學習方式的變化，則少注意，這一點有賴於課程設計

者透過不同媒介設計各種活動,來加以適應。

第五節　如何運用這些規準

本章對課程選擇的分析,建基於當前理性選擇的缺乏與必要。課程選擇是課程設計中非常敏感的問題,非理性因素一旦介入,均衡而適切的課程,便成為空中樓閣般的虛幻。要使課程選擇趨於理性,一是要依據選擇的規準,在內容方面,包含有目標、範圍、重要性、正確性、難度、實用、缺乏、彈性、資源與時間等項;在活動方面,包含有提供練習目標的機會、能達成多項目標、活動多樣化、符合學生能力興趣與需要、採用各種適當媒介等五項。

本章所提的規準,不論係內容或活動方面,都未窮盡,而且,都係針對各領域內課程選擇共通的部分,因此,實際應用時,應加以補充或調整。這些規準,背後均有其哲學取向,例如內容選擇的「重要性」和「實用」規準,前者趨於知識中心取向,後者則為傾向於社會中心取向。課程設計者,在實際運用這些規準時,可能會發現有矛盾存在。因此,必須時刻反省自己的教育哲學,對於這些規準的價值予以適度加權。應注意的是,個人的教育哲學,有時是一偏之見,因此規準的運用,不是單向地由個人哲學選擇規準,同時也要由規準去反省或修正自己的哲學。

本章所提出的選擇規準,雖分列為內容和活動兩部分,但其中有些規準可能是通用於內容和活動的。例如「重要性」規準雖列於內容選擇部分,但活動的選擇,未嘗不可考慮各種活動的重要性,特別是在權衡何種活動應為基本活動或變通活動時,更是如此。

內容和活動的選擇,在本章中雖分開討論選擇規準,但實際的課程選擇工作中,兩者常常是糾纏在一起的,活動少不了內容,內容也少不了活動。活動部分提到的媒介選擇,是比較新穎的部分,一向為課程設計者所忽視,應該進一步思考。

課程選擇尚有許多問題,本章未予探討,例如課程內容對精緻文化和通俗文化的重視程度、政治和課程選擇的關係、課程是否應兼顧觀點一致和不一致的內容、誰應參與課程選擇等,都屬值得繼續討論的問題。

本 章 摘 要

本章旨在討論課程選擇的重要性及選擇的各種規準。課程工作者應認識到課程選擇頗具政治性,排除非理性因素的干擾,讓理性因素來裁決,是十分重要的。課程選擇基本上是課程內容和活動的優先次序排列,兩者都有其依據的規準。本章在內容選擇上,指出目標、範圍、重要性、正確性、難度、實用、缺乏、彈性、資源和時間等規準的重要性;在活動選擇上,則強調練習目標的機會、達成多項目標、活動多樣化、符合學生能力需要和興趣、採用適當媒介等規準。宜注意者,這些規準分列於內容或活動選擇項下,也許有其獨斷性。本章之中,也特別分析課程選擇的均衡性概念,而均衡性可就一般及特殊兩個層面談,前者適用於全體學習者,後者適用於個別學習者。

問 題 討 論

1. 試說明課程選擇的政治性,並闡明理性選擇的重要性。
2. 舉例說明一般均衡和特殊均衡的意義,及其達成的途徑。
3. 為何課程選擇是優先次序的排列?
4. 試就個人經驗,舉例說明本章所提出的內容選擇規準。
5. 試就個人經驗,舉例說明本章所提出的活動選擇規準。
6. 除了本章所提的規準外,還有什麼重要的內容和活動選擇規準嗎?試舉例說明之。

第七章
課程組織

　　本章第一節先介紹課程組織（curriculum organization）的基本概念，其餘各節則分別介紹學科課程、活動課程及核心課程三種組織型態。

第一節　基本概念

一、組織與組織要素

　　前面各章之中，已經討論了課程目標的建立及課程內容、活動的選擇，接下來必須討論課程組織方面的問題。
　　誠如泰勒（Tyler, 1949)在學習經驗的組織一章指出的，人類行為的重大改變並非發生於旦夕之間，而是經年累月逐步轉變的。在教育上，我們選擇了許多內容和活動，安排可能的學習經驗，希望能加

速或加深學生的改變。但是衆多的內容、活動與經驗,一定得善加組織才能產生最大的累積效果。課程組織不良,正如同施於某一重物的各種力量未經妥善安排一樣,不但效果無法做到極大化,而且各因素的力量可能互相衝突、互相抵銷,嚴重者還會產生副作用,出現負面的效果。基於此一分析,可知課程組織是極其重要的,而所謂課程組織是指將課程的各種要素或成分妥善加以安排,使其力量彼此諧和,對學生的學習效果產生最大的累積作用。

課程組織的作用不單可由擴大學習效果來看。良好的課程組織,使學生學習之際易於理解課程各要素的關係,而不是陷入零碎片斷之知識矩陣中,因此可以迅速掌握意義,容易發現所學之應用途徑。此外課程有了良好的組織,學生學起來容易,動機增強,學習時間可以縮短,這樣的教育顯然是非常經濟的。

從事課程組織時一定要找出課程要素(curriculum elements)做為組織的經緯線,把各種學習機會貫串起來,這種課程要素便稱為組織要素(organizing elements)。常用的組織要素包括概念、通則、技能、價值等(McNeil, 1981, 180-1),茲扼要說明於下。

(一) 概 念

例如文化、生長、數字、空間、演化、化學作用、力等,都是建構課程的重要概念。

(二) 通 則

通則是科學家細心觀察所獲得的結論。例如「在穩定社會中各種教育力量對個人的影響是一致的;在異質社會中這些力量的影響則不一致或彼此矛盾。」

(三) 技　　能

例如小學的讀、寫、算基本技能，自然科的實驗技能，社會科的資料搜集及解釋技能，職業學校的專業技能，都是學生必須精熟的，但需要長久的練習，可做為課程組織的基礎。

(四) 價　　值

價值是統治個人行為而不加懷疑的信念。例如尊重個人的尊嚴與價值，不因種族、性別、宗教、階級等之不同而異。以價值為中心組織課程時，應讓所有的課程因素環繞着它，增強該價值的學習。

組織要素可以說是課程的深層結構。學生所認識的學習活動是外顯的、具體的，而不是底層的結構或深層意義。我們若問學生今天學了什麼，他們可能會回答說注音符號，他們不知道注音符號的學習順序何以要如此安排，也不知道注音符號與國文學習的關係。同理，學生可能回答學英語，但他們不見得知道外語的選擇及學習時間規劃，也不知道語言的溝通意義。馬克尼（McNeil, 1981, 181）認為，組織因素的理解是課程專家的事，其選擇應依課程目標而定。例如職業教育目標底下，技能便是適宜的組織要素。如果課程目標是道德、倫理，則價值是適宜的組織要素。馬克尼曾列舉一個目標，做為選擇組織要素之參考：在日常生活的新情境中，學習者能指出科技對這些情境的影響；學生將運用現代科技的特質、限制和能力來確定此一影響。根據此一目標，馬克尼提出了組織要素如表 7-1。

在第一個教學單元中，科技的定義先被界定，學生學到一個科技定義。在下一個單元中，學生學習科技對人們的助益、限制及副作用，科技的概念進一步被延伸，且學生開始學習判斷科技是否減低或

表 7-1 教學單元的組織要素

組織要素	界定科技	界定	人們	工作	社會	環境	生活品質
科技（概念）	×		×	×	×	×	×
個人價值（價值）			×	×	×	×	×
自然資源與生活品質的關係（通則）				×	×	×	×

擴張人的價值。接下去的幾個單元分別探討科技應用的問題，科技如何用來完成工作、滿足社會需求、維護自然環境、創造人為環境。此時，以前的組織要素依舊存在，但是新的組織要素——自然資源與生活品質的關係——出現在新的單元之中。如表 7-1 所示「人的價值」在第二單元才出現，「生活品質」直到第三單元才出現。

組織要素不只可以用來結合不同時間出現的課程內容，還可用來統合同時間不同領域的內容。例如數學課可以探討理解科技系統相關的概念，像阿拉伯數字、機率、二進法等。語文科可探討大眾傳播之中科技和社會的互動現象。

二、有效組織的規準

泰勒（R. Tyler）指出有效的課程組織必須符合三個規準：繼續性（continuity）、順序性（sequence）及統整性（integration）。（黃炳煌，民70，95-7）。奧立佛（Oliver, 1977, 222-32）認為課程組織應考慮三個層面，簡稱為課程組織的ABC：銜接性（articulation）、均衡性（balance）及繼續性（continuity）。另外翁斯坦及宏金斯

(Ornstein & Hunkins, 1988, 168-71）認為課程設計必須注意六個層面：範圍（scope）、統整性、順序性、繼續性、銜接性和均衡性。範圍和均衡性牽涉到課程選擇較大，故於課程選擇一章討論。以下針對順序性、統整性、繼續性及銜接性四者加以探討。

(一) 順序性

所謂順序性，根據泰勒的說法，係指「每一繼續的經驗雖建立在前一經驗之上，但應對同一題材作更廣、更深的處理。」例如閱讀技能，在順序上可逐漸增加文章的長度、廣度、深度及複雜度。順序性基本上是學習先後的問題，那些該先教，那些該後教，如果安排妥當，學生便易於學會。

塔巴（Taba, 1962）曾注意到一般人對順序的處理往往只重內容而忽略過程，她認為這是不對的。課程組織除妥善安排內容順序之外，也要注意處理內容所須的技能。這個問題實際上便是長期以來，一直爭論著的心理組織及邏輯組織孰為重要。學科知識自身有其邏輯結構，然而兒童及青年處理知識也有他們的程序。課程設計者在組織課程之際，實宜兼顧這兩方面。

(二) 繼續性

所謂繼續性，係指課程中包含的因素在不同學習階段予以重複。例如資料的搜集、分析與解釋，在同一科目的不同單元中，均重複出現，雖然各單元之主題不同，但主題之下的資料搜集、分析、解釋過程卻沒有什麼差異。又如國語字詞的學習在第一課出現的，往後各課如有機會再出現，就安排令其再出現。小學一年級所學，在二年級可能重現，甚至於小學所學，中學又出現，這種現象也是一種繼續性。

我們很容易可以了解到為什麼課程組織要符合繼續性的規準，那是因為要提供學生繼續發展、重複練習、避免遺忘。課程組織的繼續性並未有加深、加廣的涵義，只在重複呈現某一課程要素。

課程組織的繼續性很容易被誤用，目前各級學校社會科有關的課程，常有不當的重複，上一級學校的課程重複下一級學校的課程，學生的學習未有加廣或加深的狀況，使得他們的學習時間白白浪費了。所以繼續性應限用於重要的課程因素，且應與順序性相結合。

布魯納（J. Bruner）的「螺旋式課程」（spiral curriculum）組織型態，可謂為繼續性和順序性結合的最佳代表（Ornstein & Hunkins, 1988, 170）。布魯納認為課程組織應注意每一學科基本觀念結構的交互關係，學生要學會這些觀念結構，必須採取螺旋方式發展、再發展——課程的組織應重複基本的觀念，但是應該不斷加深加廣。

（三）統整性

統整性係指課程因素的橫的聯繫或水平的組織。人類的經驗和活動是個整體，但是當我們要培育學生生活能力的時候，却需要將這個整體區分為不同的領域來施教。因此，完整的生活變成了語文、數學、社會、自然、音樂、美勞、體育等領域，甚至於自然還可分成生物、健教、物理、化學、地球科學，社會又可分成公民、歷史、地理。本來在家可學，在學校、社區也可學，但是現在只有學校才被視為學習的地方，學校所學和社會生活可能並不相干。

由此可見課程組織的統整性，旨在統合學生分割的學習狀態，讓各領域的學習得以關聯起來，增加學習的意義性、應用度，也增加學習的效率。所謂統整性，可用於科目與科目之間、理論與實際之間、校內活動與校外活動之間，也可用於認知、技能與情感之間。

（四）銜接性

銜接性一詞是有點令人感到混淆的概念，有的課程學者根本不去討論它，例如泰勒及馬克尼便是，討論它的人所下的定義也不太一致。

奧立佛（Oliver, 1977, 222-4）把銜接性當成是「水平銜接性（horizontal articulation）或相關性（correlation）」的同義詞，意指同時發生的兩個因素間的關係。不過在圖7-1之中，奧立佛所謂銜接仍舊包含水平和垂直兩部分。他舉了解剖醫學上的例子說明。人體上臂和下臂是可以分開的兩部分，藉由肘關節把它們銜接起來。如果肘關節出了毛病，上臂和下臂便不能銜接起來執行手肘的功能。同理，課程因素也應該銜接起來，才能夠運作良好。奧立佛接着指出目前學校課程未能顯示銜接性的地方，其一為科際之間的矛盾，例如英語與數學根本銜接不起來；其二為理論與實用缺少銜接，數學公式和定理很少用到科學課之中；其三為學校與現代生活之間缺少銜接，學校很少運用社區資料來教學。奧立佛對銜接性的說明，固有其價值，不過既然為水平組織，則統整性已為大家普遍採用，似無另有銜接性的必要。

翁斯坦及宏金斯（Ornstein & Hunkins, 1988, 170-1）兩人，把銜接性視為「課程各層面交互連結」之意，其中的關係或是垂直的或是水平的。垂直關係指課、主題、科目等之順序安排（例如一年級國語和二年級國語的關係）；水平關係指同時發生的各課程因素的安排（例如六年級國語和社會的關係）。由此可見翁斯坦及宏金斯對銜接性的看法，是把它當成一個概括順序性、繼續性及統整性的名詞，用指課程因素的安排宜注意其中的水平及垂直關係。此一定義能夠區

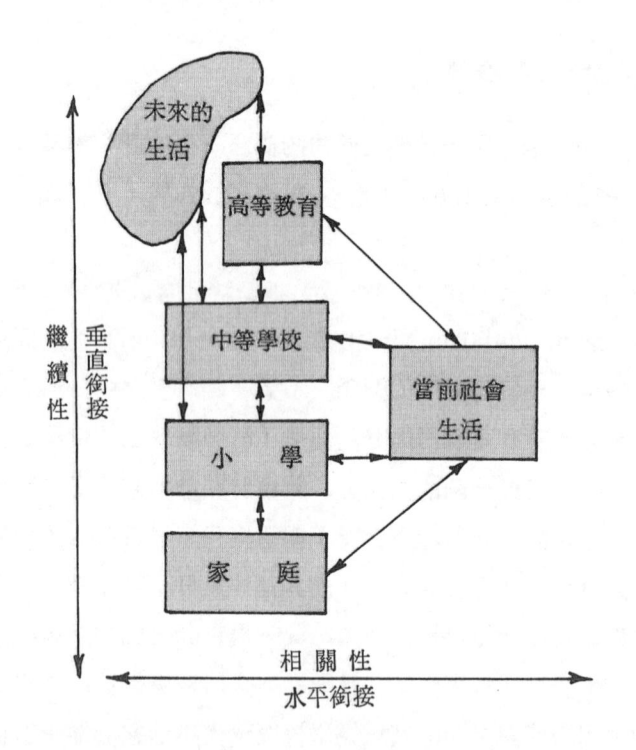

圖 7-1 銜接性示意圖 (Oliver, 1977, 223)

別銜接性和其他組織規準，也合乎一般常識性用法。

由上述分析可見，課程組織之規準順序性、繼續性、統整性、銜接性，歸納言之，不外期望課程設計能注意安排垂直組織和水平組織。以下分別說明課程的垂直組織原則和水平組織原則。

三、垂直組織原則

課程的垂直組織（vertical organization），係指對課程因素學

習先後次序的安排。課程的垂直組織，有許多原則可供參考。

（一）由單純到複雜

指課程因素的安排，由簡單的下屬因素開始，而後及於複雜的上位因素及其中的各種交互關係。此一原則亦可用指數量方面，由少到多，也可用指由部分到整體或由一般性到細節。

（二）由熟悉到不熟悉

指課程組織宜由學生熟悉之處着手，逐漸導向其不熟悉的地方。例如社會科學習活動的安排，宜由學生已知的活動開始，向他不知的活動導入，卽由鄰居、社區、省市、國家到世界。

（三）由具體到抽象

卽指課程設計宜先由視聽嗅味觸等可具體觀察或感覺的學習經驗開始，而後及於抽象思考的層次，例如語言表達、分類。數學教育宜先教加減而後乘除，因前者較易於具體操作，也較單純。

（四）由整體到部分

這個原則也有教育心理學者支持。他們主張課程組織應由整體開始，概觀所有的學習內容和經驗，提供學生一個整體的理解，然後再開始進行各部分的學習。此一原則乍看之下似乎與「由單純到複雜」的原則相背，唯事實不然，這兩個原則若能結合起來運用，效果可能更好，那就成為「由整體而部分而整體」了。

(五) 由古及今

此為依照時間先後來組織課程，例如歷史事件之發生有其先後次序，代表因果關係，課程內容也應如此排列。

(六) 先決條件的學習優先

此一原則類似於「由部分而整體」的原則。學習某一課程內容之前一定要先學會基本能力，否則便無法學會。例如游泳要先學打水，加減之前先學數數。葛聶的學習階層說便是代表（參見第一章及第二章）。

(七) 概念關聯法

概念關聯法的基礎在於知識的結構，其焦點在概念的交互關係。課程設計者宜先確立知識結構，找出其中之交互關係，作為安排學習先後次序之依據。

(八) 探究關聯的順序

這是依照學者專家從事探究的程序來設計課程。他們從事探究時，概念、原則及方法的使用程序，便是課程組織的順序。

(九) 學習者關聯的順序

指學習者學習或經驗活動和內容的順序，可能有異於學者專家，宜做為課程組織的基礎。這方面有許多學者研究，發現兒童及青年的發展階段，例如皮亞傑（J. Piaget）的認知發展階段、柯耳堡（L. Kohlberg）的道德判斷發展階段、哈維赫斯特（R. J. Havighurst）的發展任務說、艾立克遜（E. Erikson）的發展任務說，對課程組織

的順序都有重要的啓示。

(十)利用關聯的順序

指人們如何運用知識、如何從事活動,其順序便是課程組織的順序。例如本書第一章巴比特(J. F. Bobbitt)和查特斯(W. W. Charters)主張的活動分析法便是很好的代表。

以上所介紹的十個順序原則並不完整,讀者尚可找到其他原則加以應用。這些順序原則在運用時如何加以統合顯然並不容易,有待課程設計者依照課程的性質、學生的狀況、教育的條件等配合考慮,發揮設計者的藝術。有些原則或尚待進一步研究,以確認其效果,或尋找變通之道。再者,由於科技發展迅速,某些原則似乎不必一成不變地死守,例如「由近及遠」的原則便是,因為科技發展已使遠地的一切事物可以清晰擺在眼前觀察討論。

四、水平組織的原則——統整

課程的水平組織(horizontal organization)必須能提供學習者統整所學的機會。所謂統整 (integration),係指合成一體或關聯起來的意思。課程的內容和活動,其組織必須使學習者將所學的概念、原理、原則關聯起來,成為有意義的整體。這樣,學習才能產生效果。

關於統整原則的討論,大體上有三個方向,第一是知識的統整,這一點在 1930 年代以來,討論很多,因為當時課程設計都是分科進行,科目彼此間失去了該有的聯繫,以致各科課程孤立存在,無法形成較大的累積學習效果。

知識統整是課程設計的難題,一方面學者主張知識有其不同的型

式，例如有的知識屬理論的，有的則屬實用的，有的知識屬實證的，有的則屬審美的、倫理的或符號的。爲了研究上的便利，知識的分類愈來愈細，研究者選擇其中之一深入探討，使得人類的知識累積愈來愈多。然而這種作法也有其缺點，那就是不同研究領域的界限愈來愈大，卽使研究的是同一現象，學者往往也不相往來，彼此對於對方的研究所知有限。知識的分門別類確有其存在的價值，特別是對知識的研究和專精而言，然而這並不等於說知識間有了界限最有助於學習。事實上，學校課程大都受到知識的分門別類所支配，其組織型態大都是科目中心的，將知識切割來教，讓學生片斷地學，違反知識統整的原理。因此，許多人倡導知識的統整，希望課程組織能排除不必要的界限，使知識間的關係更清晰可見，便於學習。

討論統整原則的第二個方向，是學生經驗的統整。每個學生都有其各自的能力、經驗、興趣與需要，這些構成了他自己的意義架構，當他不斷學習時，這個意義架構便有了不斷成長的機會。課程設計者的責任，在使課程組織，能基於此一架構，並能加強它的成長。由於每個人都是特殊的，其意義架構也是特殊的，因而所謂統整，不單停留在知識本身的關聯，而應讓知識和學生經驗結合起來，使學生能運用知識並促進其意義架構的成長。由此觀之，統整是發生於個人身上的 (Taba, 1962, 299)，知識最終要成爲個人意義體系的一部分。

討論統整原則的第三個方向，是社會的統整，也有人稱爲社會關聯 (Social relevancy)。課程的內容和活動，必須和社會生活關聯起來，社會生活有其要求的能力水準，也有其存在的問題。社會的統整，便是讓課程能培養學生適應生活的能力，讓他們認識及練習解決社會問題，這樣課程內容和活動，便不能停留在知識研究的象牙塔中，知識必須走入社會，爲社會服務。

統整原則討論的三大方向,和課程理論取向具有密切的關係,再者,三種統整方向,形成了三種課程組織型態——學科課程、活動課程、核心課程。對於統整的努力,學科課程重視的是知識間的關聯,活動課程重視的是學生經驗的關聯,核心課程重視的是社會的關聯。目前學校對於課程統整的具體努力,大致上都落在上述三個統整方向之中:

1. **任課教師的關聯**:課程領域仍獨立存在,由任課教師就領域關聯的可能性,在教學之中設法讓學生了解不同領域所學知識的關係,這稱為相關課程的設計。

2. **領域的合併**:兩組以上的課程領域(如不同的科目),被合併為新的課程領域,由一位教師單獨教學,或由不同教師協同教學,這屬於融合課程及廣域課程的設計。

3. **正式課程與非正式課程的統整**:正式課程或稱正課,非正式課程包含課外活動或聯課活動,兩者的統整,係指前者所學習的,在後者能獲得加強或練習的機會,反之亦然。

4. **以學生需要為中心的關聯**:比較傳統的統整方法向以學科為中心,但其內容及活動儘量配合學生的興趣需要和經驗。比較激進的設計,是以學生需要為中心,不同學科的知識,只是用來滿足學生的需要。

5. **以社會需要為中心的關聯**:比較傳統的,仍以學科為中心,但是內容及活動儘量配合社會生活和社會問題,使其具有社會意義。比較激進的設計,是以社會生活或社會問題為組織中心,據以選擇學生所需學習的知識。

6. **教學時間的統整**:學科分立的課程,其教學時間也是零碎地劃

分,為了達成統整原則,時間被合併為較大單位,減少人為的、獨斷的學習時間切割。

課程統整最大的困難,在於尋找統整的中心(或稱為組織中心),以便將所有關聯的事物貫串起來。缺乏了統整的中心,勉強將不同的課程領域併在一起,那只是混合,而未眞正的統整(Taba 1962, 3d-2; Barnes, 1982, 121-7)。統整的中心之於課程組織,就如同針線之於衣服一樣重要。可用的統整中心很多,例如歷史的年代順序、文學的型式。通常歷史和文學合併的時候,大都以歷史的年代順序為依據,選擇每一年代的文學來教學,但比較好的統整中心,則是問題或概念,例如美國生活、消費者教育。美國生活可將文學和歷史聯結起來,消費者教育的概念可以結合數學能力的教學。其他題材像性別關係、多元社會、暴力與戰爭、民主社會、思考的方法,都具有統整的功用。

五、組織結構

從事課程組織工作,不只要了解組織效果的判別規準以及組織的原則,還要了解組織結構要素(structual elements)。泰勒(Tyler, 1949)將結構要素分成三個層次。最高的層次是組織型態或課程類型,依所採取的課程理論取向,而有不同的設計方式。課程組織型態有許多種區分方法,林本及李祖壽(民59, 134)將它分成六類:科目本位課程、相關課程、融合課程(或稱合科課程)、廣域課程、核心課程及經驗本位課程(見圖7-2)。美國教育行政人員協會分成科目課程、廣域課程、核心課程及經驗課程。(林本及李祖壽,民59, 135);泰勒(Tyler, 1949)也採取相同的分法。

雖然課程組織型態很多，不過其最基本的型態不外兩類：一類以知識爲中心，另一類以人類事務爲中心（見圖 7-3）。以知識爲中心的組織爲了吸引學生的興趣，並促進知識之利用，常常要以興趣、需求（含個人及社會）和問題來輔助。換言之，興趣、需求及問題本身不是目的，而是引導學生追求知識的手段。以興趣、需求及問題爲中心的基本型態，往往要藉用各領域的知識，以滿足需求和興趣，解決遭遇到的問題，因此知識本身不是目的，而是人類事務的手段。

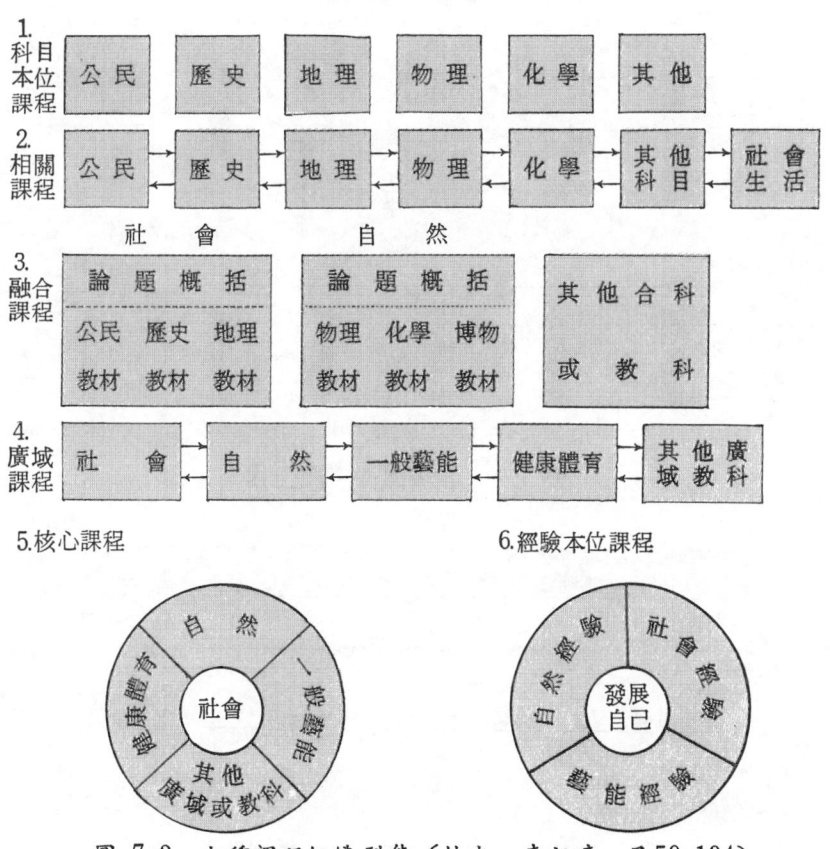

1. 科目本位課程： 公民 | 歷史 | 地理 | 物理 | 化學 | 其他

2. 相關課程： 公民 → 歷史 → 地理 → 物理 → 化學 → 其他科目 → 社會生活

3. 融合課程：
   社會（論題概括：公民教材、歷史教材、地理教材）
   自然（論題概括：物理教材、化學教材、博物教材）
   其他合科或教科

4. 廣域課程： 社會 ↔ 自然 ↔ 一般藝能 ↔ 健康體育 ↔ 其他廣域教科

5. 核心課程
（圓形圖：健康體育、自然、一般藝能、其他廣域或教科，中心爲「社會」）

6. 經驗本位課程
（圓形圖：自然經驗、社會經驗、藝能經驗，中心爲「發展自己」）

圖 7-2　六種課程組織型態（林本、李祖壽，民59, 134）

302　課程設計

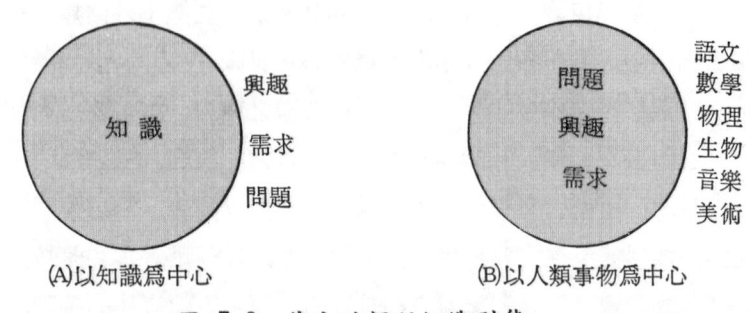

(A)以知識為中心
知識 — 興趣、需求、問題

(B)以人類事物為中心
問題、興趣、需求 — 語文、數學、物理、生物、音樂、美術

圖 7-3　基本的課程組織型態

人類事務法：個別兒童 — 設計教學法 — 興趣中心 — 需求中心 — 社會功能中心 — 社會問題中心 — 社會

系統知識法：統合的知識 — 廣域課程 — 融合課程 — 相關課程 — 科目課程 — 專門的知識

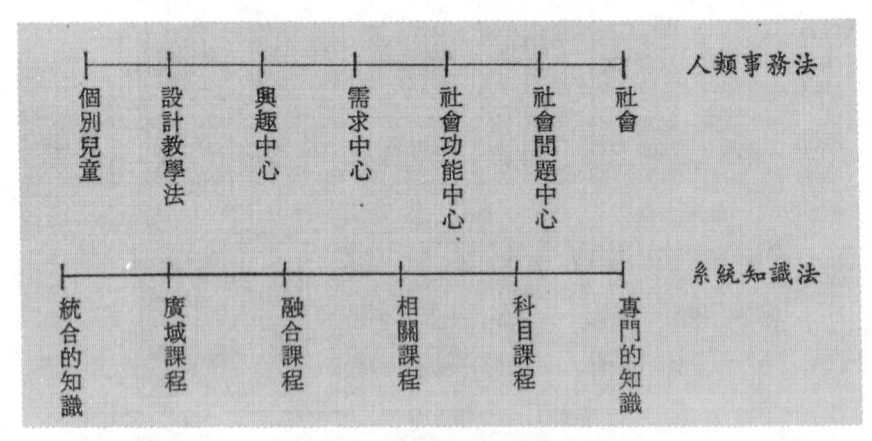

圖 7-4　各種課程組織型態

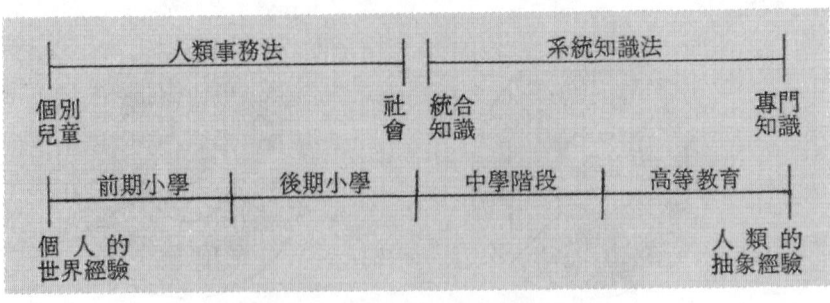

人類事務法：個別兒童 ——— 社會
系統知識法：統合知識 ——— 專門知識

前期小學 — 後期小學 — 中學階段 — 高等教育

個人的世界經驗 ——— 人類的抽象經驗

圖 7-5　學制與課程組織型態

不論是以知識爲中心或以人類事務爲中心的組織型態,都包含了許多不同的型態(見圖 7-4)。先就知識中心而言,最左邊是統合的知識,最右邊是極爲專門的知識,兩端之間由左至右有廣域課程、融合課程、相關課程及科目課程,代表知識領域間的界限愈來愈清楚的程度。再就人類事務中心而言,最左邊是個別兒童,最右邊爲社會,兩者之間有設計教學法、興趣中心、需求中心、社會功能中心及社會問題中心等組織型態。

若將兩個圖形結合(見圖 7-5),左邊是個別兒童,右邊是專門化的知識,自左至右代表精緻程度,初等學校課程可採人類事務中心法,中學以上可採知識中心法。兒童和知識是一直線的兩端,教育在引導兒童從自己的世界經驗,邁向人類累積的抽象經驗,兒童和知識兩者並不是對立的。

從圖中可見到課程組織型態中有三個極其突出的概念,分別爲兒童、社會及知識,三者各代表一個重要的課程理論取向。基於此,本書乃將課程組織型態區分爲以知識爲中心的學科課程,以學生爲中心的活動課程,及以社會爲中心的核心課程,再深入加以介紹。

課程設計者確定了所要採用的組織型態之後,接著便要思考中間層次的結構,例如把學科課程區分爲許多科目——小學數學、中學數學,小學數學及中學數學又可分爲各年級數學,或稱爲算術、代數、幾何、三角等。有時這個層次不稱爲科目,而稱爲領域。最後,課程設計者再思考最低的組織結構,那就是每個科目或領域中的單元組成或各課組成,以及各單元及各課中所包含的課程因素(如概念、原理、方法、理論、價值等)。

從事課程組織工作時,宜注意到組織結構的層次,課程是由各組織結構統整而成,結構愈複雜,所包含的因素愈多,關係網路愈難以

釐清，要使課程更具統整性和順序性，也就愈加困難。就課程組織型態而言，各種型態都有其優缺點，都有其運用上的限制，宜加注意。

第二節 學科課程

學科課程（the subject curriculum）是最古老，且最廣為接受的課程組織型態。在希臘、羅馬的學校中，有所謂七藝，包含文法、修辭、邏輯等「三藝」，以及算術、幾何、天文、音樂「四藝」。其後三藝又加上了文學與歷史，四藝納入了代數、三角、地理、植物學、動物學、物理學和化學。到了1930年代，教學科目已超過三百個以上（Smith et al., 1957）。及至現在，由於學術和科技發展甚快，研究分工愈來愈專門，學科的數目也愈來愈多，真是數不勝數。

目前我國大中小學所採用的課程組織型態，幾乎都屬學科課程，例如小學生必須學習國語、數學、社會、自然、唱遊（含體育、音樂）、美勞（含美術、勞作），生活與倫理等科目，中學生必須學習國文、英語、數學、歷史、地理、物理、化學、生物、體育、音樂、美術、公民與道德、輔導活動等科。至於大學生的課程，更屬學科中心，分為大學共同必修科目（普通教育課程），各系必修科目（專門教育課程）和選修科目。在歐美國家，有不少中小學實施活動課程和核心課程，但大學則仍採學科課程的組織型態。

學科課程可分成兩大類，第一類是採個別科目為中心來設計，第二類是統合有關科目的設計。前者包含許多獨立的教學科目，後者則力求找出科目間的關係，讓相關的科目互有聯絡，或者融合起來，減

少教學科目的數量。

學科課程的組織型態，最重要的工作，在於確定學校該開設什麼科目，這些科目一旦確定之後，整個學校的課程也就顯現出來。課程制定或修訂，需要先討論那些科目最有價值，那些科目價值較小，在有限的學習時間內，排入最有價值的科目。

一、特　　點

學科課程的特點，可分成幾項來討論。

第一項也是最重要的一項，是課程內容的分類按照學術研究領域的分類。

大學有國文系或中文系，所以中小學有國文或國語，大學有物理系、化學系和生物系，所以中學有物理科、化學科和生物科，小學有自然課。學科課程對內容的選擇和組織，完全按照最有助於專門研究的型態，而非按照實際生活問題或學習者的興趣與需要。透過這樣的設計，學生學到了專門研究領域的重要事實、概念、原理、原則和技能，同時也逐漸被導入各個學科領域，有朝一日成為學科的研究者，擴大學科的知識，加惠於下一代。課程設計者必須忠實於學科領域的傳統和發展，學科一旦有新的發現，便要反應於課程內容中。每個學科都是非常複雜的集合，隨著受教者年級的提高，每個學科也逐漸專門化。

第二項特點，是教學科目內容的順序安排，按照學科邏輯次序。

每一學科都包含了事實、概念、原理、原則、技能，這些內容有其邏輯上的先後次序，設計者認為，若運用此一次序，學習者對內容的理解和熟練，便可循序而進，不會遭遇困難。

第三項特點，是教學科目內容，必須反應學科的結構和探究方法。

每一學科都有其獨特的結構，這是專屬於這個學科的，教學科目包含了這個結構，才算反應這個學科。學科結構又是什麼呢？學科結構可說是構成學科的重要概念和原則，例如化學的元素，物理的力，歷史的時間。再者教學科目也要整合學科的探究方法，例如自然科學的觀察、實驗，歷史的詮釋、批判，地理的實地考察。

第四項特點，是強調呈現的技術。

學科課程強調探究方法，所論探究方法，係指學科的研究方法，例如如何發現問題，界定問題，設計研究，搜集及分析資料，作成結論。近來，學科課程也強調探究式教學，引導學生去發現真理，而不是由教師告訴學生真理。但是傳統上學科課程所強調的呈現技術，像講解、討論、問答、報告，仍然運用得非常廣泛，藉以提出事實、概念、原則，加以說明，讓人了解。

第五項特點，是區分必修和選修科目。

學科課程重視事先計畫，不管是教學科目或科目內容，都要事先設計，設計時要考慮課程使用的對象。比較早期，課程重視共同學習，不顧個別差異，例如選修能力、需要和興趣，所有學生必須學習相同的科目。近來，個別能力、需要和興趣受到重視，教學科目乃區分為必修和選修，前者做為共同學習之用，後者則由學生自由選修。學科課程的選修和活動課程、核心課程不同，那是事先訂定的，而不是源自於學生興趣和需要而開設的。

二、限　　制

　　學科課程最大的優點，在於它已廣泛被接受，其實施可獲得強力的支持。每個學科都是嚴密的組織，包含研究人員、學術著作、發表刊物、專業學會等，師資也是學科課程型態培育出來的。所以繼續實施學科課程，不會有太多人反對，也不會遭遇太多困難，即使偶有一些批評，只要小幅度修訂即可解決。課程設計容易找到相對應的專家。學生在學科課程的型態下，可以學到專家的思考和探究方法。

　　然而學科課程的實施，迄今已發生許多問題。

第一個問題：

　　已被納入課程中的學科，是既得利益者，抗拒課程的更新。隨著時代變遷和知識發展等變化，學校課程必須除舊布新，或至少要調整現狀以符合新的社會需要。換言之，社會變遷使原來課程中的部分學科變得不重要，但這部分學科已是強有力的組織，要改變這些學科，等於要和這些學科的組織對抗，結果常常是失敗而繼續維持現狀。

第二個問題：

　　學科課程的第二個問題，是科目之間有了階層，形成了學習上的障礙。例如所有科目被分成「學科」和「術科」，前者是做學問用的，是認知的、思考的，後者被視為生活上用的，是技術性的、操作性的。「學科」意指必須認真學習，定期接受紙筆測驗，結果對於升留級及未來的前途甚為重要。「術科」意指身心調劑之用，往往沒有嚴肅的紙筆測驗，也很少有不及格的現象出現，故無關於升留級。美國十九世紀末的中學教育十人委員會（Committee of Ten），建議中學開設九個科目：拉丁文、希臘文、英語、其他現代語、數學、

物理、天文和化學、自然歷史（含生物學、植物學、動物學、生理學），地理（含自然地理、地質學、氣象學），而拒絕討論美術、音樂、體育和其他實用科目在課程上的價值與地位(Tanner & Tanner, 1980, 233)。可見學科本身的階層性存在，抗拒了課程革新。

第三個問題：

學科課程的組織型態，常被批評為片斷零碎地傳授知識。在實際生活中，學生找不到「物理生活」、「歷史生活」、「國文生活」。生活是個整體，其中結合了各學科的知識，但學科課程却將知識切割成片斷，教給學生，往往使得學生不知道知識在生活中的地位與用途。再者由於課程中各學科孤立地存在，課程內容孤立地設計，教師也孤立地教，產生不當的缺漏或重復。

第四個問題：

學科課程常被批評為忽視社會需要和學生需要，學科課程應在發展學生對學科知識的理解和忠誠，著眼點是學生的心智發展，而不是羣性發展和情性發展。學科課程本身乃成為自我封閉的系統：事實、概念、原則的傳授，脫離了社會現實。學了知識做什麼用，往往不是學科課程設計者的課題。

第五個問題：

學科課程，特別是早期的設計，常強調被動的學習方式，學習目標限定在知識的記憶、背誦。教學是灌輸知識，而不是發展主動的思考能力。即使在今日，探究歷程、解決問題的思考，在學科課程的教學中仍不多見。

基於這許多批評，學科課程的設計，乃產生了一些轉變，這些轉變最主要是科目的統合，以避免學科知識片斷化和零碎化。以下分別說明這些改變。

三、相關課程 (correlated curriculum)

相關（correlation）在課程設計上，係指讓兩個或兩個以上的科目，建立共同的關係，但各科目仍維持其原來的獨立狀態·（見圖7-6）。例如國文和歷史教學可以關聯起來，當歷史老師教到清朝時，國文老師便讓學生閱讀清朝文人的作品。又如國文和社會兩者也可建立關係，當社會科教到現代社會問題時，國文科可以選教有關現代社會問題的文章。其餘如音樂、美術和語文、歷史和地理、物理與數學，也都可以建立起關係。

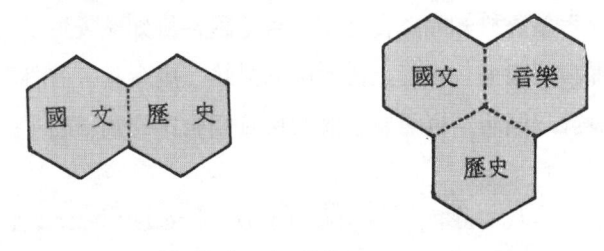

圖 7-6 相關課程

相關課程旨在彌補學科課程各科分立且封閉的狀態，使各科目之間互相聯絡。這樣，各科內容由於彼此有了關係，學生的學習更具有意義。此外，實施相關課程時，由於教師需要了解所聯絡的科目，因此可以避免不當的重複。

相關課程的設計，有兩種方式，第一種是以某一科為中心，讓另一科去配合，例如，前舉國文配合歷史或社會便是。這種型態常是某一科的邏輯結構相當固定，另一科則比較有變化，像歷史的組織，多半依照時間順序，其下再分主題的組織方式，文學則可依時代排列，也可依主題排列，其組織的彈性較大，故常以國文去配合歷史，而不

以歷史去配合國文。第二種方式是找出幾個共同主題，每個科目都選教與此一主題有關的內容，例如雙十節可以作為共同主題，國文科教雙十節有關的文章或詩歌，「歷史」教雙十節的因果與意義，美術科教學生繪製慶祝雙十節的圖畫，音樂科則教唱雙十節的歌曲。

不論採取那一種方式，求科目間的關聯，必須找出關聯的焦點，這個焦點可以是事實、原則、理論、規範或技能。

相關課程所要聯絡的內容，可以在課程設計時便訂定下來，也可由教師臨時彼此聯絡，建立關聯。由於學科仍維持獨立狀態，各科有其自己的組織中心，教師都要提供學生系統的知識，相關往往破壞了各科知識的系統性，特別是各科分別由不同老師教授時，障礙更大。相關並未讓各科知識統合起來，只是讓各科知識發生了關係。再者，相關課程要能有效實施，需要教師對此一概念具有信心，願意集合在一起設計，同時，也需要相關的科目間能找到聯絡的「中心」。

四、融合課程 (fused curriculum)

融合 (fusion) 係將有關的科目合併成為一個新的學科。在合併後原來科目不再單獨存在，這和相關課程的作法不同。

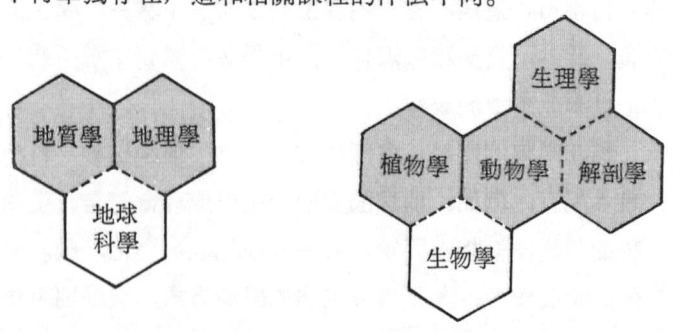

圖 7-7 融合課程 (Tanner & Tanner, 1980, 473)

例如圖7-7的地球科學係由地質學（物理科學的領域）和地理學合併起來，生物學係由動物學和植物學合併起來。美國高中課程中，植物學、動物學、生理學、解剖學原來係獨立存在，二十世紀初，這幾個科目融合為生物學，成為高中普通教育的科目。此外，音樂、體育可融合為唱遊，物理、化學可融合為理化。

真正的融合課程，是有機的化合不同科目的內容，而不是不同科目內容的混合並列。目前國中課程的自然科學，很明顯地只是物理、化學的混合；高職的社會科學概論，是公民、歷史、地理、法律的混合。無論是自然科學或社會科學概論，都未找出共同的主題，將有關科目的內容化合起來，因此不屬於真正的融合課程。

五、廣 域 課 程
(broad-fields curriculum)

廣域課程和融合課程，是令人混淆的觀念，在某些課程著作中(Saylor & Alexander, 1955; Smith et al., 1957; Taba, 1962)，只提到廣域課程，未提到融合課程，實際上其廣域課程包含融合課程的概念。「廣域」由字面上看，係指比較廣大的領域，這是和個別學科比較而言，坦那和坦那(Tanner & Tanner, 1980, 473)兩人，將廣域課程當作統合整個知識分支內各科目的方法，例如社會、美國研究、普通科學、物理科學、語文、藝術、工藝都屬廣域課程的學科。他們也認為廣域可用指不同知識分支的統合，例如物理科學和生物科學統合為自然科學，人類在文學（戲劇、詩歌、小說）、藝術（音樂、繪畫、雕刻、建築及其他）、舞蹈和哲學上的成就，統合而為人文科目(humanities course)。生態學則統合了化學、生物、農學、

地理、經濟、政治、社會、地球科學等科目。如果生態學的組織中心採取「社會問題」，而不是一般的學科題材，則它變成為核心課程，而不是廣域課程。

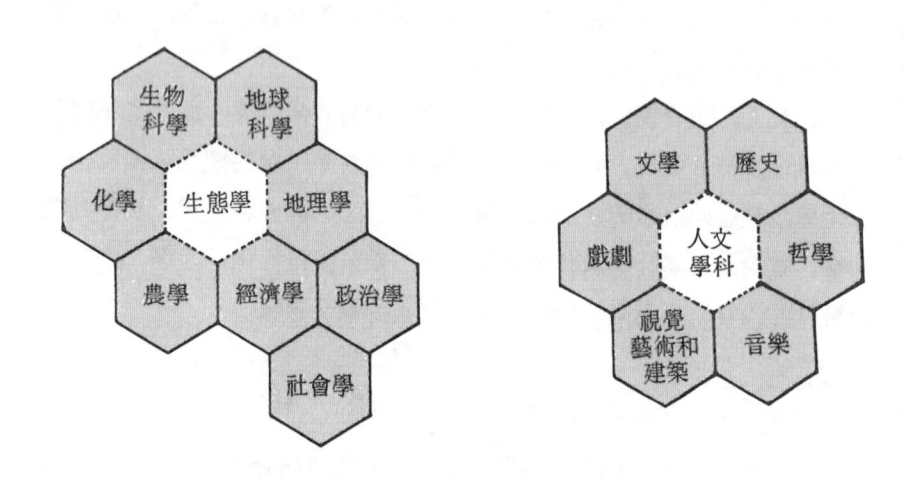

圖 7-8 廣域課程 (Tanner & Tanner, 1980, 475)

廣域課程的作用，除了讓不同科目的內容建立起關係外，尚可解決學校課程的擁擠現象，讓學生對於整個較大知識領域有統合的觀點。芝加哥大學在1940年代曾採廣域課程的設計，規劃實施其普通教育，其所建立的三大廣域如下 (Tanner & Tanner, 1980, 475-6)：

1. 社會科學
   社會科學㈠：美國的民主
   社會科學㈡：工業化社會、個人和文化
   社會科學㈢：自由與控制
2. 人文科學

人文學科㈠：詩歌文學、視覺藝術和音樂的關係

人文學科㈡：各種文學表達型式（歷史、修詞、戲劇、小說、哲學）

人文學科㈢：當代詩歌、戲劇、小說、藝術和音樂。

3. 自然科學：含物理和生物科學

廣域課程的設計與發展，最重要的是建立主題，以便統合各科的內容。例如社會科的主題可採取下列五項(Smith, et al. 1957, 260)：

1. 人羣間的互賴關係增加。
2. 人需要適應生存的條件、競爭團體的壓力和吻合於改變中的情境。
3. 人對自然的控制增加。
4. 爲了追求較高的生活水準，人們傾向於遷徙。
5. 民主的進步是不可避免的。

又如生物科學課程研究（BSCS 的廿二版）其主題如下：

1. 生物學家看世界
2. 談生命
   (1)生命的型態
   (2)生命的起源
3. 生物的組成和組織
   (1)物質與能量
   (2)有機體的分子
   (3)有機體的結構
4. 尋找能源

    (1) 光合作用概述
    (2) 光合作用的方法
    (3) 發酵與呼吸
 5. 能源使用
    (1) 使用能源的方法
    (2) 有機體內能源的交換
 6. 人的功能和組織
    (1) 人的研究簡介
    (2) 體液
    (3) 骨骼肌肉和皮膚
    (4) 營養、排泄與呼吸
    (5) 統整的反應
 7. 發生學
    (1) 發生學簡介
    (2) 遺傳的賽路絡和化學的基礎
    (3) 遺傳的型態
    (4) 遺傳的染色體理論
    (5) 發生的變化
    (6) 共同行動的方法
    (7) 人口的發生學
 8. 再生和發展
    (1) 動物再生的方法
    (2) 動物再生分化的比較
    (3) 發展的事件
    (4) 發展的解釋

9. 演化
   (1)演化論的歷史
   (2)演化的結構
   (3)有機體的差異
   (4)演化變遷的型態
   (5)生理變異
10. 生物學的已知和未知

第三節　活動課程

活動課程（activity curriculum）的課程組織型態又稱為經驗課程（experience curriculum），前者是比較典型的用詞。活動課程的基本概念，可以上溯到盧梭，甚而可追溯到柏拉圖（Plato），不過活動課程的設計却是十九世紀末的事。1897年，杜威在芝加哥大學創立實驗學校，採用「活動方案」（activity program），直到1920年代，才被普遍使用。

一、特　徵

活動課程具有什麼特徵呢？曼寧（Manning, 1971, 23-4）認為有如下九點：

1. 課程應按照兒童所選擇的興趣中心組織起來。因而兒童學習的是救火員、馬戲團、史前動物、太空旅行等題材。
2. 興趣中心是按照心理順序來安排（即兒童眼中的邏輯組織）。

兒童現時的目的和計畫可以當成未來幾年的目的和計畫之先決條件。在追求真正興趣的過程中，自然會發展出知識和技能。
3. 教師的工作是協助兒童沿着現實興趣的廣大路徑去發展，而且發展的焦點是整體的。
4. 問題解決是基本的方法。教學大體上只是觸發的活動，旨在發展兒童的問題解決探究方法。
5. 兒童是教室中的支配者，其主導學習經驗的程度不斷升高。
6. 第一手經驗是學習的主要資源，書籍只是參考。
7. 成就的主要指標是創造性的表達。記憶屬於模仿，是不重要的。
8. 觀察是主要的評鑑技術，用以找出個人成長及改變的證據。
9. 成就的報告採兒童個人描述的方式，每個兒童都被當成獨特的。報告中包含成長的證據、障礙、獨特的優缺點，通常用信函或個別會談的方式報告。

課程學者奧立佛（Oliver, 1977, 240-1）採取學科課程和活動課程（他稱為經驗課程）對照比較的方式，說明兩種課程設計型態之不同，從當中可看出活動課程的特點如下：

學科課程	活動課程
1. 以學科為中心。	1. 以學習者為中心。
2. 以教材內容之教學為主。	2. 強調學習者全面發展。
3. 題材的選擇及組織係在教學情境發生之前。	3. 題材係由所有學習者在學習情境中合作選擇和組織。
4. 由教師或外在於教學情境的代表性權威控制。	4. 由學習者在學習情境中與他人（教師、家長、校長、視察等）合作控制。

學科課程	活動課程
5. 強調事實的教學、知識的灌輸,為知識而求知,或為未來運用而求知。	5. 強調意義,具有改善生活的立即功能。
6. 強調特定習慣和技能的教學為學習的不同和孤立的層面。	6. 強調習慣和技能的養成為較大經驗的一個統整成分。
7. 強調改進特定學科特定題材的教學方法。	7. 強調理解並由學習過程的利用來改善。
8. 強調暴露於學習情境的一致性,且儘可能獲得齊一的學習結果。	8. 強調學習情境的變化性,學習結果也要有變化。
9. 教育是順著課程及各種相關工具所建立的型態實施。	9. 教育在協助每個兒童成為具有社會創意的個體。
10. 教育被視為等同於學校教育。	10. 教育被視為連續的心智成長過程。

史密斯等人 (Smith et al., 1957, 271-90) 從兩個角度來觀察活動課程的特徵,其一為獨特點,其二為本質特點,前者用以區別活動課程和其他的課程組織型態,後者是活動課程的本質,不過其他課程組織型態也可能具備。史密斯等人認為,活動課程的獨特點有三:

1. 兒童興趣決定了內容和結構。
2. 共同學習是由於共同興趣所造成。
3. 事前準備是需要的,但並非嚴密計畫。

在第一個獨特點中,所謂兒童興趣係指兒童自身感受的興趣 (felt interests)、感受的需求 (felt needs),而不是成人替他設想的。根據活動課程的理論,兒童總是主動地從事某些事情,教師的責任便是去發現他的興趣,進而在興趣之上建立教育活動。兒童由活動中又出現新的興趣,導向新的活動。再者所謂興趣必須堅忍持久,而不是短暫的念頭,興趣唯有表示出來且形成目的之後,才會成為教育計畫的基礎。學科內容在這樣的設計中,只是達成兒童目的和抱負的

手段，兒童在從事活動中需要學科內容，他乃運用學科內容和材料，進而產生學習。活動課程也知道團體生活和合作活動的重要性，但絕不可阻礙個別兒童的興趣。任何強制個人遵循團體興趣的行動，都是不適當的。教師的角色是很獨特的，他第一個責任在找出個人和團體的主要興趣，然後協助兒童找出最有價值的興趣來學習。「最有價值」的興趣，是指對個人和團體生活最有用的，且能導向興趣的發展和成長的。

就第二個獨特點而言，由於兒童興趣是老師教什麼，學生學什麼的第一個限制因素，因此普通教育或共同學習唯有在兒童興趣相似時才有可能。基於此，活動課程不一定會有共同學習計畫。學科課程和活動課程的組織型態，其共同因素都可能事先確定和計畫，活動課程對共同因素的計畫是屬偶發的、隨機的。

就第三個獨特點而言，由於兒童興趣做為教學計畫的起點，活動課程自然便是不能事先計畫的。事先確定活動，意指兒童興趣必須遵循這些活動，從而偏離了兒童真正的興趣。雖然教師不能事先決定兒童的所作所為，不過有幾件事他有責任去做。他必須和兒童個人或團體一起找出興趣所在；他必須引導兒童評鑑找出的興趣，進行選擇。然後他必須協助兒童計畫及實行某些活動，以追求興趣。最後他必須引導兒童個別地或集體地評鑑完成的活動。這些任務教師都需要事先準備，思考自己的行為、可能興趣的相對價值、可能用到的材料，也要注意兒童的生長、發展及團體結構和互動關係。採用活動課程的學校，都要儘量取得教室活動方向的資料，以便提供材料和設備，也要研究發現兒童個人和團體的興趣的方法。因而出現了各年齡層次主要興趣中心的研究，在活動課程中與實際經驗的發現並列着。主要興趣中心提供的是興趣的可能性，給予教師指引，而不是限制。

接下來談到活動課程的本質特點，史密斯等人共指出五點如下：

1. 師生合作計畫。
2. 社會導向含糊。
3. 問題解決為主要的方法。
4. 課外活動不太需要。
5. 特殊需求以特殊學科來滿足。

　　在活動課程中，活動是由師生合作計畫的。師生合為一個團體，選擇工作領域，界定遭遇的問題，計畫有關的活動，實施並評鑑所從事的工作。這種作法的理由，是基於學生興趣及學生成長均有賴於他參與課程之計畫。在參與中，學生實現其目的，同時發展出問題解決和探究的能力。學生因而獲得了知識，也獲得了方法的訓練和滿足感。特別要附帶一提的是「合作計畫」也包含了目標，由學生之外的人決定的目標不可宰制活動的方向。

　　活動課程的另一本質特點，在於它可能包含有意的或無意的社會導向。由於任何課程都不可能是社會中立的，所以任何教育計畫在施教上都有其社會立場，問題只在於此社會立場是否為有意的或一致的設計。活動課程的組織型態，其選擇課程內容的第一個依據是學生興趣，而學生興趣却不能自外於其週遭環境所含價值觀念的影響（例如電視、收音機、報紙、圖書等）。然而環境中所含價值觀念常有衝突存在，學生興趣自必反映此種價值差異。當學生興趣有好幾個的時候，便需要加以選擇，選擇的規準便成為課程內容擇取的第二個基礎。教師協助學生選擇興趣的時候，若基於一致的價值體系，而且他非常了解此一體系，又能持續一致地運用，此時活動課程便導向有意的社會目的了。

在活動課程中，興趣和目的的追求會遭遇許多困難，克服困難的方法便是問題解決法。活動課程主張的學習過程不是單純地告知必要的知識和過程，因為問題的答案並不是最重要的。由於問題解決是活動課程的核心，學科內容也就變成解決問題的手段而不是目的。

活動課程和其他課程課程組織型態比較起來，可能較不需要為學生安排課外活動，因為這種課程組織型態乃以學生興趣做為課程設計的基礎。在每個選中的活動中，有許多機會讓兒童興趣獲得發揮，讓個人需求獲得滿足。當然某些兒童需求係由學校特別安排來照顧的，例如生命及健康的維護方面，每年總要安排消防演習及健康檢查，這些需求或許不是兒童感到有趣的，但學校課程非有不可。

活動課程也要為特殊興趣安排特定學科施教。在小學早期，學生的興趣也有可能落在學科內容的學習，例如讀、寫、算等技能便是，此時便須安排時間使這些技能獲得進一步發展。這種學習可能是非正式的、極有彈性的，也需要以問題來激發動機。當學生的興趣、需求及能力不斷分化時，更需要為他們安排其他科目，例如音樂。值得特別注意者，特定學科的安排係源自於學生興趣和需求，而不是成人自行認定的。所以活動課程中對特定學科的安排，與學科課程的選修課不同。

活動課程基於上述之獨特點及本質特點，在實施上仍需要有配合措施。師資應有廣博的普通教育，並應具備青少年及兒童發展、輔導及設計教學法的專門訓練。建築、空間及教室應該寬廣而有足夠彈性，以便同時進行許多活動。設備及材料方面應該能夠配合各種興趣。學校除教室外，尚應安排幾個活動室，做為一般用途之用。交通設備也要足夠，以便載運學生到興趣有關的地方去參觀。除此之外，時間表的安排不應太嚴格，也不應事先訂定，學生分組宜基於興趣，

所有行政安排都要有彈性。

二、實　例

由上述討論，應該可以清楚地了解活動課程的精神所在，現在接下來介紹活動課程的實例。

(一) 杜威的實驗學校

1896年，杜威夫婦（John & Mary Dewey）在芝加哥大學設立實驗學校，課程係基於人類的四種衝動：

1. 社會衝動：與他人分享經驗的欲望。
2. 建造衝動：例如遊戲、韻律、假裝及將原始材料轉變為物品形式的欲望。
3. 探究及實驗衝動：例如發現事物。
4. 表意或藝術衝動：這是溝通和建造興趣的精緻化及進一步表達。

杜威認為這些衝動是未經運用的資產，兒童之生長與發展有賴於此。實驗學校便要利用這些基本衝動讓兒童去說、做、發現、創造。課程是以職業範疇的型式出現的，不是傳統所說的學科。包括於課程中的職業有烹飪、縫製、木匠。這些職業活動代表人與自然的關係，提供學生製造物品及動手的機會，讓他們計畫、建造及實驗。與傳統的職業訓練或行業訓練不同，這些職業活動克服了傳統學校之中學科課程所造成的獨立，學生的生活中充滿下列活動：紡紗、織布、烹飪、塑造、戲劇、會話、討論或說故事，學校與社會之經驗彼此交

流。讀寫算的學習是源於職業活動之參與。

（二）美利安的實驗學校

1904年，美利安（J.L. Meriam）在密蘇里大學的附屬小學發展新的課程，學校中完全排除傳統的學科。所有學習活動共分成四個領域：

1. 觀察活動

   一、二年級為植物生活、動物生活、人類、地球和天空。三、四年級為地方工業及活動。五、六年級為世界性活動和工業。七、八年級為各種職業。

2. 遊戲活動

   一、二、三年級為許多遊戲。四、五年級為自然、電力、機械、水、空氣等的遊戲。所有年級都包含體操、民族舞蹈及自由遊戲。

3. 故事活動

   包含讀書、說話、表演、歌唱、國畫、集會練習、外國語。

4. 手工活動：

   製作各種用品、裝飾品。課程大綱上的建議上只包含幾個計畫。材料有紙張、繩索、線紗、布料、木頭、金屬、纖維、茅草。

美利安實驗學校課程設計係根據五個原則：

1. 課程應符合學生的立即需要，其次才考慮未來需要。
2. 課程應採用具體的日常活動來表示，而不是採用傳統學科喜用的通則。

3. 課程應適應個別差異，符合不同口味和能力的學生。
4. 課程的組織應使各年級間及特定年級內的各個主題易於交互使用。
5. 課程應提供認識工作和休閒的機會。

美利安實驗學校的課程像杜威學校一樣，讀寫算（three R's）只是充實學生活動的工具而已，本身不是目的。學生對算術感到有趣，是因為它促進並充實了各種遊戲。此外，該校也非常注意學校與社區的關係，讓學校成為社區的一部分。

(三) 寇林的實驗學校

活動課程直到 1920 年代才抵達公立學校。其中最重要的發展是寇林（Ellsworth Collings）對設計課程（project curriculum）的實驗。該實驗出現於密蘇里州麥唐納縣（McDonald County）的鄉村學校，時為 1917 年，比克伯屈（William H. Kilpatrick）提出設計教學法（The Project Method）的時間還早了一年。寇林對課程的分類與美利安學校相近，共有遊戲、旅行、故事、工作四類。在每類活動中再根據學生興趣和能力去發展教學計畫。

1. 遊戲設計
   包含民族舞蹈、戲劇表演、社交活動及其他各種遊戲。
2. 旅行設計
   包含與環境及人類活動有關的問題的研究。
3. 故事設計
   包含各種型式的故事——口語、歌唱、國畫、錄音及鋼琴等。

4. 工作設計

以具體型式表達觀念，例如製作捕兔陷阱、準備學校午餐、種植甜瓜等。

（四）加州課程架構

塔巴（Taba, 1962, 402-3）指出，活動課程的發展曾有一些轉變：直接經驗和自發興趣與活動被視為發展學習單元的一種輔助，而不是截然不變的組織中心，至少小學一年級以上是如此。她也指出，活動課程按照興趣和需求來設計，但是興趣和需求的性質是基於一般知識來決定，而不是學生立即自發的表示。「一般知識」係經由實際經驗、明智猜測或實際研究而來。在 1930 年代，特別是八年研究期間，有許多有關中學生興趣的研究，其結果乃被歸納來設計課程。1930年加州發展的課程架構，便是依據研究發現，把兒童的興趣中心分成下列領域：

1. 家庭生活
2. 自然世界
3. 地方社區和兒童的共同經驗
4. 食物的生產和分配
5. 運輸和交通
6. 早期的社區生活
7. 其他地區的生活
8. 社會經驗

這個架構仍然支配著加州小學課程架構的順序和範圍。例如洛杉磯的學習科目架構，每年級的興趣中心幾乎可說是這個架構的複本，

茲列出如下，以供對照。

幼稚園：我們如何一起生活和工作
我們在家中如何一起生活
我們在學校如何一起工作
我們的鄰居
在家庭、學校、鄰里中幫助我們的工人

一年級：家庭、學校、鄰居如何協助我們滿足需求
學校如何協助滿足需求
家庭如何協助滿足需求
鄰居如何協助滿足需求
鄰居如何協助我們滿足需求

二年級：鄰里中的人如何活動和工作
鄰里中的人如何生活
人們對食物、衣着、居住的需求提供了什麼
人們如何滿足健康和安全的需求

三年級：社區中的人如何相互依賴
人們如何一起工作提供服務
我們的社區像什麼
我們的社區和其他社區有何關係
那些因素有助於促進我們社區的美滿生活

四年級：加州人們如何生活
加州各個社區的生活方式有何不同
加州人們如何生產、加工及分配貨物
加州生活如何持續改變

我們的州現況如何

五年級：我國人們如何生活

人們為何移居本地區

我國的人口移動如何開始的

我國如何發現及殖民的

我國的現況怎樣

六年級：西半球人們如何生活

西半球的某些國家如何發展的

西半球所有國家的交互關係如何

西半球與整個世界有何關係

七年級：東半球人們如何生活

東半球像什麼

東半球某些國家的生活與我國有何不同

世界所有國家的交互關係如何

八年級：我國如何促進民主的生活方式

人們如何在參與中滿足需求

美國傳統如何繼續成長

我們的統治方式和其他統治方式有何不同

（五）人文主義的設計

翁斯坦及宏金斯（Ornstein & Hunkins, 1988, 165-90）在討論課程設計時，以「學習者中心的設計」替代「活動課程」一詞，其中包含兒童中心、經驗中心、浪漫或急進的設計、人文主義的設計。霍特（John Holt）及古德曼（Paul Goodman）等人均為浪漫派的代表，承襲盧梭的主張，其內容可參閱黃政傑（民78）的「學校教育

改革」一書。至於人文主義的設計則有必要稍加說明。

　　1950 年代及 1960 年代間，學科中心的課程設計盛行，之後由於過度強調學科知識，飽受批評而遭到冷落。1970 年代左右人文主義的課程設計代之而興，主要代表人物有羅吉斯（Carl Rogers）魏恩斯坦（Gerald Weinstein）及范提尼（Mario D. Fantini）、康姆斯（A. Combs）等人。人文主義的設計以學生的自我概念為焦點，主要的理論依據是心理學的第三勢力，尤以馬士洛（Abraham Maslow）的自我實現說（self actualization）及羅吉斯的自導式學習（self-directed learning）影響最大。

　　1970 年代，人文主義的設計的主要型式是所謂的「合流教育」（confluent education）。合流教育意指情意領域（如情感、價值）和認知領域（如心智知識和能力）兩者的結合。傳統的課程以知識為主，人文主義教育者希望納入情意的成分，讓主觀與客觀能夠結合起來。他們主張課程組織應該提供學生更多選擇機會，讓學生選擇去感受。合流教育因此重視參與、權力分享、協商及共同責任。魏恩思坦及范提尼（Weinstein & Fantini, 1970）兩人提出的合流教育中，學生的基本關注點決定了所要學習的概念是什麼。他們認為關注代表學生基本的心理和社會驅力，這和興趣（指能吸引學生的活動）不同。他們把學生的關注分成三類：對自我意象的關注、對不連貫的關注、對個人生活控制的關注。他們也主張課程應包含三個面相，其一為讀寫算的基本能力，傳統課程的要求可納入於此。其二為能夠引發學生天賦才能的活動，重在發展學生的創造力及探索興趣，其設計應該是非常個別化的。其三為團體探究，主要以個人有關的社會問題為學習焦點，在這個面相中學生必須分析問題，找出共同主題，發展自己的人格，增進人際關係能力，更認識自己的感受和關注。

三、貢獻與問題

　　活動課程的設計型態，強調以兒童替代學科內容成為課程選擇和組織的中心，導致了兒童及青少年有關的各種研究，也啟示了主動學習的重要。學科內容即使出現，也不是以往的狹隘區分，而是統合於學生的經驗單元或興趣單元之中。解決問題的觀念，需要結合各學科領域的方法和材料。這種對學習者的重視，也導出了「生活需求」「生活調適教育」、「共同學習」等課程組織的概念。課程學者逐漸了解到問題中心及廣域科目的重要性。

　　不過，活動課程的組織型態仍存在着不少矛盾和問題。塔巴 (Taba, 1962, 403-4) 認為，活動課程有許多矛盾出自於經驗的角色及其與系統知識的關係。她指出杜威強調經驗，是因為他發現很多人施教時學生尚未有初級經驗便急着提供符號象徵的材料，而未有初級經驗，符號和抽象是沒有意義的。因此初級經驗是學習新觀念的起點或先決條件。而初級經驗自身只是看、聽、做，是沒有認知價值的，唯有融合觀念才取得意義。取得意義意指作成選擇的反應──注意某些特點、發現共同特點、建立關係、應用某一思考模式於經驗中。

　　經驗理論還有另一個意義，那就是讓學習者經歷事實變成觀念或概念的運作過程，而不只是吸收他人心理運作的結果。

　　遺憾者，許多杜威的追隨者都未吸取到經驗的精髓所在，只是注意外顯的活動、實用的行動、物品的直接接觸，活動本身成為目的，而不是藉活動通往有意義的符號經驗。活動課程的提倡者，一直未仔細去思考如何讓散亂的直接經驗轉換成有組織的理解。外顯的經驗應只是學習順序的第一步，下一步則是逐漸發展已有的經驗，成為更充

實、更豐富的系統型式，接近熟練及成熟成人的型態。

第二個問題在於缺乏固定的水平組織（horizontal organization）。既然學科已不是主要的組織因素，那用什麼來替代呢？光說課程設計將依據學生興趣並不能提供一個分類架構。根據學生的立即興趣設計課程，往往形成經驗上的空隙。在早期的經驗學校有熟練教師時，問題可能比較少，但是若教師不熟練時，問題就很嚴重了。

第三個問題出在課程的順序性（sequence）方面。依照學生興趣來組織課程，在學習順序上是難以控制的。有的學習重複太多，有的學習脫漏不少，即使設置教學日誌，接手的教師是否有時間細看，也是個疑問。後來為了保障順序性，乃依興趣中心及心理發展程序來設計課程架構，但問題仍然存在，一則設計所依據的興趣中心及發展程序，尚未獲致定論；二則如此設計愈來愈接近成人思考方式，愈來愈不像活動課程了。

第四個問題出在課程的教育效率方面。基於兒童需求和興趣的設計，在教育效率上是值得懷疑的。再怎麼說，兒童和青年未來都需要面對成人生活。完全依照兒童及青年的興趣教學，是難以為生活好好準備的，因為他們未有經驗而能了解未來生活需要學習什麼。學校課程是否也應該符合社會需要？

第五個問題在於師生合作選擇的問題。合作選擇必須建立共同的價值標準，但是否真能做到？例如小孩子都有競爭的興趣，如果只有老師才具有合作的興趣，則孩子如何在競爭中學到合作？如果兩人選擇興趣時不能合作，最後是由誰來支配？

最後，活動課程仍有許多限制。例如教材方面，坊間教材多半是為傳統的學科課程而設計，如何能適用於獨特的個人興趣和需要？實施活動課程的教師應具備什麼能力？應該如何培育？此外，建築、設

備、環境的安排也是值得重視的困難。

第四節 核心課程

一、起源

核心課程（core curriculum）源自於兩股課程改進的勢力（Smith et al., 1957, 311-2），第一是反對學科分立造成了零碎片斷的學習，這股勢力認為將學習內容組織起來，成為學習核心，學生容易了解內容彼此間的關係，學習更具有意義，這一股勢力，導致了學科統合的核心。第二是學校教育的社會角色受到強調。科技發展使社會變得更加分隔，學校教育必需協助學生澄清及維持共同的社會價值觀，由此導致社會功能和社會需要的核心。

早期的核心課程，以齊勒計畫（The Ziller Plan）和派克計畫（The Parker Plan）為代表。齊勒是來比錫大學教授，他以文化研究（聖經和世俗的歷史與文學）的文化時期說，當做組織所有其他學科的中心，自然科學、數學、語文、美術，均融合於歷史和文學的核心中。例如一年級為神話核心，二年級以魯濱遜漂流記為核心，三年級的核心是原始時期的歷史、聖經和文學。派克計畫係以自然科學為核心，自然科學包含了礦物學、地質學、地理學、天文學、氣象學、生物學、動物學、人類學和歷史學。閱讀、拼字、寫作、文法、算術、均融入自然科學的架構中。

齊勒計畫和派克計畫，仍然跨在學科課程的組織型態上，其後核

心課程由社會的研究和診斷獲得新的發展,例如人類的共同活動是什麼?怎樣在這些活動中表現得更好?社會中持續存在着什麼問題?如何去解決?我們的社會需要那些共同的價值?如何維持這些共同價值的存在?

核心課程在1930年代和50年代初期,至為盛行,1950年代以後,學科課程再度受到重視,到了1980年代,教育界所討論的是「回復甚本能力」,卽以教導讀寫算做為課程核心。目前教育文獻所討論的核心課程,係指所有學生必須修習的科目或經歷的經驗,也就是共同課程(common curriculum),這和原來核心課程的意義,已有一段距離。核心課程的意義,雖已被遺忘,但其設計課程的基本精神和組織型態,對於學生的學習仍有很大的貢獻。

但是,「核心課程」此一概念,無疑是課程領域最令人混淆的。它有時被用來代表學科的統合,有時則代表學生興趣和需要,有時又代表社會生活和社會問題中心,因此核心課程變成學科課程和經驗課程的變體。這種概念混淆,由阿伯提(Alberty, 1953, 119-20)的界定,可以發現,他認為核心課程有六種組織型態。

1. 「核心」包含許多有邏輯組織的學科或知識領域,每一學科或領域,都是獨立地教學,例如英文、世界史、一般科學,都是九年級的必修。

2. 「核心」包含許多有邏輯組織的學科或知識領域,但其中的一部分或全部都被關聯起來(correlated),例如美國史和美國文學是十二年級的必修,但當歷史課教「內戰」時,英文課便教那個時代的文學。

3. 「核心」包含廣大的問題、工作的單元,或統合的主題。核心

的選擇，係按照它對某些學科或領域基本內容的教學效果而定。學科或領域仍維持，但內容的選擇和教學，則參照單元、主題或問題，例如「社區中的生活」，是二年級的工作單元，這個單元的組織，包含科學、藝術、社會，可由科任教師教，也可由一位教師教。

4. 「核心」包含統合或融合的學科和知識領域，通常以某一科當作統合的中心。例如美國史和美國文學，以時代演進爲中心，如殖民時期、西進運動、工業革命。這個統合也可包含其他科目，如藝術、科學、數學。

5. 「核心」包含了廣大且事先計畫的問題領域，以此爲中心，再依照心理和社會需要、學生問題和興趣來選擇學習經驗，例如十二年級的「健康的生活」單元，強調團體的健康問題，及其與社會的關係，由師生共同計畫課程的基本結構。

6. 「核心」包含廣大的工作單元或活動，由教師和學生根據團體需要而設計，來建立基本的課程結構，例如八年級學生在教師指導下，決定規劃校園景觀，這個活動要符合學生決定的規準。

　　第一種組織型態，是典型的學科課程，由於是必修，故被稱爲核心課程，第二種組織型態是相關課程，第三種型態是相關課程的變化，第四種型態是融合課程，只有第五和第六種型態，可稱爲眞正的核心課程。

　　核心課程的「核心」一詞，源自於拉丁文，意指心臟（heart），心臟是生命的發源，由此散發出滋潤生命的養分於整個身體（Bufferweck, 1946）。古德拉（Goodlad, 1987）認爲「核心」加在課程

上,令人有重複之感,課程不但是學生學習的全部,也是學習的核心。核心課程的意義,並不指課程整體,而是課程的一部分,這一部分被視為最重要,成為所有學生學習的中心,更重要的,是將這一部分當做組織課程的中心,做為課程設計的焦點。以下是古德拉指出的幾個代表性的定義:

1. 對於發展統合學習方案 (unified program of studies) 的重視,已經產生了組織經驗的共同核心,由所有人類生活的主要領域抽取內容,這種課程不顧慮學科內容的界限,通常要求所有學生每天花相當多的時間學習。(Brown, 1938, 210)

2. 核心課程由對民主社會每個公民都重要的教育經驗組成,學生和教師並不認為學科內容本身是重要的。唯有在協助團體解決選擇學習的問題時,才變得有意義(MacConnell et al., 1940, 25)。

3. 「核心」包含了年青人個人問題,及他們所面對的具有社會意義的問題,核心的存在和學科界限無關,它是環繞着問題來組織的。(Smith, 1945, 164)

4. 真正的核心課程,以所有青年的共同問題為對象。它是調和青年關注和社會要求兩者的功能性方法(functional approach),不過度強調某一項而忽視另一項。(Burnett, 1951, 97)

5. 「核心課程」是組織學校普通教育方案主要成分的計畫 (Saylor & Alexander, 1955, 308),所有學習者基本的學習經驗,稱為普通教育,而核心課程是提供普通教育的計畫之一。

6. 核心課程可以視為是所有學習者基本的學習經驗,這是由做為勝任民主社會公民的共同性個人需求和社會需求之中抽取

出來的。(Kessler, 1956, 43)

古德拉所指出的這些定義雖然不同，但大體上仍可歸納出核心課程的特點：

1. 核心課程是要打破學科界限的課程組織型態。
2. 核心課程的組織中心是生活領域、民主社會、青年共同問題，社會需要。
3. 核心課程是提供普通教育的課程方案，是所有學生共通的學習經驗，也是必修的。
4. 核心課程是學生每天花相當多時間學習的。

為了使核心課程成為有用的概念，對此一名詞的界定，必須和學科課程、活動課程區別開來。核心課程和學科課程不同，學科課程及其改進，仍然維持學科中心的型態，即使是融合課程和廣域課程，學科界限打破了，但學科內容仍然是組織課程的中心，核心課程採取社會需要、社會問題為組織中心，學科知識惟在有助於此一中心的學習時，才被接受。核心課程和活動課程也不相同，經驗課程的主旨，也在打破學科中心的組織型態，但新的組織中心是學生的興趣和需要，而不是社會需要、社會問題。再者核心課程被當作普通教育，共同學習的課程方案，活動課程則強調選擇。不過，核心課程和活動課程都強調師生共同計畫和設置較大的學習時間單位。

二、特　點

核心課程和其他課程組織型態最基本的差異，在於它是以社會為

組織中心。爲什麼要以社會爲中心呢？因爲學生所處的社會，充滿了許許多多的活動，這些活動並不是以學科來區分的，爲了讓學生能勝任這些活動，學校課程的設計最好能以社會活動爲中心，發展學生從事這些活動的能力，這樣才能發揮最大的遷移作用。隱藏在這些社會活動中的是社會價值和社會問題。人們從事社會活動，受到基本價值或規則所統治。在社會遷變急遽的時代，舊的價值逐漸瓦解，新的價值尙未能規範人的行爲，新舊交替之際，往往形成了混亂，令人不知所從，因此需要予以重組，使社會接受的舊價值延續下去，新價值也開始運作。在民主社會中，民主的價值往往成爲最重要的核心。

另外社會活動中隱藏着許多社會問題，這些問題有待社會每一份子的了解、批判、研究，並進一步提出解決辦法，付諸行動，以形成新的理想社會。學生最好從小便能認識社會問題，能有機會練習問題解決的設計和行動，當然社會問題的解決也充滿價值成分，例如什麼才是問題？什麼不是問題？怎樣的社會才是理想的社會？在問題解決過程中，更能澄清各種價值。

核心課程的第二個特色，在於它是學生必修的課程。薛勒和亞歷山大（Saylor & Alexander, 1955, 320）指出，核心課程屬普通教育的計畫，而普通教育也就是所有學生的共同學習。這些學習對社會的每一份子都屬必要，不論其年齡、性別、職業、宗教、社會階層或其他特質。核心課程是爲了提供學生學習共同的社會取向，進而促進社會統整的。（Smith et al., 1957, 320）

核心課程的第三個特色，在於它不受學科界限所限制。核心課程的設計，係以主題或問題爲中心，任何學科內容，若有助於了解問題、解決問題，都可成爲核心課程的一部分。核心課程是有系統地學習社會活動和社會問題，而不是有系統地學習學科知識。

核心課程的第四個特色，是師生合作設計及實施學習活動。核心課程是由師生合作計畫的，核心課程強調共同社會問題的解決和社會目標的追求，但學生個人獨特的價值和經驗，在解決問題和追求目標中，也受到尊重。學生對於問題的選擇、界定、目標的建立、活動的設計、團體的組織、責任的分擔、結果的評鑑，都負有相當大的責任。核心課程以個人參與做為有效教學的原則，教師在團體中的角色是領導者，也是專家。做為領導者，教師必須引導學生達成學習目標；做為專家，教師必須指導學生尋找學習必要的資訊。

核心課程的第五個特色，是在教學方法方面，核心課程經常透過問題解決的方法，引導學生學習，例如，發現問題、選擇問題、界定問題、建立假設、搜集及分析資料、作成結論。學生在解決問題的過程中，可以反覆練習，有助於未來面對實際的問題情境。

核心課程的第六個特色，在於它同時可滿足學生的特殊需要和興趣。核心課程比學科課程較有彈性，在學習核心課程的過程中，學生如果產生了特殊需要，像要學習某種樂器，學校可以安排其他科目，讓學生學習。這種彈性和學科課程的選修不同，學科課程的選修，係被當作現成的內容來學習，而不是為了應用於實際情境而學習。此外讀寫算及有效思考的技能，也都在需要時實施教學。例如閱讀教學的開始，是在學生想要閱讀，或他們認為必須閱讀，以做為從事其他工作的媒介時。

核心課程需要較大的學習時間單位，至少是傳統時間單位的兩倍，但經常是將每天學習時間的三分之一或二分之一，做為實施核心課程之用，以便使學生有足夠時間用以合作地解決問題、訪問、參觀、旅行，或在圖書館研究學習。

三、組織型態

核心課程的組織型態,在過去所嘗試的有學科中心的核心、個人中心的核心,以及社會中心的核心。嚴格地說,只有以社會為中心的核心,才屬真正的核心課程,不過,由於不少學者將前兩者當作核心課程,本文中也加以簡單地介紹學科中心及個人中心領域。

(一) 學科及個人的核心

・廣域核心

核心課程發展的早期,傾向於將每個人必須習得的知識,當做核心,其中廣域科目便被視為核心課程。這種情形發生時,廣域科目成為每個學生的必修,而其他科目則被視為選修。

・統合科目

統合科目 (unified courses) 當作核心的方法,係將兩個科目融合起來,成為新的科目,稱為核心計畫,即核心課程,用來替代原來的科目。最常統合在一起的是英文和社會、英文與歷史或英文與科學。統合科目以外,像數學、藝術、音樂、物理、化學、家政,則仍維持原樣。

加州有一初中 (Vallejo Junior High School),將英文和社會融合起來,做為核心課程,稱為「社會生活」。其設計宗旨是:讓學生在社會科的學習活動中,熟練英文技能,像溝通技能,在口頭報告、書面報告、團體討論、委員會發表等活動中,受到加強。社會生

活的單元如下：

初一

1. 我們的國家
2. 海之外的國家

初二

1. 從舊世界到新世界
2. 殖民時期的美國
3. 西向擴張
4. 工業化的北方和產棉花的南方
5. 現代化美國的出現。

統合科目當作核心，非常普遍，這種設計其實是傳統學科課程的變化，教師較容易接受，且有關教材的取得也不困難。

・歷史——文化核心

歷史文化核心，實際上是以歷史事件的時間和空間當作核心，探討每一時期的文學、藝術、音樂、數學、科學、政治、經濟、社會、教育現象。例如霍瑞斯曼學校（Horace Mann School）的核心課程稱爲「各時代人類的故事」，將美術、科學、數學、語言、工藝的專門內容，納入每一時期的歷史中，讓學生更能了解各時代人類進步的狀況。初一以原始人到古代世界爲主，初二學習古代世界到美洲的發現，初三則由美洲發現到現代世界，高中則完全以現代文明和文化爲中心。

・青年需求核心

青年需求核心，是以青年社會需求爲主，青年在發展過程中，了

解他與別人的社會關係，在面對面的團體中，在較大的社會情境中從事政治、社會、經濟活動，他需要某些人際關係的知識和技能，這種需求即使參照了社會情境（Smith et., al 1957, 344-5），基本上仍是個人中心的。下列的核心課程單元，便是一例：

1. 建立個人關係
   (1)同性關係(2)異性關係(3)關心表面上的習俗(4)了解友誼(5)不同社會標準的混淆(6)達成成功婚姻的問題。
2. 建立獨立性
   (1)父親或母親支配——權威(2)需要工作及獨立的收入(3)非志願性工作以支持他人(4)成人水準的接受(5)重要決定的自由選擇(6)打破依賴家庭的情結。
3. 了解人類行為
   (1)關心人類彼此支配和傷害的途徑(2)內心正義的脆弱(3)人們的不和諧。
4. 在社會中建立自我
   (1)需要被接納為社會和道德上負責的人(2)需要成人及他人接納或重視意見的欲求(3)關心社交團體對家庭地位的接納(4)追求某些技能的完美。
5. 規範
   (1)生理成長(2)心理能力(3)天生智慧(4)情緒
6. 了解宇宙
   (1)敏感性(2)關心外面經驗的「權威」(3)在理解和表達的努力中創造的衝動(4)在不了解的世界中努力建立安全感(5)努力確立人生觀。

・兒童興趣和需要核心

兒童興趣和需要核心，係用於小學教育階段，這種課程的設計，先詳細分析兒童的發展上的需要，然後也考慮民主社會文化的需要，兩者合併產生兒童的興趣和需要，做為課程組織的依據，例如威斯康辛州幼稚園的核心課程，包含下列的興趣中心。

整個學年的問題：我們從身邊的人們和事物，能學到什麼？

1. 我們能學到什麼，來協助我們在學校的工作？
2. 我們怎樣慶祝特別的日子和事件？
3. 秋天有什麼有趣的事發生？
4. 我們怎樣照顧校舍內的植物和動物？
5. 怎樣布置和享受我們的遊戲屋？
6. 植物和動物怎樣生活和長大？

廣域科目、統合科目和歷史——文化核心三種組織型態，都屬於學科課程的變化，基本上仍以學科知識做為課程設計的核心，受到學科所影響。這種設計，通常以某一科目的架構為主，將其他科目的內容融合於該架構之內，並未另外找出聯合的主題。此外，這種設計未重視社會價值的衝突與矛盾，未試圖引導討論社會理想與目的。青年需要和兒童興趣需要核心，以學生感受的興趣和需要，做為選擇和組織課程的最重要規準。雖然，在所舉實例中，設計者試圖將社會需要和價值結合於學生興趣需要之中，但基本上要以學生需要和興趣為基礎，又要滿足社會需求，並不容易。

(二) 社會中心的領域

• 社會功能核心

社會功能核心，係以人類生活活動的基本領域，做爲課程設計的中心。所謂基本領域，是通用於各種社會的，不論是原始的或現代的，更不論空間上的差異。例如魏史勒（Clark Wissler）的文化常數表（Smith et al., 1957, 363），列出了幾項文化層面如下：

1. 語言
2. 物質特質——食物、居住、工業、運輸等
3. 藝術
4. 神秘知識與科學知識
5. 宗教實際
6. 家庭和社會制度
7. 財產
8. 政府
9. 戰爭

又如費德烈和法魁爾（O. I. Frederick &. L Farquear），由生活活動中歸納出九項生活領域如下（Smith et al., 1957, 364）：

1. 維護生命和健康
2. 家庭生活及其改善
3. 維持及改進物質條件
4. 合作從事社會和公民行動
5. 獲取謀生之道

6. 接受教育
7. 表達宗教衝動
8. 美的享受及表達
9. 從事休閒活動

課程設計者參考這些生活領域的分類，可建立課程的架構。例如馬利蘭州哈佛特縣，曾為縣內學校設計下列核心單元（Saylor & Alexander, 1955, 317）

初一
1. 初中的生活
2. 探索我的教育機會
3. 認識哈佛特縣
4. 馬利蘭是小型美國
5. 最好的機器
6. 維持身體安適
7. 避免意外和疾病

初二
1. 將我們的土地、資源和歷史連結起來
2. 維護我們的自然資源
3. 尋找美國南北方的同胞愛
4. 我們的物理環境塑造我們的生活

初三
1. 欣賞其他文化的貢獻
2. 世界縮小了
3. 科學和技術怎樣影響我們的生活

4. 在工作世界中找到自己的位置

・**社會問題核心**

社會問題核心和社會功能核心,都屬於社會中心,社會功能核心,基於普遍而基本的生活領域來組織課程,社會問題核心則基於社會問題的分類做為設計架構。在地方、全國、世界不同的層次上,有不同的社會問題。社會問題有其個殊性,也有其普遍性。

每個社會都有其問題,而且問題可能很多,因此必須加以選擇,選擇的主要規準在於問題的嚴重性與重要性,前者係指其惡化程度,後者則指對人類生活和社會變遷的影響程度。通常課程設計者係由社會科學家的研究、社會發生的事實及大眾關切的事務中去找出這些問題。例如:檀香山的金來高中 (Kinley High School),曾以下列七個問題領域,設計核心課程:

1. 職業問題
2. 公民問題
3. 家庭成員問題
4. 健康問題
5. 休閒時間利用問題
6. 怎樣過更好的生活
7. 改進寫作和口說英文的問題

又如奧勒崗育金縣第十二年級的核心課程,便採社會問題為核心,其範圍和順序如下:

1. 學校管理:如何運用民主的原則於學校和教室中。
2. 生活標準:如何改進美國人的生活水準。

3. 失業：如何消除失業現象？
4. 消費：如何成為明智的消費者？
5. 宣傳：如何認識及處理宣傳？
6. 戰爭：如何消除戰爭？
7. 犯罪：如何預防犯罪？
8. 宗教：如何提供青年人宗教和精神上的需要？
9. 婚姻與家庭：婚姻及家庭生活如何更成功？
10. 社會改革運動：各種社會改革方案如何有助於社會和經濟問題？

社會問題核心以問題為焦點，這和社會功能核心注重功能發揮不同。社會問題有其時空性，例如宗教問題在我國的重要性，便和它在美國的情況不同。1980年代所關心的社會問題，例如愛滋病（Aids）藥物濫用、性關係、環境污染，都不是幾十年前著重的。

社會問題和社會功能核心，是最符合核心課程特徵的組織型態，這兩者都不屬於學科課程，也不屬於活動課程。然而社會問題和社會功能核心，也可能被設計成社會事實和現象的認識與描述，不顧其中價值的批判和重組，更不引導社會改進的行動，如此，核心課程的本質便失去了。

四、最近的演變

核心課程在目前文獻中，似乎被視為普通教育的同義詞，普通教育強調的是培養優良的公民，而不是職業預備，即用指課程中最基本、最重要且為所有學生必修者，通常指的是博雅教育科目。例如邁

耳斯（Miles, 1984）指出，橋港大學（Univ. of Bridgeport, Connecticut）在博雅教育上最大的改變，也是採用核心課程。該大學要求每個學生，不論他主修什麼，都要修習36小時文學、哲學、社會學、心理學、語言學、政治學等。

古德拉也指出「核心」一詞，在目前的用法，等於是「共通」（common）的意思。古德拉認為，要改革學校教育，必須完整地再思考人類經驗和思想的領域中，那些是兒童和青年在學校中必須學習，以便將來能有效且滿意地做個公民、父母、工作者，及文化中細心的參與者。個人若要成為文化中主動的參與者，他必須認識並了解產生文化的所有系統：物理、生物、社會、政治、溝通、評價和經濟等

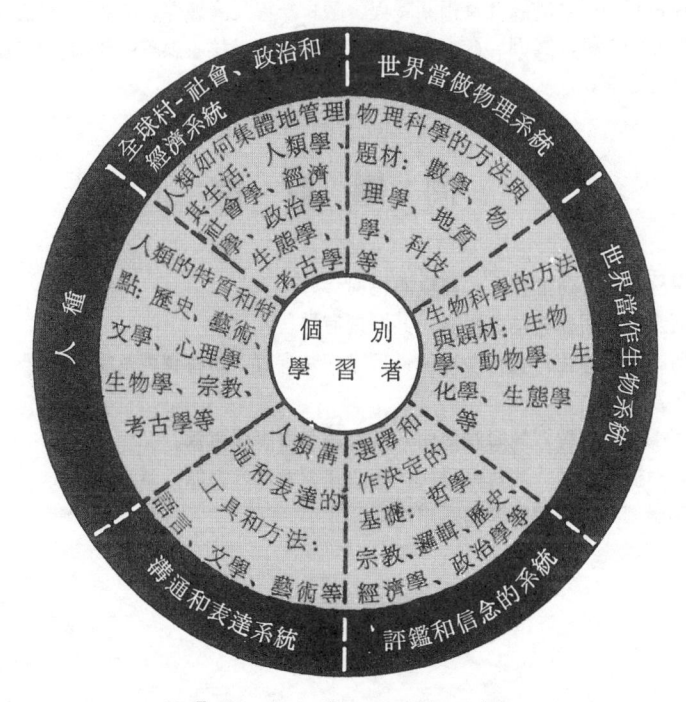

圖7-9　擴大學生世界觀的課程

（見圖 7-9）。學校的責任，在發展學生探究所有系統的工具，能與系統對話。人類經驗和思想的領域，應成為課程的核心，這些領域跨越了學科界限，單指定高中畢業或大學入學申請應先修習那些科目，只是推拖責任而已。

本章摘要

本章第一節分析課程組織的基本概念，先指出課程組織的重要性，說明組織要素的運用，進而探討有效組織的規準：順序性、繼續性、統整性、銜接性，剖析垂直組織及水平組織的原則，扼要說明組織結構。第二節學科課程的組織型態，包含個別科目的設計及相關課程、融合課程及廣域課程的設計。第三節分析活動課程的特徵、實例、貢獻與問題。第四節探討核心課程的起源、特點、型態及最近的演變。

問題討論

1. 課程組織有何重要性？其規準為何？
2. 何謂水平組織和垂直組織？其原則有那些？
3. 何謂學科課程？其特徵為何？何謂相關課程、融合課程及廣域課程？試評論之。
4. 何謂活動課程？其特點為何？試評論其優點與限制。
5. 何謂核心課程？其特點為何？核心課程有那些型態？試評論之。
6. 試舉例說明組織要素的運用途徑。

第八章

課程評鑑

　　本章的內容共包含四節：第一節為評鑑基本概念的分析，第二節為課程評鑑的途徑，第三節為課程評鑑的模式，第四節為課程材料的評鑑。

第一節　課程評鑑的基本概念

　　本節首要討論的是課程評鑑的意義，其次是課程評鑑的地位與目的，再次是課程評鑑的類型。

一、課程評鑑的意義

　　課程評鑑（curriculum evaluation）到底是什麼？要了解此一概念，先要了解「評鑑」的意義。評鑑領域的發展，若自泰勒（R.

Tyler) 的八年研究算起，迄今也有五十多年，然而在這一段歷史中，學者對於評鑑的定義，却是莫衷一是，各有所好。

在評鑑尚未成爲正式領域以來，評鑑被視爲等同於測驗，實施評鑑便是實施測驗。卽使時至今日，測驗在評鑑領域中所扮演的角色，仍不可忽視。後來，泰勒將評鑑視爲目標達成與否的判別，換言之，評鑑是確定目標達成程度的過程。基於此，評鑑首要確認目標，而目標可視爲行爲的改變，評鑑人員要搜集資料，和預定的行爲改變相比較。另外一種定義，將評鑑當做專業判斷的過程。這種觀點源於認可制度 (accreditation)，而所謂認可制度，則指認定學校或課程方案是否合乎某些旣定標準的過程。實施此一判斷的機構稱爲認可機構，從事此一判斷的人員是教育專業人員，他們判斷之前先要建立判斷的標準，然後根據搜集到的資料加以比對。

到了1960年代，學者開始提倡評鑑的新概念。他們強調評鑑是優點或價值的判斷，不是純粹對現象加以客觀描述，更不是純技術性的工作。其次，評鑑是質量兼具的工作，不宜偏於一端。過去的評鑑定義中，「測驗」和「目標達成」兩類太注重量的描述，而「專業判斷」的定義又太偏於質的描述，均不適當。再次，評鑑不只在追溯過去表現的績效，更重要的是展望未來，協助決策人員作成決定。最後，評鑑的目的雖是單一的，但其角色則是多變的，評鑑都是搜集資料，作成價值判斷，但評鑑的這個目的却可用於各個領域之中。

其實，評鑑的各種定義並不是矛盾互斥的，而是相互補充的。將評鑑視爲測驗固失之狹隘，然測驗之於評鑑却猶如工具之於工人一般重要。評鑑人員不能自限於目標達成與否之判別，然而不顧目標的評鑑實非完全拋棄目標，只是暫將目標保留而已。評鑑不只是專業判斷，但判斷無疑是評鑑的核心。評鑑的新概念，把價值成分凸顯出

來,並強調質量兼顧的描述,指出評鑑在作決定上的角色及其多變化的角色。

課程評鑑是評鑑在課程領域的應用,評鑑人員搜集有關課程的資料,用以判斷課程的價值。評鑑除用在課程領域之外,尚可用於許許多多的教育領域,例如教學評鑑、行政評鑑、教師評鑑、試題評鑑、課外讀物評鑑等,可謂不勝枚舉。

由於課程的意義很多,因此談到課程評鑑,尚須了解評鑑者所界定的課程是什麼,才能確知評鑑的項目和範圍。如果將課程視為學習科目及其內容與材料,評鑑人員便會以它們為對象,注重科目的選擇、組織及教材設計的評鑑。如果課程被視為學習經驗,評鑑的重點可能是實際運作的課程,注重其中之交互作用和經驗。如果課程被視為學習目標,評鑑的重點可能是目標的適切性及其組織,注重目標達成與否的判斷。如果課程被當做學習計畫,評鑑的重點可能是為學生所計畫的一切學習。

在此宜再一度強調課程定義的重要性。隨著課程界定範圍的變化,不但其設計的範圍受到影響,評鑑的方向也受到引導。把課程當做科目時,設計人員常常汲汲於科目及其教材的設計,評鑑的範圍也停留在那裏。將課程視為經驗時,評鑑人員不只關心科目中設計的經驗,更重視的是實際發生的經驗以及科目之外的種種經驗。

談到課程評鑑,也應該了解課程是指那一個層次所設計的,評鑑人員關心的是那一層次。誠如古德拉(Goodlad, 1979)指出的,課程可分為理想的、正式的、知覺的、運作的、經驗的五個層次。理想的課程係指專家學者或有關機構(如基金會)設計提倡的課程方案;正式課程係指教育行政機構所規定的課程方案;知覺的課程是教師所詮釋、認定的課程;而當教師將它付諸實施時便是運作的課程;學生實

際學習或經歷的課程，稱為經驗的課程。課程評鑑人員在實施評鑑前，宜確認所要評鑑的課程層次。葛拉松（Glatthorn, 1987, 4-15）把課程分成六種：建議的課程(the recommended curriculum)、書面的課程 (the written curriculum)、支持的課程 (the supported curriculum)、測驗的課程(the tested curriculum)、教授的課程(the taught curriculum)、習得的課程 (the learned curriculum)。值得特別一提者，葛拉松所謂支持的課程，係指學校資源分配所支持的課程，這些資源有時間、人員、教材等。測驗的課程則指各種測驗、考試所評鑑的學習。評鑑人員宜針對各種課程加以評鑑，且不同層次的評鑑也許需要採用不同的方法搜集資料。

在我國，課程設計的權利集權在中央政府的教育部，惟教育部之外的其他機構和人物，亦有其影響力和任務。教育部目前掌理課程標準的訂定，其中包含學校教育目標、教學科目與時數、各科教材大綱、教學目標和時間支配等。在教育部之下，亦有教材編纂機構，這包含國立編譯館、師大科學教育中心、人文及社會學科教育中心、臺灣省板橋國校教師研習會等。標準本教材之外，亦有出版社參與教材編寫工作。省市教育廳局及縣市教育局在課程設計上亦有所參與，唯涉入程度有限。在教育行政機構之下，學校整體是個課程設計層次，各年級教師、各科教師都可組織研討會，從事課程設計工作，至於學生經驗或習得的課程，當然也值得重視。針對這些層次，所謂課程評鑑可以探討各層次的機構和人物的課程設計工作，也可以探討這個工作所產生的課程。

二、課程評鑑的地位與目的

課程評鑑的地位，可由課程發展程序來看。過去大規模的課程發展工作，大都包含四個階段：研究、發展、推廣、採用，簡稱研究發展模式(見圖 8-1)。每個階段又可細分為幾個工作項目。「研究」階段包含問題檢討、需求評估、文獻探討三項目；「發展」包含發明、設計、試用修正、定型；「推廣」包含傳播、示範、訓練；「採用」包含再試用、安裝調整、實施、鞏固。（有關各項目的詳細說明，見黃政傑，民76,42-5）

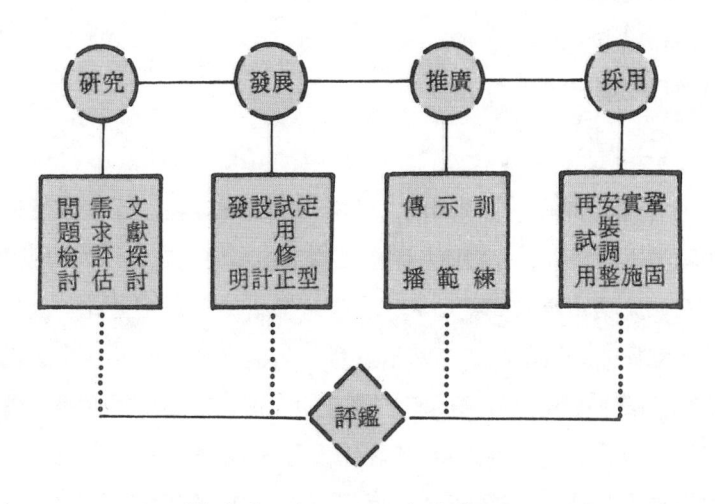

圖 8-1 課程的研究發展模式

評鑑在課程發展中居於何種地位呢？許多課程發展人員常將評鑑置於整個發展過程的最後一個步驟，認為課程實施之後才需要進行評鑑，殊不知評鑑課程實施只是整個課程評鑑工作的一部分而已。

基於此一觀察，在模式中，評鑑乃被視爲整個發展過程中每一步驟的必要工作。依圖8-1所示，研究、發展、推廣、採用都需要實施評鑑，而且評鑑在過程中就需要實施，而不是到最後產生結果時才來做。

在課程發展過程中實施評鑑，到底爲了什麼？這便要討論課程評鑑的目的了。歸納學者專家的觀點，課程評鑑至少有七個目的：

1. 需求評估
2. 缺點診斷
3. 課程修訂
4. 課程比較
5. 課程方案的選擇
6. 目標達成程度的了解
7. 績效判斷

這七個目的雖是分開列出，其中却有關聯存在。「需求評估」是在課程方案設計前，先調查社會及學生的需要所在，做爲規畫的依據，例如就業市場需要某種人才，課程設計便要以培養此一人才爲重點，未實施需求評估便着手設計課程，可能昧於社會及學生之需要。「缺點診斷」是課程評鑑的第二個目的，旨在搜集現行課程之缺點及其成因，做爲課程改進之用。「課程修訂」是課程評鑑的第三個目的，課程修訂人員藉由評鑑方法，反復尋找修訂方案的優缺點，試用擬就的新方案，令其儘量達到完美的境地。「課程比較」的目的，係藉由評鑑來了解不同課程的目標、內容、特點和效果。「課程方案的選擇」旨在藉由評鑑，來判別課程方案的優劣價值，以便作成選擇的決定。「目標達成程度的了解」係以評鑑來比較課程目標和課程效果，

探討目標達成了多少。「績效判斷」的目的，旨在藉由評鑑了解課程設計及實施人員的績效。

課程評鑑人員資料搜集的範圍有那些呢？在每個課程設計層次，都可搜集下列資料：

1. 課程發展計畫和過程（含人員、組織、經費、程序等）。
2. 課程本身（含目標、內容、活動、評鑑方法、媒體、資源、環境、教法、時間等）。
3. 課程實施（含推廣與採用，教師進修及實際教學尤其重要）。
4. 課程效果（含預期目標有關的結果及副作用）。

實施課程評鑑時，對課程效果的資料搜集，宜擴大至學生之外的因素，例如教師之接納、士氣、能力、角色、意見等，都很重要，家長及社會各界的觀點和反應，亦值得重視。就以學生而言，課程效果亦應注意到認知之外的因素，如技能、態度、價值、興趣、動機、注意、參與、自我概念、同儕關係、教室行為、意見反應等，都不可忽視。

課程評鑑採用的方法，和教育研究採用的方法並無兩樣，凡教育研究適用的方法，在課程評鑑上亦適用。評鑑人員宜依照評鑑的課程設計層次，以及資料收集的範圍和重點，妥善選擇使用。例如，評鑑人員要了解教室運作的課程，可兼採觀察和晤談的方法，搜集教室運作的資料，他也可選擇不同學校從事課程實驗，輔以教師紀錄法，晤談法及觀察法搜集資料。對於課程本身的評鑑，則可採取內容分析法，剖析課程本身的問題及明顯或隱含的訊息，評鑑者也可調查教育人員對課程的意見。至於邀請專家判斷課程的價值，也不失為良好的評鑑方法（有關評鑑方法的介紹，詳見黃政傑，民76a）。

三、課程評鑑的類型

課程評鑑可依作用、焦點、人員、標準、資料、方法等項目之不同，加以分類。有些人經常把分類後的類目對立起來，截然劃分它們，這是不對的。課程評鑑的分類可使我們更了解評鑑，有助於評鑑的設計，不同類別的評鑑也可以彼此相容。

(一) 形成性評鑑與總結性評鑑

課程評鑑若依作用分，有形成性評鑑 (formative evaluation) 和總結性評鑑 (summative evaluation) 兩種。形成性評鑑發生於課程設計過程中，主要目的在搜集課程草案或原型優缺點的資料，做為改進或修訂之用。形成性評鑑的作用，在孕育課程、發展課程，令課程逐漸改進，趨於完美。總結性評鑑發生於課程設計完成之際，主要在搜集資料，判斷課程的整體效果，做為推廣採用的依據，也可用來判別課程發展的績效。總結性評鑑的作用，在總結課程的成效，確認課程的價值。

形成性和總結性評鑑的截然二分是不當的。有人說前者是課程設計小組自己實施的，後者為小組外人員實施的，這種說法並不正確。課程設計小組內外的人員，都可參加這兩類評鑑，只不過在形成性評鑑中，小組內人員宜多，在總結性評鑑中，小組外人員宜多。也有人從方法使用的角度來區別這兩種評鑑，謂前者為軟性的，後者為硬性的，軟硬區分着眼於資料是否量化而定，這種說法也不符合現實。就以作用而言，形成性評鑑的資料，並非無法據以推測成效；而總結性評鑑搜集的資料，往往也是下一波課程設計的依據。

(二)依據目標的評鑑及不受目標約束的評鑑

課程評鑑依目標扮演的角色,可分成兩類,一是依據目標的評鑑(goal-based evaluation),二為不受目標約束的評鑑(goal-free evaluation)。依據目標的評鑑,係以目標為基礎從事評鑑,有什麼目標便做什麼評鑑,目標之外的現象一概不列入評鑑範圍。依據目標的評鑑往往要判斷目標達成的程度,因而要求敘寫精確可觀察的行為目標。不受目標約束的評鑑,係以整個教育實際現象為範圍來進行評鑑,而非僅評鑑目標所列的相關教育現象。持此論者主張,課程評鑑若受限於目標,容易形成井蛙之見,因為課程實施後所產生的教育現象十分複雜豐富,目標有關的現象只是其中一小部分。課程價值的判斷,不單應基於目標達成程度,也應基於目標之外的學習結果。更何況課程目標也應接受評鑑,依據目標評鑑往往排除了目標接受評鑑的機會,殊屬不當。

(三)內部人員評鑑與外部人員評鑑

內部人員的評鑑(insider evaluation),係指評鑑的實施係由課程設計小組自己擔任;外部人員的評鑑(outsider evaluation),則把此一工作交由小組外的人擔任。由內部人員從事評鑑,其最大好處在於內部人員實際設計課程,了解其精神、哲學與成分,較能把握設計者自己的需要,評鑑結果也較易被接受,進而被納入課程設計之中。但是內部人員評鑑也有其困難,主要是他們缺乏評鑑訓練,且涉入所評鑑的課程過深,若因而產生共存共榮的認同心態,評鑑是否具客觀性,頗受質疑。

外部人員的評鑑正好相反,其最大優點在於評鑑者可由具備評鑑

專長者擔任，評鑑結果較具客觀性，且公信力較高，其缺點為對課程方案可能了解不夠深入，對設計小組的需要可能未能加以滿足。

其實，完全由內部人員或外部人員實施評鑑都不是最理想的，理想上最好結合兩種人員共同實施評鑑。形成性評鑑旨在改進課程，內部人員最好多一點；總結性評鑑旨在判斷價值和績效，外部人員最好佔多數。萬一評鑑小組無法照理想組織起來，也應該建立諮詢制度，使評鑑時能廣諮博議，達成評鑑目標。

(四) 內在標準評鑑與外在標準評鑑

內在標準與外在標準的評鑑(internal evaluation and external evaluation)，其主要區分依據在於評鑑的判斷標準方面。主張採內在標準者，先要界定優良的課程是什麼，它應包含那些要素或成分，每一要素的設計原則是什麼，然後把所要評鑑的課程拿來和優良課程應備的條件相比較。這種做法和評鑑老師優劣時從應備條件來比較，十分類似。

主張依據外在標準來評鑑者，認為優良課程的條件固然重要，然而課程實際上能否產生的效果無疑更為重要。優良的數學課程，應該顯示出其教會學生數學的證據，換言之，該課程實施後，學生應能達到所列的課程目標才是重要。

(五) 過程評鑑和結果評鑑

課程評鑑時應注重過程或結果，一直有所爭論，當然這種爭論的存在有其背景。主張結果評鑑 (product evaluation) 者，往往只注意到輸入和輸出兩端，對於其中的過程則缺乏注意。換言之，他們關心輸入的課程是什麼，產生了那些效果，至於課程是如何運作的，根本不管。這種評鑑的模式，常被批評為暗箱式的評鑑 (black-box evaluation)。這種現象,如果加上了判別結果有效無效的規準趨於狹窄,便顯得十分嚴重,例如,許多評鑑都以成就高低當做重要規準,其他規準如興趣、態度、習慣不受重視。

結果評鑑往往採用實驗、調查等量化的方法,然由於量化方法本身的限制,使得評鑑人員不易從其他角度來評鑑。自從質的研究方法 (qualitative method) 盛行以來,評鑑者意識到有不同的評鑑角度,也有了評鑑的變通方法,過程評鑑 (process evaluation) 開始受到重視。評鑑者在過程評鑑中,其重點在於輸入輸出兩端的過程,卽對課程實際運作的現象,提出豐富完整的描述,使其中複雜的互動因素和互動關係顯現出來。

(六) 量的評鑑與質的評鑑

量的評鑑 (quantitative evaluation)與質的評鑑 (qualitative evaluation),其區分係就資料的量化與否而定。量的評鑑認定量化才客觀,才算科學,因此試圖把複雜的教育現象簡化爲數量,進而從數量的分析與比較,推斷課程的成效。量的評鑑如果使用恰當,確能凸顯教育現象和教育問題,提供具有說服力的證據。不過複雜的教育現象是否眞能用數量表示,其中的意義是否在量化過程中被消除,測量工具的信度、效度如何,都是量的評鑑值得重視的問題。

質的評鑑反對量化才算科學的觀點,也反對把複雜的教育現象簡化爲數字,更不贊成不顧過程只重輸入輸出兩端的測量。質的評鑑希望描述教育現象複雜的背景因素,也要描述複雜的過程,任何結果的呈現都不許脫離其出現的情境。換言之,它要充分地描述教育現象——其本質、背景、運作及結果,彰顯其中的意義,促進理解。在方法層面,質的評鑑不願受到先在架構的限制去探討教育現象,而希望

研究問題在研究過程中去尋找。

（七）比較評鑑與非比較評鑑

課程評鑑是否都要進行不同課程的比較，學者有不同的觀點。主張採用比較評鑑（comparative evaluation）者，認為課程評鑑通常要判別課程的優劣價值，「比較」不失為有效的方法。一個新課程如果不是因為它與舊課程比較顯示出其優越性，則學校何必加以採用？比較時當然要選擇比較的標準，至於造成好壞優劣的原因，即使無法找出來也不必介意，只要新課程確實在有關標準上表現優良，便可採用。

主張採用非比較評鑑（noncomparative evaluation）者，認為課程的比較十分困難，其中各種干擾正確比較的因素難以控制，因此對比較結果的辯護也就十分不易。基於此，評鑑人員是否必要花費這麼大的心血呢？不如採用非比較評鑑，確定所要評鑑的課程，詳細描述其背景，按照重要目標及副作用，確定課程實施後學生的表現。這種非比較的評鑑，可以採用晤談、論文式測驗、系統觀察等方法。所蒐集到的資料，應就個別項目或分項測驗分析，不應只分析總分，這樣對於課程改進才有用。

以上按照不同規準，把評鑑分成不同類型。依作用言，課程評鑑可分成形成性評鑑和總結性評鑑兩種。依目標與評鑑的關係言，可分成依據目標的評鑑和不受目標約束的評鑑。依人員組成言，可分成內部人員評鑑和外部人員評鑑。依採用的標準言，可分成內在標準評鑑和外在標準評鑑。依評鑑的焦點言，可分成過程評鑑和結果評鑑。依評鑑的資料量化與否而言，可分成量的評鑑與質的評鑑。依是否與其他課程比較言，可分成比較評鑑和非比較評鑑。當然除了上述類型區

分外,尚可依其他標準來區分。

評鑑人員對評鑑類型的區分,宜抱持正確的觀點。第一,類型區分只是便利理解而已,在實際評鑑中很難截然二分。第二,評鑑時可以兼顧不同類型的評鑑,例如,評鑑者可同時搜集質與量的資料,不必一定採取二選一的方式。第三,採用不同的評鑑類型時,評鑑者宜發揚其長處,並設法補救其短處,如無法補救時,亦宜指出其限制所在。第四,不同評鑑類型也許有其較適用的情境,例如從事形成性評鑑時,由內部人員評鑑是有利且可接受的,評鑑人員宜考量評鑑的性質,妥善選擇。

第二節 課程評鑑的途徑

關於課程評鑑的途徑(approach),史鐵克(Stake, 1975)曾經歸納為九種常用的型態。後來戴維斯(Davis, 1981)加以修訂,納入「以目標為中心的評鑑」和「不受目標約束的評鑑」兩種途徑,合為十一種途徑。這些課程評鑑途徑,代表課程評鑑人員對評鑑的基本立場和出發點,顯示其評鑑的角度和偏好,各種途徑彼此之間並不完全互斥。有部分途徑在前一節已經提到,本節將着重其評鑑的焦點加以分析。茲依據史鐵克和戴維斯的觀點,分別說明這十一種途徑(參見表8-1)。

一、依據目標的評鑑

「依據目標的評鑑」(goal-based evaluation),是目標模式課

表 8-1　各種課程評鑑途徑

類型與目的	主要方法	主要參與者	優　　點	限　　制
1.依據目標評鑑：估計目標達成程度。	描述、追蹤、測量預期目標、教學過程和先在因素。	課程設計人員、教師及外部評鑑人員。	顯示目標達成與否。	忽視未預期的目標，評鑑目標達成與否的技術仍不完善。
2.不受目標約束的評鑑：探討課程方案的實際效果。	教室觀察、晤談，不顧課程設計人員的目標，廣泛地檢討學習結果。	不知道課程目標的外部評鑑人員。	提供嶄新的觀點和資料，呈現未預期結果。	需要精緻、敏銳的評鑑技能。
3.學生成就的評鑑：測量學生的學習成就。	選擇成就測驗，並實施之（或採用其他相當的工具）。	考試委員、教育心理學者、教師。	重視學生的相對表現。	過度重視教育目標，忽視過程，將目標狹隘地界定。
4.交流評鑑：提供課程方案試用或實驗過程中的資料給課程設計人員。	課程設計人員和評鑑人員不斷互動，評鑑人員依照設計人員的需要搜集資料，採用教室觀察、個案研究、晤談等方法。	課程設計人員（可以是教師）、評鑑人員（可以是教師）。	不斷提供回饋以為修正和再試用之用，對設計人員的資料需求立即反應。	強調情境因素，可能限定了普遍應用的可能性。
5.替代經驗：描述學校和課程方案的活動與經驗，給予情境之外的人。	重視過程而非輸入輸出兩端，採用參與觀察和說故事的方法。	教師和學生、外部評鑑人員。	提供充分的描述，提供嶄新的洞識。	仰賴主觀印象，需要敏銳的觀察和溝通能力。
6.機構自我評鑑：探討並增進機構人員的效能和參與。	委員會的工作，機構內人員自訂標準、自我評鑑、討論、合作。	校內教學人員。	增加機構內人員的責任感，促進其專業發展和參與。	使部分機構內人員產生疏離感，忽視外部人員的價值和要求。

(續表 8-1)

類型與目的	主要方法	主要參與者	優　　點	限　　制
7.外部小組的評鑑:探討學校課程方案及其他事務。	實地訪視、搜集並評析資料,以可用的文獻和材料為焦點,實施晤談和觀察。	有聲望的公民、領袖、相關的專家(可能包含其他學校的教師)。	帶入外部的觀點,與其他課程方案或其他學校比較。	過度依賴現有的文獻和資料,可能根據不當標準來判斷。
8.教學研究:以實驗來確認課程方案的效果。	控制的實驗設計和情境,多變項分析。	教育心理學者、教學實驗人員。	提示新的觀點和原則來發展課程方案。	採用人為的情境和實驗處理,忽視個別差異和情境的特殊因素。
9.對抗式評鑑:探討並呈現正反的觀點和資料。	採用教室觀察、晤談、觀察、搜集課程方案的有利和不利資料。	課程方案的贊成和反對者(可以是教師或外部評鑑人員)。	廣泛而深入地搜集正反意見,並加以檢視,促進判斷的明智。	過度陳述優點和缺點。
10.管理分析:增進機構作決定的合理性。	列出各種選擇方案,重視效率,進行成本分析,建立回饋環線。	管理人員、經濟學者。	提供機構管理和財務問題決策的資料。	過度重視效率,低估個人和社會的意義和經驗。
11.社會政策分析:協助建立廣闊的目標和政策。	分析社會趨勢、情境,評估變通方案。	社會學家。	澄清社會趨勢、壓力,可能的選擇和強制。	忽視教育和情境的特殊問題和細節部分。

程設計的中心觀念,在前一節已有部分說明,今從其探討途徑再加以說明。凡倡導目標做為課程設計的首要因素者,莫不重視依據目標的評鑑。更具體地說, 課程設計人員主張行為目標的敘寫, 讓目標明確、具體、可觀察、可測量,便是強調依據目標評鑑的途徑。

　　依據目標的評鑑,旨在估計課程目標達成的程度。為了要能確切估計目標達成程度,評鑑人員必須清楚地描述目標,最好是以行為術語來撰寫目標,這樣,評鑑人員才能夠觀察、測量。由於達成目標必須藉由某些先在因素和教學過程做為手段,評鑑人員也要描述、追踪

和測量這些手段，不過，這項工作之所以重要，仍然着眼於它和目標達成程度之關係。

依據目標評鑑的最大優點，在於它關注目標及其達成與否，重視課程設計及教育人員的績效。但是依據目標評鑑也有其限制所在；它把目標視為當然，毫不加以懷疑；它認定科學測量的效度和客觀性，實際上技術仍不夠完善；它強調明確可見的目標，却忽視隱含不可見的學習結果。

二、不受目標約束的評鑑

「不受目標約束的評鑑」（goal-free evaluation），是由史克立芬（M. Scriven）所提出的途徑，這種評鑑途徑亦已於前節稍作說明。這個主張的出現，旨在改正依據目標評鑑的缺點和限制。不受目標約束的評鑑，強調課程方案的整體效果，評鑑人員所觀察者不單是預期的結果（課程目標上所指定者），他也要觀察未預期的結果。當評定課程方案價值之際，評鑑人員不單由預期結果來看，也要由所產生的未預期結果着眼。換言之，評鑑人員的判斷規準超越了課程設計人員訂定的目標，他甚至懷疑或批評課程目標的適切性，他是不受目標約束的。

不受目標約束的評鑑，可以提供課程設計人員嶄新的觀點和資料，呈現未預期的結果。惟採用此一途徑的評鑑人員需要具備相當細微、敏銳的觀察能力，並有豐富的教育素養。此外，評鑑人員通常要由課程設計小組之外的成員擔任，而其與課程設計人員的協商溝通甚少，可能忽視目標績效的層面。

三、學生成就的評鑑

學生成就的評鑑（student achievement evaluation），主要係由測驗專家及教育心理學者採用，評鑑時選用或發展和課程目標相符應的測驗，來探討學生經歷了某一課程方案後的學習成就。由於學習成就是學習目標的一部分，因此這個評鑑途徑可視為依據目標評鑑的一類。

從學生成就的角度實施評鑑，重視教育績效，強調教育不單是過程，更重要是成就的進步。由於採用了標準化的測驗來衡量學生成就，評鑑結果較易於比較，且較具公信力。不過，學生成就評鑑往往忽視教育過程的探討，且狹隘地將教育結果界定為學生成就。除成就之外，教育目標尚包含情意培養、種族融合、教育機會促進等項目，其重要性絕不亞於學習成就一項。而忽視教育過程的評鑑，其結果對課程方案的修訂並無大的用處，因為它並未能指出應興應革之處。

四、交流評鑑

所謂交流評鑑（transaction evaluation），是指提供課程方案實驗或試用的資料給予課程設計人員，它強調課程設計人員和評鑑人員之間不斷的互動。探這個途徑的評鑑人員，重視課程設計人員需要的滿足，因此關注特定的課程設計情境及其中存在的問題。

交流評鑑具備的最大優點，在於它能符合課程設計人員對於資料的需要。不斷提供回饋來修訂課程方案。但是這個途徑可能過度強調特殊情境的需要，因而限定了課程方案普遍應用的可能性。

五、替代經驗的評鑑

「替代經驗」的評鑑(surrogate experience evaluation)，旨在描述課程方案實際運作的活動和經驗，提供運作情境之外的人員一種替代的經驗，使其即使未親身經歷，也能體驗課程方案的實際運作狀況。替代經驗的評鑑途徑，屬於過程取向而不是輸入、輸出取向，因此採取能夠提供替代經驗的資料搜集方法，像參與觀察、說故事等。

替代經驗的評鑑途徑，能夠提供課程設計人員及其他人員完整、豐富的資料，讓他們對整個課程方案獲得理解。不過，這個途徑也有其限制，評鑑人員必須具備敏銳的觀察和溝通技能，且須留意個人主觀印象對資料搜集、解釋和判斷的影響。

六、機構自我評鑑

所謂機構自我評鑑 (institutional self-study evaluation)，係指由機構自身組織委員會或小組，進行評鑑工作。這個評鑑途徑係源於美國的學校認可機構。美國的學校具有相當大的自主權，爲了避免聯邦和州政府干預學校，也爲了保障學校教育的水準，乃成立許多認可機構，例如美國醫學院協會(American Association for Medical Colleges)及全國師範教育認可協會 (the National Council for the Accreditation of Teacher Education)。這些認可機構採用的主要評鑑途徑，便是以校內教育人員自評，做爲資料搜集方法，進而了解學校問題所在，提供改進建議。當然認可機構尙須派遣訪視小組實地查證。

自評方法的採用，有時並非因應機構外的要求，而肇始於機構自

身的內部壓力,例如學生的抗議、學生學業成績普遍低落等。

機構自我評鑑的最大優點,在於增加校內人員的責任感,促進其專業上的發展,也給予其參與的機會。唯此一評鑑途徑,可能使未參與其事的校內其他人員產生疏離感,也可能忽視了校外其他人員的需求與價值觀。

七、外部小組的評鑑

外部小組的評鑑 (panel review evaluation),係委由機構外的人員組織委員會進行評鑑工作。通常外部小組可委由有聲望的公民領袖主持,其專長不在教育方面,然具有強烈的社會責任感,在其專長領域頗受尊重。外部小組可按照自己的觀點和直覺進行評鑑,也可以諮詢他人的意見來實施評鑑。外部小組必須在工作一段時間後,提出正式報告。

外部小組評鑑可以將外部人員的觀點,帶入課程設計小組或學校之中,它也可以比較不同的課程方案和學校。唯這種評鑑途徑的資料搜集工作,常依賴短期實地訪視,再輔以部分的晤談和觀察,因此最後的判斷可能會植基於現有不夠完整的文獻及短期形成的印象和搜集到的資料上。

八、教學研究的評鑑

教學研究的評鑑 (instructional research evaluation),主要係採取實驗的方法,探討實驗處理 (treatment) 的效果。在課程評鑑中,所謂實驗處理便是課程的設計。教學研究常常導向於建立普遍

模式和理論,不過對於特定課程方案的評鑑,也有其價值。

教學研究的實驗途徑,雖然被視爲客觀、中立,受到廣泛尊崇,然而它也有許多限制存在。例如實驗處理常屬人爲的狀況;課程方案的個別差異和情境因素往往被忽視,課程方案的運作過程如同暗箱一般,只重輸入輸出兩端的評鑑。

九、對抗式評鑑

對抗式評鑑（adversary evaluation）,又稱司法式評鑑,係藉用自司法裁判中原告、被告兩造的對抗方式。在對抗式評鑑中,組織成兩個勢均力敵的小組,分別對某一課程方案或課程問題,採取正反兩面的立場。兩個小組分頭去搜集課程方案的有利和不利資料,對搜集到的資料兩組亦可流通使用。兩個小組分別探討完所有資料,充分完成論點的準備,便開始進行辯論,其過程可公開旁聽或利用電視傳播。決策人員或課程設計人員可依照辯論提出的各種證據,作成有關的決定。

對抗式評鑑途徑的最大優點,在於能鉅細靡遺地搜集課程方案的有利和不利的證據,並於言詞辯論中予以考驗,使決策人員的決策能夠明智。不過對抗式評鑑可能誇大了課程方案的優點或缺點,且兩個辯論小組能力不相當時,得到的結果難免形成偏差,於明智決策的作成上亦有所妨礙。

十、管理分析和社會政策分析

「管理分析」（management analysis）的評鑑,旨在增進

課程決策的合理性，評鑑人員運用經濟學上的概念，例如成本效益 (cost benefit)、生產力 (productivity)，進行成本效益分析、生產力分析。管理分析可提供資料，協助組織管理和財務問題解決有關的決定。唯此種評鑑途徑可能過度重視效率，忽視個人和社會需求。

「社會政策分析」(social policy analysis) 旨在分析社會情境和趨勢，提出變通的課程方案。社會政策分析的最大特點，在於釐清社會面臨的壓力、緊張及趨勢，比較各種決策的優劣。這個評鑑途徑可能會忽視教育和情境因素。

第三節　課程評鑑的模式

評鑑人員為了能夠系統有效地實施課程評鑑工作，選擇某一課程評鑑途徑，或結合幾個途徑，建立明確可循的評鑑體系，稱為評鑑模式。評鑑學者提出的模式中，比較著名的有目標獲得模式 (goal-attainment model)、外貌模式 (countenance model)、差距模式 (discrepancy model)、背景輸入過程成果評鑑模式 (context, input, process, product model，簡稱 CIPP 模式)、評鑑研究中心模式（簡稱 CSE 模式）、認可模式 (accreditation model)。

一、目標獲得模式

目標獲得模式主要係植基於依據目標評鑑的途徑，最早的有系統應用係在泰勒 (R. W. Tyler) 的八年研究中，後來泰勒又將此一模式融入其課程理論。目標獲得模式的評鑑程序如下：

1. 建立廣泛的目的或目標。
2. 將目標加以分類。
3. 用行為術語界定目標。
4. 尋找能顯示目標達成程度的情境。
5. 發展或選擇測量的技術。
6. 搜集學生表現的資料。
7. 將搜集到的資料與行為目標比較。

由上述程序可知，目標是泰勒評鑑時的出發點，也是判別課程設計成敗的主要標準。如果目標能夠達成，課程方案便屬成功，否則便屬失敗。泰勒之後，提倡目標獲得模式者，尚有哈蒙得（Hammond, 1973）、梅費瑟和邁克（Metfessel & Michael, 1967）等人。

二、外貌模式

外貌模式是由史鐵克（Stake, 1967）所提出的。他撰寫「教育評鑑的外貌」一文，批評非正式評鑑的盛行及正式評鑑的缺點，主張樹立教育評鑑的新面貌。史鐵克對正式評鑑的批評有三點：

1. 不注意教育的先在因素（antecedents）和交流因素（transactions）。
2. 不注意各種教育結果，只重傳統測驗因素。
3. 強調個別學生分數的信度和預測效度，忽視先在因素、交流因素和教育結果三者的關聯。

基於此，史鐵克建立了先在因素、交流因素和結果因素三個概

念,並主張對這三類因素加以充分描述。先在因素係指教學之前任何與結果有關的條件;交流因素是指教學中,學生與教育有關人事物的遭遇,例如影片欣賞、班級討論、做作業等;結果因素是指教學所產生的影響。史鐵克主張對這三類因素加以充分描述,然後再進行判斷工作。描述時,評鑑人員一方面要搜集「意圖」的資料(指計畫要實施者), 二方面要搜集實際發生的現象(史鐵克稱為「觀察」的資料)。在「意圖」資料中,評鑑人員分析三類因素的邏輯關聯性;在「觀察」資料中,他分析三類因素的實證關聯性。判斷時,評鑑人員必須建立判斷的標準,再進行判斷。評鑑人員的判斷,可採相對比較 (relative comparison) 或絕對比較 (absolute comparison) 兩種方式。前者把評鑑的課程方案與其他方案比較,後者將評鑑的方案與既定標準比較。為了掌握課程方面的意圖,評鑑人員尚須了解該方案的理論基礎。史鐵克此一評鑑模式圖示如圖 8-2。

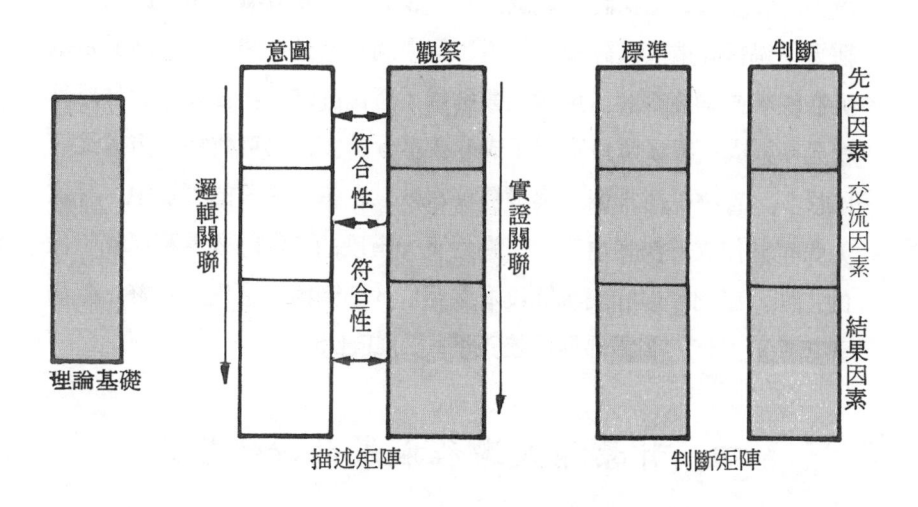

圖 8-2 史鐵克的外貌模式

三、差距模式

差距模式係由普羅佛斯（Provus, 1969）所提倡，旨在比較標準和表現，分析其中差距，做為課程方案改進的依據。所謂標準，依普羅佛斯的觀點，其實便是課程方案的性質，這包含三個成分：

1. 方案的目標（預期結果）。
2. 實現目標所需的人員、媒體、設備（先在因素）。
3. 為達成教育目標，師生需要從事的活動。

將這些成分詳細地描述，便是普羅佛斯所說的「界定方案的標準」。差距模式的評鑑，共包含五個階段，前述標準的界定屬第一階段，普羅佛斯定名為「設計階段」。有了標準之後，便進入「裝置階段」，評鑑人員宜探討「裝置」和「設計」之間有無差距。第三階段稱為「過程評鑑」，評鑑人員須了解中間目標是否達成，判斷是否須調整標準或實施因素。第四階段稱為「產出評鑑」，旨在分析最終目標是否達成。最後階段稱為「成本效益分析」，也可稱為「方案比較階段」，旨在探討那個方案最經濟有效。在每一階段的評鑑中，評鑑人員可能作成的決定有四：1.進行下一階段的工作；2.重複原先階段的工作，直到標準和表現間沒有差距；3.回到第一階段；4.終止整個課程設計工作。普羅佛斯的差距模式，如圖 8-3。

四、背景輸入過程成果的評鑑模式

此一模式簡稱 CIPP 模式，係由史特佛賓(Stufflebeam et al.,

第八章 課程評鑑 371

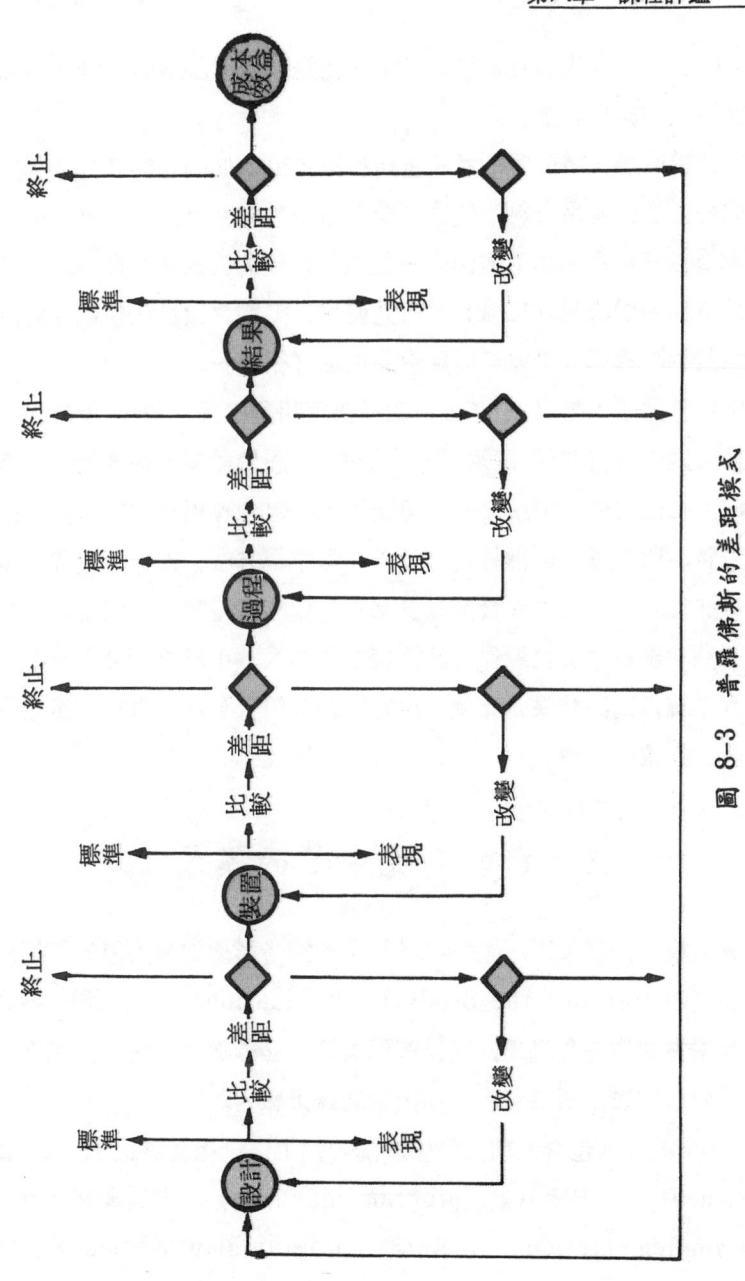

圖 8-3 普羅佛斯的差距模式

1971)所提出，C代表背景評鑑，I代表輸入評鑑，兩個P字分別代表過程評鑑和成果評鑑。

史特佛賓等人將評鑑的意義重新加以界定，他們認爲評鑑是在描述、取得及提供有用資料，做爲判斷各種變通方案以作成決定之用。他們認爲教育決定的類型有四：一是確定目標的決定（計畫），二是設計教學程序的決定（組織），三是使用、追踪、改進教學程序的決定，四是判斷教學效果並予以反應的決定（循環）。

史特佛賓等人指出，和上述四種決定相對應的，有四種評鑑。「背景評鑑」旨在提供確定目標的依據，屬於最基本的評鑑。「輸入評鑑」在確定如何運用資源以達成目標，包含課程資源的選擇、設計與發展，所謂資源係指材料、設備、程序、方法、人員、環境等項目。「過程評鑑」在課程資源設計完成，付諸實施時即可開始，旨在提供定期回饋給予負責課程方案實施工作的人。「成果評鑑」旨在了解教育系統得到的結果是什麼，以便協助決策人員決定課程方案是否應終止、修正或繼續。

五、評鑑研究中心的模式

此一模式簡稱CSE模式，CSE是美國洛杉磯加州大學的評鑑研究中心（Center for the Study of Evaluation）。在CSE模式中，評鑑被當做一種過程，藉以確認決策者必須從事的決定，選擇、搜集、分析作決定所需資料，向決策者提出報告。

CSE模式共包含五種決策領域的評鑑工作：系統評估（system assessment）、方案計畫（program planning）、方案實施（program implementation）、方案改進（program improvement）、方

案授證 (program certification)。

「系統評估」旨在尋找教育系統需要何種改變,評鑑人員可針對整體教育系統加以評估,也可針對其中一部分評估。「方案計畫」的評鑑旨在計畫或選擇各種變通方案,以便納入教育系統中,滿足教育需求。「方案實施」的評鑑,旨在確定所實施的方案是否符合原來的計畫。「方案改進」的評鑑在搜集方案各成分是否成功運作的資料,以促進方案的修正。「方案授證」的評鑑,旨在搜集目標達成程度有關資料,以及受評方案對其他方案之影響,以作成終止、修正、保留或推廣的決定。

六、認可模式

認可模式係源於美國中學和大學認可機構的評鑑程序。所謂認可,是指課程方案或教育機構被認定符合某些共通同意標準的過程。認可制度係植基於專業自主的觀念,希望運用專業知識和經驗,建立教育的最低標準,追踪各學校的教育方案,必要的話,並促其改進。

採用認可模式時,評鑑人員必須先訂定認可標準,通常採最低標準的設定方式。其次,受評學校必須依照標準,列出相關事實,自行評定,將自評報告送交認可機構。認可機構收到自評報告後,便組成訪視委員會,到學校實地訪視。訪視時,可採用觀察、晤談、測驗、文件分析等方法搜集資料。訪視委員依照搜集到的資料,對自評報告予以查核評定,提出建議。

認可模式的評鑑,其成敗關鍵在於標準的建立、自評和訪視的實施,以及補救改進的程序。

第四節 課程材料的評鑑

課程材料(curriculum material)是具有象徵性質的具體物品,透過課程發展程序而得,用來促進學生的學習過程和成果。這些物品包含了教科書、手册、習作簿、講義、試卷、影片、幻燈片、錄音帶、錄影帶等 (Gall, 1981, 5)。課程材料具有物質實體,故是可觀察的,有別於概念、原則。課程材料是爲了促進學習而存在的,一旦挪作他用,便喪失其本質,而不再是課程材料。有些材料雖非爲了學習而設計,一旦用來教學,便屬課程材料的一部分。課程材料也代表自身之外的其他事物,例如教科書若純就物理性質觀之,只是紙張的集合與裝訂,並無重要性,但若就其所記載的概念、原理、原則、事件而言,在教學上便十分重要。

一、爲何要評鑑課程材料

如前章所示,課程評鑑可分成形成性和總結性兩種,前者旨在促使課程發展益趨完美,具有改進的目的,後者旨在判斷終結成品的整體效果,作爲選擇、決定之用。本章所討論的課程材料評鑑,亦不外此二目的,因爲課程材料是課程設計的重要成分。

課程材料評鑑之所以重要,尚有課程設計以外的理由。不論係何種因素促成,課程材料目前已有加速成長的趨勢,不但政府機構及學術機構汲汲於課程發展工作,私人事業亦不斷設計及提供課程材料。這些材料可能好壞懸殊,教師、學生、家長面對著課程材料爆發的現

象，如不知道評鑑它們的方法，勢必迷失而無法明智地選擇。

這如果再由師生接觸課程材料的時間觀察，課程材料的評鑑便益加重要。課程材料是學習概念、原理、原則、方法等的媒介，一直是教學過程中師生接觸時間最多的東西。不良的課程材料，不但無法發揮教學效果，更可能引導教學至錯誤方向。因此，為了促進學習，課程材料一定要慎重評鑑和選擇。

再者，課程材料評鑑若由使用者教師參與實施，一則可促進教師對現有課程材料有一廣博的了解，再則，其評鑑之後作成的抉擇，可能更符合學生學習之需要。教師在評鑑過程中，等於接受新材料使用的初步訓練。

最後，課程材料評鑑，可以改變目前部分學校盲目採用課程材料的現象，並促使學校課程決定趨於民主化。長期以來，教師對課程材料的採用，一直缺少較大的發言權，以致學校採用的材料，往往不符實際教學的需要，造成教學的浪費與失敗，需要儘速改進此一不良現象。

二、課程材料的評鑑過程

實施課程材料評鑑，必須遵守幾個步驟，當然這些步驟，不是完全直線式的，必要的話仍可反覆實施。

（一）確定評鑑目的與範圍

任何工作的實施，都有其目的。對於課程材料的評鑑，若其目的是為了改進發展中的課程，則其範圍當然以該課程發展工作所包含的材料為準；若為了實施總結性評鑑，以確定新課程的效果，則其範圍

尚可包含其他可以比較的材料。有時課程材料之評鑑，是為了選擇，即由衆多現有的材料中，選擇其一加以使用，則評鑑範圍便更加廣泛。

（二）組織評鑑小組或委員會

課程材料的評鑑，依目的之不同，其組織可能會有差異。但基本原則在於評鑑人員應包含具有評鑑能力者，否則其結果便不具有正確性。另外，評鑑小組可網羅具有部分能力的人組成，工作分配則依個別專長為準。更重要的措施可能是，將教師納入評鑑小組中，並把學生、家長、社會人士當做意見提供者。

（三）接近課程材料

如果評鑑目的是為了課程發展，則課程材料的接近較無問題；設若評鑑目的在於選擇，則評鑑者必須知道何處可取得何種課程材料。在美國，有課程材料總目錄、書面之外的媒體總目錄、各科目錄、特殊教育及職業教育目錄等（Gall, 104-17），從這些目錄中，可找出所需的課程材料。在我國，課程材料可由國立編譯館、教育資料館、國立臺灣師範大學視聽教育館、師大科教中心、板橋教師研習中心、省市教育廳局等單位，發行的課程材料索引目錄尋找。另外坊間出版社更是課程材料的重要來源，特別是高中、高職以上的課程材料，及中小學的補充教材，都需要從出版資料去尋找。

（四）分析課程材料

評鑑者對於課程材料的理論基礎、設計原則、設計過程、含括的內容，都應透澈地加以分析。此外對於有關的報告、評論（對已發展

完成者而言），應搜集閱讀。對於尚在發展中的課程材料，或尚無報告、評論者，可在學校中實際使用，再分析使用狀況和成果。

（五）建立評鑑規準

除了充分了解課程材料之外，評鑑者尚須建立相關的評鑑規準，做為評鑑的依據。評鑑規準的建立，可參考本章所列出的項目或其他作者的建議；但重要的是，每一個課程材料評鑑，均有其目的和情境，從而對規準的選擇也該有以因應。再者，每一規準的意義、運用方法和加權記分方式，也都必須指明。

（六）進行課程材料評鑑

這是指運用規準於課程材料之上。這個評鑑可以是量化的，也可是品質的，有時兩者兼具更有意義。實際評鑑前，對所要評鑑的材料最好能有深入的討論，溝通每個評鑑人員對材料的意見，以免評鑑流於膚淺。評鑑者亦可透過問卷，搜集其他人的意見。

（七）提出評鑑報告

報告中應包含評鑑目的、範圍、組織、過程、規準、結果及建議等項目。

課程材料評鑑，若係為了選擇，則尚應分析課程材料未來將要使用的情境，例如學生特質、教師特質、學校資源等。另外，在評鑑之後，應作成採用何種課程材料的決定，如不購買，尚應注意版權問題。

課程材料的評鑑報告提出後，有關人員必須據以作成決定，採取

進一步的行動。如果材料評鑑屬形成性的，則進一步的修正、試用、再評鑑等程序也許是必要的。如為總結性評鑑，則績效判斷及選擇使用便是後續動作。有關人員作成採用的行動後，應當注意配發、安裝的問題，同時使用情境也要提供必要的支援（包含人事物等資源）。

課程材料評鑑是個連續不斷的過程，其中所作成的決定只是就當時而言的最佳決定；在實際情境中的使用是進一步的考驗，也是未來再作課程材料決定的基礎。教育人員若缺乏此一觀念，其使用的課程材料當隨著時空的變化，成為陳腐而落伍。

三、課程材料評鑑的規準

對於課程材料評鑑的規準，蓋爾（Gall, 1981）曾經提出很有系統的架構，值得在此加以介紹。當然，除了蓋爾這個架構之外，還有許多架構存在，而且，這些架構常依評鑑材料之性質而有不同的組成項目。

蓋爾所提出的架構屬於一般性的，適用於各種不同性質材料的評鑑。這個架構共包含四部分：**發行與費用**、**物理屬性**、**內容屬性**、**教學屬性**，茲一一說明其中的項目。

（一）發行與費用

這個部分共有十個項目：作者、費用、發展史、版本、發行日期、出版者、購買程序、數量、特殊條件、師資訓練。

・**作者**（專家——不合格人員）

課程材料的作者，有時只有一個人，有時却是一個團體，對於作者，評鑑人員所要問的問題是：

1. 誰是材料的作者？
2. 這個作者在那個機構工作？
3. 作者的聲譽如何？
4. 作者的專業背景如何？
5. 當作者有許多人時，每個作者在材料發展過程中擔任什麼角色？

* **費用**（昂貴——便宜）

所謂費用是指為了取得課程材料，必須付給出版者的價錢，評鑑人員可問的問題有：

1. 購買是唯一途徑嗎？可否用租借的方式？
2. 材料中各別成分的費用多少？
3. 材料的運送費是多少？是否另要上稅？
4. 大量購買時價錢是否能降低一點？是否要付現？
5. 價錢是否在短期內會有變動？ 是否有短期內降價便退費的保證？
6. 有比較便宜的版本嗎？（例如平裝書比精裝書便宜。）
7. 材料中某項目的替換或補充的費用如何？（例如模擬遊戲中的一部分。）
8. 安裝和在職訓練的費用如何？
9. 有無其他隱藏的費用？例如需要額外資源或設備。

10. 材料訂購後多久才會收到？是否足夠迅速？

• **發展史**（有充分經費——經費缺乏）

所謂發展史，係指材料的發展和生產過程中，所經歷的過程和所發生的事件，評鑑人員可詢問下列三個問題：

1. 材料發展的經費是由誰贊助？
2. 材料發展時有無重要困難或事件發生？
3. 發展的過程共耗時多久？

• **版本**（最新——舊版）

第一版係指材料第一次出版之謂，以後的修正依次數順序，標明為第二版、第三版等。課程材料的不同版本可能同時存在，但其設計（如適用對象為一般學生或特殊學生）、內容（如閱讀技能高或低的學生適用）、語言（如英語或法語）諸方面，可能有所不同。人員對於版本所問的問題有：

1. 可購買的材料，其版本是否超過一種以上？
2. 是否新的版本會在最近出現？
3. 現行版本和以前的版本有何不同？
4. 新版本出版之後，舊版是否繼續存在？

• **發行日期**（最近——早期）

發行日期是指材料印刷製作完成，開始上市的日期。對發行日期

評鑑人員可問的問題是：

1. 發行人預定的發行日期是否可靠？
2. 如果是報紙、雜誌、期刊，其出版間隔如何？

• **發行人**（聲望高的──聲望低的）

發行人是指課程材料的生產和銷售組織。有些材料係由某組織生產，但由另一組織銷售。生產的組織通常稱為發行機構，銷售組織稱為配銷機構。有許多免費或便宜的材料是由工商界發行的。評鑑人員對發行機構可問的問題是：

1. 材料的生產和銷售組織有幾個？
2. 發行機構的正式名稱為何？其地址在那裏？
3. 發行機構若有分支機構，其總部和分支機構在那裏？
4. 發行機構發行的材料屬何類型？
5. 發行機構的聲望如何？
6. 發行機構是否尚有其他公司？
7. 工商界發行的材料是否為某公司打廣告？

• **購買程序**（容易──困難）

有些材料的訂購並非直接寄到發行機構所在地，而是其倉庫或銷售代表，評鑑人員必須注意：

1. 材料訂購的地址在那裏？
2. 如何付款？

3. 若訂購時有問題或材料有瑕疵,該與何人接洽?
4. 通訊訂購是否需立即付款或有指定付款日期?

- **數量**（足夠──不夠）

　　數量係指每組課程材料每一成分的數目。有些課程輯為了教室教學使用,必須提供足夠數量。

1. 此套材料包含的成分是否能配合選課人數?
2. 如果數量不夠,是否可以額外訂購?或者是否可以自行複製?

- **特殊條件**（容易具備──不易具備）

　　特殊條件是指發行機構未提供, 且在學校內未具備的人員、器材、設施。 有些課程材料並不是無所不包的, 例如, 設計了微縮膠片、學校必須有看片機,否則膠片便看不成。科學的課程材料包含了實驗但也許未提供器材。

1. 學校需要購置額外的課程材料來實施教學嗎?
2. 課程材料的使用需要額外空間和人員嗎?
3. 發行機構同時銷售特殊器材配合材料使用嗎?
4. 材料使用的諮詢及在職訓練需要額外付費嗎?

- **師資訓練**（單純──複雜）

　　師資訓練是指教師為妥善使用課程材料,所需特殊訓練的程度。評鑑人員可問下列問題:

1. 師資訓練是額外付費，或已包含在購買材料的費用之內？
2. 訓練的內容是否直接與材料的有效使用有關？

（二）物理屬性

課程材料評鑑的另一組規準，是有關物理屬性方面，這包含美感、成分、消耗品、耐用性、媒體、品質和安全性等項目。這些規準顯然是重要的，沒有人願意買到不安全的教育玩具和科學實驗器材。而要決定課程材料的價值時，品質和耐用性無疑是重要因素。物理屬性的評鑑，往往需要親自檢視課程材料，有些尚須藉重於其他專家協助。

・美感（美觀──不美觀）

美感是指外表令人有愉悅或美麗的感覺，不具美感的材料令我們的感官覺得難受或不舒適。在這一項目下可問的問題是：課程材料的任何層面都非常吸引人嗎？或者是平板而粗糙？

・成分（很少──很多）

許多課程材料包含的是單項成分，有的則包含多項成分，例如教科書之外，又有教師手冊、習作簿、補充教材、影片等。這些成分是單獨使用，還是非要合著使用不可？包含有許多成分的課程材料，收到時一定要檢查其完整性。

1. 發行機構是否列出成分清單？
2. 所有的成分都需要購買嗎？是否有選擇性？

3. 發行機構使用顯著的標記來指稱材料的成分嗎？

•消耗品（少──多）

　　消耗品是指材料的設計只為一個或一組學生一次使用者，例如習作簿便是。評鑑人員所問的問題是：消耗品可以重新設計來使用嗎？

•耐用性（堅固──脆弱）

　　耐用性是指材料可以持久使用的程度，例如教科書的裝訂和封面都可能容易破損。

　　1. 發行機構對耐用性提供保證嗎？
　　2. 材料損壞後可以修理嗎？

•媒體形式（適當──不適當）

　　媒體形式是指對課程材料成分的描述，使材料使用者可以推論材料使用的媒體是文字印刷物、視聽、圖表或機械物品。

　　1. 課程材料使用的媒體是否多樣化？
　　2. 運用特定媒體來達成教學目標，是否有其理論基礎？

•品質（優良──低劣）

　　品質是指課程材料的構成成分，其紙張、裝訂、圖片、影片、錄音帶等，其精緻性如何。品質較高的材料通常都比較昂貴。

　　1. 構成課程成品的材料，其品質是高或低？

2. 印刷的紙張是否會反光?

• **安全性**（安全——危險）

安全性是指課程材料是否危及學生身心之謂。有些材料像化學藥品如果不當使用，可能會產生危險。

1. 材料中是否預告使用時的注意事項?
2. 玩具或遊戲是否經由消費者保護機構證明安全?
3. 材料中是否包含了令學生情緒不安的內容?

（三）內容屬性

課程材料中的內容係指包含的事實、概念、通則、技能、態度等，有些人甚至將內容視為課程，這一點在本書前面章節中曾經提過。內容屬性可由探討途徑、目標、順序、範圍、多元文化、問題取向、性別角色、時宜性等項加以探討。

• **探討途徑**（適當——不適當）

探討途徑是指課程材料發展時，引導發展人員的哲學、價值、偏見。不同的課程材料，可能包含相同內容，却有不同的探討途徑，例如同屬求知，有的設計是經由記憶方式，有的經由探究方式。

1. 設計人員的探討途徑是否在材料中明白介紹?
2. 設計人員的探討途徑與學區的課程哲學是否相符否?
3. 採用的探討途徑有無矛盾之處?

- **教學目標**（清楚——含糊）

教學目標是材料設計所要達成的學習結果。有些人認為這是材料分析最重要的規準。教學目標可由明確性和完整性來看。

1. 目標陳述是否清楚具體？
2. 發展人員是否有其隱藏未陳述的目標？
3. 目標是否包含了認知、技能、情意三方面？

- **問題取向**（開放——閉鎖）

問題取向是指課程材料反映知識不確定的程度。有些課程材料把課程內容當做事實來要求學生背誦。有些則強調不同團體對問題的不同觀點。

1. 問題是否明確陳述？正反意見是否都已呈現？
2. 對事件和藝術作品的解釋是否呈現變通的觀點？
3. 材料設計的問題是否能刺激學生思考其所見所聞？

- **多元文化**（多元文化的——民族中心的）

多元文化係指材料內容反映各種文化和民族的觀點及其貢獻的程度。

1. 材料中是否包含多元文化的觀點？
2. 特定文化和民族團體在材料中如何描述？其頻率如何？出現方式是正面、負面或中性的？

- **範圍和順序**（適切──不適切）

　　範圍係指課程材料所包含題材的廣度與深度，有那些被納入，那些被排除。順序則是指所含題材的先後次序，那些先教，那些後教。課程材料的發展，通常都會畫出課程內容的範圍和順序圖。

1. 材料發展人員明確地指出範圍和順序嗎？如果沒有，從內容目次及其他資料可以推想出來嗎？
2. 對於範圍和順序的安排，依據什麼原則或理論？

- **性別角色**（無刻板印象──有刻板印象）

　　性別角色係指材料內容對男女角色的描述。大部分學校課程內容都包含了人類活動的描述，材料設計人員常會針對男女角色採取某種觀點或立場，認定某些性別角色行為是適當或不適當的。

1. 當課程內容牽涉到人的時候，是否兩性在各層面的討論均具相當的代表性，例如就出現率而言，主角配角、主動被動、在各種職業上工作，是否都有相近的比例？
2. 課程內容是否包含刻板化的性別角色？
3. 課程內容是否歧視或扭曲兩性的角色？

- **時效性**（當代的──過時的）

　　時效性是指課程材料反映特定時間的事物之程度。有些課程材料很快便過時，正如影片中所描述新潮的衣著、語言或物品，過一段時間便不再新潮。有的課程材料則歷久彌新，例如數學。

1. 時效性是材料設計和發展過程中受到重視的層面嗎？
2. 課程內容或呈現方式，有無任何遍時的成分，以致無法反映當代文化和知識？

（四）教學屬性

蓋爾認為教學屬性的分析並不容易。評鑑人員先要確知課程材料的教學設計或教學型態，並衡量這種設計或型態達成教學目標的可能性。評鑑人員宜注意，不同教學目標可能需要不同的教學設計。不論如何，課程材料的某些屬性，有其教學價值。

・評鑑設計（有用——無用）

評鑑設計旨在了解學生的學習結果，在認知學習方面所包含的型式有是非、選擇、填充、問答等，在技能及情意學習方面亦有其適當的評鑑方法。這些設計所搜集到的學生成就資料，可用以衡量學生之進步程度。

1. 課程材料含有評鑑設計嗎？一套或多套？
2. 材料中附有解答嗎？
3. 評鑑題目與教學目標配合嗎？
4. 對於學習成敗訂有可比較的標準嗎？

・可理解性（清晰——不清晰）

可理解性係指材料能讓學生理解的程度。材料內容的呈現順序、組織方式、使用字彙的難度等，都會影響到材料的可理解性。分析可

理解性時，宜考慮學習者的特質，否則不易加以衡量。除了正文之分析，對於圖表及其他相關材料的分析，也應顧及。

1. 材料設計人員是否提供證據說明材料的可理解性？
2. 設計人員係採用何種方法來分析可理解性？

・**配合性**（良好——不佳）

配合性係指材料的選擇需要考慮到其與其他材料關聯的程度。有的材料是設計來配合其他材料使用的，有的材料則為特殊學校或特殊班級環境使用的（例如開放教室、變通學校）。

1. 材料是否配合學校整體課程的需要？
2. 如果材料的設計是以某一年級為對象，是否能配合前一年級及下一年級的教學？

・**個別化**（優良——不佳）

個別化係指課程材料適合不同學習者使用的程度。材料設計為了做到個別化，常採用變通活動和內容來滿足不同能力、興趣及需要，或讓學習者依自己的步調進行學習。

1. 材料中採取何種方式來達成個別化的要求？
2. 材料中個別化的措施是否會帶來管理上的問題？

・**教學效果**（已知有效——未知）

教學效果係指課程材料是否透過評鑑取得學習效果有關的證據，

這種資料通常在課程發展方案出版的實驗報告中可以找到。

1. 報告中是否提供了學生學習成果的資料？教師和學生對於材料的滿意度如何？
2. 有無其他地區或學校使用過該課程材料，可以取得使用結果的資料？

•**教學型態**（有趣──枯燥）

教學型態係指材料中教學活動的型式和順序。從型式和順序的安排，可推知設計人員依據的教育原理。再複雜的材料，通常都脫離不了一兩個反復出現的教學型態。

1. 材料中隱含或明顯的教學型態是什麼？
2. 教學型態所植基的教育原理是什麼？

•**學習者特質**（適當──不適當）

學習者特質係指課程材料的適用對象，例如性向、動機、學習經驗、興趣、技能、障礙等。有些材料包含了許多可選擇的學習活動，以適合不同學習者的需要。

1. 材料是否為特定學習者而設計？
2. 那些學習者使用該材料會有困難？

•**長度**（有彈性──死板）

長度係指完成材料中建議的教學活動所需的教學時間，有時長度

可由文字篇幅來看,或從影片時間來看,不過若要由達成教學目標的程度來看,則不易判斷。

1. 材料設計人員是否指出學習大致需要的時間?
2. 有無變通活動可用來延長或縮短教學時間?

- **管理系統**(有用——無用)

管理系統係指課程材料使用的追踪和控制程序,比較複雜的課程材料需要有追踪系統,讓老師了解學生進步狀況。

1. 材料中包含有圖表或其他可紀錄的工具,來協助教師追踪學生進步嗎?
2. 有無診斷補救的工具,協助教師找出學習困難施予補救呢?

- **動機**(激發的——沉悶的)

動機係指課程材料包含的因素能夠吸引及維持學習者注意力的程度。

1. 材料可能引發學生的興趣嗎?
2. 材料中是否應用了各種引起動機和維持注意的技術?

- **先備條件**(清晰——不清晰)

先備條件係指課程材料要有效學習,必須事先具備的知能。先備條件如能指明,對師生而言都會有所幫助。

1. 材料發展人員是否詳細說明學習的先備條件，或者這些先備條件在材料的檢視中可以發現得到？
2. 未具備先備條件的學生，若得到適度的協助是否仍可學習？

・可讀性（高――低）

可讀性是指課程材料的文字可以理解的程度。可讀性可列為可理解性的一部分看待，句子長度、字彙、句子結構等因素，都是影響可讀性的因素。

1. 材料中的文字部分適合學生的程度嗎？
2. 材料中的文字部分句法清晰、主旨明確、用字合宜嗎？

・學生角色（主動――被動）

學生角色係指學生與材料、教師的互動情形。有些材料要求學生扮演被動的角色，如閱讀書本、觀賞影片；有的則要求扮演主動的角色，例如參加討論、提出報告。

1. 材料中要求學生從事那幾類活動？
2. 這些活動是否和材料的設計目標相符？
3. 這些活動是否兼含主動和被動的角色？

・教師角色（主動――被動）

教師角色係指教師在教學情境中使用課程材料時必須顯現的功能。有的材料是自足式的，不需教師多少干預，有的材料則需要教師運用適當教學方法去介紹內容。

1. 教師使用材料時，他的角色像經理或指導員？
2. 材料中要求教師從事其專長之外的活動嗎？

四、善用規準進行分析

蓋爾書中總共列出了三十九個規準，本文將其中兩個有關目標的規準合而為一，僅餘三十八個。使用這些規準的時候，宜注意幾個要點。第一，評鑑人員必須熟悉課程材料的內容，必要時得採討論會方式，進行研討。第二，評鑑人員必須審視三十八個規準，溝通彼此對規準的意見。評鑑規準可增可減，亦可合併、拆開，端視所有評鑑人員對規準重要性的觀點如何而定，不過，評鑑時固然可以有重點，但也需要注意到完整性。第三，評鑑人員必須確定所要採用的量尺為何。前面每一個規準後面附有量尺兩端的文字說明，評鑑者最好不要採取二分法，至少宜用三至五點量尺，以求更加精確評定。第四，對於每一規準，評鑑人員尚須考慮是否對某些規準進行加重計分，以彰顯其重要性。第五，評鑑人員不應單憑量的分析，就決定課程材料的好壞，根據每一規準進行質的描述，指出課程材料的特色和缺點，最後的評鑑結果才可能明智可靠。第六，蓋爾的規準不是唯一值得參考的架構，不少課程學者都曾建立規準，設計評鑑表格（見黃政傑，民76,224-42）。評鑑人員可進一步廣泛探討，以便建立更理想的架構。最後，蓋爾所提出的規準是一般性的，對於特殊的課程材料例如電腦軟體，或是材料的內容層面，評鑑人員尚應建立其他規準加以運用。

本章摘要

　　本章討論了課程評鑑的基本概念、課程評鑑的途徑模式，及課程材料的評鑑。課程評鑑是評鑑在課程領域的應用，在課程發展的每一步驟都需要用到，其目的可就七個向度觀察：需求評估、缺點診斷、課程修訂、課程比較、課程方案選擇、目標達成程度的了解、績效判斷。課程評鑑有許多類型，本章分析了其中的七種：形成性評鑑與總結性評鑑、依據目標的評鑑及不受目標約束的評鑑、內部人員評鑑及外部人員評鑑、內在標準評鑑及外在標準評鑑、過程評鑑及結果評鑑、量的評鑑及質的評鑑、比較評鑑及非比較評鑑。課程評鑑的途徑有不少研究，本章剖析了十一個途徑：依據目標評鑑、不受目標約束的評鑑、學生成就的評鑑、過程溝通的評鑑、替代經驗、機構自我評鑑、外部小組的評鑑、教學研究、對抗式評鑑、管理分析、社會政策分析等。本章另外還說明幾個常用的評鑑模式，剖析課程材料評鑑的程序和規準。

問題討論

1. 課程評鑑有何重要性？其目的和範圍爲何？
2. 課程評鑑的類型很多，試扼要比較不同類型間之差別。
3. 在課程評鑑的途徑之中，你比較喜歡那一個？爲什麼？這些不同的途徑該如何運用？
4. 課程評鑑模式有何實用性，試舉例說明之。
5. 試任擇某一課程設計項目（或層次）作爲對象，運用課程評鑑的途徑、模式和基本概念，擬訂一個課程評鑑計畫。
6. 試選定任一課程材料（如電腦軟體、兒童讀物、教學遊戲等），據以提出可供參考的適當評鑑規準。

第九章
課 程 實 施

本章旨在探討課程實施（curriculum implementation）的問題，對於課程實施的意義、重要性，課程實施的探討觀點與層面，課程實施的層次，影響實施的因素，課程實施的原則，都加以分析闡明。希望對於任何課程的設計與實施，都能有所助益。

第一節 課程實施的意義與重要性

「課程實施」的概念，在早期的課程著作中，並未受到重視。當時的重點，僅在於課程應如何設計才能趨於完美，至於設計好的課程，到底學校教師接納實施的程度如何，不是其關心的問題。

課程設計工作，忽視了課程實施，當然會衍生許多問題。誠如包曼和麥老林（Berman & McLaughlin, 1976）指出的，有關教育評鑑的文獻一致顯示，美國聯邦政府課程改革的努力，對學生學習成果

的影響，並不一致，也不穩定。他認為解釋此種現象的理由有四：

1. 學校過去的措施，已產生了最大效果，使得新措施的納入，產生不了任何效果上的變化。
2. 課程改革本身的觀念和科技，不夠完美，需要再接再厲地致力於研究發展。
3. 學生在學習效果上的改變，已經發生，但由於測量工具和分析方法不夠理想，致未能顯示出來。
4. 課程改革的措施，未完全被實施。

包曼和麥老林認為，前三點都不是主要理由，第四點才是，因為課程實施是課程改革和學習效果的橋樑。遺憾的是，課程改革很少照計畫加以實施。基於此一觀點，任何課程改革的失敗，其原因不見得是改革本身的觀念不良，相反地，可能是實施過程的困難及不易掌握。

一、課程實施是什麼

所謂課程實施，有兩種定義方式。傅蘭與潘福瑞（Fullan & Pomfret, 1977）認為，課程實施是指任何課程革新的實際使用狀態，或者說，是革新在實際運作中所包含的一切。這個定義，主要在區分課程實施與課程計畫的差異，即課程設計時有意達成的狀態，與實際運作的狀態，在意義上不同。這個定義，也試圖區分課程實施和課程採用（curriculum adoption）兩個概念，採用只是一種使用的決定，但尚未將課程付諸運作。

另一個定義，是萊士伍（Leithwood, 1982）提出的。他認為任何

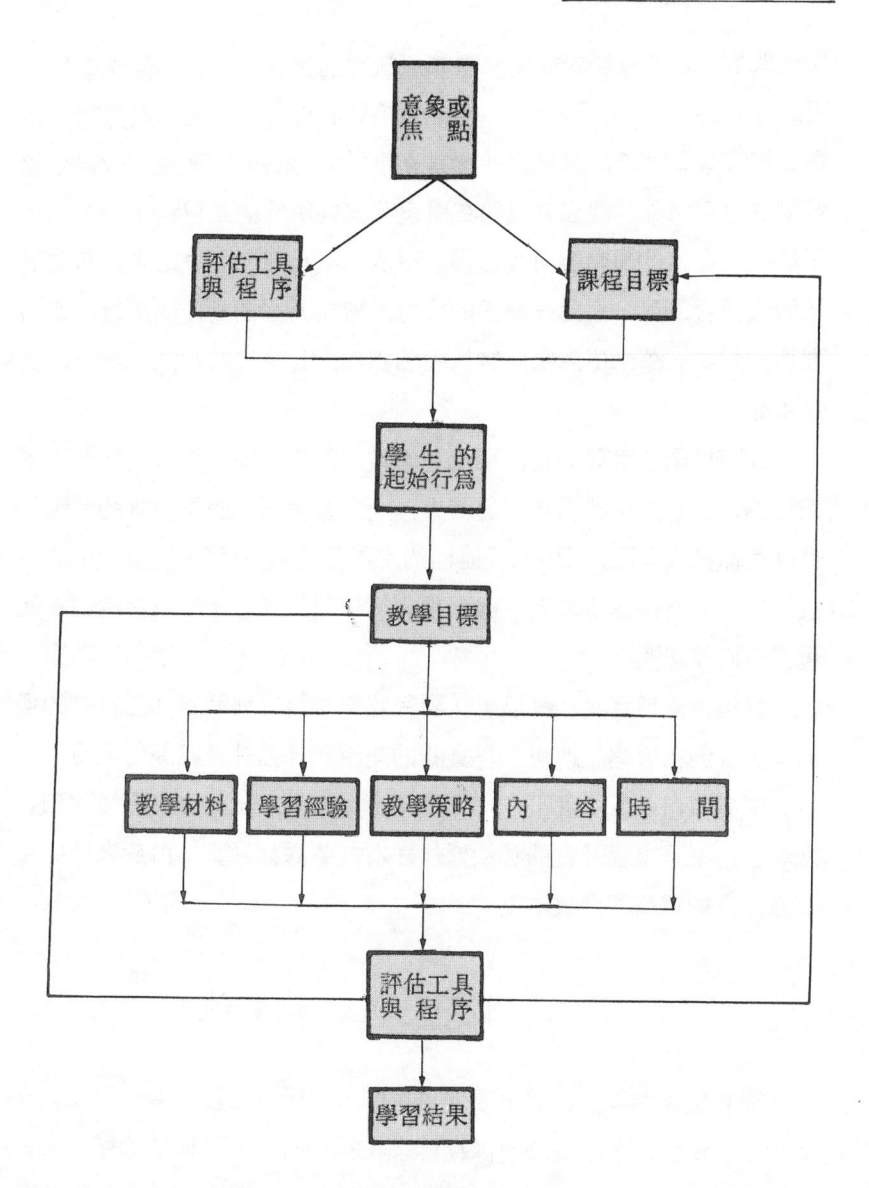

圖 9-1 課程的層面及其關係

課程改革,都是屬於課程現狀應如何改變的建議,不管這個建議是全面或片面的; 而所謂實施, 則是指縮短課程現狀與改革理想間的差距。按圖9-1所示,課程設計有其意象(images)或理想,做為希望達成的學習結果,課程實施即在將現狀導向所欲的學習結果。例如為了導正年輕人的衝動性消費行為,使他們成為理性的決定者,乃設計了消費教育課程,而此一課程的實施,即在減少衝動性的消費,導向理性的消費。萊士伍認為,實施整個課程,比實施其中的一部分,更為困難。

比較這兩種定義方式,可見前者較乏價值取向,即傅蘭和潘福瑞的定義,並未主張課程實施的結果,一定要縮短理想與現實的差距,也許反而擴大差距, 因此, 他們的定義是比較中性的。萊士伍的定義,則明顯有一價值取向,即課程實施以理想(意念)為指標,在使現實朝向理想邁進。

歸納這兩種定義,可以說,課程實施是將課程計畫付諸行動的過程,其目的在於縮短理想、現實間的差距。課程計畫與課程實施,都有其價值取向,但兩者不一定完全符合,結果也就無法單向地預測。課程實施不是課程計畫的必然延伸,有許多課程計畫,由於未被採用實施,只能停留於計畫階段。

二、為何要重視課程實施

課程實施的探討,其重要性可由四方面予以說明。第一方面,課程實施的探討,有助於發現課程計畫在行動時產生了何種改變。大約1960年代以前,課程工作者大都將焦點置於改革的特點、 最後的結果、 評鑑方法及爭取改革的支持。 他們所問的問題是:課程改革的

特點為何？其主要目標在那兒？這個改革係基於何種價值觀？有何假定？它可能會產生何種負作用？這個負作用是可接受的嗎？課程的設計能達成目標嗎？在概念上是否清楚？課程發展最適當的程序為何？如何評鑑課程？這些問題，都將課程的實施排除在外，對於課程設計好了以後，到人們接納它、實施它，以致產生了可見的結果，其中的過程與現象，絲毫不感興趣。換言之，課程工作者認為，課程計畫與教室教學之間，不會產生任何問題，教師及其他學校教育人員，都會按照課程計畫去執行其教學。這種將輸入和輸出兩端之間當做暗箱，不予聞問的做法，顯然是不明智的。

探討課程實施的第二個理由，是要了解教育改革為何失敗。教育改革的失敗產生於許多方面，可能是課程發展程序不當、課程材料艱深，也可能是課程實施未把握要領。課程改革常常不只是內容的改革，組織和角色的改變也是必要條件；假如組織和角色不改變，課程改革永無成功的一天。例如，1960年代美國教育界，發展了許多新課程，其重點不但在把握及教導學科的主要結構，而且這些學科結構的學習，要透過探究與發現，而非教師的灌輸。因此新課程的目標，在於發展學生獨立思考、自我引導的能力，這當中隱含了傳統的師生關係應有所改變：教師應視學生為能夠獨立自主的人物，學生應視教師為引導者，而非主宰者。教師在傳統的講述教學之外，應該具有新的教學能力，如指導分組討論、獨立學習、建立民主化的師生關係。由此可見，課程改革的探究，應包含組織和角色改變的探討，這必須由課程實施去研究。

重視課程實施的第三個理由，是為了避免受到忽視，或與其他概念混淆。課程實施在課程領域中，未受到足夠重視，前面已有闡述，課程實施的研究與討論增加，將使教育改革者擁有此一方面的參考文

獻和觀點，也可使其避免將實施與採用混爲一談。

第四個重視課程實施的理由，是因爲此種探究，有助於了解學習結果和各種影響因素間的關係。有些新課程實驗結果發現，實驗組（使用新課程者）的成就優於控制組。對此種結果的解釋，常常是新課程有效，或是認定教師的教學經驗和學生的社經背景也是原因。但是實際上，課程實施的程度，不也是一個因素？有一個研究指出，課程實施的程度與學生學習成就，具有顯著的正相關 (Hess & Buckholdt, 1974)；另一研究指出，學生成就分數的變異，有百分之三十五，可用測得的實施因素加以解釋 (Leinhardt, 1974)。過去生物科新課程 (BSCS) 的實驗，完全重在學習結果，忽略實施的評鑑，便無法闡明結果與影響因素間的關係。

第二節 兩個觀點和五個層面

一、兩個觀點

探討課程實施，有兩個觀點，一是忠實觀 (fidelity perspective)，二是相互調適觀 (mutual adaptation perspective)，這兩種觀點，各有其探究的規準與方法。

（一）忠實觀

所謂忠實觀，係指任何課程的實施程度，應就實際採用者運作時符合計畫者意圖的情形而定；卽實際運作的課程改革，若愈接近原來

的課程計畫，則愈為忠實，課程實施程度也愈高，反之，則愈不忠實，課程實施程度愈低。傅蘭和潘福瑞(Fullan & Pomfret, 1977)，將忠實觀的研究，分為兩類，一重組織改變，另一重特定的課程革新。

有一項研究，以組織改變為重點 (Gross et al., 1971)。這一研究旨在探討市內小學實施教師角色改變的程度，所謂「實施程度」，在此係指組織成員改變自己的行為，以符合改革所要求的行為模式的程度。研究者採用標準化的教室觀察工具搜集資料。研究者用12種行為，來界定改革所要求的新行為模式，例如允許學生選擇自己的活動，或成為兒童和教材間的指引、媒介和資源人物。觀察者採用「完全有」到「一點也沒有」的五點量尺，來評定教師的行為表現，做為代表實施的量化資料。教師實施意圖的自我報告，則做為實施的質的資料。最後，研究者發現，實施的量非常低，只有16％，即教師所有行為當中，只有16％符合改革的要求。

寇爾 (Cole, 1971) 以特定的課程革新為重點，進行課程實施的研究。他所探討的對象是「人的研究」(Man: A Course of Study, 簡稱 MACOS)，這是小學社會科課程，強調過程或探究取向的教育。為了有效使用新課程，教師需要新的知識和能力，學生需要成為主動的探究者。寇爾對於課程實施程度，採用兩種規準判斷，一是教師對於MACOS的知識，二是學生的教室行為。對於前者，寇爾採用測驗，測量教師對 MACOS 的假定、原則和教學策略的認識；對於後者，則詢問行政人員、教師和學生，有關學生在教室內的行為是否符合 MACOS 的原則。寇爾的結論是：所有結果顯示，MACOS 的實施是成功的。當然，此一研究缺乏直接觀察的證據，其結論之正確性，值得懷疑。

(二) 相互調適觀

所謂相互調適觀，強調課程實施不是單向的傳播接受，而是雙向影響改變的過程。採此種觀點所進行的研究，認爲課程改革的過程，十分複雜，原來計畫的課程，在實施中產生變化，進一步發展。研究者的目的，不在檢查原來的課程計畫實施了多少，而在分析課程計畫和課程實施兩者如何互相調整適應。

探討美國聯邦政府教育方案實施狀況的蘭德計畫（The Rand Project），可以做爲相互調適觀的代表。蘭德計畫是有史以來一次探討許多教育改革方案的綜合研究，其研究者採用個案研究（N＝29）和問卷調查（293個計畫的參與者），檢視各種教育改革的實施。蘭德的研究人員指出，大部分的教育改革，需要實施者建立自己的運用之道，換言之，將實施當做相互調適的過程，是這些方案的本質。根據此一觀點，蘭德的研究者搜集了許多如何計畫實施策略的寶貴資料。

二、五個層面

一個良好的課程計畫，需要有效的課程實施工作配合，才能達到預期功能。那麼，所謂有效的課程實施，到底是什麼呢？換言之，有效地實施一套課程計畫，應從那幾方面着手？

一般人一想到課程實施，便想到換一套教科書或其他教材來使用，這是因爲他們對課程的定義太狹隘，而且忽視了實施所涉及的相關因素所致。傅蘭和潘福瑞（Fullan & Pomfret, 1977）指出，任何課程實施工作，至少都應包含五個層面的改變——教材、組織、角色（行爲）、知識和理解、價值內化，課程計畫的實施，若未着眼於

這五方面的改變,便不能算成功。這個概念架構,無論就研究或實際工作而言,都有其價值。

(一)教材的改變

課程實施的第一個層面是教材的改變,即革新教師所要傳授給學生的內容,或學生必須學習的內容,這包含內容的範圍、順序,甚至是傳授的媒介,例如文字、語言、視聽器材。有時課程發展人員也設計了測驗或其他評鑑工具,藉以了解學生學習狀況。

(二)組織的改變

課程實施的第二個層面,是組織的改變。所謂組織改變,包含了學生分班分組的安排、空間與時間的安排、人員的分配、及新教材的供應。這個層面和教材層面一樣,不在要求使用新課程者本身的改變,而在要求使用者互動情境的變化。因此,這是課程改革比較容易實施的一部分。

(三)角色或行為的改變

角色或行為的改變,是課程實施的第三個層面,事實上,有些人將這一項納入組織改變層面。課程實施不只要求教材改變、組織改變,同時也要求人的行為或角色改變。例如新課程常常包括新的教學方式、新的教學任務(如課程設計與發展)、新的角色關係(教師與學生、教師與教師、教師與其他學校行政人員)。這些新的角色或行為獲得改變,新課程才算是實施了。

忠實觀和相互調適觀對於角色或行為改變,具有不同看法。採忠實觀者,認為課程改革計畫有其既定的理想角色或行為,做為課程使

用者的教師，在實施課程計畫時，必須按照計畫加以履行。教師實際的角色或行為改變，符合計畫的角色或行為的程度，便是課程實施程度的指標。

相互調適觀採用動態的觀點。課程計畫的實施，其決定因素在學生對教師行為的解釋，不在教師行為本身。不同的學生對同一教師行為的解釋可能不同，為了達到同一結果，教師可能要表現不同行為。所以教師能表現特定的行為或角色，不是關鍵，重要的是他能認識各種變通的行為方式，依各情境之需要，適切地表現出來。換言之，相互調適觀注重的是角色關係的改變，不是單一角色的改變。

（四）知識和理解

課程實施的第四個層面是知識和理解。這是指課程的實施者認識了課程的各種成分，如它所隱含或明示的哲學與價值，它的基本假定、目標、教材、實施策略、角色關係等。單憑課程使用者的行為改變，做為課程實施的指標，這是不夠的，因為有些人只是膚淺或機械地使用，並未確切理解該課程的內涵。

（五）價值內化

課程實施的第五個層面，是使用者「重視」且「致力」於執行課程的各組成因素。這裏要注意的是，評鑑實施的此一層面，應以課程的各組成因素為主，而不以課程整體為主，因為這樣做易犯了空泛的毛病。再者，重視與致力也不是實施成功的充分條件。

三、課程實施的探討方法

迄今為止,研究者探討課程實施的方法,不外觀察、調查、晤談和內容分析。運用觀察法進行課程實施的研究,是強而有力的,特別是課程改革十分詳細明確,且探討的重點,是課程使用者在行為或角色層面是否忠實的時候。採用觀察法,旨在了解使用者做了什麼,不在於了解使用者如何思想或感受。

但觀察法用於課程實施的研究,也有其困難。有些實施層面比較容易觀察,有些則否,例如「教師允許學生互動」比「教師試圖做為學生之間的媒介」,較易觀察。再者,觀察者的出現,可能會影響使用者的行為表現。第三,觀察法所能得到的,可能只是機械使用某一課程的資料,對於使用者的知識與理解層面,則難以發揮作用。第四,觀察法比較昂貴,對於大樣本的研究,較不可行。

一般人對問卷調查,常認為效度低於其他方法,而採不信任態度。其實,問卷調查對於課程使用者的知識或理解層面,是非常有效的;因為這個層面無法直接觀察,只能憑著使用者的回答,加以推論。問卷調查也可用以了解大樣本在各實施層面上的狀況與困難。使用此種方法時,問題應明確,最好能有開放式的問題,供使用者自由反應。

晤談法可說是調查法的一種,由訪問員向受訪者提出問題,搜集所需資料,問題可以是明確的選擇式,或自由回答的開放式。有一研究採用此種方法,稱為重點晤談 (focused interview),這個研究搜集資料進行內容分析,以了解受訪者對課程改革的有效使用程度 (Hall & Loucks, 1976)。這種方法亦可用於相互調適觀,以了解課

程實施的性質和型式。

內容分析法是分析傳播內容的方法，在課程實施的研究上，可用以分析教材、教學計畫及其他有關的文件。它也可用來分析觀察所得的資料。

對於研究方法的選擇，應依據研究主題的性質，不可盲目拘泥於某一方法。基本上，不論採取何種觀點（忠實觀或相互調適觀），不論研究課程實施的那個層面，上述方法都可採用，但應依每個層面下所問的問題，選擇最適當有效的方法。有時，採取多種方法來研究，可獲得更豐富的資料，且可互相驗證。

第三節　課程實施的層次

課程實施層次的概念，是霍爾和洛克斯(Hall & Loucks, 1977)所提出的，他們認為課程的實施不是全有全無的現象，在有無之間，可劃分出許多層次來。再者，所謂課程實施，應直接觀察課程採用的基本單位教師，其所做所為，才最為有效。基本上，霍爾和洛克斯的觀念，屬於課程實施的忠實觀，其所謂實施層次，係指使用者所做所為，符合原先計畫的程度。但他們所提出的最後三個層次，又涉及了原課程計畫的精緻與統整，似乎又結合了相互調適觀。

根據霍爾和洛克斯的理論，課程實施（或按照他們的用語則為「革新的使用」）從「無」至「有」，可分為八個層次（見表 9-1）。這八個層次分別是「未使用」、「定向」、「準備」、「機械地使用」、「例行化」、「精緻化」、「統整」、「更新」。如果採用有無的二分法，前三者可視為尚未使用，後五者可視為已在使用。第

表 9-1 課程實施的層次 (Hall & Loucks, 1977, 266-7)

使用的層次	使用的範圍
1. 未使用	使用者對於課程改革缺乏了解，或了解甚少，未涉入課程改革工作，也未準備涉入。
決定點	採取行動，以獲取課程改革的資料。
2. 定向	使用者已經獲取或正在獲取課程改革的資料，且已經探討或正在探討課程改革的價值取向，及其對使用者的要求。
決定點	決定採用改革的課程，建立實施時間表。
3. 準備	使用者正為第一次使用改革的課程而準備。
決定點	使用和改變（必要的話）係依使用者的需求。
4. 機械地使用	使用者致力於革新的短程使用或日常使用，缺乏反省的時間。使用上的改變，旨在符合使用者的需求，而非學生的需求。使用者基本上所試圖熟練的工作，是使用改革的課程所要求的，結果常是膚淺且不連貫的使用。
決定點	建立了例行性的使用型式。
5. 例行化	革新的使用已經穩固地建立，在使用過程中，如果有改變的話，僅是少數。很少慮及改變革新的使用和革新的效果。
決定點	依據正式或非正式評鑑，改進革新的作用，以增進效果。
6. 精緻化	使用者依據短期或長期的結果，改變革新的使用，以增進革新的立即影響效果。
決定點	與同事協調合作，開始改變革新的使用。
7. 統整	使用者結合自己和同事在革新上的努力，在共同影響的領域內，給予學生集體的影響。
決定點	開始探討此一革新的變通方案，或此一革新的主要修正方向。
8. 更新	使用者再評鑑革新使用的品質，尋找目前革新的變通方案或重大修正方案，以增進其對學生的影響，檢視領域內的新發展，探索自己及整個學校系統的新目標。

一個層次「未使用」，是完全無知且無意；第二個層次「定向」，是開始接近課程革新的資訊，即求知階段；第三個層次「準備」，則為預備行動的階段。

第四個層次「機械地使用」，係逐步地熟練課程革新要求的任務，未加反省檢討。第五個層次「例行化」，是更進一步地成為例行公事，或者說成為習慣，變成生活中極自然的一部分。第六個層次「精緻化」，是能夠依照學生需要，將課程加以變化，以加強效果。所以，第六個層次已經進入調適的階段，課程革新不是千篇一律地被使用，而是依照情境和當事人的變化而調整。第七個層次「統整」，是課程實施者互相接觸，結合彼此的努力，企圖造成課程對學生的更大影響。最後的層次是「更新」的階段，課程實施者再度評鑑所執行的課程，試圖做大幅度的調整或改變，可能是又一波課程革新的開始。

奧立佛（Oliver, 1977, 341-2）在其課程改革一書中，將課程實施分為七個階段：無知（unawarement）、探索（exploration）、預想（anticipation）、管理（management）、適應（adaptation）、合作（collaboration）、延伸（extrapolation）：這七個階段，各以其關注的重點命名，基本上並未脫離霍爾和洛克斯的理論架構。

從課程實施層次的概念，可得到許多啟示。長久以來，各種課程實驗和課程評鑑，時常忘却課程實施的重要性，所得到的結果，其正確性往往值得懷疑。這些實驗或評鑑人員，將研究對象分成兩組，一為實驗組，二為控制組，前者施予實驗處理（在此是新課程的實施），後者仍然使用原來的課程。兩組都依照某些規準，實施了前後測，再比較兩組之差異。一般研究者，都假定實驗處理必然確實運作，即新課程一定會被徹底地實施，所得結果當然可做為實驗處理（或新課程）有效無效的證據。這種想當然耳的做法，可說是課程實驗或評鑑

的致命傷。

具有課程實施層次概念的人，必然會想到實驗組對新課程的實施是否確實，如果不確實，則該組學生在某些規準上的表現，如何能代表新課程的效果？比較分析所得結果，豈不是一種統計數字的欺騙？

有一個研究，探討實驗研究中，實驗處理確實運作的程度，其發現可做為上述論點的佐證 (Watkins & Holley, 1975)。該研究旨在探討個別指導的教育(individually guided education, 簡稱 IGE)，對小學二、四年級學生閱讀和數學能力的影響。實驗組和控制組各有11個學校，共132位教師，實驗組採用 IGE，控制組未施予 IGE 的實驗處理，研究者採用重點晤談的方法，確認個別化閱讀教學和個別化數學教學在兩組中的實施程度，結果列於表 9-2。

根據表 9-2 加以分析，發現不論是閱讀或數學的個別化教學，在實驗組或控制組中，其實施程度均有參差不齊的現象。換言之，實驗組的所有教師，未完全實施個別指導的教學，而控制組的教師，反而有一些實施了個別指導的教學。此一分析，是依據霍爾和洛克斯課程實施八層次的架構作成，「1」至「3」代表未實施，「4」以上代表實施，兩組均未達第 8 層次。

傳統的資料分析方法，是比較實驗組（IGE 學校）和控制組（非 IGE 學校）的成就分數，如果實驗組分數未顯著高於控制組，便說 IGE 對學生的閱讀或數學成就的提高無效。但由於 IGE 在實驗組未完全實施，在控制組却有部分實施，所以整個發現變成一種謬誤。若將兩組合併，依照實施和未實施個別指導的教學，重新分組，則實施個別指導的教學者，其學生的閱讀成就，顯著高於未實施個別指導的教學者。

由此可見，課程實施層次的概念，對於研究設計和分析方法，有

表 9-2　教師對個別指導教學的實施層次

個別化的閱讀教學

實施層次	實施個別指導教育的學校 (IGE)	未實施個別指導教育的學校 (Non-IGE)	備 註
1	3%	8%	未使用者
2	13	28	20%IGE
3	4	1	37%Non-IGE
4	16	5	
5	37	51	使用者
6	15	5	80%IGE
7	12	1	62%Non-IGE
8	0　　N=68	0　　N=64	

個別化的數學教學

實施層次	實施個別指導教育的學校 (IGE)	未實施個別指導教育的學校 (Non-IGE)	備 註
1	1%	13%	未使用者
2	20	32	26%IGE
3	5	6	51%Non-IGE
4	20	11	
5	38	36	使用者
6	8	1	74%IGE
7	8	0	48%Non-IGE
8	0　　N=65	0　　N=62	

重大的啓示。此外,對於課程改革的領導者而言,如何引導學校教育人員提高實施程度,且由機械式的課程運作,改變為因應學校和學習者需要的調適與統整式運作,無疑是一個大的挑戰。要做到這一點,當然先要能敏銳地檢視學校教育人員對改革的實施層次。

第四節 課程實施的障礙

一、一般人對改革的態度

課程實施的程度,受到個人對改革的態度影響很大。課程學者普拉特 (Pratt, 1980, 427),借用鄉村社會學者羅吉斯 (E. Rogers) 的理論,認為一般人對課程改革的態度,呈現出類似於常態分配的模式 (見圖 9-2)。

由此一模式可見,一般人對課程改革的態度,可分成五類:反對者、拖延者、沉默者、支持者、熱誠者。這五類所佔人數的比例,以中立者最多,有40%,其次為支持者與拖延者,各有25%,熱誠者與反對者最少,各為5%。

「熱誠者」看起來具有活力且獨立性強。他們需要冒險、熱衷改變,而且擁有崇高的抱負。他們永不滿足於現狀,喜歡接近其服務機構外可獲得改變資訊的媒介和人員。他們也樂意參與課程革新方案的設計與發展。

「支持者」 不像熱誠者那麼急進, 他們通常是機構內受尊敬的人。他們和熱誠者一樣,主動參加專業協會和在職訓練。他們對課程

問題也相當了解,課程改革如果有良好的計畫、試驗和理論基礎,很快便可說服他們接受。

「沉默者」通常比較固執,對課程改革需要慎思熟慮,在改革的準備階段,他們從不採取主動。他們所接觸的通常是機構內的同事,他們屬於抗拒最小的一羣,至少會在表面上採納課程改革方案。

「拖延者」在機構內一向採取低姿態,與機構外的人士甚少接觸。他們常是獨斷、喪志,且無法處理抽象問題,對改革總是抱持懷疑態度。他們的生活方式已經固着於某一型態,除非絕大多數的同事已經改變,否則他們不可能接受某一課程改革。

「反對者」通常是機構中的孤獨者,他們對課程改革的反對,根深蒂固。他們可能主動或被動地破壞某一課程改革。

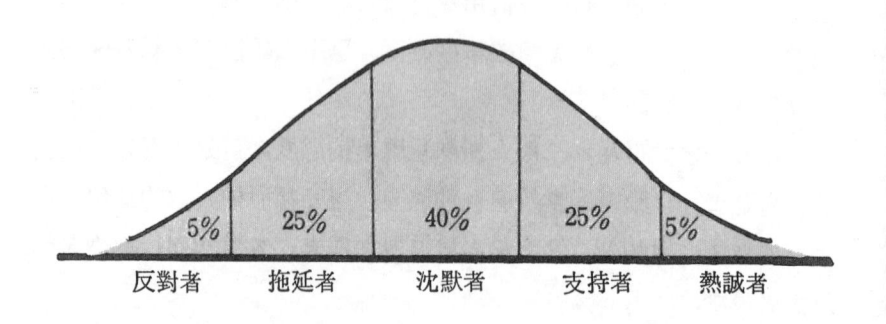

5%	25%	40%	25%	5%
反對者	拖延者	沈默者	支持者	熱誠者

圖 9-2 教育人員對革新的態度 (Pratt, 1980, 427)

此一模式的主要意義,並不在顯示任何課程改革中,持不同態度者的確切百分比,因為每項改革和每個機構都有其特質,實施者的態度會產生變化,支持與反對的比例也會有所差異。重要的是,此一模式顯示課程實施者在態度上的複雜性,如何引導課程實施者對改革產

生積極主動的態度,是任何課程實施成敗之所繫。

二、實施的障礙在那裏

為什麼課程的實施會遭到失敗?到底有那些因素,對課程實施產生影響力? 假如這些影響因素能夠尋找出來, 課程工作者將更有把握, 使課程改革獲致成功的結果。 在課程實施此一主題的探討中,「影響因素」是重要主題, 迄今為止, 有不少學者分析此一問題(Berman & McLaughlin, 1976; Fullan & Pomfret, 1977; Oliver, 1977; Pratt, 1980; Unruh, 1984)。這些因素,可分為五方面加以討論:使用者本身、課程設計、實施策略、機構情境、大社會政治單位的支持。

(一) 使用者本身的因素

這裏所謂使用者,主要指課程實施的最基層人員教師。任何課程革新,最後一定要交到教育的最前線教室,由此地的「戰鬥人員」教師去實施,由此可見,教師在課程革新中的地位。

課程革新要抵達教室,一定要獲得教師的支持與合作,否則將前功盡棄。在課程文獻中,確實可見到許多抱怨,說教師不接受、不合作,因此課程實施難以成功。

何以教師對課程革新會產生此種態度?首先,我們應了解教育的實際現象。教師雖然處於教育階層體制的最底層,但他們的教學是相當自主的。這種教學自主性,使得每一教室自成一個王國,每位教師的教學,彼此是孤立的,不易觀察到其他教師的教學實際狀況。久而久之,這種孤立狀態成為習慣、成為理所當然,進而形成一種孤立的

態度：不願觀察別人的教學，也不願被別人觀察；不願影響別人教學，也不願被影響。對於整體性的課程教學問題，當然更不願合作共同解決。

進入學校從事教育工作以後，有些教師開始懷疑師資培育過程中，所習得的教育理論與方法：它們能解決教育實際問題嗎？它們的作用有多大？尤甚者，對現有的教育理論與方法，產生普遍及消極的譏諷心態。

處於這樣的教育現實之下，可見課程實施的困難程度。部分學校教師對於課程改革的實施，可能缺乏「強烈動機」，換句話說，他們根本沒有實施課程革新的興趣。最常聽到的說辭是：愈改愈糟、換湯不換藥、勞民傷財。這種說法，常常基於現狀最好的假定，由此點出發，批評所有改革的適切性。

部分學校教師對於課程實施，也會有「不安全感」。這種不安全感源於許多原因。任何課程改革，多少會使教師原具有的能力變成無效，也就是說，原本他引以為傲的才能，可能遭到貶值。例如新課程若強調發現式教學方法，擅於講述的教師，將發現其才能在新課程實施下，一文不值。有許多原本具有的知識，由於新課程刪除此一部分，在教學中便成為無關。不僅如此，新課程所加入的內容，所採用的方法，將使教師再度成為學生。如果再牽涉到授課時數和鐘點費的減少，日常生活也受波及。課程實施影響的不只是教師本身，學生和家長也是當事人，甚至整個社會均將注視，實施成功固然充滿喜悅，實施失敗也會帶來嚴重困擾。

課程實施在使用者方面的另一障礙，是「能力」問題。例如新數學要求教師教「集合」，現有數學教師以往未接受這方面的教育，如何能成功地教給學生？又如音樂課程加入吉他演奏的內容，音樂教師

的職前教育只學鋼琴演奏,如何能教學生彈吉他?其他在教學目標、方法和媒體方面的革新,都會產生相同的問題。

教師缺乏「時間」,也是課程實施值得重視的問題。學校教師的負荷一直很重,要把平常教學工作做好就不容易。課程革新的實施,增加許多工作,例如教師新課程研習、新教材準備、課程評鑑等。過去教的那一套不再完全適用,新的一切仍待學習,當然更感時間之不足。

上述這些使用者有關的因素,交織影響著,課程改革的領導者,當會發現每個教師的影響因素不同,有的既缺乏實施能力,也缺乏意願,有的是能力、意願兩者缺其一,有的則能力和意願兼具。對於不同的教師,便需要不同的推動力量。

(二)課程因素

另一個影響課程實施的因素,出在課程上。課程設計和服飾設計在某方面甚為類似。有的服飾為實際運用而設計,在日常生活中有其一定的作用;有的為新奇美觀而設計,也能吸引部分人士購置。市場上的服飾很多, 為什麼有的被搶購、 有的被冷落? 當然使用者的喜好、實際需要、服飾的價錢、競爭對手都是因素。但是,服飾本身的設計是否足夠完美,是否能發揮其所宣揚的作用,更是重要。

課程設計的學問, 雖然發展了幾十年, 但是什麼才是優良的課程?它應包含那些因素?課程應如何設計?迄今都還有爭論。就目前課程領域的知識來看,對於所設計的課程,是否足夠完美,能否發揮預期作用,仍無法十足地判斷。既然如此,課程的消費者如何被說服採用? 加上學校的現實環境, 可能充滿反改革氣氛, 課程革新的實施,必然遭到困難。

在這一點上,我們應具有的理念,是將課程設計當做成長發展工作。課程工作者設計了課程草案或原型,經過修訂程序,便推展到學校試用修正,最後才大規模地實施。教師的課程設計程序也是如此。我們的生活都不見得完美,但我們非要生活不可,在生活中便可追求完美。課程的設計與發展,道理也是一樣。

課程本身造成實施障礙的另一因素,是課程的「明確性」(explicitness)。傅蘭和潘福瑞 (Fullan & Pomfret, 1977) 認爲,課程本身不夠明確,將造成使用者的混淆,增加其挫折感,從而產生實施不完全的現象。

要使課程增進明確性,有兩個途徑。第一個途徑是採取目標模式的課程設計模式,詳述課程目標、內容、活動及評鑑方式,闡述設計的哲學與原則,說明課程實施應具有的知識和技能,使得任何使用者對於課程革新的精神與做法,都一目了然,有所遵循。另一個途徑,是採取過程模式的設計模式,建立課程的程序原則(procedure principles),讓課程使用者在實施過程中,與課程革新的推動者共同計畫,使課程明確性愈來愈增進。因此,所謂課程明確性,在第二種途徑裏,並不是一開始便建立且不可改變,而是在實施過程中不斷增進。

這兩種途徑,都可促使課程革新增進其明確性,雖然採用方法不同,但目標則一。課程如果缺乏明確方向,使用者只有動輒得咎,何能讓它產生作用?因此,課程實施前,應透過適當的途徑,將課程的明確性提高起來。

第三個課程本身的因素爲「複雜性」。所謂複雜性,關聯到課程革新的範圍與深度。就範圍而言,有的課程革新,只要求內容的部分更新,以符合知識和社會發展狀況。這種改變,較容易獲得使用者支持,且新的內容呈現於教材中,也容易切實實施。如果內容的更新,

不是部分而是全面的,教師便較難接受,且新知識的學習,單憑短期在職進修,也不易完全吸收,在教學上使用,便困難重重。

就深度言之,可採1960年代的新課程為例。當時的新課程,有許多係採納布魯納學科結構的概念,要將每一學科的本質教給學生,且要縮短學者專家的學術研究和教師教學內容間的差距。即不讓教室教學內容,脫離最尖端的學科知識和技能。所以就課程內容而言,不但廣度增加,深度也增加。學生學習深度增加的課程時,其效果固然受到新課程的設計方式所影響,教師對尖端知能的吸收了解,影響也很大。

課程的複雜性,不單由內容層面觀察。有些課程革新包含了教育哲學觀的改變,例如由教師中心轉變為學生中心,有些又包括了教學方法、師生關係、學校組織、行政措施等項目的革新,其複雜度更高。

課程的複雜性,可藉由課程本身的內容分析而得,也可測量使用者的知覺,做為指標。課程複雜度愈高,其明確度可能降低,而且實施的困難愈大。

(三) 實施策略的因素

實施策略的因素,包含在職進修,資源支持、參與決定、給予回饋四方面,這些都是引介和執行課程革新的方法。課程實施的成敗,有賴於使用者再社會化過程的實施效果。

先就「在職進修」言。有不少研究指出,教師在課程實施時所接受的訓練(包含實施前、實施中),和其後的實施程度有關:訓練愈充分的,實施程度也愈高 (Fullan & Pomfret, 1977)。由此可見,任何課程革新,一定要將其精神、內容與方法,傳播給使用者,一方

面藉以促進其了解，賦予其方向與任務，另方面爭取其支持和合作。更重要的是，教師實施新課程的在職進修，宜養成其實施時所需的知識和技能。單憑教師高昂的意願，實施效果極為有限。

基本上，課程決策者都了解，有關課程實施的進修非常重要；但由於缺乏在職進修的計畫、經費與人力，效果經常不夠彰顯。另外在職進修的課程如何設計？由誰來實施訓練？採取什麼方式？在什麼時間？實施多少次？這都是有待檢討的問題。

再就「資源支持」方面言之。課程實施所需的時間、空間、材料與設備，均應加以規畫，並能適時提供。每當課程實施問題討論之際，教師最常提出的問題，乃是材料、空間和設備缺乏或不足。其次，時間方面，更是問題，教師要熟悉新課程，使用新方法，需要時間去接觸和學習。但通常這些時間，在課程實施時並未額外賦予，這樣，如何能激發課程實施者的動機？還有，新課程實施的時間，經常是短暫的，一旦效果評定不佳，馬上便被終止實施，而不考慮效果不佳的影響因素為何，更不思予以修正再實施。所以學校課程常常在變動，教師一直在不熟悉課程的狀態下教學。

讓課程實施者「參與」整個課程革新工作，一直被認為是極其有效且重要的策略。但是，現有關於課程革新的文獻，對於參與的性質、時間、範圍和強度，尚未有確切的研究與結論。在課程實施之中，有兩個階段相當重要，一是實施的計畫，即使用者採用了課程革新方案，至第一次實施之間的過程。二是開始實施階段，即課程第一次使用。在這兩個階段中，如何使課程使用者致力於實施工作，且能增進其課程實施能力，有兩種觀點。

第一種觀點是「管理觀」(managerial perspective)。這種觀點和課程實施的忠實觀是一貫的。這種觀點將課程使用者（即實施者）

當做顧問人員，而不是共同決定者，他們的角色是提供資訊，指出遭遇的問題。課程實施的成敗，端視課程使用者被社會化的程度，卽使用者是否了解課程實施目標，是否已發展出實施能力，適用的教材是否備妥，組織結構是否符合課程革新目標，使用者是否具有強烈動機（見圖 9-3）。課程革新已事先被明確地設定，使用者在實施的計畫上，扮演相當有限的角色。

第二種觀點是「使用者觀」（user perspective）。這種觀點和課程實施的相互調適觀是符合的。持此一觀點者主張，課程實施者對於實施什麼和如何實施的計畫，有其決定權，至少也應有共同決定權。課程實施的過程，卽在指明實施的特質，發展實施的方法。使用者的再社會化過程，是在實施中完成，而不是先於實施完成。

管理觀和使用者觀的比較如表 9-3。到底這兩種觀點那一種比較有效，迄今尚未有定論。喜愛標準化實施程序者，可能認為管理觀有

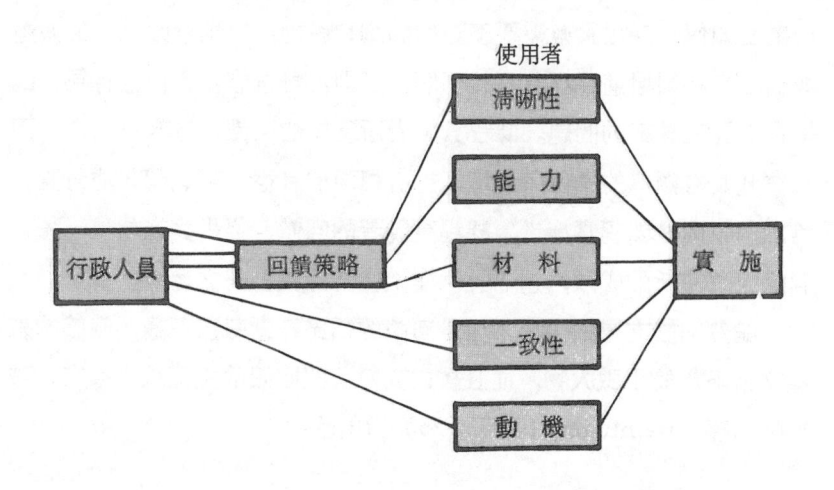

圖9-3 管理模式的架構 (Fullan & Pomfret, 1977)

表 9-3 課程實施者在不同觀點下的參與角色

階段	管理觀	使用者觀
引介與採用	接受者或顧問	共同決定者
實施的計畫	受訓者	訓練經驗的共同計畫者
實施	資訊提供者	問題解決者、評鑑者

效。但根據目前課程革新的狀況，常要求使用者的改變與涉入，很難事前絕對明確且詳細地設計一切，所以使用者觀似乎又是非常有效的途徑。

課程實施過程中，「回饋」是極為重要的策略。許多課程實施計畫，忽略回饋之設計，使用者因此缺乏回饋途徑。這裏所謂回饋，有幾個方向。第一個方向是課程設計者給予實施者的回饋。不論課程的明確度如何，課程實施需要不斷的諮詢和討論，一則增強執行的興趣與信心，再則增進課程革新的了解，三則可藉以修正實施的行為，四則提出課程實施的問題。課程實施者所獲得的回饋，可來自同事，因為彼此具有類似的責任與情境，也有相同的目標，可以深入地討論。第二個方向是課程實施者對課程設計者的回饋，提供實施效果，藉以判斷課程革新的成效，進而提供建議作為課程修正之參考。

雖然回饋有這些作用，但是回饋的網絡經常蔽塞不通，回饋的來源又常限定於少數人物，而且校內支持公開回饋的規範很少存在，誠如哈明孫 (Hamingson, 1973, 25) 指出的：

從教師的觀點來看……所提倡的教學策略，看起來像是對教師

能否熟練使用的考驗，而不像是研究假設。許多教師感到像是接受審判，這不但減弱了他們由此一經驗獲益的能力，而且也不利於他們對〔課程發展〕中心的回饋。

（四）實施機構的因素

實施機構在此是指採用課程革新方案的學校。學校之所以採用某一課程革新，至少有兩種理由（Berman & McLaughlin, 1976）。一是所謂的「機會主義」（opportunism），即剛好校外有關機構提供了革新經費，學校基於爭取經費或聲望等理由，乃申請採用。二是所謂的「問題解決」（problem-solving）需要，學校本身遭遇課程上的問題，亟須加以解決，乃尋找有關解決方案，付諸實施。顯而易見的，基於機會主義而發動的課程實施工作，不易獲得全校教師一致認同與努力；相反地，基於學校本身的問題，學校教師有解決問題之需要，乃易於奉獻心力。就課程實施觀來看，「機會主義」傾向於採取忠實觀，而「問題解決」傾向於採取相互調適觀。

「學校氣氛」是另一個影響實施的因素。有的學校充滿活力，士氣很高，對於任何課程革新，充滿好奇，願意花費時間去了解與嘗試。這種學校氣氛，和熱心的實施者一樣，易於採用並實施新課程。相反地，若學校士氣低落，教職員勾心鬥角，互相傾軋，對於教學不感興趣，也不負責任，即使採用行政命令，規定其實施新課程，恐怕結果至多仍只是表面文章而已。因此，課程實施的領導者，應該設法了解學校氣氛及其形成因素。

「學校領導」是第三個影響課程實施的學校因素。學校階層組織的領導人物，有校長和各處室主任。他們是否了解課程革新的本質、內容和方法，他們對革新所持有的哲學與心態，他們的領導能力與個

人特質,他們與教師彼此間的關係,及他們所提供的各種支持,在在影響課程改革實施的成效。就課程採用的決定來看,學校領導者是否讓教師提供意見或參與決定,或者是閉門造車,自作決定,當然會影響實施的士氣。就課程實施計畫而言,學校領導者如未結合有關教師的力量,更不可能有完美計畫,實施時便會不切實際,甚致遭到抱怨和消極抵抗。

「學校環境」是影響課程實施的第四個學校因素。這裏所謂環境,應該包含精神和物質層面。學校領導者在精神上,應重視課程實施工作,且不斷表示關注與鼓勵。課程革新都是脫離常軌的工作,否則不應叫革新,教師所從事的教學工作又都存在常態的規範,卽不可標新立異,與眾不同,否則團體規範便會給予壓力。因此從事課程革新的教師,亟須精神上的支持。在物質環境方面,前曾屢次提及時間、空間、材料、設備等問題,學校行政應百分之百地配合課程實施的要求,這不但是課程實施的基本條件,也代表對課程實施者的尊重和感謝。

最後談到「學校特質」的因素。學校的性質(中學、小學或私校、公立學校)、歷史、社區環境,教師的性別、年齡、學經歷、任教科別、家庭狀況。學生的智力、成就、性別、社經地位,社區人士的價值、需求與參與,這些都可能影響課程實施,頗值得探討。

(五) 大的社會政治單位之因素

所謂大的社會政治單位,係指學校外的機構,例如鄉鎮市公所、縣市政府、省市政府、中央各院部會,這些機構對學校的影響,常透過各級教育行政機構,例如教育部、省市教育廳局、縣市教育局。目前臺灣正在推行人口教育、環境保護教育,有關課程的實施,仍要透

過教育部廳局指導策劃。

　　大的社會政治單位,對課程的衝擊常是全面性的,特別是中央政府提供的改革,都是各方矚目焦點。但這種課程革新,常只是形成一股運動,未根深蒂固地結合於學校正式課程中,等運動一停止,一切革新便被淡忘,終至煙消雲散。

　　大的社會政治單位,所推動的課程改革,在設計上常有中央集權傾向, 對課程實施採取忠實觀而非相互調適觀。 學校必須做各種改變,以符合新課程的要求,而不是彼此改變,彼此調適。因此學校教師經常指責,新課程既不適合其教學需要,又缺乏彈性。

　　大的社會政治單位所提倡的改革,必須透過行政的階層體制,層層而降,傳播新課程的精神、內容和實施方法。在承轉之間,可能喪失了新課程的重要精神與成分。各個學校採用新課程,大都基於不同理由,相對地,課程實施便會產生不同結果。

　　大的社會政治單位,基於政治上的理由,所重視的不是課程的完全實施,而是課程的採用,即課程在表面上均為學校所接納採用,至於實施成效,則另當別論。因此,各個學校是否接納採用新課程,便成為努力的目標,至於課程實施的準備時間是否足夠,資源分配是否充足,學校實施計畫是否完整,實施之後如何評鑑,並未顧及。

　　教師在實施大的社會政治單位指定的革新時,其損失很大。他們平常應付各種教學要求,已感負荷沉重,革新將再增加其痛苦經驗,外誘系統顯然無法分配少數資源,讓教師獲得報償與滿足,內在動機又不易點燃起來。所以如何降低實施革新所花的時間,如何減少學習新知能的困難,可能是必須努力的方向。

　　對於大的社會政治單位的革新,進行實施的評鑑,可能摻雜許多政治因素,因為這種改革只許成功不許失敗。實施者如坦誠而公開地

討論革新的問題，可能爲自己帶來懲罰或困擾。再者，習慣上，大的社會政治單位的革新，所要評鑑的是教師執行革新的忠實和完全程度，而非此一革新方案的問題與修正方向。因此，大的社會政治單位，亟須改變觀念，鼓勵公開討論方案本身的問題和執行過程，並將評鑑的權利移轉部分給予課程實施者，否則課程革新的實施將發現不到改進方向。

由上述的分析，可見課程實施是非常複雜而重要的過程。課程實施不只在探討課程的效果，同時要發現課程的未來改進方向。不論對課程實施採取忠實觀或調適觀，課程工作者都應仔細研究影響實施的因素，他們可能源於教師、課程、實施策略、實施單位及大的社會政治單位。如果能了解這些因素，並尋求控制引導的方法，則這些因素將會成爲實施的助力，而不是障礙。

第五節　邁向成功的課程實施

本文的分析，指出課程實施的重要性，比較課程實施的兩種觀點——忠實觀與調適觀，闡述課程實施的五個層面（教材、組織、角色或行爲、知識與理解、價值內化），說明課程實施的八個層次（未使用、定向、準備、機械使用、例行化、精緻化、統整、更新），最後並指出課程實施的影響因素，包含教師、課程、實施策略、實施機構、大的社會政治單位等方面。這些分析，對於課程實施邁向成功之道，具有不少啓示。

第一，課程實施是極其複雜的過程，它不但包含教材的改變，也包含組織的革新、角色或行爲的變化，實施者對於實施的課程也應具

有理解和積極態度，努力學習新課程有關的知能。任何課程實施，都須檢視實施時應有的改變層面。

第二，單憑行政命令或權威結構的運作，不能保證課程實施的成功，因為這種運作僅掌握影響課程實施成敗的部分因素。課程實施最好在忠實觀之外，容許相互調適觀存在，即讓地方、學校和教師在課程改革大原則下，能自由調整以因應個別需要。這必須在課程設計與實施上，重新分配權力。

第三，課程實施需要週詳的計畫，對於實施目標、實施策略、調適的設計及實施的評鑑，都應有妥善安排；再者，實施計畫不只針對所有實施學校做為整體來設計，尚應針對個別學校的實施來設計。

第四，課程實施應當更重視教師的角色，讓教師扮演共同決定者的角色。教師實施新課程的能力，不但在實施前應有充足的訓練，在實施過程中，也應透過參與過程而持續發展。教師彼此間應增加接觸機會，且應增進合作。教師對課程實施應有進行評鑑的權力，他們不應總是扮演受評者的角色。

第五，課程實施應安排足夠時間，以便讓可能的效果顯示出來。短暫實施後便開始判斷成敗，往往失諸草率。再者課程實施的早期，應朝向於熟悉課程方案，進行調整和創造性的使用，不必急於比較實施結果。

第六、影響課程實施成敗的因素很多，實施者應周全地加以剖析，且努力促使這些因素成為助力而非阻力。

第七、課程設計是生長發展的過程，課程實施不是固定方案的實現，而是新課程方案再產生的基礎。這有賴於妥善地對課程實施加以評鑑，再由評鑑產生回饋作用，促使實施方案的更新。

426　課　程　設　計

本　章　摘　要

　　課程實施是將課程計畫付諸行動的過程,旨在縮短理想現實的差距,或者換言之,旨在改變現實使其導向理想。課程工作者一定要注重課程實施,否則課程計畫再理想都無由實現。課程實施有兩個主要觀點,一重實施時對計畫的忠實,二重實施時對計畫的調整因應,前者稱為忠實觀,後者稱為相互調適觀。課程實施要注意到五個層面: 教材的改變、組織的改變、角色或行為的改變、知識和理解、價值內化。課程實施有其層次,而影響實施的因素也很多,使用者本身、課程因素、實施策略、實施單位的因素、大的社會政治單位之因素,都可能形成課程實施上的障礙或助力。

問　題　討　論

1. 課程計畫和課程實施有何關係?
2. 課程實施的忠實觀和相互調適觀有何不同?課程設計者對不同觀點應採何態度?
3. 課程實施需注意的五個層面是什麼? 這五個層面對課程實施的規劃有何啓示?
4. 試說明霍爾和洛克斯的課程實施層次觀,這個觀點對課程實施的規劃有何啓示?
5. 試說明羅吉斯對一般人對改革的態度的區分。這個區分對課程實施人員有何意義?
6. 使用者本身有那些因素可能成為課程實施的障礙?如何破除?
7. 課程因素如何成為實施的障礙?
8. 實施策略和實施機構的因素,有那些可能影響課程實施的成敗?
9. 試說明大的社會政治單位如何影響課程實施。

第十章

我國教育部及相關機構的課程設計

本章共分三節：第一節分析我國教育部的課程行政，以及所採用的課程設計模式；第二節檢討教育部層次的課程設計問題及改進方向；第三節介紹課程發展的相關機構，指出其組織、任務、課程設計程序，並檢討其中之問題。

第一節 教育部的課程設計模式

我國中央教育行政機關教育部，每隔幾年總要依照時代潮流及社會需要，修訂各級學校課程標準。由於這項修訂工作和教師、學生均有切身關係，故每逢修訂之際，大家莫不賦予極度關切。然而一般人所關心的，多半是課程表上的科目和時數，何處增加、何處減少，至於促成此一增減之課程行政，則殊少討論。事實上，有完美的課程行政，才可能產生完美的課程；欲追求完美之課程，而不檢討當前課程行政如何運作，雖至愚者亦知其不可。有鑒及此，本節擬先說明我國

課程行政的權力分配,再分析目前教育部制定各級學校課程標準之模式(含組織、人員與職掌)。

一、中央集權的課程行政

我國的教育行政係採中央集權制,教育部為全國最高教育主管機構,其職權依照教育部組織法之規定包含:㈠主管全國學術、文化教育行政事務;㈡對於各地方最高級行政長官執行教育部主管事務有指示監督之責; ㈢就主管事務, 對於各地方最高行政長官之命令或處分,認為有違背法令或逾越權限者,得提經行政院會議議決後,停止或撤銷之。這些職權若具體言之,則包含了全國教育政策之擬訂,國立學校及社教機構之設立管理,學術研究機構及私立專科以上學校之立案與監督,國立各級學校校長及省立大專院校校長之聘任,各級各類學校設立標準、 課程標準、設備標準之制定, 中小學教科書之編審,各級各類學校教師資格登記檢定辦法之制定,全國體育、文化及社會教育之管理,國際文化教育及體育活動之管理,地方教育行政機關之監督補助等等。

由此項分析可見,在中央集權的教育行政制度下,教育部的職權可謂十分巨大,不但法令由其擬訂,人事、學校受其監督,且各級各類學校之課程亦在其控制中。特別是有關課程事務,地方教育人員均了解這是教育部的權責, 而不敢稍越雷池一步。 教育部制定新課程(或舊課程修訂)之後,都通令全國實施,透過行政和視導等力量,使各校奉命唯謹地接納。 在國民中小學階段, 更由國立編譯館主編「國定本」教科書,無論學生處於窮鄉僻壤或是大都會,都人手一冊加以研讀。比較之下,教育部對課程之控制似乎尤甚於對教育人員之

管理。

基於此，課程的設計與修訂，乃是部內各司之重要工作。例如，高等教育司第三科，負責大學及獨立學院課程教材的制定；技職教育司第三科，負責辦理專科及職業學校課程標準的制定；高級中學課程標準的研擬修訂，由中等教育司第一科負責；國中、國小、幼稚園等課程標準之修訂與實施，國中、國小各科課程實驗研究、國民中小學特殊教育課程教材教法之編修研究，由國民教育司第二科負責辦理；至於補習學校課程、教材、教學設備及輔導，特殊學校課程研訂，則分別為社會教育司第一科和第二科之工作項目。

二、行政模式的課程設計

既然教育部享有法定的課程設計權利，又能將各級學校課程頒行全國實施。到底它的課程設計重點為何？又是透過何種程序將課程設計出來呢？那些人參與了此項課程設計工作？成立了那些組織？各個組織的職掌如何？

在剖析這些問題之前，先要指出的是，就課程的理論來看，課程設計並非教育部此一全國最高主管當局的專利，雖然法令上這麼規定。如果將課程視為學生在校的學習科目，則目前確實只有教育部才能規定學生必須學習那些科目，特別是中小學教育階段更是如此。但是，如果課程亦可視為學生在校之學習目標、學習經驗或是學習計畫，則此目標、經驗和計畫便不是任何一個機關或組織可以完全控制。

課程學者古德拉（J. Goodlad）指出，課程決定可以分成幾個層次（黃政傑，民74，80-6）。第一是社會層次，這是指聯邦、州和地

方三種政治情境中，所出現的課程決定。第二是機構層次，這是指學校或學校系統的課程決定。第三是教學層次，這是指教師個人在教學時所作的課程決定。第四是個人或經驗層次，這是指學生主動追求學習經驗所作的有關決定。不容否認的，實際的課程設計權利，不可能完全集中於某一組織或某些個人，除非課程被狹隘地界定為科目羣而已。

（一）教育部的課程設計重點

因此，我們一談到教育部從事課程設計，並非說它是無所不為或無所不能，而是要找出它的工作重點。根據教育部歷次課程標準的內容和課程修訂會議討論之重點觀之，教育部的課程設計不外着眼於下列幾項：教育（學）目標、教學科目與時數、教材綱要。

在教育目標方面，必須設計各級各類學校的教育總目標，例如國民中學教育目標、工業職業學校教育目標，另外每一科目設計有該科的教學目標，甚至於有包含了年段目標者。在教學科目與時數方面，必須列出學生在校學習的領域，例如國文、英文、數學等，這些科目的上課順序如何，應在那一年級上，每科每週上課幾小時，都列在科目表上。這些教學科目可以歸類為必修科目、選修科目，又可進一步分為一般科目、專業基礎科目、專業必修科目、專業實習科目、選修科目等。此外，各級各類學校的科目表上，也都包含了班會、週會、聯課活動等活動課程。

教育部訂定新課程之際，都把教育目標、教學科目和每週教學時數併在一起，加上實施通則，稱為課程標準總綱。另外，每一科目的教學目標、教材綱要併在一起，加上時間分配、實施方法（含教材選擇、教學方法、教學評鑑、教學資源），稱為分科課程標準，例如健

康教育課程標準。每一科的教材綱要均列出了該科的主要內容，分為主題、細目和適用年級。分科課程標準是國立編譯館、出版商或教師進一步設計課程的依據。為了加強各校充實教學設備，有些課程標準亦訂有設備標準，例如六十七年公布的師專課程標準，便包含了科教學科設備標準。

（二）課程修訂的組織

對於上述項目，教育部係成立何種組織，經由何種程序和人員去加以設計呢？仔細分析部內各司有關課程修訂之計畫和修訂經過之說明，發現各級各類學校之課程修訂或制訂，不論人員組成、組織和職掌、工作程序，均大同小異。由於各司之資料詳簡不一，茲僅就較為詳細者說明之。

首先試就組織而言，教育部對於各級各類學校課程之修(制)訂，並未建立常設組織，而是臨時成立各種委員會，聘任委員部份時間從事此項工作。例如國民教育司對國中、國小課程之修訂，成立的組織為國民中學課程標準修訂委員會，其下並成立總綱小組、各科修訂小組，國中課程之修訂並曾成立研究小組（教育部國民教育司，民72，467-74）。高中課程修訂，教育部成立的組織有「修訂高級中學課程標準委員會」，並成立「各科課程標準修訂小組」（教育部中等教育司，民72，828-34）。在各類職業學校的課程修訂方面，都成立課程修訂委員會、總綱起草小組、各羣科教材大綱及設備標準起草小組；總綱起草小組下設課程研究設計小組及各羣科科目表起草小組（教育部技術及職業教育司，民73）。專科方面，若以師專課程修訂為代表，其組織包含制定委員會和分組委員會；後者又分為研究小組、總綱起草小組、教材大綱及科教學科設備標準起草小組、教材大綱及科

教學科設備標準審查小組（教育部技術及職業教育司，民67）。 大學課程之修訂所成立的組織有：大學課程修訂委員會、各學院課程修訂委員會、各學系（組）課程修訂小組（教育部高等教育司，民62）。

由上述分析可見，教育部制定或修訂課程的最基本組織是課程修（制）定委員會或課程標準修（制）訂委員會，其下再分設總綱小組、各科課程修（制）訂小組，為了使課程修（制）訂能趨於完美，有時增設研究小組。對於比較複雜的課程修訂工作，如職業學校、專科學校和大學，則增加中間組織。這些組織的職掌和人員有那些呢？這可由高中、職業學校及大學階段的課程修（制）訂，獲得答案。

（三）課程修訂的人員與職掌

根據七十二年高級中學課程標準的修訂經過所述，「修訂高級中學課程標準委員會」的組成人員包含： 1.教育專家； 2.學科專家； 3.教育行政機關業務有關人員； 4.資深優良之高級中學校長。再則，這個委員會的職掌有四：

1. 研討高級中學課程標準修訂原則與重點。
2. 研討高級中學教學科目。
3. 研討高級中學每週教學總節數及各科教學節數。
4. 審查高級中學各科課程標準修訂草案。

至於各科課程修訂小組，其組成人員包含有學科專家、課程教材研究人員、教科書編審人員及高中資深績優教師。各科課程修訂小組的職掌亦包含四項❶：

---

❶ 課程標準的制訂， 係指課程標準從無到有的過程， 修訂則指就現有的課程標準加以改進。但就行政機關之行政權來看，任何修訂都可稱為制訂，一旦公布，所屬機關均必須遵照實施，本文中行文大都採用修訂一詞。

1. 研討各該學科課程標準修訂原則或重點。
2. 擬訂及審查各該學科課程標準草案。
3. 擬議各該學科選修科目。
4. 擬訂及審查各該學科選修科目課程標準草案。

次就職業學校言之。根據七十三年高級農業職業學校課程標準修訂計畫草案所列，農職課程修訂委員會係由教育部長、技職司長、農學專家、教育學專家、各級農業學校代表、農業機構代表及教育行政人員組成之。該委員會負責策畫、指導及審查有關課程標準修訂事宜。總綱起草小組底下的課程研究設計小組，負責資料搜集與分析、農職教育目標之草擬及課程修訂架構與模式之設計；各羣科科目表起草小組，負責修訂各羣科教學目標及科目表。另外，各羣科教材大綱及設備標準起草小組，則負責起草各羣科教材大綱與設備標準。總綱起草小組和各羣科教材大綱及設備標準起草小組，由學科專家、農職校長和農職科主任組成之。

最後就大學階段言之。根據民國六十二年修訂大學課程報告書中的修訂大學課程計畫，大學課程修訂委員會掌理大學課程修訂之政策、計畫及課程修訂工作之指導，其委員由大學校長、獨立學院院長、教育界人士及有關專家組成之。各學院修訂委員會，負責規畫及起草各該學院共同必修科目學分之修訂，並審查各該學院所屬學系之課程修訂草案，其委員由有關學院院長、教授或專家組成之。各學系（組）課程修訂小組，負責規畫及起草各該學系之課程修訂事宜，由有關學系系主任及教授擔任委員。大學課程修訂委員會委員、各學院課程修訂委員會委員及各學系課程修訂小組召集人，組成大會，審查各學院各學系課程修訂草案。

總之，整個課程修（制）訂工作，不外包含研究、決策、指導、規畫、起草、審查等項。決策、指導和審查三項，一般均由課程修訂委員會掌理；而研究、規畫、起草三項，則由研究小組、總綱起草小組、各科課程標準修訂小組負責掌理。由於各個教育階段之課程均有其特性，因此在組織和職掌上也常有一些變化。參與課程修訂的人員，有教育行政人員、教育學者、學科專家、校長、主任、教師、社會各行各業傑出人士、政府其他機構的代表等。這並不是說每一教育階段的課程修訂，均包含上述所有代表，一般言之，技職教育比較重視各行各業代表及政府其他機構代表；此外，教師在教育部課程修訂中擔任的角色，多半是在各科課程標準修訂小組，協助教材大綱及設備標準之起草，此外亦在教科書編輯階段參與撰寫或提供意見。

（四）課程修訂的程序

有了組織人員及職掌之後，接著是工作程序問題。教育部的課程修訂流程，便是使組織和人員運作以發揮功能之順序。試先以七十二年國民中學課程修訂程序為例。教育部修訂國中新課程，一共列出了十二個程序：

1. 擬訂「修訂國民中學課程標準計畫」。
2. 搜集資料。
3. 成立「研究小組」，分析比較國內外有關資料。
4. 辦理國中課程改進之意見調查。
5. 成立總綱小組，決定課程標準修訂原則。
6. 總綱小組研訂教育目標、教學科目及實施通則等草案。
7. 成立課程標準修訂委員會，審查並修訂總綱草案。

8. 成立各科課程修訂小組,研訂各科課程標準草案。
9. 舉行相關科目召集人及起草人聯繫會議,擬訂各科課程標準草案。
10. 課程標準修訂委員會審查課程標準總綱及各科課程標準草案。
11. 整理課程標準草案,簽請核定。
12. 公布實施。

這個修訂程序,大致是計畫→研究→擬訂修訂原則與總綱草案→審查修訂→擬訂各科課程草案→討論、審查、修訂、整理→公布。其中最大特色在於「研究」及「相關學科委員的討論」。再舉國民小學課程修訂程序於下(教育部國民教育司,民64,384-94):

1. 整理實驗報告、調查報告、座談記錄、比較研究報告,編輯參考資料。
2. 召開總綱小組委員會議,研討目標、科目、時數及修訂原則。
3. 召開課程標準委員會議,研討目標、科目、時數及其他有關問題。
4. 召開各科課程標準修訂小組聯席會議,研訂修訂原則、程序及其他重要問題。
5. 召開生活與倫理及健康教育兩科聯席會議,研討兩科內容分配與聯繫。
6. 召開各科修訂小組委員會議,各小組分別起草各科課程。
7. 召開課程標準委員會議,審查各科課程草案。
8. 整理各科課程標準草案,研訂實施要點。
9. 公布施行。

這個修訂程序的特色,在於事前之研究,搜集了許多參考資料;其次是舉行科目與科目間委員之聯席會議,溝通不同科目委員間之觀念,使課程設計較易趨於統整。最後再以七十三年家事職業學校課程修訂計畫的流程為例。家職課程修訂共分為二個階段十七個步驟(教育部技術及職業教育司,民73):

1. 擬訂課程標準修訂計畫,簽請核定,依照執行。
2. 成立課程修訂委員會和總綱小組;總綱小組又含課程設計小組和各羣科科目表起草小組。
3. 課程設計小組設計課程修訂原則、架構及模式草案,並設計問卷,徵求各校有關修訂意見。
4. 召開家職課程修訂委員會第一次會議,審議課程設計小組所擬課程修訂架構草案。
5. 依照課程修訂委員會決議,各羣科起草小組徵詢各校修訂意見,研訂家職宜設類科,擬訂各類科教育目標,設計各科科目表。
6. 各羣科起草小組將所擬之教育目標及科目表,送各校徵詢修訂意見。
7. 修訂原擬各科教育目標及科目表草案。
8. 參照專家學者意見,再整理教育目標、課程架構、教學科目及每週教學節數表。
9. 依課程修訂委員會審議通過之科目表,增聘學者、專家、教師代表,組成各科教材大綱及設備標準起草小組。
10. 課程設計小組研商教材大綱及設備標準編訂重點及編寫方式。
11. 各科教材大綱及設備標準起草小組,起草各科教學目標、教材

大綱及設備標準。

12. 將教材大綱及設備標準草案,送有關機關、學校、企業界人士,徵詢其意見。
13. 修訂各科教材大綱及設備標準草案。
14. 召開課程標準修訂委員會第二次會議,審議各科教學目標、教材大綱及設備標準草案。
15. 起草小組依照審議意見修訂。
16. 課程專家對各科課程及設備標準修訂草案作最後修飾。
17. 將草案整理、付印、簽請部(次)長核定公佈。

這個修訂流程最大特色,在於將徵求各界人士對課程修訂草案的程序,納入整個過程之中,從中搜集到的意見當做修訂的參考。再者,整個流程分成兩階段實施,2至8爲第一階段,9至17爲第二階段,每一個步驟的預定完成時間都有所規畫。

歸納國中、國小及家職三個教育階段之課程修訂程序,可知修訂流程之安排和工作重點有關。整個修訂流程中最主要的是兩部分,一爲總綱之起草(最主要的是教育目標、教學科目與時數),二爲各科課程標準,含教學目標、教材大綱及設備標準之起草。總綱之起草具有相當強烈的政治意味,我們要把學生教育成什麼樣,何種科目需要教授幾小時,時常要透過各種協商去解決。這項工作無論是那一次課程修訂總是先決工作。等到總綱制定之後,各科課程修訂小組便着手依據總綱所訂教育目標與時數,去設計各該科之教學目標、教材大綱、設備標準、教學要點,這些工作是比較偏向技術性的。爲了使課程修訂順利成功,先要進行各種研究或徵求意見,取得種種資料,因此常常先進行研究工作。爲了使課程修訂能朝向一致之方向,各種努

力能聚合起來，因此必須先確立修訂的需要、原則與架構。爲了使修訂中所擬的各種草案能獲得各界回饋，以便據以精雕細琢，因此進行意見調查，俾得知各界對草案之修訂建議。這幾項工作，都屬於輔助性的，主要在使總綱及分科課程標準得以圓滿地建立。

第二節　教育部層次的重要課程問題及改進方向

教育部的課程設計，在建立組織、分配職掌、聘請人員之後，便依照修訂程序運作起來。根據上述分析得知，教育部的課程設計着重教育目標、教學科目、教學時數、教材大綱、設備標準等工作項目。雖然不管是工作項目或課程設計模式看起來都很明確，也似乎不會有什麼問題，事實上並非如此，其中存在著許多亟待解決的問題。

一、最低標準或最高標準

各級學校課程標準，是教育部對全國學校教育之控制，主要目的在要求各校達到全國一致的最低標準。但是課程標準所建立的最低標準，往往形成矛盾；如果要求太高，各地區在追求此一標準時已然不及，那有餘閒去因應地區特殊需要？如果要求太低，則最低標準形同虛設，教育部控制學校教育之目的亦無法達成。在中央集權式教育行政制度下，要求太低的現象並未出現，相反地各界對教育部控制太多使學校教育失去彈性之批評，却此起彼落。有鑑於此，教育部每次修訂課程，總是宣稱要減輕學生負擔、增加學校辦學彈性。事實上，這個原則曾否實現呢？課程修訂委員常常求好心切，也有依照資優或中

上程度學生設計者,課程標準往往成爲最高標準,學校師生也就困擾不安了。

二、科目與時數之爭

教育部課程修訂的最大爭論,是教學科目與時數,這個問題解決了,以後的各項工作便可順理成章地完成。爲什麼科目與時數會是爭論最大的問題呢?讓我們假定國文由4小時減爲3小時。由於只減了1小時,似乎不會有何困難,事實不然,因爲這個決定使全國有關學校必須減少四分之一的國文教師,或者,原來國文教師有四分之一的時數必須教授其他的課。因此這個決定必然招來學校行政人員及國文教師的壓力。再則,國文時數減少必須降低今後學校對國文教師之需求,師範院校國文系必須減招學生,否則,其畢業生便分發不出去,卽使勉強分發出去,也會加重教非所學的問題。

由這個分析,可以發現科目與時數之增減所具有的政治性,也可發現學校課程包袱之沉重。參與課程設計之專家學者,往往是其本行之代言人, 必須力爭其本行之利益,否則對自身亦形成不利。 基於此,科目與時數之討論具有頗重的殺伐之氣。在大學、專科的課程設計中,更有自閉門戶,不欲學生接觸本行以外之學術者,此舉堪稱學術之哀。

在各種勢力勢均力敵的時候,所謂課程修訂,最好不要有眞正的改變,否則將橫生枝節,造成風波。但是社會變遷迅速,知識不斷爆發,學生需求亦不斷改變;爲了學生與社會利益着想,課程實不得不變。難道我們眞找不出客觀解決辦法而非坐以待斃不可?

三、課程結構的爭論

各級學校課程可以區分爲必修科目和選修科目。年級愈低，選修科目愈少，甚至於無。例如國小課程均爲必修，其中又分爲語文、數學、自然、社會等科，到了國中，則有選修科目，大學的選修科目更多。技職課程又有一般科目和專業科目之分，前者注重文化陶冶與基本能力，後者敎導學生職業知能。在專業科目之下，又可區分爲基礎科目、理論科目、實習科目。

課程設計的普遍現象，是先根據擬好的課程結構，訂下每一類科目時數應佔百分比，再據以調整科目和時數。這裏，百分比的決定常是沒有任何令人信服之依據，不是人云亦云，便是出諸主事者的一偏之見。其實課程修訂一開始便要決定每類科目所佔百分比，是十分困難的事。理想上，應先確定所要培養的能力，再據以歸類爲學習領域，計算學習所需時間，至於各類學習領域所佔百分比，只是爲事後說明所用而已。當然因循傳統學習科目來設計，是比較迅速方便的做法，可惜的是無法促成眞正的改變。

四、目標與科目的配合

課程修訂時，敎育目標的確受到相當大的重視，無論是總綱小組或課程修訂委員會的討論，都引起熱烈的發言。因此各級各類學校課程標準所列目標，大抵十分完備。但是，千辛萬苦制定完成之敎育目標，是否眞正發揮其功能呢？根據個人觀察所見，敎育目標設計完成後，多半像花瓶般被供奉起來，後來各科課程標準之設計似乎與之兩

不相干。結果,課程標準總綱所訂教育目標,由於失去了達成它的手段或工具,定然淪為表面文章。例如「培養學生自我發展的能力」此一目標,如果各科課程設計均忽視了它,學生自我發展能力的培養,自是空談。

目標歸目標、科目歸科目的現象,在各科教學目標和教材大綱的設計上, 也可以發現。 有些科目之教學目標好像純為行政上交差之用,目標本身並不清晰,遑論發揮其對教材大綱設計之指導作用了。

五、課程的順序與統整

為了讓學生累積最大的學習效果,課程的順序和統整應有妥善之安排, 一方面讓學習內容和活動具有正確的先後次序, 所謂學不躐等;另方面讓不同的內容和活動彼此增強,所謂交互作用是也。

但是,目前科目順序之安排,常常為了學校排課便利,也常常忽視學生的興趣和心理發展,甚至於連知識的邏輯次序亦不顧及,只重現實政治要求。至於課程的統整,雖然有些課程修訂曾安排有各科委員聯席會議一次或二次,但根據常理推斷,此一會議恐怕形式意義重於實質意義,因為課程之統整決不是一兩次聯席會議能夠做到,那是長期討論才會發生的結果。

六、科目數與內容份量

各級各類學校之課程修訂委員,多半是大學教授或學者專家,他們也是教育行政人員之外,具有較大權力者。由於學者專家在大學所授科目十分專門,知識之分化相當厲害,所以習以為常地將其經歷的

移植到中小學階段來。在許多科目表上，常可看到某某學之專門科目，將知識零碎地傳授給學生。由於知識分得細，科目自然增加了，受害者自然是學生，不但所學見樹不見林，理解困難，而且，每次考試科目也膨脹起來，增加了不少負擔。

　　各個科目內容份量極重也很常見。每一教育階段的課程修訂委員都怕學生遺漏了任何內容，故莫不傾囊相授，也有一些修訂委員假想學生都是優秀的，即使不是，也常以未來要升入大學的學生為對象，去設計課程。尤甚者，不論那一階段的課程修訂，似乎都假定每學期每一週時間都可用來教學，不會遇到例假日或學校活動，也不須復習、綜合檢討，各科教材大綱充滿著過多的主題。如果課程修訂能夠中小學一貫，修訂委員便較能思考學習內容所處的位置，較可避免遺漏和過度重複，也不至揠苗助長了。

七、理論與實習

　　各級各類學校課程標準的教育目標，大都包含了認知、技能、情意三方面，各科教學目標也是如此，然科目及內容的設計，却常見理論與實習截然二分的現象。

　　教育目標分為三類，並非意指三者可以截然劃分，更非意指課程設計時一定要將三者分開，只是指出任何主題的學習均應重視三類目標。然則課程修訂之際，有些人總是認定某某科目是知識性的，某某科目是技能性的，對於後者，還會記得知識教學之必要，對於前者，往往忽視了技能的部分。因此，科目表上理論與實習二分，由於實習被視為不必費太多力氣教學，教師之鐘點費打折發給，學生上課好幾小時才能得到一個學分。

理論與實習二分,具有許多缺點,玆舉職校課程為例。理論與實習分為不同科目來教授時,由於學校往往不能安排同一教師任教,這時,理論科目教師會忽視其對技能教學之責任,學生不能於獲得知識後立即實作,教師可能無視於學生之需要,猛教授高深之理論。再者由於兩者分開教,理論與實際統合不易,實習老師可能不滿於理論科目教師之教學,而必須重新教授實習有關知識,因此而浪費不少時間;理論科目教師無法指引學生於實際工作中,獲得深刻具體之學習。尤進者,實習在學校課程上的地位往往被輕視,而達不到技能熟練之目標。基於上述考慮,為了使課程經濟有效,除了綜合性的實習之外,實應將理論與實習結合起來。

八、齊一與彈性

這個問題和第一個問題——最低標準或最高標準有關。教育部訂定課程標準頒行全國,旨在達到齊一之要求,使全國各地無論山上海濱,都能提供學生合乎教育部所訂標準的教育,以達到教育機會均等之理想。全國一致的課程,也比較容易傳達國家政策,培養民族精神,訓練國民具備共識。然而過度追求齊一,不但會產生不可預期的副作用,而且也可能喪失原先齊一所具備的功能。歷年來教育部制定課程多半朝向齊一,致使學生在校絕大多數時間必須致力於符合教育部之規定,學校教育乃產生僵化的毛病。

因此,如何建立最低標準,在此一標準上要求齊一,除此之外,都賦予各校辦學之自由與彈性,堪稱課程設計之極重要課題。教育部容許各校彈性之所以迫切需要,乃基於幾個理由:1.全國教師的教育程度已大幅提高,專業能力也相對地提高,比以往更值得信賴;2.專

業能力之進一步提升，有賴於責任之賦予，由責任履行之中學習；3.各地區之學校、教師、學生都有其特殊背景和需要，必須有特殊的課程以滿足之；4.各校所需課程之設計必須由各校發展之，否則是不切實際的；這也是目前英美教育主流，是任何學校教育人員責無旁貸的事。教育部在課程設計上如何留給各校彈性？那就是建立必要的最低標準，留給學校較多的時間，建議學校設計課程的原則，由學校在最低標準之外，能自由發展其課程特色。

九、課程行政的改進方向

以上分別指出教育部修訂各級各類學校課程所遭遇的八大問題：最低標準或最高標準、科目與時數之爭、課程結構的爭論、目標與科目的配合、課程的順序與統整、科目數與內容份量、理論與實習、齊一與彈性。當然這些無法概括所有課程修訂問題，因為各級各類學校的課程修訂都有各自的背景與需要，衍生了獨特的問題。但是，分析了上述問題之後，可以認識教育部課程修訂的複雜性。這個分析顯示目前迫切需要解決的課程問題很多，此處值得再強調的是學生的共同課程極須檢討，個別化的課程設計有待實施，即個別興趣與性向和共同要求之間，應求得均衡。這有賴於中央和地方重新分配課程控制權力，同時尊重教師的專業自主權，才能使課程設計更符合學生需要與地方特色。

再則，教育部課程修訂具有強烈的政治性，存在許多利益爭奪與利害衝突，為了使這些現象不致干擾課程設計的完美性，應將有關的爭論公開化，並且提供較長時間，容許各界參與討論。尤要者，任何課程設計均應具有下列理念做為行動的指針：活活潑潑的學生、快快

樂樂的生活、充充實實的學習，基於此，教育部課程設計實應適度減輕學生的負擔。

為了解決本文所提出的種種課程問題，今後教育部課程行政應該朝著幾個方向改進。第一是贊助課程領域的研究。目前我國課程領域的研究不夠蓬勃，以致在課程修訂之際找不到適當參考資料做為依據。研究是屬於長期性的工作，不是一蹴可幾的，因此教育部提供的贊助也應該具有連續性才會發揮效果。其次是將每次課程修訂工作當做研究看待，不要將它看做純行政的工作。目前許多課程修訂工作，均成立研究小組，事先搜集資料，編輯起來供修訂委員參考，這種做法比起從前已經是大大進步。在修訂過程中，有的課程修訂小組也搜集各界意見，俾供擬訂草案之用，其後並將草案分發學校教師、行政人員及專家學者提供意見，亦有舉辦座談會廣泛討論者。這些工作應該更有系統地結合起來運作，希望能在每一次課程修訂中發生。

第三個努力方向是注重課程修訂過程中的人際交互作用。每次課程修訂動員的人力成百上千，其中包含了學者專家、各行各業代表、教育行政人員、學校行政人員、教師、學生等。這些人員是否扮演好各自的角色，人員彼此之間是否具有正面的交互作用，共同將課程修訂導向完美之境界？每次課程修訂會議，如果有委員姍姍來遲或匆匆早退，甚至缺席未到者，這如何能保證新課程之完美？至於修訂流程中所排訂的會議也很容易流於形式，成為鼓掌通過的局面，而且會議的次數是否足夠？各科課程修訂小組會議是否認真執行，使草案的形成先有充份溝通？都值得探討。

第四個努力方向是增加各科課程設計的聯繫。目前各科課程設計多半是採用單兵作戰方式，各組設計各組的內容，即使少數事先召開聯席會議，在此會議中是否已建立起必要的共識？各組草案是否彼此

交換閱讀討論？如果這些工作未做完，則各科分立、重複、遺漏必不在少，遑論科目間統整之安排了。

第五個努力方向是針對課程修訂加以評鑑和追踪。整個課程修訂工作的組織、人員、流程、經費、支援、實際運作、最終結果，都是評鑑的項目。目前各級各類學校課程修訂缺漏的便是此一評鑑工作，使得每次修訂之後，都缺乏系統的反省檢討，對於以後的修訂也沒有任何啟示作用。再則，新課程執行的各種措施是否配合良好，執行中遭遇何種問題，執行者採取何種措施，提出何種建議，都是追踪之際必須留意的。

第六個努力方向是建立全國性的課程研究發展中心，從事各級各類學校課程之研究與發展。課程改革不能專靠臨時任務編組的作業方式，因為這種方式缺乏必要的人力和物力，也不會有長期一致的努力。課程設計正巧也是非常複雜而且需要不斷發展的工作，有了專門機構和人員，才可能徹底地解決目前的缺失。

最後要再度提出的是將學校當作課程發展中心。教師不只是奉命唯謹的執行者，也應是才華橫溢的創造者。唯有學校教師依照其所處特殊的教育情境，去規劃設計課程，教導學生學習，真正的學習才會發生。

第三節　課程發展的相關機構

我國中小學課程的設計，一向缺乏統整的研究發展機構，其問題及改進之道，學者專家不斷有所建言。民國七十六年左右，教育部曾研究設置技職教育課程研究發展機構的可行性，試圖建立技職教育課

程發展的模式（黃炳煌等，民77）。近年來倡議設置教育研究院兼負課程研究發展任務的聲浪又起，惜均尚未化為具體的行動。我國中小學課程的設計，過去主要是由教育部相關的業務司成立課程修訂委員會（目前改由教育研究委員會負責），進行課程標準的修訂，進而再由教育部附屬的機構或其他省屬、坊間機構依據課程標準從事進一步的課程發展工作（例如教材、教科書之編寫，媒體之蒐集、設計）。有幾個機構現在分別承擔部分課程發展的任務，如國立編譯館、師大科學教育中心、臺灣省國民學校教師研習會、教育資料館等。茲扼要加以介紹，以供參考。

一、國立編譯館

國立編譯館係於民國二十一年設置，直隸教育部，掌理學術文化書籍及教科圖書之編譯及審查事宜，現行組織系統如圖 10-1。

由圖 10-1 可見，國立編譯館雖設有兩個委員會，從事學術著作之編審和翻譯，不過主要業務仍為各級學校教科用書之編審工作，尤以中小學教科書更是重點。誠如曾濟羣（民77）所言：「國立編譯館在眾多的業務中有一項工作為社會所最關切，那就是中小學教科書的編輯。因為經由國立編譯館編輯的教科書，一共有九十四科，七百零四種，每年的印製冊數達九千二百萬冊，這是一個驚人的數字。」

國立編譯館教科書之編審，主要可分成專科及職業學校、中小學兩大部分。前者以審定為主，然而出版業送審之教科書科目依七十六年之統計，尚不及已公布教學科目的一半。科目冷僻、銷售量小者，均乏人編輯，有待推動去擴展，以充實專科及職校之教學內容。

國中國小教科書方面，自民國五十七年實施九年國民教育開始，

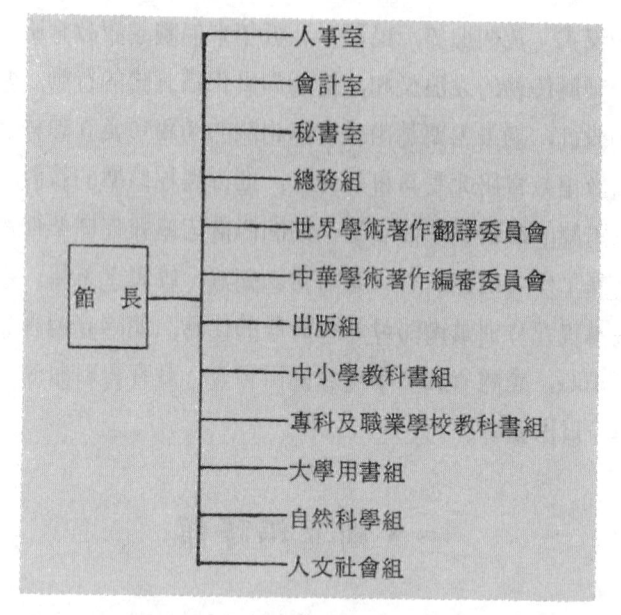

```
             ┌── 人事室
             ├── 會計室
             ├── 秘書室
             ├── 總務組
             ├── 世界學術著作翻譯委員會
┌─────┐      ├── 中華學術著作編審委員會
│ 館 長 │─────┤
└─────┘      ├── 出版組
             ├── 中小學教科書組
             ├── 專科及職業學校教科書組
             ├── 大學用書組
             ├── 自然科學組
             └── 人文社會組
```

圖10-1　國立編譯館組織系統圖

所有教科書均由國立編譯館統編，交由書商印行。高級中學方面，國立編譯館依據教育部公布之中小學課程標準暨實施要點，統一編輯國文、三民主義、歷史、地理、公民五科教科書，其餘科目由該館及各出版社編輯送審查通過後發行，前者稱為統編本，後者稱為審定本。依照教育部公布的「改進高中暨國民中小學教科用書編輯方式實施要點」，自七十八學年起，逐年開放坊間出版社編輯中小學藝能及活動類與升學考試無關之選修科目，計國中音樂等四十二科（曾濟群，民78）。

國立編譯館教科書編輯過程共分成七個步驟：規劃準備、計畫編寫、審查修正、繪製插圖、整理發排、校對付印、試用及再修訂（參見圖10-2）。該館依所編科目分別成立編輯委員會，同一類別之科目

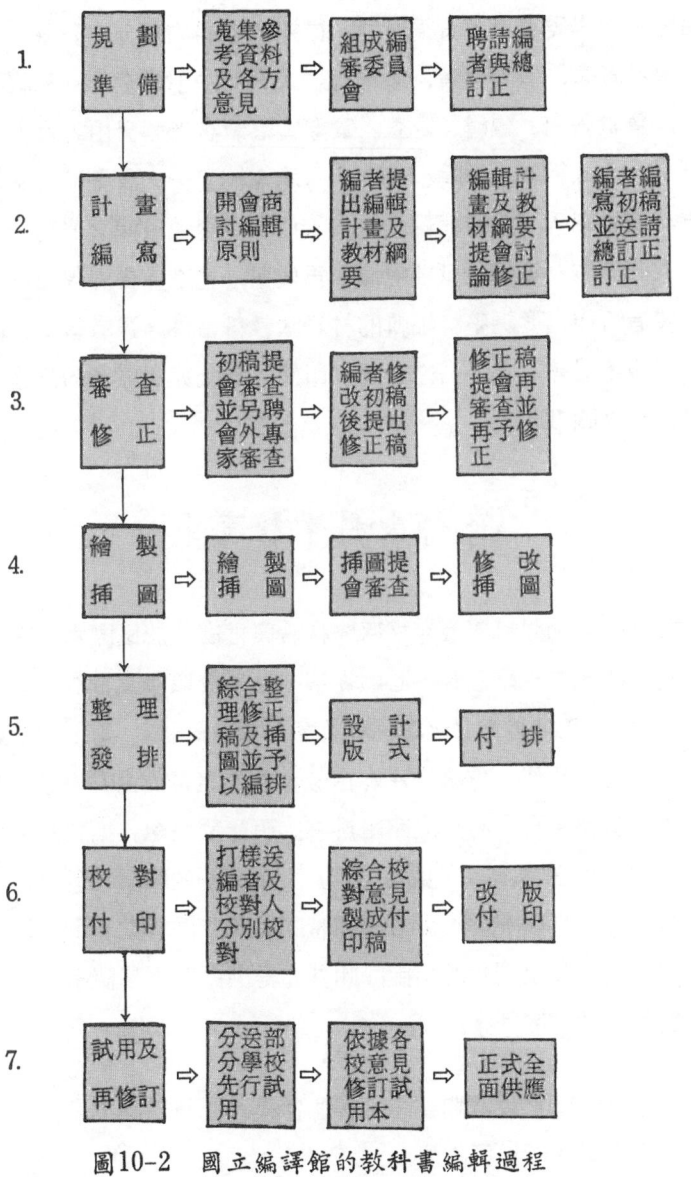

第十章 我國教育部及相關機構的課程設計 449

1. 規劃準備 ⇒ 蒐集參考資料及各方意見 ⇒ 組成編審委員會 ⇒ 聘請編者與總訂正

2. 計畫編寫 ⇒ 開會商討編輯原則 ⇒ 編者提出編輯計畫及教材綱要 ⇒ 編輯計畫及教材綱要提會討論修正 ⇒ 編者編寫初稿並送請總訂正

3. 審查修正 ⇒ 初稿提會審查並另聘會外專家審查 ⇒ 編者修改初稿後提出修正稿 ⇒ 修正稿再提會審查並予修正

4. 繪製插圖 ⇒ 繪製插圖 ⇒ 插圖提會審查 ⇒ 修改插圖

5. 整理發排 ⇒ 綜合整理修正稿及插圖並予以編排 ⇒ 設計版式 ⇒ 付排

6. 校對付印 ⇒ 打樣送編者及校對人分別校對 ⇒ 綜合校對意見製成付印稿 ⇒ 改版付印

7. 試用及再修訂 ⇒ 分送部分學校先行試用 ⇒ 依據各校意見修訂試用本 ⇒ 正式全面供應

圖10-2 國立編譯館的教科書編輯過程
(國立編譯館中小學教科書組,民77)

以由同一編審委員會負責為原則，以期內容能夠配合。委員會的成員包含學科專家、教育學者、教育行政人員、中小學教師、及該館編審人員，負責研究、編輯、審查。實際編寫教材者則另由委員會中遴聘委員2—5人組成「編輯小組」，另聘總校訂一人負全稿統整及訂正之責，校正二人（由該館編審人員兼任）負全稿校閱之協助，完成編排、付印工作。編輯時以課程標準為依據，在不違背課程標準旨趣之下，編者可作適度調整。編輯的材料除教科書外，還有習作、教學指引、實驗手冊等。教科書之審查、印製、配發亦有嚴密的流程，參見圖10-3及圖10-4。

二、師大科學教育中心

教育部為加強科學教育之研究實驗與推廣，於民國六十三年在臺灣師範大學成立科學教育中心，從事中等學校數學及自然科學的課程研究。六十八年教育部成立科學教育指導委員會，其下設諮詢委員會，商訂工作重點、作業程序，由教育部核定再交由科學教育中心配合實施。科學教育中心分成四組辦事：研究發展組、推廣服務組、資料出版組、綜合業務組（見圖10-5）。該中心的職掌為科學教育的研究、科學課程的研究發展、教學媒體的設計、師資之在職訓練、科學教育資料的蒐集及刊物的出版，此外亦提供師大理學院學生學習的資料與器材，茲詳列於下：

1. 接受教育行政機關委託，辦理各級學校數學及自然科學各科課程之研究改進與推廣。
2. 從事科學教學方法及各種教學媒體之研究與推廣。

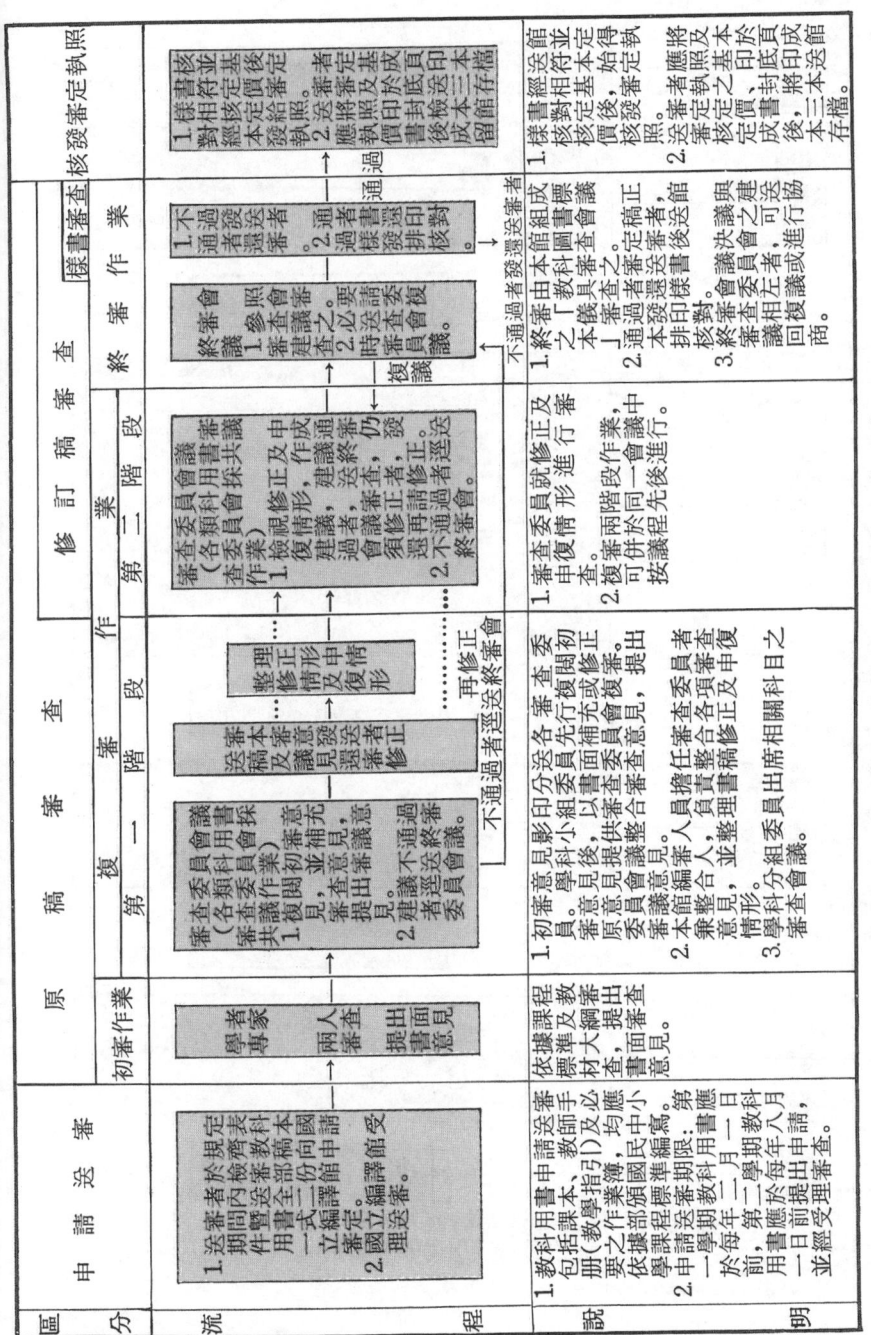

圖 10-3　國民中小學教科用書審查作業程序

452　課程設計

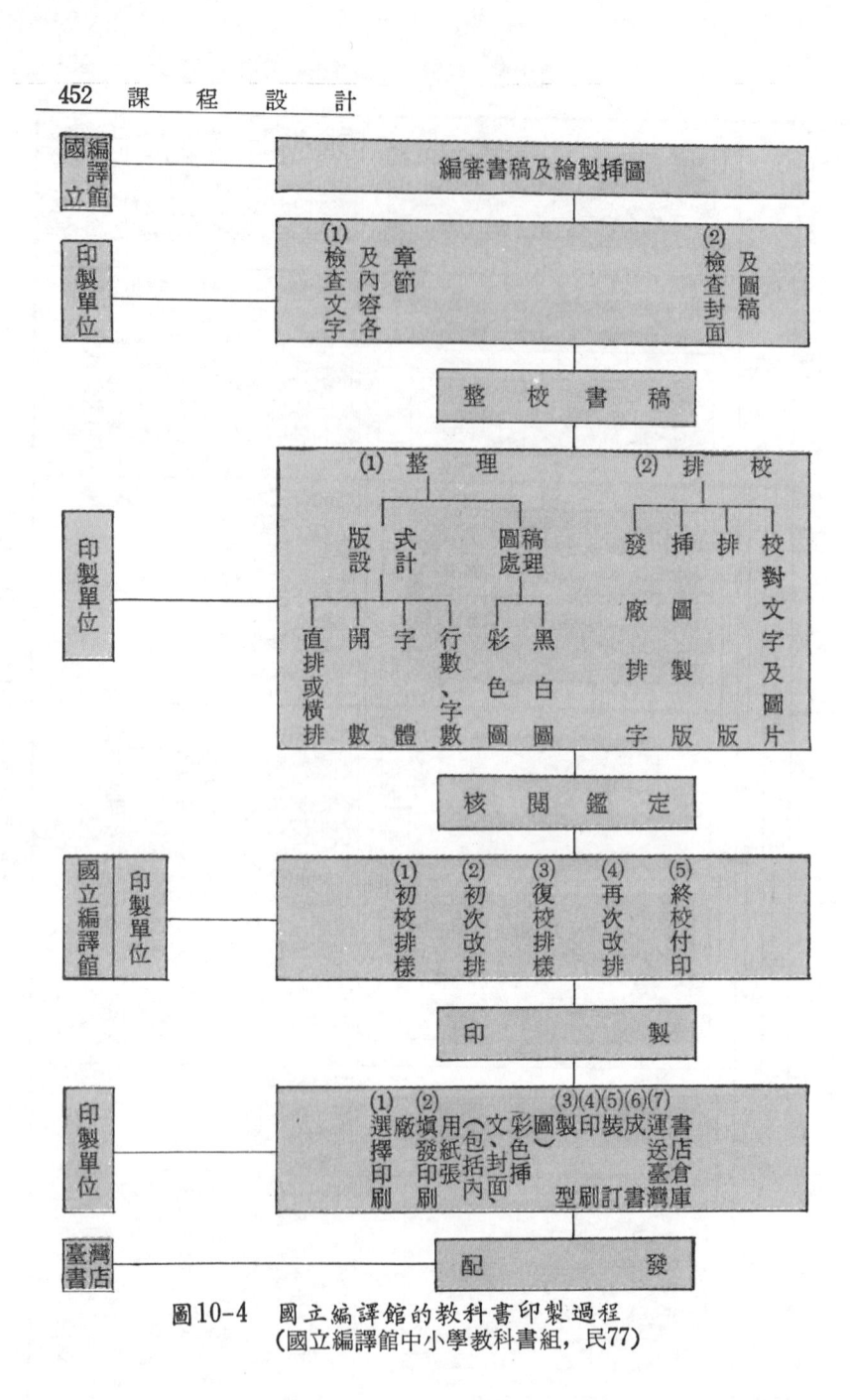

```
┌─────────┐      ┌─────────────────────────────────────┐
│國立編譯館│──────│       編審書稿及繪製插圖            │
└─────────┘      └─────────────────────────────────────┘
                                  │
┌─────────┐      ┌─────────────────────────────────────┐
│印製單位 │──────│ (1)檢查文字章節及內容各  (2)檢查封面及圖稿│
└─────────┘      └─────────────────────────────────────┘
                                  │
                         ┌────────────────┐
                         │    整 校 書 稿  │
                         └────────────────┘
                                  │
┌─────────┐      ┌─────────────────────────────────────┐
│印製單位 │──────│ (1)整理                  (2)排校      │
│         │      │   ├版式設計─開數、字體、行數字數     │
│         │      │   └稿圖處理─黑白圖、彩色圖           │
│         │      │   發廠排字  挿圖製版  排版  校對文字及圖片│
└─────────┘      └─────────────────────────────────────┘
                                  │
                         ┌────────────────┐
                         │    核 閱 鑑 定  │
                         └────────────────┘
                                  │
┌─────────┐      ┌─────────────────────────────────────┐
│國立編譯館│      │(1)初校排樣 (2)初次改排 (3)復校排樣    │
│印製單位 │──────│(4)再次改排 (5)終校付印                │
└─────────┘      └─────────────────────────────────────┘
                                  │
                         ┌────────────────┐
                         │    印    製    │
                         └────────────────┘
                                  │
┌─────────┐      ┌─────────────────────────────────────┐
│印製單位 │──────│(1)選擇印刷 (2)塡廠發印用紙張(包括內文、│
│         │      │封面)(3)彩色挿圖(4)製型(5)印刷(6)裝訂   │
│         │      │(7)成書運送臺灣書店倉庫                │
└─────────┘      └─────────────────────────────────────┘
                                  │
┌─────────┐      ┌─────────────────────────────────────┐
│臺灣書店 │──────│           配    發                   │
└─────────┘      └─────────────────────────────────────┘
```

圖10-4　國立編譯館的教科書印製過程
　　　　（國立編譯館中小學教科書組，民77）

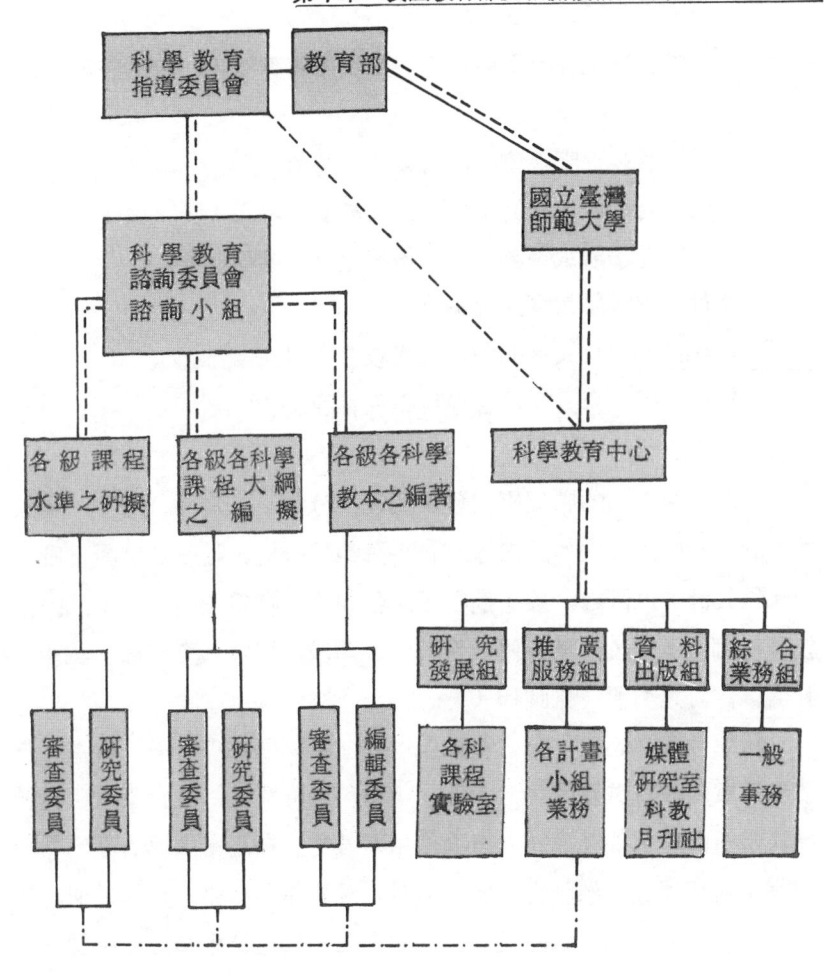

第十章 我國教育部及相關機構的課程設計 453

符號說明：

-·-·-· 配合執行線

------ 考核線

──── 政策、計畫、審查、人事遴選及個案建議線

圖10-5 師大科學教育中心與教育部科學教育指導
委員會的組織系統圖

3. 為本校理學院各學系教材教法及教學實習課程，提供資料與器材。
4. 舉辦科學教育座談會、演講會及討論會。
5. 接受委託舉辦或協辦中學教師在職訓練。
6. 接受委託舉辦或協辦科學資優學生之研習與輔導。
7. 進行國內科學教育實況調查。
8. 搜集、分析及展示國內外科學教育資料。
9. 出版科學教育月刊及各種科學教育資料。

　　科學教育中心的課程研究發展流程共分為十二階段。階段一是課程設計，開始設計之前，先進行資料蒐集與分析。階段二針對階段一的課程設計加以評鑑，接着進行「課程編寫及媒體發展」、「試驗學校與教師之選定」。第五階段至第十二階段，則為師資進修、試驗、評鑑、修訂之循環（見圖10-6）。

　　科學教育中心自六十三年成立以來，在國中課程方面，曾進行自然科學實驗教材試教及評量工作、數學科課程實驗，教育部依研究結果訂定新的國中課程標準，全面使用新教材。在高中課程方面，曾進行高中科學課程改進計畫，編寫教材、教學指引、學生實驗手冊，進行實驗教材的試教、修訂及評鑑，教育部依研究結果修訂高中課程，全面使用新教材。除此之外，該中心亦辦理教師研習，研究大學入學考試與新科學課程配合的問題。

　　科學教育中心尚訂定科學課程發展的基本方針： 1.重視課程彈性，因材施教； 2.重視科際整合，朝向統整科學方向； 3.重視發展嚴謹的概念架構； 4.重視環境教育內容； 5.重視價值觀念的教育； 6.重視擇業教育； 7.重視科學課程的訓練； 8.重視教育工學的研究與運用

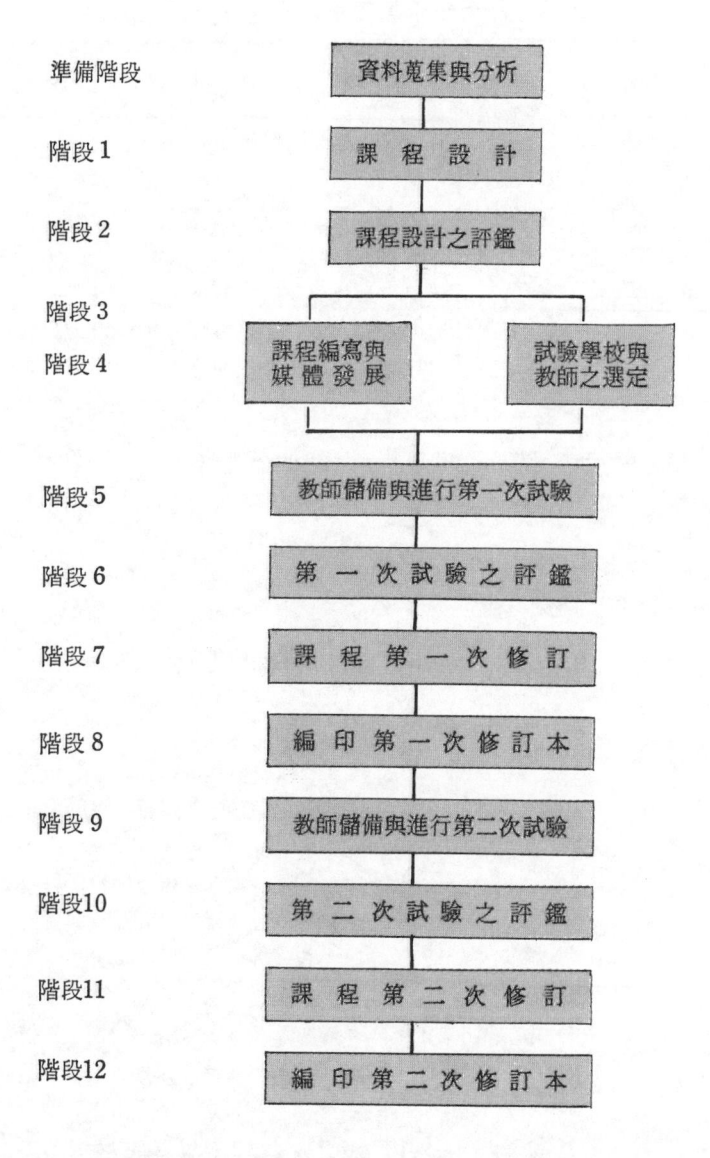

第十章 我國教育部及相關機構的課程設計

```
準備階段      →  資料蒐集與分析

階段 1        →  課程設計

階段 2        →  課程設計之評鑑

階段 3
階段 4        →  課程編寫與媒體發展 ┬ 試驗學校與教師之選定

階段 5        →  教師儲備與進行第一次試驗

階段 6        →  第一次試驗之評鑑

階段 7        →  課程第一次修訂

階段 8        →  編印第一次修訂本

階段 9        →  教師儲備與進行第二次試驗

階段10        →  第二次試驗之評鑑

階段11        →  課程第二次修訂

階段12        →  編印第二次修訂本
```

圖10-6　師大科學教育中心課程發展流程圖

表10-1　師大科學教育中心十年課程發展計畫

發展階段	會計年度	計畫項目與內容綱要
I、74會計年度課程之推展與評鑑 (74-83年)	77—78	1.高級中學與國民中學數學與自然科學新課程之評鑑。
	76—78	2.技職學校基礎數學與基礎科學教材編撰、試用與修訂。
	76—83	3.各級學校數學與科學教育輔導。
	76—83	4.各級學校數學與科學教育資料之開發與供應。
	76—83	5.教學與評量方法之改進。
II、84年度新課程準備階段 (77—83年)	77—78	課程發展之基礎研究
	77	2-1　八十年代國家與社會需要之研究
	77	2-2　世界各國課程發展趨勢之研究
		2-3　各級各類學校學生特性之分析（認知發展、學生個別的需要等）
	78	2-4　確立各級各類學校各科課程目標
	78	2-5　建立各級各類學校各種課程的概念架構（概念發展水準）
		課程發展
	78	2-6　建立各級各類學校數學、自然科學及社會科學課程架構，並進行科際間之配合與統整
	78	2-7　建立各級各類學校數學與自然科學各科課程架構，並進行科際間配合與統整
	78—79	2-8　建立各級各類學校數學與自然科學各科教材之概念發展體系，為建立各種教材大綱
	79—80	2-9　各科基本教材、鄉土教材、環境教育教材、價值觀教材、擇業教育教材之選擇與統整
	80—82	2-10　根據各科課程目標研擬教材呈現方式，並據以編撰教材

第十章　我國教育部及相關機構的課程設計　457

(表10-1續)

發展階段	會計年度	計畫項目與內容綱要
II、84年度新課程準備階段(77—83年)	81—83 81—83 81—83 81—83 81—83	2-11 根據各科教材開發並試用各種教學媒體 2-12 根據各科教材，研擬並試用各單元教學模式 2-13 開發並試用各單元教學評量資料 2-14 各科資優學生專用教材與模組(module)之開發與試用 2-15 特殊智能學生專用教材與模組(module)之開發與試用
III、84年新課程實驗(80—84年)	80—83 81—84 81—85 82—84	課程實驗與師資在職訓練 3-1 實驗教師之甄選與在職訓練 3-2 分年實驗（試教）新課程教材 3-3 教材修訂 3-4 各級各類學校各科教師在職訓練
IV、84年新課程推展與評鑑(84—93年)	84—93 84—93 84—93 84—93 85—86 85—86	4-1 建立科教輔導網，加強教學輔導 4-2 充實教學資料（包括教學媒體） 4-3 推展教學方法（技術）之研究改進教學 4-4 充實教學評量資料改進評量技術 4-5 進行各級各類學校科學課程評鑑 4-6 進行各級各類學校科教環境調查
V、94年新課程準備(86年—)	86—87 86—87 87— 87—	各級各類學校、學制、課程發展之基礎研究 5-1 世界各國科學課程發展趨勢之分析 5-2 我國社會發展與科教發展相輔性之研究 5-3 建立各級學校課程目標 5-4 建立課程概念架構

（含教學模式、教學技術、教學媒體、教學評量等）；9.重視電腦素養之提昇。根據這些基本方針及教育部科學教育的計畫，科教中心訂定有十年課程發展計畫綱要（見表10-1）。從表中可見該中心的工作計畫不外包含了科學教育的研究、課程教材的發展、科際整合的加強、科學教育的輔導、資料的開發供應、課程的評鑑、教師在職訓練等，與原來科學教育中心設置目標相符合。

三、臺灣省國民學校教師研習會

臺灣省國民學校教師研習會成立於民國四十四年，係教育廳的附屬機構，其設置宗旨為：

1. 研究、改進國民小學各科及幼稚園課程、教材、教法。
2. 建立國民小學各科課程及幼稚園之基本研究資料。
3. 加強國民小學在職師資教育暨教學輔導工作。
4. 改進國民小學各科教學評量。
5. 全面研究、設計、製作、配發、供應教具及教學輔導資料。
6. 辦理國民教育之調查研究實驗。

為了達成上述任務，其組織系統如圖10-7。由圖10-7中可見該會下設五個單位：研究室、國民教育輔導中心、課程研究發展小組（國小組）、資料中心及國民學校教師在職進修中心。課程研究發展小組對國小自然、數學、社會、國語、唱遊、音樂、美勞、輔導活動等科，以及幼稚教育教材，均曾主持設計。

該會從事課程發展主要有三個特點。其一為長期性，指對小學課程作有系統之長期性規劃，每一科的資料搜集比較分析，約為六至八

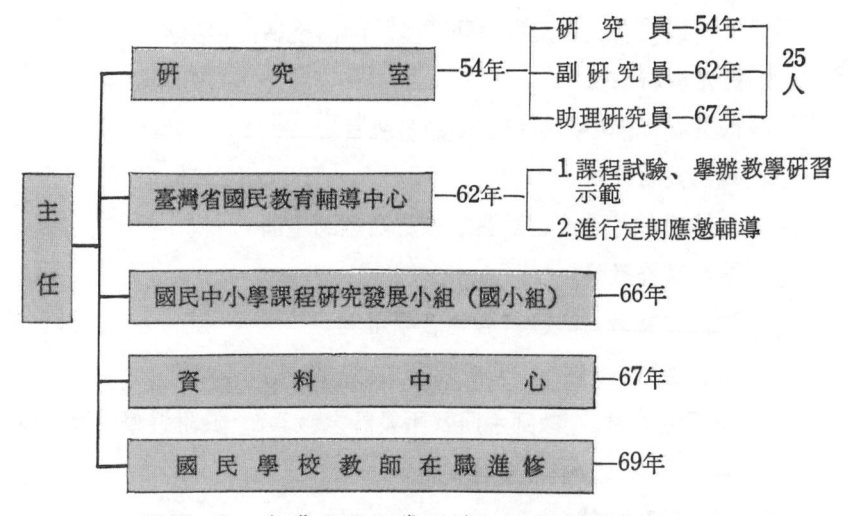

第十章 我國教育部及相關機構的課程設計 459

```
                    ┌─ 研 究 員 ─54年─┐
     ┌─研 究 室─54年─┼─ 副研究員 ─62年─┤ 25人
     │              └─ 助理研究員 ─67年─┘
     │                       ┌─1.課程試驗、舉辦教學研習示範
主任 ├─臺灣省國民教育輔導中心─62年─┤
     │                       └─2.進行定期應邀輔導
     ├─國民中小學課程研究發展小組（國小組）─66年
     ├─資 料 中 心─67年
     └─國民學校教師在職進修─69年
```

圖10-7 臺灣省國民學校教師研習會組織系統

年。其二為羣體性，指課程設計注重參與面之完整，凡學科、心理、課程、教育等專家以及師院教授、小學教師、縣市督學，均有所參與。其三為發展性，指課程實驗研究由資料分析、課程綱要擬訂、問卷調查、實驗教材、教師手冊等都經過試教、修訂、實驗等過程，逐步發展出來。各科課程發展程序都經歷下列十四個步驟：

1. **成立組織**

    由教育部成立國民小學課程實驗研究指導委員會，聘請指導委員若干人兼研究委員，負責研究指導工作。

2. **建立資料**

    蒐集國內外有關小學課程研究資料，加以分析、比較、研究，建立資料檔，作為實驗研究重要參考。

3. **研擬課程綱要**

    根據上項資料之研究，並依據國情，擬訂實驗課程綱要草案，

再經過問卷調查及實地訪問座談，而後修訂定案。
4. **訂定教材細目**
依據課程綱要，研擬實驗教材細目。
5. **編寫實驗教材**
依據教材細目，編寫實驗教材及教師手冊。
6. **設計製作教具**
依據實驗教材，設計各種教學用具。
7. **試教修訂**
用實驗教材、教師手冊及所設計之教具，於附近學校進行試教，並於試教後再檢討修訂。
8. **實驗課程定稿**
經試教、修訂後之實驗教材、教師手冊及教具等初步定稿後，卽準備正式進行教學實驗。
9. **選定實驗學校**
由部、廳、局會同選定，包括各類型、地區之學校。
10. **辦理教師研習**
實驗學校擔任課程教師（由一至六年級逐年遞升），於該會研習四週。
11. **進行教學實驗**
依照一般實驗研究方法，進行教學實驗
12. **實驗輔導**
實驗學校舉行定期分區教學研究會，召集該地區擔任實驗課程教師參加，由研究委員、師院教授、縣市督學及實驗課程編輯教師等共同參與輔導。
13. **實驗教材修訂**

於每一學期結束,即舉行實驗教材、教師手冊等修訂會議。
14. **研討會**

每一學年結束,即舉行總研討會。

經該會實驗研究所發展之課程,送國立編譯館,經其編審委員會審查後用一年,再經修訂,即為國定本教科書。

以上的步驟着眼於既定教學科目的課程設計,從成立組織、建立資料,到設計實驗教材、進行教學實驗,其中經歷了研究發展程序,教材不斷修訂至定稿,教師也參加進修研習。該會另外亦設計有一個流程圖(見圖10-8),說明該會課程發展與國立編譯館的關係。

四、國立教育資料館

國立教育資料館成立於民國四十五年,雖未直接從事課程研究發展工作,但却從事教育資料的搜集、視聽教育之推廣及廣播教學節目的製作,對中小學課程與教學有其輔助作用。教育資料館的組成條例規定該館之任務為:掌理國內外教育資料及視聽教育之研究、推廣等事宜。為達成這些任務分設四個業務單位:

1. 教育資料組

    掌理教育資料之調查、統計、蒐集、整理、研究、改進及編印事項。

2. 視聽教育組:

    掌理視聽教育教材、教具之審查、製作、研究事項。

3. 推廣組

    掌理教育資料及視聽教育之推廣事項。

462　課　程　設　計

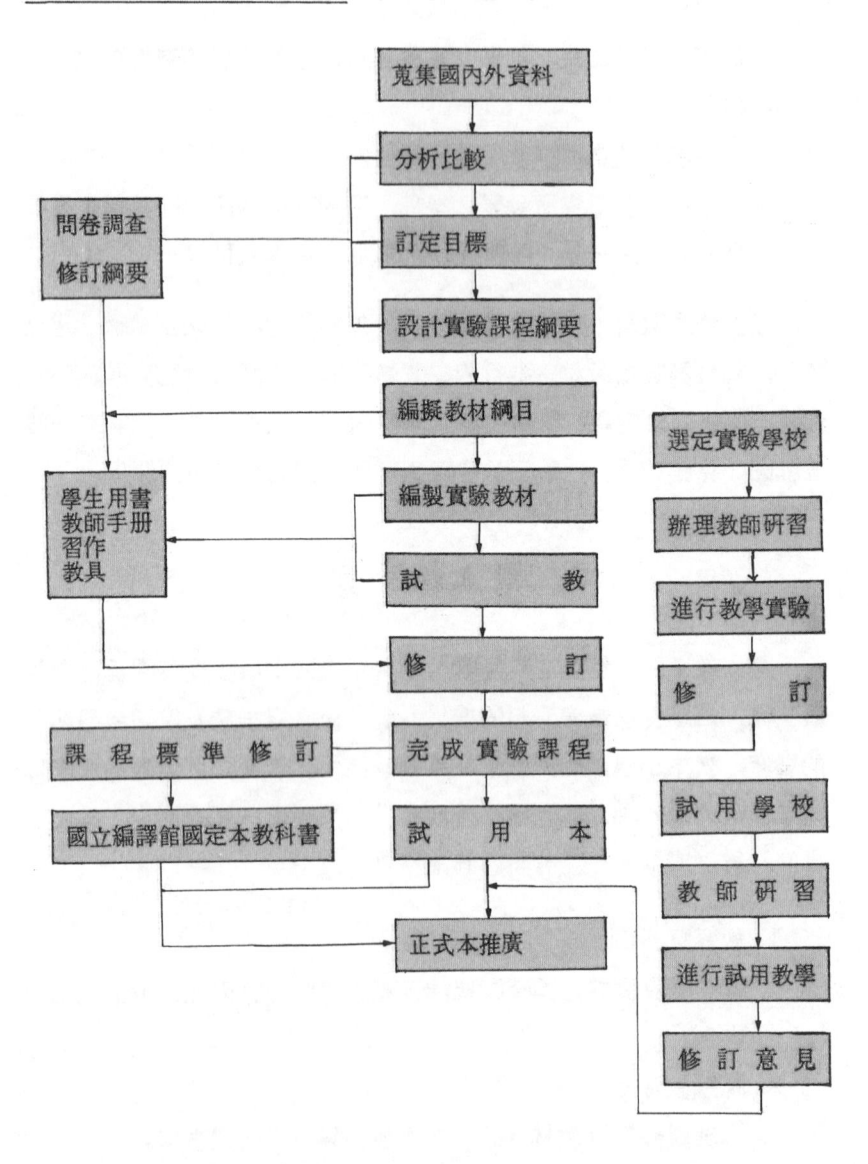

圖10-8　臺灣省國民學校教師研習會課程發展流程

4. 教育廣播電臺

推行教育廣播及空中教學事項。

茲將該館詳細的組織系統列於圖10-9。根據國立教育資料館簡介資料,該館各業務單位的工作概況如下。

• 教育資料組工作概況

1. 以徵集、價購、交換、剪輯等方式蒐集國內外各種教育資料,經分類、整理、統計、分析後,彙編成冊,現有藏書四萬餘冊,教育資料期刊八十二種,另有三種珍貴的特藏:國內博士論文、大專院校教師升等送審著作,及美國四百餘所大專院校概況簡介。

2. 透過叢書、叢刊介紹最新教育理論,已出版叢書五百九十餘種,包括定期印行的「教育資料集刊」、「教育論文索引」,每年出刊一輯,免費分贈各級學校及教育機關。

3. 承辦「國民教育科學教學資料叢書」的編印,計一百冊,為國民中小學科學教育提供良好的輔助教材。

4. 辦理各項教育調查,從統計分析的結果來發掘教育上的問題和需要,並針對這些問題進行教育專題研究,編印研究報告。

• 視聽教育組工作概況

1. 設視聽教育資料製作服務中心,自行設計製作或協助其他單位錄製教育影片、幻燈片、錄音帶、錄影帶等各種視聽教材教具,並編印目錄、辦理流通、修護及拷貝等項服務。

2. 審查視聽教材教具,評審國產優良教育影片,核發證書以收激勵之效,並期望提昇視聽媒體製作水準。

3. 審查進口教材教具,通過後報請教育部頒證。優良科教影片加

464 課程設計

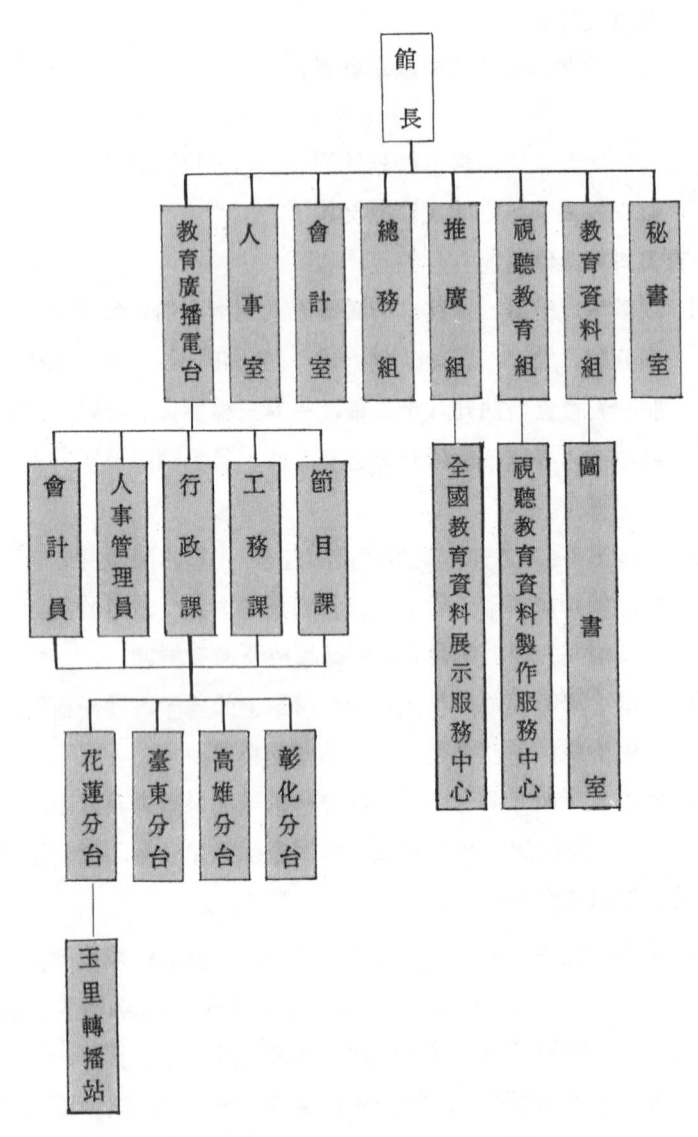

```
                        ┌──────┐
                        │ 館長 │
                        └───┬──┘
   ┌──────┬──────┬──────┼──────┬──────┬──────┬──────┐
┌──┴───┐┌─┴──┐┌─┴──┐┌─┴──┐┌─┴──┐┌─┴───┐┌─┴───┐┌─┴──┐
│教育廣││人事││會計││總務││推廣││視聽教││教育資││秘書│
│播電台││室  ││室  ││組  ││組  ││育組  ││料組  ││室  │
└──┬───┘└────┘└────┘└────┘└─┬──┘└──┬───┘└──┬───┘└────┘
   │                        │      │       │
┌──┼──┬────┬────┐     ┌────┴─┐┌──┴───┐┌──┴─┐
│   │  │    │    │     │全國教││視聽教││圖  │
│會 │人│行  │工  │節    │育資料││育資料││書  │
│計 │事│政  │務  │目    │展示服││製作服││室  │
│員 │管│課  │課  │課    │務中心││務中心││    │
│   │理│    │    │     │      ││      ││    │
│   │員│    │    │     └──────┘└──────┘└────┘
└───┘└─┘└┬───┘└────┘└────┘
         │
   ┌─────┼─────┬─────┐
┌──┴─┐┌─┴──┐┌─┴──┐┌─┴──┐
│花蓮││臺東││高雄││彰化│
│分台││分台││分台││分台│
└──┬─┘└────┘└────┘└────┘
   │
┌──┴──┐
│玉里 │
│轉播 │
│站   │
└─────┘
```

圖10-9 國立教育資料館組織系統

配國語發音，提供國民中小學自然科教學用。
4. 舉辦或輔導全省各縣市舉辦視聽教育工作人員研習會、視聽教育研討會、教材評賞會及相關活動或派視聽教育巡廻示教車赴偏遠地區學校輔導教學。

- 推廣組工作概況
  1. 辦理各種教育資料展覽，分短期性專題展覽、巡廻展覽、經常陳列展覽三種。
  2. 舉辦教學演示、專題演講、教育座談、調查訪問，安排幻燈、電影放映等各種教育活動。
  3. 開放全國教育資料展示服務中心，展出各種教育資料及其進步的實況。
  4. 提供閱覽場地供研究人員閱覽研究，並提供影印、贈閱、查詢等服務。
  5. 設置交通安全教育資料中心，加強交通安全教育資料的蒐集、編印與推廣服務。

- 教育廣播電臺工作概況
  教育廣播電臺是以實施空中教學和推行社會教育為主要任務的專業電臺，其工作概況如下：
  1. 節目方針有四：
     (1)辦理空中教學。
     (2)強化民族意識，發揚固有傳統文化。
     3.闡揚政令，貫徹教育政策。
     (4)傳播新知，擴展國民知識領域。
  2. 節目內容、空中教學包括空中大學、行專、商專、高中課業輔導，及各種語文教學，佔每日播音總時數的 70.5%。 社教節

目，包括社會建設、婦女兒童、政令宣導、文藝服務、新聞等佔29.5%。
3. 每日播音計十一個小時「調幅」及「調頻」兩部分同時播出，並由各地區分臺和轉播站分別轉播。除臺、澎地區外，遠至金門、馬祖皆可收聽到教育電臺的節目。

五、問題檢討

由上述分析可知，國立編譯館在課程發展中的角色，擔任的是教科書編輯工作。教育部組成的課程標準修訂委員會，訂定了教育目標、教學科目時數、教材大綱及教學目標之後，國立編譯館組成教科書編輯委員會據以編輯教科書，不過教科書之發展採編輯研討修訂方式，缺乏課程實驗。師大科學教育中心及臺灣省國民學校教師研習會，分別針對科學課程及小學課程進行研究發展，其課程發展雖最終仍爲編寫教科書，唯都能採用研究發展程序進行實驗檢討修訂，最後並能與課程標準修訂結合起來。國立教育資料館着重教育資料及視聽教材之搜集、製作、推廣，這雖然也是課程的一部分，唯並未與中小學課程發展密切結合起來，且功能尚待加強發揮。

這些課程發展相關機構分開設置，產生幾個問題值得特別注意。第一是力量分散，各機構各做各的事，甚少溝通協調。第二是銜接困難，難期課程能夠連貫。課程設計被切割成兩部分，其一由教育部採行政模式制定課程標準，其二由附屬或下級機構設計教材，本應一貫處理的事，却分成兩半去做而極易出現罅隙。第三是工作重複形成浪費。例如研究工作，任何課程發展一定得做，資料搜集、文獻探討都不可缺乏，但結果却是不同機構都要做，形成不當重複。第四是人力

經費有限,每個機構都分一點,都不夠充實來從事系統完整的課程設計。第五是囿於人力物力,課程發展都未能針對不同對象而有不同的設計。第六,技職系統的課程發展現有機構根本難以顧及,當其所設類科又屬冷門之際,坊間出版社也不願編寫,學校便缺乏教材可用。除此之外,還有兩點值得一提。

其一為人文及社會學科之課程發展尚待努力,雖然人文及社會學科教育已經設置指導委員會及教育中心,唯方向仍在摸索之中,成效尚待檢討改進。其二為課程發展流程,雖說都有多年實際經驗形成,不過仍需要檢討修訂,使其更能做好課程發展工作,其缺乏研究發展程序者,更需要改善,以求課程設計盡善盡美。

總之,現制分散式的課程發展機構有必要統整起來,成立一個常設的課程研究發展機構,以結合有限的人力物力,共為中小學課程發展工作而努力。

本 章 摘 要

我國課程行政的最大特色,是採取中央集權式的課程控制,各級學校的正式課程(含教育目標、教學科目、教學時數等),均由教育部統一規定。教育部從事正式課程的設計時,係成立臨時編組的委員會,納入學科專家、教育專家、教育行政人員、學校教育人員、部份課程委員會尚邀請各行各業代表及其他政府機構參加。本章分析我國教育部的課程行政運作的組織、人員、程序、職掌等,並從其中尋找重要的課程問題加以探討,這些問題分別是最低標準或最高標準、科目與時數之爭、課程結構的爭論、目標與科目的配合、課程的順序與統整、科目數與內容份量、理論與實習、齊一與彈性等。經過這個分析後,作者亦提出幾個改進方向。最後,本章也介紹我國中小學課程發展的相關機構:國立編譯館、師大科學教育中心、臺灣省國民學校教師研習會、國立教育資料館。國立編譯館的重點工作在編輯、審定中小學教科書,師大科學教育中心旨在從事中學科學及數

學課程的研究發展,臺灣省國民學校教師研習會主要從事小學課程發展,國立教育資料館主要任務為教育資料及視聽教材的蒐集、設計及推廣。目前這些機構均分散設置,各有其目標與功能,缺乏統整性,有待聯合起來成立常設性的課程研究發展機構。

問 題 討 論

1. 試扼要說明教育部的課程設計模式,並評析其優缺點,指出改進之道。
2. 參觀國立編譯館、師大科學教育中心、臺灣省國民學校教師研習會、國立教育資料館,寫出(報告)參觀心得。
3. 試比較本章各課程發展相關機構的課程發展流程,提出自己的評論。
4. 現行中小學教科用書審查作業程序有何問題?應如何改進?
5. 你贊成教科書審查嗎?為什麼?
6. 教育資料館是否完全發揮其設置的目標與功能?試以具體資料說明之。
7. 如果成立全國性的課程研究發展中心, 其目標及組織應如何訂定? 試抒己見。

第十一章
教學單元及教室層次的設計

　　本章共包含四節。第一節說明教學單元的意義，及設計方法。第二節以教師的教室教學為中心，說明其如何了解自己和關鍵人物，運用研究結果，從事課程設計。第三節進一步說明教學單元或教室層次的設計，如何做到個別化。第四節則提供幾種非正式的課程設計途徑，供教育人員參考。

第一節　教學單元的設計

　　本節的重點共分為四項。首先說明教學單元的意義，指出其相關名詞的特點。其次說明教學單元的選擇，分析確定單元數的方法。再次說明教學單元包含的要素，建議設計教學單元的程序。最後則舉實例，藉供實際從事設計之參考。

一、教學單元、自學單元與資源單元

　　教學單元（instructional unit）是指教學的完整單位，提供學生有關某一主題（topic）的完整學習。一個教學單元的教學有時只要一節課的時間便可完成，有時則需要兩節課以上，端視單元的大小和性質而定。由於一個單元的教學若跨越太長的時間，會使學習因遺忘而減低效果，因此通常以一週之內教完為原則，而由於每一個教學科目每週的教學時數不同，因而每一教學單元在教學時間上的設計也就有差異。就職業學校課程而言，有的單元一週要上多至五個小時（例如實習課）。學習效果並不一定都與學習時間成正比，且一個教學單元若所需教學時間很長，可能是內容太多，可再細分為兩個以上的單元，使學習避免散亂而能益趣統整，所以課程設計時對每一單元的時間安排應加以注意。

　　傳統上，教學單元的設計都假定學生係在教師指導之下進行學習，這樣設計出來的教學單元，學生若要自學，便會遭到較大的困難，降低學習效果。如果課程設計者將教師的指導納入到教學單元中，讓學生學習時等於有位老師隨侍在側，隨時隨地可以學習，不須另外再安排教師在旁指導或教學。這樣學習成效可以擴大，教師素質的變化不致干擾學習，或者換句話說，每個學生都能擁有優秀的教師。教學單元如果能夠如此設計，便稱為自學單元（self-instruction unit）。較近以來，大班教學往往難以滿足每個學生的需求，因此倡導個別化教學的人很多，而自學單元的設計便是達到個別化教學的手段之一。

　　由於每個學生資質不同，所以所謂「自學」，其設計若要滿足每個學生的需求亦不容易，最後可能有部分學生仍需要教師的指導才能

夠完全學會。如果傳統的教學單元設計體認到學生自學之需要性，而能盡量朝向學生自學的方向，則所謂教學單元也可能成為自學單元，而教學單元與自學單元便會難以區別了。

不論是教學單元或自學單元，其成品都是以學生為對象設計完成。換言之，課程設計者完成的材料是要交給學生使用的，學生拿到的或許是課本、手冊、講義，甚或是電腦軟體或編序教材。這些材料對於教師之教學及指導並不足夠：教師擁有的知能一定要多於學生，且他也需要了解學生使用材料的精神及內容。基於此，課程設計者尚須於教學單元或自學單元之外，為教師設計資源單元（resource unit）。

所謂資源單元，依據張思全（民57）的說法，係源自於1930年代美國實施的八年研究（The Eight-Year Study）。當時的資源單元係由教師合力設計完成，其內容係有關某一學習主題的各種教育活動，以便協助教師進行教學工作。由此可見，資源單元可說是教師教學某一主題（或單元）時可以參考的資源。做為一個現代教師所需要的資源是多方面的，像內容的加深加廣、活動的安排、可用的媒體、可參考的書籍，可運用的人力，甚至於評量的工具、教學目標和過程的建議，都可包含在內。目前我國國中國小的各個學習科目除課本外，尚編輯有教師手冊或教學指引，其中包含許多資源單元，大都依照課本的單元去設計供教師參考。

二、單元的選擇

教學單元的設計，首須選定所要設計的單元主題，這可由幾個不同的教學情境來討論。課程設計者可能面對的第一種情境，是已經有

相當完備的教學單元存在，他只需要補充部分單元，例如國中國小教師，他們擁有固定本教科書可供學生學習，只須於必要時編輯補充教材即可。在這種情況下，課程設計者選擇的單元主題，係依地區、學校、教師或學生的特殊狀況或特殊需要而定。第二種情境是現有的課程材料很少，但各科的教學主題已由其他機構訂定。這時，課程設計者必須依據已訂好的主題去設計教學單元，雖然設計者尚擁有部分彈性去調整單元名稱，不過大體上的架構必須遵守，不可予以大幅改變。這種情境就像目前我國高職的狀況一樣。第三種情境是課程設計者處於完全自由的狀態，他有一個需要設計的教學科目，但這個科目之下有何主題可教或該教，並無任何機構或任何法令予以約束，要包含何種主題、多少主題，完全聽憑教學者自己作主。這種情境正如同大學或研究所的教師所面臨的一樣。

以上三種情境中，第一種比較單純，教師衡鑑現有的單元主題後，認為需要補充的部分，或者徵求學生喜歡學習的部分，即可據以設計來教學。第二和第三種情境則比較複雜，尤其是第三種，課程設計者必須從事整個完整的課程設計工作，是本節所要討論的重點。

當一個教學科目確定成為課程一部分的時候，課程設計者接着必須建立該科目的教學目標。以高中歷史科的本國史為例，其教學目標在：1.明瞭中華民族之演進及各宗族間之融合與相互依存之關係；2.明瞭我國歷代政治、經濟、社會、文化等變遷趨向，特別注重光榮偉大的史實與文化的成就，以啟示復興民族之途徑及其應有的努力。然後便需依據此目標及本國史的知識結構、學生程度和經驗、本國史的教學時數等擬訂教學單元。據此，本國史共擬訂了三十個教學單元，供高一及高二上學期教學之用。這三十個單元由史前時代、三代興衰與文化、春秋戰國時代、統一帝國的出現，而至八年抗戰、憲政的實

施、中共的禍國、三民主義模範省的建設,都包含在內。

再以高中「基礎地球科學」為例,其教學目標有三:

1. 認識人類居住的地球:其形態、運轉、組成、構造、循環、活動、歷史及其位於宇宙的概況。
2. 分析地球與宇宙的現象,進行觀察與實驗,利用科學方法,培養創新能力。
3. 了解地球科學與人類生活的密切關係,增進地球科學知識的應用。

「基礎地球科學」每週授課三小時,排在高一上學期或下學期,全學期講授38小時,實驗10小時,共48小時。其所包含的教學單元計有:導論(地球科學的時空範圍及研究方法)、地球的內部形態與內部構造、地球的組成物質、水的分布與循環、海水與大氣運動、礦物、岩石、風化作用與土壤、侵蝕與沉積作用、古生物、地殼變動、天氣觀象、能源、太陽與太陽系、銀河系與宇宙、應用天文學。

每個教學科目所包含單元主題的確定,並非是一蹴可幾的,而是逐步發展而來的。在發展過程中要參照各科目的教學目標,要搜集相關文獻加以分析比較(包含國內外文獻、學術著作及各科教材),而且要不斷徵求各界意見,充分討論,反覆修正。剛開始的單元主題極可能是彼此重複的,要不便是分類不在同一層次的,也可能遺漏了重要主題,或者是忽視了學生經驗和社會需要。課程設計者必須不斷加以合併、分割、補充、排除。要使得此一工作做好,最好把每一主題的重點或綱要列出,思考每一主題的教學目標,這樣重複與遺漏之處才可能浮現出來。

目前各教學科目的單元主題選擇,其主要的問題有四。第一是不

顧學生的學習時間和負擔，使許多學生不堪負荷。每個教學科目都有教學時數的限制，而每學期又有固定的週數，其中難免因例假、節慶、考試、活動而耽誤上課，課程設計者往往假定該科的教學不會受到干擾或耽誤，事實上並非如此。第二個問題是教學單元未具有選擇性，課程設計者以不變應萬變，不管學生程度、經驗、興趣，也不管學校所處社區的情境，通通採用相同的教學單元，這樣變成無法適應學生及學校的特殊需要。第三個問題在於各科目的教學單元設計未能互相聯繫，以致造成不當的重複。此外不同教育階段的同一科目所選的教學單元，亦有重複、脫漏或順序銜接不上的狀況。

對於前兩個問題，課程設計者應該注意留給教學者一些彈性，單元主題最好能區分爲必授和選授，前者爲每個學生必須學習者，後者則可適應不同學生之需要或不同學校之特殊要求，由教師及學生自由選擇。必授單元應佔比例依各科狀況而異，如以一學期十八週計算，或許十四個左右的必授單元是值得參考的數字。對於後兩個問題，課程設計者唯有加強聯絡相關學科及相關教育階段的設計才可能解決。

三、教學單元的要素

選定了教學單元主題之後，課程設計者接着便要以主題當做組織中心（organizing center），將每一個單元設計起來。這個組織中心，可以包含概念、原理、法則、理論、事件、物品、人物、社會生活、問題等，它具有組合及貫串各個特殊事物的作用，使特殊事物變成可以影響學習的整體。教學單元的要素，其設計都需要環繞着主題，以主題爲取向。

如果把教學單元當成一個大系統，其下包含了許多個子系統，這

些子系統可說是該單元的要素。那麼這些子系統或要素有那些呢？一般言之，每個教學單元都要包含目標、內容、活動、媒體、評鑑、資源等要素。茲一一說明之。

(一) 目　　標

係指預期學生經過某一教學單元的學習後，可能的行為改變或學習結果。目標的敘述必須明確，其範圍宜儘量包含認知、技能、情意三個領域，當然也可依單元主題之性質而稍有偏重。

(二) 內　　容

係指單元主題之下所要教學的概念、原理、原則、事實、方法、價值、態度、興趣等。內容的選擇一定要配合目標，有認知方面的目標便要有知識做為內容，有技能方面的目標便要有技能的內容，有情意方面的目標便要有價值、態度、興趣等內容。有時內容是由課程設計者親自撰寫發展出來的，其中有文字、圖形、表格等，或運用書本型式呈現或運用非書本型式呈現（如電腦軟體、視聽媒體等）。有時內容是選擇現有的材料加以修改或組織而成，例如坊間科學讀物、文藝作品等，都可運用。

(三) 活　　動

活動是指學生為達成學習目標，所經歷的交互作用過程。有時他必須聆聽教師講解或錄音帶的敘述，有時他觀看錄影帶或幻燈片，有時他做實驗、出外參觀考察、觀察各種現象，有時他必須設計、製作、報告、展覽，有時他必須閱讀、參與討論或者提出問題。泰勒（R. Tyler）曾經指出，同一個教學目標可透過許多活動去達成，而

同一個活動有可能達成多種目標。可見課程設計時宜儘量提供各種可能的活動，同時注意活動的經濟性。在活動的設計上，尚宜注意：學習者為達成目標，需要有共同的基本活動，但除此之外，他們也需要變通的活動，以便進一步充實自己(高深的活動)或補救自己（淺易的活動）。如果課程設計者能如此規劃，當更能適合學生之個別差異。活動和目標之配合，與內容一樣，有什麼目標，便要有什麼活動去支持它。

（四）媒　　體

媒體是教學內容和活動的媒介。閱讀的內容和活動需要書本做為媒體，觀察的活動需要有顯微鏡、實物做為媒體，而觀看錄影帶、幻燈片、錄影帶、幻燈片便是學習內容和活動的媒體。傳統上學習的媒體限定於教師的口語溝通或書本的內容、現在則透過許許多多新科技成品呈現，例如幻燈片、錄音帶、錄影帶、電腦軟體、編序教材、投影片等都是。媒體可由課程設計者去設計製作，也可從現有的成品中選擇利用。例如單元主題若為臺灣山嶽，課程設計者可親自登上臺灣各大山嶽去拍攝影片、幻燈片，他也可以就現有的臺灣山嶽幻燈片或影片選擇使用。要注意，媒體只是學習的媒介，旨在加強學習效果，若一味追求新穎或變成誤用濫用，則反客為主，其於學習成效的負向影響是很大的。

（五）評　　鑑

評鑑是針對單元主題搜集資料，以便進行判斷，它可以出現在學習前、學習中、學習後。一般的設計者都強調學習後的評鑑，藉以了解學習者達成教學目標的情況。如果有認知目標，便應設計認知學習

的評鑑；如果有技能目標，便應設計技能評鑑，像各種觀察記錄表、評量表；如果有情意目標，則學生行為表現的觀察記錄也是非常重要的。評鑑若單出現在學習後，對學生的學習協助不大，最好在學習過程中也能進行評鑑，隨時根據所得資料回饋給學生，因此單元的設計中能指出過程中的評鑑方法和規準，是極有意義的。此外，有些單元主題的學習，學習者的先備知能是否具備是學習成敗之關鍵，因此，課程設計者要有學習前的評鑑，以便過濾某些需要補救的學生，或延緩其學習或立即予以補救。有部分自學單元有學前評鑑（與學後評鑑相同或近似），通過的學生便可跳過該單元的學習，這也是一種可能的設計方式。

（六）資　　源

資源是指有關某一單元主題的人事物，凡對教學有助益者均屬之。例如那些人物是教學此一單元主題可以運用的？有那些相關的社會事件可以參與？有那些器材設備可以借用？有那些參考文獻可進一步閱讀？這些如果能夠列出來，對教與學雙方面都有幫助。

以上所列出的教學單元要素共有目標、內容、活動、媒體、評鑑、資源等項目，都是課程設計者需要重視的。不過，目前已發展好的教學單元，並未完全包含這些項目，特別是其中的目標、活動、媒體、評鑑等項。許多設計者都認為內容最為重要，其餘各項目都交由教師自行設計，實施教學，至多是在教師手冊中提供比較完整的資源單元而已。這樣的設計如果要由學生自學當然不容易，對教師教學也不夠方便，如果教師要提供資源單元中的資料給學生學習，他仍舊需要經過一層轉化的程序。

設計教學單元時，各要素順序的安排可加以調整。例如目標一

項，不一定集中列在最前面，可以把目標分散，用每一目標為中心，將內容活動、媒體組合起來。有些設計人員不用目標一詞，改稱學習重點，亦無不可。各要素前面，有時會被冠上教學一詞或學習一詞，例如內容被稱為教學內容或學習內容，以後者為佳，可隨時提醒設計人員站在學習者的角度而非教師角度設計。附錄六到附錄九是各種不同的教學單元設計實例，可做為參考，但需注意這些單元並不是都完美無缺的，參考使用時一定要先批判其優缺點，並思考可能改變或調整的方向。

四、設計的原則

教學單元的設計，有許多原則宜加遵循。

第一個原則是注意各要素的一致性。

整個單元必須顯示其一致性，而維持一致性的最佳辦法，厥為將目標當做組織中心，每個要素的設計都要與目標配合，時時比較各要素和目標之間的關係。換言之，有了某一目標便要有該目標獲得實現的內容、活動、媒體、評鑑與資源。當設計人員忽視此一原則時，目標的實現極可能變成空談，學生的學習則變成散亂的、無意義的狀態。

第二個原則是以學生做為教學單元設計的中心。

學生過去的經驗、現在的能力水準、興趣、需要所在，都是設計時先要了解的。設計者應設身處地，處處站在學生的立場或角度去思考各種要素的設計。例如學生能理解嗎？他們喜歡嗎？他們需要嗎？如何安排才能更切近他們的經驗？如何設計才能夠擴大學習效果？如何使每個學生都能獲得需要的滿足？

第三個原則是認清學習的先備知能。

除非單元主題是以初學者為對象，否則先備知能的分析是十分重要的。有了先備知能，學生便可循序而進，享受成功的容易和快樂。當先備知能分析清楚之後，課程設計者一則可藉以延宕學習，二則可充實學生必備之知能，再進而引導學生學習單元主題的知能。先備知能的分析，也提供課程設計者安排單元主題順序的參照。

第四個原則是提供較大的學習彈性。

學生是具有不同特質的個體，學習單元的設計若能適應不同的特質，當能擴大每個學生的學習成效。由於個體是主動的，教學單元若有較大彈性，個體便較易於依照自己的特質和需要去學習。基於此，在教學單元中區分基本活動和變通活動是必要的，基本活動為共通的學習，變通活動則為分殊的學習。透過共通的學習，最低標準可獲得保障；透過分殊的學習，個人特殊需求可得到滿足。除此之外，學習彈性尚須由活動及媒體的多樣化來努力，多樣的活動和媒體使學生能經由多種學習途徑學習，或者能選擇一個最適合自己的途徑。

第五個原則是充分利用資源。

近幾年來國內的出版業及視聽專業蓬勃發展，其成品甚多，充斥在各個角落。設計教學單元時，不一定要有百分之百的原創性，現成的文章、廣告、通訊、幻燈片、錄影帶，都可經過適度轉換，化為單元的內容、活動的媒介。課程設計者若能善加選擇和利用，當能節省經費和時間，同時又能享受現有的成果。不過，在利用現成出版品設計時，亦應顧及版權或著作權的問題。

第六個原則是將教學單元設計成一個有機的整體。

教學單元，應是有生命的，是統整的，而不是拼湊的、毫無章法的。教學單元的設計，並不是納入一切知識和活動，而是納入有價值的知識和活動。所謂有價值、無價值，應依據知識的發展、社會需要

、學生需要、教育哲學等，加以判斷。教學單元的編製，其文字應是學生能夠理解的，其內容應是生動可吸收的。設計者對單元各要素的描述，應以學生爲對象，而非以教師爲對象。如果設計者能將學習時教師對學生必要的指導納入單元之中，則教學單元將成爲自學單元，更便利學生自學。

教學單元的設計是整體課程設計的一部分，因此適用本書前面各章的理論和方法，舉凡課程設計模式、課程設計的理論取向、課程目標、課程選擇、課程組織、課程評鑑等，均值得參考。不論如何，本節仍要特別提醒，教學單元的設計宜遵照研究發展程序。設計者先要針對單元主題及教學科目進行研究，探討有關文獻，以做爲計畫的基礎。所謂文獻包羅甚廣，學術論著、專業書籍、報章雜誌、課本、教師手冊、學生資料、媒體目錄等均屬之，眞是舉不勝舉。設計前先要有所計畫，包含人員、程序、經費、架構、評鑑等項，尤其是每個單元的架構及其設計原則，更須確立，以後的設計才能有所遵循。如果教學單元的設計是以整個教學科目爲對象，由小組或委員會負責，則每個成員間的討論溝通，尤須列爲首要之務。領導課程設計的人，可在架構及原則確定之後，先設計參考單元，供所有成員討論修正，然後當成每個成員的參照。做好各項準備，便可開始設計初稿或原型，經討論修正、試用評鑑修正的程序，確知其完美無缺，再定稿、定型，付諸實施。若教學單元的設計者是學校教師，上述過程可納爲教學的一部分，設計完成的單元在教學中使用修正，教師便是個行動研究者❶。

---

❶ 關於行動研究的方法，請參考黃政傑（民78），253-274；陳伯璋（民78），53-80。

五、設計的實例

臺灣省海事水產職校社會科學概論實驗教材的編輯，其教學單元設計的實施，曾大致採取本節描述的程序和架構。社會科學概論實驗教材之設計，係源於當時海事水產職校公民教材之缺失及工職課程修訂公民科改為社會科學概論的趨勢而來。設計時，臺灣省教育廳成立了推動小組及編輯小組，前者負指導審查之責，後者負實際編輯之責。

着手編輯之前，共擬訂六大項編輯要點如下：

• **教材大綱**

全書共分四冊，每學期一冊，供海事學校一、二年級學生使用，教材內容共包含個人、家庭、學校、社區、社會、國家、敵人、世界八大單元，融合公民、歷史、地理、政治、經濟、社會、法律、教育、文化等學術領域的題材。

• **單元區分**

各大單元之下均包含若干單元（見附錄五），每冊所含單元的次序以學生生活和心理發展為依據，再考慮邏輯次序。因此，每冊儘量包含由個人至世界有關之單元。

• **單元要素**

全書各單元都包含學習重點、學習內容、學習活動、學習評量、註解等五部分請參考附錄四。

1. 學習重點：即為一般所稱之提示，旨在引導學生認識學習的方向和重點，增進學習興趣。在課文之前標示提示內容（參考範

例編寫方式）。
2. 學習內容：即課文部分，力求淺顯平易，說理與實例並重。
3. 學習活動：即活動部分，型態力求多樣，例如討論、演說、辯論、表演、報告、競賽、展覽等，依據教材內容加以設計。
4. 學習評量：類似於一般的複習檢討部分，包含認知技能情意（或知識、實踐與態度），型式不拘，例如內容、報告、問卷、經驗談、生活檢討、行為觀察。
5. 註解：專有名詞、中外詞句引用、譯文、參考資料等，均視需要加以註解。

- **編輯原則**

    1. 配合海事學校學生之需要。
    2. 切合學生日常生活。
    3. 敘述力求淺近生動。
    4. 注意單元間的順序性和聯貫性。
    5. 銜接中小學的公民和社會等科目。
    6. 依照每週上課兩小時的時間選材。
    7. 提供授課教師教學的彈性。
    8. 注重社會科學資料的閱讀和理解。

- **章節體例**

    1. 本書共四冊，每冊依教學單元分章，第一、二冊各十二章，第三冊十一章，第四冊十章，章以下不分節。
    2. 各單元之內容，其敘述若需標示序數者，請依下列順序：一、（一）、1、⑴、①。

3. 本國年代民國以前用朝代年號表示，視需要加注西元年代；民國以後，以中華民國年號（簡稱民國）表示。外國年代均以西元年號表示。中外朝代年號均需要加私名號。
4. 課文中需要加註解處，以下列序數表示：㊀㊁㊂……。文後註解亦使用相同序數符號配合。
5. 對中共均仍以「中共」稱呼。
6. 圖表暫不編號，但應註明標題，標題置於圖之下方由左至右，置於表之右方，由上而下書寫，請參考實例。圖表應與課文完全配合，圖表之編號俟全冊彙整後統一編輯。
7. 每單元字數，課文內容不多於三千五百字，不少於三千字，其他部份合計不多於一千五百字，不少於一千字。

・**教學注意事項**

宜分章列出教學注意要點，以備編輯教師手冊。

社會科學概論實驗教材發展時間，總計在一年半以上，各單元的編輯者有教育研究所博碩士班研究生（均曾任中學教師），也有資源的海事職校教師。此外各單元之撰寫均安排有指導教授在設計過程中指導，初稿編輯完成後尚辦理研討會審查修訂。編輯過程中，對原來的單元名稱及內容架構，亦可依需要適度調整。由此可見，此一實驗教材的設計係結合基層教育人員及專家學者的智慧而得，可說是國內課程設計的重要經驗。為了讓讀者更了解該實驗教材各單元之設計方式，茲將當時的單元範例列於附錄六，藉供參考。

民國七十四年左右，青輔會曾為促進國中學生進行輔導工作，着手設計輔導叢書，當時任副主任委員的黃昆輝先生主持。該套叢書第四冊定名為「就業之路」，共分成七個大單元三十三個小單元。該書

亦採編輯小組方式，聘有專家學者指導，內容撰寫力求活潑生動，並附照片、插圖，定稿之前尚約請國中生試讀，再依據其意見試做修正。茲將該書編輯時所訂目的、要點、內容大綱等，列於附錄三，以便讀者參考。

第二節 教室層次的課程設計

教室層次的課程設計，大部份是為了在教室中實施，但是它也可在教室外的學校場所，甚至於校外場所實施。教室層次的課程設計，最主要的負責人是教師，在其策劃下，學生、家長、社區人士及其他教師，可以結合起來，共同為課程設計工作去努力。

長久以來，教室層次的課程設計，未受到教師及教育學者足夠的重視，揆其主因，係教師缺乏課程設計能力。在師資培育過程中，對於教育基本原理、學生之訓導輔導、教學原理與實習、各科教材之嫺習，均有專門科目加以介紹，對於教師任教之學科專長，更有許多學分講授。唯獨對於課程應如何設計，却缺乏探討。所以教師進入實際工作情境中，一提到課程設計，都只好瞪目以對了。

一、教室層次課程設計的重要性

為何一般的師資訓練機構，不培育師範生設計課程的能力呢？這是頗值探究的問題。教學此一工作，在擠入專業之林的過程中，是頗費了一番工夫的。迄今為止，教學工作是否真正隸屬於專業，無論是教育工作者本身或是教育工作以外的人，持懷疑態度者，仍不在少

數。教師常被視為執行計畫的人,他不必擬訂計畫。在課程方面,亦是如此:教師執行已設計好的課程,而非從事課程設計。到底誰是課程的設計者呢?答案是專家學者,如數學專家、歷史學者,他們或在大學任教、或在研究機構工作。有了這些專家學者計畫,中小學課程自可應運而生,推廣給教師採用。

但是要注意的是,專家學者所設計的課程,無論如何精美,都是教師身外之物,除非將它納入教師自身的意義架構中,否則對他們便毫無意義,更難期望能在其手中發揮絲毫作用。尤其重要的是,基於下列兩點理由,不得不重視教師在教室層次的課程設計。

(一) 教師最接近實際教學情境

課程和教學要能發揮作用,應審度實際的教學情境,這好比醫師之處方要能有效,一定要診斷病人的實際狀況一樣。名榮佳餚雖然誘人,並非人人能食用、人人願食用。因此,提出一套食譜,要求人人烹調食用,設計一套課程,要所有的人都照著學習,所犯的錯誤是相同的。

有鑑於此,任何課程的設計,凡是脫離教育實際情境的,由於其忽視了學習者的需求,能臻於成功的極為少見。教師站在教育的最前線,他不但學習了兒童青年發展的理論,而且更身歷其境,實際觀察個人發展過程及其需要,這對於課程設計工作相當有意義。

教師在教學情境中,所接觸者不只是學生,還有學校教育人員、物質環境、人際互動型式,他也接近學校的社區環境。即使要採用別人設計的課程,他也需要依照所處教學情境加以調適。

（二）教師是課程的最後裁決者

　　許多課程工作者，特別是具有教育上的中央集權傾向者，總認為中央的課程決策最為重要，一旦設計完成，一聲令下，全國採行，中央只要再透過視導管道，便可保證課程決策切實施行。所以課程的最後裁決者，在中央不在地方，在高級教育行政長官，不在學校教師。

　　這種觀點，忽視了教學具有相當自主性的事實。教育視導人員，無論校長、主任或督學，在整個教學運作系統中，都只是點的存在；換言之，全面視導，長期觀察教師教學，根本不易做到。教室門外是個世界，教室門內是另個世界，每個世界都有其統治者。教師固然沒有控制教室門外世界的權力，但是教室門內的世界，常安然在其掌握中。課程決策到底能施行到學校大門內或是教室大門內，誠為課程設計成敗之關鍵。

　　任何課程若要進入教室門內，勢必經由教師的過濾。在此過濾程序中，原來的課程增加了、刪減了，甚至重組了，也許不再是本來面貌。教師所使用的裁決權，雖未被正式授予，不論如何，其影響力却是驚人的。凡符合教師觀點的課程，最易獲得教師支持，成功地實施。

二、了解自己對課程的基本觀點

（一）自己的教育觀

　　每一個有經驗的教師，都知道課程設計的複雜性。課程設計必須奠基於學習者及社會的需要，也要思考所要傳授的知識。課程設計應

參酌學術界的研究發現，也反應自己的課程觀。由於課程設計如此複雜，許多教師常常只是等待，而不真正動手去做。

如果教師真要動手設計課程，有兩項工作要做，一是分析自己的教育觀點和信念，二是探索自己之外的事物，做爲課程設計的基礎。就自己的教育觀點而言，這無疑是教師設計課程的起點，每位教師均應設法予以詳述，且加以分析。

1.實例一
- 有些技能，不論是那個學生都應該學習。學習這些技能時最好採取重複練習的方法。整個科目或每一單元，都應以需要熟習的技能爲中心，加以計畫。
- 我相信教生態學比教化學更爲明智，因此我的課程之中，統合了閱讀、科學、數學和社會科學等科目。如果我教1930年代的歷史，我也要採取同樣的廣域課程設計。
- 學生若未熟習基本觀念，其學習將變得愈來愈差。記住這些基本觀念的人，可以在生活中以各種方式加以運用。這些基本觀念是我們文化的基礎。
- 我要根據每個學生的需求教導學生。我實施診斷測驗，藉以了解學生需求所在；我也跟家長聯繫，了解他們對孩子需求的觀點，了解其對孩子的期望。
- 年輕人必須學習如何在真實世界中生活。他們必須知道，如何在工作和休閒生活中與人相處。我相信良好的課程，應爲學生未來生活而準備。
- ⋮

2.實例二

- 我相信兒童在不同學科、不同時間中,其學習速率和學習方式並不一樣。
- 我相信在我面前的每個人,都有其獨特性,我與他們的交互作用,不但是獨特的,而且對於他們和我自己都有其重要性。
- 我相信積極增強遠比消極回饋有效,而且當學生覺得有趣時比他感到威脅時要學得多。

(Kennedy and Mitchell, 1980)

這些觀點與信念,可以毫無限制地寫出來,雖然觀點與觀點間可能會有衝突,列出後有助於個人澄清自己的立場。有些人怕把自己的觀點和信念列出來,怕這些觀點和信念不正確而貽笑大方。其實,即使是課程學者,對於課程應依據什麼來設計,也常有衝突的觀點。這些觀點無所謂絕對的對或錯,只是代表每個人對課程的立場。觀點與信念也可以改變,這可透過個人的自省、閱讀、實踐和討論獲得。

為了便於發現自己的觀點與信念對實踐的影響,可將許許多多的觀點和信念分類,分類的架構可採取社會、知識、學習者等項目。

有時,要列出許多觀點和信念,會遭遇困難,即使絞盡腦汁,也寫不出幾條。這時,詢問自己一些問題可能是必要的,例如:我相信教育部所訂的總目標和各科教學目標可以達成嗎?這些目標都同等重要嗎?在變動不居的社會中,問題解決技能的學習最有價值嗎?我教的是什麼對象?我認為何種組織對於何種題材的教學有效?我教的是什麼內容?知識、技能、行為、態度、價值或欣賞?我認為教室是最好的學習場所嗎?學生該不該評鑑自己的學習?

（二）五種衝突的課程概念

艾斯納和范蘭絲（Eisner & Vallance, 1974）在「衝突的課程概念」一書中，曾歸納出五種課程概念化的途徑。每種概念化途徑，都提供透視學習者和學習的「鏡頭」。

艾斯納和范蘭絲指出的第一種課程概念，是「認知過程的發展。」這種主張，以學生應如何學習為重點，貶低「學習內容」的價值。學校教育應該關注求知過程和心智技能，並使這些過程和技能應用於其他學科中。教師評鑑學生的重點，是他們對心智技能的運用，例如能分類、分析、組織嗎？能擬訂資料搜集計畫嗎？

第二種課程概念是將課程視為科技。持此種概念者，最重視課程計畫的過程及教學方法。課程的功用，在發現有效的工作，以促進目標的達成，這種課程發展科技，強調有效的包裝及有效的教材呈現。課程是學校供需體系中的輸入部分。

第三種概念是學習者的自我實現。學校應該提供豐富的個人經驗給學習者，學校應該重視的是現在，不是未來。學生透過現在的自然經驗，成長發展，朝向個人的自主。持此概念者假定，學習者追求自我實現的過程中，將會學到有助其長期幸福的事物。自我實現論並不排斥學科，但是要透過個人有規律的思考力，促成自我實現，獲得自由。

第四種課程概念是社會重建。持此論者主張，課程應引導學習者探討當前的社會問題，例如失業、污染、性別歧視、快速變遷、消費者權益等。這種主張將重點完全置於社會，與第一種概念「重視個別學習者的認知發展」不同。社會重建論有兩個次級概念，一是調適，二是改變。前者主張教育學習者適應變動的社會，後者主張教育學習

者促成社會改變。

最後一種課程概念，是學術的理性觀。持此論者認為，學校存在的目的，在傳遞偉大思想家的觀念和作品。基於此，學校應着重人類的偉大成品，如傳統學科所包含的便是。學校所教導的是選擇性的知識，及這些知識的探究方法。學術的理性觀，有強調事實的學習者，也有強調博雅教育者。

以上扼要地重述艾斯納提出的五種衝突的課程概念，每一種概念都指出了課程的主要目標。（讀者可參見課程設計的理論取向一章）根據這些衝突概念，我們可以觀察周圍的教育人員，看他們的觀點屬於那一類。然而更重要的是，根據這五個概念，來分析自己。下面有一個「課程取向量表」，依照量表中的指示作答，可以偵測出自己的課程取向來。

課程取向量表

本量表包含了五十七項敍述句，可以協助你發現自己對課程目標、內容和組織的取向。這些敍述句，係針對處理課程領域長存問題的不同方法而設計的：能教什麼？該教什麼？教給誰？何時教？如何教？

A. 閱讀量表中的每個敍述句，確定自己「同意」或「不同意」，在適當的位置上打鈎。

B. 答完以後，再按照後面的說明去做。

量　表　內　容	同意	不同意
1. 課程應給予學生心智上的自主性。	（　）	（　）
2. 課程對社會需求的重視，應高於個人需求。	（　）	（　）

	同意	不同意
3. 課程基本上應是重視人文和存在的。	( )	( )
4. 課程應專注於達成預定目標的手段。	( )	( )
5. 課程應關心傳播知識和促進學習的科技。	( )	( )
6. 所有教材的重要性並不相等。	( )	( )
7. 課程重點應擺在問題解決或發現途徑的學習。	( )	( )
8. 課程應包含啓發性的問題,卽能刺激好奇心,產生思辨的。	( )	( )
9. 課程應該與社會的「應然」和「實然」有關。	( )	( )
10. 課程應刻意地充實價值成分。	( )	( )
11. 課程應發現有效工具,以達成一組事先決定且無問題的目標。	( )	( )
12. 目標的陳述應該詳細且不含糊。	( )	( )
13. 課程應具有積極的力量,影響整個人類和社會環境的架構。	( )	( )
14. 教育是協助個人自己發現事物的手段。	( )	( )
15. 課程應以精確、簡要、具體及合邏輯的語言表達。	( )	( )
16. 學習者是能互動且能適應的。	( )	( )
17. 課程應重視個人的目的及個人統整的需求。	( )	( )
18. 課程應提供學習者各種機會,去獲取人類最有力量的智慧結晶。	( )	( )
19. 學校教育的基本目標,是社會的改革和對未來社會的責任。	( )	( )

		同意	不同意
20.	課程應做為促進社會批判的工具。	( )	( )
21.	課程應強調智慧運作的精鍊。	( )	( )
22.	已建立的知識學科是最重要的。	( )	( )
23.	教育應提供進一步自我發現的內容和工具。	( )	( )
24.	課程重點應置於學習過程本身。	( )	( )
25.	「駕駛教育」的課，降低教育品質。	( )	( )
26.	目標管理應該是課程的一部分。	( )	( )
27.	課程重點應該是過程，而不是內容。	( )	( )
28.	課程材料若要給既定的學習者使用，應指出所要學習的能力是什麼。	( )	( )
29.	教育的目的，應採用動態的、個人的及過程的術語敍寫。	( )	( )
30.	課程應建基於學科的結構（特別是心智學科）。	( )	( )
31.	課程的基本目標應在於可用於學習各種事物的認知技能。	( )	( )
32.	課程應注重資源利用、戰爭、水源，人口增加的效應，自然資源的差別利用，宣傳，利他的自我控制。	( )	( )
33.	課程應包含改善社區中的社會生活的行動方案。	( )	( )
34.	課程應提供個人在變動社會中生存的方法。	( )	( )
35.	課程應源於特定兒童的特定興趣。	( )	( )
36.	課程應包括歷經長期考驗的藝術作品。	( )	( )
37.	課程應提供個人解放和發展的手段。	( )	( )
38.	課程應納入社區服務的項目。	( )	( )
39.	最具體地說，課程代表文化傳遞。	( )	( )

	同意	不同意
40. 課程應反映當前真實生活情境。	( )	( )
41. 學習是有系統且可預測的。	( )	( )
42. 課程應使學習者接近人類創造的偉大觀念和作品。	( )	( )
43. 課程應強調適應做為有效改變的手段。	( )	( )
44. 課程的主要焦點是教什麼的問題。	( )	( )
45. 個人的意義性是很重要的。	( )	( )
46. 課程應提供每一學習者滿意的完全經驗。	( )	( )
47. 布魯姆的認知六大目標分類法，在課程上應有重要地位。	( )	( )
48. 課程應重視具有嚴密組織的工作項目，每項工作都具有承先啓後的功用。	( )	( )
49. 學生對建立自己的教育目的，應扮演主要角色。	( )	( )
50. 教育應強調激發人類的主要觀念。	( )	( )
51. 學校應是社會變遷的媒介。	( )	( )
52. 教育是一種統整且綜合的力量，卽能滿足個人成長和個人統整需求的一切經驗。	( )	( )
53. 教育人員的眞正工作，是在學習者進入教室前，組織有關的學習材料。	( )	( )
54. 教育人員應關心教室學習過程的教導。	( )	( )
55. 問題解決技能，比特定的內容或知識重要。	( )	( )
56. 課程所要重視的不是題材或學科，而是思考型式。	( )	( )
57. 學科的概念和方法的結構，是課程的重要因素。	( )	( )

如何計分

（先做完前一部分，再依照下列說明計分）

本量表共測量下列五種課程取向，每一題答「同意」時所代表的取向，請參見附錄十二的「課程取向計分表」。

1. 認知過程的發展。
2. 課程是科技的觀點。
3. 自我實現或課程是完全經驗的觀點。
4. 社會重建或社會關聯的觀點。
5. 學術理性主義的觀點。

請按照計分表，檢查你在同意欄下所鈎選的每一題，統計每一課程取向下，你同意的題數。例如你所同意的項目，如果有10題屬於1，6題屬於2，屬於3至5的題數很少，各為3題，則代表你的課程取向，主要是「認知過程」和「科技」。然後你可將這些資料，畫成課程取向側面圖（見圖11-1）。

三、認識課程設計的關鍵人物

教師從事課程設計時，應注意關鍵人物的觀點。這些關鍵人物關心學校教育成敗，因為他們與學校息息相關。例如學校的校長和主任，領導整個學校，當然希望學校能運作良好，發揮應有的教育功能。如果學校在運作中出現了毛病，校長和主任常是此一學校的最高負責者。課程與教學是學校教育極其重要的一環，教師在這方面的設計，當然會帶來學校運作的變化。校長與主任可能關心這個變化對學校的影響，對學生和家長的衝擊，當然也關心對自己事業的損益。

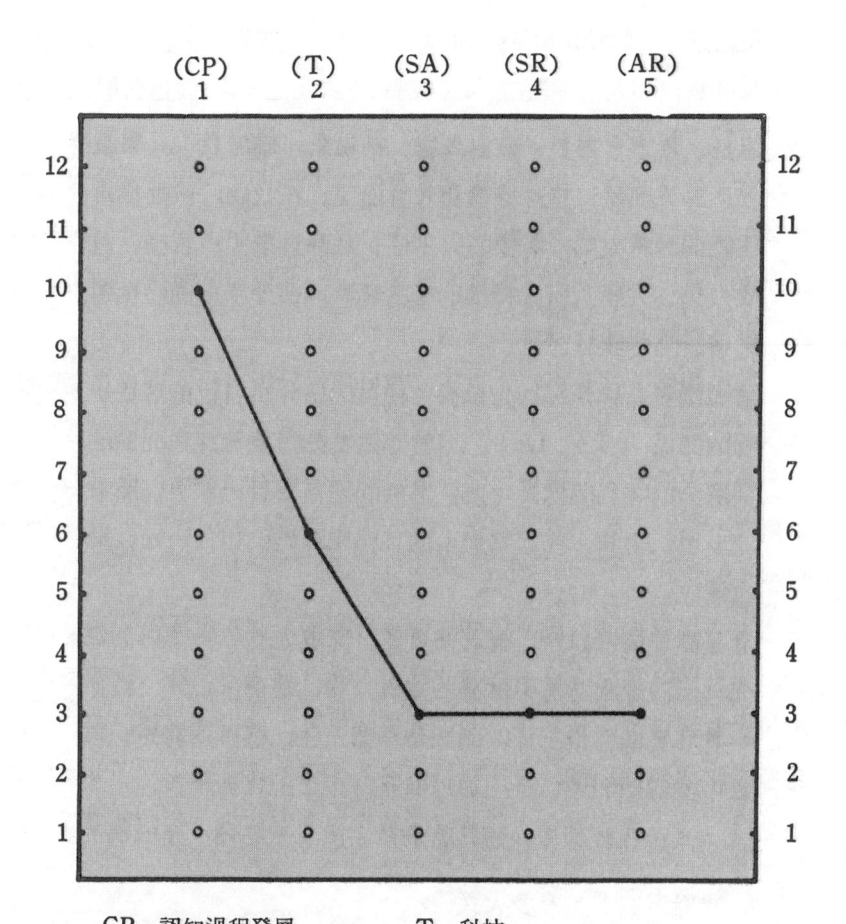

第十一章 教學單元及教室層次的設計 495

```
        (CP)    (T)    (SA)   (SR)   (AR)
         1      2      3      4      5
```

CP: 認知過程發展　　T: 科技
SA: 自我實現、完全經驗　SR: 社會重建
AR: 學術理性主義

圖 11-1　課程取向側面圖

　　由於校長和主任在學校正式組織結構中，地位高於教師，權力也較大，教師的課程設計如不能符合他們的期望或理念，不但得不到應有的支持，更會受到牽制和阻礙。

康納來等人（Connelly et al., 1980），將課程設計的關鍵人物視為擁有賭注的人，這些人除了校長、主任之外，尚包含學生、教師、家長、董事會委員、政治人物、納稅者、輔導員、大學教師、商業人物、專業團體、特殊機構和教育部等。在我國，教師從事課程設計應注意的關鍵人物，有校長、主任、教師、學生、家長、教育部廳局行政人員、大學及研究機構的學者專家，部分學術團體也運用影響力，影響教師的課程設計。

認識關鍵人物是那些人以後，便可開始分析自己的課程決定與關鍵人物的關係（見表11-1），當然這首先得要有課程問題的情境：我所要解決的課程問題是什麼？這個問題需要自己解決，或有他人參與組成小組？「我」或「我們」的目標在那裏？如何決定？通過何種程序去達成？

有了課程情境以後，接著便可進行關鍵人物的指認與評定。第一步，先列出該課程情境中所有的關鍵人物，愈明確愈好，例如主任，學校中有好幾個都是主任，到底是那個主任，應指明清楚。第二步，根據表中的四個問題，一一加以回答，「1」代表很少，「2」代表有些，「3」代表很多，將適當的數字填入空格內。這四個問題是：

1. 我對這個人具有多大責任？
2. 我的決定將影響這個人到何種程度？
3. 如果我忽視了這個人，將冒多大危險？
4. 這個人有多少權利，可導引我的行動？

第三步，將每個關鍵人物的評定累加起來（橫行），寫在合計下面。第四步，指出總分最高的前五名關鍵人物，看看分數最高的人，是否真的對你最重要。注意上述問題只是做為參考之用，你可以用其

表 11-1　關鍵人物的重要性比較

姓名＼問題	我對這個人的責任	我的決定對這個人的影響	忽視了這個人所冒的危險	這個人影響我的行動的權利	合　計
1.					
2.					
3.					
4.					
5.					
6.					
7.					
8.					
9.					
10.⋮					

他問題替代。

　　確認了前五名關鍵人物之後，將這五個人的名字列出，簡要地敍述他們對課程情境的主張。爲了使這個敍述明確而周延，可就他們對社會、個人、教材、教師、學習環境有關的問題去分析：

1. 這個人希望培養何種人，造成何種社會？
2. 這個人強調教材的何種特質？

3. 這個人重視學生的何種能力和學習方式？
4. 這個人認為教師應該做些什麼？或能做什麼？
5. 這個人要求或主張何種學習環境？

有了這些資料，各重要關鍵人物的主張，便可相互對照，更可和自己的觀點比較。他們的主張，也許一致，也許不一致，對課程情境的各種決定，影響力也不同。總之，這個過程最主要的目的，在於搜集資料，分析比較，以助教師設計課程時先有充分的了解。

四、運用研究發現從事設計

有些人對研究的態度，常持極端的傾向，不是過度尊崇，便是過度貶低。就教育領域而言，對於研究價值的懷疑，無疑更為常見。揆其原因，首要者為研究發現存在的矛盾性。例如電腦輔助教學，有的研究認為有其效果，有的認為效果不佳。又如外語教學應由何時開始，有的研究主張小學低年級，有的主張維持現狀。

其次是理論與實際間的差距。研究者所處的環境多半在大學或研究機構，距離實際的中小學教育情境，相當遙遠。研究者的興趣，大都集中於分析理論或建立通則，對於教育實際問題的解決，較乏關注。然而中小學教師是實務取向或問題取向的，他們和研究者之間的不諧和，必然可以預見。

要解決這個問題，不外改變研究者和改變中小學教師兩方面。有關機構可多提供教育實際問題研究的經費，以引導研究方向，也可以鼓勵中小學教師在專家指導下，進行教育實務研究。另方面，應該培養教師運用研究發現的能力。

(一) 教育研究的種類

要運用研究發現,先要了解研究的種類及其特質。教育研究的種類,依分類規準的不同而有各種說法。最簡單地說,教育研究可分爲理論性的和實證性的。前者着重在邏輯的分析、推理,例如學校教育的目的是什麼?一個受過教育的人代表什麼?學校教育的起點是兒童還是教材?新課程的基本理念是什麼?課程的設計應適應社會變遷,還是引導社會改變?爲什麼要注重學科的結構?什麼是螺旋式課程?

理論性的研究,有的着重原則和理論的介紹與闡釋,有的旨在分析批判現有的原則和理論,更有的着重在建立新的原則和理論。雖然理論性研究,重在邏輯推理、分析、歸納、評鑑,但這種研究有時並不排除量化的分析。

實證性的研究,旨在確定問題、建立假設、選擇或控制變項,實地搜集資料,尋求問題的答案。它所包含的有實驗、觀察、調查、個案分析等研究。例如資優教育的課程設計,加速制和充實制兩者孰優孰劣?電腦輔助的英語教學,和其他英語教學方法比較,何者較具效果?幼兒的分享行爲如何習得?男女生的分享行爲有無差別?分享行爲是否隨著幼兒年齡的增長而增加?小學實施科任教學,以何科目何年級較多?擔任科任教學的教師,其年齡和性別分配如何?科任教師與級任教師,在教學上是否遭遇不同的困難?

上述問題的答案,須視問題的性質,選擇適當的實證研究方法,搜集資料,分析統計。一般而言,實證性研究強調量化,重視系統性與客觀性,開始研究時,要求釐清問題所在,建立假設。但近來許多學者也主張採用質的方法,進行實證性研究。

目前國內外的教育研究,不管是理論性或實證性的,都有人從

事，也提出許多研究結果。值得注意的是，教育研究已產生兩個畸形的觀念，必須加以糾正。第一，認爲實證性研究優於理論性研究，一窩蜂地搶搭實證性研究的列車。其實研究方法的好壞，不應脫離研究的題材比較。不同題材有其不同的問題，適用不同的方法。擺脫了問題，單談研究方法的優劣，是極不正確的做法。第二，認爲量化才是科學，凡是無法量化的都應拋棄。因此，在實證研究中，許多重要的變項，由於其不易量化，便遭到拋棄。其實，科學也者，不應以量化與否衡量，方法、態度的嚴謹，才是重點。教育事務中，很多問題不是提出數字便能解決的。

（二）如何運用研究發現

關於研究發現的運用，可由運用原則和程序兩方面討論。先就原則而言，第一是確實把握研究的問題與發現。任何研究都是針對問題尋找答案，問題不同，答案便有差異。而所謂問題，其不同有時並不顯著，因此應仔細閱讀。康納來及杜卡滋 (Connelly & Dukacz, 1980) 曾舉出四個教學有關的研究實例，說明這一點。例如，甲研究說，教師說話和學生說話的比例低的，以及學生彼此間互動多於師生互動的，是最好的教學型式。乙研究說，優良教學的特質，是它包含了思考啓發的問題。優良教學引發了高層次的認知能力，如分析與綜合，而不是回憶與應用。丙研究說，好的討論，引發學生的探究行爲，這種討論包含邏輯運用，導致豐富的思考。丁研究又說，優良教學是指忠實於所教內容，因此，某領域所教的概念、術語、事實、理論，便是優良教學的衡量工具。

這四個研究，雖然看似一樣，都探討優良教學是什麼，仔細分析卻有其各自的主題，不能混爲一談。甲研究以教室互動爲主，乙研究

以認知過程為主, 丙研究以探究技能為主, 丁研究則以教材內容為主。

第二個原則是,研究發現必須先經過調適,才有益於課程決定的需要。研究者有他自己的問題,與教師設計課程時的問題不見得一致。換言之,研究者不一定回答教師的問題。因此教師最好改變一下問題,例如:我要做什麼?對於我所要做的工作,最有效的教學方式是什麼?這時,教師便較容易決定採用何種研究發現。有時,教師所要做的課程設計工作是綜合性的,上述所舉四種研究發現,都可運用。

第三個運用原則是,注意教學情境是整體的,而研究只是其中的一部分。我國成語中有「盲人摸象」一詞,用以形容每個人都以為他所接觸到的「部分」便是「整體」,但由於各個人所接觸的部分不同,其認定的整體便有差異。當然,目前的研究方法和研究能力,已經超越了盲人摸象的境界很遠,但研究者所了解與發現的,若與浩瀚如煙海的現象相比,仍如滄海之一粟。

既然如此,研究發現要用到真實的學校情境,仍要留意其限制所在。教師運用研究發現設計課程,應不斷詢問自己如下的問題:課程情境中,那部分的問題和此研究發現有關?此一研究發現能代表整體至何種程度?有無重要部分被遺漏掉?此一研究發現應如何運用,才不會影響現已實施的優良部分?

第四個原則是,研究是概括的,而課程情境則是特殊的。許多教育研究者,總希望其研究發現具有相當的概括性,最好能成為通則,用以解釋、預測教育現象,因此他們說,這個研究發現應用於一百件同樣的教育情境中,犯錯的機會少於百分之五。但是教師在課程設計上的需要,和研究者正好相反,研究者要的是通用的原則,教師要的

是適用於獨特教學情境的特殊辦法。因此，教師運用研究發現時，應先思考自己所處的課程情境，與研究情境的差異所在，並探討此一差異是否影響研究發現的應用。

接著要分析的是運用研究發現的程序。康納來（Connelly, 1980）曾繪製一圖，以示應用研究發現的程序（見圖 11-2）。他認爲此一程序包含八項：

1. 閱讀及聆聽有關的文獻或資料，假定其具有實用價值。
2. 確定所讀文章或所聽演講，屬於理論性或實用性的。如爲實用性的文章，確定其指示具有多少理論。
3. 將文章或演講按照主要的課程題材，予以分類。
4. 確定文章的主旨，是關於一般課程或特殊教材的。
5. 確定作者的主要觀點，他站在那種角度撰寫，例如是社會科學觀點、學科觀點，或是個人經驗觀點。
6. 詢問自己一個問題：「作者要我怎麼做？」
7. 再問自己另一問題：「作者爲什麼要我這樣做？」
8. 最後問自己：「我相信作者的主張嗎？這些主張比我現在做的更好嗎？」

（三）從事課程設計

教師了解了自己的教育理念，確定自己的課程取向，認識關鍵人物的課程主張，探討了現有的研究發現，便可依照課程設計與發展的程序，從事課程設計工作。這部分工作，可參考本書第四章至第八章的內容，或採取實用簡易的設計途徑，如本章第四節所示，此處均不再重複。

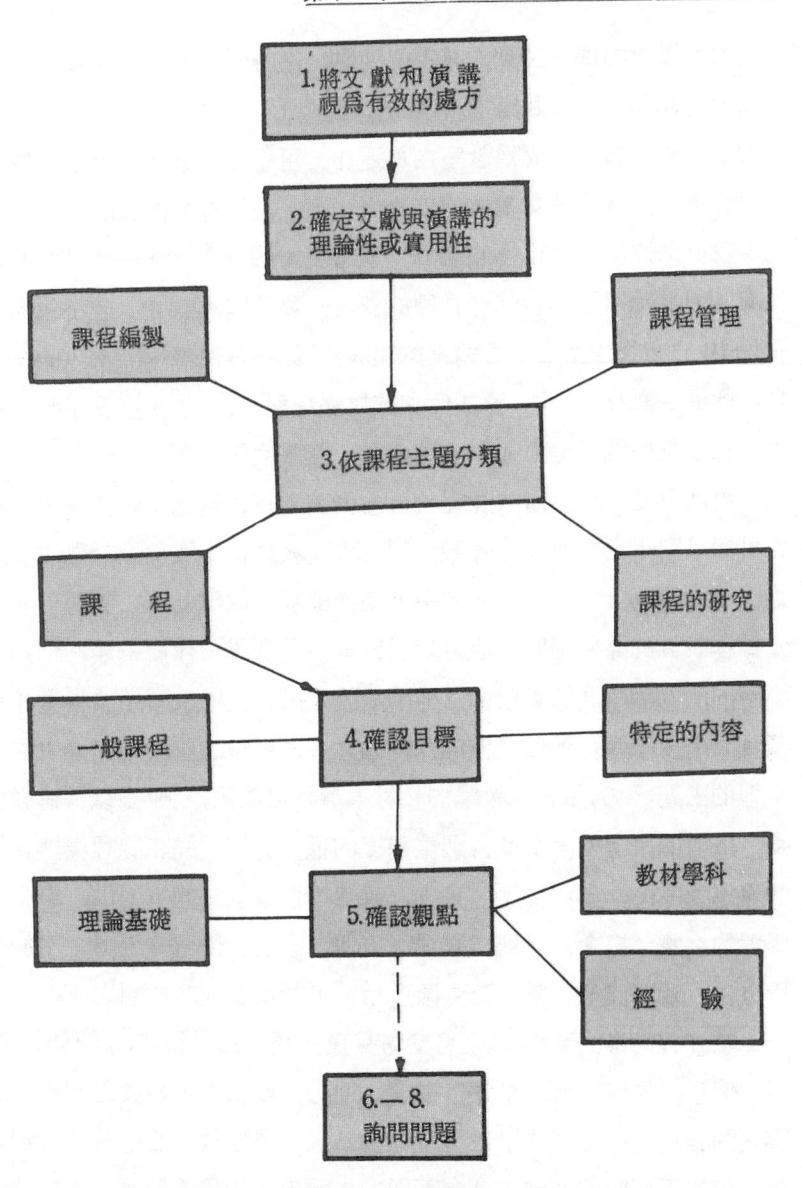

第十一章　教學單元及教室層次的設計　503

```
        ┌─────────────────┐
        │ 1.將文獻和演講    │
        │   視為有效的處方  │
        └────────┬────────┘
                 ↓
        ┌─────────────────┐
        │ 2.確定文獻與演講的│
        │   理論性或實用性  │
        └────────┬────────┘
                 ↓
┌────────┐       │       ┌────────┐
│課程編製 │       │       │課程管理 │
└────┬───┘       │       └───┬────┘
     └───┐   ┌───┴───┐   ┌───┘
         └──→│3.依課程│←──┘
            │主題分類 │
         ┌──→└───┬───┘←──┐
┌────┴───┐       │       ┌───┴────┐
│ 課　程 │       │       │課程的研究│
└────┬───┘       │       └────────┘
     └──→┌───────┴──┐
┌────────┐│4.確認目標│┌────────┐
│一般課程 │└─────┬────┘│特定的內容│
└────────┘      │      └────────┘
                ↓
┌────────┐┌─────────┐┌────────┐
│理論基礎 ││5.確認觀點│││教材學科 │
└────────┘└─────┬────┘└────────┘
                │      ┌────────┐
                │      │經　　驗 │
                ┊      └────────┘
                ↓
         ┌──────────┐
         │ 6.—8.    │
         │ 詢問問題  │
         └──────────┘
```

圖 11-2　運用研究發現的程序

教室層次的課程設計，有幾個要點，應特別注意。各級學校教育目標均甚為高遠，看起來遙不可及。這些目標，有賴於教室層次的課程設計將它們轉化，成為教室內可運作、可學習的事物。例如，學校教育目標若列有「敬業精神的培育」一項，設計課程的教師應思考：我所設計的課程，是否應該納入「敬業精神的培育」此一項目？是否尚有其他課程可以包含此一目標的教育？我的課程設計，若不包含此項目標，是否會產生不可彌補的損失？如果其他課程已納入此一項目，此處的課程設計，應如何和其他課程配合？如果接受了此一項目，在課程中應透過何種內容和活動，讓學生學習？

由此可見，教室層次課程設計的價值所在，缺乏了它整個學校教育可能只剩下沒有血肉的骨架。其次，教師從事課程設計應注意的是，確定要設計什麼。即使在中央集權課程行政體制下，教師仍有部分課程設計的彈性空間。他可以設計學生需要學習什麼主題，例如中小學的聯課活動（課程標準上稱為團體活動），學校到底該提供什麼項目讓學生選習，各個學校的彈性甚大。他可以調整及補充學生需要學習的主題，例如各科教學的教材大綱雖已載明，並據以編輯教科書，但教師也有安排進度、調整補充的權力。這一點在課程標準總綱的實施要點中，都有敘述。另外，教師可以設計每個主題內，學生應學習的事實、概念、原則、原理、方法、態度、價值等因素。至於教學方法、時間支配、媒體及資源運用，可說都在教師控制之下。

在課程內容的選擇上，可參考目標分類的三大領域，認知、技能、情意，加以分類。事實、概念、通則、理論均包含於認知領域。事實的呈現，是為了讓學生學習概念、通則或理論，並不需要死記熟背。例如「不同的家庭，會有不同的生活方式和角色期望。」在此一通則的學習中，教師提供了許多事實資料，主要是讓學生藉以學習此

一通則。又如家庭的種類依組成方式分,有大家庭、小家庭、單親家庭、延伸家庭 (extended family) 和核心家庭。再如個人的角色可分爲家庭成員角色、工作的角色和社區生活的角色。這些都同樣重在概念通則的了解,不在事實記憶。在教室層次的課程設計中,技能和情意的內容,往往受到忽視, 不是完全被排除, 便是未提供足夠練習,或未安排良好的孕育環境。

有了內容,接著必須設計活動,將內容和活動依照組織原則,安排學習順序。此外,教師尚應設計評鑑工具,以便用以確定學生的學習狀況與效果,而且整個設計的過程,需要用目標將它串聯起來。

最後,談到課程材料的問題。課程材料若在教學活動中使用,可稱爲教材, 是師生從事教學活動的重要媒介, 爲了達成某一課程目標,教師應設計或選擇何種課程材料,讓學生學習?這些課程材料,透過何種媒介表現出來,是文字、圖畫、聲音或各項的綜合?

五、讓學生參與設計

讓學生參與設計,似乎極其新穎且違背傳統,但學習者的狀況是課程設計的主要依據, 教師的課程決定, 又與學習者的前程息息相關,學習者參與設計,乃成爲勢所必然。不過,課程設計者對學習者的基本信念,會影響其對學習者參與決定的態度。以下是幾個不同的信念 (Michalski, 1980)。

1. 課程是我的學生旅行的山路,我是經驗豐富的嚮導。我無法預測旅行對登山者的效果到底如何,但我將保證每次的冒險都是刺激而值得回味,我也要促進登山者智慧和情緒上的成長。

2. 課程是生產過程；學生是礦石，藉由最有效的工具，轉化爲精鍊的成品。當然這是在我的控制下完成，因爲我是技巧熟練的技師。
3. 課程是暖房，在這兒，學生在細心明智的園丁呵護下成長，這個園丁就是我。我將保證他們充分發展其潛能，每個人都能得到適量的水分、肥料、溫暖和照顧。
4. 我贊同銀行的譬喻——學生是出納臺，我是存款人。他們將收受、歸檔、保管、記憶和反復（只要我認爲適當且按對了鍵）。我的工作是選擇並存入足夠的資訊，我不相信學生的心靈有其儲存的限制。
5. 我相信學生是等待點燃的火種，我的工作是提供火星點燃想像力。

　　上述五個譬喻，代表不同的課程信念，其中「1」和「3」兩項，可能讓學生參與課程決定。不論個人的信念如何，基本上應了解學生參與課程決定的優點。第一，讓學生參與決定，代表對當事人權利的尊重，即受到影響的人，總該有說話的權利。第二，讓學生參與決定，可以養成學生參與事務的能力，即「做中學」之謂。第三，可以培養學習動機，吸引學生主動學習，減少校園不安現象。第四，可以增加各種意見與觀點，可能眞正有效地做好課程設計工作。

　　學生參與課程決定的程度，和他們的成熟程度有關，即愈成熟的學生，愈能參與較高層次的決定。一般言之，學生參與教室層次的課程決定，是可以接受的。教師在課程設計中，對如下的問題，可讓學生提供答案，作成決定：我們可選擇那一活動來學習？此一學習活動的目的是什麼？我們如何進行此活動？我們可否先確定問題，據以尋

找答案？我們在那裏做該做的工作？何時做？誰做什麼工作？如何記錄我們的活動？如何確知我作的活動已達到目標？

教師讓學生參與課程決定，並非凡事都由學生決定，而是由學生經驗可及的範圍內開始，對於短期或立卽性的課程問題，讓他們參加意見，對於長期性的問題，教師仍應自己做主。

六、評鑑學生與課程

評鑑學生與課程，是十分重要的事，缺乏此一過程，教師無法判斷課程設計的優劣。所謂評鑑，在此是指教師搜集、分析、解釋資料的過程，以便判斷學生的成長、進步和課程的價值。

教師從事評鑑工作，有三個層次，一是評鑑學生進步狀況，二是評鑑某一領域課程方案的效果，三是評鑑學校所有課程的價值(Danley and Wahlstrom, 1980)。其中，以第一個層次，最為教師經常從事。當教師做第一層次的評鑑時，他所問的問題是：某生是否理解光合作用的意義？某生是否熟記本課所有的英文單字？這個層次的評鑑，重點都置於學生成就。幾乎用盡了教師所有評鑑時間。

第二個層次，重點在於某一課程的效果，例如數學課程有效嗎？國文課程的效果如何？這個評鑑常常需要訂定比較基準，即跟什麼比較。此種評鑑，可就某一課程的全面來分析，也可就課程的部分來探討，例如目標、組織、材料等的適切性。此一層次的評鑑，固然仍要分析學生成就，但重點已提升至課程效果的層次。這個層次雖然重要，一般教師却很少去評鑑。

第三個層次是有關課程整體的問題。教師在此一層次所問的是：我提供的課程，是否引導學生學會我認為重要的知識、技能和個人品

質？這些是否和課程綱要一致？這個問題比前兩個問題的層次更高，一般均由負責整個教育系統成敗的人責任，例如校長、教育局長等。探討此一問題，可採史特佛賓（Stufflebeam, 1971）所提出的模式，搜集背景、輸入、過程、成果等四方面的資料，加以分析。

若採取教師是園丁的譬喻，則第一層次評鑑，關心每棵花的生長與發展，第二層次關注整個花床的效果，第三層次，則重在分析花床在整個園景中的地位。

（一）課程觀與資料搜集

由於學生成就與進步乃是各層次評鑑的重點，以下分析教師應該搜集何種資料。基本上，評鑑學生成就，應依照教學的目標、內容，即評鑑所教的東西。教學的目標，不外知識、技能及個人屬性、行為，教師評量的重點，也應概括這些項目。

教師的課程觀點不同，其教學方式會有差異，而且評量重點也會隨之變化。試以「量的概念」的教學言之（Danley and Wahlstrom, 1980）。

・認知過程發展觀

教師將學生視為具有高度心智和認知技能的人，並可應用此技能於任何事物的學習。

為了教量的概念，這個老師可能準備碗、瓶、量杯各一，問學生：「碗和瓶那一個裝的水多？」為了評鑑學生對此概念的理解，教師可能問：「教室後面的魚缸，容量約有多少升？」

・科技觀

教師將學生視為熟練工作分析法，並能選擇有效工具，以達成既定目標的人。

為了教量的概念、教師確定全班學生的學前能力，顯示其中有十個學生已理解此一概念。某一學生由數學檔案中取出一張標明「量的工作」的卡片， 卡片上寫著： ①取出量杯②取出黃色的碗③裝滿量杯，將量杯的水倒入黃碗中（反覆此一步驟直到碗中的水滿了為止，計數量杯裝水的次數）④完成習作簿上的問題：黃碗的容量是＿＿＿杯。

要評鑑學生對量的概念之理解，教師可能問：寫出用量杯測量魚缸容量的所有步驟。

• 自我實現觀

教師認為，學生擁有極高的個人統整性和自主性，而且認識自己的長短處。

為了介紹量的概念，教師可能說：你能找出你自製的魚缸，可裝多少水嗎？這是魚的單元的一部分工作。將答案寫成書面報告，並說明使用的方法。對此一學習的評鑑，教師在魚的單元報告中，尋找證據，以確認學生對量的概念是否理解。

• 社會重建觀

教師認為社會的需求重於學生個人的需求。

為了教量的概念，教師引導學生注意報上一則新聞，上面寫著公制換算的問題，領退休金的人，認為他們因不熟悉新制而受騙。教師可能問：一夸特有多少升？然後要求學生分組討論，寫出建議，協助上述老人，學習公制換算的基本原則。

要評鑑學生的理解，教師可能問：寫一封信給社區報紙的編輯，建議換算夸特為公升的方法。

• 學術理性觀

教師視學生為理解文化、擁有知識的人，而這是透過傳統學科的

學習而來的。

教師演示查理士定律（Charle's law），教學生量的概念。然後要求學生寫下下列實驗的說明：液體的量，隨溫度的變化而改變。

為了評鑑學生的理解，教師可能說：「寫出查理士定律，並說明證明此定律的方法。」

上面五個例子，說明了教學內容即使固定，因為課程觀的不同，評鑑的重點和程序也會有所差別。這裏有兩個原則應注意：一是教師應搜集學生成長有關的各層面資料，即在認知層面外，應重視技能和情意（感情、信念、態度、價值）層面；二是對於認知成長的資料搜集工作，不應侷限於知識記憶，而應包含高層次認知過程的評鑑，如應用、分析、綜合等。

（二）搜集資料的方法

搜集資料的方法很多，比較適合教師在教室使用的有觀察、考試、作業批改和標準化測驗等項。

・觀　　察

教師對於學生在教室活動中的互動和反應情形，加以觀察記錄，是很好的資料搜集方法。教師此種觀察非常可信而有效，因為教師在課堂內，可以連續地觀察，觀察的對象，可遍及所有學生的一切學習層面（認知、技能、情意），而且觀察的情境非常自然，不會有被觀察的緊張和焦慮發生。對於低年級學生而言，考試、測驗對他們較不適合，教師的觀察不失為較佳的評鑑方式。

教師從事觀察常見的困難，是缺乏觀察的能力。不同的教師，觀察同一學生，因觀察角度不同，常會得到不同的結果。所以從事觀察評鑑，首應提升自己的觀察能力，這可藉由方法的訓練而得。

另一困難是時間的問題，教室觀察常需要長期的記錄，此一工作增加教師工作負擔。關於這一點，最好依照觀察的重點、設計觀察表格，對於一般學生，教師只要將觀察所得，用簡單符號記錄或在表格上鈎選即可。對於特殊學生，才使用詳細的記錄方式。

・考　試

考試需要教師設計各種試題，稱為教師自編測驗。這種評鑑方式，學校使用最多，一般教師都能接受此一工作。有關教師自編測驗的設計，有許多文獻可以參考（陳英豪、吳裕益，民71；郭生玉，民74；簡茂發，民76）。重要的是，在設計測驗的過程中，教師應持開放的態度，思考他人對試題的批評，不斷改進自己設計試題的能力。

・作業和標準化測驗

學生每一學科都有作業，這些作業都依照學習內容加以設計，學生在作業上的表現，可代表他的部分學習狀況與成就。標準化測驗在國內已累積了很多，其所包含的性向測驗、成就測驗、人格測驗，對於評鑑學生的成長，均有其用處。教師對於標準化測驗的選擇與運用，最好能尋找專家或輔導教師協助。

（三）由第一層次向上提升

評鑑學生的學習成就與進步，固然非常重要，但是，教師的評鑑絕不應僅止於此。這個道理很簡單，假如學生的學習進步了、成功了，這該歸功於誰？又不幸學習退步了、失敗了，這又該是誰的責任？也就是說，單憑學生學習成就之資料，對於課程設計的改進，並無很大的作用。因此，教師的評鑑工作，應由學生進一步導向課程，即對課程加以評鑑。更重要的是，對各科課程的評鑑，應注意各科課程在所有課程中的地位與作用。有關課程評鑑的方法與程序，在本書

第八章有較爲詳細的說明，另可參見黃政傑著「課程評鑑」（民76a），不再贅述。

第三節 個別化課程的設計

本節共分成五部分討論，第一部分探討課程的個別化；第二部分探討有關的基本概念；第三部分探討設計的架構；第四部分分析設計的程序；第五部分呈現教學實施方法。

一、課程的個別化

由於教育之急遽發展，教育量的擴充已到史無前例的地步。名義上的教育機會均等，在國民教育階段幾乎都可達成，致使部分教育人員頗爲志得意滿。但是大量教育使個別教學成爲奢談，代之而興的是班級教學；爲了節省財政支出，班級人數常是不斷擴大。一般言之，若要兼顧平等之要求，班級之異質性必高，而有因材施教及個別適應之困難。一個教師要教幾十個學生，最省力方便的做法，便是以某些學生爲對象實施教學，行有餘力再考慮其他學生之學習。久而久之，在教師焦點外的學生，必然愈來愈落後，成爲「不可教」的學生。

如此說來，教育對某些學生固然具有意義，對另些學生却已成爲徒具形式之儀式，他們在教育過程中所體會的，只是失敗、沮喪、失望、無助與傷感。爲了讓每一學生嚐到成功的喜悅，體會教育對他的價值，當前教育人員最重要的工作，應該是使教師的焦點能置於每位學生身上，實施個別化的教學。

「個別化教學」和「個別教學」是兩個不同的概念。後者係指師生一對一地面對，進行教與學；前者則指教師之教學能適應學生的個別差異，例如智力、成就、性格、經驗、興趣等，使學生的學習得以順著他最合適的途徑，發展其潛能至於極致。因此，個別化教學不必一定採取個別教學的形式，卽使在大班教學之中亦可實施。但是無可置疑地，無論是個別教學或個別化教學，一定要有個別化課程的設計，否則，教師不易於教學之中滿足所有學生之不同需求。

語云：「人心不同，各如其面。」學生之需求亦是如此，絕不可能由一套固定且齊一的課程滿足之。既然如此，每位教師都應該具有個別化課程的設計能力，始能因應每位學生之特質，設計適合其學習之路徑，並引導其循序而進。但是，目前的師範教育課程及中小學教科書之編輯政策，均無視於此一需要，不但在職前或在職教育中缺乏課程設計之訓練，且統一標準、統一教科書、統一進度，部分教師從事個別化課程設計之意願，亦因而萎縮下來。

二、基本概念

個別化課程的設計，必須把握住幾個基本概念。第一是彈性課程的理念。目前中小學課程設計的走向，非常重視齊一。所謂課程齊一，係指供應學生一套完全相同的學習目標、內容與活動，好比要學生穿著同號衣服。任何人都知道，為孩子選購衣服必須依照其身裁大小，否則購置的衣服必然不合使用。但是對於課程的設計，一般人卻缺乏此種概念，卽使部分受過教育專業訓練者，也是如此。更嚴重的是，課程之不適用於學生，往往不如衣服之不適合孩子一般容易觀察得到，致使問題永遠潛藏而不得解決。基於此，課程設計應指向彈

性,以便提供學生之課程能如衣服之適合學生身裁大小一樣有用。

其次應該重視的基本概念是學生中心的理念,這一點和第一點是一體的兩面。一般從事課程設計的人,往往由知識和社會兩個角度,思考學生應該學習什麼(見圖11-3),因此易於以知識和社會為中心,完全抹殺學生的需要。在此種課程設計模式下,很容易便訂出了知識和社會之要求,建立某些標準,給予學生學習,將學生視為接受灌輸的容器。可是,事實上學生的個別差異很大,他們有其各自的需要、能力、成就、興趣、經驗,他們的學習速度也具有很大的變化。課程設計如果將學生視為完全同質的客體,其不招致慘敗者幾希。因此個別化課程之設計,應將圖 11-3 之接受模式改變為圖 11-4 之互動模式,注重學生、知識、社會三者之均衡,將學生視為課程設計的核心。

最後應該重視的是「共通」和「分殊」的概念。目前知識生產之速率很快,每一門研究領域都如同取之不盡的寶藏,學生根本不可能完全吸收;課程設計者更不可毫無選擇地將所有知識納入課程,強迫學生學習。課程設計時,應該考慮社會和學生之需要,不應單純為知識而設計,將學生當做追求尖端知識的人。基於此,課程設計者應將

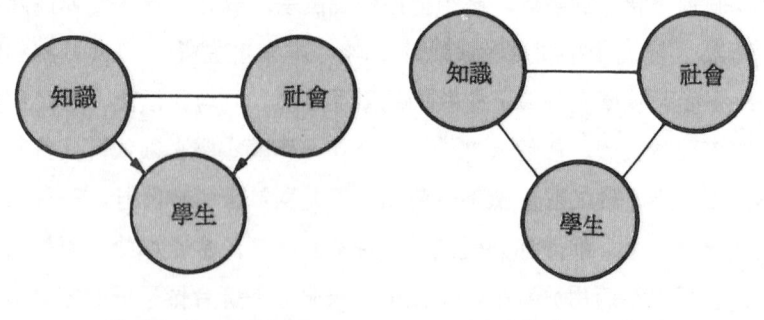

圖 11-3 接受模式　　　　圖 11-4 互動模式

其設計的課程，區分為共通和分殊兩個部分。共通部分強調的是基本要求，為所有學生均應學習者，不可有例外；分殊部分則強調個別需求，為每一學生分別去學習者，完全依照個人的需要。這種概念要能確實實現，先決條件是將基本要求視為最低要求，而非最高要求，並且應留出時間讓學生能追求其個別需求之滿足。此外，共通和分殊的概念也可用於各個層次的課程設計，例如學習科目的設置及學習單元的編製都是。

三、設計的架構

假如今天我們花90分鐘，教給學生「兩位數加兩位數不進位」的單元，我們可能發現全班學生中，有一些早已學會了，根本不需要此一教學；有一些因為基礎很好，一教即會，花了不到一半時間已完全熟練；有一些剛好在90分鐘內，可以完全學會，有些則用盡了90分鐘，仍然犯錯。這是每一個老師在教學過程中隨時可觀察到的現象。

當班級異質性愈大時，此種學習狀況不同的現象愈為顯著，絕對不只限於上述四種類型而已。如果老師的教學目標是「教會」每一學生，而非僅教完某一單元，則他該怎麼辦呢？

上述這個教學的最大問題，在於單元內容和活動的設計沒有彈性，即要學生學習的東西是固定的。由於學生的特質是變化的，他們學習此一固定單元時，勢必產生上述現象。有的學生可能覺得上課無聊，因為他們幾乎無事可做；有的學生可能覺得痛苦萬分，因為他們幾乎學不會什麼；有的學生可能覺得恰具挑戰性，因為這個單元似乎是單為他們設計的。

解決此一問題的辦法，應該分成兩方面談，一是針對極端特殊學

生的，一是針對其餘學生的。對於極端特殊學生，固然可以透過課程的彈性滿足他們，但仍應成立特別班級，以免教師的班級教學顧此失彼。對於其餘學生，課程的彈性對他們是相當有用的。如果能將每一單元的基本目標尋找出來，便可要求每位學生都去達成。在師生教學告一段落時，透過教師的評鑑，可以發現學生學習上的差別。對於很快學會的學生，教師應充實之，使其得到更豐富的學習；對於學習速度遲緩的學生，教師應補救之，使其確實學會每個單元的內容。

圖 11-5 是適合於異質性班級的課程設計架構（Barnes, 1982, 64）。圖中之 A、B 代表單元名稱，學生集體學完 A 單元便進入 B 單元學習。就 A 單元言之，首先出現的是 A 單元的簡介，其次是核心小單元 A_1，其中包含了該單元的本質，例如事實、概念、原理、原則、技能、態度、價值等，這是所有學生應該學習者。學會了 A_1 以後，

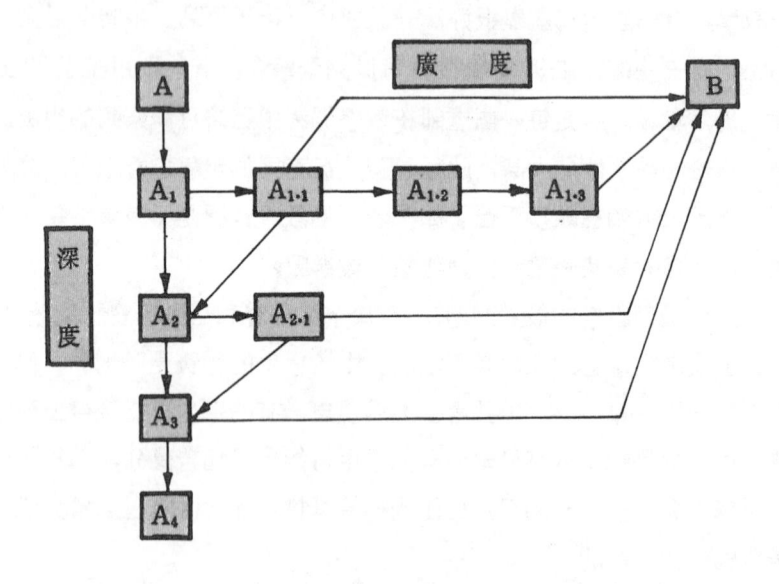

圖 11-5　個別化課程的設計架構

有些學生尚剩下許多時間，他們可以有兩種選擇。一是加強自己的學習廣度，進行 $A_{1.1}$、$A_{1.2}$、$A_{1.3}$ 的學習，能增廣至何種程度，端視其能力和時間而定。二是加強學習深度，即接著學習A_2、A_3、A_4等等。廣度和深度兩者亦可結合起來，進而產生許多學習途徑。例如有位學生加深至 A_2 的學習，接著他在 A_2 上做加廣的學習（進入 $A_{2.1}$），但另位學生却先加廣A_1 的學習（$A_{1.1}$），然後進入A_2做加深的學習。在全班學生中，有某些人學會了 A_1 此一核心小單元後，一點時間也沒有剩下，他們便沒有機會進行A單元的加廣、加深學習。有些學生在課堂上的學習時間內，尚無法學會 A_1，因此他們需要其他時間進行補救學習。

由此一課程設計架構，可見這個單元要求每一學生學習此一單元的本質，即不論學生的興趣、需要、能力如何不同，都應該具有此一共同課程以便做到課程的統整。除此之外，此一架構並提供學生分殊課程，經由此去滿足特殊需求以便做到課程的分化。因此據此架構設計的課程係將學生當做主體，提供學生許多彈性。在這個單元的學習時間內，具異質性的班級，其學習是多樣化的，不再如以往之同一化、刻板化。等到單元學習時間告一段落，所有學生一起進入單元B學習。

此種個別化課程的設計，和一般的課程設計比較，其最大差別有三項。第一項是課程內容本身。一般的課程設計，只強調圖11-5之A_1部分，且為了符合優秀學生之需要，乃將基本要求部分（即共同課程）儘量加深加廣。教學之際，優秀學生在給予的時間內，恰好可以學會，其餘學生再如何努力都無法於規定時間內學會，只好訴諸課外補習。因此，師生所追求的，都只是該單元擴大了的基本要求。個別化課程的設計，固然重視每單元的基本要求，但此一要求絕非無限制

擴大或以優秀生為對象去設計，佔滿了所有學習時間。除此之外，課程設計者更須挖空心思，去思考加深加廣的學習活動與內容，整個課程設計工作是十分複雜的。

個別化課程設計的另一特色，在於它非常重視評鑑工作。個別化課程的設計，要求學生學會共同的課程 A_1，由此再進一步決定學生學習的方向。由此可見，評鑑在此擔任把關角色，同時也居於樞紐地位。如果缺乏此一評鑑，實無法指引學生下一步的行動。在一般的課程設計裏，由於不重視學生需要，缺乏符合其特殊需要之課程設計，評鑑之地位也就沒那麼重要。

個別化課程設計的第三個特色，在於注重選擇的指導。在基本要求達成以後，學生到底應進一步去學習什麼，並不是盲目地選擇。課程設計者必須指出可能的各種學習途徑，進入此一途徑的條件及可能的結果，以便學生能明智地加以抉擇。

四、設計程序

個別化課程的設計，應該經由適當程序，巴恩斯（D. Barnes）曾列出五個步驟，茲分述於下（Barnes, 1982, 65-8）。

1.**選擇主題** 選擇主題時，應一併考慮該主題的教學時數、主題所屬科目的一般目標，並應了解學生的興趣與能力。

2.**確定學習範圍** 學習範圍可以採用學習目標來界定，也可列出學習內容、技能、活動來顯示。巴恩斯認為泰勒（R. Tyler）的目標距陣，適於列出內容與活動。所謂活動，包含討論、閱讀、實作、探討、測量、調查、晤談、練習、報告、製圖等。

3.搜集或設計各種活動　活動可以自己設計,也可取自教科書及其他材料。

4.選擇適合的活動並安排其順序

(1)先選擇適合於核心單元內容的活動,以便所有學生學習(即適於 A_1 者)。

(2)選出適於加深或充實的學習活動(即適於 A_2、A_3 者)。

(3)選擇可用以增廣的活動,使核心單元的學習獲得增強或應用的機會(即適於 $A_{1.1}$、$A_{1.2}$、$A_{1.3}$ 者)。此外對於充實的學習也可設計增廣的活動(即 $A_{3.1}$、$A_{3.2}$)。

5.檢查活動的適切性並加以修正或補充　前一步驟中的選擇和安排。很可能產生缺點,因此必須有一檢查修正、補充的程序,期使此一設計更加完美。

在實際使用個別化課程的時候,應將所有可能的學習路徑提供給學生,整個課程架構應呈現出來,供學生觀看、選擇。對於學生的學習狀況,必須加以追蹤、紀錄,一方面做為回饋、鼓勵之用,另方面做為指導、忠告之用。此外,所有活動必須使用到的書籍、材料、設備,均應準備妥當,便於學生取用。

五、教學的實施

個別化課程的實施,可以分成開始階段、發展階段、綜合階段,相當於平常大家所說的準備活動、發展活動、綜合活動。

(一) 開始階段

開始階段的主要工作有兩項:呈現和引發。所謂呈現,係指教師

將主題或該課有關的技能及經驗領域，讓學生知道，這項工作可以將學生的舊經驗和新經驗連結起來。「呈現」也可包含訊息的提供、示範、訪問、說故事等，藉以集中學生的注意力，令其思考有關的訊息，或使其產生興趣。

開始階段的另一項工作「引發」，其關注點在於學生當前的理解或能力，引起學生的興趣，更重要的是鼓勵學生回憶相關知識、觀念與技能，以備下一階段的學習。總之，「引發」的工作，一方面在鼓勵學生一開始便主動地學習、嘗試各項工作、提出問題、說出其已經知道的、提出建議和預測，另方面在使學生了解其已知能行者。

（二）發展階段

發展階段包含三方面：核心小單元的學習、路徑計畫、個別工作。核心小單元是每個學生均必須學習者，不論其興趣和能力如何不同。核心小單元學完以後，應立即進行評鑑，以便進一步安排學習路徑。

路徑計畫旨在安排每一學生的學習途徑。路徑計畫的主要依據是學生在核心單元上的表現，由此可確定學生進一步學習應是練習，或是加廣加深的活動。當然，教師協助學生訂定路徑時，可參考學生對自己興趣和能力的看法。由於學生從事核心小單元的學習時，所須時間長短不一，因此會有時間和學生討論、設計；這樣，所選擇的路徑，便較能兼顧學生的需要。

路徑計畫訂定出來以後，學生便依據計畫個別從事學習工作（當然有時也可從事團體的學習活動）。以下幾個計畫只是部分實例：

1. $A_1 \rightarrow A_2 \rightarrow A_3 \rightarrow A_4$

這是屬於加深的學習路徑，表示此一學生很快便學會要求不同的各種工作。

2. $A_1 \rightarrow A_{1.1} \rightarrow A_{1.2} \rightarrow A_{1.3}$

這是屬於加廣的學習路徑，表示此一學生學得很快，但仍須要一些工作，以增強或延伸 A_1 的學習。

3. $A_1 \rightarrow A_{1.1}$

這個路徑代表此一學生學習遲緩，只能完成核心單元 A_1 及另一工作 $A_{1.1}$。

4. $A_1 \rightarrow A_2 \rightarrow A_{2.1}$

此一路徑代表學生除了核心單元之外，尚能加深學習 A_2 和 $A_{2.1}$，這或許是其自我抉擇，或許是教師的建議。

5. $A_1 \rightarrow A_{1.1} \rightarrow A_2 \rightarrow A_{2.2}$

此種安排，顯示學生的學習速度尚快，但仍需要一項加強的學習，此後便進入 A_2 和 $A_{2.2}$ 做加深的學習。

6. $A_1 \rightarrow A_2 \rightarrow A_4 \rightarrow A_{2.2}$

此種路徑安排，必須是每一小單元間彼此無主從之分。

以上的學習路徑，並非一經排定即不可變動。教師對學生在每一小單元上的學習，最好均能加以評鑑，並給予學生回饋，必要時則修正路徑。

在發展階段中可做的工作尚包含：技能練習、觀察與分類、建立假設、計畫並實施某一工作、理解和技能的應用、以語言文字或視覺媒介探討問題。

（三）綜合階段

綜合階段的主要工作，是在展示、分享和討論每位學生個別工作的成果，使學生由此一活動得到回饋和鼓勵。一般教學都是由教師一人評鑑學生的成果，其他學生則無分享的機會，這是十分可惜的事。

在綜合階段可做的事包含：整理主要問題，綜合各項技能加以應用，建立通則，確認不確定及未能回答之問題，透過各種媒體表示自己的理解，記錄以作為未來參考。

總之，個別化課程的設計，對於學生學習的成就和個別影響深遠，實為今日教育工作人員應戮力以赴的工作。但是個別化課程的設計十分複雜、困難，和傳統課程設計方式比較，相差不可道里計。因此，這項工作最好是組成團體來負責，而非交給某一教師獨挑大樑。在設計過程中，固然會有獨創性的內容和活動出現，也可由當前已有的教學或課程材料，去尋找可用的資料。尤應注意者，個別化課程的設計途徑很多，本節只是提供一個可能的途徑而已，讀者尚可參考個別化教育有關的書籍，並選擇主題練習設計。

第四節 非正式的課程設計途徑

本節共分成六部分，第一部分探討教師自主性的發揮；第二部分至第五部分分別探討內容中心、技能中心、問題中心、興趣中心等設計途徑；第六部分則分析運用這些途徑時應有的考慮。

一、發揮教師的專業自主性

各個國家的課程控制程度不一,教師從事課程設計的責任便有了差別。例如美英兩國,其課程控制權屬於地方。美國的地方教育董事會、英國的地方教育當局,均擔負課程設計的主要責任,美國聯邦政府教育部只提供經費的贊助支持,英國中央政府教育科學部亦只負監督之責。在這兩個國家之中,教師主動從事課程設計工作,常是其專業生活的一部份。我國及其他將課程設計集權於中央的國家,則非如此,教師並未被期望去主動地從事課程設計工作,他們只需要按部就班地執行一套設計好的全國性課程,即可安度其專業生活。

不論各國的課程控制寬嚴程度如何,每位教師多少都有其專業自主空間。任何負責任的教師,都應該善於運用這個空間,甚至力求擴大此一空間,主動地從事課程設計,使學生能適性地學習與發展。因為每位學生的需要都有其特殊性,教師除應提供全國性課程以符合課程控制要求,尚應設計課程以符合學生之特殊需要。

因此,教師從事課程設計的能力,便顯得重要起來。教師具有課程設計的能力,才能將學生的學習目標、內容、活動與環境,作一完整而適切的計畫,而不是如同目前之照本宣科,缺少計畫。而課程設計工作要能趨於盡善盡美,必須透過並掌握種種適當的課程設計途徑。適合於教師的課程設計途徑很多,本文玆歸納巴恩斯(Barnes, 1982)的主張,介紹下列幾個非正式的方法:內容中心、技能中心、問題中心、興趣中心。

二、內容中心的設計方式

內容中心的設計方式（content-based planning），是以學習內容做為綱領來進行設計的方式，使用得最為普遍。所謂「內容」，可以是經驗的領域，也可以是一組相互關聯的知識，或是一些現象。例如，課程設計的主題若為某原始部落的文化，則此一主題之學習內容可能是：此一文化源自於何種地理環境（含土地、氣候、能源等）？此一文化中的生活方式如何（含食衣住行）？這個文化的農業和商業活動怎樣？使用何種生產工具？其語言和教育方式如何？重要的風俗習慣怎樣？這個文化有無接觸其他文化？如果有接觸的話，這個文化是否因而產生改變？

又如「森林中的樹木」這一主題，其學習內容可能是(見圖11-6)：針葉樹與濶葉樹、伐倒的樹木、木材的利用、腐爛的樹幹、樹林內的動物等。

以內容為中心的設計方式，包含下列七個程序：

1. **選擇內容項目** 如前所述，將每一主題的可能內容一一列出，再由此些內容項目選出適合學生學習者。

2. **選擇學習活動** 仔細思考學習每一內容項目適用的學習活動，這些活動也需要適合學生的經驗和程度。

3. **分析所要學習的概念** 如果這個主題有適合的概念和原則需要學生學習，應將它們臚列出來。除此之外，尚應考慮這些概念和原則的學習，是否具有某些先決條件。

4. **決定學習的資料** 接著必須考慮的是，每一內容項目所要強調

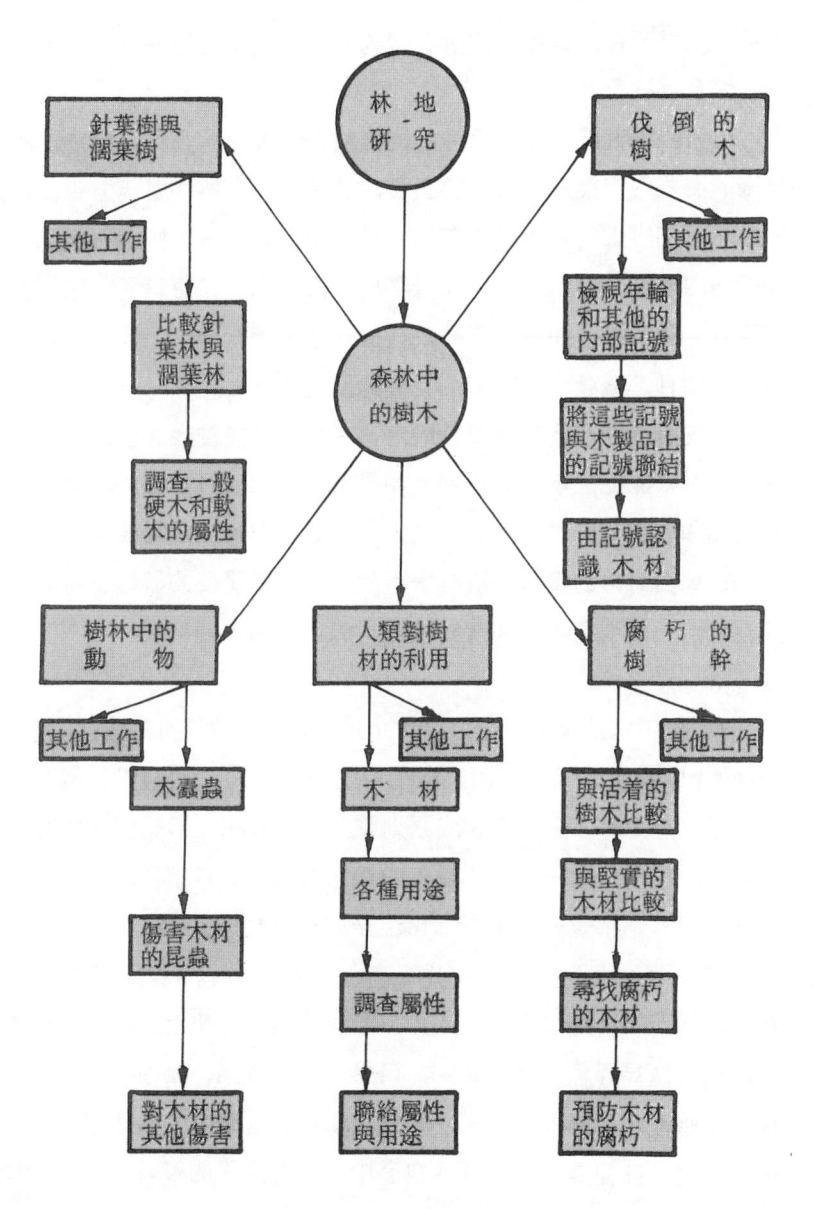

第十一章 教學單元及教室層次的設計 525

圖 11-6 內容圖示例

的重點。學習目標是在於記憶有關的資料，或是在於理解、應用、分析、綜合這些資料？

5. 畫出內容圖 將要學習的內容項目、概念、資料、活動，圖示出來。有些內容圖只寫出內容項目，這是比較簡單的表示方式，但是如果希望內容圖對教學眞正有用，最好能包含資料、概念與活動。圖15-1的內容圖包含了概念（如針葉樹、濶葉樹）、資料（如傷害木材的昆蟲）和活動（如檢視年輪及其他內部記號）。圖11-6的箭頭，顯示內容項目、概念、資料和活動彼此間之關係。

6. 安排活動和概念的學習順序 在此一階段首應考慮的是，各個活動是否都能促進概念的學習，如果不能則應加以修改。其次應將每一活動和內容的學習順序排列出來（用數字在圖上註記即可）。

7. 列出可用的資源 所有學習此一主題所需要的書籍、材料、工具、設備，甚至是人物和其他社區資源，均應妥善計畫。

與內容中心的設計方式相近的，是概念中心的設計方式（concept-based planning）。所謂概念中心的設計方式，其起點是概念或原則，而不是知識。由於概念或原則並非孤立存在，因此概念中心的所謂概念，也常是指一套彼此關聯的概念（例如人口密度、人口成長、土地利用、都市規畫、組合都市都是人口有關的概念）。

概念中心的設計方式，並不適合於所有學科。例如，地理、科學、社會所包含的概念——人口、能源、機率、角色、地位和政治權力，都可做爲課程設計的起點，但是文學、音樂、藝術的概念——想像、明暗配合、奏鳴曲型式，常常是鑽研高深學術的人比較適合學習的。再者，卽使是適合於採取概念中心設計方式的學科，亦應以學生已有的經驗和知識爲基礎，並避免使用艱深的學術術語。

概念中心的設計程序，第一個步驟是進行概念分析，即分析所要學習的主要概念和相關概念，並探討學習這些概念的先決條件，為了分析的完備，可列出概念階層體系。如圖 11-7 所示，「濃度」概念的了解，有賴於「體積」和「重量」兩個概念；而「體積」的概念和「體積單位」和「乘法」兩個概念息息相關，「重量」又基於「重量單位」和「替換」兩個概念。

分析了概念學習的階層以後，緊接著便是設計學習活動，安排活動的順序，其餘的設計程序與內容中心的設計方式相同。

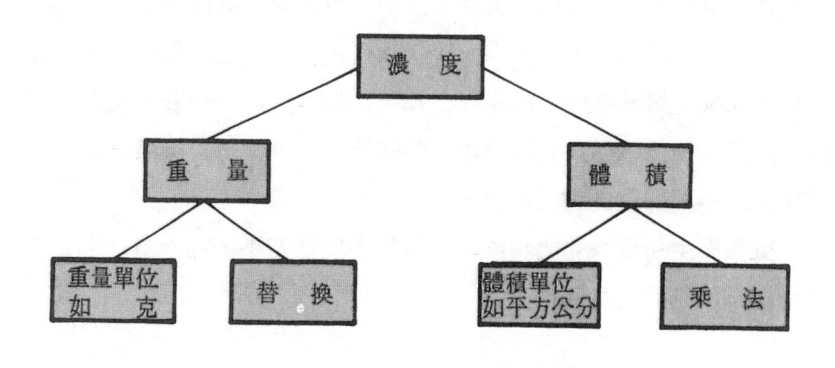

圖 11-7 概念的階層

三、技能中心的設計方式

所謂技能中心的設計方式(skill-based planning)，係指課程設計時以學生所要學習的技能，引導以後的所有設計工作。就理論上言之，各個學習領域均包含了知識、技能和情意三方面的學習，但實際上，有些領域偏於知識，有些領域則偏於技能。例如史地、理化、語文

常被視為知識性的學科，數學、美術、工藝、家政、體育則被當做技能學科。當然這種區分會引起爭議，因為知識和技能的學習經常是結合在一起的，強調其一往往犯下不可彌補的錯誤。以科學有關學科言之，很多教師從科學知識的角度來設計課程，然而亦有不少教師由認知技能的角度來設計，強調觀察、假設、考驗、解釋、實驗的能力。

不論如何，有些學科由於其主要目標在於技能的熟練，因此，採用技能作為課程設計的核心，確實是適合的。例如工藝科製作石膏像的單元，可以分析製作石膏像所需的技能，據此設計學習活動，讓學生練習這些技能，從而能運用這些技能，將石膏像製作出來。又如體育科排球此一單元，主要目標在於學習打排球的技能，教師可以將打排球所需要具備的技能，像發球、托球、殺球等，一一分析出來，再由此去設計整個學習。其他諸如地圖閱讀、數學計算、閱讀技能、實驗能力，均可採取此種設計方式。

雖然學生所需學習的技能，因學科不同而有不同的性質，但大體上可按照下列的設計程序：

1. **列出所需學習的技能** 以技能為中心從事課程設計，首須列出需要學習的技能。由於各個學科領域的技能很多，學生的學習時間有限，其程度和經驗有別，因此應該適當地加以選擇。為了提高學習興趣，技能的學習最好能由實用的角度出發，即各種技能的學習自身不是目的，組合起來加以應用才是目的。

2. **分析每一技能學習的先決條件** 如同概念階層一樣，設計者應將每一技能的學習階層繪製出來，找出某一技能的學習應具備何種技能。有了此一分析，更能使所選擇的技能配合學生的學習能力。

3. **確立應達到的技能水準** 隨學生能力之不同，技能學習所要達

到的水準亦有所差異。有時技能教學的主要目標，在使學生認識某一技能，必須要求學生在某一較低水準上達到熟練，有時則需規定較高的水準。這個水準應事先建立起來，才能據以設計活動、實施評鑑。

4. **選擇技能應用的題材**　在某些學科領域中，不必決定技能所需應用的題材，例如體育和數學便是。在另些領域中，則需加以考慮。例如地理、歷史、科學等領域中，如要培養學生分析歸納的能力，應同時設計所要分析、歸納的題材。

5. **安排示範和回饋**　技能學習的目的常常是能操作或表現某一技能，這絕不是像知識傳授一樣可全憑講授達成目的。在技能學習中，除需要相關知識外，更需要技能的模範，以便照著練習。技能學習也需要回饋，這包含正確與否的檢討和檢討所依據的規準。其中尤以後者為重要。　若缺乏判斷對錯優劣之規準，　學生等於未學到眞正的本領。

6. **提供相關的知識**　技能操作的原理和程序，是學習技能不可或缺的，因此這裏的問題並不在於是否提供，而在於應提供的範圍和深度。

7. **設計綜合練習的機會**　技能階層的分析顯示，技能的學習都有其階層體系，卽要學習高層次的技能，必須先學習低層次的技能，或者要會表現整體的技能，必須先會表現此一技能的各個部分。例如要會游泳，先要學習閉氣、划水、踢水、換氣等技能。但是部分不等於整體，低層次的能力具備了，並不自然地學會高層次能力，因此課程設計應提供組合部分技能為整體技能的機會。例如學習現代爵士舞，需要先練習爵士舞的基本動作，但每一基本動作自身不是最終目的，課程設計者應設計簡單的舞蹈，使學生應用所學的基本動作，同時亦可增進學習興趣。

8. **列出所需資源** 每一技能的學習，均有其需要的設備、器材和參考書籍等，這些應詳細列出並加以準備。

四、問題中心的設計方式

問題中心的設計方式（problem-based planning），顧名思義，是以問題做為課程設計的起點。所謂「問題」，可以是教師選的，也可是學生選的，但都宜在學生的能力範圍之內。此種設計最主要的目的在培養問題解決能力，然而也可透過問題解決，間接地學習知識和其他技能。即使教師的主要目標是在於知識和技能的學習，此種設計方式也是適當的，因為經由謹慎選擇的問題，必能引導學生學習解決問題所需之知識和技能，從而達成教學目標。

此種設計方式的最大優點，在於學習者容易體認知識和技能之價值和實用性，並能在實際情境中加以應用，使學習者在學習上擔負較大的責任。其次，在此種設計中，學習者的角色是主動的，他們也比較容易產生興趣。教師在此種設計中的角色，可以是主動的參與者，提供學生所需的協助，鼓勵學生思考，指引學生資料來源，觀察學生的學習狀況，但切忌越俎代庖。

問題中心的設計方式，可用於許多學科上。例如，在科學有關的學科中，具有理論涵義的問題所在皆是。如果教師選擇這一問題——如何淨化岩鹽和沙的混合物以得到純鹽，學生為了解決問題，必須了解「混合」、「溶解」、「蒸發」、「凝結」等概念，他們也需要練習有關的基本技能。

又如國中實施學科能力分班，學生必須跑教室上課，而有設立存物箱之需要。存物箱應設置何處？其規格應如何？需要何種材料？多

少數量？甚至於如何製作？就工藝科而言，這是很合適的問題，藉此讓學生學習到製作存物箱的知識和技能。

再舉校園植物的標示言之。目前各個學校都種植各種花木，如能加以標示，實可促進師生對校園花木之認識。在生物科的相關主題中，如採取問題中心之設計方式，學生從校園植物標示之問題中，認識校園植物之種屬、產地、用途，了解各種標示方法和工具，並能練習有關的許多技能。

由此可見，問題中心之設計方式，對於各個學科幾乎都很有用，以下是此種設計方式的程序。

1. **選擇問題** 由於「問題」的作用，除在培養學生解決問題的能力外，尚可促使學生學習問題有關的知識和技能，因此選擇問題時要考慮到底該問題導致何種知識和技能的學習，當然也要考慮學生的能力、興趣，以及解決此問題所需的器材、設備和時間。更要注意的是，問題本身不是唯一的目的，它也是學習知識和技能之媒介。

2. **設計問題** 選擇了問題後，應將此問題設計出來，形諸書面文字。問題的敘述應該清楚明確，並應提供必要之說明。

3. **分析問題導致的知識和技能學習** 問題的解決必須能導致知識和技能之學習，否則問題本身便成為唯一的目的了，因此所設計的問題，需要透徹地分析，以免其失去媒介的作用。

4. **選擇學習活動並安排順序** 解決問題的學習，可能需要討論活動，一方面釐清問題，另方面設想問題解決的方法。在實際解決問題之前，學生是否需要閱讀有關資料以澄清觀念？他們是否需要先練習某些技能？是否需要小組合作的操作？這些學習活動都應該加以選擇設計並安排好順序。

5. **列出學習資源** 問題解決所需的材料、設備爲何？學生是否會使用？教師如何提供協助？有無可用的參考書籍？這些都很重要，但切不可藉此限制學生的問題解決途徑。

五、興趣中心的設計方式

興趣中心的設計方式（interest-based planning），是以學生的興趣做爲課程設計的焦點，因爲學生願學才能學好。傳統的教學，往往以教師爲中心，凡教師認爲重要的知識、技能，學生非學不可，這對於基本能力的培養，固然有好處，却忽略了學生的興趣。興趣中心的設計方式由於是注重學生興趣的，恰可避免傳統教學之缺點，同時，因爲滿足了學生興趣，亦可適應學生之個別差異。

興趣中心的設計方式，並不如同一般人所想的，單問學生此時此地想做什麼，而是先提供學生共同經驗，藉以引發興趣，然後協助學生認識可能的工作方向；必要的話，並教導學生新的知識和技能，以便用來完成自選的工作。由於學生所選的工作可能不同，教師提供的協助便有了差異，這便達到了個別化的教育目標。

舉例言之，目前學校都辦理校外教學，假定這一次參觀的是故宮博物院。一般學校都把這個活動當做旅遊辦理，忽視其中之教育價值。如果要讓這個活動促進學生學習，應將它視爲學生之共同經驗，由此引發進一步活動之興趣。爲了認識參觀故宮博物院時，學生可以選擇的工作方向，教師必須事先訪問此一地點，將這些可能性發掘出來，例如展覽文物的專題寫作、圖片之搜集，周遭環境之觀察、**參觀者的訪問、院內標示的認識**等。有了這些可能的工作後，加上在學生討論中提出補充的項目，可提供學生更多的選擇。

興趣中心的設計方式，不只是用於學校活動而已，各個學科主題如果適當，均可採用。重要的是，要注意提供學生生動有趣的共同經驗，設計各種可能的活動，給予學生選擇的機會，然後由這些活動的從事中學習各種知識和技能。以下是此一設計方式的程序。

1. **選擇共同經驗**　這個經驗可以是實地參觀、調查訪問、影片欣賞、漫畫閱覽、音樂演奏等。選擇共同經驗時，應注意的規準有：學生興趣、此經驗可能引發的學習活動、由此經驗和活動可以學到的知識和技能。

2. **提供共同經驗**　共同經驗的呈現，必須謹慎規畫，例如事先訪問參觀地點、事先觀賞影片，都是教師的重要工作。有了事先的了解，才能進一步設計良好的學習活動，才知道何時及如何引導學生的注意力。

3. **設計學習活動**　共同經驗的提供，並非要學生從事相同的學習，而是要藉以引發學生各種自覺有趣的學習活動。因此，各種和共同經驗有關的學習活動，都應設計出來，供學生討論、選擇。必須注意的是，教師設計的可能學習活動只供學生參考之用，應該容許學生設計自己的學習活動。

4. **提供各種活動所須的知識和技能**　學生選擇從事某一學習活動，到底需要何種知識和技能，才能勝任，這是教師設計課程時應仔細思考的。例如「訪問參觀者」此一活動，必須事先設計訪問題目，熟練訪問技巧和記錄方式，這些也許是學生目前尚未具備的能力，亟待教師協助。因此，興趣中心的設計方式固然允許學生學習的主動和自由，但教師的角色並非無為而治。再者，教師也要了解，知識和技能的提供，應以學生選擇的活動為導向，否則學生容易失掉興趣。

5. **列出所須資源** 從事各種有趣的學習活動，需要各種器材、書籍，這些需要事先準備。

六、運用時的幾個考慮

以上分別介紹了四種非正式的課程設計方式：內容中心、技能中心、問題中心與興趣中心；在內容中心的設計方式中，又特別說明了以概念爲中心的設計方式。內容中心的設計方式，是以某一經驗領域，一組知識或一組現象爲起點，適合於大多數科目，也適合科際整合的學習。概念中心的設計方式，係基於一個概念或一組相關概念，適合於任何科目，特別是高深的學習階段。技能中心的設計方式，係由一組技能或一項技能出發，適合於偏向技能的科目，例如數學、工藝、家政、體育等，也適合於其他科目技能部分的設計。問題中心的設計方式，是基於學生需要解決之問題，藉此將技能應用於實際情境，或作爲間接接觸知識和技能的媒介，這種設計方式適合各個學科，但特別適合技能科和科學、社會等知識性學科。興趣中心的設計方式，以學習者自選的學習活動爲中心，而非由教師事先決定所學項目和內容，這種方式最適合科際整合的學習。

這幾種課程設計方式雖然各有特色，但都要考慮下列因素：內容、概念、技能（含心智的和動作的）、學生能力和興趣、學習活動、師生角色、學習資源。當設計方式有別時，這些因素受到重視的程度也有所差異，有些受到強調，有些則幾乎不用，值得特別注意的是，價值、態度、習慣等因素，在前面的討論中幾乎未曾提及，實際上却與各因素息息相關而無法分割。

科目不同，選擇的設計方式也可能不同；即使同一科目，不同的

主題也可能選擇不同的設計方式。如前所述，科學的學科，可由內容或概念的角度來看，亦可由技能的角度觀察，更可以由問題的角度着眼，隨著主題的性質變化，教師便可選擇內容中心、概念中心、技能中心或問題中心的設計方式。由此以觀，設計課程時，切不可固着於某一方式。

不論使用何種方式設計課程，都應該將各種構想形諸文字或透過其他適當媒介表達，而不是保留於腦海中僅以抽象的形式保存。觀念的具體化，會使觀念更加清晰，反過來又會使具體成品更趨完美。有了具體成品，更易於藉以檢討、討論、修正、傳播，從而產生意想不到的作用。

本章摘要

本章從教學單元的意義及相關名詞的討論開始，先介紹教學科目中如何建立教學單元，說明教學單元的要素及設計程序。當教學單元設計完成，教師在教室教學時使用，仍需要彈性調整，並進一步設計教學計畫。

其次，分析教師在教室層次設計課程的必要性。教師的課程設計應由了解自己和他人着手，並運用研究發現，引導學生參與課程決定，以期課程能符合學習的實際需要。教師也應該實施評鑑工作，他不但要評鑑學生進步和成就，也應評鑑課程各要素及其效果，並探討各科課程在整個學校課程上的地位與作用。

本章也探討如何設計課程來滿足每個學生之需要。長期以來各級學校的課程與教學一直被批評爲太過標準化，導致學生學習的失敗和挫折，更令其喪失學習的興趣和勇氣。基於此當前教育改革的焦點，應在於個別化教育的實施，而其基本條件便是先做好個別化課程的設計。本章之中比較了個別化教學和個別教學的差別所在，分析個別化課程的基本觀念，進一步提出設計的架構和程序，指出教學上的實際運用方法。

教師要發揮其專業自主性，應先具備從事教學層次的課程設計的能力，本書所討論的課程設計模式及其後的相關章節均可參考。本章特介紹巴恩斯所主張的

非正式方法，包含了內容中心（含概念中心）、技能中心、問題中心、興趣中心。每一種非正式方法都有其特色，選用時應考慮科目的性質，卽使同一科目，不同的主題也可能需要不同的方法。

問 題 討 論

1. 如何確立一個科目所包含的教學單元，試舉例說明。
2. 試取坊間編輯之教學單元，加以分析，並予以評論。
3. 試根據本章的原理說明，參考有關的教學單元，自行設計一個教學單元，在團體中發表、討論，並予以修訂。
4. 試填寫「課程取向量表」，並加以計分，畫出側面圖予以解釋。
5. 寫出你對目標、內容、活動、評鑑、學生、教師等項目的觀點各兩則，和同學討論。
6. 試舉一則教育研究成果可用於教室層次課程設計的實例。
7. 試舉一教室層次課程設計的實例，說明可能的關鍵人物有那些？其與課程設計的關係如何？應如何面對？
8. 試根據本章所提出的個別化課程的設計架構，選擇一個科目或一個單元進行設計，加以應用。
9. 試比較內容中心、技能中心、問題中心及興趣中心的設計方式。
10. 試選擇主題練習各種非正式的課程設計途徑。

第十二章

國中階段課程設計的重要趨勢

　　各級學校課程依據社會變遷知識發展和學生需要而不斷修訂調整，應屬天經地義的事。國中課程自七十二年公布、七十四年小幅調整後，迄今已有七年，這期間的社會變遷、知識發展和學生需要均有變化，尤以前者為鉅，國中課程也到了亟須修訂的時刻。本文爰就此一教育階段的課程設計問題和趨勢，歸納有關的研究和觀念，提出個人管見，藉供課程修訂之參考。

第一節　多元社會與未來社會

　　我國現階段到底是否屬於多元化社會，前幾年尚有多位學者加以討論，各有見仁見智的說法。不論如何，臺灣社會愈來愈趨多元化這一點，應該是較少爭論性的，因為民主、開放、自由、平等的觀念在這幾年的我國社會中，不只是空談的理想，而且已逐漸實行。在這種

環境下，社會的各個次級結構，不論是族羣、性別、宗教、職業、黨派、社經階級，其中之弱勢者均不斷地爭取自己的權益，展現其所屬團體文化之價值，不干受單一思想、單一價值或單一行爲規範所統制，顯現於課程上的爭論，便是正統文化、鄉土文化的衝突，或是精緻文化、大衆文化的辯論，更有反歧視、反偏見的社會運動出現。例如，原住民團體主張課本排除吳鳳故事的單元（黃政傑，民77）；婦女團體要求中小學人文社會科目教科書重視兩性平等的教育；另亦有主張教授原住民語言文化及閩客方言者，或反對意識型態灌輸者（陳伯璋，民77；秦夢羣，民77；歐用生，民77，民78）。這個變遷社會中所提出的主張，我們雖不必完全同意，但變遷對課程所形成的衝擊是值得去注意和因應的。

社會多元化與課程之間的關係，在美國形成的衝突更爲凸顯。美國的教育早期採取的是大鎔爐政策(melting pot policy)，各種外來文化均得學習英語世界的文化，才能社會化成爲美國公民；白人之外的種族及英語世界之外的文化都被視爲次等的、較少價值的。此外，社會的其他弱勢團體如老人、婦女、低社經階層者，亦受到歧視。1960年代人權運動興起，美國中小學教育的課程教材均受到全面的檢討，其內容凡對弱勢團體形成空白、誤解、偏見、扭曲者，都成爲批評的對象。而所謂的多元文化教育（multicultural education）、雙語教育（bilingual education），逐漸受到重視。此外，美國的教科書事件層出不窮，家長每到法院控告學校採用不當的教科書教學，而教科書挨告的理由，不外是提倡反戰論、排斥基督教猶太教、強調女性主義、教進化論而非創造論等（黃政傑，民76b）。在這些控告事件背後，隱藏着社會多元價值及教育權誰屬的問題。

課程設計除要面對多元化社會的需求外，還要謹愼處理社會其他

問題,培養學生面對未來社會的能力。教育要維護社會穩定,故其課程設計必須培養學生在「社會機器」上發揮功能的能力;不過教育也要促進社會進步,課程設計便需要培養學生解決社會問題,面對未來社會的能力。課程學者蒂爾(Til, 1976)曾指出中學教育階段一個均衡課程所應包含的內容如下:

1. 戰爭、和平和國際關係。
2. 人口過多、污染和能源。
3. 經濟上的替代方案和問題。
4. 政府的過程。
5. 消費者問題。
6. 不同文化間的關係。
7. 世界觀。
8. 休閒與閒暇時間。
9. 藝術和美學。
10. 自我理解與個人發展。
11. 家庭、同儕團體和學校。
12. 健康。
13. 社區生活。
14. 職業。
15. 溝通。
16. 變通的未來。

魏靈頓(Wellington, 1986)在其主編的「課程中的矛盾問題」一書中,收錄的矛盾課程問題計有:全球觀教育、性別偏見、多元文化教育、受雇能力教育、醫學問題、宗教與宗教教育、和平教育、核

能問題等。舒伯特(Schubert, 1986, 362)認為課程的理想有時受到學校系統的抗拒，有時遭到文化、社會及意識型態因素的挫折，他指出這些因素有：貧窮、獨裁、灌輸、健康不佳、探究和表達的壓制、國家主義、家庭解組、生態不平衡、偏見、疏離、威脅、恐懼、控制與強制、死亡、戰爭及可能的滅絕。寇你希（Cornish, 1979）預測公元兩千年前人類的重大問題為：預防第三次世界大戰、避免人口過多、避免財政失序、恐怖主義盛行、能源短缺、保護主義興起、不同團體間的緊張、家庭功能衰落、教育革新的需要。他也預測公元2000至2019年間的社會變遷如下：

1. 一個不太完善的世界政府開始運作起來，開始建立國際性貨幣系統、郵政系統和警察系統，但國家之間的爭論依然存在。
2. 老化可透過化學藥品控制，人們可望活到兩百年以上。
3. 人們開始在太空旅行渡假，包含各太空站和月球之間的旅途。
4. 許多雜貨店和百貨公司都幾乎完全自動化，保留的售貨人員極少。
5. 利用記憶輔助藥丸，人們可記住更多的資料，教育更有成效。
6. 旅遊業變成世界最大企業，每年可有20億人口快樂地旅行。
7. 有些自動化工廠開始在環繞着地球的軌道上開工。
8. 海洋養殖生產世界食物需求的百分之五。

這些學者專家的觀點，當然仍有爭議存在。不過，為了解決社會問題，個人需要具備社會問題的意識，解決問題的能力和意願，這些都有賴於課程設計能有社會問題取向。為了促進理想社會的建立，課程設計也應具有未來取向：採取未來學的課程設計模式，集合相關學門的專家學者，溝通對未來社會的意見，取得一致的見解，再進一步

由學校承擔其應負的責任。社會問題大都具體可見,未來社會則遙遠抽象,且學者專家見解不一,因而一般人往往易於讓學校課程承擔解決問題的責任,不易於讓學校課程具有前瞻性。

現階段我國面臨的社會問題很多,國中課程亟須重視者自不在少,例如新道德新倫理、法治精神、交通安全、休閒娛樂、環境保護、能源利用、消費者保護、藥物使用、兩性平等、性問題、次級文化、人際關係等,都非常重要。預期隨著社會進一步發展,先進國家的社會問題亦可能在我國出現。對未來社會的研究,我國近年來亦有起步,惟對學校教育的課程,採未來學的觀點進行系統規劃者,則尚未能見到,有待努力。

第二節 各科目的發展狀況

自1950年代末期以來,中學各科課程的設計已歷經許多階段:初期的學科中心或學術中心、中期的學生中心、生活中心,到最近的基本能力中心。各科課程的演進常常是漸變而非突變,且「新課程」和「舊課程」經常是並存於各個學校中;不過,了解各科課程的趨勢,對我國國中課程改革也是有助益的。

一、本國語文

本國語文一般均以文學、語言及作文當作主要成分。在1950年代末期,本國語文被當成學科,如大學的語文研究訓練以一般科目看待;1960年代中期,本國語文課程的設計,則重在使不利學生學得更

有意義，更切合其生活。此時選讀的文學作品，從密集閱讀偉大著作轉到當代作品的個人解釋，焦點在學生個人和語言的成長。即席表演、想像寫作、個人對文學的反應、非正式教室討論，都被採用來教學。不過，此一人文取向却伴隨着行為目標的科技取向。近年來，學生的語文能力有低落之傾向，受雇時所須的基本閱讀和寫作能力，或者繼續學習深造的基本語文能力，均有不足；因此，回復基本能力（back to basics）的運動開始又受重視，這一點連不利團體的學生和家長都同意予以支持。本國語文的課程因而又強調古典文學史、傳統文法、正式的寫作，而習作簿和文選也重新出現。

另外，有幾個重要趨勢亦值得注意。

第一，注重不同的寫作情境（不同的目的、對象、場合……），強調寫作的過程及電腦在寫作上的應用（如構思、修訂……）。

第二，強調學生對文學作品反應的綜合性、多元性或創造性。

第三，重視批判思考能力的教育。例如美國全國英語教師協會（National Council of Teachers of English, 1983），主張思考技能是本國語文的目標，其中包含創造思考，邏輯思考及批判思考三大項，在批判思考項目下又分成下列小項：

1. 學習問問題。
2. 區別主觀與客觀的觀點，區別事實和意見。
3. 評鑑說者和作者的意圖和訊息。
4. 根據可以得到支持的規準作成判斷。

第四，強調本國語文課程的統整。例如語言溝通協會（Speech Communication Association），主張利用語言的五種功能當成課程架構來設計課程：知會（informing）、表達感受（expressing feeling)、想像（imaging）、儀式化（ritualizing）和控制（controlling）(Glatthorn, 1987, 290)。而這五種功能又與下列五種使用情境互相交集：大衆傳播、公衆溝通、小團體溝通、一對一溝通、個人內溝通。五種功能和五種情境交集成廿五個細格，每個細格都包含訊息的發出與接收。

第五，閱讀兼顧字彙學習、閱讀理解及閱讀技能的應用情境，例如報紙、廣告、求職、工作等。閱讀教學也注重學生的準備度，但所謂準備度係指先備知能的具備，而不是成熟水準。

二、外國語

在史布尼克衞星事件之後，外國語和數理一樣成為美國學校教學的重點。大多數中學和大學都要求外國語的學習，甚至連小學也教外國語（1980年左右有八千所以上）。目前外國語的風潮逐漸衰退，外國語在許多中學和大學已不列為必修，不過外國語開設的種類仍然很多，有西班牙語、法語、德語等。

為了激發學生學習外國語的興趣，外國語課程強調外國語的人文化，以符合學生之興趣和需要，例如將語言學習和其他科目學習結合起來，提早語文教學的年齡或讓學生參與課程發展工作。

就科目整合而言，本國語文可以教導學生了解外國語對它的貢獻，音樂課可學習外國民謠的歌詞。在提早外國語的學習年齡方面，研究發現四歲到十歲的孩子能夠非常成功地學習外國語，因為這個階段的孩子好奇、有彈性、渴望探索不同語言。且由外國語的學習中，孩子易於接觸外國文化，擴大其對不同文化的認識及反省自身文化的能力。這些研究發現在雙語課程和多元文化教育受重視的時期，更易

於獲得家長的支持。在學生參與外國語課程設計方面，包含「學什麼」和「如何學」的設計，學生參與有助於最佳學習效果的出現。

馬克尼（McNeil, 1981, 287）預測，外國語教育將兼重基本的說話技能及閱讀寫作的能力；學習活動需要更切合學生的需要，更能在生活上應用；學習內容將介紹更多的外國文化題材，例如約會風俗、都市問題等。葛拉松（Glatthorn, 1987, 308-9）則指出三種外國語的課程設計途徑，提供參考：

1. **問題焦點法**（problem-posing education）：本法由富萊爾（P. Freire）提倡。先確認所要討論的問題焦點，再討論該問題在本國文化和外國文化中的差別。在連結問題焦點及其文化脈絡時，學生互相教對方外國語的字彙和文法。

2. **功能觀念法**（functional-notional syllabus）：本法受心理及社會語言學的影響，重視互相關聯的兩個語言層面，其一為語言的功能（如詢問、指示、澄清…），其二為語言的觀點或語意（如時間、數量、財產…）。換言之，此種設計途徑兼重語言使用的目的及有關的概念。

3. **精熟法**（proficiency approach）：依語言的聽說讀寫精熟度區分為五個層次，層次0代表不生功能的能力，層次1初階的運作精熟度，層次2為有限的運作精熟度，層次3為專業運作的精熟度，層次4為充分的專業熟練度，層次5為同於母語使用者的熟練度。

三、社會科與道德教育

社會科的目的在培養負責任的公民能力，包含政治及社會情境的

參與、國家意識及國際理解的增進等。1960 年代以來，社會科強調概念、原理、原則的學習，而非事實的記憶，稱為新社會科（new social studies），其中包含下列七大社會科學領域（Morrissett, 1985, 4655）：人類學、經濟學、地理、歷史、政治學、心理學、社會學。雖然如此，目前的社會科內容仍舊受到歷史、地理、政治學所支配，且相關的社會科學領域甚少統合起來。因此，尋找能夠統合的概念，建立新的社會科課程方案，便是學者努力的焦點。例如普萊斯等人規劃了三類概念如下（Price et al., 1965）：

1. **實質概念**：主權、權力、住所、衝突、道德和選擇、文化、工業化、都市化、缺乏、機構、輸入和輸出、社會控制、世俗化、儲蓄、社會變遷、妥協和調適、修正的市場經濟、互動、比較優勢。

2. **價值概念**：人類的尊嚴、忠誠、自由和移情、同意的政府、平等。

3. **方法概念**：歷史法、分析和綜合、解釋、地理學方法、問與答、評鑑、原因、客觀、證據、觀察、分類、測量、懷疑。

社會科課程常被批評為重視現狀維護而非革新促進、重視內容而輕視目標、難以納入新知、重教室教學乏生活銜接、難以建立標準。因此，當前課程設計的方向應在於以目標為取向，注重技能目標，注重學校教育內容和社區生活的結合，注重社會問題的解決和社會革新的促進。

受到1960年代中期以後人權運動的衝擊，社會科的內容已經趨向於種族和民族的多元化觀點，對女性的刻板印象已大幅減少，較少國家主義的傾向。基於國際合作和理解的重要性，社會科內容逐漸朝向全球村的觀點，例如建立一個共存共榮的世界、國際合作、經濟互

賴、文化認識、科技發展等。

整個學校社會科課程方案的設計，重視四類基本目標(Gillespie, 1985)。其一為知識目標，重概念的理解而非事實的記憶，重現象的解釋而非只是描述，重處理解決問題的多元觀點和多元方法。其二為分析能力的目標，這包含提出問題、搜集證據、分析資料、評鑑不同行動方案的優缺點等。其三為參與能力的目標。透過學校及社區活動的參與，學習擔任領導者、追隨者及公民的角色，學習作決定、解決問題和衝突的能力。其四為價值目標，強調社會認可的價值之學習，如勇氣、信心、慷慨、仁慈、助人、誠實、正義、容忍、自由選擇、機會均等、言論自由、經濟安全等，並教導價值形成過程。

社會科課程亦重視學生角色的改變，引導其主動探究，而非被動學習。對於各種科技成品的利用，如電腦、電傳視訊、錄音帶、錄影帶等，將愈來愈普遍。社會科的課程設計，更認識到學校環境、人際關係、制度、規範、活動等的重要性，希望結合正式課程和潛在課程的作用，使其互相增強。

在道德教育方面，也有必要簡單提一下它的發展趨勢。由於各國國情不一，其道德教育實施方式亦有所不同：有的直接在正式課程中開設教學科目，例如蘇俄及中國大陸，前者在義務教育最後一年上課，後者則開設於各年級。在蘇俄尚透過非常有系統的青年組織配合施教，例如少年先鋒隊（Young Pioneers）及少年共產黨員（Young Octobrists）。有的國家則採取比較間接的教育方式，例如美國，其學校固然體會到道德教育的必要性，然却以英雄模範、國家慶典及民主過程和理想的運作來施教。不論如何，當社會愈趨多元的時候，道德價值常益紛歧，益難以一套統一的道德教給學生，而且間接的教育型態如示範、期許、實踐，當然也比告誡更為重要，這也是道德教育

逐漸強調潛在課程的理由之一。再者，說教告誡之外的方法，如價值澄清法、價值分析法及道德判斷推理等，均仍廣為採用。最後，道德教育的課程設計人員，仍舊面臨新道德新倫理的建立問題，也須處理道德實踐的難題。而道德教育融入於學校其他教學科目實施如何能夠做得更有效，必然也是持續的挑戰。

四、數學科

在 1950 年代前，學校數學教育的焦點，在於使學生精熟計算能力，1960年代以來，數學始被當成學科來施教，即將學科成員用以解決問題的概念、原理、方法教給學生。數學被看成科學發展的共通基礎，只要學得好，其他學科的學習均將得利。唯數學課程的改變，除了史布尼克事件之後的一段時間外，比起其他學科來可謂變化較少的。就近年來的趨勢而言，有幾點值得注意。

在目標方面，數學課程共有五個重點受到重視(Travers,1985)。其一為數學本身有關的目標，如讓學生認識數學的重要性和數學的性質。其二為數學的功用方面，讓學生了解數學在日常生活和其他學科上的用途。其三為心智訓練方面，數學被當成有助於邏輯推理、想像、創造以及精確、清晰、判斷、機智等特質的培養。其四為道德理想或屬性方面，在培養學生判斷真假對錯的能力，甚至於數學和數學圖形的美感，也有助於性格的發展。其五為表達能力方面，讓學生學習數學，等於是提供其表達概念和關係的強力工具。

在設計方面，中學數學課程逐漸脫離單一方案的模式，變成多元方案的模式，讓學生依其能力、興趣和目的自由發揮。當然這方面的發展，尚須視各國學制而定。中學階段學生的興趣和能力變化很大的

國家，像日本、美國、英國，都傾向於提供各種不同的方案，以滿足學生之需要，這種方案大致可分成四類：學術科目（強調升學深造，重理論）、一般科目（強調數學和現代公民的關係）、技術科目（強調數學在職業上的運用）、技能科目（強調基本數學技能）。至於中學階段學制單純的國家，如瑞典，以及只有少數優秀份子升入中學的開發中國家，其數學方案傾向於單元化。

在數學應用方面，許多課程設計人員都重視數學和其他學科的關係，如家政、物理、生物，讓數學和這些學科能夠整合起來，增加其趣味性和功用感。再者將數學當成問題解決的工具，應用於日常生活中，去測量、記錄、閱讀、解釋、製圖、預測，仍舊是課程設計的重點。

最後是科技的運用方面，利用電視教導數學在於職業上的應用或問題解決工作的用途，或使用電腦及計算機在數學學習上，亦不斷擴展。

五、科　　學

科學課程的設計，自1950年代以來，出現大幅成長，其中完成了許多大規模的科學課程和材料，對科學教育的貢獻很大。第一代的科學課程自1950年代中期開始，美國當時體認科學課程改變的需要，希望科學課程的發展，能加速科技人材的培養。1957年後，大量經費撥入，更加速科學課程的發展工作。這個時期的課程設計人員以科學家主導，科學教育家及課程專家亦有參與。課程設計的重點在單一科學學科，例如物理、化學、生物，從事知識結構分析，重視科學概念、原理、法則的教導，而非事實的呈現、記憶；在方法上強調觀察、實

驗、探究、發現;在教材上包含學生手冊、教師手冊、影片等。這一代的科學課程曾擴散到許多國家,例如新物理(PSSC)就曾譯成十四種語言以上。

第一代科學課程的缺點在於以資賦較優的學生為對象,強調學術取向,中下學生覺得乏味,不願學習,再者學者專家不知道學生如何學習,教師在職訓練只重內容輕忽教學方法,以致科學課程在教室難以落實。至於此期的教育目標與哲學不夠清楚,所謂學科結構常無法獲得共識,亦使學校教師感到混淆。

第二代科學課程為了彌補上述缺點,由科學教育家、教育心理學家及教育科技、課程理論等專家參與設計,他們擴大科學課程的範圍,一方面含括不同能力學生的需要,二方面擴大課程的內容,納入有益於日常生活的科學知識和技能,探討科學的歷史和文化脈絡,了解科學發展的影響勢力及科學對人類活動各領域的貢獻。認識科學的社會後果,結合科學及其他的觀點探討社會問題,例如環保教育。由社會問題的探討,更導出了統合科學的設計、科學過程的關注、科學題材的擴大,以及科學的社會責任的教學。

有些人認為統合科學能最有效地滿足不同能力學生的需要,對教導有益於成人生活的科學知能最為有用,且最能有效地呈現科學結構,培養科學素養。但另些人則批評統合科學的概念含糊。不論如何,由於 UNESCO 的推動贊助,許多統合科學課程相繼發展出來,其組織因素為能夠包容傳統科學學科的主題(themes or topics),例如紐菲爾中學科學計畫 (Nuffield Secondary Science Project) 便是採用此種方法。有些課程設計人員更進而發展組合課程 (modular programmes),以主題分割整個課程為小而獨立自足的單元,供學生彈性自由地學習,以適應其個別差異。

第二代的科學課程也重視科學過程，例如觀察、預測、實驗、解釋等主題，都可成為選擇課程內容的組織中心，以發展學生的科學過程技能。在科學過程的設計途徑中，實驗工作的角色被擴張了，它被用來教導學生學習科學過程和問題解決技能，並藉以學習科學概念。學生的學習動機可以提升，且他們也認識知識從何而來。

此外，在課程設計上，第二代科學課程體認到防範教師課程（teacher-proof curriculum）的限制，希望多發展教師可用的材料，置於其手中供其選用，而相對地學校課程發展（school-based curriculum development）也受到提倡，加深學校教師在學校層次的課程設計責任。再者，過去忽視的課程評鑑，在第二代科學課程設計中，亦融入了課程發展程序中，且兼重量與質兩方面的評鑑。

當然科學課程設計人員的使命尚未結束，統合課程和單科課程的爭論仍然存在，如果前者在中學階段確實有用，如何選擇主題作成更好的統合設計，仍有待努力。如何讓科學課程適合各種能力學生的需要，擴充全民的科學專養，如何讓科學應用到日常生活，又如何加強科學過程的教學，培養科學態度，當然也是值得努力的方向。

六、藝　能

美術教學幾乎和美術一般古老，然現代美術教育的開始却源自200年前歐美共同學校開設的繪畫課。美術教育的目的在使學生獲得藝術表達、設計和批判理解的技能，並獲得藝術及藝術史的知識。為了使美術教育能受重視，需從美術教育的幾項功能分析：職業、道德、公民訓練、個人發展。美術教育課程的設計，必須建基於下列的基礎之上（Efland, 1985）：

1. 美學：探討藝術的概念及美術對人類的價值。
2. 美術史、畫室工作及美術批評。
3. 課程研究，含目標、內容、方法及其中的關係。
4. 美術教育史，含美術教育的發展及其與社會變遷和文化政策的關係。
5. 實證研究：描述及解釋個人和團體的美術學習行為及美的反應。

在1950年代末期，美術教育的提倡，多半著眼於美術能促進各領域學習的創造力。然而有更多的主張，認為應模仿自然科學以學科結構為核心的課程設計方式：即教導學生藝術家、藝術史學者、藝術批評家及美學研究者的探討模式。到了1970年代後，受到回復基本能力運動影響，開始強調美術表達也是一件重要的認知型式，提供學生另一種代表意義的符號系統（Eisner, 1982）。目前美術課程的設計，有強調自我表達，認為個人發展及畫室學習是核心者；有仍視美術為學科，重視藝術批評和藝術史者；有重視影響美術發展的社會、政治、經濟因素，企圖納入大眾文化及學生生活做為課程內容者；有從現象學取向來從事課程設計者；更有試圖中和各種觀點，提供學生各種角度的學習途徑者。再者，美術的範圍有不斷被擴大的趨勢，大眾藝術、工業設計被納入課程中，舞蹈、戲劇、媒體藝術（影片、影帶、有聲媒體）、建築，豐富了美術的內容。美術教育也有科技整合的趨勢，1984年美國賓州教育廳曾設計一門課叫「透過藝術看生活週期」，學生在這門課中從文學、美術、音樂的角度，檢視各個生活階段的演變。

音樂是所有文化都具備的成分，當然也是絕大多數國家學校教育

的一部分。音樂教育的價值經常被提及的有四方面（Garretson, 1985），其一為美學和表達的價值，人類追求美，而音樂便是一種美；促進個人對美的感受的美育，自然包含了音樂在內。音樂更是人類表達意義的重要型式，有助於個人自我發展，這一點和藝術是認知的一種型式說法相同。其二為文化、個人、和社會的價值：音樂是文化的一部分，實施音樂教育等於在傳遞文化；音樂可使個人肯定自我，獲得成功經驗；音樂透過集體表達型態，也可培養合作和尊重他人的態度。其三為治療的價值，音樂有助於矯正個人身心的失序狀態。其四為職業和非職業的價值：音樂可提供個人就業技能，充實個人生活。

基於這些價值，音樂教育自然受到重視，而對課程設計的途徑也有許多研究。除了專門的音樂學校外，中學階段傾向於開設專門的音樂科目供學生學習；例如音樂理論、樂器教學，尚有各種音樂表演團體供學生選習。有的國家尚開設社區音樂學校，讓學生於課外學習。

1960年代以來，學科結構及螺旋式課程的概念，亦大大影響音樂課程的設計，許多設計人員試著找出音樂的要素做為課程的組織因素，例如速度、音色、旋律、節奏、和聲、構造、型式、動力等，透過歌唱、欣賞、節奏活動、韻律活動、樂器表演、創造活動（即興表演及作曲），發展學生的音樂性。

其次，音樂課程的設計也重視各種音樂的學習及表演者的接觸，特別是民族音樂，許多國家都非常珍視。表演者的接觸提供學生真實的情境及優良的模範。此外，參與社區的音樂活動，獲得表演機會，也非常重要。

再次，音樂與其他學科的整合也是個趨勢，如前所言，音樂代表文化，每首樂曲都有其背景，顯示特定文化的風俗、理想、態度、價

值,更代表其出現時期的社會狀態,因此音樂教育很容易結合社會科和語文科的教育。音樂和其他藝術的關係,如電影、戲劇,更是密切。其中對於概念及探究方法的整合,都有人從事。

第四,音樂課程的設計受到各種教學法的影響(Woods, 1985)。例如,高大維法(Kodály Method)重視音樂的閱讀和創作;奧福法(Orff Method)強調創造、說話、即興表演、動作;柯拉波康法(Carabo-Cone Method)以感覺動作促進音樂學習;鈴木資優教育(Suzuki Talent Education)強調及早學習音樂、機械學習、父母參與、每日練習、合作學習等;達爾洛玆法(Dalcroze Method)重視對音樂和節奏的自由及指導的身體反應;曼哈坦音樂課程(Manhattanville Music Curriculum),強調個人對聲音的發現和探索;當代音樂計畫(Contemporary Music Project),重視綜合的音樂性的培養。

最後值得一提的是個別化音樂課程的設計(Woods, 1985, 3474)。當代音樂計畫便是很好的例子,該課程包含了學習契約、學習活動輯及音樂學習中心,供學生以自己的方式學習。

在體育方面有幾個趨勢值得注意。第一是增加終生可行的運動之教育,例如潛水、騎自行車、高爾夫等。第二是減少不必要的性別區分,增加兩性合在一起上課的課程,如帆船、自衛術。第三是增加課程選修的機會,讓學生依興趣選擇適合的運動項目學習。第四是運動的目的大於競爭,減少運動競爭形成的傷害。第五是增加可促進個人終生維護身體安適意願的活動,例如動作教育、鬆弛技巧等。第六是目標方面,除了身體的認識和運動技能外,尚注重優美的行為,可期許的社會態度及終生運動習慣的培養。

在健康教育方面,世界衛生組織體認到建立健康教育多元目標的

重要性。健康教育課程的最終目標,在改善健康狀態,為達此目標,個人必須學習建立健康的生活方式,並能維持長久,他也必須能夠有效地利用現有可用的健康服務,控制影響健康或生存環境的個人或社區決定(Loupe, 1985)。基於此,健康教育不但要教導健康的生活方式,了解影響健康或疾病的環境和遺傳因素,也要比較私立和公立健康服務機構,以便未來能作成有利於健康的決定。其次,健康行為是十分複雜的,要改變個人健康的習慣,除從學校努力外,尚應注意到家庭及文化的行為模式,因而宜從各個角度協調擬定方案實施,才能收到效果。再次,學校健康教育方案的擬定,應以維持正確行為模式及預防不良行為模式出現為重點,而不是以改善不良行為為焦點。第四,學校環境安排必須是合乎健康要求的,使學生能夠健康成長,並藉着學校教育之示範而潛移默化。 最後, 關於健康教育課程的評鑑,究應重最終結果,或是造成結果的健康照顧、教育內容、方法、組織、人員、材料、環境等,一直是個爭議問題,不論如何,評鑑工作是受到注意的。

在家政教育方面,有幾個要點宜加以注意。第一是家政教育範圍的擴張,在教導學生面對家庭各層面的問題,達成家庭的目標:兒童養育、衣着、居住、營養與健康、家庭管理、人際關係等。第二,家政教育的重點,在於預防、教育及發展等層面,而不是在於治療、補救或危機干預等層面。第三,家政教育課程的設計,亦注意到特殊狀況學生的需要(如障礙者)、基本生活技能的建立及性別刻板印象的消除等。

七、各科共同趨勢

由前述各科發展趨勢的分析，可以歸納出幾個共同要點如下：

1. 課程改革都有其社會背景因素存在，以主導世界課程改革的美國為例，其1957年以來的課程改革，分別受到國防安全、人權運動及經濟競爭等因素的衝擊而形成。
2. 課程改革運動具有擴散作用，某一科目課程的改革會延伸到其他科目的改革。例如數理科的學科結構和探究方法的觀念，均被其他科目的改革所採用。再者一個國家的課程改革也會影響到其他國家。
3. 課程改革的主導人物，已由各科的學科專家，再度交回到各科教育專家、課程學者、教育心理及教育科技學者身上，更重要的是廣泛參與的觀念受到重視，教師、家長、學生之參與都是有價值的。
4. 科際整合的觀念普遍存在，這不單出現於大的學科領域之中（如科學），也出現於性質接近的大領域之間（如文學、社會、音樂）。
5. 強調日常生活的應用及本土文化的納入（如音樂、美術）。
6. 概念、原理、原則與方法仍舊受到注意，所謂學科結構及探究方法，仍然存在。有些科目更強調思考能力的培養。
7. 態度和行為改變在許多教學科目中都成為課程設計的焦點。
8. 以往優才式課程設計已經有所改變，課程設計者注意到不同學生之需要，企圖擴大各科的學習人口。

9. 個別化教育普遍受到重視，許多科目的設計都試着規劃自學單元及其他因應個別差異的措施。
10. 科技在教育上的應用也非常普遍，許多科目的設計均採用電腦、影片、影帶等科技成品，尤其是電腦不但可當成一門科目教學，它也可應用來做課程管理、課程傳送（如CAI）及達成課程目標的工具（如資訊處理、模擬、練習等）。

第三節　課程設計上的問題與趨勢

　　除了各教學科目的重要趨勢外，本文也要指出全國性課程發展運動的問題。1950年代末期的新課程運動，代表的是一種全國性的課程發展模式，稱爲研究、發展、推廣、採用模式，簡稱R & D，這在當時被看成極爲完美且極可信賴的方法。採用此一模式時，先把課程發展的精英集合起來，通常是學科尖端研究者主導，結合其他著名的學科專家和該科的優秀中學教師，部分課程方案亦有心理學者及其他人員參與。課程發展人員先針對所設計的學科課程結構加以研究，取得一致意見，發展教材大綱，起草各單元內容，經過修正、討論、試用、實驗、再修正等程序，再推廣到中小學去實施。此種模式的程序請參見第八章圖 8-1。

　　此種R&D模式國內外學者均曾加以批評（黃炳煌，民71,110-2；黃政傑，民78,134-7; Lazerson et al., 1985; Grobman, 1970）。歸納各方批評，可以發現 R&D 的優點在於反映尖端學術發展，綜合研究成果，審愼發展課程材料。不過，其困難亦不在少，例如：由上而下視教師爲機械的課程實施者，而非能夠主動選擇調適者；對於課程

在學校的實施，持著過度單純的觀點；未了解學校實施情境，無法切合教育情境的需要；不了解學生能力差距的範圍，未重視學生如何學習；課程改變未有教師改變予以配合。以下茲引用拉薩孫等人(Lazerson et al., 1985)的批評來顯示問題的關鍵所在：

> 新數學的改革人員低估了學校文化改變上的困難。在幾千位數學老師中，多數對高深數學了解有限，課程改革則要求他們格外努力去學新教材的內容和新教學法。然而不管教師是學習也好，是教學也好，他們都處於以往相同的工作情境中，使得反覆練習、易於批改的習作簿、標準化教科書，仍舊成為吸引人的教學技術，校長和教師開始懷疑新課程的價值性和實用性。……逐漸地，他們又拾起以往熟稔的教科書……。(p. 33)
>
> ……
>
> 因為改革者來自於全國最具聲望的大學，他們試圖按照大學所授科目內容來塑造學校課程。他們對學術研究甚具熱誠，且對學校教學大力批判，他們的目標在教導學生其專長學科的結構，好讓學生如數學家、科學家或社會學家一樣思考。他們較不關注教室教學的現實，而喜歡與理想的教學內容作心智上的對話。他們對學校教師具有愛恨交加之情感。他們若需要學校教師協助設計課程，都從最好的學校選出最好的教師，他們相信絕大多數教師都是問題的一部分……。(p. 44)

本文引用這兩段話最主要目的不在闡明 R&D 的缺點而已，更重要的是顯示由上而下課程設計模式的限制所在。我國歷次課程修訂，雖同時進行部分的研究，不過仍舊比較接近行政模式的課程設計，而

這種設計的最大問題，除缺乏常設的課程研究發展機構外，卽在於由上而下這個部分。每次的課程修訂完成都令人感覺相當完善，但是一到學校却難以落實，原因何在？也許上述的分析是有其意義的。基於此，課程改革若採用由上而下的模式是有其限制和困難的，卽使加強教師進修和資源環境的改善，仍難全盤解決。因爲每個學校都是獨特的，每個教室都是個殊的，缺乏了學校教育人員主動從事課程設計，絕難以滿足其所處教育情境之需要。這一點更可由古德拉（Goodlad, 1979）、薛勒（Saylor et al., 1981）、艾斯納（Eisner, 1979）諸位學者，對不同機構、團體及人員在課程設計參與上的分析，得到更進一步的理解：他們認爲課程設計是由許多機構、團體和人員參與的，教育行政機構有其該設計的層面，學校有學校的設計責任，教師有其需要擔負的課程設計工作，卽使是出版社、學者專家、家長、民間團體也都有其課程設計的參與權。

1970年代中期以來，歐洲美洲的重要國家都體認到學校自身從事課程設計的必要性，認定教師不但是課程的使用者，也是課程的發展者。全國性的課程發展機構或其他機構，其責任並不是在發展出防範教師的課程，限制教師的課程設計權到，而在提供教師各種課程材料，讓他們依其專業自主權自由選擇、調整、採用。這些材料可透過教育人員的社會互動網絡去加以傳播、推廣，而教師亦可依據面臨的課程問題，採取問題解決模式去規劃課程。這一股學校主動選擇課程加以調整，或針對面臨的課程問題自行設計課程的運動，稱爲學校課程發展（school-based curriculum development）。學校課程發展發源於學校，以學校爲中心，以教育人員爲行動的主體，強調學校的責任和力量。在學校課程發展中，課程設計、實施和評鑑是一貫的，學校需要針對實際教育狀況立卽反應，教育人員的能力也在學校課程

發展過程中開展出來。雖然如此，學校課程發展和全國課程發展並非兩不相容，而是可以互相補充的。國中課程改革希望能一方面落實全國課程設計的優點，補救其可能的限制，同時希望能鼓勵各個國中的「學校課程發展」工作。

在此國中課程即將展開修訂的時刻，對於現行國中課程的問題及未來改革方向亦有必要稍予提及❶。邇來國小學生課程負擔過重的批評甚多，國中階段亦有類似的問題，對於課程份量、範圍、難度均有必要檢討改善。課程設計常以具學術取向的學生為對象，未能擴大各科目受益的學生羣，以致形成了許許多多的邊緣學生（marginal students），他們如同學校文化的邊緣人物，知識離開他們十分遙遠。從此導出幾個重要的問題：所有國中生應該共同學些什麼？那些學生該學習不同的內容、追求不同的目標？課程該如何設計才能兼顧平等的學習機會及個別差異的適應？這絕不是簡單的問題。1980年代以來課程領域出現了一股卓越教育運動（林寶山，民73a，民73b），要求學校追求教育的卓越，培養學生的基本能力，發揮學生的潛能，

---

❶有關我國國中各科課程與教學的問題及改進方向，請參閱下列著作（均載於國立臺灣師範大學學術研究委員會主編，民78，當前師範教育問題研究）：
1. 陳光輝，公民與道德教學問題與改進。
2. 沈 六，價值澄清法在公民與道德教學的運用。
3. 吳務貞，國民中學童軍教育教學問題與改進。
4. 黃松元，健康教育教學問題與改進。
5. 陳品卿，國文教學問題與改進。
6. 王文發，當前國中歷史教學問題探討。
7. 鄧元忠，歷史教育應有的新趨向。
8. 施添福，地理教學問題與改進。
9. 李春生，我國地球科學教育的現況與檢討。
10. 毛松霖，地球科學教學問題與改進。
11. 王建柱，美術教育問題與改進。
12. 范儉民，音樂教學問題與改進。
13. 余 鑑，工藝教學問題與改進。
14. 黃自來，年齡動機與學習第二外國語言。

這個運動對我國的國中教育是有其意義的。但如何給予學校彈性、學生彈性，却是卓越達成的基本條件，因為標準化、齊一化只是平庸的代名詞。由於目標是課程設計的重要指導南針，對於國中整體目標及各科教學目標，都有需要參酌各國經驗及本國狀況予以檢討調整。至於各科課程內容的修訂，內容與目標的一貫性，科目與科目間的聯絡整合，當然也都非常重要。

總之，本次國中課程修訂可謂任重道遠。社會需要、學生需要及知識發展都是課程修訂的重要依據，在進行全國性規劃時，希望也能鼓勵學校課程發展，兼顧本國實際教育問題及其他國家的經驗，統籌全國一致的改革重點，賦予各校調整因應的彈性，並能讓「教師發展」伴隨着「課程發展」出現，落實國中課程改革。

本章摘要

本章旨在探討當前國中階段課程設計的重要趨勢，首先分析多元社會及未來社會的特質，指出其於課程設計上的意義。其次就各科目的發展狀況加以分析，指出中學階段課程設計歷經的階段：由學科中心、學術中心，而至學生中心、生活中心及基本能力中心。本章接着歸納各科發展之共同趨勢，最後並提出課程設計的問題與方向。

問題討論

1. 試提出你個人對臺灣社會發展的預測，並指出其於中小學課程設計上的意義。
2. 試就你個人感覺有趣的教學科目，分析其中之課程問題，參考其他國家該科之發展趨勢，提出改進之建議。
3. 讀了國中階段課程設計的趨勢之後，試就我國國中課程加以檢討，提出改革的重點。

第十三章
當前我國課程設計的問題

目前國內課程設計遭遇到許多問題，有不少都和我國特殊的文化社會背景有關。本章之中，將分析決策過程、課程專責機構、兩難問題、科目表、新興課程領域、國定本教科書、課程評鑑、課程實施等項目，指出其中問題所在，藉供課程設計之參考。

第一節 決策的過程

一、決策缺乏適當體系

課程決策缺乏適當體系，七十二年國中課程標準是很好的例子。該年度國中課程標準的修訂，前後耗費了幾年的工夫，修訂程序也十分慎重。但這個標準一公布實施，立即招來各界批評，尤其是科教界

提出許多意見來。結果教育部又開會推翻原來公布的標準，七十四年再修訂公布新的標準。此一實例顯示，決策程序確有其問題，如果七十二年的修訂決策是正確的，何以一公布便迫於壓力而修訂？如果七十二年的修訂確實有缺點，這個缺點是如何形成的？何以變成無可救藥？當時批評反對的人，是否為修訂委員？如果是，他們曾否去開會發表意見？最後的草案是如何通過的？修訂委員是否可以一方面舉手贊成，另方面又批評草案的不當？如果批評反對的人不是修訂委員，為何當時不給他們參加機會，或者提供意見的機會？

二、決策過程不夠公開

教育決策過程常常是保密的，決策單位千方百計設法不予曝光，以減少外界的干預和阻力。決策單位的心態常是一旦公布，事已定案，任誰也沒辦法，有意見是將來修訂的事。課程決策當然脫離不了此一模式。課程決策涉及許多敏感問題，也關聯到各種團體的利益，經常是各界注視的焦點。為了避免干擾，決策單位往往秘密進行討論。問題出在課程決策一定要多接受各界的意見，當做密件處理之後，各界得不到資訊，無從提供意見供修訂委員作決定參考，決策過程等於是缺少回饋，決策單位也缺少了宣導推廣新課程的機會。

三、修訂委員的選擇欠當

過去許多課程修訂，在委員選擇上，往往以是否擔任重要行政工作為依據。換言之，修訂委員的認定標準，不是課程修訂需要何種專長，而是各界批評的「官大學問大」。目前決策單位這種觀念，已逐

漸消褪，殊爲可喜。不過，決策單位還有一個做法值得檢討，那就是「意見不同便不讓參與」。這種做法，顯係決策單位爲了決策儘速完成的措施，認爲不請意見不同的人來參與，必然減少課程決策的阻力，讓新課程儘速出現。可惜，這樣做成的課程決策，由於在意見觀點上自我設限，極難趨於完美。

四、決策的關鍵點不受重視

　　課程修訂之際，都擬訂了修訂原則，藉以指導整個修訂過程，例如課程設計應注重統整性和順序性，每週上課總時數不得超過多少節。除此之外，課程修訂有許多關鍵點，更應加以重視。例如新制師院課程制訂時，曾討論了幾個關鍵問題，第一是將來招到的學生是自然組或社會組的？這個問題影響到普通課程的設計，如果都是社會組學生，普通課程勢必需要加強數學和自然科學方面的教育，以便使學生將來得以擔任這些科目的教學；如果招的都是自然組學生，則普通課程中勢必要加強人文社會學科的教育。第二個關鍵問題是各類課程所佔比例應如何分配？普通課程、專業課程（教育科目）、專門課程（學科專長）三者，各應佔多少百分比？這牽涉到理想小學老師像什麼的問題，也牽涉到教師角色是包班制或科任制的問題。第三個關鍵問題，是普通課程的設計應否突破大學校院共同必修科目表的問題。卽師院應全部接受大學校院共同必修科目，然後再增加其他科目嗎？或者是不顧那些規定，完全依照師院教育自身的需要重新規劃？或者還有其他折衷辦法？

　　這些問題之所以重要，是因爲它們不解決，往後的課程制訂便無法動起來；卽使勉強動起來，也缺乏一致的核心，結果便缺乏統整

性。問題是誰對這些關鍵問題具有決定權呢？有決定權的人不來參加討論，無決定權的人討論終日，豈不是白費時間呢？以目前的體制而言，教育當局缺乏常設的人力和組織來做課程修訂工作，委託其他機構制訂課程，授權程度也未予確定，課程決策必然會出現問題。

五、權力分配問題

我國將課程制定權劃歸中央，由教育部負責，省市廳局及各級學校並無決策之權。然而教育部人力有限，課程標準的修訂，其間隔平均都在十年左右，實在無法滿足變遷社會的教育需要。再者，課程一經決定，教育部無法自行實施，最後仍要依賴各級學校教育人員，他們是否能接受這樣的課程制訂和實施程序呢？是否能做好課程實施工作呢？目前國外許多教育學者，不斷批評全國性的、由上而下的課程設計型態，便是持著否定的觀點。他們進而主張由地方、學校、教師參與課程設計，讓其擁有部分課程控制權。這種主張可稱為草根式的課程改革模式或學校課程發展運動，許多國家均大力推動（黃政傑，民74）。國內許多學者專家，也一再呼籲重新調整課程控制權力，給予學校教育人員更多的彈性，來規劃學校課程，但是所謂彈性，目前仍然是限定於選修科目的開設上而已。

第二節　課程專責機構

課程設計是極其複雜且須持續從事的工作，然而一般人總以為新課程施行之日便可終止，等過了幾年變成陳舊之後再重新開始。由於

具有這種觀念，課程設計這麼重要的工作，才會安排給教育部各司內的一個科來做，由他們草擬辦法，聘請修訂委員，進行課程修訂工作。這樣組成的修訂委員會，只是臨時性的任務編組，任務一完成，委員會便解散。

課程修訂委員會的任務，是在草擬新的課程標準，由工作的開始到結束，快則一年左右，慢則二、三年不等。委員們都另有一份專任的本職，他們都不太專心於課程修訂工作。卽使說每個委員都極為努力，新課程標準公布之日，往往又是它落伍陳舊的開始，往後的十年左右，又有誰來負責課程修訂的工作呢？由此可見，課程設計在我國被當成一個臨時事件，而不是持續存在的工作，結果，課程改革要等到下一個臨時編組出現，才能加以考慮。

目前國內雖無全國性的課程專責機構，却有幾個教材研究發展中心。其一為附設於師大的科學教育中心，負責科學教材的發展與實驗，其二為人文及社會學科教育中心，負責人文社會教育的研究發展。此外，臺灣省板橋國校教師研習會，從事國小教材的研究發展；國立教育資料館負責教學資源的蒐集、編目、服務；國立編譯館也從事國民中小學國定本教科書的編輯工作。這些機構雖然各有其作用與貢獻，但是，如何統整起來發揮力量，仍是值得重視的問題。近來，技職教育課程研究發展中心，已着手研究籌設的可行性，第六次全國教育會議後，教育部也有意加強教育研究委員會的功能。然而，展望未來，一個全國性的課程專責機構是極其必要建立的。

由於缺乏課程專責機構來統整各級各類學校的課程設計工作，因此，各級學校課程常常出現縱的方面失去了順序性，橫的方面則各科之間缺乏聯絡。為了改進此一不良現象，希望今後中小學課程設計，應有其一貫性，讓一個課程修訂委員會，同時負責中小學課程的修訂

工作，千萬別再國小設一個委員會、國中另設一個委員會，如此這般分開來設計。再者，課程修訂過程中，各科之間彼此的聯絡，必須進一步加強。

第三節　面對兩難問題

課程設計人員所處的情境，經常是矛盾的，充滿著兩難的問題。如果他們不能謹慎思考，設法解決，課程設計工作是註定要失敗的。

一、機會均等與因材施教

機會均等與因材施教，一直是教育人員努力的兩大目標。一方面，課程設計要提供所有的學習者公平學習的機會，不因其性別、種族、宗教、階級、年齡、居住地、黨派等屬性，而有差別待遇；另方面，課程設計也要容許學生發展其特殊才能，或採取不同教育方法，因應學生的特質，促其潛能充分發展。基於前一需要，課程設計常出現齊一化現象，不管學習對象的屬性，均施予同樣的課程；基於後一需要，課程設計常強調變化，儘量提供給學生不同的課程。在教育的歷史當中，可以發現有時重視機會均等，有時重視因材施教，兩種呼聲和作為交替出現。遺憾的是，課程設計時有關人員不是未由歷史中取得教訓，便是難以在機會均等和因材施教之間，取得適當的平衡點。

二、統整與分化

　　課程設計上的統整（integration），一般係指科目之間、科目與活動之間、學校課程與校外生活之間的聯繫與配合。不過，統整尚有另一個意義，用指提供學生共通學習經驗。分化（differentiation）或稱為分殊，係指提供學生不同學習經驗，導向不同的前程。

　　課程設計一方面要提供學生共通學習經驗，使其具備共通的理念、基本素養或能力，俾便於彼此溝通，共為社會的維護與進步而努力。另方面，課程設計要提供學生不同學習經驗，使其依據性向之差別，獲得適性的學習途徑，發展個人潛能，裨益於整個社會。課程設計人員面對的問題，將是兩者是否能夠兼顧或如何兼顧的問題。課程設計能夠兼顧統整和分化兩種功能嗎？如何兼顧呢？有人認為國中國小的教育功能是統整的，高中則是分化，大學研究所更朝專精而分化，這是否意指國民教育不應朝向分化，高中以上教育不得朝向統整？如果答案是否定的，則各級教育統整與分化的分界點在那裏？

　　「統整」的觀念和「機會均等」的要求有關，不過課程設計要求統整功能的注重，不單為了「機會均等」。「分化」的觀念和因材施教有關，但課程的分化，不單為了因材施教。

三、過去、現在與未來

　　課程設計需要兼顧三方面的使命：傳遞過去的經驗、促進對當前社會生活的適應、導引社會變遷與進步，換言之，課程設計需兼具過去、現在、未來三種使命。

人類自有歷史以來已經累積了幾千年的經驗，直到二十世紀科學知識的發展更是驚人，令人有爆發之感，知識寶庫益加充實。固然課程並不包含所有知識和經驗，然而它們累積愈多，勢必愈增加選擇的困難，何者當取，何者當棄，不容易作成決定。

課程設計宜導向現在或導向未來，一直是爭論問題。主張導向現在者，認為目前社會生活是值得維持或頗符理想的，教導學生適應這些生活，正是教育的目的，亦符合社會穩定的要求。主張導向未來者，認為社會是不斷演進的，當前社會也不夠理想，甚而是問題重重，即使再理想，終究要邁向新的社會，且由於知識發展及其他相關因素加速影響，社會的演進或變遷也是加速進行。在這種情境下，以適應現在生活為中心的課程設計，永遠趕不上時代脈動，只好讓學習者跟著時代末端追趕。

課程設計者夾在過去、現在和未來的使命中，感受極大的壓力。不少課程設計者，或注重知識經驗的傳承，忽視社會生活的適應與發展，或過度注重現代社會生活，拋棄課程的未來取向，都使得學校教育產生了缺陷。在過去、現在、未來三種使命中，課程設計人員面臨的困難並不一致。面對過去的使命，課程設計人員必須謹慎選擇適當的知識和經驗；面對現在的使命，他必須過濾現代生活的價值與優劣；面對未來的使命，他必須構建理想的藍圖。

四、難度和份量

課程內容的難度與份量，是近來課程評論人員注視的焦點。其實，中小學學生學業負擔過重，多半種因於課程難度過高、份量過多；此一事實有識之士均能一眼辨認，且已成為歷次課程修訂的重要

方向。但是，每次課程修訂完畢後，課程難度依然很高，份量依然很多，大家莫不懷疑，是否有關人員明知故犯，有意和全國衆多師生對抗？

假如能深入一點剖析課程設計過程中，對難度和份量的決定所考慮的因素，當可體認設計人員面對的困難。課程設計時區分出許多學習領域，稱之爲學科或科目，每一領域在大學都有其相應的學系，有專門的研究人員，累積了豐富的知識。對於每一學科領域的學習，常依據各領域所假定的邏輯體系，有能力的學生循序而進，最後便能登上該門學科的頂點，成爲專家或研究者。

課程設計者遭遇到的第一個難題，是學科邏輯體系所隱藏的難度，符合學生身心發展階段與否的問題。學科邏輯體系並不一定是最佳的學習體系，課程設計者必須去確認學科邏輯體系，必要的話還要將它轉換爲適當的學習體系。

其次，就算學科的邏輯體系已符合或已轉換爲最佳學習體系，是否對每一學生均適合，仍待商榷。迄今爲止，身心發展階段之研究，着重的仍是平均值，對於其中之個別差異，仍未提供足夠的知識。當學科知識有其重要結構需要傳授時，面對一大羣具有個別差異的學生，一定會出現難度和份量上的問題。

第三，站在知識研究發展的角度，課程設計常朝向提高難度水準，增加份量的做法，盡量提供優秀人才足夠的挑戰，盡量給予他們擊敗他人的機會。所以，課程本身具備選擇的功能，爲學術研究領域甄拔人才。但站在學生及社會需要一端的人，另有其觀點：教育的對象是每一個學生，而不是少數憂異的學生，課程設計當然也要適合每個學生的需要，而不只是少數學生的需要。基於此，課程宜適合每個學生學習，其難度和份量均宜降低，以增加學生成功的機會。而所謂

難度和份量的降低，究應至何程度才不至影響教育水準，却是極難回答的問題。

五、標準與彈性

標準和彈性的兩難，和前述難度和份量的觀念有密切關係，不過却是不同的問題。標準與彈性的兩難，源自於課程設計時一方面要提高教育品質，另方面又要兼顧受教者及其所處情境的變化。要提高教育品質，常着眼於標準的提高，例如原本要求語文課教二十四課，改爲教二十五課，增加了份量，或者，原來選文中白話文較多，改爲文言文較多，增加了難度。標準的提高，可能導致教師和學生的努力也提高，最後教育的產出也提高，卽學校教育人員有了較高的績效。

上述的推理固有其道理，但是實際上標準和素質的關係並不是直線的。如果標準高過於學生的能力水準，教學的措施和努力，仍舊無法達成預定目標，最後只有增加學生挫折的出現，績效要求便會落空。

標準的建立往往會導致標準化的現象。本來標準的作用，包含有教育機會均等的促進一項：全國各地不論山上、海濱，都要求提供學生相當程度的教育品質，使學生不因其所在地區不同而遭遇不利教育情境，進而限制了潛能的充分發展。然而「標準」若變成了「標準化」，每個學校都以達到標準爲最終目標、爲滿足，則所有該出現的變化或多元現象，一概消失，教育便僵化了，這可稱爲標準化的危機。

所以建立標準是有利於教育的，而標準幻化爲標準化則是不利於教育的，特別是標準不斷提高且又成爲唯一努力的方向時，更是如此。就全國性的層次而言，課程設計者一定要注意到每個學校都有其

獨特的一面，例如特別的學區、校園、建築、師資水準、經費等，所有的設計務必要留有各校因應及發展其獨特性的機會。個別學校及個別教師層次的設計，亦是如此。不過，標準與彈性的分界定在何處，永遠是課程設計人員需要明智面對的問題。

六、保守與急進

　　課程設計時，對於改變程度的態度，大體上可分成保守和急進兩種。保守的人希望維持現狀，最好是不要改變，甚至有持復古心態的，希望回復過去狀態。持保守態度的人，多半對過去和現在的措施非常滿意，也具有維護其存在的忠誠。當然也有一些保守的人，從現狀獲得利益，希望這個利益持續維持下去。遇到非變不可的情境時，保守的人也會儘量設法讓改變不致太大。課程設計的保守主張，也包含了一套足以說服他人的說法：改變需要各種相關條件配合，若這些條件不成熟便強予改變，唯有導致失敗而已；為了讓社會易於調適，改變的策略最好是漸進且是小幅度的。

　　持急進主張的人，其觀點迥異於保守的人。他們觀察到課程現狀具有許多問題，心中充滿改變的理想，認定不改變便是退步、便是失敗。而且，為了理想及早實現，唯有採取根本、快速、大幅度的策略，才是辦法；他們也認為，所謂漸進，只是不變的說辭。

　　課程設計人員都會發現，保守和急進的衝突無處不在，能否解決此一衝突是課程設計成敗之所繫。任何課程設計都包含變與不變，其中變的速率確實應觀察其條件是否存在或是否能提供，不過向上改變的程度和速率確實也是教育進步的指標。

七、學生、教師與專家

專家是學有專長的人，對於課程設計而言，他也是對課程領域最有知識的人。基於此，國內外的課程往往是專家取向的，專家的觀點支配了課程的內涵，他是最有權力的人物之一。課程設計缺乏專家不行，但讓專家全盤支配也有落入過度專門化的危險，因此需要讓教師和學生參與課程設計工作。

讓教師參與課程設計，已成為大家的共識，因此，許多課程設計小組或委員會都規定了教師應佔比例。但是在眾多教師之中，如何選出最優秀的成員，使其對課程設計做出最大貢獻，是一大學問。再者，參與設計的教師如何發揮影響力、以及如何搜集多數未參與設計的教師的意見，並不容易。更重要的是如何預留更大的課程彈性，讓每位教師依其所處情境去調適因應，值得探討。

對於學生參與課程設計，迄今尚未產生共識，其理由為學生年齡小，身心發展尚未成熟，且其專責為求學，不應為其他事情分心。不過任何課程設計脫離了學生，都註定會失敗。參與設計可令學生提高學習興趣、動機，更可使課程配合學生需要，間接鍛鍊其處事能力。

學生、教師、專家一起設計的概念，是可以令人接受的，不過三者如何組成，所擔任的角色為何，權力又如何分配，凡此種種問題都仍須予以深究。

第四節 科目表的問題

關於科目表的問題，本書第十章在探討我國教育部課程行政時，曾經從八方面加以檢討：最低標準與最高標準、科目與時數之爭、課程結構的爭論、目標與科目的配合、課程的順序與統整、科目數與內容份量、理論與實習、齊一與彈性。這裏希望在這些項目之外，再談幾個重要的問題。

第一個要討論的是科目表決策參與方面。各級各類學校的科目表，都規定了學生的學習科目和時數，其中又包含了各學門、各領域的相關內容。例如國中的必修科目有屬人文的國文、英文，有屬社會的歷史、地理、公民，有屬數理的數學、理化、地球科學，選修科目中則另有職業陶冶的科目分屬農工商家政等類。由於各領域的科目是否納入科目表，其時數多寡，均涉及領域內的研究人員、教學人員及學生之發展，因此，科目表的建立或修訂向為兵家必爭之地。但是每一張科目表所能容納的科目和時數很有限，如果沒有公開公平的討論及作業，往往形成弱肉強食的現象，不利於學生之學習與發展。而且，最後形成的科目表，只能見容於既得利益者，其餘領域的批評之聲，勢必紛至沓來。

基於此，科目表的制定頗具政治性，各領域人員之參與甚為重要，一方面可符合民主原則，二方面可彼此公開辯難，使真理愈辯愈明，三方面可促進彼此了解，消除見樹不見林或唯我獨尊的心態。除了專家學者之外，其餘人員如家長、學生、企業界、學校教師、行政人員、民意代表之參與亦甚為重要。值得特別一提者，學校教師和學

生是課程實施的最前一站,其意見和反應却經常最不受重視,可是却最為重要。未來的課程設計,實應設法取得他們的建議和感受,做為設計的基礎。

第二個要討論的是學生負擔過重的問題。前曾提及學生的課程負擔過重其實已是陳年老問題,只不過最近重提舊事而已。課程負擔過重,其結果可能是大多數學生無法吸收,以致循序漸進變成空談,更應驗了教得愈多學得愈少的諺語。由於各界對這一點批評很多,因此每次課程修訂一定都喊出減少學生負擔的口號,不過修訂完後學生負擔依然沉重。究其原因,主要是影響負擔的課程因素很多,但課程修訂時有關人員僅着眼於教學時數的減少,而且,有時連這一點也做不到,即使做得到也有其限制,不可能一直減下去。

由此可見,找出其他影響負擔的因素勢在必行。科目表制定過程中,影響負擔的因素有幾個。其一為科目數過多,每個科目的時數少。同樣是每週35小時的科目表,如果安排的許多課是每週一、二小時,則學習科目必然增加,每科都要課本、都要評量,負擔怎不沉重。其二為一學期可修完的科目,硬拆為兩學期教學,以致破壞學習的統整性,也增加評量的次數。其三為科目彼此之間缺乏統整性,許多科目常彼此相互關聯,關係密切,但由於分開設計,獨立成科,以致教學內容屢有不當重複,且割離了科目與科目間的關係,阻礙學生的理解。其四為課程設計缺乏縱的連繫,各階段教育的課程都由不同人員規劃或修訂,每一階段人員都怕其他階段未善盡責任,因而不斷擴大範圍、產生重複。其五為課程設計的學術取向過濃,設計人員心中只有學術目標而無其他目標,只存立志唸大學的學生,未存不升學却要就業的學生。換言之,課程設計人員只為少數學生服務,不為所有學生服務。

第三個值得討論的是科目區分和科目順序問題。課程到底該分成那些科目，每一科目的教學順序如何，便是科目區分和順序的問題。一般課程設計者從事這些工作時，常常自大學搬出救兵，以大學所授科目為中小學校教學科目，忽視大學的教育目的在專精，中小學校重在學習基本素養，大學教的是什麼「學」，中小學只是談「概論」，就算題材相同，大學要求的水準也迥異於中小學程度，故而從大學移植科目到中小學並不妥當。

　　在設計學習科目、排列科目順序之際，目前在設計程序上的最大問題是尚未完全了解科目內涵時便下決定。每次的課程制定，都是先決定科目和時數，再決定科目內容，等到後來擬訂教學科目大綱時，已無法再去更改科目。整個設計過程變成是直線式的，而不是反復互動的。所以，今後科目區分和順序要合理週到，一定要先弄清楚各科的教學內容，才不會出錯。

　　第四個值得討論的問題在科目表修訂的幅度方面。許多學者批評，課程標準修訂，只是把科目名稱、時數、教學年級、必修選修等項目加以調整，產生了所謂「上下前後左右搬動」的現象，毫無實質上的改變。換言之，課程修訂代表的是教育改革，但是每次的改革幅度都不大，而且全國各校均採用齊一的課程，造成教育的僵化。基於此，教育行政機構實應在課程上給予學校更大彈性，或至少准許學校實施更多的教育實驗，試著從更根本的角度來改進教育。

　　第五個值得一提的問題是在課程修訂過程中重要決定的紀錄方面。以往，課程制定或修訂過程，並未紀錄重要決定及其理由，即使是有，也未善用這些記載。因此，在課程修訂會議中，經常發現某些委員由於不了解狀況，不斷在做翻案工作，而其主張的理由並不堅強。再者，歷次課程制定或修訂的經驗，由於未紀錄下來，因而也就

難以檢討、改正和利用。基於此，未來的課程制定，宜設法呈現課程重要決定及其理由，藉供有心人士研究、參考之用，也可促使課程修訂委員通盤了解過去作成各種決定所依據的理由。

第五節　新興課程領域

　　課程設計基本上是個除舊佈新的工作，隨著個人需求和社會需求的變化，過去設計好的課程難免出現落伍現象。例如學術上新的發現會使過去的知識變成落伍或錯誤，科技的發展會使目前的工作程序變成不經濟。值得注意者，有的學習領域可能變得非常地不切合學生和社會的需要，新的領域則萌芽出來，對學生和社會都很有用，做為一個現代人不得不去學習，這便是所謂的新興課程領域了。

　　在臺灣，可確認為新興課程領域者，可謂舉不勝舉，例如資訊教育或電算機概論的課，在二、三十年前，很少人體認其重要性，但是隨著電腦資訊等科技的發達，日常生活及工作學習方面用到電腦的狀況愈來愈普遍，不但是下一代人不得不學習電腦資訊，這一代人同樣不得不學。因此在高中、高職的課程修訂中，均將計算機概論納入課程之中，甚至於在這之外，又成立了學生社團、推動校務行政電腦化，實施電腦輔助教學，辦理電腦軟體競賽，全國各界幾乎難以找到反對電腦資訊教育方面的人。在小學，更有不少學校開設電腦班，利用課外時間教導孩子使用電腦。

　　除此之外，新興的課程領域尚有許多值得重視者，像人口教育、性教育、環保教育、勞工教育、消費者教育、駕駛教育、死亡教育、愛滋病教育、藥物教育等都是。人口教育在我國曾經如火如荼地推

行，編有人口教育教材供小學教師教學使用。性教育在高談自由解放的今天，尤其重要，可是中小學教師實施性教育時却仍有無所是從的現象。臺灣過去幾十年來強調經濟發展，對環境保護不是毫無觀念，便是不屑一顧，以致生活環境的破壞日甚一日，如不大力提倡環境保育，幾年之後恐怕身無立錐的乾淨樂土。勞工教育在過去一直強調培養順從、勤奮的勞動人格，忽略勞動者自主能力、創造發展及爭取應得權益之教育，這在社會逐漸邁向自由、民主、開放的時代裏，勢非加以扭轉不可。消費者教育自從民間消費者保護團體成立以來，一直受到相當程度之重視，不過，在課程內容之中，似乎難以發現相應的重視程度。至於死亡教育、愛滋病教育，在先進國家均已受到學校教育廣泛重視，在我國，前者剛開始有幾篇研究論文出現，後者則仍處於戒愼恐懼階段，尙未化為學校教育行動。

新興課程領域雖然極其重要，但是它們若要競爭出現在學校教育領域中，却處於比較不利的地位。和學校課程已經存在的領域比較起來，支持它們的人員和經費都相當有限，大衆對它們的認識尙屬模糊。所以新興課程領域要能進入學校，尙須不斷從事研究、宣傳和說服等工作。

卽使新興課程領域可以被接受，究應採取何種形態進入現行學校課程中，仍費思量。一般言之，學校課程對學生而言負擔均已過度沉重，新興領域實不可能不先要求挪出位置，將舊的不適當的內容拋棄掉。許多人往往主張新興領域宜採獨立設科方式實施教學，卽與國英數自然等科並列存在。事實上這並不可能，因為許多領域範圍不大，獨立成科時可教的內容並不多。再者獨立設科往往要排除較多的現行課程內容，遭到的反對力量也就很大。因此，卽使提倡新領域的人再不滿意，新領域往往都採取分散的方式，融入到現行課程內容中，由

現有科目的任課教師實施教育。問題出在於這些教師對新興領域的認識有限，態度不一定積極，且分散教學是否符合該領域的性質，是否能夠統整學習，都是值得檢討的。

新興課程領域並非永遠是新的，隨著時代巨輪的轉動，新領域會成為舊領域，也許有少數領域會歷久彌新，但是課程設計人員仍須不斷予以檢視才能確定，而且不斷發掘新領域也很重要。

第六節　國定本教科書

由於臺灣社會日趨開放，社會價值漸趨多元，對同一事件、同一問題，常有不同的觀點或主張，在教科書方面，也逐漸不能容忍其以國定本的型態出現，壟斷學生的學習。

在我國中小學國定本教科書的出現，有其歷史因素，本來這個工作可由各省市教育行政機構負責編輯出版，坊間出版社亦可自由編輯發行。民國四十二年，先總統　蔣中正先生指示加強民族精神教育，編纂中學標準教科書，由中國國民黨中央委員會組成「標準教科書委員會」負責推動，約聘專家編寫高初中國文、公民、歷史、地理四科教科書，此為中學統一編印教材之始。民國四十三年，中央委員會將教科書編印工作移由教育部接管。民國五十七年實施九年國民教育，先總統　蔣中正先生再指示教育革新方向，要求各級學校不論國小、國中、高中之課程、教材、教法，都根據倫理、民主、科學的精神，重新統一編印。教育部乃決定由國立編譯館統一編印國中國小教科書，停止初中教科書之審定。

現行國民中小學各科及高中國文、三民主義、歷史、地理、公民

五科教科書，均由國立編譯館依據教育部頒行之「中小學課程標準暨實施要點」統一編輯，稱爲統編本，高中其餘科目教科書由國立編譯館或各書店編輯，再由國立編譯館依據「中等學校及國民小學教科圖書儀器教具審查規則」審查通過後發行，稱爲審定本。

由此一簡短的歷史，可見國定本教科書係基於教育是精神國防的觀念而設計，全國中小學均一體適用，由於教學內容有共同標準，又稱爲標準本，且在編輯方式上採統一的做法，故又稱爲統編本。

幾十年來，國定本教科書的編輯印刷，均有長足進步，內容方面也不斷推陳出新。不過，任何工作只要形成了壟斷，由某一機構或單位統一去做，便易於失去競爭而產生缺陷，教科書市場亦是如此。現有的教科書編輯，均由官方的國立編譯館主編，編輯委員的聘請也脫離不了官方立場，且一聘請之後，往往一直擔任下去，因此編輯出來的教科書難免官方色彩濃厚，價值之單元化和多元社會格格不入。此外，國定本教科書反映新興課程領域的敏感度不夠，以致追趕不上時代的變化，像環保、兩性平等、族羣融合、勞工權益、消費者教育，不但內容份量不夠，且在意識型態方面均未能支持弱勢團體的需要。

一套國定本教科書用在學校，往往形成教學上的過度控制，對學生思想的啓發也有其負面效應，學生個別差異也很難去照顧到。再者，國定本教科書很容易受到社會強勢團體的支配，使教育整個失去中立性，而教師更缺乏充分且可選擇的教材。對於出版界及作家、學者而言，國定本教科書也阻礙其能力發展和投入課程設計的機會。在現行制度下，國立編譯館的教科書自編自審，也有其不合理之處。

基於此，國定本教科書的壟斷非設法打破不可，幸而教育行政主管機構也有其改革計畫。自七十八年起，國民中小學藝能科教科書開始開放坊間編輯已經成爲事實。不過，如何輔導加強出版界的課程設

計能力，如何將課程發展的方法融入於教科書編輯程序中，如何審查修正以提高教科書水準，且如何建立合理可行的教科書採用制度，這些問題將是教科書編輯開放後立即要面對的問題，亟須速謀良策。

第七節　課程評鑑與課程實施

一、課程評鑑

目前我國各級學校課程的設計，多多少少都實施了評鑑，只不過是有的做得較有系統，有的純為點綴而已。觀察各級各類學校課程評鑑工作，發現比較重要的問題有五方面。

第一個問題是在各層次的課程評鑑方面。前曾提及課程設計可分成許多層次，有中央、地方、學校、教師團體及個人等區別，課程設計活動出現於各層次中，處於下階的層次常常需要接受上階層次設計的課程，加以實施。迄今為止，國內尚未發現針對各層次課程設計及課程本身的完整評鑑。至於各層次課程及其設計是否能成為有機的體系，此種評鑑亦尚未見到。所以，課程評鑑在國內可說尚未邁向完整作業階段。

第二個問題出在評鑑的持續性方面。國內課程評鑑的文獻，累積迄今已有相當份量，不過若以各級教育做為單位來看，其份量就相對減少了。各級教育所做的課程評鑑，多半是在課程標準制訂、修訂或教材的發展兩階段，這些工作若與整個學校教育實施的時間比較，只是片斷的，而不是持續發生的。換言之，課程設計完成付諸實施後，

評鑑工作可說是一片空白,以致許多寶貴資料在實施過程中消失了。

第三個問題出在課程實驗方面。課程實驗本來是課程評鑑的極佳設計,初設計完成的課程先小規模試用,從中再去發現問題加以改善,或者從中預估推廣的可行性。課程實驗者基本上抱著小心奕奕的心態,因為教育對象為人,一切課程措施均應慎重將事,否則便不堪做為一個課程設計人員。唯課程實驗有時會朝向違反理性的方向,被當做例行公事,或被當做卸除責任、爭取經費、爭取名氣及合法化的工具(黃政傑,民77,71)。如此一來,課程實驗反而掩飾了課程的缺點,殊令人遺憾之至。

第四個問題出在缺乏評鑑的專業人員。課程實驗之所以會走向反理性方向,缺乏評鑑專業人員,可能是極其重要的原因。因為沒有專業評鑑人員,以致評鑑工作無處委託,只好全由設計課程的人員包辦,最後難免失去客觀性。如果有專業評鑑人員來評鑑課程,一方面可避免自編自評的公信力和客觀性問題,同時在評鑑方法和技術運用上,也可得心應手。例如該搜集什麼資料,在什麼情境從什麼人搜集,採用什麼方法和工具,實驗課程如何安裝,教師如何訓練,凡此種種,有了評鑑專業人員,才會職有專司。

第五個問題是在評鑑結果利用方面。評鑑是費時費力的工作,耗費的經費也相當可觀,所得結果當然要確實利用,評鑑工作才算有了價值。不過,由於許多因素的交互影響,評鑑結果常被當做花瓶供奉起來,並未實際加以利用。影響評鑑利用的因素主要有:評鑑者遵循學術傳統角色、方法上的缺點、評鑑發現與所作決定無關、缺乏行動建議、資料處理與報告型式不當、澆冷水效應、缺乏推廣管道、不具公信力、缺乏使用者參與和提倡、組織的惰性(黃政傑,民 76,328-31)。目前國內影響利用的因素,比較重要的是不重視評鑑,特別是

系統的評鑑，其次是資料搜集不當，對課程決定提供的訊息不夠，三是時間不對，資料尚未搜集到，課程決定却需立卽做成，四是資料本身矛盾，意見對立，缺乏更深入的討論，五是課程設計專家取向及行政權威過濃，其他來源的資料常被束諸高閣。

二、課程實施

　　課程設計在我國目前仍採取由上而下的模式，由上一級教育行政機構規劃設計，再交由學校教師實施。這種模式和學校教師自行發展的模式比較起來，當然在實施上會有許多差異，後者不論在實施的意願和能力方面，困難都比較小。

　　目前我國中央層次的課程設計算是最爲重要的，課程規劃好了之後，全國學校都要接受實施。不過，這個看似權威有力的模式，實際上並非如此。第一是實施人員的理解、能力和意願問題。實施人員最主要的是教師，上級機構設計好的課程其精神所在、實質內容、實施方法，他們不見得理解。而新課程往往在內容和方法上會有革新，甚至於教育哲學也會大幅改變，在過去的時代受教的教師，其能力往往不足以勝任新課程的教學。由於教師教學負擔一般都相當沉重，教師實施新課程的動機，往往也相當微弱。

　　課程實施之際，提升教師理解、能力和意願的措施做得怎樣呢？這是新課程研討進修的問題。最近這種進修的辦理大都有了進步，不過仍有幾個問題。其一爲研討進修的課程設計不佳，只有聽講，缺乏實做和討論，也沒有效果評鑑，最後的研討效果無法確知。其二爲全國教師數量頗多，研討進修的規劃往往受限於此一數量因素而因陋就簡，有時到了另一波課程修訂時，仍未能訓練完畢。

至於提升意願的辦法，大都依賴行政命令和督學視導，可惜這兩種辦法都有其限制。行政命令再如何嚴厲，總要有人視導，命令才能貫徹。但是督學人數和學校教師人數簡直是不成比例，每年督學看一遍學校都有困難，更不用說看一遍每間教室的教學。就算能做到，督學自身已了解新課程嗎？已具備能力去視導嗎？

　　由此可見學校校長、主任的重要性。不過新課程實施後，校長、主任的研討亦不夠深入，難期其完全理解，進而也難期其有效地辦理校內研討進修和視導。

　　新課程實施往往要有資源支持，例如教室、設備、器材，甚至學校文化、課表安排、學生組織、教師組織，都要加以改變，這樣，新課程的落實才有可能。遺憾的是這一切往往未變，整個學校唯一改變的是課程，其成功實施的可能性便很小了。

　　最為嚴重的問題在於課程設計的中央集權模式，使課程實施遵循忠誠觀，即完全按照已設計好的課程一成不變地進行。這種模式完全忽視實際教學情境彈性運作的必要，殊不可行。

　　總而言之，當前我國課程設計上仍然存在許多問題，舉凡決策過程、專責機構、兩難問題、科目表設計、新興課程領域之重視、教科書編輯、課程評鑑與實施，均值得注意，有的需要盡速設法解決，有的則需繼續研究。這些問題背後都有其複雜的社會背景和意識型態因素，解決辦法萬不可只重表象，不顧根源。

本 章 摘 要

　　本章旨在分析當前我國課程設計的重要問題。在決策過程方面，主要問題為缺乏適當體系、決策過程不夠公開、修訂委員選擇欠當，再者決策的關鍵點不受

重視,權力分配也有問題。在課程專責機構方面,目前也是缺乏的,現存的幾個教材發展機構,極易流於本位主義,各行其是,無法顧及課程發展的統整性、全面性和前瞻性。課程設計上有許多兩難問題,本章分析了機會均等與因材施教、統整與分化、過去現在與未來、難度和份量、標準和彈性、保守與急進、學生教師與專家等項目。除此之外,課程標準上的科目表時有爭論、新興課程領域常未能及時納為課程內容,教科書統編強調價值的一元化、課程評鑑形同虛設、課程實施和課程設計缺乏連貫,都是本章討論的重點。

問 題 討 論

1. 試分析各級類學校課程標準(或擇一分析),評析目前的課程決策組織和程序。
2. 試說明成立課程發展常設機構的重要性,並試構想該機構可能的組織和任務。
3. 當前課程設計存在着許多兩難問題,試舉實例說明問題之癥結所在,並試提解決途徑。
4. 試分析科目表上經常存在的爭論問題。如果你是課程設計人員,該如何解決其中的問題?
5. 試就己見提出新興課程領域的重要性如何確認,如何融入課程體系中?
6. 國定本教科書可能有什麼好處?可能有什麼問題?目前中小學教科書開放民間編輯的進展如何?你是否滿意?
7. 目前的課程評鑑和課程實施各是如何運作的?試剖析其中存在的問題,並就己見說明如何改進。

參考文獻

壹、中文部份

方炳林（民64），行為目標簡介，師友，44,19－23。
方炳林（民65），教學目標的分類，見中國視聽教育學會主編，能力本位行為目標，板橋：中國視聽教育學會。
王文科（民77），課程論，台北：五南。
台灣省國民學校教師研習會編（民76），課程研究簡介，台北：編者。
吳清基（民79），國小課程的發展與評鑑，現代教育，5（3），95.－116。
林清山（民66），蓋聶爾與布魯納教育理論的比較，見龔寶善主編，昨日今日與明日的教育，台北：開明。
林寶山（譯）（民73a），國家在危機之中，高雄：復文。
林寶山（譯）（民73b），人文主義的教育改革計畫，高雄：復文。
林本、李祖壽（民59），課程類型，見王雲五主編（民59），雲五社會科學大辭典，台北：商務，134－9。
孫亢曾（民57），教育概論，台北：正中。
孫邦正（民57），教育概論，台北：商務。
孫邦正（民72），國民教育論叢，台北：商務。
高廣孚（民68），行為目標與教學過程，中等教育，30(2),15－21。
梁恆正（民68），認知心理學在課程設計上的應用,教育文粹,（8）,18－23。
秦夢群（民77），教育民主化的改革途徑，中國論壇（312），11－4。
黃光雄（編譯）（民69），教學目標與評鑑，高雄：復文。
黃光雄（民70），課程的界說與模式，國教世紀,16(7,8),3－6。
黃光雄等（譯）（民72a），認知領域目標分類，新竹：新竹師專。
黃光雄等（譯）（民72b），情意領域目標分類，新竹：新竹師專。
黃光雄等（譯）（民72c），技能領域目標分類，新竹：新竹師專。
黃光雄（民73），課程設計的模式，見編輯小組（民73），287－314。
黃炳煌（譯）（R.W.Tyler著）（民70），課程與教學的基本原理，台北：桂冠。
黃炳煌（民71），課程理論之基礎，台北：文景。
黃炳煌等（民77），技職教育課程發展模式之研究，教育部技術及職業教育司委託專題研究。

黃政傑（民71），科學的課程理論，師大教育研究所集刊，第24期，29-71。
黃政傑（民72），課程概念剖析，師大教育研究所集刊，第25期，149-78。
黃政傑（民74），課程改革，臺北：漢文，80-6。
黃政傑（民75），潛在課程的概念，師大教育研究所集刊，第28期，1-20。
黃政傑（民76a），課程評鑑，台北：師大書苑。
黃政傑（民76b），美國又見教科書控告事件，師友月刊，（239），50-1。
黃政傑（民77），平心看課本吳鳳故事事件，見黃政傑（民77），教育理想的追求，台北：心理，105-10。
黃政傑（民78），課程改革（二版），台北：漢文。
張思全（民57），課程設計與教學法新論，台北：復興。
陳伯璋（民74），潛在課程研究，台北：五南。
陳伯璋（民77），意識型態與教育，台北：師大書苑。
陳英豪、吳裕益（民71），測驗的編製與應用，台北：偉文。
教育部中等教育司（編）（民72），高級中學課程標準，臺北：正中。
教育部技術及職業教育司（編）（民67），五年制師範專科學校普通、音樂、美勞、體育等四科課程標準暨科教學科設備標準，臺北：正中。
教育部技術及職業教育司（編）（民73），各類職業學校課程標準修訂計畫。
教育部高等教育司（編）（民62），修訂大學課程報告書，臺北：教育部高等教育司。
教育部國民教育司（編）（民64），國民小學課程標準，臺北：正中。
教育部國民教育司（編）（民72），國民中學課程標準，臺北：正中。
國立台灣師範大學學術研究委員會主編（民78），當前師範教育問題研究，台北：五南。
國立編譯館（民76），本館簡史，國立編譯館通訊，1（1），1-2。
國立編譯館中小學教科書組（民77），國立編譯館中小學教科用書編審暨印行配發業務簡介，國立編譯館通訊，1（2），8-16。
郭生玉（民72），行為目標與學習評量，見台灣省教育廳主編（民72），職業學校課程與教學革新專輯，台中：教育廳。
郭生玉（民74），心理及教育測驗，台北：精華。
曾濟群（民78），國立編譯館教科用書編審制度及其改進，國立編譯館通訊，3（1），1-4。
曾濟群（民77），配合環境的變化適應時代的潮流：國立編譯館對中小學教科書的修改與重編，國立編譯館通訊，2（1），1-3。

楊龍立（民73），行為目標的研究，師大教育研究所碩士論文。
賈銳（民68），行為目標與社會科教學，中等教育，30（2），9-14。
趙廷為（民18），課程編造上的活動分析，教育雜誌，21（10），39-42。
歐用生（民68），「潛在課程」概念之檢討，師友，第141期，15-21。
歐用生（民72），課程發展模式探討，高雄：復文。
歐用生（民77），教科書政策自由化的途徑，中國論壇，（312），21-3。
歐用生（民78），國小教科書中的性別意識型態，見歐用生（民78），質的研究，台北：師大書苑，99-176。
編輯小組（編）（民73），中國教育的展望，台北：五南。
蔣素靜（民72），課程目標之研究，政治大學教育研究所碩士論文。
簡茂發（民76），心理測驗與統計方法，台北：心理。
饒朋湘等（編）（民65），行為目標：國民中學各科教學設計示例，板橋：中國視聽教育協會。

貳、英文部分

Alberty, H.(1953).*Reorganizing the high-school curriculum*.N.Y.: Macmillan.

Apple, M.W.(1972).The adequacy of systems management procedure in education. *The Journal of Educational Research*,66(1),10–18.

———(1976). Making curriculum problematic. *The Review of Education*, 2(1),52–68.

———(1979).*Ideology and Curriculum*. London: Routledge & Kegan Paul.

Archambault, R.D.(Ed.).(1964).*John Dewey on Education: Selected Readings*. Chicago & London: The University of Chicago Press.

Atkin, J.M.(1968).Behavioral objectives in curriculum design: A cautionary note. *The Science Teacher*. 35,27–30.

Babin, P.(1980).Selecting,organizing and adapting curriculum materials. *In Connelly et al.* (1980)

Barnes, D.(1982).*Practical Curriculum Study*. London: RKP.

Bartel, C.R.(1976). *Instructional Analysis and Materials Development*. Ill.: American Technical Society.

Beane, J.A.,Toepfer, C.F.(Jr.),Alessi, S.J.,(Jr.).(1986).*Curriculum Planning and Development*. Boston: Allyn & Bacon.

Becher, T.& Maclure, S.(Eds.).(1978).*The Politics of Curriculum Change*. London: Hutchinson,160–66.

Bellack, A.A.(1969).History of curriculum thought and practice. *Review of Educational Research*, 39(3),283–91.

Bellack, A.A.& Kliebard, H.M.(Eds.).(1977).*Curriculum and Evaluation*. Calif: McCutchan.

Benjamin, H.(1939).*The Saber–tooth Curriculum*. N.Y.: McGraw–Hill.

Ben–Peretz, M.(1975).The concept of curriculum potential.*Curriculum Theory Network*,5(2),151–9.

Berman, P.,& Mclaughlin, M.W.(1976). Implemenlation of educational innovation. *The Educational Forum,* 40(3),345 – 70.

Bestor, A.E.(1955).*The Restoration of Learning.* N.Y.: Knopf.

Blenkin, G.M.,& Kelly, A.V.(1981).*The Primary Curriculum.*London. Harper & Row.

Bloom, B.S.,et al.(1956).*Taxonomy of Educational Objectives, Handbook I: Cognitive Domain.* N.Y.: David Mckay.

Bobbitt, F.(1912).Elimination of waste in education.*Elementary School Teacher.*12,259 – 71.

――――(1913).The supervision of city schools. *Twelfth Yearbook of the National Society for the Study of Education, Part I.*Chicago: University of Chicago Press.

――――(1918).*The Curriculum.* Boston: Houghton Mifflin Company.

――――(1924).*How to Make a Curriculum.* Boston: Houghton Mifflin Company.

――――(1924).A significant tendency in curriculum – making. *The Elementary School Journal.* 75:Anniversary Issue,54 – 61.

Burke, J.B.(1972).Curriculum design. In W.R. Houston & R.B. Howsam (Eds.),*Competency – based Teacher Education.* Chicago: Science Research Associates.

Braverman, H.(1974).*Labor and Monopoly Capital: The Degradation of Work in the Twentieth Centry.* N.Y. & London: Monthly Review Press.

Brown. W.B.(1938). The core is not all of the curriculum.*Currivulum Journal,*9 (May) ,210 – 2.

Bruner, J.S.(1966).*Toward a Theory of Instruction.*Cambridge: Harvard Univ.

Burrnett, L.W.(1951).Core programs in Washington state junior high schools.*The School Review,*59 (Feb.) ,97-100.

Burns, R.W.(1972).The central notion: Explicit objectives. In W.R.

Houston & R.B. Howsam(Eds.),*Competency-based Teacher Education*. Chicago: Science Research Associates.

Butterweck,J.(1946).The core curriculum for secondary schools.*Clearing House*,21 (Dec.),195-200

Caswell, H.L.(1966).Emergence of the curriculum as a field of professional work and study. In H.F. Robison(Ed.),*Precedents and Promise in the Curriculum Field*. N.Y.: Teachers College,1-11.

Caswell, H.L.,& Campbell, D.S.(1935).*Curriculum Development*.N.Y.: American Book.

Charters, W.W.(1923).*Curriculum Construction*. N.Y.: The Macmillan Company.

Charters, W.W. & Waples, D.(1929).*The Commonwealth Teacher training Study*. Chicago: The University of Chicago Press.

Cole, H.(1971).*Implementation of a Process Curriculum by the Campus Team Strategy*. Eastern Regional Institute for Education, Syracuse, New York, Feb.1971.

Connelly, F.M.(1969).Philosophy of science and the science curriculum. *Journal of Research in Science Teaching*, 6(1),108-113.

―――――(1980).The locking the Literature. In Connelly et al.(1980).

Connelly, F.M.,et al.(1980).Stakeholders in Curriculum. In Connelly et al.(1980).

Connelly, F.M.et al.(Eds.)(1980).*Curriculum Planning for the Classroom*. Toronto:OISE.

Connelly, F.M. & Dukacz, A.S.(1980).Using research findings. In Connelly et al.(1980).

Connelly, F.M. & Lantz, O.(1985).Definitions of curriculum. In Husen & Postlethwaite(1985),1160-3.

Cornish, E.(1979).Why study the future? *Paper Prepared for the World Future Society*. In Hass(1983),86-9.

Danley, R. & Wahlstrom, M.W.(1980).Evaluating student achievement. In

Connelly et al.（1980）.

Davis, I.K.(1976).*Objectives in Curriculum Design*. N.Y.: McGraw–Hill.

Davis, E.(1980).*Teachers as Curriculum Evaluators*. Sydney: George Allen & Unwin.14–5.

Dewey, J.(1916).*Democracy and Education*. N.Y.: The Macmillan Company.

————(1964).The nature of aims. In R.D. Archambault(Ed.),*John Dewey on Education*. Chicago & London: The University of Chicago Press.

————(1964).The continuum of ends and means. In R.D. Archambault(Ed.),*John Dewey on Education*. Chicago & London: The University of Chicago Press.

————(1964).Ends and values. In R.D. Archambault(Ed.).*John Dewey on Education*. Chicago & London: The University of Chicago Press.

————(1977).The child and the curriculum. In A.A.Bellack and Kliebard.(Eds.).*Curriculum and Evaluation*. Calif.: McCutchan.

Doll, R.C.(1982).*Curriculum Improvement*.(5th ed.)Boston: Allyn and Bacon.

Doll, W.E.(Jr.)(1972).A methodology of experience: An alternative to behavioral objectives. *Educational Theory*,22(3),309–24.

Drumbeller, S.J.(1974).Behavioral objectives as learning inhibitors: A dilemma and a solution. *Educational Technology*.14,17–20.

Dukacz, A., & Babin,P.(1980). Perspectives on curriculum. In Connelly et al.（1980）.

Ebel, R.L.(Ed.)(1969).*Encyclopedia of Educational Research*(4thed.).N.Y.: Macmillan.

Efland, A.(1985). Art: Educational programs. In Husen & Postlethwaite(1985),325–31.

Eisner, E.W.(1967a). Franklin Bobbitt and the "science" of curriculum making. *The School Review*,75(1),29–47.

Eisner, E.W.(1967b).Educational objectives: Help or hindrance? *The School Review*,75,250-260.

Eisner, E.W.(1974).Applying the five curriculum orientations to Man: A Course of Study. In Eisner & Vallance(1974),193-200.

Eisner, E.W.(1979).*The Educational Imagination*. N.Y.: Macmillan.

Eisner, E.W.(1982).*Cognition & the Curriculum*. N.Y.: Longman.

Eisner, E.W., & Vallance, E.(Eds.)(1974).*Conflicting Conceptions of Curriculum*. CA.: McCutchan.

Foshy, A.W.(1969).*Curriculum*. In Ebel(1969),276.

Fraser, D.M.(1963).*Deciding What to Teach*. Washington, D.C.: NEA,1963.

Fullan, M., & Pomfret, A.(1977). Research on curriculum and instruction implementation. *Review of Educational Research*,47(1),335-97.

Gagn'e. R.M.(1964).The implications of instructional objectives for learning. In C.M.Lindvall (Ed.),*Defining Educational Objectives*. Penn.: University of Pittsburgh Press.

―――――(1962).The acquisition of knowledge.*Psychological Review*,69(4), 355-65.

―――――(1970a).*The Conditions of Learning* (2nd ed.). N.Y.: Holt,Rinehart & Winston.

―――――(1970b).Some new views of learning and instruction. *Phi Delta Kappan*,51(9),468-72.

―――――(1972).Behavioral objectives? yes! *Educational Leadership*,29(5), 394-6.

―――――(1974).*Essentials of Learning for Instruction*. Ill.:The Dryden Press.

―――――(1978).Curriculum research and the promotion of learning. In D. E.Orlosky & B.O.Smith,*Curriculum Development*. Chicago: Rand McNally.

―――――(1968).Educational tecnology as technique. *Educational Tech* nology,8(8),5-13.

Gall, M.D.(1981).*Handbook for Evaluating and Selecting Curriculum Materials*. Boston: Allyn and Bacon.

Garretson, R.L.(1985).Music Curricula. In Husen & Postlethwaite(1985), 3457-63.

Gay, G.(1985).Curriculum Development.In Husen & postlethwaite(1985), 1170-9.

Gillespie, J.A.(1985).Social studies:Secondary-school programs. In Husen & Postlethwaite(1985),4656-61.

Glatthorn, A.A.(1987).*Curriculum Leadership*. Ill.:Scott,Foresman & Company.

Goodlad, J.I.(1987).A new look at an old idea:core curriculum. *Educational Leadership*, Dec.1986/Jan.1987,8-16.

Goodlad, J.I. et al.(1979).*Curriculum Inquiry*. N.Y.: McGraw-Hill.

Good, C.V.(Ed.)(1959).*Dictionary of Education*(2nd ed.).N.Y.: McGraw-Hill.

Gordon, P.(Ed.)(1981).*The Study of the Curriculum*. London: Batsfod Academic and Educational.

Gress, J.R., & Purpel, D.E.(Ed.)(1978).*Curriculum: An Introduction to the Field*. CA: McCutchan.

Gross, N.et al.(1971).*Implementing Organizational Innovations*.N.Y.: Basic.

Gronlund, N.E.(1978).*Stating Objectives for Classroom Instruction*(2nd ed).N.Y.: Macmillan.

Gunstone, R.F.(1985).Science education: Secondary-school programmes In Husen & Postlethwaite(1985),4461-5.

Hall, G.E. & Loucks, S.F.(1977).A developmental model for determining whether the treatment is actually implemented. *American Educational Research Journal*,14(3),263-76.

Hammond, R.L.(1973).Evaluation at the local level. In Worthen &

Sanders(1973),157 – 70.

Harrow, A.J.(1972).*A Taxonomy of the Motor Domain*. N.Y.: David Mckay,1972.

Hass, Glen(1980).*Curriculum Planning*(3rd ed.).Boston: Allyn & Bacon.

Hass, Glen.(1983).*Curriculum Planning*(4th ed.).Boston: Allyn & Bacon.

Heath, R.W., & Nielson, M.A.(1974).The research basis for performance-based teacher education. *Review of Educational Research*,44,463 – 84.

Herrick, V.E.(1965).*Strategies of Curriculum Development*. Ohio: Charles E.Merrill.

Holt, J.(1970).*What do I do Monday?*N.Y.: Dell.

Houston, W.R., & Howsam, R.B.(1972). change and challenge. In Houston & Howsam(1972).

Houston, W.R., & Howsam, R.B.(1972).*Competency – based Teacher Education*. Chicago: Science Research Associates.

Husen, T., & Postlethwaite, T.N.(Eds.).(1985).*The International Encyclopedia of Education*. Oxford: Pergaman.

Hwang, Jenq – Jye.(1981).*The Determinants and Consistency of Teachers' Expectations:The Evidence from Taiwan*. Unpublished doctoral dissertation,University of Wisconsin – Madison.

Johnson, M.(1967).Definitions and models in education. *Educational Theory*,17(2),127 – 40.

Johnson, M.(1974).*Thirty Years with an Idea: The Story of Organic Education*. Alabama: University of Alabama.

Kessler, H.L.（1956）.Why a core curriculum for a democratic community?*High Points*,38（Sep.）,41 – 9。

Kennedy, P.,& Mitchell,W.G.(1980).Your Basic Assumptions about Curriculum. In Connelly et al.（1980）.

Kerr, J.F.(Ed.)(1968).*Changing the Curriculum*. London: University of London.

Kerr, J.F.(1968).The problem of curriculum reform. In Kerr(1968),13 – 38.

Kibler, R.J.et al.(1970).*Behavioral Objectives and Instruction.* N.J.: Allyn & Bacon.

King, A.R., & Brownell, J.A.(1966).*The Curriculum and the Disciplines of Knowledge.* N.Y.: John Wiley.

Kelly, A.V.(1977).*The Curriculum: Theory & Practice.* London: Harper & Row.

Klein, M.F.(1985).Curriculum design. In Husen & Postleth waite (1985),1163-70.

Kliebard, H.M.(1968).The curriculum field in retrospect. In P.W.F. Witt(Ed.).*Technology and the Curriculum.* N.Y.: Teachers College Press.

_____(1970).The Tyler rationale. *School Review,* 78(2),259-72.

_____(1971).Bureaucracy and curriculum theory.In V.F.Haubrich (Ed.)(1971).*Freedom,Bureaucracy and Schooling*(1971 ASCD Yearbook).Washington,D.C.:ASCD.

_____(1973).The question in teacher education. In D.J. McCarty (Ed.)(1973).*New Perspectives on Teacher Education.* San Francisco: Jossey-Bass.

_____(1975).The rise of scientific curriculum making and its aftermath.*Curriculum Theory Network*,5(1).

_____(1976).Curriculum past and curriculum present. *Educational Leadership*,33(4),245-8.

_____(1979).Systematic curriculum development,1890-1959. In J. Schaffarzick and G. Sykes (Eds.)(1979).*Value Conflicts and Curriculum Issues:Lessons from Research and Experience.* Calif.: Mc Cutchan.

Kneller, G.F.(1972).Behavioral objectives? *No! Educational Leadership*,29 (5),397-400.

Krathwohl, D.R. et al.(1964).*Taxonomy of Educational Objectives,Handbook II*: Affective domain. N.Y.: David Mckay.

Lawton, D.(1973).*Social Change, Educational Theory and Curriculum*

Planning. London: Hodder & Stoughton.

Lazerson, M.et al.(1985). *An Education of Value*. Cambridge: Cambridge University Press.

Leithwood, K.A.(1982).An Identification of Curriculum Management Skills. In Leithwood(1982),268–86.

Leithwood, K.A.(1982).*Implementing Curriculum Innovations*. In Leithwood(1982),243–67.

Leithwood, K.A.(Ed.)(1982).*Studies in Curriculum Decision Making*. Toronto: The Ontario Institute for Studies in Education.

Loupe, M.J.(1985).Health education programs. In Husen & Postlethwaite (1985),2142–4.

Lowton, D. Models of planning. In Gordon(1981),105–12.

MacConnell,C.M.et al. (1940) .7he core curriculum.*Educational Trends*,8 (Mar.) ,14–25。

Macdonald, J.B.et al.(Eds.)(1965).*Theories of Instruction*. VA: ASCD.

Macdonald–Ross,M.(1973).Behavioral objectives: A critical review. *Instructional Science*,2,1–52.

Macdonald, J.B.,& Wolfson, B.J.(1970).A case against behavioral objectives. *The Elementary School Journal*,71(3),119–28.

Mager, R.F.(1962).*Preparing Instructional Objectives*. Calif.: Fearon.

Manning, D.(1971).*A Humanistic Curriculum*. N.Y.: Harper & Row.

McNeil, J.D.(1977).*Curriculum: A Comprehensive Introduction*.Boston: Little Brown.

McNeil, J.D.(1981).*Curriculum*(2nd ed.).Boston: Little,Brown & Company.

Merton, R.K.(1967).*On Theoretical Sociology*. N.Y.: The Free Press.

Metfessel, N.S., & Michael, W.B.(1967).A paradigm involving multiple criterion measures for the evaluation of the effectiveness of school programs. *Educational & Psychological Measurement*,27(4),931–43.

Michalski, C.(1980).Involving Students in Decision–Making. In Connel ly et al.(1980).

Miles, L.(1984).Liberal arts in an age of technology.*American Education*,20(5),2-6.

Morrissett, I.(1985).Social Studies: Key Concepts. In Husen & Postlethwaite(1985),4656-6.

National Council of Teachers of English(1983).*The Essentials of English: A Document for Reflection & Dialogue.*

Oliver, A.I.(1977).*Curriculum Improvement*(2nd ed.).N.Y.: Harper & Row.

Overly, N.V.(Ed.)(1970).The Unstudied Curriculum: *Its Impact on Children.*Washington D.C.: ASCD.

Ornstein, A.C.(1982).Curriculum contrasts: A historical overview. *Phi Delta Kappan*,63(6),404-408.

Passow, H.(Ed.)(1962).*Curriculum Crossroads.* N.Y.: Teacher College.

Phenix, P.H.(1962).The disciplines as curriculum content. In Passow(1962).

Popham, W.J.(1968).*Probing the validity of arguments against behavioral goals.* A symposium presentation at the annual American Educational Research Association,February 1968.

Popham, W.J.(1975).*Educational Evaluation.* N.J.: Prentice-Hall,1975.

Posner, G.J., & Strike, K.A.(1975).Ideology vs. technology: The bias of behavioral objectives. *Educational Technology*,15,28-34.

Pratt, D.(1980).*Curriculum: Design & Development.* N.Y.: Harcourt Brace Jovanovich.

Price, R. et al.(1965).*Major concepts in the social studies.* Social Studies Curriculum Center, Syracuse,N.Y.

Provus, M.M.(1969).Evaluation of ongoing programs in the public school system. In Tyler(1969).

Oliva, P.F.(1982).*Developing the Curriculum.* Boston: Little,Brown Company.

Oliver, A.I.(1977).*Curriculum Improvement: A Guide to Problems, Princi* ples,and Process(2nd ed.).N.Y.: Harper & Row.

Ornstein, A.C. (1982) .Curriculum contrasts:A historical overview.*Phi Delta Kappan*,63 (6) ,404 – 408.

Ornstein, A.C., & Hunkins, F.P.(1988).*Curriculum: Foundations, Principles, and Issues*. N.J.: Prentice – Hall.

Rist, R.C.(1970).Student social class and teacher expectations: The self – fulfilling prophecy in ghetto education. *Harvard Educational Review*,411 – 51.

Rosenbaum, J.E.(1976).*Making Inequality: The Hidden Curriculum of High School Tracking*. N.Y.: John Wiley & Sons.

Rowntree, D.(1982).*Educational Technology in Curriculum Development*(2nd ed.).London: Harper & Row.

Rugg, H.O.(Ed.)(1927a).*Curriculum Making: Past & Present. Twenty-Sixth Yearbook of the NSSE, 1927a, part I*. Ill: Public School Publishing,1926.

Rugg, H.O.(Ed.)(1927b).*The Foundations of Curriculum Making,Twenty Sixth Yearbook of the NSSE, 1927b, Part II*. Ill.:Public School Publishing.

Rugg, H.O.(1975).Curriculum making & the scientific study of education since 1910. *Curriculum Theory Network*,4(4),295 – 308.

Saylor, J.G., & Alexander, W.M.(1955).*Curriculum Planning for Better Teaching and Learning*. N.Y.: Rinehart.

Saylor, J.G.et al.(1981).*Curriculum Planning for Better Teaching and Learning* (4th ed.)N.Y.: Holt,Rinehart & Winston.

Schiro, M.(1978).*Curriculum for Better Schools: The Great Ideological Debate*. N.J.: Educational Technology.

Schubert, W.H.(1980).*Curriculum Books*. Washington,D.C.: University Press of America.

Schubert, W.H.(1985).*Curriculum*. N.Y.: Macmillan.

Schwadron, A.A.(1985).Music: Educational programs. In Husen &

Postlethwaite(1985),3463-6.

Seguel, M.L.(1966).*The Curriculum Field: Its Formative Years*. N.Y.: Teachers College Press.

Simons, H.D.(1973).Behavioral objectives: A false hope for education. *The Elementary School Journal*, 73(4),173-81.

Simpson, E.J.(1972).*The Classification of Educational Objectives in the Psychomotor Domain*. Washington: Gryphon House.

Smith, B.O.,Stanley, W.O., & Shores, J.H.(1957).*Fundamentals of Curriculum Development*(Rev.Ed). N.Y.: World Book Company.

Smith, B.O.,Stanley, W.O.,& Shores, J.H.(1957).*Fundamentals of Curriculum Development*. N.Y.: Harcourt Brace Jovanovich.

Smith, N.L.(1945).The core curriculum.*Social Studies*,36(Apr.),164-8.

Spitz, H.T.(1985).Home economics: Educational programs. In Husen & Postlethwaite(1985),2287-9.

Stake R.E.(Ed.)(1967).*Curriculum Evaluation, AERA monograph series on evaluation, No.1*. Chicago: Rand McNally.

Stenhouse,L.(1975).*An Introduction to Curriculum Research and Development*. London: Heinemann.

Stenhouse, L.(Ed.)(1980).*Curriculum Research & Development in Action*. London: Heinemann educational.

Stoughton, C.R.(Ed.)(1981).*Issues in Curriculum Theory*. Washington,D. C.: University Press of America.

Stoughton, C.R.(1981).Models & theory of curriculum. In Stoughton(1981),19-32.

Stufflebeam, D.L.et al.(1971).*Educational Evaluation and Decision Making*. Indiana: Phi Delta Kappa.

Taba, H.(1962).*Curriculum development*. N.Y.: Harcourt,Brace & World.

Tankard, G.G.(1974).*Curriculum Improvement: An Administrator's Guide*. N.Y.: Parker.

Tanner, D.(1972).*Using Behavioral Objectives in the Classroom*. N.Y.:

Macmillan,1972.

Tanner, D.,& Tanner, L.N.(1975).*Curriculum Development*. N.Y.: Macmillan.

Tanner, D.T.,& Tanner, L.N.(1980).*Curriculum Development* (2nd ed.).N.Y.:Macmillan.

Taylor, F.W.(1911).*The Principles of Scientific Management*. N.Y.: Harper & Brothers.

Thomas, J.A.(1976).Behavioral objectives and the elephant of understanding. *Educational Technology*,16,34–6.

Til, W.V.(1976).What should be taught & learned through secondary education? In Til(1976),178–213.

Til, W.V.(Ed.)(1976).*Issues In Secondary Education,76th Yearbook of the NSSE*. Chicago: The University of Chicago Press.

Travers, K.(1985).Math: Secondary-school programs. In Husen & Postlethwaite(1985),3258–66.

Tyler, R.W.(1949).*Basic Principles of Curriculum & Instruction*.Chicago: The Univ. of Chicago.

Unruh, G.G., & Unruh A.(1984).*Curriculum Development: problems, Processes, and Progress*. CA.:McCutchan.

Waks, L.J.(1973).Re–examining the validity of arguments against behavioral goals. *Educational Theory*,23(2),133–43.

Walker, D.F.(1971).A naturalistic model for curriculum development. In J.R. Gress & Purpel(Ed),1978,268–82.

Walker, D.F.(1979).The curriculum field in formation. *Curriculum Theory Network*,4(4),63–80.

Watkins, J.E., & Holley, F.M.(1975).1974–75. Technical Report. Austin, Texas: Office of Research and Evaluation,Austin Independent School District, Pub. No.106,56.

Wellington, J.J.(1986).*Controvercial Issues in Curriculum*. Oxford: Basil Blackwell.

Westmeyer,P.(1981).*Curriculum Planning on the Local School or District Level*.Ill.: Charles C. Thomas.

Wheeler,D.K.(1967).*Curriculum Process*. London: Hodder & Stoughton.

Wight, A.R.(1972).Beyond behavioral objectives. *Educational Technology*, 12,9 – 14.

Wiles, J.,& Bondi, J.(Jr.)(1979).*Curriculum Development: A Guide to Practice*. Columbus: Charles E.Merrill.

Woods, D.G.(1985).Music: Teaching method. In Husen & Postlethwaite(1985).3466 – 75.

Worthen, B.R,& Sanders, J.R.(1973).Guidelines for writing evaluation proposals and reports. In Worthen & Sanders(1973),300 – 3.

Worthen, B.R.,& Sanders, J.R.(1973).*Educational Evaluation: Theory & Practice*. Ohio: Charles A.Jones.

Zais, R.S.(1976).*Curriculum: Principles and Foundations*. N.Y.: Harper & Row.

附錄一　中小學課程標準統整架構及實施（草案）

壹、目標

一、建立課程標準修訂之統整原則及模式，以作爲各階段課程發展之參照。
二、配合教育部延長國民教育政策，課程一貫之統整架構。
三、強化各階段課程之符合性、銜接性、整合性，以有效聯繫各教育階段之相關科目及其教學內容。

貳、課程標準統整之基本原則

一、課程標準修訂應事先作需求評估，以適時反應社會的需要。
二、對現行課程實施予以評鑑，並蒐集整理世界各國課程發展趨勢之資料，以作爲課程標準修訂之參考。
三、課程標準修訂必須顧及學習者的需要及其身心發展的特性。
四、課程標準修訂從總綱轉化爲各學域（科）教材大綱及各科教材，應儘量符合原先目的與一貫精神，不宜偏離，或不符原初旨意。
五、每一階段（國小、國中、高中（職））或每一年級之間的教材大綱，應有良好的銜接，因此某一學域（科）部分課程修訂委員，應參與前一階段同一學域（科）課程修訂。
六、課程應注意同一階段或年級所開的各科之間橫的整合。

＊學域（academic field）係指兩種學科以上所組成之性質相近之學習領域。例如物理、化學、生物屬於自然學科之學域；代數、幾何、三角屬於「數學」科學域。

叄、課程標準統整之模式

各階段課程標準修訂應循下列程序進行：
一、總綱草擬程序
（請見603頁）
二、各學科課程標準起草程序
（請見604頁）

一、總綱草擬程序

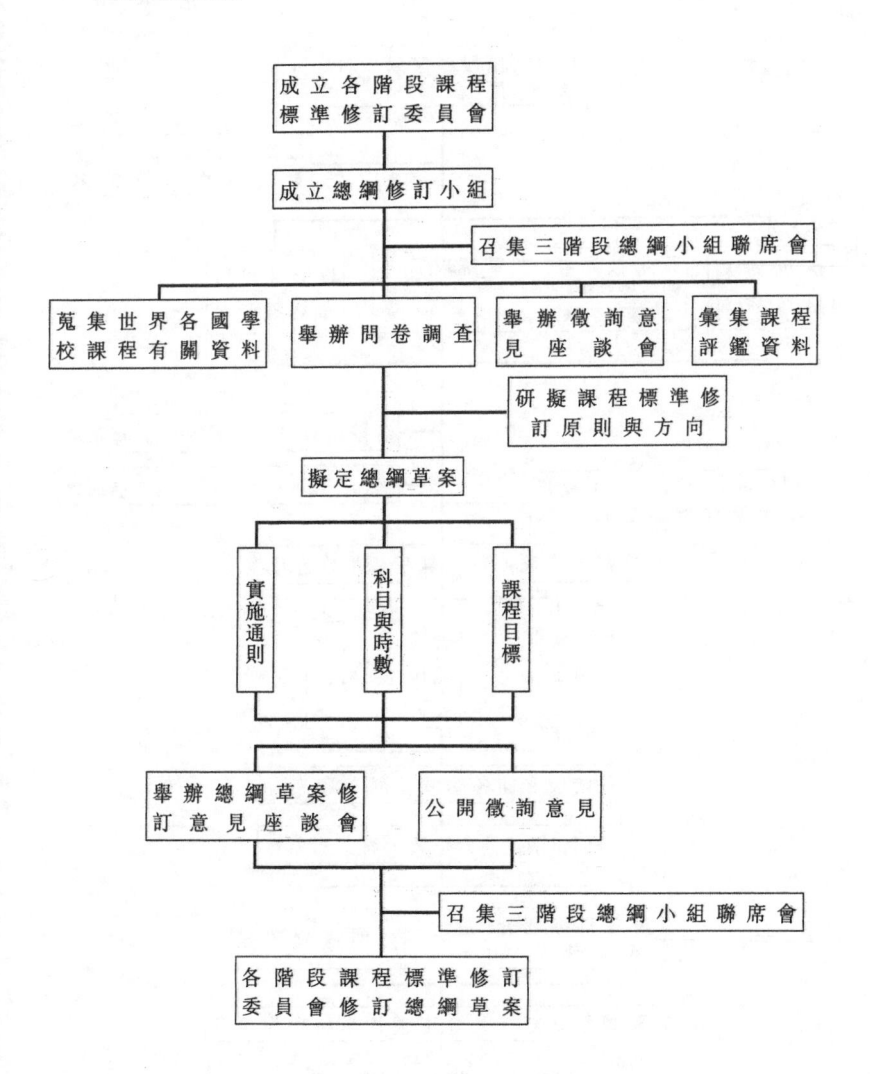

```
            ┌─────────────────────┐
            │ 成立各階段課程       │
            │ 標準修訂委員會       │
            └──────────┬──────────┘
                       │
            ┌──────────┴──────────┐
            │ 成立總綱修訂小組     │
            └──────────┬──────────┘
                       │
                       ├──────────────────────────┐
                       │           ┌──────────────┴──────────────┐
                       │           │ 召集三階段總綱小組聯席會     │
                       │           └──────────────┬──────────────┘
   ┌──────────┬────────┼──────────┬──────────────┐
┌──┴──────┐┌──┴──────┐┌┴────────┐┌┴──────────┐
│蒐集世界 ││舉辦問卷 ││舉辦徵詢意││彙集課程   │
│各國學校 ││調查     ││見座談會  ││評鑑資料   │
│課程有關 ││         ││          ││           │
│資料     ││         ││          ││           │
└─────────┘└────┬────┘└──────────┘└───────────┘
                │     ┌──────────────────────┐
                │     │ 研擬課程標準修訂       │
                │     │ 原則與方向             │
                │     └──────────┬───────────┘
                │                │
            ┌───┴────────────────┘
            │
   ┌────────┴────────┐
   │ 擬定總綱草案     │
   └────┬────┬───┬───┘
        │    │   │
   ┌────┴┐┌──┴─┐┌┴────┐
   │實施 ││科目││課程 │
   │通則 ││與時││目標 │
   │     ││數  ││     │
   └──┬──┘└─┬──┘└──┬──┘
      └─────┼──────┘
            │
   ┌────────┴──────────┬──────────────┐
┌──┴───────────┐  ┌────┴────────┐
│舉辦總綱草案修 │  │公開徵詢意見 │
│訂意見座談會   │  │             │
└──────┬───────┘  └──────┬──────┘
       └─────────────┬───┘
                     │
            ┌────────┴──────────────┐
            │ 召集三階段總綱小組聯席會│
            └────────┬──────────────┘
                     │
         ┌───────────┴───────────┐
         │ 各階段課程標準修訂     │
         │ 委員會修訂總綱草案     │
         └───────────────────────┘
```

二、各學科課程標準起草程序

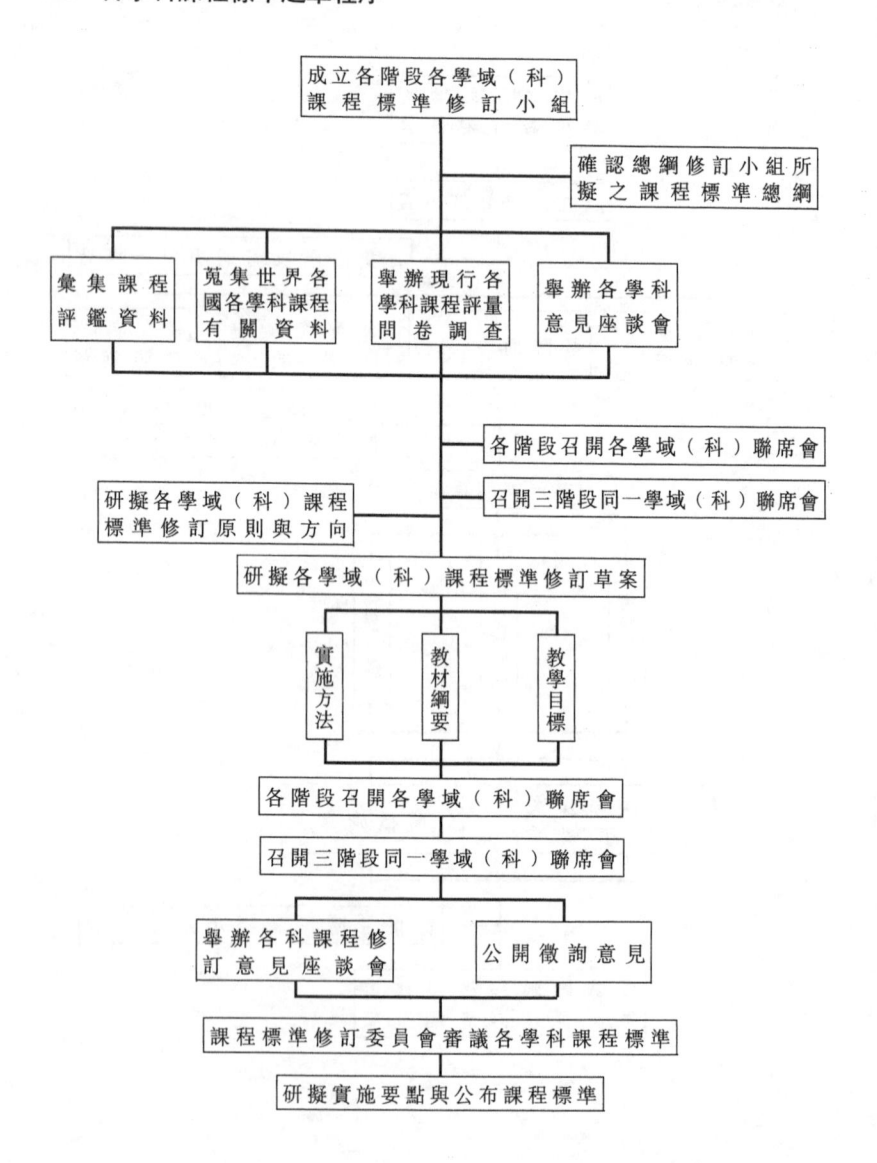

```
成立各階段各學域（科）課程標準修訂小組
    │
    ├──→ 確認總綱修訂小組所擬之課程標準總綱
    │
    ├──┬────────┬────────┬────────┐
    │  彙集課程  蒐集世界各  舉辦現行各  舉辦各學科
    │  評鑑資料  國各學科課程 學科課程評量 意見座談會
    │            有關資料    問卷調查
    │
    ├──→ 各階段召開各學域（科）聯席會
    │
    ├──→ 召開三階段同一學域（科）聯席會
    │
研擬各學域（科）課程標準修訂原則與方向
    │
研擬各學域（科）課程標準修訂草案
    ├────────┬────────┐
    實施方法   教材綱要   教學目標
    │
各階段召開各學域（科）聯席會
    │
召開三階段同一學域（科）聯席會
    │
    ├────────┐
    舉辦各科課程修  公開徵詢意見
    訂意見座談會
    │
課程標準修訂委員會審議各學科課程標準
    │
研擬實施要點與公布課程標準
```

課程標準統整模式說明

一、本模式計分為：㈠總綱草擬程序，㈡各學科課程標準起草程序。
二、總綱草擬之進行首先分別成立各階段（國小、國中、高中、高職）課程標準修訂委員會。然後從委員會中產生課程總綱修訂小組。
　㈠各階段總綱小組成立後，在進行各階段總綱修訂工作之前，三階段之總綱小組委員會應召開聯席會議，依據本課程標準統整之原則，先行討論「課程目標」、「科目與時數」、「實施通則」等共通性的問題，以作為各階段總綱修訂之依據。
　㈡總綱草案擬妥後，應舉辦總綱草案修訂意見座談會，並公開徵詢各界之意見反映，最後將這些意見加以彙整。並根據意見徵詢結果，再召開三階段總綱小組聯席會議加以修訂。
　㈢總綱小組委員根據上述意見及聯席會議修訂意見，再擬妥總綱草案提交課程標準修訂委員會做最後討論及定案。
三、總綱修訂完成後隨即展開各階段、各學域（科）課程標準之修訂工作。
　㈠在各學域（科）課程標準修訂草案研擬之前，各階段宜先召開各學域（科）聯席會，以討論各學域（科）間教材統整之相關問題。然後再召開三階段同一學域（科）聯席會，討論同一學域（科）各階段教材連貫性的問題。
　㈡各學域（科）課程標準草案完成後，隨即再召開「各階段各學域（科）」「三階段同一學域（科）」聯席會議，針對草案加以修訂。
　㈢修訂小組根據上述修訂意見整理後之草案修訂案，舉辦座談會及向各界公開徵詢意見。
　㈣修訂小組將上述意見整理後，再將修訂課程標準草案提交課程標準修訂委員會加以審查定案並公布。
四、本統整模式中有關各種步驟及會議得視實際需要，隨時辦理或增開。

肆、課程內容設計原則

　一、各科教材之選擇與編排，應以學習者生活問題為中心，並符合其興趣與能力。
　二、教材應使學習者獲得完整的生活經驗，而非零碎的訊息，除主學習

外，應儘量包含副學習與附學習的材料。
三、教材編列應依由近而遠、由易而難、由簡單到複雜、由具體到抽象的原則，以利學習。
四、爲因應學習者及地區之個別差異以及教育實驗之需求，在不違反課程標準前提下，教材可作彈性調整。
五、各科教材之設計應結合教學及研究機構先行實驗，再依其結果加以修訂後採行。
六、各學科教材的份量，須切實配合各該科教學時數及學習者學習負擔。
七、教材編選要能反映社會變遷的事實以及未來社會生活的需要。
八、教材編選要考慮教師施教的能力，故應儘量提供教師進修或參加研討之機會。
九、教科書編寫應針對學生之不同需要，設計不同程度之教材。
十、各學科單元間，在教材份量、難易度及教學時數方面，應有適當的比例，力求均衡。
十一、教材編選應符合民主要求，儘量由多人參與，避免由少數人所獨佔。

伍、課程標準格式及教學資料

一、課程標準之格式

各學科課程標準之格式呈現，宜包括下列五個基本要件：

㈠目標：根據課程標準之總目標，具體敘述各學科課程目標。

㈡時間分配：說明各學科每學期每週上課時數。

㈢教材綱要：此爲課程標準中最重要的部分。它必須詳盡地將各學習單元之範圍、層次加以妥善安排。

㈣實施方法：包括1.各學科教材編選之要領；2.教學方法；3.教具及有關教學設備；4.各科教材或單元間的聯繫與配合；5.學習評鑑。

㈤教學資料：進行課程教學的評鑑，並對特殊潛能或障礙學生予以個別輔導。

二、教學資料

教學資料包括「教科書」、「教學指引」、「教師手冊」、「學生習作」、「實驗（習）手冊」、「活動記錄表」等。有關各項資料編寫之格式，各學科可依其性質及需要另行擇定。

陸、課程實驗

各學科應進行中長期課程實驗,隨時檢視教材的適切性,並使教育的理想與現實有較佳的調適,以提昇教學品質。

柒、課程實施之規劃

課程實施應考慮教師專業能力的配合,因此在養成教育、教學實習及進修教育方面,應適時反應課程實施旳需要,進一步充實教師的專業能力。其他如教具、媒體等教學支援系統亦應有適當配置。在行政方面應作法規方面配合之修訂,並統籌各種有利課程實施的條件(如經費、設備)儘力配合。

捌、課程評鑑

教育部應定期全面實施各學科課程追踪評鑑,作爲繼續修訂課程標準之參考。

＊資料來源:教育部教育研究委員會。

附錄二　總體性的技職教育課程發展模式

（黃炳煌等，民77，84-9）

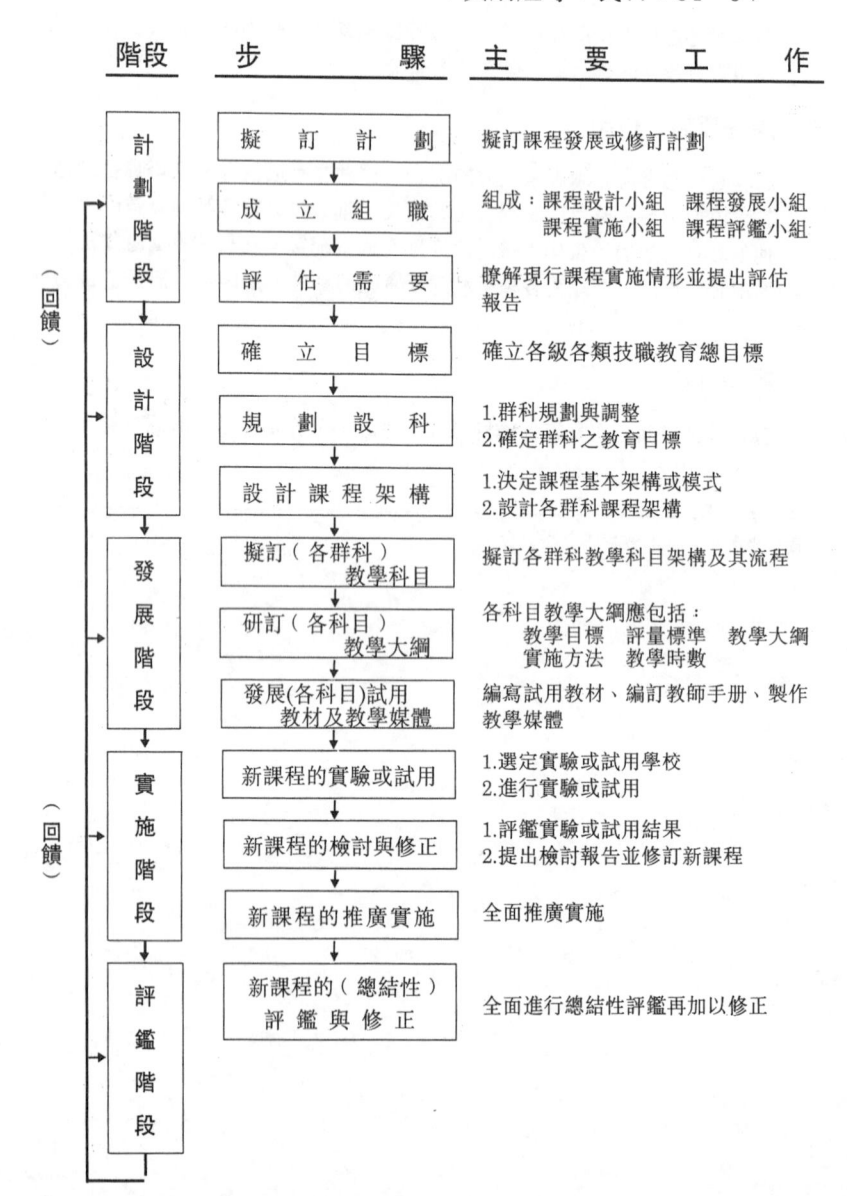

階段	步驟	主要工作
計劃階段	擬訂計劃	擬訂課程發展或修訂計劃
計劃階段	成立組職	組成：課程設計小組　課程發展小組 　　　課程實施小組　課程評鑑小組
計劃階段	評估需要	瞭解現行課程實施情形並提出評估報告
設計階段	確立目標	確立各級各類技職教育總目標
設計階段	規劃設科	1.群科規劃與調整 2.確定群科之教育目標
設計階段	設計課程架構	1.決定課程基本架構或模式 2.設計各群科課程架構
發展階段	擬訂（各群科）教學科目	擬訂各群科教學科目架構及其流程
發展階段	研訂（各科目）教學大綱	各科目教學大綱應包括： 　　教學目標　評量標準　教學大綱 　　實施方法　教學時數
發展階段	發展（各科目）試用教材及教學媒體	編寫試用教材、編訂教師手冊、製作教學媒體
實施階段	新課程的實驗或試用	1.選定實驗或試用學校 2.進行實驗或試用
實施階段	新課程的檢討與修正	1.評鑑實驗或試用結果 2.提出檢討報告並修訂新課程
實施階段	新課程的推廣實施	全面推廣實施
評鑑階段	新課程的（總結性）評鑑與修正	全面進行總結性評鑑再加以修正

（回饋）
（回饋）

一、計劃階段

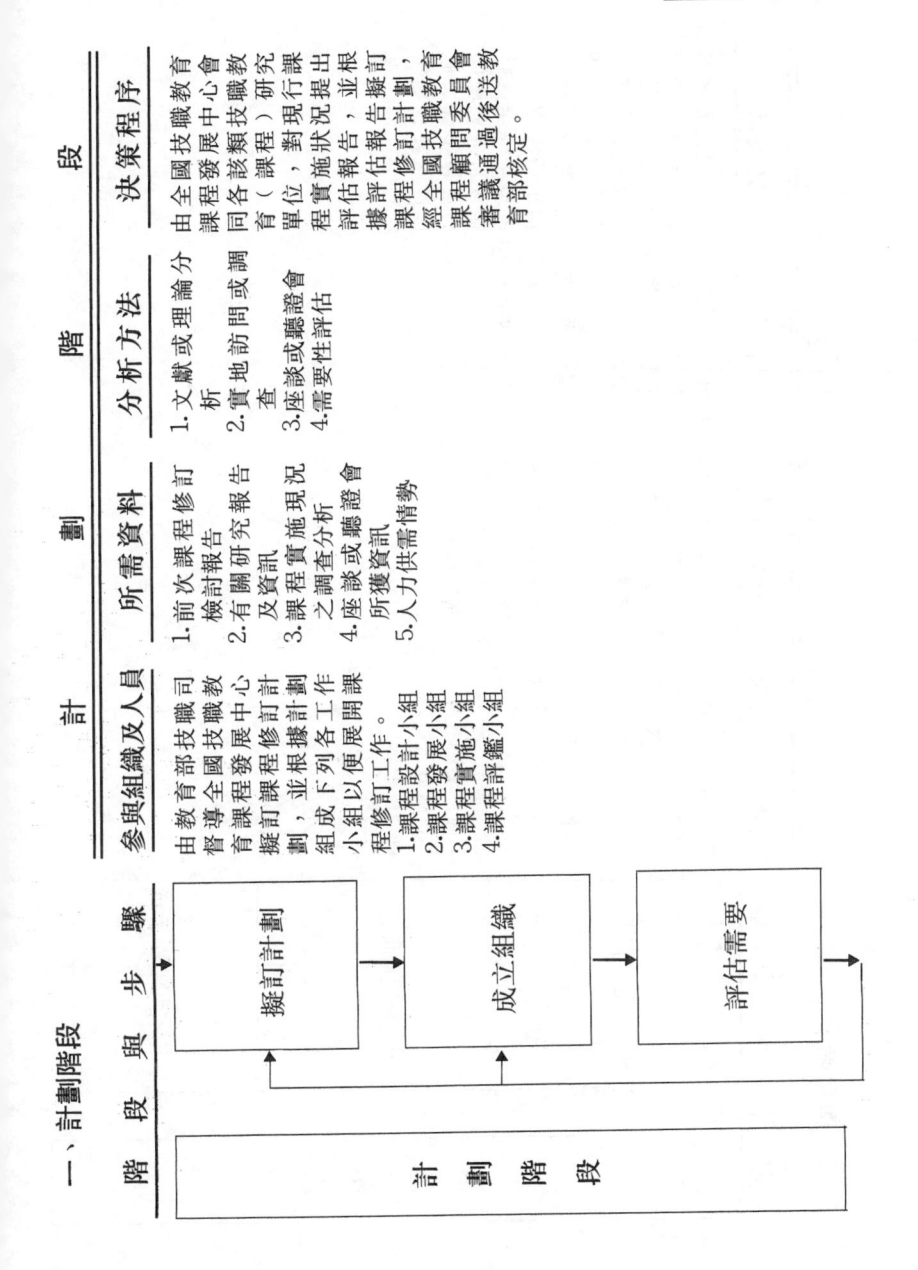

階段與步驟	參與組織及人員	所需資料	分析方法	決策程序
擬訂計劃 → 成立組織 → 評估需要 （計劃階段）	由教育部技職司督導全國技職教育課程發展中心擬訂課程修訂計劃，並根據下列各小組以便展開課程修訂工作。 1.課程設計小組 2.課程發展小組 3.課程實施小組 4.課程評鑑小組	1.前次課程修訂檢討報告 2.有關研究報告及資訊 3.課程實施現況之調查分析 4.座談或聽證會所獲資訊 5.人力供需情勢	1.文獻或理論分析 2.實地訪問或調查 3.座談或聽證會 4.需要性評估	由全國技職教育課程發展中心會同各該類技職教育（課程）研究單位，對課程實施現況提出評估報告，並據評估報告擬訂課程修訂計劃，經全國技職教育課程顧問委員會審議通過後送教育部核定。

610　課　程　設　計

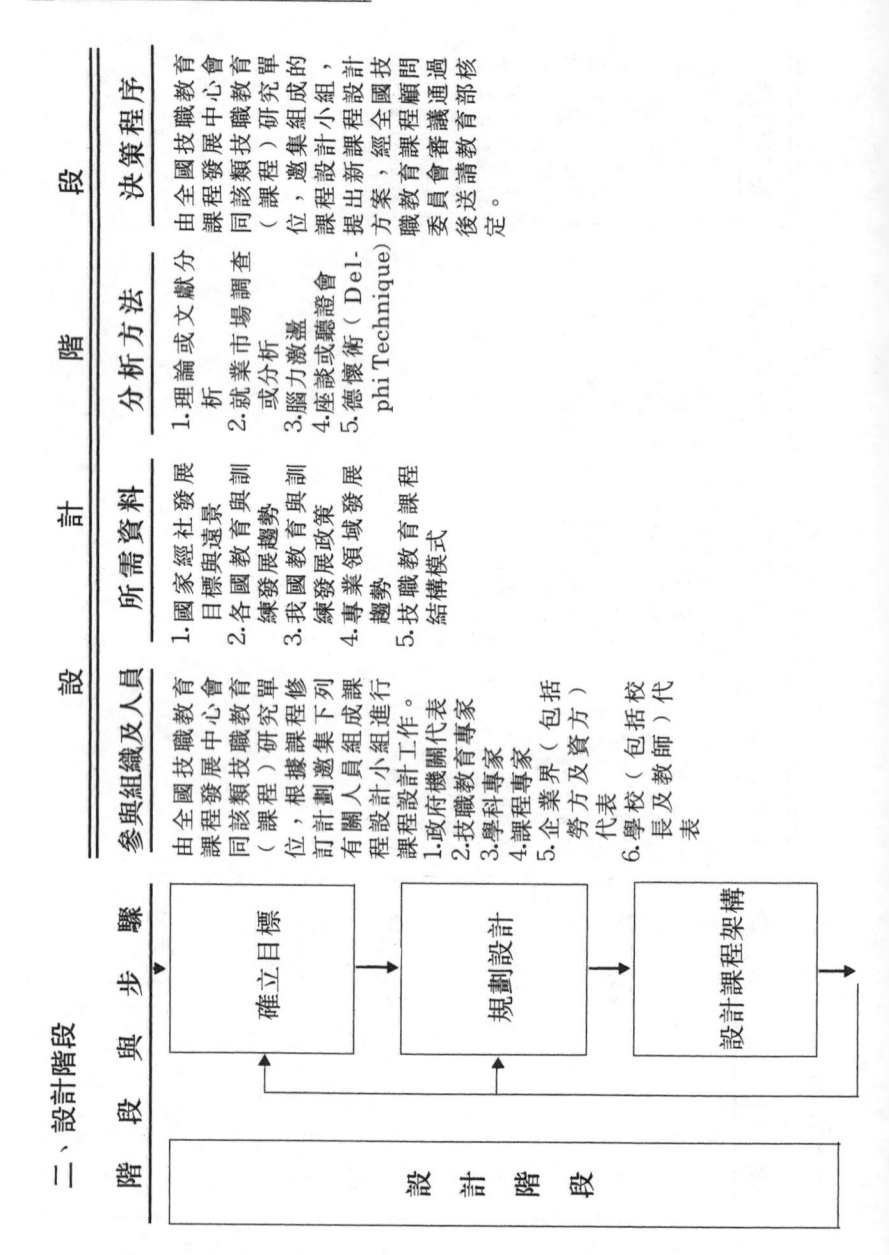

二、設計階段

階段與步驟	參與組織及人員	所需資料	分析方法	決策程序
確立目標 → 規劃設計 → 設計課程架構	由全國技職教育課程發展中心會同該類技職教育單位（課程）研究集，根據課程修訂計劃人員組成有關課程設計小組進行課程設計工作。 1.政府機關代表 2.技職教育專家 3.學科專家 4.課程專家 5.企業界（包括勞方及資方）代表 6.學校（包括校長及教師）代表	1.國家經社發展目標與遠景 2.各國教育與訓練發展趨勢 3.我國教育與訓練發展政策 4.專業領域發展趨勢 5.技職教育課程結構模式	1.理論或文獻分析 2.就業市場調查或分析 3.腦力激盪 4.座談或聽證會 5.德懷術（Delphi Technique）	由全國技職教育課程發展中心同該類技職教育單位（課程）研究集小組的，邀集組成設計課程設計小組提出新課程設計方案，經全國技職教育課程顧問委員會審議通過後送請教育部核定。

設計階段

三、發展階段

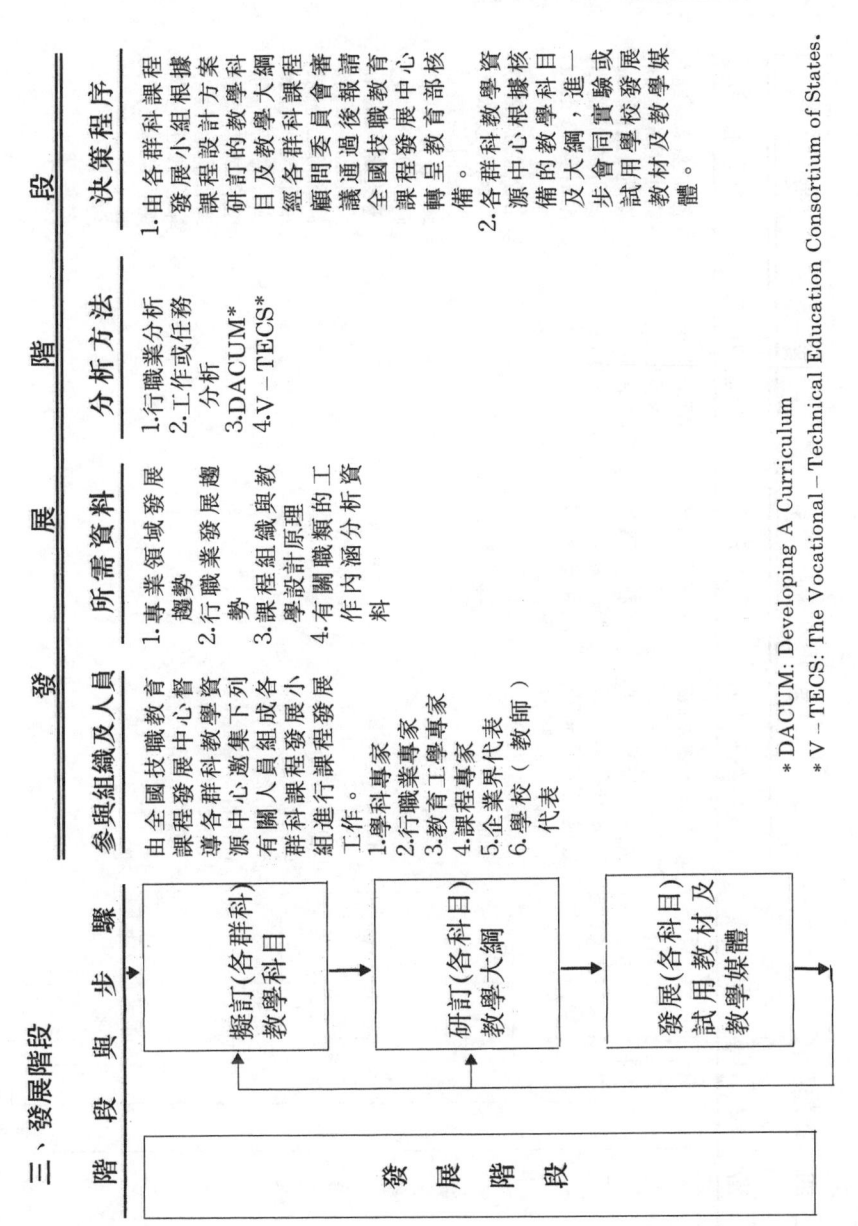

階段與步驟	參與組織及人員	所需資料	分析方法	決策程序
擬訂(各群科)教學科目 → 研訂(各科目)教學大綱 → 發展(各科目)試用教材及教學媒體	由全國技職教育課程發展中心督導各群科教學資源中心遴集下列有關人員組成各群科課程發展小組進行課程發展工作。 1.學科專家 2.行職業專家 3.教育工學專家 4.課程專家 5.企業界代表 6.學校（教師）代表	1.專業領域發展趨勢 2.行職業發展趨勢 3.課程組織與教學設計原理 4.有關職類的工作內涵分析資料	1.行職業分析 2.工作或任務分析 3.DACUM* 4.V–TECS*	1.由各群科課程發展小組根據課程設計方案研訂的教學大綱目及各群科課程經顧問委員會審議通過後報請教育部核全國技職教育課程發展中心轉呈教育部核備。 2.各群科教學資源中心根據教學大綱及科目，進一步會同實驗校發展或試用學校教材及教學媒體。

* DACUM: Developing A Curriculum
* V–TECS: The Vocational–Technical Education Consortium of States.

四、實施階段

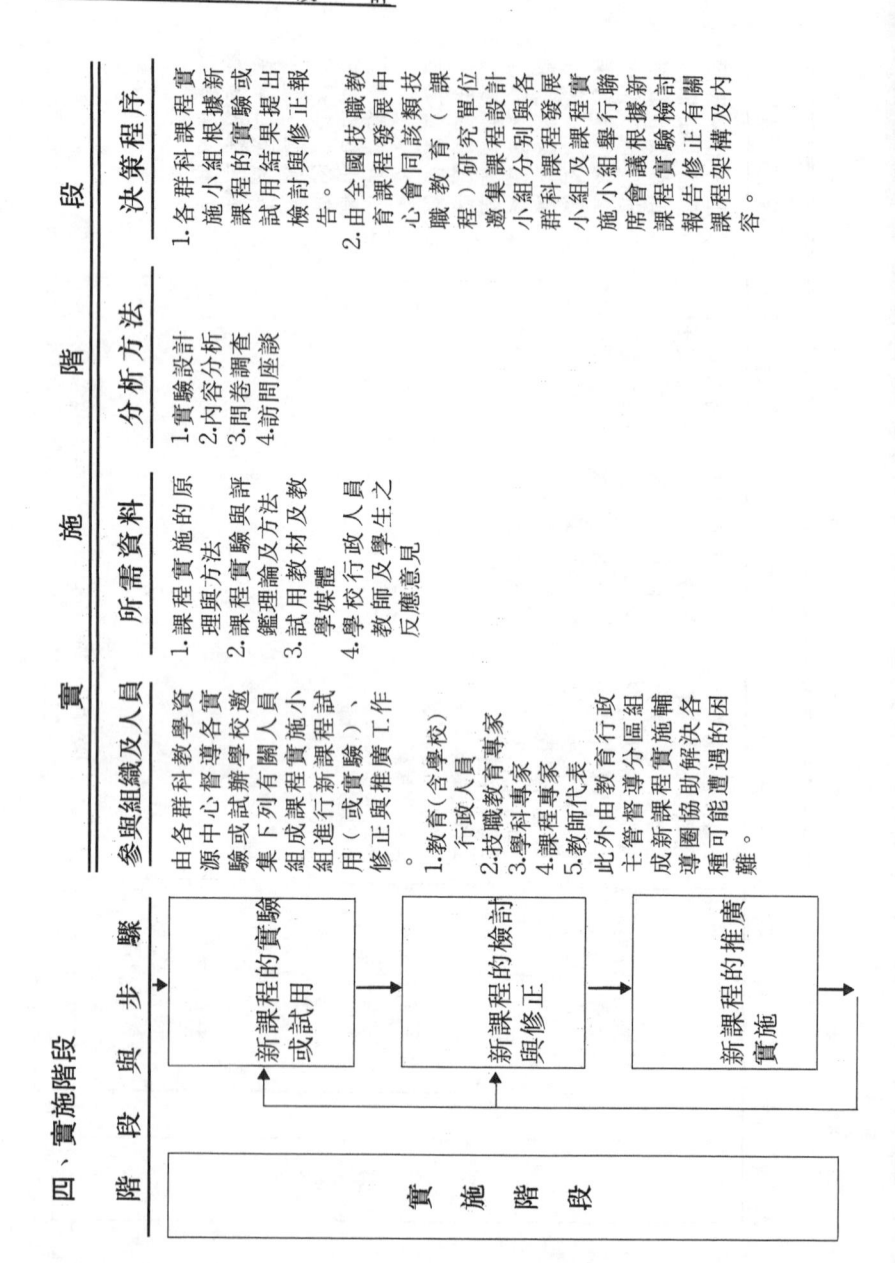

階段與步驟	參與組織及人員	所需資料	分析方法	決策程序
新課程的實驗或試用	由各群科教學資源中心督導各實驗或試辦學校遴集下列有關實驗人員組成課程實施小組進行新課程試用（或實驗）、修正與推廣工作。	1.課程實施的原理與方法 2.課程實驗與評鑑理論及方法 3.試用教材及教學媒體 4.學校行政人員教師及學生之反應意見	1.實驗設計 2.內容分析 3.問卷調查 4.訪問座談	1.各群科小組根據新課程實施小組試用的結果提出檢討與修正報告。 2.由全國技職教育課程發展中心會同該類技職教育研究單位選集課程分別與各小組舉行聯席會議根據新課程實驗檢討報告修正課程架構及內容。
新課程的檢討與修正	1.教育（含學校）行政人員 2.技職教育專家 3.學科專家 4.課程專家 5.教師代表			
新課程的推廣實施	此外由教育行政主管督導分區組成新課程實施輔導團協助解決各種可能遭遇的困難。			

實施階段

五、評鑑階段

階段與步驟

評鑑階段 → 新課程的評鑑與修正

評鑑階段			
參與組織及人員	所需資料	分析方法	決策程序
由全國技職教育課程發展中心會同各群科教學資源中心邀集下列有關人員組成課程評鑑小組對新課程的實施進行總結性評鑑。 1.政府機關代表 2.課程專家 3.技職教育專家 4.學校（含校長及教師）代表 5.企業界代表	1.課程方案評鑑理論與實務 2.學科專家與教育專家的意見 3.學校行政人員教師及學生等之反應意見 4.畢業生的追蹤調查與企業界的反應意見	1.實地訪問 2.問卷調查 3.座談或聽證會 4.各種評鑑模式	1.課程評鑑小組根據新課程的實施情形及完整的檢討及總結性評鑑報告。 2.由全國技職教育課程發展中心會同該類技職教育（研究）單位，邀集課程設計小組與各群科課程發展小組舉行聯席會議根據評鑑總結性報告修正有關課程架構與內容。

附錄三 青輔會《國中學生進路輔導叢書》第四冊——就業之路編輯計劃

壹、編輯目的：

加強國中生就業輔導工作，協助其瞭解往後進路問題，並依循性向與志趣，導引選擇最適宜之發展路徑，終能適才適所，發揮所長，進而激發潛能，廣拓人力資源。

貳、編輯大要：

(一)散文體裁，第一人稱為主，採對話式為之。
(二)全書分七個單元，每單元以內容比重，分若干篇章組成，每篇以1,500字為度，全書約33篇，共約49,500字，連同標題約53,000字。以25開本印刷之。
(三)各篇篇名，以感性、警世而易懂為命名原則，內容則力求口語化、趣味化，以不落俗套為宜。
(四)全書體裁一致，觀念力求明晰有力，定稿之前，約請國中生試讀，以符合需要。
(五)為求活潑生動，照片、插圖並用。

參、內容大綱：

單元	篇　　　　名	內　容　大　要
第一單元（概說）	一、十字路口的抉擇	1.升學與就業的抉擇關鍵 2.正確選擇自己的前途 3.人生的幸福盡在此
	二、行行出狀元	1.只要流汗耕耘、必能歡呼收割 2.堅定人生方向、開創光明前途 3.行行有狀元，努力在今朝
	三、人有高矮、職業無高低	1.人人有職業、社會就安定 2.人生貴奉獻、職業最神聖 3.職業高尚、不分高低

（續）

單元	篇　　名	內　容　大　要
第二單元（了解自己）	四、命運自己掌握	1.本單元概說 2.了解自己、改變命運 3.接受命運挑戰
	五、我最了解自己	1.興趣、性向的剖析 2.基本知識、家庭狀況剖析 3.了解自己、創造人生
	六、我一直想走的一條路	1.人生的志向 2.一生的方向 3.我一直想走的一條路
第三單元（職業介紹）	七、多采多姿的工作世界	1.本單元之概說 2.國中生升學與就業 3.就業市場概況
	八、錦繡前程	1.介紹建教合作班 2.鼓舞半工半讀 3.錦繡前程、自己開拓
	九、一技在身希望無窮	1.職業訓練概述 2.現有各職訓中心招訓簡介 3.一技在身，勝過家財萬貫
	十、開拓我的新天地	1.有為青年志在四方 2.肯努力，處處能容我 3.精誠所至，金石為開
	十一、誰來幫助我求職	1.學校就業輔導 2.各國民就業輔導中心業務簡介 3.自助人助，坦途在望
	十二、它，我找到了！	1.各類職業介紹 2.適合國中生的職業介紹 3.有志者事竟成
第四單元	十三、小心陷阱	1.分類廣告的騙局 2.高薪的誘惑 3.天下沒有白吃的午餐
	十四、誰能幫助我	1.就業輔導機構能為我做些什麼 2.學校輔導室能為我做些什麼 3.師長親友的介紹及協助

課程設計

（續）

單元	篇　　　　名	內　容　大　要
第四單元（就業前準備）	十五、知己知彼	1.就業前的心理準備 2.做好知己的工夫 3.做好知彼的工作
	十六、求職的第一步	1.如何去面談 2.面談的準備 3.成功的面談
	十七、成功不是天上掉下來的	1.成功要付出代價 2.求職成功實例 3.從中所獲得的啟示
	十八、失敗絕非偶然	1.失敗絕非偶然 2.求職失敗實例 3.從中所獲得的教訓
第五單元（快樂的職業生活）	十九、快樂的職業生活	1.工作即生活 2.職業生活的價值觀 3.我掌握了奮鬥的方向
	二十、榮耀的螺絲釘	1.一分力量，一分貢獻 2.珍惜我的歷練（歷練最可貴） 3.我以自己的貢獻為榮
	廿一、舵手的歡呼	1.成功來自毅力 2.魏永寬成功的實例 3.血汗不會白流
	廿二、吃苦熬出頭	1.跌倒了爬起來 2.吳山田成功的實例 3.苦盡甘來最甜美
	廿三、永恆的刀痕	1.雕刻藝術提昇與發揚 2.朱銘成功的實例 3.堅毅執著在人心
	廿四、障礙的剋星	1.光彩奪目的明鏡 2.黃福來成功的實例 3.天下沒有衝不破的困難
	廿五、堅忍的女傑	1.東瀛創業苦盡甘來 2.劉秀忍成功的實例 3.奮發圖強，巾幗不讓鬚眉

（續）

單元	篇　　　名	內　容　大　要
第五單元（快樂的職業生活）	廿六、成功的推銷員	1.努力不懈，十年有成 2.黃金平成功的實例 3.黃金平能！我也能！
	廿七、職訓的光榮	1.一分耕耘，一分收穫 2.溫富興全國技賽配管工得第一 3.好男兒當如是
	廿八、別辜負政府的美意	1.勞保福利介紹 2.如何保障自身的權益 　①認識勞動基準法 　②勞動基準法附屬法規 　③國民就業輔導中心業務服務功能 　④臺灣省職業訓練學員創業貸款實施要點 　⑤青輔會青年創業貸款實施要點 3.別讓「權利」睡著了
第六單元（職業倫理）	廿九、敬業樂群、自強不息	1.工作至上，奉獻第一 2.我的工作，我的生命 3.慎始如慎終，慎終如慎始
	三十、勤勉的代價，創造的歡欣	1.開發研究，務本創新 2.成功實例一則 3.勇敢的踏上去
	卅一、負責的滿足，成就的喜悅	1.盡義務就是享權利 2.挑大擔，樹典範 3.勇敢的挑起來！
第七單元生計教育	卅二、一生之計在於勤	1.本單元概說 2.一勤天下無難事 3.工作勤勞，一生幸福
	卅三、終身工作一生快樂	1.勞動神聖、希望無窮 2.終生工作、一生美滿 3.全書總結

註：該書於七十五年六月完成，撰寫時間共為八個月

附錄四 台灣省海事水產職校社會科學概論實驗教材編輯要點

一、本書共分四冊，每學期一冊，供海事學校一、二年級學生使用，教材內容共包含個人、家庭、學校、社區、社會、國家、敵人、世界八大單元，融合公民、歷史、地理、政治、經濟、社會、法律、教育、文化等學術領域的題材。

二、本書八大單元內均包含若干單元，每冊所含單元的次序以學生生活和心理發展為依據，再考慮邏輯次序。因此每冊儘量包含由個人至世界有關之單元。

三、本書每單元包含學習重點、學習內容、學習活動、學習評量、註解等五部份。

（一）學習重點：即提示，旨在指導學生學習的方向和要點，增進學習興趣。在課文之前標示提示內容，請參考範例編寫方式。

（二）學習內容：即課文部分，力求淺顯平易，說理與實例並重。

（三）學習活動：即活動部份，型態應力求多樣，例如討論、演說、辯論、表演、報告、競賽、展覽等，依據教材內容加以設計。

（四）學習評量：即複習檢討部份，內容包含認知情意與行為實踐，型式不拘，例如問答、報告、問卷、經驗談、生活檢討、行為觀察等。

（五）註　解：專業名詞、引用中外詞句、譯文及參考資料等，視需要加以註解。

四、本書編輯時應注意的其他原則：

（一）配合學生的日常生活。
（二）配合海事學校學生之需要。
（三）敘述力求淺近生動。
（四）注意單元與單元的順序和聯貫。
（五）銜接中小學的公民和社會等科。
（六）依照每週兩小時的時間選材。
（七）提供授課教師教學的彈性。
（八）注重社會科學資料的閱讀和理解。

五、章節體例採取下列方式：

（一）本書共四冊，每冊依教材單元數分章，第一冊十二章、第二冊十二章、第三冊十一章、第四冊十章，章以下不分節，即每一教材單元為一章，

㈡每單元之內容、段落如需標示序數者,請依下列順序:一、㈠ ⑴①表示。
㈢本國年代民國前以朝代年號表示,視需要加註西元年代,民國以後,以中華民國(簡稱民國)年號表示,外國年代均以西元年號表示。中外朝代年號均需加私名號。
㈣課文中需加註解之文詞下面標示序數以①②③……符號表示。上面不需加「註」字,每單元最後之註解說明,亦以①②③表示。
㈤對中共均仍以「中共」稱呼。
㈥圖表暫不編號,但應註明標題。標題需在圖之下方由右至左,表之標題需在表之右方由上而下書寫,請參考實例。圖表應配合課文出現。圖表之編號俟全冊彙整後統一編號
㈦每單元字數,課文內容不多於三千五百字,不少於三千字,其他學習活動、學習評量與註解三項合計不多於一千五百字,不少於一千字。

六、本書應編輯教學注意事項,供教師參考。

附錄五 台灣省海事水產職校社會科學概論的教材大綱及單元名稱一覽表

教材大綱	單元名稱
個人的生活	㈠瞭解自己　㈡健康的生活　㈢正確的人生觀
個人的生活	㈣選擇朋友　㈤適應人群中的生活　㈥未來的理想
家庭的生活	㈠家庭倫理　㈡美滿的婚姻　㈢家庭計畫　㈣家庭的生計　㈤家庭教育　㈥幸福的家庭
學校的生活	㈠認識我們的學校　㈡學校倫理
學校的生活	㈢學習的態度與方法　㈣學校活動
學校的生活	㈤職業道德
社區的生活	㈠社區的風貌　㈡敦親睦鄰
社區的生活	㈢社區的維護　㈣社區的活動　㈤社區的發展
社會的生活	㈠社會倫理　㈡社會公德　㈢權利與義務　㈣民主與法治　㈤法律與生活　㈥大眾傳播與生活　㈦社會安全與福利
我們的國家	㈠民族文化　㈡錦繡河山　㈢中華民國的創建
我們的國家	㈣中華民國的奮鬥　㈤我們的政府　㈥中華民國的進步與發展
認識敵人	㈠共產黨的本質與暴政　㈡共匪的統戰陰謀　㈢認識台獨　㈣我們國家的立場與作法
大同世界	㈠世界面貌　㈡西洋文化　㈢各國風土人情　㈣國際禮儀　㈤國際情勢　㈥大同世界

附錄六 教學單元設計實例㈠

單元名稱：適應人群中的生活

【提示】

　　人是社會的動物，誰都不能遺世而獨立生活。和他人經常保持聯繫，並維持良好的關係，是人類基本的心理需求之一。人際關係是決定生活是否幸福，心理是否適應良好，情緒與人格是否穩定成熟的重要因素。從不斷的嘗試，探索和理解之中，我們逐漸開拓生活的空間，與人溝通聯繫。和諧的人際關係，使我們更能愉悅地面對繁複多變的現代人群生活。

【課文】

一、現代生活的特質

　　在一個小國寡民、自給自足的保守農業社會裏，人們生活在雞犬相聞、老死不相往來的環境中，生活的步調平靜緩慢、人際之間的交往單純而恬淡。但是在動盪忙碌的現代社會裏，工商發達、科技進步，人口高度集中於都市，交通電訊的發展日新月異。人與人之間的交往和聯繫，遠較往昔頻繁而複雜。美國未來社會學家杜佛勒博士在「未來的衝擊」一書中，便曾指出：「暫時性、新奇性和多樣性等三股變動的力量，正凝結成一種加速的推動力，激烈而澈底地改變著現代社會的結構和生活方式。」❶

　　杜佛勒認為現代人是新興的遊牧民族，是流動性很高的個體。現代人不斷地旅行，更換新的工作，結識新的朋友，不斷地嘗試新的興趣。人們喜新厭舊，求變求新。人與物、人與地之間的關係是基於一種「用過就丟」的哲學，人與人之間的關係則都是脆弱而短暫的，都是片面或有條件的相互利用關係。我們仔細分析自己的生活經驗，再檢討我們在過去、現在或未來所要努力爭取的目標；再想想我們對社會、對人群、包括對父母、長輩、兄弟、姊妹、老師、同學、朋友和鄰居，甚至對陌生人的態度、行為表現等，會不會正像杜佛勒所描述的那般現實、功利和短暫膚淺呢？

---

❶蔡伸章譯，杜佛勒著（Alvin Toffler）：未來的衝擊（Future Shock），台北：新潮文庫，志文，民國七十年。

二、現代社會的人際關係

我國的儒家思想一向重視修己善群。孔子說：「己所不欲，勿施於人」，「己欲立而立人，己欲達而達人」；大學中所標舉的「格致誠正修齊治平」八德目，都是以個人為出發點，推而擴及人群的一種理想的人際關係。孟子說：「人之有道也，飽食暖衣，逸居而無教，則近於禽獸。聖人有憂之，使契為司徒，教以人倫：父子有親，君臣有義，夫婦有別，長幼有序，朋友有信。」這種傳統的五倫之教，其實就是把千頭萬緒的人際關係，歸納為五種基本的型態，又以「親、義、別、序、信」作為五者間交互作用的準則。五倫說明了人與人之間，個人與國家社會之間，甚至群己之間的種種關係，因此成為中國社會中普遍的道德標準和行為規範。❷

但是由於社會結構與生活方式的改變，以及國民性格的偏蔽與缺憾❸，在日常生活中，我們經常會遇到一些令人不快或氣憤的事情。例如有人隨地吐痰、口出穢言、高聲喧嘩、插隊、在禁止吸煙的場所吞雲吐霧等。我們也經驗到各種各類的擁擠和髒亂，車輛的橫衝直撞，生態環境的污染破壞，盜印與仿冒猖獗，竊賊與流氓橫行，攤販的蔓延滋長，偽藥、私酒、假奶粉，誇大不實的廣告宣傳，各種詐欺背信或倒會事件層出不窮⋯⋯。這些都是既損私德又虧公德的行為。我們又見到現代社會裏的家庭問題叢生，離婚率高漲，家家戶戶都裝設鋼門鐵柵，許多人套著隨身聽耳機在街上行走，更多的人在水災車禍等急難災變中好奇地圍觀湊熱鬧，妨礙救援工作的進展⋯⋯。以上種種不諧和的社會現像，從人際關係的角度來看，都可說是個人對人群的輕視、敵意、不信任、不負責和不能瞭解體諒。這是群己關係失調，人際間的交往與溝通不當的結果。

三、人際關係的類型

人際關係是決定個人生活幸福圓滿、心理健康、情緒穩定與人格成熟的重要因素。每一個人經由不斷的嘗試、學習、探索和理解而發展自己的人際關係。有些人長袖善舞，八面玲瓏，擅於處理複雜的人際關係，另有些人剛毅木訥，落落寡合，卻仍然也必須發展自己的一套人際觀念和人際反應模式。人際關係的基本類型，依照楊國樞教授的分析，包括下列五種❹：

---

❷但也有人認為五倫在性質上屬於「私德」。實踐的對象限於我們所認識或有關係的人。對於不確定的陌生人或社會大眾，則缺乏明確的一套規範或準則，因此主張在五倫之外，更要倡議和建立「第六倫」。即是「群己」之間的倫理關係，詳參李國鼎：經濟發展與倫理建設——第六倫的倡立與國家現代化，聯合報專論，七版，民國七十年三月廿八日。

❸國民性格（National Character）即「民族性」，是指一個社會中多數成員共同的人格特質。

❹楊國樞：青年的人際關係。聯合報專論，七版，七十二年十月十七日。

㈠順服型：這類的人和任何人相處，都傾向於服從。時時表現出謙虛與恭順，以弱者的姿態博取他人的注意、關愛和稱讚。

㈡對立型：這類人視人際關係就是一種競爭，與任何人相處都對立而不妥協。他永遠要扮演強者，追求權勢，喜歡領導、支配或超越別人。

㈢功利型：這類人強調的是功利得失，認為人與人是利害的結合，利之所趨便往來熟絡，無利可圖則形同陌路。

㈣退縮型：這類人與別人的關係通常是表面化的，往來只是點到為止。只和別人維持淡薄膚淺的關係，不願與人深交。

㈤均衡型：這類型的人與人相交可進可退、能深能淺，樂於與人交往，也善於保持獨立。他曉得如何靈活運用前面四種型態的人際交往，又能不迷失自我。

另外美國心理學家莫瑞諾藉「社交測量法」❺來探討人際關係的型態，歸納出1.孤立型；2.對偶型；3.被拒型；4.互拒型；5.串聯型；6.小團體型；7.明星型；8.領袖型等八種類別❻。從發表和適應的觀點來說，每一個人都應該要能省察和分析自己在團體中的角色和地位，對於自己的社會關係有所瞭解，從而能夠選擇、調整或確立自己對人際交往的基本態度。

四、如何建立良好的人際關係

良好的人際關係可以增進自我的價值感、自尊心和自信心。我們的日常生活中，需要有甜蜜的家庭生活，需要有良好的學習環境，更需要愉快的合作與工作的經驗，尤其在今天處處都講究「平等」、「協調」、「尊重」和「民主」的時代裏，更需要講求人際溝通的技巧。溝通的意義是「把事實、觀念、價值、感情或態度，從一個人或一個團體傳播給另外的人的活動。」人與人之間是否能夠彼此瞭解，相互尊重，完全要看彼此間是否能夠有效溝通而定。我們與人初識，如何留給對方良好的印象？如何維持輕鬆活潑的談話內容，如何能夠瞭解彼此，和諧互助，都要藉助溝通的技巧或藝術。下列原則均有助於我們建立良好的人際關係。

㈠學習認識自我、接納自我，適度的自我開放：瞭解和接受自己的優點和

---

❺「社交測量法」（The Sociometric Test）是一九三二年莫瑞諾（Moreno）在紐約一所學校中始用，藉班級團體中的人際關係調查、繪製社會關係圖，藉以明瞭團體的結構。

❻八類基本型態的圖例如下（見圖）。詳參楊國樞等著：社會及行為科學研究法（下），台北：東華書局，頁697。

缺點，才能夠與人和諧地相處。以開放的心靈面對世界和人群，才能夠寬厚溫文，關懷和同情別人。

㈡學習尊重和接納別人：「敬人者人恆敬之」，能尊重別人，接納別人，自然不會傲慢自大，與人衝突。

㈢要設身處地為他人著想：能以「同理心」❼站在對方的立場，瞭解別人的感受，自然不會冒失鹵莽、傷害他人而不自知。

㈣學習表達與溝通的技巧：人際之間的交往溝通是可以學習的，應對進退的能力都是慢慢磨練而嫻熟的。耐性的傾聽，恰適的自我表達，婉轉的溝通或幽默的運用，都是長久學習的結果。

㈤以理智處理生活中的問題：兼能重視社交方面的禮儀或規範，作一個有教養而受歡迎的人。

總之，現代人的社會生活是複雜多變的，因此傳統的人際倫理和人群關係必然要面對新情勢的衝擊或考驗。但是人類渴盼相處愉悅，互助互信，得到友誼和尊重，得到情感上的親密和心靈上的歸屬感，則是亙古不變的基本人性需求。惟有建立良好和諧的人際關係，我們才能真正適應和悅納千變萬化的現代人群生活。

【活動】

△中國人的優點和缺點

性質：分組討論和報告。
地點：教室。
時間：卅分鐘——一小時。
方式：

一、全班同學分組，以 73.10.20 中國時報龍應台「中國人，你為什麼不生氣」一文為參考資料，研閱並分析討論中國人的民族性。

二、儘可能條列式地舉出中國人的優點和缺點。

三、分組輪流報告討論結果。

四、老師綜合講評，注意「生氣」或「不生氣」之標準，應該根據理性分析判斷，而不是依一時情緒的反應。

△假如我是個計程車司機

---

❼同理心是 empathy 的譯詞，也有人譯作擬情作用，意即站在他人的立場，以瞭解他人的感受。

性質：自由聯想，激發想像力，並培養替別人著想的習慣。
地點：教室。
時間：十～二十分鐘。
方式：

一、每位同學試想假如自己是個計程車司機，遇到下列問題該怎麼辦？

1.短程載客，乘客掏出千元大鈔一張，而你剛好沒有零錢可找，該怎麼辦？
2.深夜空車在十字路口遇到紅燈，你怎麼辦？
3.深夜載急診病患送醫療途中，十字路口遇到紅燈，你怎麼辦？
4.乘客喋喋不休，詢問你的家庭、工作或休閒嗜好，而你因為開車勞累，不想回答，你怎麼辦？
5.上下班巔峰時刻，你在火車站前遇到短程乘客，主動表示願意加倍付車資，你怎麼辦？
6.逢年過節搭載小器的乘客，堅持三塊錢零錢一定要找還，你怎麼做？
7.遇到行人在馬路上安步當車，若無其事，而前方有人招呼攔車，對面的來車正準備三百六十度迴轉搶生意，你怎麼辦？
8.遇到兩車擦撞，錯不在你，對方却氣勢洶洶不肯罷休，你怎麼辦？

二、請幾位同學發表自己的觀點、作法。
三、聆聽和比較不同的觀點或作法的道理何在，試著找出最適當的作答。
四、教師講評。

△**誰的人緣最好**？

性質：社交測量法的實際運用。
地點：教室（課前或課後）
時間：卅分鐘。
方式：

一、每位同學在下列十個問題後面，填上你認為最適當的人選。（以班上同學為對象。）

1.選舉班長，班上誰最合適？
2.為完成一項重要的使命，誰最合適？
3.討論生活上的問題時，你最喜歡找誰？

  4.為登山郊遊分組時,你最喜歡與誰同組?
  5.討論作業或習題,你找誰?
  6.經濟拮据時,你向誰借錢?
  7.一起溫書準備考試,你找誰?
  8.捐血救難,你找誰作伴?
  9.你臥病在床,希望誰來照顧?
  10.貴重的財物,你願意託管給誰?
二、教師準備十張海報紙,標明題號,貼在牆上。
三、每位同學依序上前,帶著十個問題和答案,逐題寫下自己的姓名。和被選同學的姓名,以箭頭表示誰選擇了誰。
四、教師協助整理出社會關係圖,由同學自己評判誰的人緣最好。或分析班級內人際關係的型態。

【複習檢討】

一、你認為現代人的生活具有那些特徵?
二、你贊成「人與人之間祇有相互利用的關係」的說法嗎?為甚麼?
三、如果在上學途中,遇到火災、車禍等急難事件,我們能做些甚麼?
四、登山郊遊的時候,遇到有人非法捕魚(鳥)或盜採花木,你該怎麼辦?
五、你的人緣好嗎?為甚麼?
六、你願意幫助陌生人,為他們解決困難嗎?為甚麼?
七、你相信「助人為快樂之本」嗎?為甚麼?

(本單元取自台灣省政府教育廳主編,高級海事水產職業學校社會科學概論實驗教材㈠,台北:維新,民七四。)

附錄七　教學單元設計實例㈡

單元名稱：青蛙的構造

簡介

青蛙是容易得到的實驗材料，又可作為脊椎動物四足類的代表，所以在生物學上，青蛙是最常用的實驗材料之一。解剖青蛙可以認識青蛙外形與體內各部器官之構造，並獲得觀察、解剖、實驗、記錄及標本製作等基本概念、能力和態度。

學習前準備

1. 影片：青蛙的解剖。
2. 青蛙
3. 解剖工具：解剖刀、解剖剪、鑷子、探針、注射器、解剖盤、定針、放大鏡。
4. 青蛙外形與內臟圖鑑。
5. 青蛙解剖步驟圖片。

學前評量

△能指出青蛙外形各部器官。
△能使用解剖工具，說明解剖青蛙的方法。
△能說明青蛙內部各器官名稱及其功能。

目標一：學生能實際指出青蛙外形各部器官。

基本活動

㈠閱讀青蛙外形圖鑑及其說明。
㈡配合青蛙外形圖鑑，觀察青蛙，指認青蛙外形各部器官。

變通活動

簡單活動：用色筆畫一隻青蛙。
高深活動：觀察青蛙的活動，討論青蛙外形器官與其功能的關係。

目標二：學生學會解剖青蛙

基本活動
　㈠觀看「青蛙的解剖」的影片。
　㈡討論解剖青蛙的步驟：

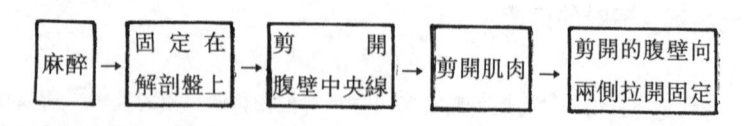

　　麻醉 → 固定在解剖盤上 → 剪開腹壁中央線 → 剪開肌肉 → 剪開的腹壁向兩側拉開固定

　㈢認識解剖工具及其使用方法。
　㈣解剖青蛙。

變通活動
　簡單活動：試將解剖青蛙的步驟卡片，按次序排列。
　高深活動：討論解剖青蛙為什麼要腹面朝上？

目標三：學生觀察到青蛙內部，能說明各內臟的功能。

基本活動
　㈠觀察肺（左胸部，兩個淡紅色汽球狀）。
　㈡觀察心臟（三角錐體，不斷跳動，一會兒白，一會兒暗紫色）。
　㈢觀察消化器官（食道、胃、腸、脾、肝）。
　㈣觀察排泄器官（腎臟、輸尿管、膀胱）。
　㈤觀察生殖器官（卵巢、精巢）。

變通活動
　簡單活動：青蛙內部各器官圖上，用色筆著色並填寫名稱。
　高深活動：繪製青蛙內部構造圖，並註明各名稱。

學後評量
　和學前評量相同，通過的學生可以學習其他學習活動或單元。

參考資料
　國民小學自然科學實驗教材第十二冊第四單元。

註．本單元係師大教研所進修班同學宋海蘭、甘漢銑、許信雄三人合作設計。

附錄八　教學單元設計實例㈢

單元名稱：超級市場之旅

一、前言

　　隨著社會的演變，消費者和生產者的距離愈來愈遠，現今的學生普遍對於日常生活所需的物質非常陌生，譬如：學生常常分辨不出什麼是菠菜，什麼是油菜，什麼是甘藍菜，甚至於不曾到傳統市場或超級市場去獨力完成一項購買活動。

　　國中家政課程有鑑於此，在內容的安排上希望能培養學生處理現代生活的知識與技能，使學生在現在能妥善安排自己的生活，畢業進入社會之後，能適應社會環境，創造屬於自己的美好未來！

　　在國中家政第一冊的課程中包括有第六章　物品的購買：商店、商品的選擇，購物要則。第二冊課程中則包括了第一章　食物的分類與簡介。第三章食物的選購與儲存。第四章　加工的食品。這些章節都與食物的選購有關，因此本單元設計將這些單元抽出，配合實際的參觀活動，組成了"超級市場之旅"。

二、學習目標

1. 瞭解超級市場的意義及功能。
2. 能說出超級市場所販賣的物品種類。
3. 瞭解食物的五大分類。
4. 能說出幾種常見食物的名稱。
5. 瞭解選擇食物的原則。
6. 能說出各類食物選購與儲存的注意事項。
7. 能說出什麼是加工食品。
8. 能說出選購加工食品應注意的事項。
9. 瞭解物品購買的要則。
10. 瞭解選擇商店應注意的事項。
11. 能說出選購商品的原則。
12. 認識一些常見的標準標誌。
13. 能說出什麼是商品標示。

14.能說出商品標示應包括那些項目。
15.知道如何進行一項購買活動的計畫。
16.能實際按照計畫進行採買活動。

三、學習前準備

1.閱讀有關資料。
2.聯絡超級市場的管理單位，確定兩次參觀的時間及相關事項。
3.製作幻燈片"常見的食物"。
4.蒐集各種食品的包裝袋。
5.蒐集各種印有標準標誌的標籤、條碼、商品包裝。
6.閱讀衛生單位有關加工食品的各項規定。
7.閱讀"商品標示法"。
8.製作本單元有關教學所需之投影片及圖片等。
9.準備需要的投影機，幻燈機等器材。

四、學前評鑑

1.有沒有去過超級市場？
2.是否在超級市場買過東西？
3.知不知道超級市場裏賣什麼東西？
4.知不知道怎麼選購東西？

五、教學內容

1.超級市場是第二次世界大戰後新興的商店，它將所有在日常生活中需要的商品，都集中在一起，所有需要處理的食品都事先經過屠宰、分割、包裝、冷凍等過程，清潔衛生，採購者只需自行擇取架上的商品，然後到櫃台結算總價付錢，非常方便。
2.超級市場販賣的商品有：
　a.新鮮食物：雞、鴨、魚、肉、蔬菜、水果等。
　b.零食飲料：餅乾、蜜餞、汽水、鮮奶等。
　c.冷凍食品：冷凍水餃、蔬菜、冰淇淋等。
　d.罐裝食品：各式罐頭、保久乳、八寶粥等。
　e.調味料：鹽、糖、醬油、沙拉油、沙茶醬等。

f.乾燥食品：泡麵、乾麵條、粉絲、牛肉乾等。
　　　g.日常用品：衛生紙、洗衣粉、清潔劑及用具、毛巾等。
　　　h.容器：鍋、碗、杯、盤、罐、壺等。
　　　j.其他：玩具、寢具、化妝品等。
3.食物的五大基本分類：
　　　a.五穀及澱粉質根莖類。
　　　b.肉、魚、豆、蛋及奶類。
　　　c.蔬菜類。
　　　d.水果類。
　　　e.油脂類。
4.選擇食物的原則：
　　　a.符合營養需要。
　　　b.選購各種不同食物並且經常變換。
　　　c.注意食物的處理方式對營養素含量的影響。
　　　d.注意食物的衛生與安全。
　　　e.配合家庭預算。
　　　f.配合時令。
　　　g.配合家人喜好。
　　　h.其他。
5.各類食物選購與儲藏的注意事項：
　　見國中家政第二册第三章pp.28－31。
6.加工食品的意義：我們所攝取的食物，不論是動物性或植物性的，都有一定的收穫季節和儲存期限，往往超過了儲存期限，食物就會很快得開始變質敗壞，人們為了在任何時候都能吃到想吃的食物，就想出很多方法來處理食物，延長保存期限。這些方法包括加熱、冷凍、乾燥、醃漬、發酵、裝罐、加入防腐劑、利用放射線等，稱為"加工方法"。經由這些方法處理的食物就叫"加工食品"。加工食品除了可達成保存食物的目的之外，還能夠增進食物的口味變化，使我們更能享受食物的美味。
7.選購加工食品需注意的事項：
　　見國中家政第二册第四章pp.41－42。
8.物品購買的要則：

a.計畫購買。
　　　b.選擇優良的商店。
　　　c.查看商品。
　　　d.付款。
　　　e.索取統一發票。
　9.選擇商店的原則：
　　　a.信用良好的商店。
　　　b.不二價的商店。
　　　c.按照不同的物品性質在不同的零售商店購買。
10.選擇商店的原則：
　　　a.標明商標及製造廠商的商品。
　　　b.標明品質、成份及數量的商品。
　　　c.有標準標誌的商品。
　　　d.標明用途、用法或注意事項的商品。
　　　e.附有保證書，且有售後服務的商品。
　　　f.注意食品的新鮮度。
　　　g.價格合理。
11.常見的標準標誌有：
　　　a.純羊毛標誌。
　　　b.正字標誌。
　　　c.純鮮奶標誌。
　　　d.優良冷凍食品標誌。
　　　e.安全玩具標誌。
　　　f.純棉標誌。
12.商品標示：根據"商品標示法"的規定，凡是有包裝的食品上面都必需有標示，標示的內容有：
　　　a.商品名稱。
　　　b.內容物的成份、重量、容量或數量。
　　　c.食品添加物及其重量。
　　　d.製造廠名和地址。
　　　e.製造日期及保存期限。

13.購買活動的計畫：
    a.確定活動的種類及目的。
    b.確定活動經費。
    c.擬定需要物品的清單。
    d.確定購買的時間、地點。
    e.按照計畫購買。

六、學習活動

㈠基本活動

第一週：參觀超級市場。
（不限制學生如何參觀，僅要求學生不離開超市，不破壞物品，不在超市內追逐打鬧）

第二週：分組討論"什麼是超級市場，超級市場賣些什麼東西。"利用幻燈片"常見的食物"介紹幾種常見食物的名稱。

第三週：瞭解五大食物分類之後，分組分析某份食譜的食物歸類，自由發表自己所知道的食物選購與儲存方法。

第四週：利用實物介紹"加工食品"。

第五週：分組討論"商品購買要則"，各組分別觀察蒐集到的商品包裝，檢討其標示是否有缺點。

第六週：瞭解購買活動計畫的方法之後，參與討論"園遊會攤位所需之購買"。

第七週：再次參觀超級市場，並實際完成作業"慶生會所需之購買計畫"。

㈡變通活動

1.參觀連鎖商店。
2.實際進行一次購買活動。
3.蒐集各種商店的廣告。
4.實際到商店中調查食品價格。
5.進行一項商品品質調查。

七、學後評鑑

1.由上課中學生的討論情形瞭解其是否建立了正確的觀念。

2.由作業"慶生會所需之購買計畫"中可瞭解學生是否將課程內容充份吸收。

3.由往後對學生日常生活的觀察,可瞭解學生是否將課程內容應用在日常生活中。

八、參考資料

1.國中家政課本及教師手冊第一,二册。

2.葉霞翟等(民72),新家政學,台北:華欣文化。

3.各相關資料。

註:本單元係由師大家政教育研究所王以燕同學所設計。

附錄九　教學單元設計實例（四）

單元名稱：追踪採集旅行

一、簡介

1. 記號觀察訓練在童軍活動或戶外活動中是非常重要的課題，因為在戶外時不容易找到方向或彼此聯繫，有了記號即使走得很遠，也容易回到原處。利用記號可以追踪別人也可以讓別人來追踪。
2. 追踪採集旅行活動是學習記號後的實際練習，並輔以可食植物的認識、採集和標本製作，以增加旅行的趣味性，及野外求生的技能，並促進團隊精神。

二、學習目標

1. 認識追踪記號。
2. 認識台灣各地常見的野外可食植物，增強野外求生技能。
3. 學習植物的標本製作。
4. 採集旅行的實施，採用小隊制度以達成群育的效果。
5. 以植物標本的製作，及利用植物葉子編成小動物、小昆蟲、小樂器之創作，達到美育的教學效果。

三、學習對象

國中一年級學生或參加戶外活動及童軍活動的人員。

四、學習前準備

1. 影片剪輯：童軍之旅——萬里追尋。
2. 記號卡的製作——紙、色筆、樹枝、石頭、貝殼等。
3. 迷宮圖的製作。
4. 可食植物的幻燈片製作與錄音。
5. 植物標本的製作。
6. 佈置追踪採集旅行的路線圖。

五、學前評量

1.完成各小隊的組織與分工。
2.各小隊完成小隊名稱、小隊歌、小隊歡呼、小隊旗、小隊聲等創作。
3.能認識童軍常用手號如：立正、注意、集合、停止 …… 等。
4.能分辨並運用哨音訊號。

六、教學資源

1.影片──童軍之旅（萬里追尋）。
2.記號卡。
3.迷宮圖。
4.錄音帶一卷。
5.幻燈片30張。
6.可食植物標本30張。
7.手號圖片。
8.哨子。
9.錄影機。
10.幻燈機。
11.視聽教室。

七、教學內容和活動

目 標 一：誘發學生學習追踪記號。
基本活動：1.觀賞童軍之旅──萬里追尋之影片。
2.展現類似迷宮的追踪記號圖。

目 標 二：學會五種常用的基本記號。
1.學習"前進"記號"→"。
2.學習"止步"記號"×"。
3.學會"藏信"記號"5→"。
4.學會"我已回"記號"⊙"。
5.學會"危險"記號"▣"或"》＜"。

目標 三：認識台灣各地常見的可食植物，以增強野外求生技能。
基本活動：配合幻燈片之觀賞，認識台灣常見的野生可食植物。

目標 四：配合小隊制度，實施追踪採集旅行，實地認識可食的野生植物，並達成群育教育。
基本活動：1.佈置採集旅行的路線圖。
　　　　　2.設計藏信地點及信函內容：
　　　　　　⑴指定採集五種可食的野生植物，並帶回學校製作標本。
　　　　　　⑵利用植物葉子創作小動物、小昆蟲或小樂器等三種成品。
　　　　　3.利用50分鐘進行採集旅行。
　　　　　4.成果展示。

目標 五：學會植物標本的製作。
　　　　　1.清洗。
　　　　　2.以報紙壓乾。
　　　　　3.以透明膠帶固定。
　　　　　4.套上玻璃紙並用壓板機壓過。
　　　　　5.製成標本。

八、時間分配

1.追踪記號之學習——50 分鐘。
2.可食的野生植物之認識——50 分鐘。
3.追踪採集旅行——50 分鐘。
4.成果發表及標本製作教學——50 分鐘。

九、評鑑

活動項目	實踐結果評鑑					備　　　　註
	優	良	可	尚可	尚未做到	
1.追踪記號之認識 　(1)前進記號 　(2)止步記號 　(3)藏信記號 　(4)我已回記號 　(5)危險記號						△追踪記號之評鑑宜於採集旅行出發前評鑑完畢。 優：對5個記號 良：對4個記號 可：對3個記號 尚可：對2個記號 尚未做到：對1個以下記號。
2.野生可食植物之認識						△認識可食的野生植物 優：對5種以上植物 良：對4種植物 可：對3種植物 尚可：對2種植物 尚未做到：對1種植物以下
3.植物標本之製作						△其餘的評鑑標準，可斟酌比較　在適當的格子內打"√"
4.利用植物葉子製作小昆蟲、小動物或小樂器						
5.活動中熱烈參與及分工合作						
6.活動中隨時注意滅跡的工作						

十、參考資料

1. 黃政傑：論教學單元的編製。
2. 黃政傑：論教學單元編製的問題。
3. 童軍教育學生手冊㈠和㈡：國立編譯館。
4. 寶島叢書：台灣可食的野生植物。
5. 童軍教育教師手冊㈠和㈡：國立編譯館。

注：本單元係由師大教育研究所暑期進修班學員劉月妹、張瓊文、黃美珍、郭淑美四人所設計。

附錄十　各國小學教學科目及時數

一、說　明

1. 下列各國資料，日本、美國、西德、英國、係引自教育部78年國小課程修訂參考資料，各國小學課程的比較。
2. 台北日本人學校的資料係引自該校學校要覽（1989）。
3. 其餘資料均引自Kurian, G.T.(Ed.)1988. *World Educational Encyclopedia.* N.Y.: Facts on File Pub.

二、各國資料表

表　1. 日本小學校各學科每週教學分鐘表（1977）。
表　2. 台北日本人學校小學部每週教學科目及時數。
表　3. 南韓初級學校每週教學科目及時數。
表　4. 美國小學課程表舉例。
表　5. 英國初級學校課程表舉例。
表　6. 法國初等學校每週教學科目及時數。
表　7. 西德基礎學校各學科每週教學時數（A式）。
表　8. 西德基礎學校各學科每週教學時數（B式）。
表　9. 比利時初級學校每週教學科目及節數。
表10. 比利時初級學校每週教學科目及節數（雙語學校採用）。
表11. 波蘭初級學校每週教學科目及時數。
表12. 捷克小學每週教學科目及時數。
表13. 芬蘭綜合學校每週（五天）教學科目及時數。
表14. 希臘初級學校每週教學科目及時數。
表15. 匈牙利初級學校全學年教學科目及節數。
表16. 冰島初等學校每週教學科目和節數。
表17. 挪威基礎學校初級階段每週教學科目及時數。
表18. 埃及基本教育每週教學科目及時數。

表1　日本小學校各學科每週教學分鐘表(1977)

科目 \ 學年	一	二	三	四	五	六	合計
各教科　國語	360	360	360	360	270	270	1,980
社會	90	90	135	135	135	135	720
算數	180	225	225	225	225	225	1,305
理科	90	90	135	135	135	135	720
音樂	90	90	90	90	90	90	540
圖畫工作	90	90	90	90	90	90	540
家庭	—	—	—	—	90	90	180
體育	135	135	135	135	135	135	810
道德	45	45	45	45	45	45	270
特別活動	45	45	45	45	45	45	270
合計	1,125	1,170	1,260	1,260	1,260	1,260	7,335

註：1989年3月修訂，低年級的理科與社會科合併。

表2　台北日本人學校小學部每週教學科目及時數

科目 \ 年級	一	二	三	四	五	六	合計
國語	8	8	8	8	8	8	48
社會	2	2	3	3	3	3	16
算數	4	5	5	5	5	5	29
理科	2	2	3	3	3	3	16
音樂	2	2	2	2	2	2	12
圖，美	2	2	2	2	2	2	12
技，家	—	—	—	—	2	2	4
保健體育	3	3	3	3	3	3	18
中國話	1	1	1	1	1	1	6
道德	1	1	1	1	1	1	6
學級活動	1	1	1	1	1	1	6
俱樂部	—	—	—	—	1	1	2
學級裁量	—	—	—	—	1	1	2
合計	26	27	29	29	33	33	177

註：1.資料來源：台北日本人學校編，學校要覽（1989），p.20.
　　2.每節上課45分鐘。

表3 南韓初級學校每週教學科目及時數

科目＼年級	一	二	三	四	五	六	合計
道德教育	—	—	2	2	2	2	8
韓　　語	11	11	7	6	6	6	47
社　　會	—	—	3	3	4	4	14
數　　學	6	4	4	4	5	5	28
科　　學	—	2	3	4	4	4	17
體　　育	—	—	3	3	3	3	12
音　　樂	6	7	2	2	2	2	21
美　　術	—	—	2	2	2	2	8
手　　工	—	—	—	2	2	2	6
合　　計	23	24	26	28	30	30	161
課外活動	—	—	1	2	2	2	7
總　　計	23	24	27	30	32	32	168

註：表中所列爲每週最低教學時數；一年34週。

表4 美國小學課程表舉例（分鐘）

科目＼年級	一	二	三	四	五	六	合計
讀　　書	325	325	300	300	300	300	1,850
說　　話	225	150	150	140	150	150	965
拼　　音	—	75	75	60	70	70	350
寫　　字	75	75	75	50	30	30	335
算　　數	100	150	200	240	250	250	1,190
社　　會	75	75	75	200	250	250	925
自然、保健	75	75	75	200	200	200	825
美　　術	100	100	100	100	100	100	600
音　　樂	100	100	100	100	100	100	600
體　　育	100	125	125	125	125	125	725
設計時間	125	125	100	100	50	50	550
自由時間	75	75	75	75	75	75	450
合　　計	1,375	1,450	1,450	1,690	1,700	1,700	9,365

表5　英國初級學校課程表舉例（分鐘）

科目＼學年	一	二	三	四	合計
數　　　　　學	255	280	280	310	1,125
英語（讀、寫）	345	310	290	190	1,135
故　事、戲　劇	70	90	30	—	190
音　　　　　樂	55	60	60	60	235
體　育 或 舞　蹈	85	100	60	60	305
美　　　　　術	70	—	—	—	70
美　術 或 工　作	—	70	70	70	210
工　　　　　作	70	70(男)	70(男)	70(男)	280
地　理、歷　史	130	130	120	130	510
自　然、理　科	60	30	90	110	290
宗　教、禮　拜	210	160	190	200	760
裁　　　　　縫	—	70(女)	70(女)	70(女)	210
遊　　　　　戲	—	60	60	60	180
選　修（註）	—	—	130	150	280
電視教學、其他	100	90	—	50	240
合　　　　　計	1,450	1,520	1,520	1,530	6,020

表6　法國初等學校每週教學科目及時數

科目＼年級	一	二、三	四、五、六	七、八	合計
倫　　　　　理	1.25	1	1	2	5.25
閱　　　　　讀	10	—	—	6	16
法　　　　　語	2.5	10.25	9	—	21.75
作　　　　　文	2.5	1	—	—	3.5
算　　　　　術	3.25	3.5	5	5	16.75
史　　地	0	1	1.5	3	5.5
科　　　　　學	0	1	1.5	—	2.5
應用科學，實用工作及繪畫	—	—	—	6	6
繪　畫 或 手　工	1.5	1	1	—	3.5
歌　　　　　唱	1.25	1	1	—	3.25
音　　　　　樂	—	—	—	1	1
體　　　　　育	2.5	2.5	2.5	2.5	10
休　　　　　閒	2.5	2.5	2.5	2.5	10
指　導 的 活　動	2.25	—	5	—	7.25
作　業　時　間	—	5	5	—	10
合　　　　　計	29.5	29.75	35	28	122.25

註：一至六年級廢除家庭書寫作業。

表7　西德基礎學校各學科每週教學時數（A式）

科目＼年級	一	二	三	四	合計
聯課活動	80	80	80	80	320
宗　教	80	80	120	120	400
德　語	160	160	200	200	720
算　術	160	160	160	200	680
體　育	80	80	120	120	400
音　樂	40	80	80	80	280
美術縫紉	40	120	120	120	400
常　識	120	120	160	240	640
個別及分組指導	120	120	120	120	480
合　計	880	1,000	1,160	1,280	4,320

註：表列時數爲分鐘。

表8　西德基礎學校各學科每週教學時數（B式）

科目＼年級	一	二	三	四	合計
宗　教	80	80	120	120	400
德　語	200	160	200	240	800
算　術	200	160	200	200	760
體　育	80	120	120	120	440
音　樂	40	80	80	80	280
美術縫紉	40	120	120	120	400
常　識	120	160	200	280	760
個別及分組指導	120	120	120	120	480
合　計	880	1,000	1,160	1,280	4,320

註：表列時數爲分鐘。

表9　比利時初級學校每週教學科目及節數

科目＼年級	一	二	三	四	五	六	合計
宗教或倫理	2	2	2	2	2	2	12
環境研究	7	7	7	7	—	—	28
科　學	—	—	—	—	2	2	4
地　理	—	—	—	—	1.5	1.5	3
歷　史	—	—	—	—	1.5	1.5	3
母　語	7	7	7	7	7	7	42
第二語言	—	—	—	—	3	3	6
算　術	6	6	6	6	6	6	36
繪　畫	1	1	1	1	1	1	6
手　工	1	1	1	1	1	1	6
體　育	2	2	2	2	2	2	12
音　樂	1	1	1	1	1	1	6
書　法	1	1	1	1	—	—	4
合　計	28	28	28	28	28	28	168

註：每節50分鐘。

表10　比利時初級學校每週教學科目及節數（適用於雙語學校）

科目＼年級	一	二	三	四	五	六	合計
宗教或倫理	2	2	2	2	2	2	12
環境研究	4	4	5	5	—	—	18
科　學	—	—	—	—	2	2	4
地　理	—	—	—	—	1.5	1.5	3
歷　史	—	—	—	—	1.5	1.5	3
母　語	7	7	6	6	7	7	40
第二語言	(3)	(3)	3－6	3－6	3－6	3－6	12-24 (12-30)
算　術	6	6	6	6	6	6	36
繪　畫	1	1	1	1	1	1	6
手　工	1	1	1	1	1	1	6
體　育	2	2	2	2	2	2	12
音　樂	1	1	1	1	1	1	6
書　法	1	1	1	1	1	1	6
合　計	25	25	28	28	29	29	164
	(28)	(28)	(31)	(31)	(32)	(32)	(182)

表11　波蘭初級學校每週教學科目及時數

科目＼年級	一	二	三	四	合計	五	六	七	八	合計
波　蘭　語	9	9	8	8	34	6	6	5	5	22
俄　　　語	—	—	—	—	—	3	3	3	3	12
自 然 研 究	—	—	2	2	4	—	—	—	—	—
地　　　理	—	—	—	—	—	2	2	2	2	8
歷　　　史	—	—	—	—	—	2	2	2	2	8
數　　　學	5	6	6	6	23	6	6	5	5	22
生　　　物	—	—	—	—	—	2	2	2	2	8
物　　　理	—	—	—	—	—	—	2	3	3	8
化　　　學	—	—	—	—	—	—	—	2	2	4
公 民 教 育	—	—	—	—	—	—	—	1	2	3
實用技術訓練	1	1	2	2	6	2	2	2	2	8
美 術 教 育	—	1	1	1	3	1	1	1	1	4
音 樂 教 育	1	1	1	1	4	1	1	1	1	4
體　　　育	2	2	2	2	8	2	2	2	2	8
防 衛 預 備	—	—	—	—	—	—	—	—	1	1
導 師 時 間	—	—	—	—	—	1	1	1	1	4
合　　　計	18	20	22	24	84	28	30	32	34	124
選 修 科 目										
一種西歐語言	—	—	—	—	—	—	3	2	2	7
合　　　唱	—	—	—	—	—	—	2	2	—	4
樂　　　隊	—	—	—	—	—	—	2	2	—	4
額外的體育練習和運動	—	—	—	—	—	2	2	2	2	8

註：波蘭初級學校爲强迫教育，分成一至四年級及五至八年級兩段。

表12 捷克小學每週教學科目及時數

科目＼年級	一	二	三	四	五	六	七	八	合計
國語文	9	9	9	9	5	5	4	4	54
俄語	—	—	—	—	4	3	3	3	13
初級科學（基礎）	2	2	—	—	—	—	—	—	4
地方史地	—	—	1	2	—	—	—	—	3
歷史	—	—	—	—	2	2	2	2	8
公民	—	—	—	—	—	1	1	1	3
數學	4	5	5	5	5	5	5	5	39
自然研究（初級）	—	—	2	2	—	—	—	—	4
自然研究（高級）	—	—	—	—	2	2	2	2	8
物理	—	—	—	—	—	2	2	2	6
化學	—	—	—	—	—	—	2	2	4
音樂	1	1	1	1	1	1	1	—	7
美術	1	1	2	2	2	2	1	1	12
作文[1]	—	1	1	—	—	—	—	—	2
工作／多元技藝教育	1	1	1	1	2	2	2	2	12
體育／運動	2	2	2	2	2	2	2	2	16
選修科目[2]	—	—	—	—	—	—	2	2	4
合計	20	22	24	24	25	27	29	28	199
任選科目	1	1	1	1	1	2	2	2	11
興趣圈	—	—	2	2	2	2	2	2	12

註：1.第一年包含在國語文中。

2.包含第二外語、俄語會話、科技基礎、實用生化研究、數學——物理、物理——化學。

3.一至四年級：運動、合唱。五至八年級：國語（密集）、數學（密集）、合唱、器樂、歌舞、美術、技術、實用研究、家政、運動。七至八年級：俄語會話、第二外語、實用研究：數學——物理，物理——化學，化學——生物。一至八年級．捷克語（slovak 學校捷克學生）、俄語（捷克學校的 slovak 學生）。

表13　芬蘭綜合學校每週（五天）教學科目及時數

科目＼年級	一	二	三	四	五	六	七	八	九	合計
1.強迫科目										
宗教	2	2	2	2	1	1	1	1	1	13
環境研究	2	2	1	1	—	—	—	—	—	6
芬蘭語或瑞典語[1]	8	8	5	5	5	5	3	3	3	45
第一語言（通常爲第二種國語或英語）	—	—	2	2	2	2	3	3	—	14
第二語言（通常爲前兩種選擇未選爲第一語言者）	—	—	—	—	—	—	3	3	3	9
歷史、社會	—	—	—	—	2	2	2	2	2	10
公民	—	—	—	—	—	1	1	1	—	4
數學	3	4	3	3	4	4	3	3	4	31
物理、化學	—	—	—	—	—	—	2	2	3	7
自然歷史、地理	—	—	3	3	3	3	2	2	3	19
體育	—	—	3	3	3	3	2	2	2	18
音樂	3	3	—	—	—	—	1	1	—	8
藝術	1	1	3	3	3	3	1	2	1[2]	18
手工	1	1	2	2	2	2	3	—	8	21
家庭科學	—	—	—	—	—	—	3	—	—	3
2.諮商	—	—	1	1	—	—	1	1	1	5
合　計	20	21	25	25	26	26	31	26	31	231
3.選修科目										
技術或織物工作							—	2或4	2或4	4或8
家庭科學							—	2	2	4
商業科目							—	2	2	4
農業、森林、園藝							—	2	2	4
第三語言							—	2	2	4
4.總計最高時數							31	30	30	251
							36		41	(255)
							(38)		(43)	

註：1.使用瑞典文的學校便教瑞典語。
　　2.九年級任選藝術或音樂。

表14　希臘初級學校每週教學科目及時數

科目＼年級	一	二	三	四	五	六	合計
宗　　　　教	—	—	2	2	2	2	8
希　臘　語	9	9	10	9	8	8	53
歷　　　　史	—	—	2	2	2	2	8
環　境　研　究[1]	4	4	—	—	—	—	8
理化(含個人衛生)	—	—	2	2	3	3	10
地　　　　理	—	—	2	2	2	2	8
算術和幾何[2]	4	4	3	3	4	4	22
公　　　　民	—	—	—	—	1	1	2
藝術和手工	4	4	2	2	2	2	16
音　　　樂	—	—	2	2	2	2	8
體　　　　育	—	—	—	2	2	2	6
文化表達和體操[3]	—	—	—	2	2	2	6
合　　　　計	21	21	25	28	30	30	155

註．1.一、二年級本科含宗教。2.一、二年級稱為數學。3.一、二年級稱為審美訓練。

表15　匈牙利初級學校全學年教學科目及節數

科目＼年級	一	二	三	四	五	六	七	八	合計
匈牙利語文	315	320	320	256	192	160	128	128	1,819
俄　　　語	—	—	—	64	96	96	96	96	448
環　境　研　究	52	64	64	96	96	—	—	—	372
歷史和公民	—	—	—	—	64	64	64	96	288
地　　　　理	—	—	—	—	—	64	64	64	192
數　　　　學	192	192	160	160	160	160	128	128	1,280
物　　　　理	—	—	—	—	—	64	64	64	192
化　　　　學	—	—	—	—	—	—	64	64	128
生　　　　物	—	—	—	—	—	64	64	64	192
實用科目	—	32	64	64	64	64	48	48	384
藝　　　　術	—	64	64	64	64	64	48	32	400
音　　　樂	35	64	64	64	64	64	64	48	467
體　　　　育[1]	87	96	96	96	96	96	96	96	759
個別指導[2]	—	—	32	32	32	32	32	32	192
選　　　修	—	—	—	—	—	—	64	64	128
合　　　　計	681	832	864	896	928	992	1,024	1,024	7,241

註．1.一年級為遊戲。2.每週由導師與學生討論其學業、紀律、成績、出缺席的狀況。

表16　冰島初等學校每週教學科目和節數[4]

科目＼年級	一	二	三	合計
冰島語 數學 社會研究 宗教 家政[1] }	16	16	18	50
藝術和手工 音樂 }	4	4	6	14
體育[2]	2	2	2	6
合計	**22**	**22**	**26**	**70**

科目＼年級	四	五	六	合計
冰島語 數學(5) 社會研究 宗教 丹麥語、英語[3] 家政 }	21	23	25	69
藝術和手工 音樂 }	6	6	6	18
體育	2	3	3	8
合計	**29**	**32**	**34**	**95**

科目＼年級	七	八	九	合計
冰島語	6	5	5	16
數學	5	5	5	15
丹麥語	3	4	4	11
英語	4	4	4	12
社會研究 宗教 家政 藝術和手工 音樂 }	14	14	—	28
體育	3	3	3	9
選修			10-14	10-14
合計	**35**	**35**	**35**	**105**

註：1.全學年之中，學生必須接受四小時的家政教學。2.游泳併入體育課實施。3.英語自六年級開始。

表17　挪威基礎學校初級階段每週教學科目及時數

科目＼年級	一	二	三	四	五	六	合計
宗　　　　教	2	2	2	2	2	2	12
挪威語及書法	5	5	5	4	5	5	29
數　　　　學	3	3	4	4	3	3	20
英　　　　語	—	—	—	2	2	3	7
導　入　科　目	2	2	2	4	4	7	21
音　　　　樂	1	1	1	2	2	1	8
藝術和手工	1	1	2	4	4	4	16
體　　　　育	1	1	2	2	2	2	10
合　　　　計	15	15	17	24	24	27	123

註：導入科目包含地方研究、社會科和科學。

表18　埃及基本教育每週教學科目及時數（1983－4）

科目＼年級	一	二	三	四	五	六	合計
宗　教　教　育	3	3	3	3	3	3	18
阿　拉　伯　語	10	10	10	9	9	9	57
數　　　　學	6	6	6	6	6	6	36
美　　　　術	2	2	2	2	2	2	12
體　　　　育	3	3	3	2	2	2	15
音　　　　樂	2	1	1	1	1	1	7
歷　　　　史	—	—	1	1	1	1	4
地　　　　理	—	—	1	1	1	1	4
公　　　　民	—	—	1	1	1	1	4
科學和衛生	—	2	2	3	4	4	15
自然科學（環境研究）	1	1	—	—	—	—	2
家政／農業	—	—	1	1	—	—	2
實際訓練	—	—	—	—	4	4	8
合　　　　計	27	28	31	30	34	34	184

資料來源：Ministry of Education, Arab Republic of Egypt, *Basic Education Guide*, 1983-4, p.12.

附錄十一　各國國中階段教學科目和時數

一、說明

　　我國國中課程自七十八年九月起再度著手修訂，總綱小組在訂定教學科目和時數時，覺得有必要搜集世界先進國家的資料做爲參考，以收「他山攻錯」之效。

　　剛開始資料搜集的範圍，僅限定於美、英、法、德、日、俄等主要國家，後來覺得韓國近在咫尺，同爲亞洲發展中國家，資料取得不難，乃加以納入。另外，台北美國學校及日僑學校雖設在台灣，尚維持其本國主要傳統，亦易於取得資料。在翻閱各種文獻時，還見到比利時、希臘、挪威、冰島、義大利、東德、丹麥、波蘭、阿爾及利亞、捷克諸國，資料尚稱完整，雖非一手資料，但亦值得參考。因此，此次國中階段教學科目和時數的探討，除主要國家之外，還包含其他十一個國家，合計有十七國的資料。

　　由於各國學制不一，我國的國中在其他國家可能稱爲初中、中間學校、中學、或相當於某某學校中級部、或等於初等學校的高年級、或包含在高中的低年級。這個現象不但增加資料搜集的因難，也影響資料的分析和應用。許多國家常不管中小學階段，學生入學即爲一年級，一直往上編，我國國中階段相當於它們的七、八、九三個年級。爲了讓資料有延續性，原來的資料若有其他年級的亦加以保留，唯請多留意七至九年級。

　　資料搜集的另一個困難，在於地方分權國家難以綜觀全貌，只能找到一、二個學校代表，例如美國，以維吉尼亞州的 Jack Jouett Middle school 加以分析，好在這個學校的課程就可知在美國是很普遍的設計型態。由於課程修訂時程緊迫，部分資料只能就目前國內能找到的加以分析，或許不一定是最新的資料，但許多國家併列一起，應可看出一些趨勢。

　　茲將上述十七個國家的教學科目和時數（或用「課程」代表）表列於後，藉供參考。這些表中有幾個值得特別注意的特點：

1. 課程多半包含必修和選修，必修課程的開設均有統整的趨勢。例如開設「科學」、「自然科學」、「統合科學」，而不是「物理」、「化學」、「生物」；開設「社會」、「統合研究」，而不是「歷史」、「地理」、「公民」。

2.由於科目能夠統整,因此教學時數便能減少,這兩者都有助於減輕學生負擔。有的國家教學節數雖多,但其每節時間不長。
3.這個階段的課程仍以統整和探索為主,職業科目不多,基本上屬於陶冶的性質。
4.有些國家對課程彈性很重視,美國學校的選修科目都依學校及學生的狀況開設,英國雖實施國家課程,仍給予學校相當比例的自主空間。
5.課程的適性安排亦為某些國家所重視,例如美國、法國、德國,對需要補救的學生開設補救的科目。對不同能力學生開設不同的科目,例美國為數學資優學生開設高深數學。
6.外國語在許多國家中都不限於一種,在第一外國語之外,有第二外國語,或開設多種語言,供學生選習。
7.電腦教育在主要國家大都納入課程,或為選修(如美國),或為必修(如英、俄)。
8.體育運動都受重視,體育保健有合設者,如美國、日本。
9.美國的選修科目很多,其內容和開設方式變化甚大,且相當實用和生活化,切合學生和社會之需要。
10.共產國家重視勞動、軍事訓練和實用活動。

二、各國資料

表 1. 台北美國學校中級部課程。
表 2. 美國維吉尼亞州 Jack Jouett 中間學校課程。
表 3. 美國典型的大都會高中課程(1980年左右)。
表 4. 英國綜合中學一至三年級課程。
表 5. 英國中等學校第四至五年級國家課程基準(1987)。
表 6. 法國中學一至四年級每週上學時數(1979 年度以後)。
表 7. 法國現行初級中學(collège)每週授課時數及魯格朗修訂建議。
表 8. 西德綜合中學課程。
表 9. 西德 Gymnasium (第五至十年級)課程。
表10. 西德 Hauptschule 第五至十年級每週教學科目與時數。
表11. 西德 Realschule 課程。
表12. 英德兩國中等學校各教學科目平均開設時數。
表13. 萊因法爾茲州初中課程(1977)。
表14. 台北日本人學校中學部課程(1989)。

表15. 兵庫教育大學學校教育學院附屬中學校課程(1985)。
表16. 大阪教育大學教育學院附屬天王寺中學校每週授課時數表(1986)。
表17. 蘇維埃聯邦社會主義共和國中等普通教育學校課程(1986／87 學年）。
表18. 韓國國民中學課程（1988 年前）。
表19. 韓國國民中學教學科目及每週時數表（1988 年）。
表20. 希臘三年制 Gymnasium 的課程(1984－85)。
表21. 挪威基礎學校青年階段的課程。
表22. 冰島初等學校七至九年級課程。
表23. 比利時中等學校荷語課程。
表24. 義大利中等學校課程。
表25. 丹麥一至十年級學校(Folkeskole）課程。
表26. 東德十年制普通多元技術高中每週課程。
表27. 波蘭初等學校五至八年級課程。
表28. 波蘭中等普通教育學校課程。
表29. 阿爾及利亞中間學校課程。
表30. 阿爾及利亞中等學校課程。
表31. 捷克小學（一至八年級）課程。
表32. 捷克中等文法學校課程。
表33. 匈牙利普通中學一至四年級每週教學科目及時數。

表1　台北美國學校中級部課程

六年級	七年級	八年級
語文 001 ⎫ 合科(3) 社會 001 ⎭ 數學 6(1) 數學 6 充實 統合科學(1) 電腦素養 6 音樂(1) 體育健教(1) 探索 ⎛至少選三科⎞ (1) 　　　⎝每科½學期⎠ 　藝術 6 　攝影 　打字 　家政 　木工 　戲劇 　中國手工 　新聞 　編織	語文 002 ⎫ 合科(3) 社會　　 ⎭ 數學 7(1) 前代數充實 009 統合科學7(1) 音樂(1) 體育健教(1) 探索(1) 　藝術 7 　創造性韻律 　打字 　木工 　中國手工 　新聞 　電腦素養 　電腦LOGO 　冒險運動 　演講 　編織	語文　 ⎫ 合科(3) 社會　 ⎭ 前代數008(1) 代數Ⅰ010 統合科學8(1) 音樂(1) 體育建教(1) 探索(1) 　創造性韻律 　打字 　家政 　戲劇 　中國手工 　新聞 　電腦素養 　電腦圖形/音樂 　冒險運動 　編織 　演講

註：1.台北美國學校爲 12 年制，分成初級部（一至五年級）、中級部（六至八年級）、高級部（九至十二年級），每學年有兩學期，每學期又分成兩部分。

　　　每週上課5天，每天上課 8 節，另加上1節午餐，合爲9節。部分的課利用週末安排活動實施。

　　2.各年級開設科目後面有括弧者爲必修，其中數字爲每週節數，數學資優生可選充實的課替代原來的一般數學。

　　3.音樂課每個學生至少由下列科目選擇一項學習．合唱、中級部合奏、入門樂隊、中級部樂隊、軍樂隊、演奏樂隊、爵士樂，另有個別指導，不計爲必修學分。

　　　該校亦開設絃樂，分爲團體課及表演樂團，前者又分成初學至高級演奏課共七級，後者分成中級部絃樂演奏及中級部交響樂，音樂課有一週上一次、兩天上一次、一週四次等安排方式，且有的需要正課外的時間活動，故學生可空下來修選修課。

　　4.選修科目有．藝術和手工，閱讀技能、學習技能、高級學習策略、資源技能、作文、家政，學生課表上有空堂時選修。

　　5.外國語開設有中文、西班牙語、法語，各分成三級，自6年級選修。

　　6.資料來源．*The Catalog of Taipei American School*,1989-90。

表 2　美國維吉尼亞州 Jack Jouett 中間學校課程

六　年　級	七　年　級	八　年　級
核心課程(必修)	必修課程	必修課程
語文	英語(七)	英語(八)
閱讀	數學(七年級普通級)	數學(八)
數學	*數學(七年級高深級)	科學(八)
科學	科學(七)	社會(八)
社會	社會(七)	體育健教(八)
體育(含健教)	鍵盤練習	數學高級課
選修課程	體育健教(七)	前代數
初級樂隊(六)	選修課程	代數 Ｉ
探索課程	藝術類	選修課程
科技概論(六)	書法/海報製作(9週)	工藝家政類
藝術(六)	製陶和雕塑(9週)	消費者與家政(9週)
商業概論(六)	製圖和繪畫(9週)	機械製圖(9週)
家政概論	木偶(9週)	發明和革新(9週)
	學生教學藝術資源(9週)	數學類
	溝通技能類	電腦(9週)
	電傳溝通(9週)	數學魔術(9週)
	手語溝通(9週)	批判思考技能(9週)
	英語類	數學計算(18週)
	創作(9週)	音樂類
	戲劇(9週)	初級樂隊(全年)
	馬克吐溫(9週)	演奏樂隊(全年)
	新聞編輯(18週)	合唱團(全年)
	小老師(18週)	科學類
	年鑑(全年)	維吉尼亞州中部河流生態(9週)
	外國語類	歷史類
	法語 Ｉ(七下至八年級)	亨利八世的生活與時代(9週)
	西班牙語Ｉ(七下至八年級)	教師助理類
	法語探索(9週)	教師資源小組(9週)
	西班牙語探索(9週)	

註：1.本表資料來源係美國維吉尼亞州夏洛斯維市（Charlottesville）的 Jack Jouett Middle School 的1989年現行課程。該校爲三年制，銜接小學五年級。
2.該校一年分成兩學期，每學期18週，每週上課五天(8：55－3．15)，每天七節課，每節 43 分鐘。
3.六年級的課程分成核心課程、選修課程和探索課程，核心課程爲必修，選修課程和探索課程均爲選修，但前者爲一年的課，後者只開設七週，旨在提供學生探索自己的才能。七、八年級的課程分成必修和選修課程兩部分，英語、數學、社會、科學、體育均爲必修，每天各一節，每週各五節。七年級有「鍵盤練習」一科，旨在練習打字能力，做爲運用電腦及打字機的準備。
4.數學課有因應個別差異的安排，七年級數學資優學生可選習高深數學，替代普通級，八年級可選前代數或代數Ⅰ，替代一般數學。
5.表列選修課大多通用於七、八年級，不過，八年級在藝術類方向，另開設有「藝術(八)」、「藝術和手藝」，均爲18週的課，八年級的外國語是延續七年級的課，電腦課在八年級開設的也是建基於七年級的課。在工藝家政類方面，八年級增開一科「科技應用」(18週)的課。
6.該校每年每週 35 節課，合計210節，其中選修可有 40節 ，約占 20％。
7.表中所列選修科目或探索科目，都非常活動化，且非常生活化，其中當小老師也是一種學習，當教師助理也是，且要得到老師推薦，前者重在輔導幼稚園及低年級生，學生要學習編教材、應用教材；後者學生要學習複印、打字、用電腦、安排活動、分配時間。「新聞編輯」的課，每九週要出版一次校刊，「年鑑」的課，最後要有學校年鑑的成品(一年一本)。「學生教學藝術資源」簡稱＂STAR＂，是由選課學生協助及學習輔導殘障學生學習藝術。「電傳溝通」要學生製作錄影帶，拍攝學校活動；「法語探索」透過法國菜及點心的烹飪‧研讀地圖，來了解法國，引發學習法語的興趣。
8.各種科目的學習除在教室教學活動外，尚安排課外的活動或計劃。例如「合唱團」要求學生參加耶誕演唱、音樂比賽。「演奏樂隊」的課包含節目表演、遊行、音樂演奏會等。「木偶」課除製作木偶外，尚應導演木偶戲。
9.除了正課外，學校尚在每兩週的星期五安排活動讓學生自願參加，這些活動學生每週可以選擇不同項目，且活動中可食用飲料、點心，活動的項目有 藝術社、籃球、足球、壘球、棒球、音樂和舞蹈、家政、美式足球、外國語、網球、打字、圖書館、國際社、學生組織等。另外，每六個禮拜舉行一次舞會，全校學生都可參加。

表 3　美國典型的大都會高中課程（1980 年左右）

學科領域	九年級	十年級	十一年級	十二年級
數學(1)	普通數學 生計數學 代數 Ⅰ 代數 Ⅱ	實用數學 代數 Ⅱ 幾何 三角 應用代數 數學分析	商用數學 電腦數學 三角 立體幾何 解析幾何 代數 Ⅲ 微積分 Ⅰ 數學分析	代數 Ⅳ 電腦數學 微積分 Ⅱ 機率統計
科學(1)	基礎科學 生物學 物理科學 環境科學 資源保護 科學與社會 攝影學	高級生物學 化學 植物學 生態學 動物科學 地球科學 太空科學 aerospace 人體生理學	微生物學 解剖生理學 有機化學 定質分析 動物學 物理學 Ⅰ	高級化學 高級物理學 定質分析
英語(3)	基本語言技能 演說 Ⅰ 英文 Ⅰ 作文 美國文學 Ⅰ 商用英文 Ⅰ 生計英文 Ⅰ	實用英文 英文 Ⅱ 商用英文 Ⅱ 現代文選 Ⅰ 美國文學 Ⅱ 菲美文學 英國文學 Ⅰ 創作 Ⅰ 論說文習作 Ⅰ 口述文學 新聞學 大眾傳播 戲劇導論 溝通技能	加速英文 密集英文 報導寫作 論說文寫作 Ⅱ 演說 Ⅱ 創作 Ⅱ 英文/人文學 Ⅰ 美國文學 Ⅲ 英國文學 Ⅱ 新聞學 表演藝術 現代文選 Ⅱ	高級英文 英文研討會 研究寫作 高級創作 英文/人文學 Ⅱ 散文創作 詩歌創作 辯論
社會(1)	基礎社會 基礎美國史 公民 世界史 Ⅰ 世界史問題 社區事務	美國文化 美國史 Ⅰ 美國政府 Ⅰ 美國研究 Ⅰ 黑人歷史 世界地理 經濟學 社區動力學 人際關係	美國史 Ⅱ 美國政府 Ⅱ 美國研究 Ⅱ 黑人歷史 Ⅱ 世界地理 Ⅱ 州史 西方文明 東方文明 拉丁美洲史 人文學 Ⅰ	人類學 經濟學 心理學 社會學 世界史 Ⅲ 世界宗教 人文學 Ⅱ
外國語	拉丁語 Ⅰ 法語 Ⅰ 法語 Ⅱ	拉丁語 Ⅱ 法語 Ⅱ 法語 Ⅲ	拉丁語 Ⅲ 法語 Ⅳ 法語 Ⅳ	拉丁語 Ⅳ 法語 Ⅳ 高級法語

表 3 續

外國語	德語 Ⅰ 西班牙語 Ⅰ 西班牙語 Ⅱ	德語 Ⅱ 西班牙語 Ⅱ 西班牙語 Ⅲ 俄語 Ⅰ 中國語 Ⅰ	德語 Ⅲ 西班牙語 Ⅲ 西班牙語 Ⅳ 俄語 Ⅱ 中國語 Ⅱ	德語 Ⅳ 西班牙語 Ⅳ 高級西班牙語 語言學(比較)
藝術	基礎藝術 陶器 織物 Ⅰ 珠寶 演奏樂隊 爵士樂隊 管絃樂 器樂 合唱 聲樂	藝術 Ⅱ 高級製陶 織物 Ⅱ 繪畫 演奏樂隊 爵士樂隊 管絃樂 器樂 合唱 聲樂 攝影	藝術 Ⅲ 高級繪畫 油畫 商業設計 演奏樂隊 爵士樂隊 管絃樂 器樂 合唱 聲樂 畫室藝術 Ⅰ 高級攝影	畫室藝術 Ⅱ 生產藝術 塑膠藝術(高級) 戲院組合設計 演奏樂隊 爵士樂隊 管絃樂 器樂 合唱 聲樂
體育、健教⑵	體育 Ⅰ 健康教育 Ⅰ 游泳 Ⅰ 舞蹈 團隊運動	體育 Ⅱ 健康教育 Ⅱ 游泳 Ⅱ 體操 Ⅰ 團隊運動 救生	生活調適 游泳 Ⅲ 體操 Ⅱ 團隊運動 高級舞蹈	高級體育 高級生活調適 運動醫學 高級體操 團隊運動
商業、家政、工業職業藝術	商業生涯 電腦素養 消費者數學 Ⅰ 打字 Ⅰ	會計 Ⅰ 資料處理 Ⅰ 消費者數學 Ⅱ 打字 Ⅱ 辦公機器	會計 Ⅱ 資料處理 Ⅱ 金錢管理 消費者法律 Ⅰ 打字 Ⅲ 高級辦公機器	會計 Ⅲ 文字處理機 微電腦 辦公室管理 消費者法律 Ⅱ 會計教育(工作場所)
	家政 Ⅰ 基礎食物 縫紉 兒童發展	家政 Ⅱ 商業食物 服裝 Ⅰ 基礎居住 健康職業 室內裝潢 Ⅰ	家政 Ⅲ 健康食物 世界食物 服裝 Ⅱ 室內裝潢 Ⅱ	食物管理 高級衣著 化妝 時裝 家庭建築
	基礎製圖 消費者機械 動力機械 材料 Ⅰ 電力 木工 Ⅰ	高級製圖 自動引擎 Ⅰ 材料 Ⅱ 電動馬達 電子學 木工 Ⅱ	建築製圖 工業製圖 自動引擎 Ⅱ 平面藝術 Ⅰ 金工 Ⅰ 房屋建築	平面藝術 Ⅱ 電腦 金工 Ⅱ 水力學 建教合作

註：美國高中畢業資格要修完大約 20 學分，一學分指一學科每週上課 5 小時的課(即每天一小時)，15 學分的必修科目一定要包含 英語(3)，體育(2)，基礎生活(1)，數學(1)，科學(1)，美國史(1)，美國政府(1)，社會學(1)。要進大學者，必須修更多的數學、科學和外國語，數學和科學雖要求必修，但可自選符合自己程度的課。

資料來源 Kurian, G.T.(Ed.)(1988) *World educational encyclopedia*, Vol. Ⅱ N.Y.‧Facts On File Pub.

表4　英國綜合中學一至三年級課程

一年級	二年級	三年級
英文　　　(5)	英文　　　(5)	英文　　　(5)
戲劇　　　(2)	戲劇　　　(1)	數學　　　(5)
數學　　　(6)	數學　　　(6)	統合科學　(6)
統合科學　(4)	統合科學　(6)	法語　　　(4)
法語　　　(5)	法語　　　(4)	歷史　　　(2)
綜合研究　(8)	宗教教育　(2)	地理　　　(2)
音樂　　　(2)	歷史　　　(2)	宗教教育　(2)
設計與科技(4)	地理　　　(2)	音樂/戲劇(1)
體育/遊戲(4)	音樂　　　(2)	德語　　　(3)
	德語/法語(2)	或西班牙語(2)
	設計與科技(4)	＋英語(1)
	體育/遊戲(4)	設計與科技(4)
		或設計與科技/音樂(2)
		體育/遊戲(4)

註．1.中學生每週上課 40 節，每節35分鐘，本資料係以一個學校爲例，各校之間有差異。

2.「戲劇」旨在培養自信、組織、幻想等能力，銜接四至六年級的戲院戲劇選修，三年級的戲劇課和音樂輪替。

3.科學方面的課採統合方式，稱爲「統合科學」。

4.「統合研究」在一年級係以主題爲中心，研究地理、歷史、宗教方面的題材，其中學生需上8週（每週 2 節）的電腦課，二年級電腦係利用體育/遊戲的部分時間，三年級利用法語和統合科學的部分時間。

5.「設計與科技」係一項輪替的方案，在傳統的男女手工之外，另加上藝術和陶瓷工。三年級有二組不同的輪替，一組是 4 節，另一組 2 節（尚含音樂）。

6.二年級的德語係提供給法語學習成績優良的前 50％ 學生修習，後 50％ 學生則額外多修法語。而三年級時，德語時間增加，未選德語的學生額外修一節英語和 2 節西班牙語。

7.一、二年級有 10％ 以上的節數係退出英語和數學來作補救學習。三年級對學習遲緩學生可以減少修課時數。

資料來源　DES (1984)The organization and content of the 5-16 Curriculum. England:HMSO.

表5　英國中等學校四至五年級國家課程基準(1987)

科　　目	百　分　比
英語	10
數學	10
統合科學	10－20
科技	10
現代外國語	10
歷史／地理或 　歷史或地理	10
藝術／音樂／戲劇／設計	10
體育	5
合　　　計	75％－85％

註：1.其餘15－25％的時間，由各校自行安排選課和宗教教育。
　　2.本基準自1988年實施。

表6　法國中學一至四年級每週教學時數(1979年度以後)

科　目	年　一	二	三	級　四
必　國語	5(+1)*¹	5(+1)	5(1)*²	5(1)
數學	3(+1)	3(+1)	4(1)	4(1)
外國語	3(+1)	3(+1)	3(1)	3(1)
歷史·地理	3	3	3	3
經濟·公民	3	3	3	3
實驗科學	2	2	2	2
藝術教育	2}[+2]	2}[+2]	1½	1½
手工·技術	2	2		
修　體育·運動	3 [+2]*³	3 [+2]	3	3
選*　拉丁語			3	3
希臘語			3	3
第二外國語			3	3
第一外國語 (補習)			2	2
技術－A　(藝術)			3	3
技術－B　(建築)			3	3
技術－C　(服務、服裝)			3	3
技術—工業			3	3
修　技術－經濟			3	3
合　　計	24[+2](+3)	24[+2](+3)	24½+2以上	24½+2以上

註：1.中學第一年至第四年以共同教育爲主，不做分化。(學制：小學五年，初中四年，高中三年)
　　2.*¹, *²，係指補強學習。(+1)係指必修時間外再加1小時。(1)指必修時間內1小時。
　　　*³指體育·運動的選修，每週加2小時比較好。
　　3.*⁴係指這類科目至少選修一科。

表7 法國現行初級中學(Collège)每週授課時數及魯格朗修訂建議前兩年

科　目	現行時數 每節55分鐘下課休息5分鐘	第一案 每節60分鐘	第二案 每節50分鐘	第三案 每節50分鐘
國　語	5(+1)	5	6	5〔1〕
數　學	3(+1)	4	4	5〔1〕
現代外國語 I	3(+1)	4	4	4
歷史、地理(包括初等經濟學及公民)	3	3	3	4
實驗科學	3	3(2)	3(2)	4(3)
藝術(音樂、美術)	2	3(1.5+1.5)	3	4
綜合技術學科(舊稱手工技術)	2	3(2)	3(2)	4(3)
體　育	3	5	6	4
每週合計	24(+3)小時	30小時	32小時 (26小時40分)	32小時 (26小時40分)
後兩年試探階段				
(共同必修科)				
國　語	5	4	4	5〔1〕
數　學	4	4	4	5〔1〕
現代外國語	3	3	3	4
歷史、地理(包括初等經濟學及公民)	3	3	3	4
實驗科學	3	3(2)	3(2)	4(3)
藝術(音樂、美術)	2	2	3	4
綜合技術學科(舊稱手工技術)	1.5	3(2)	3(2)	4(3)
體　育	3	5	6	4
(選修)				
拉丁語	3	3	3	3
希臘語	3	3	3	3
現代外國語 II	3	3	3	3
現代外國語上級	2	2	3	3
人文科學上級	—	2	3	3
自然科學上級	—	2(1)	3(2)	3(2)
藝術(音樂、美術)	—	2	3	3
綜合技術學科上級	3	3(2)	3(2)	3(2)
體　育	—	2	3	3
每週合計	29.5～30.5小時	31～32小時	35小時 (29小時10分)	38小時 (31小時40分)

註：1.(+〇)為成績低劣者的補課時間。其他( )內數字為減少學生數以實施教學的授課時數。〔 〕為實施「科際」教學的時數。
2.原資料取自·法國國民教育部編·Note d'Information:
(Pour un collège Democratique)–Raport Au Ministère De L'Education nationale 及Cahiers De L'Education Nationale, No,12, Fev., 1983.

資料來源：引自嚴翼長(民78)《西歐國家課程架構之比較研究》，載於教育部人文及社會學科教育指導委員會主編，課程架構研究，台北·五南，頁23-78。

表8　西德綜合中學課程

科目	五	六	七	八	九	十	合計
必修							
德語	4	4	4	4	3	4	23
社會科①	4	2	4	2	4	2	18
數學	4	4	4	4	3	4	23
自然科學②	2	4	2	4	4	4	20
技術/經濟(勞動科)	2	2	2	2	2	2	12
英語	5	5	4	4	3	3	24
美術/音樂③	4	4	2	2	2	2	16
運動	3	3	3	3	3	3	18
宗教	2	2	2	2	2	2	12
選修④⑤							
第一選修科目	—	—	4	4	3	3	14
第二選修科目	—	—	—	—	3	3	6
合計	30	30	31	31	32	32	186

註：①「社會科」包含歷史、地理、政治等領域，教學時數相同。
　　②「自然科學」包含生物、化學、物理，其教學時數分配比例為4：3．3。
　　③美術/音樂在五、六年級各2小時，七年級以後各1小時，七年級以後「織物」亦可替代美術。第九、十年級學生亦可就美術或音樂擇一修習。
　　④兩個選修科目中有一個必須是外國語，例如法語或拉丁語。
　　⑤選修自第七年起，提供的科目有外國語、技術/經濟、自然科學等領域的科目，學生依自己的性向選擇。第九年起選修幅度擴大。第七年起的選修亦可納入英語、數學、德語等高於基礎程度的科目。

資料來源：
　a. Der Kultusmınıster des Landes Nordrheın–Westfalen(Herausgeber)　Bildungs wege ın Nordrhein-Westfalen Selkundarstufe I,1981.
　b. Franz Niel:Wegweıser durch unsere Schulen.Ein Eltern-Berater für Nordrhein-Westfalen,Ernct Klett Stuttgart, 1981.

表9　西德Gymnasium（第五至十年級）課程

科目	五	六	七	八	九	十	合計
必修							
德語	4	4	4	4	3	3	22
社會①	3	4	4	4	4	4	23
⎧歷史							
⎨地理							
⎩政治							
數學	4	4	4	4	3	3	22
自然科學	4	3	3	3	5	5	23
⎧物理							
⎨化學							
⎩生物							
外國語							
⎰第一外國語	5	5	4	4	3	3	24
⎱第二外國語	—	—	4	4	3	3	14
技術/經濟②							
音樂	2	2	3③	3③	2④	2④	14
美術/織物	2	2	—	—	—	—	4
宗教	2	2	2	2	2	2	12
運動	3	3	3	3	3	3	18
選修⑤	—	—	—	—	4	4	8
定向指導	1	1	—	—	—	—	2
合計	30	30	31	31	32	32	186

註：①社會科各項領域的時間分配如下：

科目\學年	五	六	七	八	九	十
歷史		2	2		2	2
地理	2		2	2	2	
政治	1	2		2		2

②「技術/經濟」的學習領域，係在「自然科學（技術）」、「社會科(經濟)」及選修課等領域中，加以實施。
③音樂和美術半年輪替。
④音樂或美術由學生選修。
⑤提供三種外國語、美術、音樂、社會科學、宗教學、運動、織物、補救科目（德語、數學、外國語），給予學生選修。外國語為4小時，其餘為2-4小時。
資料來源：同表8。

表10 西德 Hauptschule 第五至十年級每週教學科目與時數

科目	五	六	七	八	九	十	合計
必修							
德語	5	5	4	4	4	4	26
社會科①	3	4	3	3	4	3	20
{歷史／政治							
地理							
數學	4	4	4	4	4	4	24
自然科學①	4	3	3	3	2	4	19
{物理							
化學							
生物							
英語	5	5	4	4	3	3	24
技術／經濟②（勞動科）	②	②	3	3	2	4	12
音樂／美術／織物	3③	3③	3③	3③	2④	2④	16
宗教	2	2	2	2	2	2	12
運動	3	3	3	3	3	3	18
選修	—②	—	2	2	3⑤	—	7
加強學習	—	—	—	—	3⑤	3⑥	6
定向指導	1	1	—	—	—	—	2
合計	30	30	31	31	32	32	186

註：①社會科及自然科學兩個學習領域，可以指定學生從事課外的計畫。
　　②技術、經濟的領域，在第五、六年時，以社會科（經濟）及自然科學（技術）來實施。
　　③音樂／美術／織物三科在五至八學年輪替上課。
　　④音樂／美術／織物由學生選修比較好。
　　⑤第九年級及第十年級A型選修，從技術／經濟（勞動科）及自然科學領域選習為優先。
　　⑥第九年級及第十年級B型加強學習，應提供學生改進德語、英語、數學等科目學習的機會。
資料來源：參見綜合中學課程的附註。

表11　西德 Realschule 課程

科　　　　　目	五	六	七	八	合計
必修					
德語	4	4	4	4	16
社會科	3	4	4	4	15
⎰歷史					
⎨地理					
⎱政治					
數學	4	4	4	4	16
自然科學	4	3	4	4	15
⎰生物					
⎨化學					
⎱物理					
英語	5	5	4	4	18
技術／經濟①					
音樂／美術／織物	4	4	3	3	14
宗教	2	2	2	2	8
運動	3	3	3	3	12
選修			3	3	6
定向指導	1	1			2
合　　　　　計	**30**	**30**	**31**	**31**	**122**

註・①「技術／經濟」的學習領域，在社會科（經濟）、自然科學（技術）及選修課三者加以實施。
　　②第九、十年級，學生在共同必修之外，擇一學習重點修習。

學　習　重　點

外國語重點
　　自然科學　3(基礎科目)
　　英語　　　4
　　法語　　　4
數學・自然科學重點
　　英語　　　4(基礎科目)
　　數學和自然科學　　7
　　(數學4小時、自然科學3小時)

社會科重點
　　英語　　　4(基礎科目)
　　自然科學　3
　　社會科　　4(特別重視社會福祉的教育)
音樂・美術重點
　　英語　　　4
　　自然科學　3(基礎科目)
　　美術或音樂4
　　音樂／美術(或)織物　2

有些實科中學提供運動重點。
所有學生必修德語(4)、數學(4)、社會科(4)、音樂/美術/織物*(2)、宗教(2)、運動*(3)、共同活動。

　*如以運動、音樂、美術為學習重點，則必修科目可予免修。

資料來源・參見綜合中學課程的附註。

表12　英德兩國中等學校各教學科目平均開設時數

科　目	英國 (所有學校)	德國（以柏林代表）			
		平均	Haupt- Schulen	Real- Schulen[f]	Gymnas- ium
本　國　語　言	5.8	3.1	2	4.4	3
數　　　　　學	5.6	4.1	4	4.4	3.5
科　　　　　學	5.0	5.5	4	6.4	7.5
外　　國　　語	2.0[a]	3.9	3[d]	3.8	6.5
歷史、地理、社會	6.5	5.4	6	4.8	5
職　業　教　育	5.6[b]	4.7	8	2.8	—
藝術／手工、音樂	2.2	3.4	3	3.4	4.5
宗　教　教　育	1.0	2.0	2[e]	2[e]	2[e]
體　　　　　育	2.9	3.0	3	3	3
其　他　科　目	3.4[c]	—	—	—	—
總　　　　　計	**40**	**35**	**35[e]**	**35[e]**	**35[e]**

註：[a]法語是 DES 明確列出的外國語，每週 1.5 小時，但亦有加開其他語言者。
　　[b]包含金工、木工、技術製圖、速記和打字、家政，另外尚有職業輔導。這裏的重點
　　　在於手藝，而非工業應用。
　　[c]包含圖書館利用、輔導、補救教學等。
　　[d]通常開設英文。
　　[e]宗教教育在德國受到其他法律限制，在此列出只爲便於和英國比較。
　　[f]另外需要每週4小時的專長重點學習。

資料來源：
　1.英國係英格蘭及威爾斯500所學校的平均數，是1977年 DES Statistical Bulletin
　　6／80的調查。
　2.德國資料參見 Dienstblatt des Senats von Berlin，Ⅲ，No.9，11 June 1982.

表13　萊因法爾茲州初中課程（1977）

HS：國民中學　　RS：實科中學　　GY：完全中學初中部

科目	七年級 HS	七年級 RS	七年級 GY	八年級 HS	八年級 RS	八年級 GY	九年級 HS	九年級 RS	九年級 GY	十年級 (HS)	十年級 RS	十年級 GY
宗　　教	2	2	2	2	2	2	2	2	2	2	2	2
德　　文	4	4	4	4	4	4	4	4	4	6	4	4
第一外語	4	4	4	4	4	4	4	4	4	6	4	4
數　　學	4	4	4	4	4	4	4	4	4	6	4	4
歷　　史	2	2	2	2	2	2	2	2	2	—	2	2
社　　會	1	—	—	1	—	—	1	1	1	4	1	1
地　　理	2	2	2	1	2	2	1	1	1	—	1	1
物　　理	2	2	2	2	2	2	2	2	2	2	2	2
化　　學								2	2	2	2	2
生　　物	2	2	2	2	2	2	2	—	—	2	2	2
工藝科	3	—	—	4	—	—	4	—	—	2	—	—
音　　樂	2	2	2	2	2	2	2	2	2	—	2	2
勞　　作	—	2	2	—	2	2	—	2	2	—		
體　　育	3	3	3	3	3	3	3	3	3	2	3	3
選科必修	3	5	5	3	5	5	3	4	4	—	4	4
總 時 數	34	34	34	34	34	34	34	33	33	34	33	33

註：引自嚴翼長（民78）《西歐國家課程架構之比較研究》，載於教育部人文及社會學科教育指導委員會主編，課程架構研究，台北：五南，頁55。

表14　台北日本人學校中學部課程（1989）

科目＼年級	一	二	三	合計
國語	5	4	4	13
社會	4	4	3	11
數學	3	4	4	11
理科	3	3	4	10
音樂	2	2	1	5
美術	2	2	1	5
技術家庭	2	2	3	7
保健體育	3	3	3	9
英語	3	3	4	10
中國語	1	1	1	3
道德	1	1	1	3
特別活動				
學級	1	1	1	3
俱樂部	1	1	1	3
學級裁量	1	1	1	3
合計	32	32	32	96

資料來源：台北日本人學校，學校要覽，1989,20。

表15　兵庫教育大學教育學院附屬中學校（1985）

科目＼年級＼時數	一 時數	一 合計	二 時數	二 合計	三 時數	三 合計	總計
國語	5	15	4	12	4	12	39
社會	4	12	4	12	3	9	33
數學	3	9	4	12	4	12	33
理科	3	9	3	9	4	12	30
音樂	2	6	2	6	1	3	15
美術	2	6	2	6	1	3	15
保健體育	3	9	3	9	3	9	27
技術、家庭	2	6	2	6	3	9	21
英語	3	9	3	9	3	9	27
道德	1	3	1	3	1	3	9
特別活動	2	6	2	6	2	6	18
選修	—	—	—	—	1	3	3
學裁	4	12	4	12	4	12	36
總計	34	102	34	102	34	102	306

註：每學年3學期。
資料來源：兵庫教育大學學校教育學部附屬中學校學校要覽，昭和60年。

表16 大阪教育大學教育學院附屬天王寺中學校每週授課時數表
(1986)

科目\年級	一	二	三	合計
國　　語	5	5	4	14
社　　會	4	4	4	12
數　　學	4	5	4	13
理　　科	4	4	4	12
音　　樂	2	2	1	5
美　　術	2	2	2	6
保健體育	4	3	4	11
技術、家庭	2	2	3	7
英　　語	4	4	5	13
道　　德	1	1	1	3
特別活動	2	2	2	6
合　　計	34	34	34	102

資料來源：日本大阪教育大學教育學院附屬天王寺中學校學校要覽，昭和61年度。

表17 蘇維埃聯邦社會主義共和國中等普通教育學校課程(1986/87學年)

科目\年級	四	五	六	七	八	九	十	合計
俄　　文	7	6	4	3	2	—	—	22
文　　學	4	2	2	2	3	3	3	19
數　　學	6	6	6	6	6	4/5	4	38/39
電腦程式	—	—	—	—	—	1	2	3
歷　　史	2	2	2	2	3	4	3	18
蘇維埃國家和法律	—	—	—	—	1	—	—	1
倫理與家庭生活	—	—	—	—	—	1	—	1
社會科學	—	—	—	—	—	—	2	2
地　　理	—	2	3	2	2	1/2	—	11/10
生　　物	—	2	2	2	2	1	1/2	10/11
物　　理	—	—	2	2	3	4	4	15
天　　文	—	—	—	—	—	—	1	1
化　　學	—	—	—	2	2	3	3/2	10/9
繪　　畫	—	—	—	1	1	—	—	2
外國語	4	3	2	2	1	1	1	14
繪畫藝術	1	1	1	1	—	—	—	4
音　　樂	1	1	1	1	1	—	—	5
體育訓練	2	2	2	2	2	2	2	14
軍　　訓	—	—	—	—	—	2	2	4
職業訓練	2	2	2	2	2	4	4	18
合　　計	29	29	29	30	31	32	32	212
社會有用的工作	2	2	2	3	3	4	4	20
選　　修	—	—	—	2	3	4	4	13
實用活動（天）	10	10	10	16	16	2	—	58

資料來源：UNESCO (1987), *International Yearbook of Education*, Vol. 39.

表18　韓國國民中學課程（1988年前）

科　　　　目	一年級	二年級	三年級	總計
道德教育	2	2	2	6
韓國語	4	5	5	14
韓國史	—	2	2	4
社會	3	2－3	2	7－10
數學	4	3－4	3－4	10－12
科學	4	3－4	3－4	10－12
體育	3	3	3	9
音樂	2	2	1	5
美術	2	2	1	5
古典中文	1	1－2	1－2	3－5
外國語（英語）	4	3－5	3－5	10－14
職業技能（男） 家政（女）	3	4－6	—	7－9
農 工 商 漁 家庭管理			5－7 (選1－2科)	5－7
選　　　　修	0－1	0－1	0－1	0－1
合　　　　計	32－33	32－34	32－34	96－101
課　外　活　動	2～	2～	2～	6～
總　　　　計	34－35	34－36	34－36	102－107

註：每學年至少 34 週，括弧內爲每週時數。

表19　韓國國民中學教學科目及每週時數表（1988年）

科目＼學年		一	二	三	總計
科目	公民與道德	2	2	2	6
	國文	4	5	5	14
	歷史	—	2	2	4
	社會	3	2-3	2-3	7-9
	數學	4	3-4	4-5	11-13
	科學	4	3-4	4-5	11-13
	體育	3	3	3	9
	音樂	2	2	1-2	5-6
	美術	2	2	1-2	5-6
	漢文	1	1-2	1-2	3-5
	外文（英文）	4	3-5	3-5	10-14
活動	實業｛技術／家政／技術-家政｝	選一科 3	選一科 4-6	—	7-9
	家政｛農業／工業／商業／水產業／家事｝	—	—	選一科 4-6	4-6
	選修	0-2	0-2	0-2	0-6
	合計	32-34	32-34	32-34	96-102
特別活動		2～	2～	2～	6～
總計		34-36	34-36	34-36	102-108

註 1.一年兩學期，每學期週數至少17週，每一節課45分鐘。
　 2.課程分爲兩部分，一爲科目活動，二爲特別活動。科目活動共有十二個，特別活動包含班級活動、聯課活動、全校學生會活動及學校行事四類。
　 3.男子國中、女子國中、男女混合國中都提供技術、家政、技術-家政三科供學生選修。
　 4.學習內容可依氣候、季節、學生發展程度調整之。

資料來源：韓國教育部課程標準。

表20　希臘三年制Gymnasium的課程（1984－85）

學　　科	各年級每週時數 七	八	九	合計
宗教	2	2	2	6
古希臘文（翻譯）	4	4	4	12
現代希臘文	5	4	4	13
歷史	3	2	2	7
民主政府概論	—	—	1	1
數學	4	4	4	12
外國語	3	3	3	9
地理（含地質）	3／—*	—／2	2／—	7
物理	—	2	2	4
化學	—	1	1	2
人類學和衛生	—	2／—	—	2
生物學	—／3	—	—／2	5
音樂	1	1	1	3
美術	1	1	1	3
體育	3	3	3	9
教育與生計輔導**	1／—	1／—	1／—	3
科技	2(b)	1(g)	—	3
家政	1	1	1	3
合　　計	36	34	34	104

註　1.(b)指男生修習；(g)指女生修習。
　　2.*—指未開設的學期。**該科為現行課程中的其他科目未能開設時才教。
　　3.Gymnasium銜接小學（6年），為強迫教育。

資料來源：Kurian, G. T.(Ed.)(1988). *World educational encyclopedia*. N. Y Facts on File Pub.

表21　挪威基礎學校青年階段課程

學　　　　科	各年級教學時數 七	八	九	合計
宗教	2	2	2	6
挪威文	4	4	4	12
數學	4	4	3	11
英語	3	3	3	9
社會	3	3	3	9
科學	3	2	3	8
音樂	2	1	1	4
藝術和工藝	3	2	—	5
體育	2	3	3	8
地方研究	3	—	—	3
選修	—	5	7	12
班會	1	1	1	3
合　計	30	30	30	90

資料來源：同表20。

表22　冰島初等學校七至九年級課程

學　　　　科	各年級教學時數 七	八	九	合　計
冰島文	6	5	5	16
數學	5	5	5	15
丹麥文	3	4	4	11
英文	4	4	4	12
社會 宗教研究 科學 家政 藝術和工藝 音樂	14	14	—	28
體育	3	3	3	9
選修	—	—	10－14	10－14
合　計	35	35	31－35	101－105

註：1.冰島初等學校爲九年，分成一至六年級和七至九年級兩階段，可合設或分設。
　　2.資料來源．同表20。

表23　比利時中等學校荷語課程

第一年——32節 共同課程（31節）	每週節次
宗教或非宗教倫理	2
荷語	5
第二語言	5
數學	5
生物學	1
地理	2
歷史	1
藝術——繪畫	2
音樂	1
技藝活動	4
體育和運動	3
選修（只有一節）	
拉丁	1
科學活動	1
法語	1

資料來源：同表20。

表24　義大利中等學校課程

科目＼年級	六	七	八	合計
宗　　　　教	1	1	1	3
義　大　利　文	7	7	6	20
歷史、地理、公民	4	4	5	13
外　　國　　語	3	3	3	9
數學、物理、化學	6	6	6	18
藝　術　教　育	2	2	2	6
音　樂　教　育	2	2	2	6
體　　　　育	2	2	2	6
技　術　教　育	3	3	3	9
合　　　　計	30	30	30	90

資料來源：UNESCO(1987), *International yearbook of education*, Vol. 39.

表25 丹麥一至十年級學校（Folkeskole)課程

學科領域	一年級	二年級	三年級	四年級	五年級
1.各校必須提供的必修科目	丹麥語 算術／數學 體育和運動 基督教研究 創造藝術 音樂	丹麥語 算術／數學 體育和運動 基督教研究 創造藝術 音樂	丹麥語 算術／數學 體育和運動 基督教研究 創造藝術 音樂 歷史 地理 生物	丹麥語 算術／數學 體育和運動 基督教研究 創造藝術 音樂 歷史 地理 生物 針線工	丹麥語 算術／數學 體育和運動 基督教研究 創造藝術 音樂 歷史 地理 生物 木工 英語
2.各校可以提供的必修科目	針線工 木工 家政	針線工 木工 家政	針線工 木工 家政	木工 家政	針線工 家政
3.各校必須提供的非必修科目					
4.各校可以提供的非必修科目					

表 25（續）

六年級	七年級	八年級	九年級	十年級
丹麥語 算術／數學 體育和運動 基督教研究 歷史 地理 生物 家政 英語	丹麥語 算術／數學 體育和運動 歷史 地理 生物 物理／化學 英語	丹麥語 算術／數學 體育和運動 基督教研究 歷史 當代研究 物理／化學 英語	丹麥語 算術／數學 體育和運動 基督教研究 歷史 當代研究 物理／化學 英語	丹麥語 體育和運動 當代研究
針線工 家政	創造藝術 音樂 針線工 木工	創造藝術 音樂 針線工 木工		
	德語	德語	德語	德語 算術／數學 基督教研究 宗教研究 物理／化學 法語
		創造藝術 音樂 地理 生物 針線工 木工 家政 打字 照相 戲劇 電影 汽車知識 職業研究 電子學 兒童照顧	創造藝術 音樂 地理 生物 針線工 木工 家政 打字 照相 戲劇 電影 汽車知識 職業研究 電子學 兒童照顧	創造藝術 音樂 地理 生物 針線工 木工 歷史 拉丁語 打字 照相 戲劇 電影 職業研究 電子學 兒童照顧

註：當代研究和職業研究最近始納入課程中，內容包含交通安全、性教育、挪威語和瑞典語、宗教和生活哲學、健康和藥物教育及職業輔導。教室教學可用露營、旅行、遠足、或工作經驗，一至七年級每年10天，八年級20天，九、十年級30天。宗教教育雖為強迫，但在某些情況下亦可不必參與。

表26　東德十年制普通多元技術高中

學科	一	二	三	四	五	六	七	八	九	十	合計
德語	10	12	14	14	7	6	5	5	3	4	80
俄語	—	—	—	—	6	5	3	3	3	3	23
數學	5	6	6	6	6	6	6	4	5	4	54
物理	—	—	—	—	—	3	2	2	3	3	13
天文	—	—	—	—	—	—	—	—	—	1	1
化學	—	—	—	—	—	—	2	4	2	2	10
生物	—	—	—	—	2	2	1	2	2	2	11
地理	—	—	—	—	—	2	2	2	1	2	11
工藝	1	1	1	2	2	2	—	—	—	—	9
園藝	1	1	1	1	—	—	—	—	—	—	4
多元技術教學	—	—	—	—	—	—	4	4	5	5	18
社會主義生產導論	—	—	—	—	—	—	(1)	(1)	(2)	(2)	(6)
技術製圖	—	—	—	—	—	—	(1)	(1)	—	—	(2)
生產工作	—	—	—	—	—	—	(2)	(2)	(3)	(3)	(10)
歷史	—	—	—	—	1	2	2	2	2	2	11
公民	—	—	—	—	—	—	1	1	1	2	5
繪畫	1	1	1	2	1	1	1	1	1	—	10
音樂	1	1	2	1	1	1	1	1	1	1	11
運動	2	2	2	3	3	3	2	2	2	2	23
合計	21	24	27	29	31	33	32	33	31	33	294
選修											
縫紉	—	—	—	—	1	1	—	—	—	—	2
第二外國語	—	—	—	—	—	—	3	3	3	2	11
總計	21	24	27	30	32	33	35	36	34	35	307

註：1978年起，第九、十年級每年開設8小時軍事教學，分四次上課。在教室教學之外，第九年級結束時，男生有14天的軍事訓練，女生有同樣天數的民防訓練；第十年級所有學生都要參加三天的實習計劃。

資料來源：同表20。

表27　波蘭初等學校五至八年級課程

學　　　科	各年級每週時數				合計
	五	六	七	八	
波蘭語	6	6	5	5	22
俄語	3	3	3	3	12
歷史	2	2	2	2	8
公民教育	—	—	1	2	3
生物	2	2	2	2	8
地理	2	2	2	2	8
數學	6	6	5	5	22
物理	—	2	3	3	8
化學	—	—	2	2	4
實用技藝訓練	2	2	2	2	8
藝術教育	1	1	1	1	4
音樂教育	1	1	1	1	4
體育	2	2	2	2	8
防衛準備	—	—	—	1	1
導師運用時間	1	1	1	1	4
合　　　計	28	30	32	34	124
選修					
一種西方語言	—	3	2	2	7
合唱	—	2	2	—	4
音樂團體	—	2	2	—	4
體育和運動的課外活動	2	2	2	2	8

註：波蘭初等學校為八年，分成一至四年級和五至八年級兩個階段。
資料來源：Kurian, G. T.(Ed.)(1988). *World educational encyclopedia*. N. Y：Facts On File Pub.

表28 波蘭中等普通教育學校課程

學　　　　科	一	二	三	四	合計
波蘭文	4	5	4	4	17
俄文	3	3	3	2	11
英文（法文、德文）	4	4	3	3	14
歷史	3	2	3	2	10
社會科學概論	—	—	—	3	3
生物	—	2	2	2	6
衛生	—	—	—	1	1
地理	2	2	2	—	6
數學	5	4	4	3	16
物理	3	2	3	3	11
天文學	—	—	—	1	1
化學	2	2	2	—	6
技藝教育	2	2	2	2	8
藝術（音樂）教育	2	1	1	—	4
體育	2	2	2	2	8
防衛訓練	1	2	2	—	5
選修	—	—	—	4	4
公民教育	1	1	1	1	4
合　　　　計	34	34	34	33	135
選修：					
社會主義家庭生活的預備	—	—	1	1	2
第二西方語言或拉丁語	2	2	2	2	8
合唱	2	2	2	2	8
體育和運動	2	2	2	2	8

註：波蘭初等學校為八年制，其上接中等普通教育學校、中等職業學校、基礎職業學校或中等技術學校（銜接基礎職業學校）。

資料來源：Kurian, G. T. (Ed.) (1988) *World educational encyclopedia*. N. Y：Facts On File Pub.

表29　阿爾及利亞中間學校課程

學　　　　　科	每　週　時　數
數學	5
自然科學	$2-2\frac{1}{2}$
阿拉伯語	$5\frac{1}{2}-7\frac{1}{2}$
公民與宗教	$1-1\frac{1}{2}$
法語	4
英語	4
歷史	1
地理	1
藝術和體育	6
合　　　　　計	約 30 節左右

註　中間學校爲四年制，銜接小學六年級。
資料來源．Kurian，G. T.(Ed.)（1988） *World educational encyclopedia*.N.Y.:Facts On File Pub.

表30　阿爾及利亞中等學校課程

學　　　　　科	每　週　時　數
應用數學	5
自然科學	2
科技導論	4
法語	6
阿拉伯文	$7\frac{1}{2}$
歷史	1
地理	1
公民與宗教	$1\frac{1}{2}$
體育	2
合　　　　　計	30

註　中等學校爲三年制，銜接中間學校。
資料來源　同表 29。

表31　捷克小學課程

學科	各年級每週教學時數								合計
	一	二	三	四	五	六	七	八	
國語文	9	9	9	9	5	5	4	4	54
俄語	—	—	—	—	4	3	3	3	13
初級科學	2	2	—	—	—	—	—	—	4
地方歷史和地理	—	—	1	2	—	—	—	—	3
歷史	—	—	—	—	2	2	2	2	8
公民	—	—	—	—	—	1	1	1	3
數學	4	5	5	5	5	5	5	5	39
自然研究（初級）	—	—	2	2	—	—	—	—	4
自然研究（高級）	—	—	—	—	2	2	2	2	8
物理	—	—	—	—	—	2	2	2	6
化學	—	—	—	—	—	—	2	2	4
音樂	1	1	1	1	1	1	1	—	7
藝術	1	1	2	2	2	2	1	1	12
作文①	—	1	1	—	—	—	—	—	2
工作的教育/多元技術	1	1	1	1	2	2	2	2	12
體育/運動	2	2	2	2	2	2	2	2	16
選修②	—	—	—	—	—	—	2	2	4
合計	20	22	24	24	25	27	29	28	199
選修科目③	1	1	1	1	1	2	2	2	11
興趣圈	—	—	2	2	2	2	2	2	12

註：①一年級納入「國語文」一科學習。
　　②第二外國語，俄語會話，科技的基礎，生物、化學的實用研究，數學－物理，物理－化學。
　　③一至四年級：運動、合唱。五至八年級．國語（密集）、數學（密集）、合唱、音樂（樂器）、歌唱和舞蹈、藝術、技術（實用研究、家政、運動）。七、八年級．俄語會話，第二外國語，實用研究，（數學－物理）物理－化學，化學－生物。一至八年級．捷克語（為 Slovak 學校的捷克學生開設，或反之）。

資料來源．同表 20。

表32　捷克中等文法學校課程

科　　目	一	二	三	四	合計
國語和文學	3	3	3	3	12
俄語	3	3	3	3	12
第二外國語①	3	3	3	3	12
公民	—	—	2	2	4
歷史	2	2	2	—	6
地理	2	2	—	—	4
數學	4	5	5	4	18
物理	3	3	3	3	12
化學	3	3	3	—	9
生物②	3	3	3	—	9
基礎人工智慧	—	—	—	2	2
體育／運動③	2	2	2	2	8
防衛預備	1	1	—	—	2
生產技術訓練④	2	2	4	6	14
選修⑤	—	—	—	3	3
合　　計	31	32	33	31	127
選修科目	2	2	2	2	8

註：①可選習英語、法語、德語或西班牙語。
　　②第一年有半年教授地質學。
　　③可增加至 3 小時。
　　④包含機工、電工、化工、建築、農業、電腦程式和操作、經濟，依學校及地區特性設置。
　　⑤有 17 個科目可選。
資料來源：同表20。

表33　匈牙利普通中學一至四年級每週教學科目及時數

科目	一	二	三	四	合計
匈牙利語	2	2	1	1	6
匈牙利文	2	3	3	3	11
歷史	2	2	3	4	11
意識型態	—	—	—	2	2
俄語	4	3	3	2	12
第二外語	3	3	—	—	6
數學	5	4	3	3	15
物理	2	2	3	3	10
化學	2	4	—	—	6
生物	—	—	4	2	6
地理	3	2	—	—	5
音樂	1	1	1	—	3
繪畫及藝術理論	1	1	1	—	3
體育	3	3	3	3	12
技術	2	2	—	—	4
個別指導小組	1	1	1	1	4
生涯取向	—	1	—	—	1
合計	**33**	**34**	**26**	**24**	**117**
選修(指定範圍)	—	—	7	9	16
總計	**33**	**34**	**33**	**33**	**133**
自由選修	—	2	2	2	6

附錄十二　課程取向計分表

題號	取向	題號	取向	題號	取向	題號	取向
1	1	16	1	31	1	46	3
2	4	17	3	32	4	47	1
3	3	18	5	33	4	48	2
4	2	19	4	34	4	49	3
5	2	20	4	35	3	50	5
6	5	21	1	36	5	51	4
7	1	22	5	37	3	52	3
8	1	23	3	38	4	53	2
9	4	24	1-2	39	5	54	1
10	3	25	5	40	4	55	1
11	2	26	2	41	2	56	5
12	2	27	1-2	42	5	57	5
13	4	28	2	43	4		
14	3	29	3	44	3-5		
15	2	30	5	45	3		

名　詞　索　引

一、漢英對照

説　明：
1. 排列按名詞筆劃爲序。
2. 每一名詞後所列之數字爲該名詞在本書內出現之頁數。

一　劃

一般目的　general goals　226
一般均衡　261

二　劃

人文主義課程　humanistic curriculum　122, 123
人的研究　Man: A Course of Study　178, 401
八年研究　The Eight-Year Study　471
十人委員會　Committee of Ten　4, 307

三　劃

工作分析　job analysis　31, 211

四　劃

不受目標約束的評鑑　goal-free evaluation　355, 362
中等學校改造委員會　Commission on the Reorganization of Secondary Schools　229
互動模式　514
內在標準評鑑　internal evaluation　356
內容　content　475
內容中心的設計方式　content-based planning　523, 524
內容分析　content analysis　405
內容目標　content objectives　192, 195
內容屬性　385
內部人員的評鑑　insider evaluation　355
分化　differentiation　567
巴比特　J. Franklin Bobbitt　2, 126, 211
巴恩斯　D. Barnes　518
心能訓練説　mental discipline theory　47
心智官能　intellectual faculties　109
心智過程　intellectual processes　82
支持的課程　the supported curriculum　350
方法目標　methodological objectives　192, 195
方案改進　program improvement　372, 373
方案計畫　program planning　372, 373
方案授證　program certification　373
方案實施　program implementation　372, 373
比恩等人的模式　160

比較評鑑 comparative evaluation 358
水平組織 horizontal organization 297, 329
水平銜接性 horizontal articulation 293

五　劃

主學習 primary learning 192
功用 utility 270
功能教育 functional education 11
古德拉 J. Goodlad 429
司法式評鑑 366
史布尼克 Sputnik 127
史克立芬 M. Scriven 362
史特佛賓 Stufflebeam 508
外在標準評鑑 external evaluation 356
外國語 foreign language 543
外部人員的評鑑 outsider evaluation 355
外部小組的評鑑 panel review evaluation 365
外貌模式 countenance model 367～369
外顯課程 explicit curriculum 78
布魯納 J. Bruner 292
必要能力 prerequisite capacities 36
未來社會 537
未來學 futurology 198
未受指導的教育 undirected education 11
本國語文 native language 541
正式課程 formal curriculum 76～81, 349

正確性 268
永恆主義課程 perenialist curriculum 104
生物科新課程 BSCS 400
目的 goals 191
目標 objectives 191, 475
目標模式 objective model 172～175, 183, 416,
目標導向的 goal-oriented 40
目標獲得模式 goal-attainment model 367

六　劃

任務分析 task analysis 37, 221
份量 568
伊利歐特 C. W. Eliot 52
休伯納 D. Huebner 18
先在因素 antecedents 368, 369
先決能力 prerequisite capacities 222
全國科學基金會 The National Science Foundation 127
共同元素說 theory of identical elements 110
共同課程 common curriculum 331
合作 collaboration 408
合作原則 97
合流教育 confluent education 327
合流課程 confluent curriculum 123
合理模式 rational model 183
各科課程標準修訂小組 431
各種改革並存原則 99
回復基本能力課程 back-to-basics curriculum 104
多元化社會 537
多元文化教育 multicultural educa-

tion538
更新　406, 408
次層目的　subgoals　228
艾斯納　E. W. Eisner　49
有機學校　organic school　115, 116
組織結構　300
考試　test　511
自由學校　free school　118
自行應驗的預言　self-fulfilling prophecy　61
自我實現觀　509
自然模式（或寫實模式）　naturalistic model　163
自學單元　self-instruction unit　470
行爲分析　conduct analysis　211
行爲目標　behavior objective　2, 70, 237～257,
西格　M. Seguel　20

七　劃

作業　assignment　511
克立巴德　H. M. Kliebard　20, 49
克伯屈　W. H. Kilpatrick　194, 323
呈現方式　forms of representation　281
均衡　balance　261
均衡性　balance　290
形成性評鑑　formative evaluation　354
技能　skills　192
技能中心的設計方式　skill-based planning　523, 527
技能目標　psychomotor objectives　193
改變必然原則　98
杜威　J. Dewey　189, 228
杜威夫婦　John & Mary Dewey　321
求生技巧的目標　life-skill objectives

192, 195
防範教師課程　teacher-proof curriculum　550
系統分析　system analysis　2
系統原則　96
系統評估　system assessment　372, 373
角色（行爲）　402, 403
辛普孫　E. J. Simpson　205

八　劃

事實　facts　192
亞波　M. W Apple　49
使用者觀　user perspective　419
依據目標的評鑑　goal-based evaluation　355, 359
兒童中心學校　child-centered school　115
兒童興趣和需要核心　children's interests and needs core　340
受指導的教育　directed education　11
垂直組織　vertical organization　294
奇伯樂等人　R. J. Kibler et al.　204
宗旨　aims　191
帖衣勒　F. W Taylor　3
延伸　extrapolation　408
拉格斯蝶　G. E. Ragsdale　204
附學習　concomitant learning　192
忠實觀　fidelity perspectives　400～401, 406
明智抉擇原則　94
明確性　explicitness　416
物理屬性　383
知識和理解　402, 404
知覺的課程　perceived curriculum　349
社會化　socialization　228

社會功能核心 the social-functions core 341
社會政策分析 social policy analysis 367
社會科 social studies 544
社會重建 social reconstruction 53, 489
社會重建觀 127, 489, 509
社會問題核心 the social-problems core 343
社會層次 429
社會適應觀 social adaptation 125
社會關聯 social relevancy 298
空無課程 the null curriculum 80, 81
青年需求核心 the adolescent-needs core 338
非比較評鑑 noncomparative evaluation 358
非正式課程 informal curriculum 78
非正式的學校 informal school 115

九　劃

保守 571
哈樓 J. Harrow 204
建議的課程 the recommended curriculum 350
持續原則 99
活動 activity 475
活動分析 activity analysis 22, 211
活動課程 activity curriculum 315
活動學校 activity school 116
派克計畫 The Parker Plan 330
急進 571
暗箱式的評鑑 black-box evaluation 356

相互調適觀 mutual adaptation 400, 402
相對比較 relative comparison 369
相關性 correlation 293
相關課程 correlated curriculum 309
查特斯 W. W. Charters 31, 211, 214
柯爾的模式 152
背景輸入過程成果評鑑模式 context, input, process, product model 367
科技取向 489
科技觀 489, 508
科學 science 548
美利安 J. L. Meriam 322
表現目標 performance objective 70
表意目標 expressive objective 247
表意的結果 expressive outcome 251
表意途徑 expressive mode 283
重要性 267

十　劃

個人或經驗層次 430
個別化教學 individualized instruction 513
個別化課程 individualized curriculum 513
個別教學 individual instruction 513
個別處方教學 individually prescribed instruction 136
差距模式 discrepancy model 367, 370
師大科學教育中心 450
效能 effectiveness 40
效率 efficiency 40
時代促進原則 99
時代依存原則 98
書面的課程 the written curriculum

350
核心課程 core curriculum 330
桑戴克 E. L. Thorndike 5
泰勒 R. W. Tyler 31, 33, 211, 216, 235, 348, 367, 518
泰勒法則（或泰勒理論） The Tyler Rationale 2, 33~35, 145, 187
泰勒理論 2, 33~35, 145, 187,
特殊均衡 261
能力 competence 40, 414
能力本位的教育 competency-based education 2
能力本位師範教育 competency-based teacher education 40
索托的模式 150
缺乏 shortage 271
缺點診斷 352
訓練 training 247
起始能力 initial capabilities 39

十一 劃

副學習 associate learning 192
啟蒙 initiation 247
問題解決目標 problem-solving objective 247, 251
國立教育資料館 461
國立編譯館 447
基礎教育 foundational education 11
寇林 Ellsworth Collings 323
常模參照 norm-referenced 40
強硬派 hardliners 243
採用 adoption 351
探索 exploration 408
接受模式 514

推廣 dissemination 351
情意目標 affective objectives 193
深度 depth 266
教材 402, 403
教材大綱 438
教育工程 educational engineering 24, 134
教育目標 educational purpose 184, 430, 438
教育即生長 education as growth 20
教育即生產 education as production 20, 49~52
教育即旅行 education as travel 20, 49~52
教育宗旨 educational purposes or aims 226
教育政策委員會 Educational Policies Commission 230
教育經驗 educational experience 34
教授 instruction 247
教授的課程 the taught curriculum 350
教學目標 instructional objectives 184, 228
教學科目 438
教學時數 438
教學研究的評鑑 instructional research evaluation 365
教學單元 instructional unit 470
教學層次 430
教學屬性 388
晤談 interview 405
研究 research 351
累進目標 progressive objectives 29
組織 402, 403

名　詞　索　引

組織中心　organizing center　474
組織要素　organizing elements　288
組織結構　300
習得的課程　the learned curriculum　350
處理途徑　modes of treatment　283
設計教學法　The Project Method　323
設計課程　project curriculum　323
設備標準　438
問題中心的設計方式　problem-based planning　523, 530
問題解決　problem-solving　421
麥唐納　J. B. Macdonald　228

十二劃

媒體　media　476
富萊爾　Paulo Freire　130
溫和派　softliners　243
測驗的課程　the tested curriculum　350
惠勒的模式　149
斯賓塞　H. Spencer　259
普遍遷移說　theory of general transfer　110
最低要素　minimum essentials　29
最低標準　438
最終目標　ultimate objectives　29
替代經驗的評鑑　surrogate experience evaluation　364
無知　unawareness　408
發展　development　228, 351
發展的學校　developmental school　115
程序原則　principles of procedure　176, 189, 416

結果　outcome　5
結果因素　outcome　369
結果評鑑　product evaluation　356
結構要素　structural elements　300
統合科目　unified courses　337
統整　integration　297, 406, 408, 441, 567
統整性　integration　146, 290
統整學校　integrated school　115, 117
絕對比較　absolute comparison　369
評鑑　evaluation　476
評鑑研究中心模式　Center for the Study of Evaluation　367
量的評鑑　quantitative evaluation　357
順序　sequence　441
順序性　sequence　146, 290, 329

十三劃

傳統途徑　conventional mode　283
塔巴的模式　148
奧立發的模式　158
感受的需求　felt needs　317
感受的興趣　felt interests　317
葛隆蘭　N. E. Gronlund　235, 255
葛聶　R. M. Gagné　31, 35, 70, 134, 211, 221,
交流因素　transactions　368, 369
過程評鑑　process evaluation　356, 357
交流評鑑　transaction evaluation　363
過程模式　process model　172, 175~180, 189, 416
運作的課程　operational curriculum

349
道德教育　544
經驗課程　experience curriculum　315
經驗的課程　experiential curriculum　350
解放　liberation　228
詹孫　I. Johnson　211, 215
詹森　Marietta Johnson　115
詹森　Mauritz Johnson　70
資源　resources　273, 477
資源單元　resource unit　471
預想　anticipation　408

十四劃

實用　269
實有課程　80
實施通則　430
實習　442
實驗處理　treatment　365
對抗式評鑑　adversary evaluation　366
態度　attitudes　192
管理　management　408
管理分析　management analysis　366
管理觀　managerial perspective　418
精粹主義課程　essentialist curriculum　104
臺灣省國民學校教師研習會　458
認可制度　accreditation　348
認可模式　accreditation model　367, 373
認知目標　cognitive objectives　192
認知過程發展觀　109～110, 489, 508
赫利克的模式　155
赫欽斯　R. M. Hutchins　111
銜接性　articulation　290

需求評估　needs assessment　352
齊一　443
齊勒計畫　The Ziller Plan　330

十五劃

價值內化　402, 404
劍齒虎課程　the saber-tooth curriculum　122
寫實模式　naturalistic model　163
廣度　breadth　266
廣域核心　broad-fields core　337
廣域課程　broad-fields curriculum　311
彈性　272, 443, 570
潛在課程　the hidden curriculum　70, 78～80, 122, 247
數學科　mathematics　547
概念中心的設計方式　concept-based planning　526
標準　570
標準化測驗　511
標準參照　criterion-referenced　40
模式　model　143
模擬途徑　mimetic mode　283
適應　adaptation　408
範圍　scope　266, 291
編序課程　program curriculum　136
課　lessons　92
課程　curriculum　66
課程工程　curriculum engineering　89
課程分化　curriculum differentiation　60
課程比較　352
課程目的　curriculum goals　191
課程目標　curriculum objectives　184,

名詞索引

192
課程行政　428
課程改革　curriculum reform　90
課程改進　curriculum improve-ment　90
課程改進或改革　curriculum improve-ment or reform　85
課程改變　curriculum change　90
課程材料　curriculum material　374
課程材料評鑑　curriculum material evaluation　375, 378
課程取向量表　490
課程宗旨　curriculum aims　191
課程的研究發展模式　351
課程要素　curriculum elements　288
課程計畫　curriculum planning　85
課程修訂　curriculum revision　85, 90, 352, 431
課程基礎　curriculum foundations　90
課程控制　curriculum control　76
課程理論　curriculum theory　91
課程組織　curriculum organization　287
課程設計　curriculum design　85
課程設計架構　516
課程發展　curriculum development　85
課程結構　440
課程與人員並重原則　100
課程評鑑　curriculum evaluation　347, 580
課程實施　curriculum implementation　395, 582
課程構建　curriculum construction or building　85, 89
課程語言　curriculum language　18

課程領域　curriculum domain　232
課程潛能概念　the concept of curriculum potential　73
課程標準修（制）訂委員會　431, 432
課程標準總綱　430
課程編製　curriculum making　85
調查　survey　405
質的研究方法　qualitative method　357
質的評鑑　qualitative evaluation　357

十六劃

學生中心課程　the student-centered curriculum　104
學生成就的評鑑　student achievement evaluation　363
學生利益優先原則　93
學生參與設計　505
學科　disciplines　105
學科中心課程　the subject-centered curriculum　104
學科結構　the structure of the discipline　179
學科結構課程　subject structure curriculum　104
學科領域課程　subject area curriculum　104
學科課程　the subject curriculum　304, 316
學校中心課程發展　school-based curriculum development　550, 558
學習方案　programs of study　92
學習活動　learning activities　259
學習科目　courses of study　92
學習單元　units of study　92
學習階層　learning hierarchy　2, 221

學習經驗　learning experiences　259
學習路徑　521
學習領域　fields of study　92
學習機會　learning opportunities　259
學術理性主義　academic rationalism　109, 110
學術理性觀　490, 509
導引　induction　247
整個兒童　the whole child　19
整體原則　95
機會主義　opportunism　421
機構自我評鑑　institutional self-study evaluation　364
機構層次　430
歷史一文化核心　the cultural-history core　338
歷程目標　process objectives　198
興趣中心的設計方式　interest-based planning　522, 523, 532
融合課程　fused curriculum　310
霍爾　G. Stanley Hall　4
龍桌的模式　157

十七　劃

優先　priority　261
戴維斯　I. K. Davis　211
薛勒等人　J. G. Saylor et al.　211, 225

薛勒等人的模式　163
總結性評鑑　summative evaluation　354
總綱小組　431, 432
績效　accountability　40
績效判斷　352, 353
螺旋式課程　spiral curriculum　292

十八　劃

斷續增進　disjointed incremental　88
雙語教育　bilingual education　538
魏斯特麥的模式　152

十九　劃

藝能　550
關聯　relevancy　270
關聯課程　relevant curriculum　122

二十　劃

繼續性　continuity　146, 290

二十二　劃

權力分配原則　95

二十五　劃

觀察　observation　405, 510

二、英漢對照

A

absolute comparison 絕對比較 369
academic rationalism 學術理性主義 10, 110
accountability 績效 40
accreditation 認可制度 348
accreditation model 認可模式 367, 373
activity 活動 475
activity analysis 活動分析 22, 211
activity curriculum 活動課程 315
activity school 活動學校 115, 116
adaptation 適應 408
adoption 採用 351
adversary evaluation 對抗式評鑑 366
affective objectives 情意目標 193
aims 宗旨 191
antecedents 先在因素 368, 369
anticipation 預想 408
Apple, M. W 亞波 49
articulation 銜接性 290
assignment 作業 511
associate learning 副學習 192
attitudes 態度

B

back-to-basics curriculum 回復基本能力課程 104
balance 均衡 261
balance 均衡性 290
Barnes, D. 巴恩斯 518

behavior objective 行為目標 2, 70, 237~257
bilingual education 雙語教育 538
black-box evaluation 暗箱式的評鑑 356
Bobbitt, J. Franklin 巴比特 2, 126, 211
breadth 廣度 266
broad-fields core 廣域核心 337
broad-fields curriculum 廣域課程 311
Bruner, J. 布魯納 292
BSCS 生物科新課程 400

C

Center for the Study of Evaluation 評鑑研究中心 367
Charters, W. W 查特斯 31, 211, 214
Child-Centered School 兒童中心學校 115
children's interests and needs core 兒童興趣和需要核心 340
CIPP CIPP模式 370
cognitive objectives 認知目標 192
collaboration 合作 408
Collings, Ellsworth 寇林 323
Commission on the Reorganization of Secondary Schools 中等學校改造委員會 229
Committee of Ten 十人委員會 4, 307
common curriculum 共同課程 331
comparative evaluation 比較評鑑

358
competence 能力 40
competency-based education 能力本位的教育 2
competency-based teacher education 能力本位師範教育 40
concept-based planning 概念中心的設計方式 526
concomitant learning 附學習 192
conduct analysis 行為分析 211
confluent curriculum 合流課程 123
confluent education 合流教育 327
content 內容 475
content analysis 內容分析 405
content-based planning 內容中心的設計方式 523, 524
content objectives 內容目標 192, 195
context, input, process, product model 背景輸入過程成果評鑑模式 367
continuity 繼續性 140, 290
conventional mode 傳統途徑 283
core curriculum 核心課程 330
correlated curriculum 相關課程 309
correlation 相關性 293
countenance model 外貌模式 367, 368～369
courses of study 學習科目 92
criterion-referenced 標準參照 40
CSE CSE模式 372
curriculum 課程 66
curriculum aims 課程宗旨 191
curriculum change 課程改變 90
curriculum construction or building 課程構建 85, 89

curriculum control 課程控制 76
curriculum design 課程設計 85
curriculum development 課程發展 85
curriculum differentiation 課程分化 60
curriculum domain 課程領域 232
curriculum elements 課程要素 288
curriculum engineering 課程工程 89
curriculum evaluation 課程評鑑 347, 580
curriculum foundations 課程基礎 90
curriculum goal 課程目標或課程目的 184, 191
curriculum implementation 課程實施 395, 582
curriculum improvement 課程改進 90
curriculum language 課程語言 18
curriculum making 課程編製 85
curriculum material 課程材料 374
curriculum material evaluation 課程材料評鑑 375, 378
curriculum objectives 課程目標 192
curriculum organization 課程組織 287
curriculum planning 課程計畫 85
curriculum reform 課程改革 90
curriculum revision 課程修訂 85, 90
curriculum theory 課程理論 91

D

Davis, I. K. 戴維斯 211
depth 深度 266
development 發展 228, 351
developmental school 發展的學校

名詞索引

115
Dewey, J. 杜威 189, 228
Dewey, John & Mary 杜威夫婦 321
differentiation 分化 567
directed education 受指導的教育 11
disciplines 學科 105
discrepancy model 差距模式 367, 370
disjointed incremental 斷續增進 88
dissemination 推廣 351

E

education as growth 教育即生長 20, 49～52
education as production 教育即生產 20, 49～52
education as travel 教育即旅行 49～52
educational engineering 教育工程 24, 134
educational experience 教育經驗 34
Educational Policies Commission 教育政策委員會 230
educational purpose 教育目標 184, 430, 438
educational purposes or aims 教育宗旨 226
effectiveness 效能 40
efficiency 效率 40
Eisner, E. W 艾斯納 49
Eliot, C. W 伊利歐特 52
essentialist curriculum 精粹主義課程 104
evaluation 評鑑 476
experience curriculum 經驗課程 315
experiential curriculum 經驗的課程

350
explicit curriculum 外顯課程 78
explicitness 明確性 416
exploration 探索 408
expressive mode 表意途徑 283
expressive objective 表意目標 247
expressive outcome 表意的結果 251
external evaluation 外在標準評鑑 356
extrapolation 延伸 408

F

facts 事實 192
felt interests 感受的興趣 317
felt needs 感受的需求 317
fidelity perspectives 忠實觀 400～401
fields of study 學習領域 92
foreign language 外國語 543
formal curriculum 正式課程 76～81, 349
formative evaluation 形成性評鑑 354
forms of representation 呈現方式 281
foundational education 基礎教育 11
Freire, Paulo 富萊爾 130
free school 自由學校 118
functional education 功能教育 11
fused curriculum 融合課程 310
futurology 未來學 198

G

Gagné, R. M. 葛聶 31, 35, 70, 134, 211, 221
general goals 一般目的 226
goal-attainment model 目標獲得模式 367

goal-based evaluation 依據目標的評鑑 355,359
goal-free evaluation 不受目標約束的評鑑 355, 362
goal-orientid 目標導向 40
goals 目的 191
Goodlad, J. 古德拉 429
Gronlund, N. E. 葛隆蘭 235, 255

H

Hall, G. Stanley 霍爾 4
hardliners 強硬派 243
Harrow, J. 哈樓 204
hidden curriculum 潛在課程 70, 78~80, 122, 123, 247
horizontal articulation 水平銜接性 293
horizontal organization 水平組織 297, 329
Huebner, D. 休伯納 18
humanistic curriculum 人文主義課程 122, 123
Hutchins, R. M. 赫欽斯 111

I

individual instruction 個別教學 513
individualized curriculum 個別化課程 513
individualized instruction 個別化教學 513
individually prescribed instruction 個別處方教學 136
induction 導引 247
informal curriculum 非正式課程 78
informal school 非正式的學校 115

initial capabilities 起始能力 39
initiation 啟蒙 247
insider evaluation 內部人員的評鑑 355
institutional self-study evaluation 機構自我評鑑 364
instruction 教授 247
instructional objectives 教學目標 184, 228
instructional research evaluation 教學研究的評鑑 365
instructional unit 教學單元 470
integrated school 統整學校 115, 117
integration 統整 297, 567
integration 統整性 146, 290
intellectual faculties 心智官能 109
intellectual processes 心智過程 82
interest-based curriculum 興趣中心的設計方式 522, 523, 532
internal evaluation 內在標準評鑑 356
interview 晤談 405

J

job analysis 工作分析 31
Johnson, I. 詹孫 211, 215
Johnson, Marietta 詹森 115
Johnson, Mauritz 詹森 70

K

Kibler, R. J. et al. 奇伯樂等人 204
Kilpatrick, W H. 克伯屈 194, 323
Kliebard, H. M. 克立巴德 20, 49

L

名　詞　索　引

learning activities　學習活動　259
learning experiences　學習經驗　259
learning hierarchy　學習階層　2, 221
learning opportunities　學習機會　259
lessons　課　92
liberation　解放　228
life-skill objectives　求生技巧的目標　192, 195

M

Macdonald, J. B.　麥唐納　228
Man: A Course of Study, MACOS　人的研究　178, 401
management　管理　408
management analysis　管理分析　366
managerial perspective　管理觀　418
mathematics　數學科　547
media　媒體　476
mental discipline theory　心能訓練說　47
Meriam J. L.　美利安　322
methodological objectives　方法目標　192, 195
mimetic mode　模擬途徑　283
minimum essentials　最低要素　29
model　模式　143
modes of treatment　處理途徑　283
multicultural education　多元文化教育　538
mutual adaptation　相互調適觀　400, 406

N

native language　本國語文　541
naturalistic model　自然模式（或寫實模式）　163
needs assessment　需求評估　352
noncomparative evaluation　非比較評鑑　358
norm-referenced　常模參照　40

O

objective model　目標模式　172～175, 183
objectives　目標　191, 475
observation　觀察　405, 510
operational curriculum　運作的課程　349
opportunism　機會主義　421
organic school　有機學校　115, 116
organizing center　組織中心　474
organizing elements　組織要素　288
outcome　結果　5
outcome　結果因素　369
outsider evaluation　外部人員的評鑑　355

P

panel review evaluation　外部小組的評鑑　365
perceived curriculum　知覺的課程　349
perenialist curriculum　永恆主義課程　104
performance objective　表現目標　70
prerequisite capacities　先決能力　36
primary learning　主學習　192
principles of procedure　程序原則　176, 189
priority　優先　261
problem-based planning　問題中心的設

計方式 523, 530
problem-solving 問題解決 421
problem-solving objective 問題解決目標 247, 251
procedure principles 程序原則 416
process evaluation 過程評鑑 356, 357
process model 過程模式 172, 175~180, 189, 416
process objectives 歷程目標 198
product evaluation 結果評鑑 356
program certification 方案授證 373
program curriculum 編序課程 136
program implementation 方案實施 372
program improvement 方案改進 372
program planning 方案計畫 372
programs of study 學習方案 92
progressive objectives 累進目標 29
project curriculum 設計課程 323
psychomotor objectives 技能目標 193

Q

qualitative evaluation 質的評鑑 357
qualitative method 質的研究方法 357
quantitative evaluation 量的評鑑 357

R

Ragsdale, G. E. 拉格斯蝶 204
rational model 合理模式 183
relative comparison 相對比較 369
relevancy 關聯 270
relevant curriculum 關聯課程 122
research 研究 351

resources 資源 477
resource unit 資源單元 471

S

Saylor, J. G. et al 薛勒等人 211, 225
school-based curriculum development 學校中心課程發展 550, 558
science 科學 548
scope 範圍 266, 291
Scriven, M. 史克立芬 362
Seguel, M. 西格 20
self-fulfilling prophecy 自行應驗的預言 61
self-instruction unit 自學單元 470
sequence 順序，順序性 146, 290, 329
shortage 缺乏 271
Simpson, E. J. 辛普孫 205
skill-based planning 技能中心的設計方式 523, 527
skills 技能 192
social adaptation 社會適應觀 125
social policy analysis 社會政策分析 367
social reconstruction 社會重建 53
social relevancy 社會關聯 298
social studies 社會科 544
socialization 社會化 228
softliners 溫和派 243
Spencer, H. 斯賓塞 259
spiral curriculum 螺旋式課程 292
Sputnik 史布尼克 127
standardized test 標準化測驗 511
structual elements 結構要素 300
student achievement evaluation 學生成就的評鑑 363

名　詞　索　引　701

Stufflebeam　史特佛賓　508
subgoals　次層目的　228
subject area curriculum　學科領域課程　104
subject structure curriculum　學科結構課程　104
summative evaluation　總結性評鑑　354
surrogate experience evaluation　替代經驗的評鑑　364
survey　調查　405
system analysis　系統分析　2
system assessment　系統評估　372

T

task analysis　任務分析　37, 221
Taylor, F W　帖衣勒　3
teacher-proof curriculum　防範教師課程　550
the adolescent-needs core　青年需求核心　338
the concept of curriculum potential　課程潛能概念　73
the cultural-history core　歷史－文化核心　338
The Eight-Year Study　八年研究　471
the learned curriculum　習得的課程　350
The National Science Foundation　全國科學基金會　127
the null curriculum　空無課程　80, 81
The Parker Plan　派克計畫　330
The Project Method　設計教學法　323
the recommended curriculum　建議的課程　350

the saber-tooth curriculum　劍齒虎課程　122
the social-functions core　社會功能核心　341
the social-problems core　社會問題核心　343
the structure of the discipline　學科結構　179
the student-centered curriculum　學生中心課程　104
the subject-centered curriculum　學科中心課程　104
the subject curriculum　學科課程　304, 316
the supported curriculum　支持的課程　350
the taught curriculum　教授的課程　350
the tested curriculum　測驗的課程　350
The Tyler Rationale　泰勒法則（或泰勒理論）　33～35, 187
the whole child　整個兒童　19
the written curriculum　書面的課程　350
The Ziller Plan　齊勒計畫　330
theory of identical elements　共同元素說　110
theory of general transfer　普遍遷移說　110
Thorndike, E. L.　桑戴克　5
training　訓練　247
transaction evaluation　交流評鑑　363
transactions　交流因素　368, 369
treatment　實驗處理　365

Tyler, R. W 泰勒 31, 33, 211, 216, 235, 348, 367, 518
Tyler's Rationale 泰勒的課程理論 2

U

ultimate objectives 最終目標 29
unawarement 無知 408
undirected education 未受指導的教育 11

unified courses 統合科目 337
units of study 學習單元 92
user perspective 使用者觀 419
utility 功用 270

V

vertical organization 垂直組織 294